生态文明建设文库

陈宗兴　总主编

# 生态文明学

### 第 2 版

廖福霖　等　著

中国林业出版社

图书在版编目（CIP）数据

生态文明学/廖福霖等著.–2版.–北京：中国林业出版社，2019.9
（生态文明建设文库）
ISBN 978-7-5219-0255-6

Ⅰ.①生… Ⅱ.①廖… Ⅲ.①生态文明–研究 Ⅳ.① B824.5

中国版本图书馆 CIP 数据核字（2019）第 186927 号

| | |
|---|---|
| 出 版 人 | 刘东黎 |
| 总 策 划 | 徐小英 |
| 策划编辑 | 沈登峰　于界芬　何　鹏　李　伟 |
| 责任编辑 | 徐小英　赵　芳 |
| 美术编辑 | 赵　芳 |
| 责任校对 | 梁翔云 |

| | |
|---|---|
| 出版发行 | 中国林业出版社有限公司（100009　北京西城区刘海胡同 7 号）<br>http://www.forestry.gov.cn/lycb.html<br>E-mail:forestbook@163.com　电话：(010)83143523、83143543 |
| 设计制作 | 北京捷艺轩彩印制版有限公司 |
| 印刷装订 | 北京中科印刷有限公司 |
| 版　　次 | 2012 年 9 月第 1 版<br>2019 年 9 月第 2 版 |
| 印　　次 | 2019 年 9 月第 2 次 |
| 开　　本 | 787mm×1092mm　　1/16 |
| 字　　数 | 664 千字 |
| 印　　张 | 28 |
| 定　　价 | 90.00 元 |

# "生态文明建设文库"
## 总编辑委员会

**总主编**

陈宗兴

**主　编**

彭有冬

**委　员**

（按姓氏笔画为序）

| | | | | | | | |
|---|---|---|---|---|---|---|---|
| 王国聘 | 王春益 | 王德胜 | 卢　风 | 刘东黎 | 刘青松 | 李庆瑞 | 余谋昌 |
| 宋维明 | 张云飞 | 张春霞 | 陈宗兴 | 陈建成 | 金　旻 | 周宏春 | 郇庆治 |
| 赵良平 | 赵建军 | 胡勘平 | 费世民 | 徐小英 | 黄茂兴 | 黄采艺 | 常纪文 |
| 康世勇 | 彭有冬 | 蒋高明 | 廖福霖 | 樊喜斌 | 黎祖交 | 薛伟江 | 欧阳志云 |

**执行主编**

王春益　黄采艺　黎祖交　刘东黎

## "生态文明建设文库"
### 编撰工作领导小组

**组　长**
刘东黎　成　吉

**副组长**
王佳会　杨　波　胡勘平　徐小英

**成　员**
（按姓氏笔画为序）

于界芬　于彦奇　王佳会　成　吉　刘东黎　刘先银　杜建玲　李美芬　杨　波
杨长峰　杨玉芳　沈登峰　张　锴　胡勘平　袁林富　徐小英　航　宇

### 编辑项目组

**组　长**：徐小英
**副组长**：沈登峰　于界芬　刘先银
**成　员**（按姓氏笔画为序）：
于界芬　于晓文　王　越　刘先银　刘香瑞　许艳艳　李　伟
李　娜　何　鹏　肖基浒　沈登峰　张　璠　范立鹏　周军见
赵　芳　徐小英　梁翔云
**特约编审**：刘　慧　严　丽

### 《生态文明学》研究与撰写人员

廖福霖　苏祖荣　罗栋燊　郑国诜　钟明春
官巧燕　蒋小菁　吴双霞　缪细英　兰明慧

# 总 序

　　生态文明建设是关系中华民族永续发展的根本大计。党的十八大以来，以习近平同志为核心的党中央大力推进生态文明建设，谋划开展了一系列根本性、开创性、长远性工作，推动我国生态文明建设和生态环境保护发生了历史性、转折性、全局性变化。在"五位一体"总体布局中生态文明建设是其中一位，在新时代坚持和发展中国特色社会主义基本方略中坚持人与自然和谐共生是其中一条基本方略，在新发展理念中绿色是其中一大理念，在三大攻坚战中污染防治是其中一大攻坚战。这"四个一"充分体现了生态文明建设在新时代党和国家事业发展中的重要地位。2018年召开的全国生态环境保护大会正式确立了习近平生态文明思想。习近平生态文明思想传承中华民族优秀传统文化、顺应时代潮流和人民意愿，站在坚持和发展中国特色社会主义、实现中华民族伟大复兴中国梦的战略高度，深刻回答了为什么建设生态文明、建设什么样的生态文明、怎样建设生态文明等重大理论和实践问题，是推进新时代生态文明建设的根本遵循。

　　近年来，生态文明建设实践不断取得新的成效，各有关部门、科研院所、高等院校、社会组织和社会各界深入学习、广泛传播习近平生态文明思想，积极开展生态文明理论与实践研究，在生态文明理论与政策创新、生态文明建设实践经验总结、生态文明国际交流等方面取得了一大批有重要影响力的研究成果,为新时代生态文明建设提供了重要智力支持。"生态文明建设文库"融思想性、科学性、知识性、实践性、可读性于一体,汇集了近年来学术理论界生态文明研究的系列成果以及科学阐释推进绿色发展、实现全面小康的研究著作,既有宣传普及党和国家大力推进生态文明建设的战略举措的知识读本以及关于绿色生活、美丽中国的科普读物,也有关于生态经济、生态哲学、生态文化和生态保护修复等方面的专业图书,从一个侧面反映了生态文明建设的时代背景、思想脉络和发展路径,形成了一个较为系统的生态文明理论和实践专题图书体系。

中国林业出版社秉承"传播绿色文化、弘扬生态文明"的出版理念,把出版生态文明专业图书作为自己的战略发展方向。在国家林业和草原局的支持和中国生态文明研究与促进会的指导下,"生态文明建设文库"聚集不同学科背景、具有良好理论素养的专家学者,共同围绕推进生态文明建设与绿色发展贡献力量。文库的编写出版,是我们认真学习贯彻习近平生态文明思想,把生态文明建设不断推向前进,以优异成绩庆祝新中国成立 70 周年的实际行动。文库付梓之际,谨此为序。

十一届全国政协副主席
中国生态文明研究与促进会会长  陈宗兴

2019 年 9 月

# 第 2 版前言

由国家财政部批准立项、由中国林业出版社主持建设的"国家生态文明建设电子书包系统平台建设"项目,决定组织编写"生态文明建设文库",这一生态文明建设创举的理论意义和实践意义将十分巨大而深远。"生态文明建设文库"编委会决定把我们的《生态文明学》作为第一批入选再版,这使我们诚惶诚恐。

《生态文明学》于 2012 年由中国林业出版社出版,当时作为全国第一本生态文明学科建设的专著,受到中国科学院院士蒋有绪、著名经济学家陈征、时任福建省人大常委会副主任后任福建省人民政府副省长李红等的厚爱,蒋有绪院士和陈征教授欣然为该书作序,李红副省长高兴地为该书题词。该书出版后也受到国家林业局、福建省委宣传部等领导,清华大学、厦门大学等教授,中国绿色时报、福建日报等媒体的好评。

《生态文明学》出版前后,我选用本书内容,为福建师范大学相关学科的博士生系统授课五轮、硕士生系统授课六轮,为福建省省直机关、省内各种培训班、市县党委学习中心组以及高校、科研、规划设计等单位,为宁夏社会科学院、遵义市公务员培训班、国内外各种学术会议等开设讲座 100 多场次。结合授课培训的反馈情况和本人 21 年来的研究,我认为本书的学科体系和主要内容至今还没有过时。当然,本次再版又主要做了以下几方面的补充、修改和提高:

一、把习近平生态文明思想作为重要的学科理论基础。在本著作第三章《生态文明学的学科理论基础》中,在"3.1 马克思主义关于复合生态系统理论"一节的后面,增加了"3.2 习近平生态文明思想"一节,介绍了以下主要内容,即:《求是》杂志 2019 年第 3 期发表习近平《推动我国生态文明建设迈上新台阶》重要文章指出,"党的十八大以来,我们党深刻回答了为什么建设生态文明、建设什么样的生态文明、怎样建设生态文明的重大理论和实践问题",这三个重大理论和实践问题,是习近平生态文明思想的重要创新,也是生态文明学的重要理论基础。

二、把中篇标题中的"生态文明经济"改为"生态文明经济体系"。从学科体系看,本著作的"中篇 生态文明发展的基础:生态文明经济",这种表述还不够完整，应该改为"中篇　生态文明发展的基础：生态文明经济体系"。把这一篇中所有的"生态文明经济"都改为"生态文明经济体系"，并增加补充了相应内容。

三、把第六章的标题"生态文明建设的顶层设计"改为"生态文明建设的主要目标"。同时，对第六章做了两处较大修改补充：一是对"6.2"中的："6.2.1.3　经济管理的转变与创新"做了补充改写，着重阐述了过程管理法则、满意管理法则、和谐管理法则三个重要的管理法则。二是对"6.3"做了充实：①把"6.3　远景性目标：建成生态文明国家，展示中华民族风范"的标题，改为"6.3　中长远目标：建成美丽中国，不断推进中华民族永续发展"；②分"建设美丽中国是生态文明学研究的范畴""建设美丽中国的主要内容""从三个维度研究美丽中国"三个方面进行了充实改写。

四、把第九章的标题改为"生态文明建设的基本规律、原则和体制"；在9.2节的后面增加"9.3　生态文明建设的体制机制与制度"，并充实增加了体制改革、制度改革、机制改革三个方面的内容。

以上修改均在目录、正文中做了相应的改动。

另外，还增加补充了10个参考文献。

廖福霖

2019年5月27日

《生态文明学》对于建设更加优美、更加和谐、更加幸福的福建具有积极的指导和推动作用。

李红
2012·8·3

注：李红时任福建省人大常委会副主任、研究员。

# 序 一

原始社会、农业社会、工业社会、后工业社会，人类社会在波浪式前进；原始文明、农业文明、工业文明、生态文明，社会文明在螺旋式上升。这是历史发展的必然趋势。身处其中的人们，对于自己与自然、自己与他人、自己与社会的认识也在不断深化和升华。人类只是自然—人—社会复合生态系统的一个子系统，面对资源枯竭、生态危机、环境污染和人类工业病蔓延的严重现实，人们逐渐意识到自然、人、社会和谐协调、共生共荣、共同发展的生态文明社会，才是人类及子孙后代幸福生存的基础和追求的美好愿景。廖福霖等撰写的《生态文明学》一书的出版，正值人们对于自然和社会认识与行动转折的重要时期，它为我们正确认识自然、人、社会的关系，选择科学有效的行动提供了理论和实践的指导，同时也使生态文明的研究跨入新的阶段，跃上新的台阶。

通读全书，我认为该书有以下新贡献：

第一，创建生态文明学，将其作为一门学科进行研究。目前对于生态文明的研究已形成热点，但将其上升到学科进行研究，廖教授的团队是个创举。据我所知，廖教授的团队从20世纪90年代就开始对生态文明建设进行探索，2001年出版的专著《生态文明建设理论与实践》获得了好评，成为2002年福建省制定生态省建设规划的重要参考，2008年被贵州省贵阳市列为学习科学发展观的必读书籍。之后，作者又出版了《生态文明观与全面发展教育》（2002年）、《生态生产力导论——21世纪财富的源泉和文明的希望》（2007年）、《生态文明经济研究》（2010年）等专著，从不同角度对生态文明进行了深入的研究。经过这十五年来对生态文明的不懈探索，在对大量的理论知识和鲜明案例进行系统研究和总结的基础上，凝练的这本《生态文明学》可谓是结晶之作。相信这本书的出版将为生态文明学的学科发展、建设和人才的培养作出重要贡献。

第二，创新生态文明学的研究体系，极具特色。作为一门学科，理论的系统性是极其重要的。该书对生态文明学的研究主要从三个篇章展开：第一篇生态文明学总论。总论阐述了生态文明研究与实践的过程和发展趋势，界定了生态文明的相关概念，提出了生态文明学关于人的理性假设，对学科性质、研究对象、学科定位、学科基础理论、学科的基本问题和主要内容、学科研究方法都进行了系统深入的分析，形成了学科理论体系。同时，该书重点突出，有许多理论上的新见解、新观点。如，如何将美好的生态文明转变为现实，常规思维是通过生态的恢复与建设、环境的治理与保护来落实。该书主张以发展为主线，以转变生产方式和生活方式为出发点，以建设资源节约型、环境友好型、公众健康型社会为落脚点，以发展生态生产力为核心，以发展生态文明经济、建设生态文化为两翼，构建了生态文明建设的基本原理、主要任务、技术体系和基本原则等理论和实践体系。第二篇从经济基础方面进一步细化研究，阐明了实现生态文明社会的主要经济基础——生态文明经济的基础理论、本质特征、基本功能、发展过程、发展机制、生态文明经济各种表现形态及其内在联系、协同发展等，从微观层次进行了深入探索。该书将生态恢复与建设、环境治理与保护寓于转变生产方式和生活方式、发展生态生产力及其微观基础的生态文明经济的过程之中，这就提升了生态恢复与建设、环境治理与保护的治本性和可行性，从内生力量和外在推力的结合上，把生态文明建设落到了实处。书中还论证了发展生态生产力及其生态文明经济是顺应世界经济发展的必然趋势，是优化我国经济结构、占领国际经济科技制高点、实现科学发展和跨越发展的必由之路。上述理论体系提升了理论高度，发掘了理论深度，拓宽了理论广度，别具一格，是该书的一个亮点。第三篇阐述了生态文化的系统理论和实践要求，包括生态文化的基本概念、思想理论渊源，研究范式、范畴和形式，生态文化的基本特征与发展规律，生态文化的基本要素与构建，生态文化产业的发展等。生态文化是自然和社会的生产与生活活动的产物，同时又极大地反作用于自然和社会。建设生态文明，必须有生态文化的大发展，使生态文明观在全社会牢固树立，并用以指导人们生产方式和生活方式的转变。把生态文明经济和生态文化的发展作为生态文明建设的两翼，使它们相辅相成、相得益彰，从而实现自然—人—社会复合生态系统的和谐协调、共生共荣、共同发展。

第三，生态文明学作为崭新的学科，融汇了多学科的知识理论，是自然科学与人文社会科学等多学科融合交汇与创新的学科。该书运用马克思主义的辩证唯物论和历史唯物论的世界观和方法论，融现代生态科学、经济学、系统学、协同学、管理学、文化学、社会学等学科理论知识为一炉，体现了学科交汇与整体创新。其中关于生态文明顶层设计的理论、生态文明经济各种形态的理论，关于循环经济是生态文明经济的方法论形态的论述，关于生态文化的研究范式、范畴、基本特征和发展规律的理论等，都是有别于传统认识的理论新见，读来令人耳目一新。

该书理论阐述直奔主题，理论架构简洁明了，逻辑联系紧密，内容由浅入深，知识面宽，信息量大。廖教授团队对生态文明的深厚理论功底，多学科的广博知识，调研实证资料的丰富，对学术发展的执着和追求，给人以深刻印象。该书的问世，相信能带给读者更多的启发和思考，对我国生态文明的理论发展和建设实践发挥重要作用。在此，欣然作序以祝贺该书的出版。

二〇一二年七月一日

注：序一作者系中国科学院院士，著名林学家、生态学家。

# 序 二

工业文明造成了资源枯竭、生态危机、环境污染、人类工业文明病蔓延的世界困境，严重威胁了地球生态母系统的生存。人们对工业文明的反思和应对地球危机的实践使人类选择了生态文明。生态文明是一种全新的社会文明形态，实践生态文明，是世界发展的趋势，也是人类文明发展的必由之路。特别在我国，建设生态文明是 21 世纪党的执政理念的重要创新，是转变发展方式、优化经济结构、建设创新型国家的有效路径，是中华民族实现科学发展跨越发展的战略选择，也是我国世世代代永葆幸福的重要基础。中共十七大把建设生态文明作为全面实现小康社会的重要内容，生态文明建设的研究和实践亟需《生态文明学》的问世。据我所知，廖福霖教授等的《生态文明学》是第一部把生态文明提升到学科高度的专著，并将成为我国建设有中国特色社会主义亟需的一门学科。作者在专著中对生态文明的理论体系和实践体系进行科学、系统、全面的阐述，为生态文明的学科发展提供了坚实的基础理论支撑；该书打破常规思维，主张以发展为主线，以转变生产方式和生活方式为出发点，以建设资源节约型、环境友好型、公众健康型社会为落脚点，以发展生态生产力为核心，以发展生态文明经济、建设生态文化为两翼，构建了生态文明建设的基本原理、顶层设计、主要内容、技术体系、基本规律和原则等理论和实践体系，富有创新；原创性地提出了生态文明经济的理念，阐明了它和工业文明经济的内在联系和本质区别，以及与自身子系统中互相补充又互相促进的各种经济形态之间的联系和区别，总结出生态文明经济的基本特征、基本规律等一系列理论问题；构建了以生态文化发展规律为主线的理论体系和生态文化产业的发展体系。是一部坚持科学性与价值性相统一、理论与实际紧密联系、具有重要学术价值和应用价值的专著，它的出版对促进生态文明建设和生态文明学科发展均具有引领意义，是对生态文明的教学、研究、实践的积极贡献。

阅读了《生态文明学》的稿子，还深刻感觉到廖福霖教授的团队研究生态文明学的显著特征是：在实践中研究理论，运用理论成果指导实践。

第一，注重对于实践的研究：实践之树常青，实践是理论的最重要源泉。

廖福霖教授及其团队十分注重对于生态文明实践的研究，他们除了亲身实践以外，坚持不懈地对国内外生态文明的实践做了大量的调查研究，把许多实践经验概括归纳、凝炼升华为理论；坚持对实践中存在或提出的问题进行深入的理论思考，有的放矢地提出理论阐释，所以许多独立见解与理论创新有极大的实践价值；又用研究的理论指导实践并通过实践的检验来修正和发展理论。如他的团队对福建长汀县治理水土流失、福建德化县发展生态文明经济等一大批生态文明建设实践的跟踪调研，验证了他们关于转变生产生活方式，遵循基本规律治理的理论，强调"生态文明建设追求生态效应、经济效应和社会效应的相统一与最优化"的重要原则。长汀县注重转变生产和生活方式，遵循生态法则和"三大效应"相统一的原则进行生态恢复与建设，增强公众和企业作为主体参加生态建设的经济动力和社会动力，很好地激发了积极性、主动性和创造性，在21世纪短短的十几年中，取得突破性进展的显著成效。从长汀经验可以看出，"三大效应相统一与最优化"的理论使生态文明建设有了更高的标准、更具体的途径和更新的原则。这种规范研究与实证研究紧密结合的方法，进一步增强了研究成果的科学性、针对性和可行性，值得倡导。

第二，理论能够有效指导实践：这本书除了具有系统理论外，还有一个显著的特点，就是其理论能够有效地指导实践，具有很强的实践性。如书中提出"类的生态文明"和"社会生态文明"形态的理论，客观地反映了生态文明从初级阶段到高级阶段发展的运动规律，基于这个规律，又把生态文明建设的目标分解为近景性目标、中期目标和远景性目标，这样不但增强了人们建设生态文明的信心，而且极大提高了可操作性。

在世界范围内怎样建设生态文明？关于"地球村人"的理论为我们指明了实践的道路。它有别于"行为人""社会人""经济人""生态人"和"共同体人"的理论，集中体现了整个地球知识化、信息化、生态化与一体化的特征，把自然、人、社会融为一个地球村，人与自然、人与人、人与社会、民族与民族、国家与国家都是地球村上的一员，面对共同的地球危机，必须和谐相处，合作共赢，才能有共同美好的明天，别无他择。虽然世界上还有许多不和谐的因素，但是这个趋势是不可逆转的。

在以前的经济发展中，出现了以牺牲生态环境换取经济增长的"二律背反"，现在理论界和实践部门都有人提出为保护生态环境必须停止经济增长的另一个"二律背反"，并且有些地方已经这样做了，不少人如坠雾海，不知所措。难道非走这两个极端不可吗？书中给我们的答案是否定的。可以通过发展生态生产力及其微观基础的生态文明经济，从内生力量突破两个"二律背反"，获取生态效应、经济效应与社会效应的相统一与最优化，使生态环境与经济增长双赢。

另外，关于"生态整体主义哲学观"的论证；关于"三大效应相统一"到"三型社会"的建设再到"三态和谐"实现的理论；关于"五个转变与创新"和提升生态省建设水平的理论；关于循环经济是生态文明经济的方法论形态，必须从自然—人—社会复合生态系统的层面实施循环经济，在"减量化、再循环、再利用"这三个原则的基础上，增加"生态系统增量化"原则等，这些理论创新都对生态文明建设的实践具有重要的指导意义。

陈征

于福建书斋2012年7月16日

注：序二作者系著名经济学家和教育专家，中国《资本论》研究会副会长，全国政协第六、七、八届委员。

# 第 1 版前言

## 一、愿望与现实

研究与撰写《生态文明学》，是我们研究团队长期以来的夙愿。古今中外对生态文明思想的大量阐述，特别是党的十七大把生态文明建设作为重大战略写进政治报告以后，国内外的研究更是形成热潮，生态文明建设的实践也在蓬勃发展，为我们实现这一愿望创造了充分必要条件。十五年来，我们在充分吸纳这些思想精华、大量总结实践经验的基础上，经过艰辛的研究，形成具有中国特色的生态文明及其建设的理论系统，为我们创建生态文明学的学科体系打下坚实的基础。我们经过两年的认真撰写，终于形成生态文明学的专著，实现我们抛砖引玉的愿望。希望能得到学界和实践部门更多的关注，进一步来完善和发展生态文明学这一学科。

## 二、理论与实践

《生态文明学》的研究与撰写遵循"实践—认识—再实践—再认识"的认识论原理，一方面充分吸收其他学者的研究成果，进行新的理论思考，创建新的理论体系；另一方面不断创造条件进行亲身实践、大量实地调研，包括利用出访联系工作和参加学术会议的机会，对美国、德国、法国、意大利、日本、澳大利亚、新西兰、越南等国和国内几十个市、县、乡镇、村以及企业的不同类型、不同层次的生态文明建设的实践进行了一百多场次的调研活动，认真归纳总结生态文明建设经验并进行理论提炼，然后把它放回实践中进行检验并修正，进一步完善与提升理论。这两方面的有机结合，成为《生态文明学》学科理论体系的主要来源。

## 三、研究与服务

著者对生态文明进行了十五年的系统研究，主要经历了三个阶段。《生态文明学》是在前面三个阶段成果的基础上进一步研究的综合成果。第一阶段从20世纪90年代开始，以2001年11月出版的《生态文明建设理论与实践》和2002年11月出版的《生态文明观与全面发展教育》为阶段性成果。其中，《生态文明建设理论与实践》一书获得时任福建省省长的习近平博士的充分肯定。出版社于2003年再版，2004年、2005年分别第3次、第4次印刷。2008年被贵州省贵阳市列为学习科学发展观的必读书籍之一。第二阶段从2002年开始，著者认为建设生态文明的核心是转变生产方式和生活方式，并进行了大量的研究，以2007年8月出版的专著《生态生产力导论——21世纪财富的源泉和文明的希望》为阶段性成果，该书获第八届福建省人民政府优秀社会科学成果一等奖；2007年10月党的十七大以后，著者又研究认为，生态生产力的微观基础是生态文明经济，于是又进行了生态文明经济体系的研究，并以2010年10月出版的《生态文明经济研究》为阶段性成果，该书获第九届福建省人民政府优秀社会科学成果二等奖，并由福建省社科联和社科规划办编辑的题为《关于发展生态文明经济，持续推进生态省建设的建议》的成果要报，呈送福建省委常委、省人大、省政府、省政协所有领导和省直机关等相关部门。

　　十五年来，我们十分注重运用研究成果为生态文明建设的实践服务。主要包括：①应各地（市、县、乡镇）、各部门、高校、学术团体、各企事业单位、各类培训班的要求，为干部群众开设生态文明理论与实践的辅导与讲座百多场次；②对地方制定生态省（市、县）建设规划、"十一五"规划、"十二五"规划以及相关生态文明的法规、政策提供咨询；③应邀参加省委、省人大、省政府以及相关部门召开的各种类型的座谈会，并就相关内容作专题发言；④为地方、企业制定生态文明建设的总体规划；⑤在党报发表系列文章（十二篇）阐述生态文明及其生态经济的理论观点，传播生态文明的实践经验，获得社会各界和众多读者的好评；⑥招收博士生、硕士生共20人，并为本科生开设专题讲座，培养输送人才。

## 四、未来与展望

　　这是第一部生态文明学专著。虽然著者进行了大量的理论思考，结合实地考察积累了大量素材，认真进行了经验总结并作出理论提升，但由于学术水平有限，理论与实践的不足，书中缺陷难免，专著出版的目的在于抛砖引玉，希望能够引起更多方面的关注,共同促进生态文明学科建设。"理论是灰色的,实践之树常青",新的生态文明建设的实践必将推动生态文明理论的进一步发展,生态文明理论的创新将取得新的、更大的成绩,生态文明学科建设将茁壮成长。

廖福霖

2012 年 6 月

# 目录

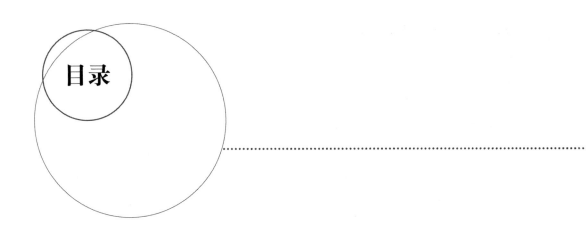

总序／陈宗兴

第 2 版前言／廖福霖

题词／李　红

序一／蒋有绪

序二／陈　征

第 1 版前言／廖福霖

## 上篇　生态文明学总论

### 第一章　生态文明的基本概念 …… 3
1.1　人类社会文明的发展历程 …… 3
1.2　生态文明的发生与发展 …… 5
1.3　"类的生态文明"与"社会生态文明" …… 8
1.4　生态文明的定义 …… 9
1.5　生态文明发展的趋势 …… 10

### 第二章　生态文明学研究的基本问题 …… 11
2.1　生态文明学研究的基本内容 …… 11
2.2　生态文明学研究的对象 …… 11
2.3　生态文明学关于人的理性假设 …… 12
2.4　生态文明学研究的方法 …… 14
2.5　生态文明学与主要相关学科的关系 …… 17

## 第三章　生态文明学的学科理论基础 …… 23

- 3.1　马克思主义关于复合生态系统理论 …… 23
- 3.2　习近平生态文明思想 …… 27
- 3.3　现代生态科学 …… 29
- 3.4　和谐协调理论 …… 36
- 3.5　现代系统学 …… 39

## 第四章　生态文明观 …… 41

- 4.1　生态文明哲学观：生态整体主义 …… 41
- 4.2　生态安全观 …… 43
- 4.3　生态文明生产力观 …… 44
- 4.4　生态文明价值观 …… 45
- 4.5　生态文明伦理观 …… 47
- 4.6　生态文明的本质特征 …… 48
- 4.7　生态文明消费观 …… 48
- 4.8　生态文明观的方法论 …… 49
- 4.9　生态文明的绿色精神 …… 50

## 第五章　生态文明建设的基本原理 …… 51

- 5.1　生产力原理 …… 51
- 5.2　本体论原理 …… 54
- 5.3　认识论原理 …… 55
- 5.4　人的主体性与客体性相统一原理 …… 58

## 第六章　生态文明建设的主要目标 …… 60

- 6.1　基础性目标：加快生态建设与环境治理，改善人类福祉 …… 60
- 6.2　中期目标：转变生产和生活方式，奠定生态文明基石 …… 62
- 6.3　中长远目标：建成美丽中国，不断推进中华民族永续发展 …… 72

## 第七章　生态文明建设的主要内容 …… 75

- 7.1　生态文明建设的基本内容 …… 75
- 7.2　生态文明建设的核心内容 …… 77
- 7.3　不同文明取向关于生产力的不同理解 …… 79
- 7.4　不能把发达生产力等同于先进生产力 …… 80
- 7.5　生态生产力是先进的生产力 …… 81
- 7.6　相关概念辨析 …… 83
- 7.7　生态文明建设的重点内容 …… 84

## 第八章　生态文明建设的技术体系······85
8.1　技术体系······85
8.2　生态化技术体系的内涵······86
8.3　生态化技术体系的结构、功能与特征······87
8.4　生态化技术体系的应用······89

## 第九章　生态文明建设的基本规律、原则和体制······96
9.1　协同发展规律······96
9.2　主要原则······101
9.3　生态文明建设的体制机制与制度······106

# 中篇　生态文明发展的基础：生态文明经济体系

## 第十章　生态文明经济体系基本概念······115
10.1　生态文明经济体系的基本概念······115
10.2　生态文明经济体系发展的基本要素······117
10.3　生态文明经济体系发展的层次性与适应性······119
10.4　生态文明经济体系与生态经济的关系：区别与联系······121
10.5　优势互相转变······122

## 第十一章　生态文明经济体系的基础理论······123
11.1　马克思恩格斯的物质变换理论······123
11.2　全球经济一体化理论······126
11.3　可持续发展经济理论······128
11.4　人的全面发展理论······132

## 第十二章　生态文明经济体系的结构与功能······138
12.1　生态文明经济体系的结构分析······139
12.2　生态文明经济体系的功能分析······146

## 第十三章　生态文明经济体系的发展过程······148
13.1　生态文明经济体系的非均衡发展······148
13.2　生态文明经济体系先发优势与后发优势的交融发展······150
13.3　生态文明经济体系的优势互转······156
13.4　生态文明经济体系的协同发展······158
13.5　生态文明经济体系发展过程示意图······163

## 第十四章　生态文明经济体系的发展机制······165
14.1　观念导引机制······165

|  |  |  |
|---|---|---|
| 14.2 | 制度保障机制 | 166 |
| 14.3 | 技术创新机制 | 174 |
| 14.4 | 人才培育机制 | 175 |
| 14.5 | 需求拉动机制 | 176 |
| 14.6 | 国际竞合机制 | 177 |

**第十五章 生态文明经济体系的核心形态：创新经济** 181

|  |  |  |
|---|---|---|
| 15.1 | 生态文明创新经济的内涵与外延 | 181 |
| 15.2 | 创新经济是生态文明经济体系的核心形态 | 184 |
| 15.3 | 生态文明创新经济的三个发展阶段 | 186 |
| 15.4 | 发达地区与欠发达地区的生态文明创新经济发展比较 | 187 |
| 15.5 | 发展生态文明创新经济的举措 | 194 |

**第十六章 生态文明经济体系的方法论形态：循环经济** 196

|  |  |  |
|---|---|---|
| 16.1 | 生态文明的世界观和方法论 | 196 |
| 16.2 | 工业文明经济与生态文明经济体系的方法论辨析 | 199 |
| 16.3 | 循环经济是生态文明经济体系的方法论形态 | 202 |
| 16.4 | 作为生态文明经济体系方法论的循环经济 | 202 |
| 16.5 | "系统循环经济"与"微循环经济"的联系与区别 | 204 |
| 16.6 | 循环经济与各生态文明经济体系形态的区别及联系 | 205 |

**第十七章 生态文明经济体系的高级形态：体验经济** 206

|  |  |  |
|---|---|---|
| 17.1 | 体验经济的内涵与外延 | 206 |
| 17.2 | 服务经济与体验经济的联系与区别 | 209 |
| 17.3 | 体验经济的理论基础 | 210 |
| 17.4 | 体验经济是生态文明经济体系的高级形态 | 212 |
| 17.5 | 体验经济发展分析 | 217 |
| 17.6 | 加快我国体验经济发展的对策 | 222 |

**第十八章 生态文明经济体系的基本形态（一）：生态经济** 226

|  |  |  |
|---|---|---|
| 18.1 | 国内外生态经济研究进展 | 226 |
| 18.2 | 生态经济的内涵 | 232 |
| 18.3 | 生态经济研究的主要内容 | 233 |
| 18.4 | "生态经济"与"绿色经济"联系和区别 | 238 |
| 18.5 | "生态经济"是"生态文明经济体系"的基本形态之一 | 239 |

**第十九章 生态文明经济体系的基本形态（二）：绿色经济** 241

|  |  |  |
|---|---|---|
| 19.1 | 绿色经济国内外发展动向 | 241 |

19.2　绿色经济的内涵 ················································· 244
　19.3　绿色经济的价值能效分析 ······································· 247
　19.4　绿色经济发展的 SWOT 分析 ···································· 249
　19.5　加快发展绿色经济的对策 ······································· 254

第二十章　生态文明经济体系的基本形态（三）：低碳经济 ············· 257
　20.1　低碳经济的兴起 ················································· 257
　20.2　低碳经济的内涵与发展动力 ···································· 259
　20.3　低碳经济发展目标 ·············································· 260
　20.4　中国发展低碳经济的基本要求 ·································· 261

第二十一章　生态文明经济体系的基本形态（四）：生态文明消费型经济 ········· 274
　21.1　生态文明消费型经济的内涵 ···································· 274
　21.2　发展生态文明消费型经济的重要意义 ·························· 276
　21.3　生态文明消费型经济发展存在的阻碍 ·························· 277
　21.4　建设绿色诚信市场，发展生态文明消费型经济 ················ 279

第二十二章　传统经济的改造提升 ········································ 284
　22.1　传统经济的历史演进及其内在矛盾 ····························· 284
　22.2　生态文明经济体系与传统经济的关系 ·························· 288
　22.3　用生态文明经济体系化解传统经济发展的内在矛盾 ··········· 289
　22.4　用生态文明经济体系改造和提升传统经济 ····················· 291
　22.5　生态文明经济体系是对传统经济的跨越 ······················· 295

# 下篇　生态文明的传承：生态文化

第二十三章　生态文化概述 ··············································· 299
　23.1　生态文化产生的背景 ············································ 299
　23.2　生态文化的性质 ················································· 301
　23.3　生态文化的科学界定 ············································ 303
　23.4　生态文化学的学科性质 ·········································· 304
　23.5　生态文化学的研究方法 ·········································· 305
　23.6　发展生态文化的目的和使命 ···································· 307

第二十四章　生态文化的思想理论渊源 ··································· 309
　24.1　中国文化中的生态思想资源 ···································· 309
　24.2　西方文化中的生态思想资源 ···································· 314
　24.3　马克思主义中的生态文化思想资源 ····························· 324

## 第二十五章 生态文化的范式、范畴、形式 ... 325
- 25.1 生态文化的基本范式 ... 325
- 25.2 生态文化的基本范畴 ... 327
- 25.3 生态文化的基本形式 ... 330

## 第二十六章 生态文化的基本特征与发展规律 ... 337
- 26.1 生态文化的基本特征 ... 337
- 26.2 生态文化的发展规律 ... 343

## 第二十七章 生态文化的基本要素 ... 350
- 27.1 生态美学 ... 350
- 27.2 生态文学（艺术） ... 359
- 27.3 生态科技 ... 362

## 第二十八章 生态文化的构建 ... 365
- 28.1 发展中国家的两难选择 ... 365
- 28.2 工业文化与生态文化的冲突与融合 ... 365
- 28.3 生态文化：时代的必然选择 ... 367
- 28.4 发展生态文化应处理的几个关系 ... 371

## 第二十九章 生态文化发展的回顾与展望 ... 377
- 29.1 生态文化的回顾 ... 377
- 29.2 工业文化向生态文化转型的若干阶段 ... 382
- 29.3 生态文化的创建 ... 385

## 第三十章 生态文化产业 ... 392
- 30.1 广义文化：生态文化 ... 392
- 30.2 生态文化产品分类及其特征 ... 393
- 30.3 生态文化产业的两重属性 ... 395
- 30.4 发展生态文化产业的战略选择 ... 398

## 附 章 生态文明研究综述 ... 404

## 参考文献 ... 411

## 后 记 ... 424

## 上篇

# 生态文明学总论

# 第一章

# 生态文明的基本概念

## 1.1 人类社会文明的发展历程

人类及其社会历经了 400 万年的时间，经过了漫长的蒙昧阶段后，进入了原始文明、农业文明、工业文明三个社会文明形态，现在正孕育、发展着生态文明这一新的社会文明形态。

### 1.1.1 原始文明

这是人类社会经过的第一个社会文明形态。由于火的发现、捕猎工具（即石头、树丫等生产工具）的发明以及语言、文字等的出现，人类逐渐摆脱蒙昧阶段，进入了原始文明的社会。但是在原始文明中，社会生产力仍然十分低下，人类对自然界的力量仍然是相当微弱的，仍然是被动地顺从自然，把自然视为神，自然成了人的主宰，人成了自然的奴隶。正如恩格斯所说："在原始人看来，自然力是某种异己的、神秘的、超越一切的东西。在所有文明民族所经历的一定阶段上，他们用人格化的方法来同化自然力，正是这种人格化的欲望，到处创造了许多神。"[①] 所以原始文明实际上是自然中心主义的文明。

在原始文明中，人与自然的关系，就深刻地影响着人与人、人与社会的关系。由于人对自然的不解、顺从乃至恐惧，人对自然的力量十分微弱，所以人类内（至少是氏族内）必须以某种集体的方法，以共同的劳动，以协调的方式来对付自然，应对自然界的侵袭，并且从自然界中获得生活资料。所以原始社会中，人与自然、人与人、人与社会的关系是低层次的"绿色文明"。

### 1.1.2 农业文明

由于种植业、畜牧业和冶炼技术的发展，人类不再直接从自然界中获得生活资料，而是靠种植"五谷"、果蔬及养殖家禽家畜来获得人类生活的必需品，它从根本上改变了人类完全依赖、顺从自然的状况。由于种植业和养殖业的需要，人类必须定居而形成了乡村，必须灌溉而修建水利设施。同时，人类还有了剩余产品的交换而形成集市（至今某些乡村

---

① 马克思恩格斯全集：第 20 卷[M]. 北京：人民出版社，1971：672.

还有赶集的现象），而这一切又使原始文明的自然文化过渡到农业文明的农耕文化(如气象、节季、种植养殖技术等)、人伦文化(如乡村习俗等)、人文文化(如产品的生产、流通、交换、脑力劳动和体力劳动分离等)。人类的主观能动性有了明显的展示，改变了完全依顺自然的状况，增强了抵御与支配自然的能力，人不再是自然神的奴隶。一方面，人类向自然索取的能力增强了，开始踏上了破坏自然生态系统的迷途，如由于种植业的需要和冶炼技术的发展，人类开始大片地砍伐森林，使这个地方失去储水的中心，然后变成沙漠等；另一方面由于人类支配自然的能力仍然是很有限的，仍然在很大程度上"靠天吃饭"，依赖自然。所以就全球来说，农业文明对生态环境的破坏仍然是有限的，还没有超出地球生态系统的自组织能力和抵御外力破坏能力的阈值。因此我们把农业文明也称为亚人类中心主义。这时候出现了剩余产品，私有财产，阶级分化，产生了阶级斗争，人与人、人与社会的关系进入了和谐与对抗，协调与斗争，发展与倒退的此起彼伏的历史阶段，这种矛盾不断激化，也掩盖了人与自然的关系。

### 1.1.3 工业文明

人类进入工业文明时代，只是近二三百年的时间，它以蒸汽机为标志，科学技术不断进步，人类掌握和运用科学技术的能力空前提高，生产工具不断更新，人与自然的关系进入了一个崭新的时代：人类喊出"知识就是力量"的响亮口号，展示了"征服与改造自然"的野心和能力。由此，人类不再是自然支配下的奴隶，也不是神支配下自然的主人，而是把自己视为大自然的主宰，仿佛自己已经成为征服和驾驭自然的神，进入了"人类中心主义"时代。由于人与自然关系的深刻变化和重大转折，也深刻地影响并推进了人与人、人与社会关系的深刻变化和重大转折。一方面，人类利用工业化强大的力量，在短短的几百年时间内向自然界索取的物质财富远远超过了以前所有历史的总和，它为人类生活数量的提高提供了物质基础；另一方面，由于工业文明的人类中心主义世界观和价值观占据主导地位，人类忘乎所以地对自然生态环境进行严重的破坏和摧残，达到无以复加的地步，充分暴露了人的暴力性和人性恶，以至自然界对人类实施了无情的报复和严厉的惩罚——资源枯竭、生态危机、环境恶化、自然灾害不断升级、人类工业病蔓延等。这一切，又加剧了人与人、人与社会关系的恶化。为了争夺自然资源，不断地发动战争。如，从鸦片战争以后，所有帝国主义列强对我国的侵略，都是为了瓜分我国的资源；20世纪初、中叶的两次世界大战，其深层的原因也都是为了掠夺资源；几次海湾战争的本质原因都是为争夺石油。专家预测，如果人与自然的关系继续恶化下去，那么争夺水资源将成为21世纪战争的主要根源。而现代化的战争无疑又会对自然生态环境雪上加霜。所以，如果人类还是固守着工业文明，那么人类、人类社会将与自然界一起走向灭亡，这绝不是危言耸听，而是隐含在活生生的现实之中的必然趋势。

### 1.1.4 生态文明

工业文明造成的严重后果，如果再任其发展下去，人类同自然界一起遭受灭顶之灾的日子将为期不远。所以人类对工业文明进行了深刻的反思。生态文明就是在这种反思中露出端倪。同时，由于社会生产力的不断发展，又使生态文明逐渐成为现实，并且必然取代工业文明而成为21世纪社会文明的主流。

## 1.2 生态文明的发生与发展

人类对工业文明的反思，经历了浅生态学、深生态学与可持续发展的三个阶段，然后进入了生态文明观阶段。

生态文明观来源于四个方面：一是源于马克思主义关于自然—人—社会复合生态系统内在有机联系，辩证统一的思想理论；二是传承了传统的朴实的生态文明思想，如中国的天人合一、和为贵、人法地、地法天、天法道等思想；三是吸收了主要来自西方的浅生态学、深生态学思想，包括生态社会主义和生态马克思主义等思想；四是实施可持续发展、建设生态文明实践的总结。所以生态文明观是在理论与实践相结合的层面，对工业文明社会进行了更加深入而有效的反思。首先，生态文明观是与社会经济发展相联系的，是指导自然—人—社会复合体全面、协调、持续发展的理论体系；其次，生态文明作为实践体系，具有物质的、精神的、制度的三个层面，而不仅仅是思想的；第三，生态文明观充分体现人的主体性（即人的主观能动性），同时也不把人的主体性混同于人类中心主义，真正贯穿了辩证唯物主义和历史唯物主义这一主线。

从学术的角度分析，真正生态文明观的反思，是以1962年美国著名女科学家、文学家蕾切尔·卡逊发表的、揭示生态环境问题及其对人类严重危害的小说《寂静的春天》为标志，其经历了四个阶段。

### 1.2.1 第一阶段：20世纪60年代初到70年代初

在1962年之前，几乎所有的报刊书籍都找不到"环境保护"这个词，"这就是说，环境保护在当时并不是一个存在于社会意识和科学讨论中的概念"[1]，而《寂静的春天》正如长夜中响起的一声春雷，作者以大量的科学试验事实为依据，以优美的文字和巧妙的文学构思，揭示了农业上大量使用农药和化肥，会使一个春意盎然、生机勃勃的生物圈变成死一般的寂静，并且通过生态系统的客观规律（如生物链），直接危害到人类自身（甚至会引起人类基因的突变），最终人类将同生物界一样面临毁灭的危机[1]。这本书后来被称为"绿色圣典"。

卡逊为了写这本书，亲自做了大量的科学试验，阅读了几千篇研究报告，和一大批有关领域的科学家保持联系，并从中获得许多的科学试验数据。小说出版后得到美国公众的迅速反应和支持，但是也出现了十分激烈的争议，人们对生态与环境问题的认识出现了严重的分歧。这些分歧的关键不在于对生态与环境问题存在的事实本身，而是与经济利益和政治利益紧贴在一起，美国的工业界（特别是化工界）、农业界，甚至是医学协会都出来攻击卡逊（甚至是人身攻击），政界为了在竞选中取得相关财团的支持，或因在竞选中已取得相关财团的支持，也站在反对的队伍里。"卡逊迎战的力量来自她对真情实况的尊重和对人类未来的关心"[1]，虽然得到广大民众的支持，但是终究是势单力薄，卡逊心力交瘁，2年后便与世长辞。但是卡逊和一批知识分子的努力最终唤醒了民众的支持，美国掀起了大规模的以环境保护为主题的民众运动，并震惊了政府，政府开始组织专门调查团进行调查，一直延续到1972年联合国召开第一次全球环境大会，才逐渐取得一致。

---

[1] （美）蕾切尔·卡逊著，吕瑞兰，李长生译. 寂静的春天[M]. 长春：吉林人民出版社，1997：译序，2.

### 1.2.2 第二阶段：1972 年到 20 世纪 80 年代末

这一阶段有两个重要特点：一是联合国和各国政府的重视和行动，人类有了生态文明的潜意识；另一个则是学术上的深化，出版了《增长的极限》《只有一个地球》这两本绿色圣经。它们对于人类的统一认识、共同行动起到了一个基础性的作用。其中《增长的极限》是来自十个国家的科学家、教育家、经济学家、人类学家、实业家以及国家和国际的文职人员，约 30 人历经 4 年之久的综合研究成果。它使人类进一步看到全球生态与环境问题、人口与粮食问题等的严重性和紧迫感①："如果在世界人口、工业化、污染、粮食生产和资源消耗方面按现在的趋势继续下去，这个行星上增长的极限有朝一日将在今后 100 年中发生。最可能的结果将是人口和工业生产力双方有相当突然的和不可控制的衰退。"②同时，又认为，只要全世界人民觉醒起来，采取共同的行动，是可以改变这种趋势，以支撑遥远的未来。

《只有一个地球》是在 58 个国家的科学界和知识界的 152 位知名人士组成的通讯委员会的协助（顾问）下编写而成的，是在 1972 年斯德哥尔摩联合国第一次人类环境大会上的非官方报告。"虽然是一份非正式报告，但却起了基调报告的作用，其中的许多观点被会议采纳，并写入了大会通过的《人类环境宣言》。"②这份报告的最大价值在于"当人类活动对环境正在产生深远影响的时期，使世界上第一流的专家和思想家们，就人类与其所处的自然环境之间的关系方面，都能准确地表达他们的知识和主张"①。

《只有一个地球》提出了一个十分著名的思想："我们已进入了人类进化的全球性阶段，每个人显然也有两个国家，一个是自己的祖国，另一个是地球这颗行星"①，它要求每个国家、民族、个人都要"培育一种对地球这个行星作为整体的合理的忠诚"①。

《只有一个地球》还提出了解决问题的措施和途径，其中值得一提的有两个方面：一是提出发展经济的策略：绿色革命。"绿色革命"在农业上的突破，可望全面推动现代化的各种重要因素向前发展①；二是提出综合的整体观的方法论，要求人们放弃简单的方法，改用一种自然界的、人为的和传统方法相配合的办法。只有采取相结合的复杂方法才能解决问题，而简单的做法却达不到目的。

在这一阶段中，认识得到了更多的统一，蕾切尔·卡逊也从被攻击到被肯定，她的小说《寂静的春天》被认为和"日心说"、《物种的起源》一样具有划时代意义，被视为"绿色圣典"。小说惊醒的不只是美国公众，还包括全世界公众。卡逊成了现代的哥白尼。

但是，问题远没有解决，而仅仅是个开端。"长期流行于全世界的口号——'向大自然宣战''征服大自然'，仍然越喊越响。"③"真实的结局是《寂静的春天》出版后 22 年，法律、法规和政治体制都没有足够的反应。"②存在这些问题的深层原因是多方面的，其中值得重视的原因有三个：一是对事实的认可，但价值判断不一致，解决问题的思想有差别，这就涉及世界观与价值观的统一，当时尚未具备统一的实践条件；二是对事实的认可，但

---

① （美）丹尼斯·米都斯等著. 李宝恒译. 增长的极限[M]. 长春：吉林人民出版社，1997：译序，英文版序.
② （美）芭芭拉·沃德，勒内·杜博斯著，《国外公害丛书》编委会译校. 只有一个地球[M]. 长春：吉林人民出版社，1997：中文版序，英文版序，前言，188.
③ （美）蕾切尔·卡逊著，吕瑞兰，李长生译. 寂静的春天[M]. 长春：吉林人民出版社，1997：译序，前副总统阿尔·戈尔作的序.

仍然与经济利益和政治利益密切相关，既得利益者为了其经济与政治利益而置之不理甚至设置障碍；三是对事实的认可，但经济发展模式仍然是工业文明那一套，发达国家没有跳出工业文明生产方式和生活方式的圈圈，发展中国家仍然重蹈发达国家先破坏后治理的覆辙。

总而言之，在这一阶段中，人们一方面加深了认识、探索了原因，对工业文明社会进行了初步的反思，也有一些生态建设和环境治理的实践，处于统一与分歧交叉、污染与治理交叉、破坏与建设交叉的阶段。

### 1.2.3　第三阶段：20世纪80年代末到20世纪90年代末

人们经过不断的反思和实践，认为就生态谈生态，就环境谈环境的思维方法是无法彻底解决问题的，解铃还需系铃人，由发展理念和模式不当引起的生态与环境的问题必须通过转变发展理念和模式来解决。所以产生了可持续发展的思想与实践；同时生态学和环境科学与其他自然科学、社会科学互相交叉渗透，相继出现了一大批新兴学科，如环境经济学，城市生态学，工业生态学，生态经济学，人口、资源与环境经济学，可持续发展经济学，生态哲学，生态伦理学，生态文学，生态美学，生态法学，教育生态学等，并且得到迅速发展，这就为生态文明的理论和实践打下了重要基础。

在学术上，这一阶段的一个重要标志，是出版了《我们共同的未来》这本书，它被称为又一绿色圣经。它是1983年开始，由挪威首相布伦特兰夫人领导的世界环境与发展委员会的一份调查研究报告，历时4年，于1987年秋提交第42届联合国大会审议。参加这份调研报告撰写的有中国、美国、德国、日本、前苏联、印度、沙特阿拉伯、匈牙利、圭亚那等21个国家的外交部长、财政和规划官员、高级经济学家、农业、科学和技术的决策人等。"在我们工作的时候，民族主义以及'工业化国家'和'发展中国家'，东方和西方之间人为的界线消失了。取而代之的是对地球以及对人民、组织和政府正与之斗争的互相联结的生态和经济威胁的共同的关切。"①所以它是超越文化、宗教和区域的对话，是不同观点、不同价值观和不同信仰的切磋，是不同经历和见识的融洽。

这份报告的重要特点是"形成一个学科间综合的方法去处理全球所关心的问题和我们共同的未来"①。报告提出了生态与环境问题，发达国家应负主要责任，应在环境整治、生态建设方面作更多努力，但是它不仅仅是发达国家的问题，而且是全世界的问题，它也成为发展中国家生死攸关的问题。发展中国家不能重蹈发达国家先破坏再治理的老路，否则是没有出路的，所以在生态与环境问题上，应有共同的关切，面对共同的挑战，进行共同的努力。进一步发展共同的认识和共同的责任感。提出生态环境问题与发展问题密切相关，发展不仅仅是使穷国变富国，而是有其全面深刻的内涵：它是经济、社会与环境相统一（而不是相割裂）的可持续发展，它要求各国政府在制定政策时，"既考虑经济、贸易、能源、农业和其他方面，同时也考虑生态方面；它们应放在相同的日程上，并由相同的国家和国际机构加以考虑。"①

书中还提出一个重要思想：解决生态与环境问题，不仅寄希望于政府，还寄希望于公

---

① 世界环境与发展委员会著，王之佳，柯金良等译. 我们共同的未来[M]. 长春：吉林人民出版社，1997：前言，13.

众,特别是青年。"本委员会特别是在向青年人讲话;全世界的教师在将本报告传达给青年人的过程中将发挥关键性的作用"①。而公民团体、非政府组织、教育机构和科学界在提高公众意识,促进政治变革和全世界可持续发展方面也将发挥重要的作用。

这个阶段还有一个重要标志,就是1992年在巴西的里约热内卢召开的联合国环境与发展大会。在这个大会上,各国政府在《里约宣言》上签了字,承诺了共同实施可持续发展战略,并尽快落实在行动上。促进了各国政府把可持续发展思想转变成本国发展的战略,把可持续发展的认识转变成共同的行动。此后,在国际市场上,可持续发展成为进入国际市场的重要准入证(如绿色贸易得到迅速发展),可持续发展的实践在世界如火如荼地展开。

### 1.2.4　第四阶段:20世纪90年代末到现在

国内外的学者们又认识到,自然、人、社会是一个有机联系的整体,是一个大生态系统。所以,仅就发展问题,仅就人与自然的关系的反思还是不够的,必须对工业文明世界观、方法论、生产方式和生活方式,以及人与自然、人与人、人与社会的关系进行全面反思,建立一种新的社会文明形态,才能使自然—人—社会这个复合体走向和谐协调、持续发展、全面繁荣。我国一大批相关学科领域(如生态学、哲学、经济学、环境科学、文化学、管理学、社会学、艺术学、系统学等)的学者,从各个方面各种角度整合中国与西方传统中关于生态文明思想的精华,综合各个新兴学科的科学内核,总结大量实践经验并上升为理论,还有许多党和国家领导人站在世界和国家层面阐述生态文明理论并予以实践。这一时期,我国涌现了大量的生态文明建设的实践活动,如建设生态省、生态城市、生态区域;发展生态工业、生态农业、生态第三产业;发展绿色经济、循环经济、低碳经济;倡导绿色消费、发展生态文化、建设生态道德等。这些实践又为理论的深化和升华提供了坚实的基础,于是关于人与自然、人与人、人与社会复合体和谐相处、协调发展、全面繁荣、兴盛不衰的总的观点、理论和实践得到不断发展。

特别是中共十七大提出建设生态文明的战略,九州大地生态文明建设如火如荼地展开,生态文明理论不断丰富繁荣,被国际后现代性社会研究的权威专家称为是对世界的原创性贡献,他们认为作为执政党提出生态文明建设战略在世界是首创,生态文明的希望就寄托在中国。

由此可见,生态文明发端于生态与环境问题,它引发了人类对工业文明的反思,产生了可持续发展思想,进而产生了生态文明观并发展成为一种世界观和方法论,最终指导人们建立一种新的社会文明形态,以取代工业文明社会。生态文明虽然刚刚露出端倪,但必将发展成为21世纪社会文明的主流。

## 1.3　"类的生态文明"与"社会生态文明"

在人类文明历史的发展中,始终存在着两种文明形态,我们称之为"类的文明"和"社会文明",它们是生态文明研究的两个基本概念。类的文明是指:在同一个历史文明阶段

---

①　世界环境与发展委员会著,王之佳,柯金良等译.我们共同的未来[M].长春:吉林人民出版社,1997:前言,13.

中存在的各类的文明形态，如农业(农耕)文明阶段存在的物质文明、精神文明；工业文明阶段存在的物质文明、精神文明、政治文明；生态文明时代的物质文明、精神文明、政治文明和类的生态文明。社会文明是指：不同历史阶段所具有的不同的社会文明形态，如原始(狩猎)文明、农业文明、工业文明和生态文明。社会文明是一个复杂的整体系统，类的文明是其分系统，是社会文明的基础和主要组成。生态文明不但是类的文明，而且是社会文明，两者交叉融洽，有机联系，也有重要区别，类的生态文明主要指人与自然的和谐关系，重点是生态恢复与建设、环境治理与保护。在原始社会文明中，人类虽然没有对自然界进行破坏，但是生产力非常低下，人类经常受到自然界(特别是野兽)的侵害，几乎没有抵御自然灾害的能力，一方面经常饥寒交迫，另一方面又十分畏惧自然，在自然面前只能俯首称臣，人与自然的关系是不和谐的；农业文明社会中，由于生产力的发展，特别是科技的进步，萌发、发展了类的生态文明，人与自然的关系获得一定程度的和谐协调，但仍然是低层次的类的生态文明；工业文明高度发达的生产力创造了巨大的物质财富和精神财富，这无疑是人类历史的巨大进步，但是工业文明社会不但把农业文明社会中类的生态文明破坏的荡然无存，而且造成自然—人—社会复合生态系统的严重危机，处于万丈深渊之前；生态文明是人类拯救地球(包括拯救自己)的需要，并且生产力发展到今天，已经进入知识经济和生态文明经济时代，人类能够更大程度发挥主观能动性，不断改善人与自然的关系，建立起资源节约型、环境友好型、人类健康型的生产方式和生活方式，实现生态效应、经济效应和社会效应相统一与最优化，从内生力量建立起自然—人—社会复合生态系统和谐协调、共生共荣、共同发展的社会生态文明形态，这也是生态文明不同于其他社会文明形态的主要标志，是人类社会向更高文明形态发展的使然。需要强调指出，根据马克思恩格斯关于对立统一、量变到质变、否定之否定的基本理论，生态文明是在工业文明中萌芽与发展的，它首先是以类的文明形态出现，经过不断发展，过渡到社会文明形态，是一种渐变的、由量变到质变的过程，要经过很长的工业文明与生态文明共同存在的中间阶段，类的生态文明就是中间阶段的主要产物，其中工业文明不断变小，生态文明不断变大，以至出现质的飞跃，实现社会形态的生态文明。我们现在的生态文明建设是两者结合，以类的生态文明建设为基础，发展转变成为社会生态文明形态。

## 1.4 生态文明的定义

生态文明是指人类充分发挥主观能动性，认识并遵循自然—人—社会复合生态系统运行的客观规律建立起来的人与自然、人与社会、人与自身和谐协调的良性运行态势，和谐协调、持续全面发展的社会文明形态，它是人类创造的物质成果、精神成果和制度成果的总和，是人类 21 世纪社会文明发展的必然趋势，是一种新的文明形态。生态文明是历史发展阶段中社会文明的更替，是相对于原始文明、农业文明、工业文明的新的社会文明形态，是更高层次的社会文明的理想和实践。它包括了四个类的文明层面：一是物质文明层面，是一种新的生产方式和生活方式，主要是发展生态生产力及其生态文明经济，确立生态文明消费观及其消费模式，这是根本；二是精神文明层面，是一种新的世界观和方法论，新的文化发展体系，这是指导；三是政治文明层面，是一种新的制度和机制，新的社会发展体系，这是保障；四是类的生态文明层面，即生态恢复与建设，环境治理与保护，这是当务之急。

## 1.5 生态文明发展的趋势

生态文明的发展可能要经过两个阶段：第一阶段是以类的生态文明的发生发展为主，孕育着社会形态的生态文明，这一阶段可称为初级阶段；第二阶段发展成为社会形态的生态文明，包含着类的生态文明，这一阶段可称为高级阶段。生态文明属于全人类，但是它可能在某一国家或区域首先建成，特别像我国这样的社会主义国家，不但能够建设好人与自然的和谐关系，而且具备了人与人、人与社会和谐的必要基础条件，所以能够首先建成自然—人—社会复合生态系统的和谐协调、共生共荣、共同发展的生态文明；中国共产党提出的科学发展、建设和谐社会、建设生态文明、构建和谐世界等一系列生态文明建设的主张、内容和途径，既有类的生态文明的因素，又有社会生态文明的要求，对于世界的生态文明建设，具有先导性作用；我国十几年来生态文明建设的实践和发展态势是十分喜人的，可以从中看到首先建成生态文明的希望。世界许多国家和地区（特别是发达国家和地区）的生态文明建设也各有千秋，主要是在类的生态文明方面，至于如何建设成为生态文明的社会，还需要很长时间的实践和研究，但是有一方面是可以肯定的："先进的生产方式与文化最终同化落后的生产方式与文化，这是历史发展的趋势"[①]，在全人类面临的共同灭顶之灾面前，在共同命运中只有合作共赢才能共渡难关，而在合作共赢中可以促进和谐协调、共同发展。我们相信后代人一定比我们更有智慧，他们能够实现这一愿望。

---

① 汪征鲁. 闽文化新论[M]. 北京：中国社会科学出版社，2011：绪论(第5页).

# 第二章

# 生态文明学研究的基本问题

从 20 世纪 60 年代初至今的数十年时间里,生态文明在全球方兴未艾,生态文明的研究和实践蓬勃发展,建立生态文明学具备了必要和充分条件。生态文明学研究以下基本问题:

## 2.1 生态文明学研究的基本内容

生态文明学作为新的学科,其研究的内容极其广泛而复杂,至少包括以下几方面的主要内容。

(1)生态文明学研究的对象;
(2)生态文明学关于人的理性假设研究;
(3)生态文明学与相关学科的联系与区别;
(4)生态文明学的学科基础理论;
(5)生态文明观;
(6)生态文明观建设的基本原理;
(7)生态文明建设的顶层设计;
(8)生态文明建设的主要内容;
(9)生态文明建设的技术体系;
(10)生态文明建设的基本规律和原则;
(11)生态文明学的主干学科——生态文明经济;
(12)生态文明学的主干学科——生态文化。

## 2.2 生态文明学研究的对象

生态文明中的"生态",源于自然科学的生态,但是已经远远超出自然科学的范畴,是自然科学与人文社会科学的交融。如果还把它理解为纯粹的自然生态,就容易走向机械唯物主义,在实践中出现的把生态恢复建设、环境治理保护与经济社会发展相割裂、相对立的思想与做法,是这种机械唯物主义的表现。

生态文明学是研究自然—人—社会复合生态系统（也称为地球生态母系统）和谐协调、共生共荣、共同发展的科学。其中和谐协调是基础；共生共荣是目标，是和谐协调与持续发展，全面繁荣良性互动的结果；共同发展旨在说明共荣是不断向着新的境界发展，而不是停滞在某一个层面上。生态文明学应用马克思主义哲学、现代生态科学、系统理论、协同理论、创造学、经济学、文化学、社会学、未来学、管理学等基本理论，研究生态文明及其建设的理论体系和实践体系，是社会科学和自然科学融合渗透、有机结合的新学科，它的主要分支有生态文明经济学和生态文化学。

人们对客观事物的认识，总是需要一个过程。人们对生态文明的认识，同样走过了从侧面到比较全面，从不完善到逐步完善的过程。在早期的研究中，许多学者是从狭义上理解生态文明，单纯地视为人与自然的关系，当作一种类的文明形态，相对于物质文明、精神文明、政治文明而言（现在仍然有一些学界同仁和许多实际工作者持这种看法）。随着研究和实践的深入，人们发现，单纯地讲人与自然的关系，既不全面，也难以实施。自然—人—社会是一个巨大复杂的复合生态系统，自然界的运行、人类的活动、经济社会的发展，三者有机联系，不可分割。人类及其社会首先就是自然界的产物，是地球生态母系统的一个子系统。马克思、恩格斯关于共产主义文明社会的设想就是：人与自然、人与人的矛盾的真正解决；人与自然、人与人的真正和解。在自然—人—社会复合生态系统中，人与自然的关系是基础，但它不是孤立的，它必然要影响到人与人、人与社会的关系，包括代内关系和代际关系，如生态难民、环境危机危害全人类；争夺资源引起战争；种树获得诺贝尔和平奖等。并且，如果单纯地谈人与自然的关系，人们就容易把生态、经济、社会三者割裂开来，容易单纯地就生态讲生态，就环境讲环境，最终走向泛生态主义。这对于经济社会的发展是极其不利的，也难以调动企业、政府以及社会各界建设生态文明的积极性、主动性和创造性，它不符合自然—人—社会复合生态系统运行的客观规律。而人与人、人与社会的关系是关键，人类的文明观指导着人与自然的关系，人与人、人与社会的关系没有处理好，人与自然的关系就难以和谐协调。如在全人类应对气候变化中，发达国家应当承担主要责任（包括还历史之账），对发展中国家提供无偿的技术和资金的帮助，如果不处理好这层关系，许多困结就难以解开，应对气候变化就难以成效；还如，分配的公正性问题、生态补偿问题、战争对生态环境的破坏问题等，当代人如果不为后代人留下生存与发展的条件，后代人对自然生态系统的摧残可能更加严重，以致形成历史的恶性循环，最终导致地球生态母系统的毁灭等。所以，无法避开人与人、人与社会的关系而单纯地谈人与自然的关系。

本书作者把生态文明当作自然—人—社会复合生态系统的社会文明形态来研究，认为生态文明建设就是把自然、人、经济社会统一起来，既有物质文明建设，也有精神文明建设和政治文明建设，它能够获得生态、经济、社会三大效益的相统一和最大化，这样的生态文明建设才能让企业、政府、公众都有积极性。关于类的生态文明形态与社会生态文明形态，早期学术界分歧比较大，现在虽然也还有争议，但已逐步趋于统一，特别是我国和欧、美等早期研究生态文明的学者，基本上都把生态文明作为社会文明形态来研究。

## 2.3　生态文明学关于人的理性假设

人的理性假设是许多学科研究的逻辑起点。在近代经济社会发展中，学者们对人的理性假设主要有五种：一是早期的行为管理学把人作为"机械人"来研究；二是后来的管理心理学把人视为"社会人"来探索；三是传统经济学把人当作"理性经济人"，视为追求经济利益最大化的人，所以对于"经济人"来说，当生态效益与经济效益发生矛盾时，就很难自觉地考虑前者，必定是以牺牲生态效益来获取经济效益；四是最近有学者提出"生态人"的假设，它纠正了"经济人"的弊端，但有些人却滑向泛生态主义一边，主张为了保护生态环境必须停止经济增长，这显然是不可行的；五是美国后现代性社会研究的领军人物小科布提出"共同体人"的假设，这对于生态文明的研究是一个巨大的进步，但他主要是从社会学的角度来研究。

从生态文明学角度研究，现代人实际上是"地球村人"，并把它作为生态文明学研究的逻辑起点。"地球村人"是当代自然—人—社会复合生态系统的客观存在和发展的必然趋势。"地球村"是21世纪全球生态化时代、知识化时代、经济一体化时代、信息网络化时代的集中表达，生态化和知识化是全球的，经济一体化和信息网络化使地球像一个村庄，所以地球村是宏观世界与微观世界的有机统一（其中地球是宏观的，村是微观的）。资源能源枯竭、生态环境恶化、自然界对于人类的报复、人类工业文明病蔓延等危机是全球性的，而这一切都"不是魔法，也不是敌人的活动使这个受损害的世界的生命无法复生，而是人类自己使自己受害"①，所以共同应对危机是事关全人类前途命运、各民族兴衰成败的大事，是全人类最紧迫的大事，"保护环境是全人类的共同事业，生活在地球上的每一个人都有责任为维护人类的生存环境而奋斗。环境问题和可持续发展目标，只有在国际合作的条件下才能获得解决"②。全人类已经逐渐达成共识，有最多的共同愿望、共同语言和共同行动——不分地理区域、不分国家民族、不分社会性质、不分意识形态；由于人类的前途和命运是紧紧连在一起的，就像一个村庄里的人，必须和谐协调、同舟共济，合作双赢，才能共渡难关，这是历史的必然选择，也是我国领导人提出构建和谐世界的基本前提，是生态文明必将在全世界发生和发展的宏观内在必要条件。构建和谐世界是非常艰巨和长远的，需要经过一代又一代的努力，中间还会有曲折和反复，但是其发展趋势是不可改变的。

地球村人是追求生态效应、经济效应与社会效应相统一和最优化的人，"三大效应"相统一和最优化能够满足人类物质、精神、生态的需要，满足自然生态系统自身繁荣、发展的需要，满足社会经济协调、持续、全面发展的需要，需要的满足是实现和谐的最基本最重要的内在必要条件；"三大效应"相统一与最优化能够从内生力量破解资源环境的瓶颈，破解工业文明中为了经济效益而牺牲生态效益的"二律背反"，以及生态经济研究与实践中一些人主张为了保护生态环境而停止经济增长的另一个"二律背反"；"三大效应"相统一与最优化是生产方式与生活方式的转变，对于解决资源能源、生态环境、人类工业病等问题，是内在的治本而不是外在的治标。

"地球村人"表达了自然—人—社会复合生态系统整体主义的世界观和方法论，它强调

---

① （美）蕾切尔·卡逊著，吕瑞兰，李长生译. 寂静的春天[M]. 长春：吉林人民出版社，1997：2.
② 世界环境与发展委员会著，王之佳，柯金良等译. 我们共同的未来[M]. 长春：吉林人民出版社，1997：序（第2页）.

的是空间整体性、时间整体性、时空统一性和方法的综合性。空间整体性是"地球村人"赖以生存的客观要求。地球是全人类的，地球上的生物和环境也是全人类的，人类必须协同起来，与其共生共荣共同发展。达尔文指出，人类和其他物种是在地球这颗行星上一起旅行的诸兄弟同仁，是一丘之貉，"我们已进入了人类进化的全球性阶段，每个人显然地有两个国家，一个是自己的祖国，另一个是地球这颗行星"①。时间整体性是"地球村人"可持续发展的客观要求。"地球村人"不单指当代人，而且指儿孙后代，是一代又一代的生存与发展、繁荣与进步。但是由于工业文明造成的资源枯竭、生态危机、环境恶化、人类工业病蔓延，"我们不只是继承了先辈的地球，而是借用了儿孙的地球"②。后代人没有现在的发言权，我们不能再做吃子孙饭、断子孙路的事。时空统一性集中表达了时间和空间相统一的和谐的整体观、协调综合的方法论。"我们处在各国历史的这样一个时代，现在比以往任何时候都更加需要协调的政治行动和责任感"③，这是超越文化、宗教和区域的对话，是不同观点、不同价值观和不同信仰的切磋，是不同经历和认识的融洽。其重要特点是"齐心协力地形成一个学科间综合的方法去处理全球所关心的问题和我们共同的未来"③。

"地球村人"既反对人类中心主义，又反对泛生态主义（实际上是生态中心主义）。人类中心主义否认人类的客体性，无限制地夸大了人类的主体性，把人类当作主宰一切的唯一力量，表现出人类的暴力性和人性恶，导致人类无视地球生态母系统的客观规律，大肆摧残自然，最终也摧残人类自己，这是工业文明哲学的核心；而泛生态主义又走到另一个极端，只强调人类的客体性而否认其主体性，特别忽视了人类的主观能动性，因而容易走向悲观主义——走向停止增长，这是深生态学哲学的核心；"地球村人"在表达自然—人—社会复合生态系统的整体性的同时，也表达了人类的主观能动性，人在复合生态系统中既是客体又是主体，既是目标也是手段，是实现自然—人—社会复合生态系统和谐协调、共生共荣、共同发展的中坚力量——这是生态文明哲学的核心；"地球村人"表达了生态文明的本质特征：和谐协调，这就是生态和谐、社会和谐与心态和谐。全人类的共同命运决定了人类必须走和谐协同、和平发展、合作共赢之路，"它毕竟代表了人性与人的天良的一些最本质因素，它会在人类社会演化到更文明的阶段时，不仅保存下来，而且与时俱进，演化到极致。"④

## 2.4 生态文明学研究的方法

科学研究是一种创造性劳动，研究方法对于创新起到重要作用。哲学家黑格尔曾经把研究方法比作犁，把研究成果比作犁过的地，认为犁比犁过的地更重要。我国古代就有"授人以渔"比"授人以鱼"更根本之说，也是说明方法的重要性，方法得当，事半功倍，

---

① （美）芭芭拉·沃德，勒内·杜博斯著，《国外公害丛书》编委会译校. 只有一个地球[M]. 长春：吉林人民出版社，1997：前言（第17页）.
② （美）丹尼斯·米都斯等著，李宝恒译. 增长的极限[M]. 长春：吉林人民出版社，1997：译序（第2页）.
③ 世界环境与发展委员会著，王之佳，柯金良等译. 我们共同的未来[M]. 长春：吉林人民出版社，1997：前言（第6，9页）.
④ 汪征鲁. 闽文化新论[M]. 北京：中国社会科学出版社，2011：绪论（第2页）.

方法不当，事倍功半。科学方法的本质特征对于所有的科学都是共同的，但不同的学科、不同的问题，其研究方法却有很大的差异。生态文明学研究的是新的社会文明形态及其发生发展的规律，既有历史的也有现实的还有未来的，既有国家的也有区域的还有国际的，既有生态的也有经济的还有文化的，其一维（时间）、二维（空间）和三维（内容）的跨度都很大，不但需要运用许多具体的方法，而且特别需要运用综合的协同的方法，主要有以下几个方面：

### 2.4.1 辩证唯物主义和历史唯物主义的总方法

辩证唯物主义和历史唯物主义既是马克思主义的世界观，也是马克思主义的方法论，它以自然—人—社会复合生态系统的整体为对象，研究自然、社会和思维的最普遍、最一般的规律，从总体上对存在与意识、人与自然、人与人、人与社会之间的关系作出最高程度的概括，为自然科学、社会科学、思维科学这三大领域的科学研究提供世界观和方法论（如国外一些研究物理学、生态学、生物学领域的专家学者认为，马克思著作对他们的研究提供了方法论的指导），也为具体的研究方法提供了基本的普遍原则。可见，辩证唯物主义和历史唯物主义作为方法论的内容和特征，都和生态文明学的研究内容和特征十分吻合，是生态文明学研究的最高层次的方法论。例如，应用辩证唯物主义和历史唯物主义的方法分析自然—人—社会复合生态系统中人类与自然的斗争与同一的"对立统一"、主体与客体的"对立统一"、人作为目的与作为手段的"对立统一"、为了人与依靠人的"对立统一"等，为建立生态文明哲学观提供了理论分析和逻辑思维的强有力的工具。如，生态文明哲学观认为，人与自然是一对"对立统一"的辩证体，既有斗争性又有同一性，最终是以同一性为主。工业文明因其违背了这一规律，只讲对立不讲统一，对自然进行掠夺、破坏，结果是自然界用其内在的法则报复了人类，自然界已经向人类亮起了黄牌、橙牌和红牌。生态文明强调人与自然的统一性、人作为主体与作为客体的统一性、作为目的与作为手段的统一性，人类能够充分发挥主观能动性，认识、掌握、应用自然—人—社会复合生态系统运行发展的客观规律，合规律合目的地与自然和谐协调、共生共荣、共同发展，表现出人类的协调性和人性善，既可以取得第一步结果，又可以获得第二步、第三步结果。应用辩证唯物主义和历史唯物主义分析生态文明建设的过程和发展趋势，会使我们对于生态文明建设既充满信心，又脚踏实地。

### 2.4.2 自然科学与社会科学相结合的方法

生态文明学是自然科学与人文社会科学的高度有机融洽，其研究必须应用自然科学与社会科学相结合的方法，如整体分析的方法、系统联系的方法、循环动态的方法、开放交流的方法、试验观察的方法、社会调查的方法、比较借鉴的方法等，尤其是生态科学和系统科学，强调整体性和层次性、联系性和协调性、循环性和多向性、开放性和动态性，反对形而上学、反对单一的、单向的、孤立的、静止的思维方法和急功近利的思想方法，这些方法对于研究生态安全观、生态文明哲学观和价值观、生态生产力的布局、生态文明经济的协同发展、传统经济的改造提升、破解经济增长和生态环境保护的两种"二律背反"、实现生态效应、经济效应和社会效应相统一与最优化等，都具有重要意义。

### 2.4.3 创造学的方法

生态文明学是一门新的学科，其三维的跨度都很大，又处于初创阶段，需要提出理论假设、需要创建理论体系、需要探索建设规律等，这些创新性的工作，特别需要创造学的方法指导。创造学也是一门综合性的横向科学，其创新的原理与方法适用于自然科学、社会科学和思维科学。在生态文明学的创建中需要遵循创造学原理和方法。首先要有创造性精神和品格，要敢于创新。陶行知是国内外著名的教育家，是我国创造学教育的先行者，他指出，生路是勇气探出来的、走出来的、造出来的，创造性工作是前无古人的，其道路都是曲折的，必须有大无畏精神，他要求学生敢探未发明的新理，敢入未开化的边疆，让我们至少走两步退一步，向着创造之路迈进吧，同时还要有坚强的意志，坚持深思与实做；其次，要遍览已知求未知。正如陶行知强调的，创造需要广博的基础，解放了空间，才能搜集丰富的资料，扩大认识的眼界，以发挥其内在创造力；第三，要有求异思维和聚合思维的结合。正如郭沫若所说，科学创造等于异想天开加上实事求是，异想天开就是求异思维（包括想象、联想等），是一种发散性思维，具有思维的广阔性、流畅性和灵活性特征，会产生更多的创意，是创新的基础。但是仅此还不够，还必须从发散性思维中提炼出符合客观规律的思想、观点、措施、方案等，这就是聚合思维，就是实事求是。聚合思维具有思维的深刻性、敏捷性和准确性特征，它善于综合各方面的信息、洞穿事物的本质、发现旧事物中孕育的新质，从"无"中发现有。求异思维和聚合思维相结合，才可能产生创新；第四，灵感的激发，灵感是创造性过程中出现的一种"顿悟"状态，它既是一种思维过程，又是一种思维结果，是一种非常特殊的思维能力和方式，在许多情况下，它是最终解决创造性理论的有效方法。但是灵感不是凭空而降，它要有辛勤研究的过程，对某个问题锲而不舍的思考，积累了丰富的知识和经验，作了艰苦的研究探索，"衣带渐宽终不悔，为伊消得人憔悴"，然后要有一时的放松或外向的启发，就可能激发出灵感、出现新观点新理论，这就是"众里寻他千百度，蓦然回首，那人却在灯火阑珊处"。当然，灵感往往一闪而过，稍纵即逝，必须及时"捕获"，否则可能得而复失，造成遗憾。创造学的方法对于建立生态文明学尤其重要。

### 2.4.4 实证研究与规范研究相结合

实证研究就是通过对某一类事物进行大量的个体对象的调查、实验、测定、观察等研究，抽象、概括这一类事物的本质、特征和规律的方法。它回答"是什么"的问题，是事实判断，它和归纳推理的研究方法是相通的，即从个别到一般，从特殊到普遍的研究方法，"就人类认识运动的秩序来说，总是由认识个别和特殊的事物，逐步地扩大到认识一般事物。人们总是首先认识了许多不同事物的特殊的本质，然后才有可能更进一步地进行概括工作，认识诸种事物的共同的本质"[①]。但是仅有实证研究所得理论还是不够的，它有可能以偏概全，或难以说服人，因为任何理论都可以从现实中找出个别的事实来证明。所以必须有规范研究的结合，所获理论才更具全面性、科学性和深刻性，规范研究即是从已有的基本原理、基本规律或学说出发，根据事物内在联系，运用逻辑推理的方法，获得新的理论和观点的研究方法，它回答"应当是什么"的问题，是价值判断，它和演绎推理的研究方法是相通的。生态文明学的研究必须依靠两者的有机结合，综合运用的方法，方能使研究更加全面、深刻和科学。举个例子：应对气候变化是生态文明研究和建设的重要内容。

---

① 毛泽东选集（袖珍本）[M]. 北京：人民出版社，1969：284.

但是关于气候变化，就有两种学术观点：一种是以二氧化碳为主的"温室气体"不断增加，导致气候变暖；另一种则认为气候是变冷了而不是变暖了，两者都拿出自己的观测数据作支撑，公说公有理，婆说婆有理。这在一定程度上影响了部分人发展低碳经济的信心和决心。从研究方法来看，其实这两种说法都是属于实证研究的范畴，如果再用规范研究的方法来分析，就可以发现，气候变化是生态平衡的规律使然：大气层是一个非常庞大、复杂的生态系统，经过亿万年的演变，它和地球内部、太阳外部形成物质、能量、信息的传递和交换，使系统内部各子系统之间、各因子之间达到了互相适应、协调和统一的状态，具有一定的自控制自调节能力，这就是大气层的生态平衡。但是这种平衡是一种动态平衡，必须遵循阈值原理，即组成大气层的各子系统、各种因子都必须维持在一定的阈值范围，如果外界的干扰临近甚至超过了阈值，生态平衡就会被打破，生态系统就会发生紊乱甚至瓦解。由于人类自工业文明以来向大气层排放了大量的各种气体，致使大气中以二氧化碳为主的温室气体已经超过临界点（临界点：350μL/L，工业化前水平：280μL/L，当前值：387μL/L）、臭氧层的臭氧浓度又下降至临界点（临界点：276个多布森单位，当前值283个多布森单位，南北极已经出现臭氧洞，它会使太阳光长驱直入）、氮含量还严重超标（大气年固氮量的临界点：350万吨，当前值：1210万吨）等，这些都是不争的事实。大气层生态系统的失衡、紊乱导致当前极端气候非常频繁也非常紊乱，引发各种严重的气候灾害和次灾害，这也是不争的事实。如果任其发展下去，必然产生全球性毁灭性的灾难，所以应对气候变化关系到"地球村人"共同的命运，是"地球村人"共同的使命和责任。在生态文明研究中，此类例子比比皆是。

## 2.5 生态文明学与主要相关学科的关系

生态文明学作为自然科学与社会科学交融的新兴学科，其相关思想理论的学科比较广，许多思想、流派将在第三篇生态文化中阐述，这里只就其纵向发展中的主要方面作分析：主要有浅生态学、深生态学、可持续发展理论等。

### 2.5.1 与浅层生态学的关系

浅生态学和深生态学是人类对工业文明反思中产生的，它代表了反思的两个阶段，生态文明学吸收了它们（尤其深生态学）的许多理论观点，同时又与它们有着本质的区别。

浅生态学这个名称是1866年由达尔文的信徒——德国厄恩斯特·赫克尔提出的。早期生态学是研究生物与生物、生物与环境之间关系的科学。具体地研究生物物种、种群和群落对它们所处环境在生理和行为上的适应、物种间的相互作用、生态系统的功能和规律等等，属于浅层生态学。浅生态学从生态平衡的基本规律出发，反对污染和资源枯竭，但是它们仍然站在"人类中心主义"立场看待自然万物，认为人类应当主宰自然，自然的生态环境和资源只是对人类有用才是有价值的，除外谈论自然界的价值是没有意义的。浅生态学思想的更早期代表是哲学家培根（1561～1626年），他认为人类在自然界中应当有一种尊贵和崇高的地位，并且享有高于一切其他动物的权利，而其他生物除了对人类有用外，是没有价值的，更谈不上什么生存的权利，所以培根宣称，应当将人类帝国的界限，扩大到一切可能影响到的事物，强调世界为人服务，而不是人为世界服务。植物学家卡尔·冯·林奈（1707～1778年）发展了培根的思想。林奈拥有帝国式的自然观，是典型的"人类中心主义"者。他认为自然界的所有物种，似乎都是由造物主为人类设计的，都是上帝送来为人类所用，即使不是直接的，也会是间接的，所有的东西生来都是为人服务的。人必须精神饱满地担负起交给他的任务：利用和他一起的物种，从而与他本身的优越地位相称。这个责任必须扩大到消灭那些讨厌而无用的物种，增加那些对人有用的物种。浅生态学甚至还认为，动物与机器并没有什么不同，它们根本感受不到痛苦或愉快[①]。这些实际上都是一种功利主义的价值观，是为资本主义的掠夺资源、破坏生态环境提供生态学的理论依据。

浅生态学也反对污染和资源枯竭，呼吁保护生态环境，开展各种环保运动，但浅生态学只看到经济活动对于生态环境的影响，根本没有看到生态环境对于经济、社会发展的影响。加上资本主义经济活动中利润最大化的左右，所以这种反思就显得苍白无力。工业社会（包括农业的工业化和化学化）对于生态环境的影响仍然愈演愈烈，人与自然的关系仍然不断向恶化方向发展。而由人与自然的恶性关系所产生的思想、认识等意识，仍然不断深刻地影响了人与人、人与社会的关系。"人类中心主义"发展成了一种世界观，并促进了"个人中心主义"的思想和观点；以征服与斗争为主要特征的暴力成为实现"人类中心主义"的方法和手段，以至发展成为争夺自然资源的战争；在向自然界掠取过程中表现出来的人类的残酷性，更是直接影响到人与人、人与社会的关系等。

浅生态学包含了许多环保主义的思潮，他们解决问题的方案通常是技术主义的，即试图单纯依靠改进技术的方式来解决人类面临的生态环境危机，至于伦理价值观念，社会政治、经济、文化结构，消费模式等，他们认为那并不是重要的。这些都和生态文明学具有明显的区别。

### 2.5.2 与深层生态学的关系

深生态学产生于20世纪70年代，随着世界环保运动的不断深入，深生态学也得到了不断地发展。深生态学不但在哲学观上反对人类中心主义，而且在价值观上反对人类至上论和生物服务论，反对把生物体分为"三教九流"。认为人类是生物共同体的"普通公民"，而不是大地的主宰和凌驾于其他所有物种之上的"大地主人"。它把地球上所有活着的有机体视为一个相依相存、相生相克的生物圈，视为一个有着内在联系的整体。这个整体包括了物种种群、群落、人类、大地环境等构成的生态系统，具有重要的系统功能和价值。同时在这个整体中的每一个个体也都具有不可忽视的内在价值和重要作用，每一个个体好像螺丝和齿轮，对地球生态系统的健康运作都是重要的。所以，深生态学强调人和自然的和谐相处，倡导人和自然的平等，尊重自然物的生存权利，认为自然物的存在不需依赖于人类的需要，他们有自身的价值和生存的权利。深生态学还声称，保护生态环境是站在全球的立场上，以保护所有国家、群体、物种和整个生物圈为己任。

深生态学还从行为科学方面讨论了解决当前生态环境危机的途径，提出有必要把人类的需要分为三种情况而区别对待：一是生死攸关的需要；二是基本的需要；三是边缘的、过分的、无关的需要。要把一、二两种需要同第三种需要分开，第三种需要在发达国家占据了很大的比重，是造成资源耗竭、生态危机、环境污染的重要因素，同时也不利于人类

---

① （美）唐纳德·沃斯特著，侯文蕙译. 自然的经济体系[M]. 北京：商务印书馆，1999：13.

自身的健康和发展，必须坚决反对和抑制。

深生态学的思想也可以追溯到18世纪初，以英国牧师、自然博物学者吉尔伯特·怀特为代表的田园主义观点，也就是生命中心论，怀特倡导人们过一种简单和谐的生活，目的在于使他们恢复到一种与其他有机体和平共存的状态，怀特把自然喻为伟大的经济师，有着极其复杂而有序的组织结构。他的代表著作《塞尔波恩自然史》从1789年出版到20世纪中期，共印了100多版，为深生态学研究提供了最早的、极有代表性的观点。达尔文曾于19世纪50年代朝拜过吉尔伯特·怀特的圣地。达尔文也是深生态学思想的奠基人，他坚信在人类和人类事务之外，存在着一个活的生物共同体，它永远都是人类最终的家和亲族。另一个著名的代表人物是19世纪中叶的生态学家、自然哲学家梭罗。梭罗对森林的被砍伐非常气愤，他曾以明显嘲弄的口气惊叹道：感谢上帝，人类现在还飞不起来，所以还不能像蹂躏地球一样去蹂躏天空！不幸被梭罗言中，人类可以飞起来了，确实开始蹂躏天空，天空已经垃圾成堆，也被污染，也不那么安全了。梭罗指出，如果有人因为虐待儿童而被起诉，那么那些肆意毁坏自然面貌的人也应被绳之以法。所以梭罗呼吁使森林恢复到原来的样子，哪怕恢复到一个有限的程度，主张要么自然得改变，要么人改变。遗憾的是，梭罗的这种深生态学思想在资本主义工业文明时代不但没有被人重视，反而招来不少的攻击。直到20世纪70年代后，人们发现世界面临着严重的生态环境危机，人类如再执迷不悟，将会和地球同时毁灭，人们才重新挖掘、发展了深生态学的思想。

深生态学也有其严重不足的地方，那就是强调了人类以外的自然物的作用和价值，强调人和自然的统一，只看到人的客体性，没有看到人的主体性，忽视了人的主观能动性（即人的积极性、主动性和创造性）在这种统一中的作用，因而未能从根本上解决人与自然的和谐协调问题，只能把希望寄托在停止经济增长（实际上是停止经济发展），当然也未能从根本上解决自然—人—社会复合生态系统的和谐协调、共生共荣、共同发展的问题。同时，深生态学只是作为一种思想体系提出来，没有实践的依据，也无法指导实践。

生态社会主义和生态马克思主义是深生态学中的两个重要思潮，他们更多地停留在意识形态方面，最近，随着生态文明实践的发展和研究的深入，他们当中的一部分人看到深生态学主张停止经济增长的思想的致命弊端，也开始走向生态文明的理念。

生态文明学吸收了浅生态学重视生态环境保护的思想和深生态学生态整体论的合理内核，同时又用辩证唯物主义和历史唯物主义的观点来考察人在地球生态母系统中的作用，考察人的主体与客体、目的与手段、为了人与依靠人等的辩证关系，认为人类可以认识自然—人—社会复合体运行的客观规律，并遵循客观规律办事，能够主动地、积极地、富有创造性地取得人与自然的和谐协调、共生共荣、共同发展，从而促进人与人、人与社会的和谐协调、共生共荣、共同发展。同时又把其紧密地同经济学、哲学和文学相联系，使之成为一种新的生态智慧。生态文明学还认为，人类对自然界的认识还有待深入，如，人类对生物个体作用的了解，有的只掌握其消极的方面，甚至是有害的方面，而对其积极的有利的作用，却尚未知，可能要经过很长时间才会深入了解。又比如，对生物体之间的关系方面，过去国内对生态学、对达尔文的进化论的理解是偏颇的，甚至是错误的，往往简单地把它理解为你死我活的竞争和物竞天择的适应，而对生物体以及生物与环境之间相互依存，和谐协调，共生共荣的内在法则，却知之不多，甚至没有了解，只是到了近期才有所领悟。所以，人类在这方面还须花很大的力气，充分发挥其主观能动性，积极主动、富有创造性地促进自然—人—社会复合生态系统的和谐协调、共生共荣、共同发展，这就是"地球村人"的主体性的本质表现(有的学者把人的主体性与人类中心主义相提并论，这是完全错误的)。

人的主体性特别是人的主观能动性问题是生态文明、工业文明、深生态学的重要分野，生态文明运用人的主观能动性推动地球生态母系统的和谐协调、共存共荣、共同发展，表现出主观能动性的善和智慧性；工业文明运用人的"主观能动性"蹂躏、摧残、毁灭自然，最终也摧残毁灭人类自己，表现出主观能动性的恶和暴力性；深生态学忽视了人类的主观能动性，因而找不到解决问题的出路，只能寄希望于停止经济增长，这也是生态文明所不主张的，将在下面分析。

### 2.5.3 与可持续发展理论的关系

本书第 11 章将详细阐述可持续发展经济的理论，为了叙述的方便，先简要介绍基本概念和科学理解可持续发展，然后分析生态文明学与可持续发展理论的联系与区别。

1. 基本概念

可持续发展的思想，萌芽于 20 世纪 70 年代，形成于 80 年代，确立于 90 年代。在形成与发展期间，不同学科从不同的角度给予它不同的概念，"生态发展""合乎环境要求的发展""在无破坏情况下的发展""连续的发展""持续的发展""环境合理的发展"等，一直到 1992 年的联合国环境与发展大会，才得以统一为"可持续发展"的概念。之后，人们对于可持续发展也给予了多种多样的定义，有人统计过，世界上共有 100 多种定义，目前比较一致的是 1987 年世界环境与发展委员会发表的报告《我们共同的未来》一书中的定义：可持续发展是既满足当代人的需要，又不对后代人满足其需要的能力构成危害的发展。

2. 科学理解可持续发展

可持续发展思想产生的直接导因是工业化后的人类所面临的严重的环境危机，因而环境污染和资源的枯竭是可持续发展思想产生的起点，也是始终不变的关注点。

因环境问题而产生的可持续发展思想，其真正的落脚点、着眼点却是发展。其一，发展是人类社会永恒的主题，严峻的环境问题之所以成为"问题"，是因为它制约了人类社会的发展，制约了人自身的发展；其二，资源与环境问题产生的原因也与发展有关，是不当的发展方式带来了环境问题；其三，环境问题既是由发展产生，那么解决环境问题的根本也在"发展"上，在于转变发展方式上；其四，可持续发展思想必然十分重视资源的节约和环境的保护，但这种保护不是为保护而保护，而是强调为了更好地发展而保护环境，并且是强调通过发展来保护环境的，如果单纯地就环境问题论环境，进行单纯的保护，是不能真正解决环境问题的。所以，可持续发展是从发展的角度来关注环境，并且是从转变发展模式这一根本上来解决环境问题的。

事实上，可持续发展思想的形成经历了从单纯地关注环境，到为了发展，从发展的角度来关注、解决环境问题的历史性转变，也正是由于这一转变，可持续发展思想才能成为全球的共识，并最终上升为世界各国政府的发展战略，逐渐付诸实践。这一转变是人类发展思想的质变，也是发展模式的质的转变过程。完成这一历史性转变是非常重要的，因为只有在这一历史性转变中，重视环境，保护环境的思想才得以由原来的少数学科和学派

(如生态学、自然保护主义等)的观点转变成为社会各界的共识，尤其是为发展经济学及关注发展的政治家的广泛接受，这样才能上升为各国政府的发展战略，才具有广泛的实践性和现实性。

可持续发展强调的是协调，是社会、经济、自然生态的协调发展，这是建立在人与自然的和谐关系基础上的发展。因为经济是人类自身发展和社会持续发展的物质保障，而人类在不断发展经济的过程中又会对大自然、对人类生活在其中的生物圈施加影响，对自然生态系统进行人为的干预。当然这种影响和干预必须遵循客观规律，必须保持在一定的限度内，以不破坏自然生态系统的结构和功能为限，这样才能保持人与自然之间的协调关系，才能实现整体的协调的发展。因此可持续发展是以人力资本、物质资本和生态资本这三种资本的持续与协调的发展为内容的。

实施可持续发展战略是以经济发展和生态环境保护为坐标的一组选择集，在这无数选择集中求得最优解的过程。

### 3. 生态文明学与可持续发展理论的联系与区别

生态文明是在可持续发展理论与实践的基础上发展起来，所以可持续发展理论是生态文明的重要内容，是生态文明学的理论来源；反过来，生态文明又对可持续发展起重要的指导作用。生态文明不但蕴含着丰富的可持续发展的内涵，而且只有以生态文明观指导可持续发展，才能使可持续发展形成科学完整的理念和持续有效的发展。

以生态文明观的整体性、系统性、协调性、长远性的思想指导可持续发展，必须体现两个取向：一是以代际平等为主要内容的未来取向。当代人发展要对后代人的发展负责任，不要透支后代人赖以发展的生态环境资源。因为后代人是没有办法参与上一代人的发展并且对上一代人的发展提出意见的，所以当代人在发展中要有对后代人负责的自律精神，要多为后代人的发展着想，留下足够的自然资源。这还不够，它还要求当代人要为后代人创造一个更好的生态环境，我们不应当把垃圾世界留给后代人去处理，而应当把一个美丽的家园留给后代人，并一代接一代，一代比一代好。二是以代内平等为主要内容的整体取向。如果说代际平等是纵向负责的话，那么代内平等就是横向负责，它包括国际间的负责和区域间的负责。一个国家的发展要对邻国的甚至全世界的生态环境负责，比如二氧化碳和二氧化硫的排放量不仅是污染本国，而且污染邻国，甚至造成全球的温室效应和酸雨，成为跨国公害。同样的，一个地区的发展要对相邻地区以及全国的生态环境负责，比如流域上游上马工业项目，必须以不污染流域的水体为前提，如果会污染水体，影响流域中下游的人们饮水卫生，又没有采取有效的清洁生产技术措施的话，就不能上马，这就是整体取向。

以生态文明观的哲学观和价值观指导可持续发展。生态文明哲学观的同一性占主导的原理及其价值观不但强调人与自然的和谐协调关系，而且强调这种关系的实现关键取决于充分发挥人的主观能动性，是一种主动进取式的和谐而不是被动的顺从式的和谐，它把人类社会的发展与自然的发展相统一在人的主观能动性之中。生态文明是人类在物质生产和精神生产中充分发挥主观能动性，使人与自然、人与人、人与社会和谐协调发展的产物，是物质、精神、制度的成果的总和。所以，在生态文明观指导下的可持续发展，对社会而言，不仅仅是经济的发展，而是社会的综合发展，它要求社会政治、经济、文化；城市、乡村；物质文明、精神文明、社会制度等全面发展。同时，对自然而言，不仅仅是自然资源的增加，还要求生态系统的改善。它要求整个自然生态系统的发展也处于一种良性循环的状态，增强生态活力和功能。

以生态文明的伦理观指导可持续发展。国内学术界有些人把实现可持续发展的关键放在科学技术的发展，这有其科学的一面，因为没有高新科学技术的手段，没有相当的物质基础，可持续发展就成了空中楼阁。但是认为只有足够的物质基础和发达的高新技术，就可以解决可持续发展的全部问题，这也是片面的。工业文明对生态环境的破坏力是相当大的，如果单靠科学技术的力量至今尚未能解决生态环境的被破坏问题，在科学技术日新月异的 20 世纪，人类并不具有拯救天空、大地和海洋免遭人造化学毒素污染，森林、草原、湿地和生物多样性不被铲除和破坏的能力，却有史以来首次拥有了毁灭地球上一切生命形式，同时也毁灭人类文明和人类自身的力量。所以除了不断加强物质基础建设，不断发展科学技术并运用于生态环境的恢复、改善以外，还要呼唤生态文明的伦理精神，呼唤人类的政治感、责任感，树立生态意识和生态道德，舍弃高消费的生活方式，倡导绿色消费，并身体力行地付诸实践，这是现代人不可或缺的一种人文精神。

# 第三章

# 生态文明学的学科理论基础

生态文明学是自然科学与人文社会科学相互交融的新兴学科，它是建立在自然科学和社会科学的相关学科理论之上，其学科基础主要有马克思主义复合生态系统理论、经济学、现代生态学、和谐理论、现代系统学和生态文化理论等，经济学和生态文化理论安排在第二、三篇中阐述。

## 3.1 马克思主义关于复合生态系统理论

"哲学所要回答的中心问题，是人和周围环境的关系问题。与此相联系，它从总的方面研究自然界万物之间、研究人和人之间的关系问题。"①作为马克思主义哲学重要组成的自然—人—社会复合生态系统理论是生态文明学的最重要的理论基础。生态文明学研究的最基本对象和最重要实体是自然—人—社会复合生态系统，生态文明观的核心是关于自然—人—社会复合生态系统的整体主义，自然—人—社会复合生态系统是不以人的意志为转移的客观存在。马克思主义哲学中关于自然—人—社会复合生态系统理论是生态文明学的最重要的学科基础。这个理论认为，人首先是自然界的产物，恩格斯指出"我们连同我们的肉、血和头脑都是属于自然界，存在于自然界的"②，所以人具有自然属性和社会属性；社会更是人和自然相结合的产物，人类的生产活动是社会产生和发展的最基本条件，而人类的生产活动又是人与自然相结合的过程，马克思主义所阐述的人类社会实际上是指自然—人—社会这样一个复合生态系统；马克思主义正是站在复合生态系统的立场，以复合生态系统观和整体方法论来分析人类社会的发展进程，实现了自然观和历史观的有机统一。具体表现在以下几个方面：

### 3.1.1 关于自然、社会和思维三大领域发展的共同规律

唯物辩证法认为，世界万物都有其内在的直接或间接的联系。人类社会与自然界作为

---

① 韩树英. 通俗哲学[M]. 北京：中国青年出版社，1981：7.
② 恩格斯. 自然辩证法[M]. 北京：人民出版社，1971：159，209.

一个紧密联系的系统,是相互作用的,所以恩格斯指出"辩证法是关于普遍联系的科学"①,后来恩格斯又在《反杜林论》中进一步把辩证法规定为"关于自然、人类社会和思维的运动和发展的普遍规律的科学"②。"辩证法的规律是从自然界和人类社会的历史中抽象出来的"③,它"正是历史发展的这两个方面和思维本身的最一般的规律"③。恩格斯首先是把自然的发展和人类社会的发展作为历史发展的统一体来阐述,所以辩证唯物主义的三大规律即对立统一规律、量变质变规律和否定之否定规律,也是自然与人类社会复合体发展运动的共同规律。

### 3.1.2 关于人与自然是本质统一的理论

马克思恩格斯既反对自然主义的历史观、反对抹杀人的主观能动性,又反对人类中心主义的历史观、反对无视自然客观规律的人类行为。指出:"自然主义的历史观(例如,德莱柏和其他一些自然科学家都或多或少有这种见解)是片面的,它认为只是自然界作用于人,只是自然条件到处决定人的历史发展,它忽视了人也反作用于自然,改变自然,为自己创造新的生存条件。"③因为人类有主观能动性,所以人类不像动物那样被动地依从自然,而是积极主动、有创造性地认识自然,遵循自然生态系统的客观规律,与其进行物质能量的交换,从而达到人类与自然的和谐协调、共生共荣、共同发展的目的。这里的关键是遵循客观规律办事,这是人类发挥主观能动性,充分体现人类主体性的本质要求。恩格斯认为,人类对自然界的作用之所以比其他动物强大,只是在于人类能够"能动认识和正确运用自然规律"③。马克思也指出:"人们创造自己的历史,但他们并不是随心所欲地创造,并不是在他们自己选定的条件下创造,而是在直接碰到的既定的、从过去继承来的条件下创造。"④马克思的这段论述既强调人的主观能动性和人的主体性,认为人类是创造历史的主体,又反对人类中心主义的违背客观规律的随心所欲。所以马克思还认为,人同自然界的完成了的本质的统一,是自然界的真正复活,这种本质的统一,实质上就是人类与自然界的和谐协调、共生共荣、共同发展。

马克思所处的时代其环境问题没有像现在这样凸显,但从资本主义的贪婪和无节制的扩大再生产中,马克思同恩格斯敏锐洞察到人与自然日益矛盾的严重趋势。然而,马克思恩格斯在剖析"人同自然的和解"课题时,并没有脱离当时的实际,而是注意把"人同自然的和解"与"人同自身的和解"结合起来考虑,把其放在整个社会问题的总框架之中,这是十分深刻的。因为人与自然关系的不协调,其根源在于人与人、人与社会关系的不协调,在于社会制度本身。在马克思看来,作为理想的一种社会制度,"这种共产主义,作为完成了的自然主义——人道主义,而作为完成了的人道主义——自然主义,它是人和自然界之间,人与人之间矛盾的真正解决,是存在和本质,对象化和自我确证,自由和必然,个体和类之间斗争的真正解决。"⑤马克思恩格斯关于人同自然和解的主要内容包括:在对待自然的态度上,马克思主义认为人与自然不应当对立,人不应当是自然的征服者;在长期

---

① 马克思恩格斯全集:第 20 卷[M]. 北京:人民出版社,1972:357.
② 马克思恩格斯选集:第 3 卷[M]. 北京:人民出版社,1972:181.
③ 恩格斯. 自然辩证法[M]. 北京:人民出版社,1971:209.
④ 马克思恩格斯选集:第 1 卷[M]. 北京:人民出版社,1972:603.
⑤ 马克思.1844 年经济学哲学手稿[M]. 北京:人民出版社,2000:81.

与短期的关系上，人类对自身生产活动的长期影响缺乏预判。恩格斯指出："目前为止的一切生产方式，都仅仅以取得劳动的最近、最直接的效益为目的。那些只是在晚些时候才显现出来的，通过逐渐的重复和积累才产生效应的较远的结果，则完全被忽视了。"① 人们在取得初步成果时，往往得意忘形，或雄心超越，对此，恩格斯警告说："每一次胜利，起初确实取得预期的结果，但是往后和再往后却发生完全不同的、出乎预料的影响，常常把最初的结果又消除了。"② 人类要巩固已取得的成果，必须学会预见自身行为的长远的自然影响和社会影响，并以此去支配和约束自身的行为。资本家的贪婪，决定他们唯一的目的就是最大限度地攫取更多利润，而全然不考虑扩大再生产无限制地索取自然资源，可能给环境带来的压力。马克思恩格斯总是把自然—人—社会复合体作为统一的有机联系的复合生态系统予以研究，并对此进行理论创新，立体地呈现了马克思主义关于人与自然、人与人、人与社会和谐发展的生态文明思想，是生态文明学的重要理论基础，也是区别于工业文明理论的主要标志。

### 3.1.3 关于社会发展与自然发展是有机整体的理论

人类社会就是从自然界脱胎而来，其发展也和自然界的发展紧密相连，并相互制约影响，是一个处于变化过程的有机体。

社会有机体必须依赖外部自然界，这是社会有机体的生存基础。不是别的，正是自然界及其存在物是人类生存的基本或第一的需求。因此马克思明确指出："第一个需要确认的事实就是这些个人的肉体组织以及由此产生的个人对其他自然的关系"。③ 人类社会赖以生存的自然基础是社会历史的出发点。但社会有机体不是简单地适应外部自然，而是通过一定方式影响和改变外部自然。在此过程中，社会有机体同外部自然形成了相互适应和影响的关系，一个辩证的统一体。既是人以劳动方式诞生自然（自然的人化）的过程，更是自然界对人生成（人的自然化）的过程。

社会有机体必须进行物的生产，这是社会有机体存续的前提条件。马克思肯定社会的物的生产，因为社会有机体需要存续的话，必须时刻同外部自然进行物质、能量和信息的交换。但马克思在《资本论》和《经济学批判大纲》中认为资本主义的本质决定资本主义掠夺式的生产方式，这种生产方式必然导致"物质代谢"的裂缝或断裂。即资本主义生产破坏人与土地之间正常的物质代谢，人们以衣食形式消费掉的土地部分，不能返回到土地，从而破坏了土地的持久肥力的永恒的自然条件；而城市的工业废弃物因得不到有效转化和消解，又会污染和破坏环境。为此，马克思提出：其一，将劳动和生产置于物质循环系统中，从物质循环的自然规律来安排生产和劳动；其二，要从根本解决问题，就是要铲除资本主义制度，建立自然主义与人本主义携手的共产主义社会，以期化解人与自然的矛盾。

社会有机体的最基本细胞是人，这是社会有机体最活泼的力量。人作为受动的存在物——对象性的存在物，从不同角度依赖自然界，自然界具有独立于人的客观性、本源性。人作为能动存在物，必然要发挥聪明才智，显现劳动生产本身具有的目的性，这种目的性应当既满足人的基本的物质需求，又满足人的健康的精神需求；既诉求经济效益，又

---

①② 马克思恩格斯选集：第 4 卷[M]. 北京：人民出版社，1995：385，383.
③ 马克思恩格斯选集：第 1 卷[M]. 北京：人民出版社，1995：77.

与环境友好；既考虑当下需求，又不损害后代利益，如此等等，以实现一种真正意义上的公平的生产。做到这些，人才可能在无愧于本性的天平上，回答人与自然矛盾的解决问题。这就把自然、人、社会三个子系统有机地统一起来，集中体现了自然—人—社会复合体的和谐统一、共生共荣、共同发展的生态文明思想。

### 3.1.4　关于系统的思想

正如李建平教授指出的："《资本论》是第一部系统论的著作，马克思是社会科学中系统论的真正奠基人。"[①]在系统中，在普遍联系中，中间阶段起到重要作用。恩格斯在《自然辩证法》对中介这一概念作了更为详尽的诠释："绝对分明的固定不变的界限是和进化论不相容的——甚至脊椎动物和无脊椎动物之间的界限，也不再是固定不变的了，鱼和两栖类之间的界限也是一样……'非此即彼！'是愈来愈不够了……一切差异都在中间阶段融合，一切对立都经过中间环节而互相过渡……辩证法不知道什么绝对分明固定不变的界限，不知道什么无条件的普遍有效的'非此即彼！'它使固定的形而上学的差异互相过渡，除了'非此即彼！'，又在适当的地方承认'亦此亦彼！'并且使对立互为中介。"[②]列宁也强调："要真正地认识事物，就必须把握住，研究清楚它的一切方面、一切联系和'中介'。我们永远也不会完全做到这一点，但是全面性这一要求可以使我们防止犯错误和防止僵化。"[③]事物的中介在空间上表述为"中间环节"，在时间上表述为"中间阶段"，这样，经"中介"，既实现世界在空间上的整体性，又实现世界在时间上的连续性，一个完整的世界辩证图景。

### 3.1.5　关于"人并没有创造物质本身"的思想

马克思恩格斯认为，人的有目的的生产劳动虽然彰显了人的能动性的一面，但生产劳动依然受到自然界的制约，这是必须清醒地认识到的。"在这种情况下，外部自然界的优先地位仍然会保留着。"[④]劳动的第一个客观条件就是自然，而这种条件不是人的产物，而是预先存在的，作为人身外的自然存在，是劳动的前提，"人并没有创造物质本身。甚至人创造物质的这种或那种生产能力，也是在物质本身预先存在的条件下进行。"[⑤]这就是说，人的生产劳动可以改变自在自然的外部形态和内部结构，但不能消除自在自然的客观实在性。相反，自在自然的客观实在性通过实践延伸到人化自然之中，并构成人化自然客观实在性的基础。

"人并没有创造物质本身"的观点，不仅说明人的肉体生活依赖自然界，人的精神生活也同样依赖自然界，且人的能动性的发挥也一定要遵循自然规律。因为"不以伟大的自然规律为依据的人类计划，只会带来灾难。"[⑥]在对待劳动目的的认识上，不能限于增加财富，以致滥用自然资源。马克思认为："劳动本身，不仅在目前的条件下，而且就其一般

---

① 李建平.《资本论》第 1 卷辩证法探索[M]. 北京：社会科学文献出版社，2006：274.
② 马克思恩格斯选集：第 3 卷[M]. 北京：人民出版社，1995：535.
③ 列宁选集：第 4 卷[M]. 北京：人民出版社，1995：419.
④ 马克思恩格斯选集：第 1 卷[M]. 北京：人民出版社，1995：67.
⑤ 马克思恩格斯选集：第 2 卷[M]. 北京：人民出版社，1965：58.
⑥ 马克思恩格斯选集：第 31 卷[M]. 北京：人民出版社，1972：25.

目的仅仅在于增加财富而言，在我看来是有害的、招致灾难的。"①马克思还把劳动定义为"人与自然之间物质变换的过程"，而不是对自然的征服和控制。按照日本学者对马克思《资本论》中物质代谢概念的理解，马克思对物质代谢的用法有三种：商品交换，也称为"社会的质料转换"；化学意义上的物质转换，也称作"自然的物质代谢"；"人和自然之间的物质代谢"。从生态、资源、环境的视野看，这三种中重要的是"人和自然之间的物质代谢"。马克思在《资本论》第五章《劳动过程》一节中写道："劳动首先是人和自然之间的过程。是人以自身的行为来中介、调整和控制人和自然之间的物质代谢的过程。"②

马克思在《资本论》第3卷中在谈及"自由王国"和"必然王国"的关系时还指出："像野蛮人为了满足自己需要，为维持和再生产自己的生活必须与自然斗争一样，文明人也必须这样做；而且无论是在何种社会形态以及何种可能的生产方式中他都必须这样做。（……）社会化的人，联合起来的生产者，将合理地调整他们和自然之间的物质代谢，并把它们置于他们的共同控制之下，而不让它作为盲目的力量来支配自己，靠消耗最小的力量，在最无愧和最适合于他们的人类本性条件下进行这种物质代谢。"③马克思这里说的"物质代谢"显然是围绕人与自然的关系展开的，其目的是达到人与自然矛盾的真正解决。马克思清醒地预见到，人类生产的产品进入社会，作为使用价值被人们消费，但它并没有被人类社会消解。这就是工业社会单向的工业生产模式造成的大量的工业和生活废弃物。工业文明的基本模式是"大量生产—大量消费—大量废弃"，只有生产和消费两个环节，而缺乏对废弃物的消解这一环节。马克思的物质代谢思想，无疑为循环生产和循环型经济发展模式提供新的理论视角。在工业生产过程中增加分解环节，使上游的工业废弃物成为下游工业原料，形成一个物质良性转换和循环，这是对"物质代谢"思想在狭义上的一种理解，即指回收再利用，零排放等循环经济。这样，工业废弃物就不会"作为盲目的力量来支配自己"。而广义上理解"物质代谢"，就是人与自然的物质代谢本身。马克思认为，劳动不仅包括人类利用自然这一"由自然到人的过程"，还包括自然穿过人又重归自然的"由人到自然的过程"，一个人与自然双向互动过程。实现对自然的回归，守护地球生物圈的稳态，人类生活才能"得以实现的永恒的自然条件"。马克思的物质代谢，既不是纯粹的以人为中心，也不是纯粹的以自然为中心，而是在靠消费最小的力量，在最无愧于和最适合于人类本性条件下，指明一条科学和理性的生态文明的发展道路。

## 3.2 习近平生态文明思想

《求是》杂志2019年第3期发表习近平《推动我国生态文明建设迈上新台阶》重要文章指出："党的十八大以来，我们党深刻回答了为什么建设生态文明、建设什么样的生态文明、怎样建设生态文明的重大理论和实践问题"，这三个重大理论和实践问题，是习近平生态文明思想的重要创新，也是生态文明学的重要理论基础。

### 3.2.1 为什么建设生态文明

（1）建设生态文明的出发点是民生福祉。在习近平一系列生态文明建设论述中，最语

---

① 马克思.1844年经济学哲学手稿[M].北京：人民出版社，2000：13.
② Marx，Das Kapital I，S.192，中译本：201~202.
③ Marx，Das Kapital Ⅲ，S.828，中译本：926~927.

重心长的是民生问题。他以人民群众幸福为主题、人民群众健康为主线、满足人民群众对美好生活追求为目的，系统阐述生态文明建设的必要性和重要性，创新了全面小康理论，习总书记指出，"小康全面不全面，环境质量是关键""不能一边宣布全面建成小康社会，一边生态环境质量仍然很差，这样人民不会认可，也经不起历史检验"。他指出"对人的生存来说，金山银山固然重要，但绿水青山是人民幸福生活的重要内容，是金钱不能代替的。你挣到了钱，但空气、饮用水都不合格，那有什么幸福可言"，他强调，我们积累了大量生态环境问题，特别是各类环境污染呈高发态势，严重危害了人民群众的健康，已成为"民生之患、民心之痛"，生态文明建设是党的宗旨使然，不但是经济社会问题，而且是很大的政治问题。所以党的十九大提出，"要把提供更多优质生态产品以满足人民群众日益增长的优美生态环境需要"。这是人的发展问题。

（2）生态文明建设的落脚点是中华民族的永续发展。习近平总书记在各地考察和生态文明论述中，最深感忧虑的是中华民族的永续发展。习总书记以深邃的历史观创新了"生态兴则文明兴，生态衰则文明衰"的"文明兴衰"理论，指出"生态环境是人类生存和发展的根基，生态环境变化直接影响文明兴衰演替""以史为镜，知兴替"的规律，在党的十九大报告中，把生态文明建设作为关系中华民族永续发展的千年大计，把建设保护好绿水青山作为"保护好中华民族永续发展的本钱""是利国利民利子孙后代的一项重要工作"；他再三告诫全党，如果没有从根本上扭转我国生态环境恶化的趋势，"我国的发展必将是不可持续的""将来付出的代价会更大""是对中华民族和子孙后代不负责任""决不能说起来重要、喊起来响亮、做起来挂空挡"。这是人与自然和谐发展问题和可持续发展问题。

（3）生态文明建设是事关中国特色社会主义全局的重大战略。在激烈的国际竞争中，国家战略正确与否，直接决定着国家的盛衰兴亡，从灰色领域跨向绿色领域是许多国家的重大战略选择。习总书记站在世界发展的高度，把生态文明建设作为从灰色领域向绿色领域跨越的重大战略，指出："绿色循环低碳发展，是当今时代科技革命和产业变革的方向，是最有前途的发展领域，我国在这方面的潜力相当大，可以形成很多新的经济增长点。"这是经济的转型发展问题。

归纳起来，生态文明建设就是解决人的发展、经济的转型发展、人与自然和谐发展、国家的可持续发展，所以习总书记指出："党的十八大以来，我们把生态文明建设作为统筹推进"五位一体"总体布局和协调推进"四个全面"战略布局的重要内容，开展一系列根本性、开创性、长远性工作。"这是中华民族从站起来、富起来到强起来伟大飞跃的理论创新和实践指导。

### 3.2.2 建设什么样的生态文明

（1）建设以美丽中国为目标的生态文明。党的十九大提出建设富强民主文明和谐美丽的社会主义现代化强国，美丽成为社会主义现代化强国的新内涵；十九大在"两个一百年"奋斗目标中要求2035年建成美丽中国，所以我们要建设的是以美丽中国为底色的生态文明。

（2）建设人与自然和谐共生的生态文明。党的十九大强调"我们要建设的现代化是人与自然和谐共生的现代化"；十九大又把"坚持人与自然和谐共生"作为构建新时代坚持和发展中国特色社会主义的基本方略。人与自然和谐共生成为现代化的新标志，要求人们认识自然规律的智慧极大发展，遵循自然规律办事的自觉性极大增强，促进人与自然和谐共生、持续繁荣的主观能动性极大提高，这是生态文明建设的基本内容。"人与自然和谐共生的现代化"，是中国特色社会主义现代化理论的创新。

（3）建设社会主义的生态文明。党的十九大要求牢固树立社会主义生态文明观，努力走向社会主义生态文明新时代。社会主义是生态文明的本质要求，至少有三层含义：一是以人民为中心的生态文明发展观；二是坚持党的领导，能够发挥社会主义优势，集中力量办生态文明建设的大事；三是不搞资源掠夺和污染输出，为全球生态安全作贡献，引领携手共建美丽世界，这"对中国特色社会主义是加分项"。

这些都是生态文明建设理论与实践的重大创新。

### 3.2.3 怎样建设生态文明

以习近平生态文明思想为指导是建设生态文明的根本遵循。习近平生态文明思想是系统性创新，是马克思主义中国化的最新成果，至少由以下十个方面构成国内外史无前例的原创性理论体系：

（1）以"生态兴则文明兴，生态衰则文明衰"为经典的"文明兴衰论"；

（2）以"人与自然是生命共同体""尊重自然、顺应自然、保护自然"为核心的"和谐共生论"；

（3）以"绿水青山就是金山银山"为本质的"两山理论"；

（4）以人民群众幸福为主题、健康为主线、全民共建共享的"民生福祉论"；

（5）以绿色低碳循环发展新经济体系为代表的"转变方式论"；

（6）以生态优先遵循自然规律进行经济社会生态建设的"建设规律论"；

（7）以山水林田湖草一体化治理为重点的"系统治理论"；

（8）以为全球生态安全作贡献为引领的"携手共建论"；

（9）以生态文明建设一张蓝图绘到底，久久为功，功成不必在我任的"新型政绩论"；

（10）以源头严管、过程严控、后果严惩为主线的"体制保障论"。

## 3.3 现代生态科学

现代生态科学是生态文明学的又一个重要基础理论。现代生态科学已经不是单纯的自然科学，而是自然科学、社会科学和横向科学（如协同论、系统论、耗散结构理论等）有机结合的产物，它对于生态文明的指导作用是多方面的，其中最主要的是生态法则的指南作用，它是生态文明建设的重要法则。生态法则主要有以下几个方面：

### 3.3.1 普遍联系、协同演进法则

生态系统是一个相互依存、有着错综复杂联系的整体，每一种事物都与别的事物相关，"物物相关""相生相克"。比如猫、田鼠、熊蜂、三色堇，这几种生物的科属关系相差甚远，乍看起来是风马牛不相及，但是它们之间却有密切的联系，是相互依存、相互制约的。它们通过食物链（网）的形式联系在一起，某个群落中田鼠、熊蜂和三色堇（也称"蝴蝶花"）处于一种相对平衡的状态。如果在这个群落加进了猫，那么这个群落的生态就要失衡，原因是三色堇属于兰科植物，是依赖熊蜂传递花粉受精的；一个地方熊蜂的数量又跟

田鼠的数量有关,因为田鼠常常破坏熊蜂的蜂窝。这三者都控制在一个适当的范围内。如果这个群落中加进了猫,猫吃田鼠,田鼠少了,熊蜂就大量繁殖,从而导致三色堇大量的泛滥,占据了其他生物的生境。每个物种在食物链中占有一定的位置,具有特定的作用,这就是"相生相克"。又如环境(土壤、水、太阳光)、植物、动物和微生物之间的生态链和生态网的联系与功能,便是"物物相关"。所以生物圈中构成精密的内部联系网络,"生态网是一个扩大器,在一个地方出现的小小混乱就可能产生巨大的、波及很远的、延缓很久的影响"①。如,一个物种在生态系统中的灭绝,会导致 28 个物种的相继灭绝,28 的几何次方规律是生态学的重要规律,且这种影响具有滞后性的特征,难以在短期内出现,往往被人们所忽视,其危害性更加深远和严重。

自然—人—社会复合生态系统也是如此。一方面"经济和社会不是机器,它们更像是生命的有机体""只能通过其各个部位复杂的相互作用来了解其行为""个人的行为并不是孤立的,而是以复杂的方式相互影响""蝴蝶拍动翅膀,原则上也会掀起地球另一端的飓风"②;另一方面生态与经济从来没有像现在这样互相紧密地连接在一个互为因果的网络之中。这就要求我们把自然—人—社会复合生态系统作为整体看待,以生态整体观的立场和综合协调的方法进行生产活动和生活活动。

自然—人—社会复合生态系统的普遍联系规律,必然要求协同进化,协调发展,这就是地球生态母系统的协同演进原理。协同演进是指自然—人—社会复合生态系统中的生命体与其他生命体及其环境之间相互适应、协同演变的进化过程,有三层含义:一是指生物与非生物环境之间的互相适应与进化,环境给了生命体生存与发展的基础与支撑,生命体只有适应环境才能生存与发展。同时,生命体也改造了环境,它也对环境发挥了重要作用,参与了环境的演进。举个简单的例子:裸岩上有了适合地衣生长的环境后,便长出了地衣。同时地衣的生长和繁殖又为裸岩创造了一定的有机质,使裸岩上长出了一层薄薄的土壤,使裸岩这个环境得到了一定的改善,出现了新的环境,适应于新的物种(如苔藓)的生长,而这些新的物种又参与了环境的改造……这样往复无穷,于是就有了草本植物、灌木、乔木、森林、森林的建雄(即优势)群落以及相应阶段的土壤及其他方面的环境。在这个过程中,不同植物及环境的出现又为其不同动物、微生物群落的生存和发展创造了环境条件,而不同动物、微生物也同样参与了环境的改造等等。二是指生命体之间也互为环境,植物、动物与微生物之间都互为环境,他们之间以及它们与环境之间都"构建了彼此互为资源、互为生存环境的格局""达到了很高的相互适应的水平"③。达尔文的"物竞天择"不但指竞争,也指协同,善于协同是一种双赢的竞争。"适者生存"指适应环境(包括生物与生物之间互为环境)的生存发展,不适应的淘汰,协同从而适应环境是更高层次的适应,生物界如果没有协同,就很难生存与发展,生态系统中的生态位分离是突出的表现。"过去国内对生态学、对达尔文的进化论理解是偏颇的,甚至是错误的,往往简单地把它理解为你死我活的竞争和物竞天择的适应"①,而对生物体以及生物与环境之间相互

---

① (美)巴里·康芒纳著,侯文蕙译. 封闭的循环——自然、人和技术[M]. 长春:吉林人民出版社,1997:30.
② (英)保罗·奥默罗德著,李华夏译. 蝴蝶效应经济学[M]. 北京:中信出版社,2006:9.
③ 段昌群,杨雪清. 生态约束与生态支撑[M]. 北京:科学出版社,2006:5.

依存，和谐协调，共生共荣的内在法则，却知之不多，甚至没有了解，只是到了近期才有所领悟。三是指人类这个特殊的生命体，也同样遵循着协同演进的规律。人类本来就是自然界的产物，它的祖先本来就是自然界中的一个生物种群，所以人有自然属性与社会属性。人类对环境的适应不仅仅是被动的，而且可以是主动的，人类对环境的改造也可以是主动的。这就是人类主观能动性所使然，是人与动物的本质区别。正因如此，人类生命体与环境的协同演进和其他生命体与环境协同演进有着质的区别。可见，地球生态系统的协同演进的规律具有普遍性。"我们认为现代生态学关于协同进化的思想，其意义不仅仅局限于生物学范围，而且可以当作一条普遍原理对待，这就是协同进化原理，即协同进化是普遍的演化规律"。①

现代生态科学研究表明，协同进化的效率和稳定性是随着各因子之间的进化适应和协同程度呈正相关，正如达尔文指出的"各个物种的保存很少是由于单纯一种有利条件，而通常是由于联合在一起的很多有利条件"②。这里讲的是协同力。

协同力的强与弱决定了协同进化的快与慢。自然—人—社会复合生态系统的协同进化过程是一个对立统一、新陈代谢的过程。"新陈代谢是宇宙间普遍的永远不可抵抗的规律。依事物本身的性质和条件，经过不同的飞跃形式，一事物转化为他事物，就是新陈代谢的过程"③"任何事物的内部都有其新旧两个方面的矛盾，形成一系列的曲折的斗争。斗争的结果，新的方面由小变大，上升为支配的东西，旧的方面由大变小，变成逐步归于灭亡的东西"④，如人类社会历史是人类追求和平发展的历史，但是期间有曲折有反复、有前进有倒退，形成螺旋式上升，其中起重要作用的也是协同力。当正义战胜邪恶、进步战胜反动、先进战胜落后、统一战胜分裂时，其发展的协同力就强，社会就前进，如果相反，协同力是负数，社会就倒退。协同力是人类主观能动性的重要体现，且取决于人类主观能动性发展的方向与力度，只有向着生态文明的方向才能不断提高协同力，自然—人—社会复合生态系统才能不断走向共生共荣、共同发展，如果相反，则只能一起走向死亡。例如，应对气候变化是全人类的共同责任，必须有全人类的共同行动，这是生态文明的国际协同力；中国人民组成最广泛的抗日统一战线，打败日本帝国主义的侵略，这是国家民族的协同力；企业从恶性竞争到合作双赢，这是生态文明经济的协同力；人与自然从对立对抗到共生共荣，这是生态文明的整体协同力等。协同是生存与发展的重要法则，协同力是一条基本原理。

### 3.3.2 循环转化、皆有去向法则

恩格斯在《自然辩证法》一书中强调指出，物质运动的重要形式是循环和转化，"整个自然界被证明是在永恒的流动和循环中运动着"④，这种循环在科学实验中不断地被证明和完善着，"在这个循环中，物质的任何有限的存在方式，除永恒变化着、永恒运动着的物质以及这一物质运动和变化所依据的规律外，再没有什么永恒的东西"①，恩格斯阐述

---

① 黄鼎成，王毅等. 人与自然关系导论[M]. 武汉：湖北科学技术出版社，1997：206.
② (英)达尔文著，李贤标，高慧编译. 物种起源[M]. 北京：北京出版社，2007：4.
③ 毛泽东选集(袖珍本)[M]. 北京：人民出版社，1969：297.
④ 恩格斯. 自然辩证法[M]. 北京：人民出版社，1971：16，24.

辩证法的三个规律都蕴含着物质循环转化的因素。

循环转化的法则使自然生态系统的一切事物都必然有其去向。自然界是没有垃圾，没有多余物的，一切事物都在充分（循环）利用之中，一切"资源"都是优化配置，最讲"经济效益"的，切实达到生态效应与经济效应的相统一和最优化。所以生态学实际上就是研究自然的经济学，这是我们必须掌握并运用于生态文明建设的基本法则。

为了更好地理解这个法则，先简单阐述生态系统的能量流、物质流和信息流。生态系统的能量流遵循热力学第一定律和第二定律。热力学第一定律即能量守恒定律，能量既不能消灭，也不能凭空创造。在生态系统中，输入的能量总是和生物有机体贮存的、转换的、释放的能量相等。热力学第二定律是一切过程都伴随能量的改变，在能量传递和转换过程中，除一部分可以继续传递和做功的能量外（自由能），总有一部分不能继续传递和做功，而以热的形式耗散，这部分能量使熵和无序性增加[①]。生态系统中的能量流动是通过食物链来实现的，能量沿绿色植物向草食动物再向肉食动物再向微生物逐级流动，一般后者获得的能量大约只是前者所含能量的10%，即1/10，称为"十分之一"定律。呈现出递减性和单向性的特征。

生态系统的物质循环：生物吸收太阳能，并从大气圈、水圈、土壤岩石圈吸收水、氧、氮、碳以及近30种的矿物质元素化合成生物有机体，有机体在经过若干个营养级后，又被群落中微生物分解，一部分成为微生物的营养，其余重新归还大气圈、水圈和土壤岩石圈，被其他植物重新吸收，同化为有用的物质。于是这些物质都是在生态系统的生物之间、非生物（即环境）之间、生物与非生物之间进行不断的循环转化，通过这种循环转化，使得任何一个元素、一种物质都可以不断地被利用。一般情况下，以大气圈和水圈为贮存库的气相循环（如 $O_2$、$CO_2$、$H_2O$ 等的循环）具有明显的全球性循环的特征，称为地球化学大循环；而以土壤岩石圈为贮存库的沉积循环（如磷、钙、钾、钠等的循环）具有非全球性循环的特点，称为生物小循环。能量流与物质流是紧密联系的，物质流是能量流的载体，而能量流又推动着物质流的运动。

生态系统的信息传递：一般有营养信息传递、化学信息传递、物理信息传递、行为信息传递。生态系统的物质流、能量流都与信息传递分不开，生态系统的发展和稳定，也与信息密切相关。例如植物需要有阳光的信息，有研究表明，植物的形态建成，即它的生长和分化的功能，是受阳光的信息控制的；又如植物与植物间同样发生着复杂的信息联系，以此来保卫自己免受侵害，或是以此来抑制别的植物的生长；还如动物之间的物理信息传递就更常见了，鸟鸣、虫叫、兽吼等，都是在传递某种信息。

以上能源流、物质流和信息流都是循环转化运动的重要内容。

在自然生态系统中，绿色植物作为生产者，从土壤、空气等环境中吸收水分、$CO_2$ 和其他养分，经过光合作用生产出许多碳水化合物和蛋白质；动物作为消费者，分为两级，一级为食草动物，以绿色植物为生，二级为食肉动物，以其他动物为食物（但归根结底还是以绿色植物为生）；微生物作为还原者，它们通过分解植物和动物的肢体、粪便等，一方面可以从中吸取营养，另一方面把许多营养素还回到土壤中，这样就形成了一个闭路循

---

① 贺庆棠. 森林环境学[M]. 北京：高等教育出版社，1999：38.

环,如图 3.1。

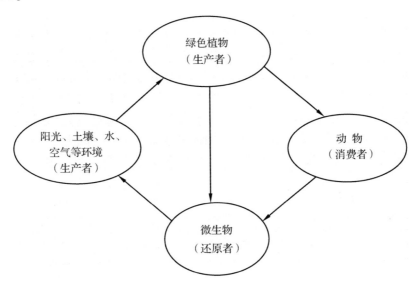

图 3.1　自然生态系统物质循环示意图(参考林鹏图)

生态系统中物质、能量的循环转化实际上是很复杂的。参加循环转化的绿色植物、动物、微生物有千千万万种,它们之间既有生存竞争,又是协同演进,它们形成相互依存、有机联系的生态链(网)。当前学术界研究和社会实践中的循环经济,主要是根据上述思想和原理,把自然生态系统循环转化的法则运用到经济发展这个子系统中。但是这实际上还是不够的,因为单纯经济子系统的物质循环转化只能起到节约资源与减少污染的作用,只能减缓资源枯竭的步伐,而且在静脉产业的发展中,还会出现二次的能源消耗和污染。应当从自然—人—社会复合生态系统的层面来理解循环转化,把物质闭路循环当作生态文明的方法论。方法论总是和哲学观相联系,哲学观解决"是什么"的问题,方法论解决"怎么办"的问题。从方法论层面理解,有三个层次的循环转化。

(1)自然—人—社会复合生态系统的循环转化。即共生、协同、循环的方法。自然、人、社会是共同生存在地球生态母系统之中,它们必须协同演进,才能共同发展。在协同演进中必须形成复合生态系统的大循环,即人类、社会和自然界的大循环(而不单单是经济子系统内的循环),只有自然生态系统和人类社会生态系统有机结合,形成物质循环转化,才能形成地球生态母系统的物质循环运动。所以人类不但需要从自然界中获取物质资源,而且要和自然界形成物质循环,如反哺自然界,发展自然力,进行生态建设,发展可再生资源,让自然界能够保持生机、蓬勃发展,增加资源的存量,提高资源的质量,增强生态系统功能,同时又要善于把生态与环境的优势转化为经济社会发展的优势,以形成自然—人—社会的良性循环和协同演进的态势。笔者把它称为增量化原则,这个原则实际上比社会上所说的循环经济的减量化原则更本质更重要。

(2)生产系统的循环转化。把生态系统物质循环运动和能量梯级利用的原理、规律、模式运用到社会生产的领域,把提高资源的利用率,减少排放,提高产出作为一个整体协同运行,在生产环节中实现闭路循环;把生态链(网)移植到生产系统的循环转化中,就叫做产品链(网)、产业链(网),上游产品(或产业)的"流"成为下游产品(或产业)的"源",环环相连,构成工业生态群落或农业生态群落或工农业生态群落,使传统经济发展中废弃物都能资源化,能量得到充分利用。所以循环转化中十分关键的环节就是研究产品之间、产业之间的共轭关系,进行技术创新、工艺创新和生产流程的创新,尽量延伸产品(产业)链,扩大产品(产业)网,通过企业内部的生产循环转化、企业之间的生产循环转化和产业之间的生产循环转化,以同样的资源(甚至更少的资源)生产更多的产品,同时也达到少排放少污染甚至零排放零污染的效果(因为资源浪费与环境污染往往是同时发生的),实现"低投入—高产出—低排放—高效益"的两低两高的效果,从生产源头上节约资源、减少排放,实现生态效益、经济效益、社会效益相统一和最优化。严格地科学地说,这样才是循环经济中的减量化原则。

(3)消费系统的循环转化。主要有两个方面:一方面是尽量延长消费品使用的时间和周期,如水的循环利用,洗脸水用以洗脚,然后用以浇花;工业用水经过处理后用作绿化或卫生用水;尽量少消费或不消费一次性消费品等,面相当广,节约的潜力非常大,这就是再利用原则;另一方面对消费(含生产性和生活性消费)领域的"废物"回收、分类,进行再生产(称为再循环或资源化),达到变废为宝的目的,这就需要大力发展静脉产业(也称还原产业)。人们经常把垃圾说成是放错地方的资源,就是通过循环经济的方法来实现的,它要求建立和完善再生资源的回收体系,促进重点行业废弃物和城市生活垃圾的资源化。

上述循环转化用于绿色发展,不但能生产绿色产品,提高经济发展质量、效应和公众健康水平,而且能保持自然生态系统长绿、子孙后代长受益;用于低碳发展,既能促进能源安全、优化农村产业结构、增加碳汇、减少碳排放,又能促进社会就业,一举三得;用于传统经济的改造提升,既能节约资源、使产业升级、产品增加附加值、优化经济结构、提高经济效应、又能使环境的末端治理走向过程治理,是转变经济发展方式的重要而有效的方法;用于创新经济,可以改变工业文明经济的二维创新的状况,实现生态文明经济的三维创新,实现生态效应、经济效应和社会效应的相统一和最优化,是抢占国际经济科技制高点的重要而有效的途径。

### 3.3.3 生态平衡、阈值为度法则

生态平衡是当今人类最关注的理论问题和最重要的实践问题。生态平衡是自然—人—社会复合生态系统运行的最基本法则,人类一切的生产活动和生活活动首先要建立在生态平衡的基础上。生态平衡是指一个生态系统在特定时间内通过内部和外部的物质、能量、信息的传递和交换,使系统内部生物之间、生物与环境之间达到了互相适应、协调和统一的状态,这种状态具有一定的自控制、自调节和自发展的能力,这就是生态系统的生态平衡。因为这种平衡只是相对的而不是绝对的,所以也称生态系统的动态平衡。

生态平衡有以下几个特征:

(1)生态平衡具有整体性特征,是自然界大系统生态平衡和局域小系统生态平衡的协同统一。生态平衡不单指某个生态系统的平衡,而是指许多个生态系统处于平衡状态,甚至是全球的生态系统处于平衡状态,这是因为自然界本身就是一个有机联系的整体,它们之间的联系错综复杂而又相当有序。各子系统的生态平衡是母系统生态平衡的基础,而母

系统的生态平衡是各子系统生态平衡的保障。如果母系统失衡就会影响到所有子系统的失衡，如果一定数量的子系统失衡或是某个子系统失衡到一定程度，也会导致母系统的失衡。所以，一方面只有大系统的生态平衡了，才能为小系统的生态平衡创造良好的外部环境，如全球气候适宜，气候灾害就少，海洋生态、森林生态、农田生态、草原生态、湿地生态、城市生态以及生物多样性等都会比较稳定，粮食安全、生态安全、食品安全等就会有保障（全球气候适宜是全球生态平衡的结果，遗憾的是当今世界范围内生态失衡，造成气候变暖，温室效应加剧）。另一方面，只有所有的小系统的生态平衡了，才能促进全球的生态平衡，森林的生态平衡了，海洋的生态平衡了，草原的生态平衡了，乡村和农田的生态平衡了，城市的生态平衡了，江河流域的生态平衡了……全球的生态才能平衡。还是以气候为例，人类生产和生活的二氧化碳排放减少（控制在阈值之内），森林生态、农田生态和海洋生态系统优化了，吸收二氧化碳的能力大为增强，那么全球的温室效应就可逐渐减小。气候变得适宜，又促进了小系统的生态平衡，这样循环反复，就形成了良性循环。

（2）生态平衡是开放性的动态平衡。生态系统遵循耗散结构原理，必须同外部环境进行物质、能量、信息的交换，才能促进其平衡，并往高层次的平衡发展。所以生态系统是开放系统，生态平衡是动态平衡。生态平衡需要有内部因子的自控制、自调节和自发展的潜能，它充分体现了大自然的智慧。同时也需要有外部环境的补偿，如果环境太恶劣，生态系统无法从环境中得到补偿，就会衰退甚至消亡，所以生态平衡是由内部因子潜能和环境因素共同决定的，必须有同外部环境进行物质、能量、信息的交换，才能促进生态系统生态平衡的稳定发展，所以生态系统的平衡也是一种开放性的动态性的平衡。人类如果一味对自然生态系统索取而不给予补偿，生态系统就会出现输出多输入少（即入不敷出），生态系统就会失衡甚至破坏，最终损害人类自己。

（3）生态系统的功能结构是生态平衡的内在决定因素。如果功能结构合理，就能促进生态平衡；如果功能结构不合理，或结构中某个因子缺失，就会导致生态失衡。所以，生态系统的平衡，很大程度上取决于生态系统内的因子多样性和功能结构的完善性，生态系统中的每一种因子（包括生物的和环境的因子）和每一种信息都有其不可忽视的作用。随意改变某种因子或某种信息，都可能导致生态失衡。比如在生态链中，如果某一种物种的灭绝，它会引起28种物种的相继灭绝，这样以28的几何级数上升，生态系统的平衡就会遭到严重破坏。生态平衡是生态系统长期演替而成的，人们在改变生态因子时（如增加外部的因子或减少其中的因子）必须持慎重态度。生态系统中有不少动植物是靠发出信息（如气味信息、声音信息、光信息等）进行交配繁殖的，如果信息系统发生梗阻，就会破坏了这种交配繁殖，导致生态系统中某些物种骤减，而某些物种就会泛滥，生态也会失衡。

在生态平衡中，生态系统具有自调节、自控制和自发展能力，这是生态平衡的内在动因，所以生态系统具有一定的抗干扰和抗风险的能力。其中因子与子系统的自调节潜能是关键，但是这种自调节、自控制和自发展能力不是无限的而是有一定限度的，这种限度在现代生态学上称为阈值，即各子系统、各种因子都必须维持在一定的阈值范围，如果外界的干扰超过了阈值，自调节就失灵，生态平衡就会被打破，生态系统就会发生紊乱甚至瓦解。所以，研究并掌握生态系统的阈值，促进人类的生产和生活活动控制在其阈值之内，是十分关键的，这就是阈值法则。比如对于森林的管理，如果采取合理强度择伐的经营措施，那么就能使森林生态系统借自调节能力保持在阈值范围内，森林生态系统能够充分发挥其生物潜能，生态系统仍然处于相对稳定状态，保持生态平衡，正常发挥其功能。如果采取大强度的砍伐或者皆伐，那么森林生态系统内的自调节能力就失灵了，森林就会衰退为疏林地（这时林地环境与生物多样性及生物自调节能力都会越变越差），最终衰变成沙漠。所以人类的活动要使生态系统保持在其阈值之内，是取得生态效应、经济效应和社会效应相统一和最优化的重要前提。阈值法则是人类的任何活动都必须遵循的。

### 3.3.4　多样性增加系统稳定性法则

生态因子的多样性增加了生态系统的稳定性，是上述生态平衡法则的内容，但是因为它广泛指导着生态文明的社会、经济、生态等各个领域的建设，具有重要的作用，所以单独加以阐述。现代生态学认为：生物越具丰富性、完整性，生态系统的结构就越复杂也越合理，抗干扰和自调节（包含自恢复和自平衡能力）能力就越强，效率就越高，生态功能越优化，系统越趋于稳定。

多样性增加稳定性是竞争与协调的对立统一，多样性导致竞争，竞争提高了系统因子的活力从而优化了系统结构，于是就产生更高层次的协调，增强了系统抗干扰、自调控、自发展的能力。如在自然界里，混交林的综合生态功能比单纯林更强，生态系统更加稳定。在经济领域也是这个道理：垄断终将导致经济衰退；单一成分的经济抗风险能力比较薄弱；"资本主义也有计划经济，社会主义也有市场经济"[①]；合作双赢是未来商业竞争的必然趋势。在社会领域要和而不同：允许多种所有制共同存在，让它们互相补充；各民族和谐相处是国家稳定的保障；文化多样性是人类社会的基本特征，也是人类文明进步的重要动力，多层次文化的有机结合才能形成社会主义主流文化；世界多格局的形成是和平与发展的基础等等，不一而足。

### 3.3.5　法则面前，善恶有报

人类怎样对待自然，自然就怎样对待人类，没有免费的午餐。中国古代就有人法地、地法天、天法道、道法自然的深邃的生态法则思想，它与和谐思想有机结合，是中华文明几千年绵延不断的重要思想基础（其他的文明古国都消亡或中间有间断），它使中国成为世界文明历史上的灿烂奇观。

事实再三证明，凡是违背自然—人—社会复合生态系统运行规律的，必然要受到规律的惩罚，工业文明反其道而行之，暴露出人类的暴力性和人性恶，摧毁了自然界，自然界已经向人类亮出了黄牌，如果再往前一步，就是万丈深渊。

生态文明要显示人类的协调性和人性善，人与自然、人与人、人与社会之间的关系必须和谐协调，双向互补、友善相待，人类将与自然界共同走向美好的明天。法则面前，善恶有报。这本身就是铁的法则。

## 3.4　和谐协调理论

和谐协调是生态文明的本质特征，它包括人与自然、人与社会、人与自身的和谐协

---

[①]　邓小平文选：第3卷[M]．北京：人民出版社，1993：373．

调，即生态和谐、人态和谐与心态和谐，所以和谐协调理论是生态文明学的又一个重要基础理论。和谐理论已经上升到和谐学的层次，中国人民大学张立文著的《和合学》提出"和生、和处、和立、和达、和爱五大原理"，并把它们作为"21世纪人类为回应、求索协调、化解人与自然、人与社会、人与人、人与自身心灵以及文明与文明间的五大冲突的最佳的文化方式和最优化的价值导向"①，是对和谐理论的重要提升。

指导生态文明的和谐理论源于两个方面，一个方面是自然科学，包括现代生态学揭示的和谐思想等；另一个来源于社会科学，包括中国传统的和谐思想；现代和谐理论如科学发展观、构建和谐社会、和谐世界以及和合学等思想理论。

长期以来，人们受到西方传统的"人类中心主义"价值观和阶级斗争思想的双重影响，把自然—人—社会复合体的发展演进看成是斗争与冲突的历史。对自然界，人们总以为只有残酷的竞争与不断的冲突，对人类社会，更把它作为阶级斗争的产物。其实，不管是自然界还是人类社会，在其演进发展过程，和谐协调的时间和空间都远远超过斗争和冲突，和谐协调既是复合体发展演进的结果，又是促进复合体发展进步、生机勃勃、长盛不衰的主要动因。一个和谐协调的系统必然是结构合理、联系密切、运行有序、功能强大的系统，其发展的成本更低，成效更高，更能充满生机，走向繁荣。自然生态系统、社会生态系统和人体生态系统都是如此。

### 3.4.1 和谐协调是自然界的普遍规律

达尔文认为，在自然生态系统的发展演进中，竞争绝不是自然界的唯一规律，一种生物可以创建一个不曾被占据过的自己的特殊位置——并且无须牺牲另一种生物的生存，只有在一个缺乏创造性的世界里，禁锢在严格的生存模式里，需求的匮乏和冲突才成为不可避免的命运。因为绿色生命富有强大的创造力，因为自然生态系统中存在着生态位分离、生物多样性导致生态系统稳定性、生态系统普遍有机联系相互适应协同进化等规律，以及生物间的趋异、宽容现象，所以自然界里，还有一种普遍规律，那就是和谐协调。自然界在其45亿年的不断演替中以不争的事实反复证明：绿色生命的每一个自然生态系统都是最终走向以和谐协调占主导地位的顶级群落状态，这时生态系统趋于平衡（动态平衡），其自组织能力、抗干扰能力、创造能力都比较强，因此绿色生命系统能够显示出生机勃勃、长盛不衰的繁荣景象。这就是生态和谐。人体作为自然生态系统和社会生态系统的有机融合，其发展亦是如此。人的生理属于自然生态系统，人的心理则是自然生态系统和社会生态系统的融合：其中人的心理的物质基础属于自然生态系统，而心理意识则属于社会生态系统。但不管属于自然生态系统还是属于社会生态系统，人的生理的阴阳协调，心理的和谐平衡，对于人的身体健康发展具有十分重要的意义。许多事实一再证明，如果人的情绪经常处于失衡（即不和谐）状态，那么人的得病率就会高出许多。不少癌症都与恶劣情绪有密切关系。中国古代中医就有怒伤肝、哀伤胃、惊伤胆、郁伤肺和乐极生悲之说，就是这个道理。

### 3.4.2 和谐协调是人类永恒的追求

在人类社会的发展中，人们渴望和谐、追求和谐，为实现和谐社会的理想不懈努力，

---

① 张立文. 和合学[M]. 北京：中国人民大学出版社，2006：477.

正如胡锦涛总书记指出的,"实现社会和谐,建设美好社会,始终是人类孜孜以求的一个社会理想,是包括中国共产党在内的马克思主义政党不懈追求的一个社会理想"①。在人类社会发展的进程中,有矛盾、有斗争,而斗争的结果总是以先进取代落后,以高级社会取代低级社会,最终以和谐协调占主导。纵观历史,从原始社会到奴隶社会、封建社会、资本主义社会、社会主义社会,直至共产主义社会,无不如此,人类社会的矛盾与斗争,最终要走向和谐协调。

社会历史发展的实践也一再表明,只有达到和谐协调,社会系统才能升华到一个新的境界,才能焕发其生机,呈现其繁荣。人们总把太平与盛世联系在一起,即只有太平了,才能达到盛世的境界,讲的就是这个道理。横看世界,虽然矛盾纷繁,有的甚至激化成战争,世界超级大国想独霸世界,但其主流仍然是和平与发展,并将成为不可逆转的历史潮流。20世纪50年代周总理提出的和平共处五项原则;21世纪初胡锦涛主席提出并阐述的构建和谐世界;2011年12月31日,国家主席胡锦涛通过中国国际广播电台、中央人民广播电台、中央电视台,发表了题为《共同促进世界和平与发展》的新年贺词强调,"和平、发展、合作是时代的呼唤,是各国人民共同利益之所在"②;2012年2月14日习近平副主席在美国会见奥巴马总统时也强调"排除各种干扰坚持做朋友、做伙伴,是中美双方唯一正确的选项"。③这些都具有世界性历史性的长远意义和深刻的现实意义,它揭示了国际社会的本质要求、普遍愿望和必然趋势。

### 3.4.3 和谐协调是生态文明世界观和方法论的重要内容

正如李瑞环指出的,生态文明要求以和谐的思想、站在和谐的立场对待人与自然的关系,做到天人合一;对待人与人的关系,做到和睦相处;对待人与社会的关系,努力合群济众;对待国家之间的关系,做到协和万邦。美国后现代社会发展研究的权威专家——小科布提出的共同体思想,贯穿着和谐思想,他认为在这方面,与马克思是相通的,马克思的共产主义就是十分和谐的文明社会,和谐思想也是马克思主义的共产主义世界观的重要组成部分。

应用和谐协调的方法处理问题就能取得共赢。我国古代就有"礼之用,和为贵""家和万事成""和气生财""天时不如地利,地利不如人和""万物各得其和以生""和也者,天下之达道也"等;合作共赢成为现代企业运作的新理念和新途径,并有许多成功的案例;历史进入21世纪,我国提出科学发展,强调全面、综合、协调是科学发展的基本方法;特别当今世界,人类面临越来越多的共同问题,资源能源枯竭、生态环境危机、人类工业病蔓延,人类也越来越多地取得共识,只有国际社会的和谐协调,共同努力,才是解决问题的唯一正确有效办法,"我们应当在一起估量这个地球,齐心协力地形成一个学科间的方法去处理全球所关心的问题和我们共同的未来"④,虽然道路还很曲折,但是这个方向是

---

① 胡锦涛. 胡锦涛在省部级主要领导干部提高构建社会主义和谐社会能力研讨班的讲话[N]. 人民日报,2005 - 02 - 03.
② 胡锦涛发表2012年新年贺词 共同促进世界和平与发展[EB/OL]. http://news.xinhuanet.com/politics/2011 - 12/31/C_ 11350298. htm.
③ 习近平会见奥巴马时的讲话[EB/OL]. http://www.chinanews.com/gn/2012/02 - 15/3669049. shtml.
④ 世界环境与发展委员会著,王之佳,柯金良等译. 我们共同的未来[M]. 长春:吉林人民出版社,1997:9.

不变的。和谐协调作为方法论，适用于自然生态系统、人类系统、经济社会系统的各个方面。

### 3.4.4　和而不同

自然—人—社会复合生态系统是许许多多不同的子系统和不同因子组成的，是矛盾的对立统一体，所以和谐的主要内涵是和而不同。和实生物，同则不继。在自然界，如果一个物种（如人类）强大到想消灭其他一切物种时，也就意味着这种物种的灭亡；在人类社会，如果妄图以一种文化取代其他文化，那么这种文化也终将走向消亡；超级大国如果一意孤行，想独霸世界，它就一定会走向衰亡等。这个道理和前面所讲的多样性增加系统稳定性的道理是相辅相成的。所以生态文明是一种包容性的文明，它的生态整体主义的世界观与和谐协调的方法论都体现了包容思想，和工业文明人类中心主义的排他性、掠夺性与残暴性，是一个标志性的区别。生态文明的包容性还体现在生态文明经济体系和生态文化的开放性，这些将在生态文明学的分支学科生态文明经济学和生态文化学中加以阐述。

## 3.5　现代系统学

现代系统理论是一门横向科学，贯穿到自然科学与社会科学的各个领域，因为生态文明学研究的对象是自然—人—社会复合生态系统，是自然科学与社会科学交叉的学科，所以系统理论是生态文明学研究的重要基础理论。

在社会科学领域，系统思想古来有之。但是真正运用系统思想研究问题的是马克思恩格斯。在自然科学领域的生物学家、化学家、物理学家、医学家们，如生物学家林耐、自然博物学家怀特、进化论的创建者达尔文、生态学家和自然哲学家梭罗、化学家门捷列夫等都相继提出过系统的观点，门捷列夫还建立了化学元素周期系统等。但是现代系统理论的真正诞生还是在20世纪60年代，其奠基人和创始人是美籍奥地利生物学家L·V·贝塔朗菲。他反对当时生物学研究中盛行的单纯的分解论和机械论，认为应当把它们作为一个有机联系的系统来研究，他在20世纪30年代提出一般系统原理，40年代发表《关于一般系统论》，并在大学讲授，直到1968年他出版专著《一般系统理论：基础、发展和应用》，才真正确立了现代系统科学。我国著名科学家钱学森对现代系统理论的运用和发展做出重大贡献，他把系统理论既应用于航天航空等几个领域的工程科学以及城市建设、沙产业等，又应用于战略决策、社会管理、国民经济建设等；既发展了作为哲学观的系统理论，又发展了作为方法论的系统理论，"综合集成思维贯穿钱学森研究的始终，就是把还原论思想和整体论思想结合起来的系统论思想"。"钱老对系统科学最重要的贡献是他发展了系统学和开放的复杂巨系统的方法论"，他特别指出："用单纯数学模型的逻辑来处理复杂行为系统，看起来'理论性'很强，其实不免牵强附会、脱离实际。要让定性的方法与定量的方法结合起来，最后定量[①]。"

系统的普遍联系原理和系统具有的多元性、相关性、层次性、开放性等特征，我们在前面有关章节中都已阐述，这里着重强调其整体性和系统优化的原理。整体性是系统的本

---

[①] 徐匡迪．徐匡迪在中国科学院纪念钱学森百年诞辰座谈会上的讲话《学习钱学森的系统思想》[N]．科技日报，2011-12-10．

质特性,它是指系统的整体功能不是各个部分(或各个因子)功能的简单相加,而是大于部分之和,即 $1+1>2$。系统功能取决于其因子(或要素或子系统)的优化,更取决于因子(或要素或子系统)的组合,石墨与金刚石是由同样的碳元素组成,但是由于两者的结构不同,它们的功能也不同,石墨很软,金刚石却很硬,就在于系统的结构机理,一个系统相互联系密切,相互作用协调、结构复杂合理,其协同力就强,整体功能就大,否则相反。更进一步,如果部分脱离了整体,就会完全失去其功能,手之所以具有手的功能,是因为它与整个身体联系在一起的,如果把手从身上砍去,就完全失去手的功能。系统优化是整体性特征的重要运用,可以应用正反馈与负反馈的系统机理,使系统保持科学合理结构,处于最佳运行轨迹,实现系统的整体优化。系统的整体性和系统优化是生态整体主义的理论源泉之一,是生态文明实践的重要指导。

# 第四章

# 生态文明观

生态文明观是生态文明学研究的主要内容之一。生态文明观是关于自然、人、社会三者相互之间有机联系、相辅相成、共生共荣的总的科学观点,以及正确处理三者关系的科学方法,是关于生态文明的一系列思想、观点的总和。它为人们展示了一个相互依存的以及有着错综复杂联系的自然—人—社会复合生态系统的整体世界,并且和哲学、经济学、社会学、和谐理论、伦理学、管理学、艺术、系统理论、协同理论等融合在一起,形成新的世界观和方法论,是指导生态文明建设的根本性的理论体系。对于21世纪的世界来说,没有比人类同自然界的剩余部分的关系更重要的,没有比改善这种关系更能影响人类幸福的。生态文明观是一个系统,前面几章中的许多内容都属于生态文明观的范畴,本章再作系统归纳。

## 4.1 生态文明哲学观:生态整体主义

根据上面阐述的基础理论、基本原理和相关的基本问题,我们把生态文明哲学观概括为生态整体主义的哲学观,它是"地球村人"的集中表现。它认为,自然、人和社会是一个有机联系的整体,形成复合生态系统(也称地球生态母系统),其中自然生态系统是复合生态系统赖以生存和发展的基础,人类是推动复合生态系统发展和进步的主要力量,社会是其保障。"人与自然的相互适应是一种整体的适应,它所涉及的各个方面是相互耦合与协调。"①自然、人、社会必须和谐协调、共生共荣、共同发展,才能有共同美好的未来,人类应当充分发挥主观能动性特别是创造性、积极性和主动性,建立科学、公平的社会机制和运行方式,遵循复合生态系统运行的客观规律,通过有效的方法推动和谐协调、共生共荣、共同发展。生态整体主义表现在:时间整体观、空间整体观、时间和空间相统一的和谐的整体观、综合协调双向互补的方法论。这些已经分别在第二、第三章中作了阐述。下面对于一些基本概念加以具体分析:

---

① 黄鼎成,王毅等. 人与自然关系导论[M]. 武汉:湖北科学技术出版社,1997:前言(2).

### 4.1.1 生态整体主义与人类中心主义的分野

人类中心主义是在工业社会中形成的。人类进入工业社会后，随着知识的骤增，科学技术日新月异，使得人类飘飘然起来，误认为可以征服自然，应当成为自然的上帝来主宰自然，自然界天生就是为人类服务，除此之外，自然界就没有什么价值。"我们轻率地干预了我们几乎不了解的事物，并且是在拿我们自己的性命和别的有机体的生命去冒险"①。

当人类中心主义和资产阶级的剥削压迫，资本家的贪婪掠夺结合起来以后，它就发展成一种世界观和立场，许多工业家、政治家和社会名流们，都在努力寻找使自然界转向有利于他们自身利益的理论依据，把斗争性看作这一矛盾体的主导地位，强调人类对自然的征服与索取，采取与自然界斗争的方法，进行急功近利与单向的掠夺，并成为资本家疯狂掠夺自然资源，肆意污染地球家园，残酷压榨工人血汗；成为帝国主义实施殖民主义，屠杀压迫异族人民，掠夺殖民地财富（包括自然资源的财富）；成为极端个人主义等的重要理论武器。曾经风靡世界的"欧洲中心主义"，曾经震撼世界的英国"羊吃人"圈地运动；曾经有几十个国家被殖民，千千万万的自然资源被掠夺，几千万人口被屠杀，几十个国家的家园被破坏的第二次世界大战；直到现在还在不断地向发展中国家掠夺资源，输出垃圾，向地球家园排放污染等等，都在不同程度地打着人类中心主义及其翻版的烙印。人类中心主义对我国的影响，主要表现在大肆破坏自然生态系统，大量浪费自然资源，大量污染自然环境，为了这一代人的发展而不顾下一代人的发展，更不顾自然的发展。同时，20世纪50年代出现的大跃进，"人有多大胆，地有多大产"，粮食放卫星等，也折射出人类中心主义的影响。

生态整体主义认为，人与自然这一对立统一的矛盾体中，既有斗争性（向自然索取），又有同一性（爱护自然、改善自然，使人与自然同步发展），并且以同一性占主导，它要求站在自然—人—社会复合体整体的立场上观察、分析、解决问题。这就是站在自然—人—社会全面繁荣的立场，而不只站在人类眼前利益的立场；站在人类持续发展的立场，而不只站在这一代人的立场；站在大多数人的立场，而不只站在少数人的立场，并运用和谐、综合、协调、双向互补的方法，达到共生共荣的目的。

### 4.1.2 生态整体主义与生态中心主义的区别

生态整体主义认为，在自然—人—社会复合生态系统的整体中，人、自然、社会密切联系，相互影响，不可分割。人与自然的关系是基础，但不是孤立的，人与自然的矛盾必然会深刻地影响到人与人、人与社会的关系；人与人、人与社会关系是关键，人类的文明观指导着人与自然关系，人与人、人与社会的关系处理不好，人与自然的关系也难以和谐协调。所以生态整体主义既反对工业文明的人类中心主义，又反对倒退到原始文明和农业文明初期的自然中心主义；生态中心主义也称泛生态主义，它也是对人类中心主义反思的产物，但却走向另一个极端：生态至上论，特别是主张为了保护生态环境必须停止经济增长（经济增长是社会、经济发展的基础，发展中国家更加需要它），走向另一个"二律背反"，其实质也是自然中心主义。只有把生态整体主义与生态中心主义严格区别开来，才

---

① 毛泽东选集（袖珍本）[M]. 北京：人民出版社，1969：302.

能使生态文明建设在科学轨道上运行而不误入歧途。

### 4.1.3 对立怎样转化成为同一

这是科学理解生态文明哲学观的关键,辩证法的最高法则是讲对立面的同一。列宁说:"辩证法是这样的一种学说:它研究对立怎样能够是同一的,又怎样成为同一的(怎样变成同一的)。"① 生态文明学研究人与自然在怎样的条件之下由对立转化成为同一的,特别研究经济发展、人的发展、社会发展与生态建设、环境保护在怎样的条件之下由对立转化成为同一的。从生态文明建设的长远来说,还要研究人与人、人与社会怎样从对立走向同一。是什么条件能够实现这个同一呢?主要条件就是人类的主观能动性,即人类的积极性、主动性和创造性。人们遵循生态文明学的原理,充分发挥主观能动性,是实现同一性的根本力量。举个例子,自20世纪70年代以来,人类经济社会发展中对于化石能源的枯竭及能源利用中产生的大量污染,一直处于矛盾对立的"山穷水复"状态,但是"世界自然基金会2011年在北京发布的一项最新研究报告则表明,到2050年,清洁和经济的可再生能源可以完全满足全球能源的需求"②,随之环境恶化的趋势也会得到改变,能源和环境问题会同时走向"柳暗花明"。这又一次实证了人类的主观能动性是把对立转化为同一的内在根本力量。

由上述分析可看出:生态文明把人的主观能动性用于人类和自然界的同一,工业文明把人的主观能动性用于向自然界的掠夺,深生态学强调人与自然的同一,但却忽视人应当怎样才能与自然和谐,即忽视了人的主观能动性的发挥,没有同一的充分条件,成为一种机械的同一论。农业文明、原始文明由于社会生产力低下,人的主观能动性也低下,只能依赖顺从自然界,是低层次的同一。这便是生态文明观区别于工业文明、深生态学以及原始文明、农业文明的重要标志。

### 4.1.4 需要强调的几个概念

一是整体与部分的关系:整体是主要的,部分依附于整体,整体功能大于部分之和,影响生态文明的主要因素既有生态活力、生态经济发展和社会发展水平,更有三者协调程度,即 $1+1>2$;二是竞争、斗争与和谐协调的关系:竞争与斗争是相对的,和谐协调是基本的,如生态系统的顶级群落、生态位分离、生态系统的趋异和宽容、生物多样性导致生态系统稳定性,生态系普遍有机联系协同演进等规律都体现这种关系;三是差异和联系的关系:差异是相对的,联系是基本的。

## 4.2 生态安全观

生态安全观是生态文明最基本而又最重要的观点,是"地球村人"的最基本的共同安全观。生态安全是指维系人类生存和社会经济文化发展的生态环境不受侵扰和破坏的一种状况。生态安全首先是全球性的,这是由于生态环境具有时空的广泛性特征所决定,维护全球生态安全是全世界人民的共同义务,我们作为地球村上的一个公民,我国作为地球村上的一个成员,毫无疑问要为维护全球的生态安全而努力,我国政府和人民的实践也证明了

---

① 毛泽东选集(袖珍本)[M].北京:人民出版社,1969:302.
② 曹新.新能源的特点、战略价值与结构调整[J].新华文摘,2011(24):24.

这一点。

生态安全是国家重要安全战略，世界各国皆如此。在我国，生态安全还直接关系到国家粮食安全战略、能源安全战略、食品安全战略，所以国家生态安全是生态安全观的核心，有以下几方面内容：

国家生态安全是从内部保卫国土平安。它和国防安全、国家政治安全具有同等重要的位置，同样是事关国家存亡、民族兴衰的大事。要实现国家的长治久安，人民安居乐业和中华民族的伟大复兴，首先必须保护国家的生态安全。古今中外历史上因为生态环境遭破坏导致国家灭亡，家园毁坏，人民流离失所的例子比比皆是。建国前我国东南沿海许多地方都有"一夜风沙起，埋没十八村"的惨痛历史教训，曾是"丝绸之路"绿洲地带的著名古国楼兰因林木消失，水源干枯而被风沙吞没。我国现在也有一些地区因水土流失、土地荒漠化、沙化致使那个地区成为不宜人居的空间，以及水资源短缺、地面沉陷、环境污染加剧等。所以，国家生态环境恶化给国家和民族造成的创伤和危害一样是巨大的、不可磨灭的。

国家生态安全是民生的重要基础。国家生态安全直接关系到国家粮食安全，同时还通过自然生态系统的食物链直接影响到人民的食品安全，从而直接影响到人民的健康，这两方面都是事关国计民生的大事。一些地方，人民群众身边的生态环境恶劣、土壤污染、空气污染、水体污染、光污染、噪声污染严重，从而引发许多疾病，我国出现100个癌症村都是环境污染诱发的，因环境问题得不到解决而上访的公众急剧上升，已位居第二，影响到社会的安定。化肥农药、动植物中有害物质的残留物通过生物链不但直接危害这一代人民的身体健康，还可能危害子孙后代的身体健康，各种假冒伪劣产品充斥市场等等，以至于许多人产生了消费的信任危机，认为实际上是生活物质丰富了，生活质量下降了。如果任其发展，从现实看，人们将加深消费的信任危机，直接影响消费市场，降低经济拉动力，阻碍生产力的发展。从长远看，人民健康水平下降，直接影响人力资源，也必将抑制生产力的发展。

国家生态安全是国防安全的重要保障。国家生态安全涵盖江河山川、天空海洋、水土保持、物种繁衍等等，既是国防的对象，又是搞好国防的重要保障，生态环境恶化，将增加国防的难度，并对国防的人力资源产生影响。

生态安全是社会决策和经济政策的基本出发点。要将国家生态环境政策与经济政策统一起来，实现生态效应、经济效应与社会效应的相统一与最优化，才能有事实上的社会、经济、生态的可持续发展。

生态环境问题往往是跨国问题。常常会引发许多外交摩擦，甚至引起战争。有人预言，生态环境问题将成为21世纪战争的根源。

警惕生态侵略。警惕一些发达国家对发展中国家的生态侵略。如转嫁污染、掠夺资源、获取生态情报，甚至破坏生态环境的丑恶行径。

## 4.3 生态文明生产力观

这是生态文明观系统的重要内容，生态文明生产力（以下简称生态生产力）及其微观基础生态文明经济的发展和进步，是转变生产方式，从根本上改变工业文明的严重弊端，建设生态文明的重要问题,本书将在以下相关章节专题阐述,这里不再赘述。

## 4.4 生态文明价值观

生态文明价值观是生态文明哲学观的具体体现,是人们对自然界生命价值以及人类在自然界中的价值和位置的科学评价。生态文明价值观是指:自然界的一切生命种群对于其他生命(含人类和其他生物)以及生命赖以生存的环境都有其不可忽视的存在价值;人类既是自然界的一个成员,又不同于自然界生命系统中的其他成员,因为人类具有认识自然并能动地反作用于自然的能力,所以人类必须更加善待自然界的其他生命,更加善待为自然界生命的生存与发展提供条件的生态环境。

### 4.4.1 尊重自然的价值与权利是生态文明价值观的基础

生态文明价值观是人类全面体现自身价值的指导思想,也是调整人类道德规范和行为的思想理论基础。价值的实质是有用,有用才产生价值,人的社会价值是因为人生活在世界上对社会、对他人有用,那么人生就有价值,作用越大,价值越高,否则相反。生态文明价值观把价值扩延到社会生态系统和自然生态系统,即作为社会实践活动的人和自然界其他的生命。首先是主体的扩延,从社会生态系统中人作为主体扩延到自然生态系统中的生命主体。生态文明价值观认为,在生命主体中,人的存在不但要对社会、对他人有用,而且要对自然界的一切生命以及生命赖以生存的环境负责,承担义务和责任,而且因为人有主观能动性,所以对他所承担的义务和责任要做得更好些,这样才体现人的价值的全面性。同时生态文明价值观还认为,从生态学的观点看,自然界的生物链(或生物网)中每一种群(包括每一个生物生命)对于其他生命,对于自然界都有其不可忽视的价值。如每一种生命的灭绝,都有可能引起链上(或网上)其他种生命的灭绝,绿色植物作为生态系统的生产者,它们的灭绝就会引起更多生命种群的灭绝。另一方面,每一个种群的灭绝又可能引发其他生命种群的过量繁殖,如穿山甲的灭绝会引发白蚁过量繁殖,从而破坏林木、建筑物、水利设施等;麻雀的灭绝会引发巨大的虫害;老虎的灭绝会引发野猪的泛滥成灾等。不管是连锁反应的灭绝还是过量繁殖,都会破坏生态平衡,引起巨大的灾难,甚至会影响整个地球生化系统的大循环。自然界价值可以分为文化层次的价值和自然层次的价值。文化层次的价值即对人类有用,属于外在价值,是利他性的;自然层次的价值即对自然界其他生命生存的意义,属于内在价值,是利己性的。这两者统一于生命的生存方式中。生命方式也成了自然界的一个主体。所以自然生态系统就形成了人和生物生命双主体共轭的系统,用图4.1来表示。

要辩证理解人类价值与其他生态系统价值的统一。人类既要抛弃依赖自然顺从自然,在自然面前束手无策、毫无作为的自然主宰论("自然中心主义"),又要抛弃主宰自然、征服自然、掠夺自然的人类主宰论和单一主体论(即"人类中心主义"),确立人与自然和谐相处、共同发展以及人与生物双主体论。人类与自然界共融一体,共同发展,实现良性循环地运行。只有深刻认识这种辩证统一,并且遵循这种辩证统一的规律,才能全面建设生态文明。比如,我们在发展生态文明经济时,既要考虑满足人类生存与发展的需要,又要考虑满足其他生命体以及所有生命体赖以生存的生态环境的生存与发展的需要;既要充分发挥人类在促进复合体和谐协调,共生共荣,共同发展中的主观能动性,又要充分发挥包括其他生命体在内的自然生态系统的重要作用,要把两者的需要和两者的作用有机地统一到生态文明建设之中。

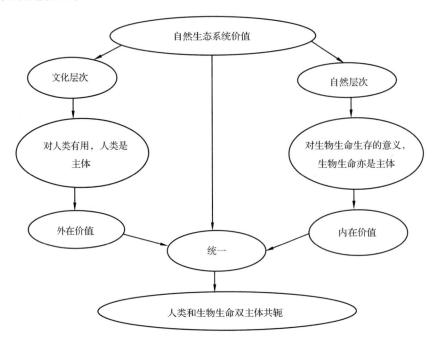

图 4.1　自然生态系统双主体共轭图

### 4.4.2　和谐与和平是生态文明价值观的最高准则

人与自然,人与人,人与社会和谐;国家之间的和平与和谐,"如果说和平是国与国之间各种力量相互关系的行为准则,那么和谐则是国际社会各种利益之间共同发展的价值尺度。"①

### 4.4.3　和而不同是生态文明价值观的根本要求

和谐是多样性的包容,多样性导致复合生态系统的稳定性。和实生物,同则不继。这些已在前面阐述,不再重复。

### 4.4.4　"以人为本"是生态文明价值观的核心

生态文明要求科学理解"以人为本"的内涵与外延,首先要分清"以人为本"与"人类中心主义"的界限。生态文明观认为,"以人为本"主要是指人的全面解放和全面发展,全面解放是前提,全面发展是目的。人的全面发展应当包括以下几个方面:一是人的需要的全面发展;二是人与自然、人与人、人与社会关系的全面发展;三是人的自身可持续发展能力的全面发展。工业文明观奉行"人类中心主义"的世界观和价值观,把人作为自然的上帝和主宰,站在自然的对立面去谈全面发展,它只能导致人的片面发展。生态文明观认为,人的全面发展离不开人与自然、人与人、人与社会关系的全面发展,要以自然—人—社会

---

① 王荣华. 在构建和谐社会与和谐世界中公平正义是关键环节[N]. 社会科学报,2006 – 9 – 21.

这个复合体的发展需求与人的自身发展需要相和谐为基础，不断推进人的全面发展。这两者是一个互动的过程，它们互为前提和基础，又互为目的和结果。人们尊重自然、热爱自然，把自然界当作人类的真正伙伴而善待自然，与自然和谐协调，共生共荣，共同发展，使人类与自然界有着共同美好的未来。这是从更根本、更长远的方面体现人文关怀，是对全人类的关爱，从而也使人的身心得到健康发展，使人的其他方面的发展建立在可靠良好的基础上。同时人要全面发展还离不开人自身可持续发展能力的全面发展，包括人与外部环境和谐协调共同发展的能力，即处理好人与自然、人与人、人与社会关系的能力等等。其次，生态文明观认为"以人为本"，不但要以当代的人为本，也要以子孙后代的人为本。如果我们只以当代的人为本而做了吃子孙饭断子孙路的事，那么人类就无法延续，我们这一代人就会成为历史的罪人。再次，生态文明观认为以人为本更不排斥以社会为本，人是社会的人，人的本质是一切社会关系的总和，离开了社会，人就难以生存，更不可能发展，所以生态文明观要求不但要以某一部分人为本，更要以全社会的人为本。正如黄楠森教授指出的，"以人为本是马克思主义极其重要的基本观点，但它不是唯一的基本观点，也不是最高的基本观点，辩证唯物主义世界观是马克思主义第一理论前提，社会本位主义即历史唯物主义是马克思主义的第二个理论前提"①；同时，生态文明观还把充分发挥人的主动性、积极性、创造性（即主观能动性）作为"以人为本"的重要内容，作为生态文明建设的重要前提。总之，以人为本要求：①把关心人与依靠人统一起来；②把关心人与关爱自然统一起来；③把关心当代人的利益与关心后代人的利益统一起来；④把以人为本与以社会为本统一起来。既要考虑部分人的利益，更要考虑全体人的利益。

## 4.5 生态文明伦理观

伦理学是研究关系的一门科学。传统伦理学一直把人与人的关系（包括人与社会的关系）作为伦理的对象和研究的客体。所以传统伦理学认为只有人才有价值，自然界的存在只是为人类服务，才有其工具的价值，自然界本身是没有价值的，更谈不上什么权利。社会发展到现代，由于工业文明过度地掠夺了地球资源，又把大量的垃圾返回给地球，造成地球不堪重负，并以其固有的方式报复了人类之后，人类才真正开始反思、审视人与自然的关系，并把它和人与人的关系，人与社会的关系结合起来考察，形成了生态文明伦理的思想。所以，生态文明伦理研究人与自然、人与人、人与社会即复合生态系统的关系，它是生态文明哲学观、价值观在道德领域的延伸和具体表现。生态文明伦理观的核心是人与自然的公正平等观和人类社会的公正平等观，生态文明伦理观的道德原则是：科学、公正、平等，人的行为规范必须在生态整体主义哲学观和生态文明价值观指导下，提高社会公众的生态文明道德意识，自觉践行生态文明道德行为。

生态文明伦理观是对传统伦理学的重要创新，其关键是在道德领域的践行。如，从上述价值观的分析，我们可以看出，不但人类有生存和发展的权利，而且自然界的其他生命及其环境也都有生存和发展的权利，他们也不单是为人类生存，也为自己的物种繁衍、为其他生命生存。人类作为自然界中唯一具有主观能动性的生命形式，不但不应该剥夺自然

---

① 黄楠森. 马克思主义与"以人为本"[J]. 新华文摘, 2004(9).

界其他生命存在的权利，否认他们的内在价值，而且应当更好地发挥自己的主观能动性，承认和保护他们自身的内在价值，保护自然界其他生命的生存和发展的权利，这种保护不单是为了人类的自身利益，不应只是为了对人类有用，还应为了整个自然界发展，对自然界自身有用。我们必须在生态文明伦理观指导下重新审视人与自然、人与人、人与社会的关系，并遵循生态文明道德原则，践行生态文明道德规范。

生态文明道德的实质是：人们在生存和发展过程中，把人类的道德认识从人与人、人与社会的关系扩延到人与人、人与社会、人与自然的关系，在充分认识自然的存在价值和生存权利的基础上，增强人对自然的责任感和义务感，善待自然环境；进一步增强人们对代内关系和代际关系的责任感和义务感；协调人与社会环境和自然环境的关系，达到三者共生共荣，共同发展的道德规范体系。生态文明道德具有以下功能：一是全面协调人与人、人与社会、人与自然关系的功能；二是实现可持续发展的道德基础。生态文明道德以其特有的规范、舆论导向制约着破坏生态、浪费资源、污染环境的言行，并且保证科技沿着正确的方向发展；三是生态法规政策的重要补充；四是具有维护国际平等、反对霸权主义的功能。生态文明道德作为维护全人类共同利益的一面旗帜，它要求对造成当代世界资源与生态环境危机负主要责任的发达国家应当承担相应的历史责任，承担更多的现实义务，包括对发展中国家提供经济、技术援助。还可以运用生态文明道德的这一原理来同霸权主义作斗争，有助于我们揭穿霸权主义的虚伪性、欺骗性；五是在社会经济领域建设诚信、良性竞争与合作双赢等美德，促进生态和谐、人态和谐与心态和谐。

生态文明伦理观十分强调生态文明道德规范的内化与外化，这是落实生态文明伦理观的关键环节。生态文明道德规范的内化是指个人通过社会学习、宣传、教育，把生态文明道德规范转化为自己内心的生态文明道德良知、情感直至信念的过程。而生态文明道德规范的外化是自己的生态文明道德认知、情感及信念转化为外部的生态文明道德行为，并以此影响社会的过程。内化与外化是辩证的统一。内化是外化的基础，外化是内化的结晶，是一个知、情、意、念、行相互作用相互统一的过程。所以社会应当运用各种方法，通过各种渠道，宣传、普及、弘扬生态文明道德规范，普遍提高人们的生态文明道德意识，提高对生态文明道德规范的认可与同化程度，使更多的人接受生态文明道德规范，同时又要创造各种条件包括各种激励机制(如奖励为正激励、惩罚为负激励)，使人们对生态文明道德的认知、情感和信念转化为行为。这里面培养人们生态文明道德意志是很重要的环节，意志是行动的保证，这就要求自觉地持之以恒地实行生态文明道德规范，不怕任何困难和阻力，只要有利于生态文明的，就坚持做下去，凡是不利的就不做，甚至反对。

## 4.6 生态文明的本质特征

生态文明的本质特征是和谐协同，具体地说，就是人与自然的生态和谐、人自身的心态和谐、人与社会的社会和谐。这在前面几章已阐述。生态文明的基本特征，如生态文明产生的必然性；生态文明性质的崇高性；生态文明时空的广泛性；生态文明内容的综合性；生态文明发展的差异性；生态文明建设的艰巨性；生态文明对社会文明的主导性等。

## 4.7 生态文明消费观

生态文明消费观是生活方式转变的核心，这部分内容将在第二十一章进行阐述。

## 4.8 生态文明观的方法论

方法论是世界观的具体体现和运用，也可以属于世界观的范畴，马克思主义的历史唯物主义和辩证唯物主义既是马克思主义世界观的重要组成部分，又是马克思主义方法论的主要内容。

生态文明观方法论与研究方法既有联系又有区别。生态文明观的方法论主要用来指导生态文明的实践，其中某些方面也用来指导生态文明学的研究；生态文明学的研究方法主要用来指导生态文明的研究，其中某些方面也用来指导生态文明的实践。生态文明观的方法论主要有以下四个方面。

1. 辩证唯物主义方法论

生态文明观所提供的思维方式是系统性、联系性和动态性，它反对形而上学的思维方式。生态文明观认为，不管是自然生态系统还是社会生态系统，系统之内和系统之间的联系都是相当广泛的。在自然—人—社会复合生态系统内的各子系统、各层次都是紧密联系的，系统内的物流、能流、信息流也是紧密联系的，各子系统之间更是密切相关。它要求在生态文明实践中辩证地联系地全面考虑问题，防止片面性，更要防止走极端，实现"三大效应"的相统一和最优化。

2. 历史唯物主义方法论

生态文明观认为，自然生态系统与社会生态系统也是密不可分的，社会生态系统离不开自然生态系统，人和社会的一切活动归根结底都必须建立在物质本源的基础上。而社会生态系统又可以反作用于自然生态系统，所以人们在生产活动和其他社会活动中要非常注意两大系统的协调发展，建立一种以高新技术为标志，以社会生态系统和自然生态系统协调、持续发展的崭新的生产方式——生态文明生产方式与生活方式，这是对以前的物质生产方式和物质生活方式的彻底革命。它要求我们在发展生产中，运用生态化技术，集节约资源、保护环境和发展经济于一体，实现生态效应、经济效应与社会效应的相统一与最优化，这种生产方式的变革必然推动先进生产力的发展，从而推动生态文明社会的向前发展。

3. 循环与开放相结合的方法

复合生态系统是个开放系统，它遵循耗散结构原理，与外界有物质、能量和信息的交换，系统才能从无序走向有序，从不平衡走向平衡，从低级走向高级，复合生态系统得到不断地发展。但是在复合生态系统内部，却要应用循环的方法，为实现资源节约、环境友好、人类健康提供内在必要条件。

4. 整体性与层次性相结合等方法

生态文明是超越文化、宗教和区域的对话，是不同观点、不同价值观、不同信仰、不同经历和认识的融洽。它已不是一个地区的局部问题，也不只是一个国家的问题，而是一个国际性的问题。一个地区的生态会影响到一个国家的生态，一个国家的生态会影响到全球的生态(比如酸雨、温室效应、臭氧层破坏、海平面上升等等都是跨国公害)，当代人的生态问题会影响到后代人的生态环境。生态文明是从全球的角度(即整体的角度)和世代相继的角度而言的。但是，复合生态系统整体优化有待于各生态子系统、各层次的优化，优化的前提是结构合理，相互协调。生态文明观要求我们在思考问题、办事情特别是作决策时应克服单一的、单向的、孤立的、静止的思维方式和急功近利的思想观念，把局部利益和复合生态系统的大局利益，把当代人利益和子孙后代的长远利益有机地联系起来，把生态文明观所提供的整体性与层次性相结合、综合性与还原性相结合、联系性与协调性相结合等的思维方式运用到生态文明建设的实践中，成为生态文明观的方法论指导我们实际工作的有力武器。

## 4.9　生态文明的绿色精神

绿色精神是生态文明观的重要组成部分，它是生态文明哲学观、价值观、方法论的综合体现。绿色世界对于人类的贡献是无与伦比的，绿色世界展示给我们的是一种生机、青春、活力和向上的精神。她既生机勃勃又默默奉献，既顽强不息又脚踏实地，既不卑不亢，又奋发向上，既勇于竞争又共融一体。这是我们时代精神的重要内涵，是生态文明的重要标志。

绿色精神是主人翁精神和责任感的体现。绿色是大自然的主体、人类的摇篮、生命的希望，蕴含着深刻的主人翁精神和责任感。

绿色精神是一种正确的竞争观。绿色的竞争是靠集体和自身的努力，长的比其他的更高更快，而不是相反，所以它总是生机勃勃，奋发向上。这种竞争精神才能推动社会健康地发展。

绿色精神是一种和谐宽容的精神。绿色世界是一个有序的整体，在这个整体中除了竞争外，还有和谐与宽容，她们共融一体，相依相存，非常协调，蕴含着巨大的胸怀。

绿色精神还是讲究时间效益和默默奉献的精神。绿色世界还体现出争分夺秒，默默奉献的精神。她不浪费分秒时间，多层次地利用空间，日夜不停地为世界创造生活养料，为净化大自然不懈地努力，默默地造福世界，奉献自己。

绿色精神更加体现了创造精神。绿色世界是一个不断地新陈代谢的世界，一个不断创造的世界。正因如此，她才能生机勃勃，奋发向上，才有上述那些宝贵的精神，才能不断造福世界。

# 第五章

# 生态文明建设的基本原理

生态文明建设的基本原理既指导生态文明建设的实践，又接受生态文明实践的检验，并在实践中不断发展和完善。生态文明建设遵循以下基本原理。

## 5.1 生产力原理

生产力原理是历史唯物主义的重要内容，它阐述了社会历史发展的基本规律，是生态文明学理论研究的逻辑起点，是生态文明社会必然性的理论支点。历史唯物主义认为，在人类社会发展的历史中，始终存在着一对基本矛盾运动，这就是生产力和生产关系的矛盾，正是这对矛盾运动推动着社会的变革和文明的进步。而在这一对矛盾运动中，生产力是最活跃的决定性的因素，生产关系必须适应生产力的发展和变革，生产力的发展是社会文明进步的主要动力。生产力的发展是一个川流不息的积累过程，它不会随着某个阶级的灭亡而灭亡，也不会随着某种社会的消亡而消亡。所以社会文明总是波浪式前进或螺旋式上升。在生产力发展中，科学技术的进步又起到十分重要的作用，马克思在《哥达纲领批判》中强调，科学技术是比巴黎公社的领袖们更危险万分的革命家。这一著名论断就是基于以下的理论逻辑：在生产力的发展中，科学技术的发展是最活跃、最革命的决定因素，任何生产力的历史性进步，都是从科学技术（包括生产工具）的革新引起的。科学技术是第一生产力。科学技术的进步和突破促进了生产力的发展，生产力的发展又促进了生产关系的变革，进而促进社会变革与社会文明的进步。这是社会文明进步的内在本质力量，是社会历史发展的内在规律。所以科学技术的进步，就成了比巴黎公社的领袖们更加危险万分的革命家。由于人类对于工业文明的反思和生态化科学技术的发生与发展，在工业文明社会中孕育、催生和发展着生态文明生产力（以下简称生态生产力），而生态生产力的发展与强大，又是生态文明社会发展的最根本动因，生态生产力在世界的发展方兴未艾，生态文明是21世纪人类社会文明发展的必然趋势。同时，历史唯物主义又是生态文明学研究其实践的逻辑起点。生态生产力的发展与进步必须在实践中实现，这种实践主要就是改变工业文明的生产方式与生活方式为生态文明的生产方式与生活方式。所以，生态生产力的发展是人类推动自然—人—社会复合生态系统和谐协调、共生共荣、共同发展的根本力量,它作为新生事物,是当今世界先进生产力发展的必然趋势,哪个国家和民族领跑了生态生产力的发展,她就会在21世纪激烈的国际竞争中取胜,就能够在世界民族之林立于不败之地。我国应当紧紧抓住这一难得的机遇,千方百计发展生态生产力,实现我国生产力发展的又一次飞跃。这是实践科学发展观的基本要求,是构建社会主义和谐社会的基本保证。

### 5.1.1 生态生产力的发展是21世纪人类财富的源泉

生产力的发展是社会财富的源泉,不管国家、民族、企业还是个人,谁跟上生产力发展的步伐,谁创造的财富就多,谁领跑了生产力的发展,谁创造的财富就快,否则相反。但这只是问题的一个方面。如上所述,人类进入20世纪下半叶以后就已发现,工业文明生产力在创造巨大社会财富的同时,又对人类赖以生存与发展的基础——地球生态系统进行了巨大的破坏,导致资源枯竭、自然生态系统崩溃、温室效应强烈、海平面上升、臭氧层破坏、环境污染严重、能源危机、人口爆炸、生物多样性骤减、土地沙漠化、水土流失严重、自然灾害频繁……自然界向人类亮起了黄牌和红牌,并且必将对人类已经创造的财富与文明实行"一票否决权",再这样下去,人类将与自然界一起面临灭顶之灾。

因此,人类开始了反思:21世纪人类社会财富的源泉是什么?人类社会文明的希望在哪里?世界各个国家,特别是政府头脑比较清醒的国家都纷纷寻找新的发展之路,寻找社会财富的新源泉,寻找社会文明的新希望。2006年10月在沈阳召开的第14届世界生产力大会指出:"生产力的发展是人类文明进步的基础,是一切社会财富产生和增长的源泉,科学、持续地发展生产力是人类社会的共同目标。"可以这样说,全球性的共同危机引发了全球性的共同反思,出现了全球性的共同认识,激发了全球性的共同行动,掀起了全球性的新一轮竞争:这就是发展生态生产力(即科学、持续地发展生产力)。它将成为全球的财富之源、强国之本、文明之光、和平之基。

1. 发展生态生产力使人类共有的财富得到保护并增值

人类有一笔共有的财富,那就是地球生态系统,是人类走向美好明天的重要基础。根据"1997年Costanza和Goulder在'Na-true'发表的文章使我们第一次认识到地球生态系统为人类提供的生态系统服务价值(每年33万亿美元),远远超过人类社会生产价值的总和(每年18万亿美元)"[1]。这么巨大的财富,人类应当保护好,更好地发挥它的作用,并使它不断增值。实践已经一再证明,靠工业文明生产力只能适得其反。所以必须靠发展先进的生态生产力来完成。

2. 生态生产力发展的全球一体化是必然趋势

生态生产力发展已在世界范围内成燎原之势。作为生态生产力微观表现形式的生态文明经济和科技如生态文明的创新经济、体验经济,绿色经济、循环经济、低碳经济及其生态化技术体系,生态文明消费型经济、用生态化技术体系改造提升传统经济等,成为许多国家特别是发达国家与发展中大国抢先发展的重要战略,我国重点发展的七大战略性新兴产业是其集中表现。以绿色经济、低碳经济为例:绿色经济和低碳经济作为生态文明最基本的经济形态,它的发展在世界上方兴未艾,成为全球经济复苏的新引擎,成为各个国家

---

[1] 杨京平. 生态工程学导论[M]. 北京:化学工业出版社,2005:丛书前言.

抢占经济科技的制高点。我国把2010年作为绿色经济年,并要进入世界绿色经济的领先行列,以便占领世界绿色科技、绿色设备及其他绿色产品更大的市场份额,"中国的崛起一定是绿色的崛起","要花几代人的时间持续建设绿色中国"①,"我们需要绿色的发展,我们需要绿色的改革"①,有关方面正在研究制定国家绿色发展战略规划等,这些都是极具战略眼光的真知灼见;美国把发展绿色经济和低碳经济作为后危机时代经济复苏的重要战略,希望通过发展再生新能源等绿色低碳产业,继续引领世界经济发展;欧洲积极建设现代绿色文明社会,欧盟把未来发展的战略归纳为六个字:知识、绿色、数字。它实际上就是创新经济、绿色经济和信息化技术,并要求以绿色经济为本底,发展创新经济和信息化技术,形成三位一体的发展态势,以此继续其在世界绿色经济发展中的领头羊地位,德国尤其如此,日本努力探索绿色富国之路,巴西努力发展绿色能源,韩国、印度、墨西哥、南非等国家都把绿色经济作为国家发展的重要战略,不一而足。绿色经济全球一体化已是必然趋势:①世界绿色市场不断扩大,绿色产品十分畅销,美国的有机食品市场自1989年以来基本上是以20%的速度增长;欧洲、日本、澳大利亚、意大利、德国等国家的有机食品销售也一路攀升,世界各地有机农场数量快速增加。许多国家有机食品的增长率将达20%~50%②。②企业界投资已出现"绿色低碳倾向":欧美股市对可再生能源公司的上市颇有兴趣,可再生能源企业不断增多,市场份额不断扩大;绿色电器与电讯产品不断问世,并将占据优势;绿色生物材料、节能材料不断涌现,颇受市场青睐。生态型工业、生态型农业、生态型第三产业都将在世界市场上各领风骚,因而许多企业都热衷于投资。③国际贸易的绿色壁垒更加森严,门槛在提高。一方面是利用绿色壁垒来保护民族产业,另一方面更加说明人类对产品的质量要求越来越高。它就迫使企业越来越重视绿色产品的质量,这无疑是人类的一种觉醒和进步。④各国政府对生态化产业的扶植力度不断加大,不但在政策上扶植,而且在资金上也通过加大投资生态化科技,从而达到扶植生态化产业的目的。⑤生态化科技的发展突飞猛进,它成了绿色经济发展的强有力的支撑。⑥企业绿色管理的理念不断增强。⑦包括绿色标志、绿色包装在内的绿色营销不断扩大。⑧公众的绿色消费意识及其自觉性不断增强,他们不仅把绿色消费与提高自己的生活质量与自己的保健紧密相连,而且与生态、经济、社会的可持续发展,与社会文明的进步相连。由于公众绿色消费的实践不断扩大,也就从根本上促进了绿色经济的迅速发展。

在生态生产力发展全球一体化的今天,我们必须清醒地认清人类创造财富的新变化,努力抢占世界生态文明经济发展的制高点,尽快发展生态生产力,加快实现中华民族的伟大复兴。否则我们将会再一次失去机遇,再一次远远地落在别人后面。

**5.1.2 生态生产力的发展是21世纪社会文明的希望**

如上所述,马克思主义的历史唯物主义认为,任何社会中都存在着生产力与生产关系的基本矛盾。正是这一对矛盾的运动推动了社会的发展,决定着社会文明的形态。在这一对矛盾运动中,生产力是决定因素,是推动社会由低级向高级发展,推动社会文明由低层次向高层次发展的最活跃、最本质的决定力量。所以归根结底,每一种社会文明的交替,

---

① 胡鞍钢. 中国的崛起一定是绿色的崛起[J]. 中国人民大学书报资料中心《生态环境与保护》:2006(5).
② 张兵生. 绿色经济学探索[M]. 北京:中国环境科学出版社,2005:72~75.

都是由当时的生产力发展所决定,没有生产力的发展,社会文明的进步是不可能的。马克思、恩格斯正是根据生产力发展的不同形态,把人类社会文明的历史划分为原始文明、农业文明和工业文明三个阶段。

纵观人类历史长河,生产力发展是一个不断以先进取代落后的过程,所以它能够不断推动人类社会文明的进步。原始文明生产力相对于蒙昧阶段而言,它是先进的,所以它必然取代蒙昧阶段的生产力,从而催生并推动着原始文明的诞生和发展;农业文明生产力相对于原始文明生产力,它是先进的,所以它必然取代原始文明生产力,从而催生并推动农业文明的诞生和发展;当工业文明生产力诞生并发展后,农业文明生产力又成为落后的,它必然为工业文明生产力所取代,相应的,农业文明也必然为工业文明所取代。当工业文明生产力发展到现阶段,它不但无法推动自然—人—社会复合生态系统的全面、协调、持续发展,而且将会走向共同毁灭。所以它又成为落后的生产力,必须有一个比工业文明生产力更加先进的生产力取代它,这便是生态生产力。生态生产力的发展必将促进生态文明社会的发生与发展,成为 21 世纪人类文明的希望。

### 5.1.3　发展生态生产力,实现科学发展、跨越发展

生态生产力是 21 世纪先进生产力,通过发展生态生产力,实现生产方式生活方式的转变、优化经济结构、促进产业(产品)从低端链走向高端链,建设资源节约、环境友好、人类健康型社会,避免"中等收入陷阱",实现自然—人—社会复合生态系统的全面、协调、持续发展,这些都是科学发展的充分与必要条件。

改革开放三十几年来,我国的生产力发展初步实现了第一次飞跃,这就是从不发达生产力到了初步发达生产力的飞跃。今后的几十年,我国生产力发展面临着双重的任务:一是使初步发达的生产力不断发展为发达的生产力,真正完成第一次飞跃;二是在这个过程中同时注重以生态生产力发展的原理和规律为指导,使生产力的发展步入生态生产力的轨道,以促进自然—人—社会这个复合体的和谐协调,共生共荣、共同发展,在实现第一次飞跃的同时,也实现第二次飞跃,成为先进的生产力,这样我国的生产力发展就能较快地有效地赶上世界先进水平。所以发展生态生产力是在同一时期内同样过程中实现生产力两次飞跃,赶上世界先进生产力水平的唯一科学的选择,是实践科学发展观,构建和谐社会的本质要求。

## 5.2　本体论原理

本体论是关于世界的总的看法。世界是什么?概括起来有 2 种看法:一是认为世界是物质的,属于唯物主义;二是认为世界是精神的,是意识的产物,属于唯心主义的。唯心主义看法也有 2 种基本类型,一种认为世界是上帝创造的;一种认为世界是人的意识产物,"存在就是被感知","只要闭起眼睛,世界上就没有什么悬崖"。这两种类型的表现形式不同,但本质是一样的。唯物主义看法中也有不同的理解,有的把物质单纯地理解为自然界的物质;有的又单纯理解为人,认为物质或自然界,不是哲学本体,应当把人作为本体,这些理解中,都带有机械的、片面的成分,所以又产生了机械唯物主义的世界观。如果我们用这种世界观来指导生态文明学研究与建设,就容易出现见物不见人或见人不见物的情况,也容易走向"自然中心主义"或"人类中心主义"。当前社会上出现的"自然本体

论"与"人类本体论",都与此不无相关。

本体论原理认为:世界的本原是物质的,存在决定意识,但意识可以反作用于存在。物质不仅仅是指自然界,也不仅仅是指人,而是指自然—人—社会这个大生态系统,生命本身就是一种复杂的物质现象,是自然界的物质经过长期演化的结果,也是物质运动的高级形态。"人类社会是更为复杂的物质运动形态,是物质世界长期发展的产物,是和周围的自然界相统一的"[①]。由此可见,自然、人与社会组成了物质世界的整体。所以,生态文明观所指的物质不是指某一类物质或某几类物质,而是指自然—人—社会这个大生态系统整体,是对这个整体中的一切物质现象共同的本质的概括,自然—人—社会这个复合体才是本原。生态文明观关于物质本原的认识,对于生态文明学的发展具有重要的指导意义。首先,有利于克服"自然中心主义"和"人类中心主义"的消极影响。在发展生态文明学中,要站在生态整体主义的立场上,统筹考虑与安排自然—人—社会复合体的全面协调持续发展,既要考虑生产人类社会需要的物质生活资料,又要考虑自然界发展的物质需要,使生态文明实践的出发点和归宿点都不偏离自然—人—社会这个复合体。只有这样,才能使生态文明的发展永葆生机;其次,在发展生态生产力的实践中,作为物质运动系统中的一个子系统,同样遵循着物质的联系和运动的规律,如生态平衡定律、生态关联规律、物质循环代谢规律等等。我们在生态文明实践中应当遵循这些规律而不是偏离它们。

## 5.3 认识论原理

### 5.3.1 认识论原理

认识与实践的关系,是辩证唯物主义的一对重要范畴。毛泽东对这一范畴分析的十分深刻,并概括为实践—认识—再实践—再认识,以至反复无穷的公式,是对认识与实践这一对范畴的经典解读。认识与实践的关系,说到底也还是"存在与意识"关系的延伸。因为存在决定意识,而存在的东西(如客观规律)需要在实践中才能领悟、掌握和运用,所以实践是人类的感知和思想产生的基础。也就是说只有通过实践,才能产生感知、思想等等的认识。但是,仅有实践还不行,如果只停留在实践的基础上,那么这种感知与思想毕竟是肤浅的,所以人们又必须对实践的东西进行分析、比较、综合概括,这就产生了比感知又更高层次的认识。人类已有的认识,一方面要通过实践加以检验,一方面又要通过实践不断深化提高。由于实践是无止境的,所以认识也是无止境的,这样循环反复,以至无穷,逐渐由必然王国走向自由王国。

### 5.3.2 生态文明的发展遵循认识论原理

首先,生态文明的产生是人类实践的产物,其中最基本的是人类的生产活动,它决定了其他一切的活动;其次,生态文明的发展也必须在实践中实现。人类遵循实践—认识—再实践—再认识的发展过程,不断实践,不断总结,不断提升,就可以使生态文明不断得以发展。当然这个发展过程不是直线式的,而是波浪式的或者说螺旋式的。一方面任何新生事物的发展都需要一个比较长时间的孕育与发生过程。毛泽东形象地称为"十月怀胎",

---

① 韩树英.通俗哲学[M].北京:中国青年出版社,1981:32.

这个过程的创新与探索是十分重要又是十分艰巨的。另一方面，在它发展的各个阶段上又"都需要一个稳定的巩固阶段。否则，就不能为朝着更高阶段的发展准备必要条件"①。列宁把这个阶段称为中间阶段。一切事物发展的阶段性和连续性都在中间阶段融合，生态文明的发展同样如此。

目前我国生态文明的发展刚刚露出端倪，具体表现在：对生态文明的实践尚处于试验阶段或是部分区域、部分行业、部分企业的初始发展阶段，虽然其发展将会"星星之火，可以燎原"，但毕竟尚未形成燎原之势；对生态文明的理论概括与总结还刚刚起步，对生态文明建设规律的认识还刚刚探索。所以更需要通过大量艰巨的"实践—认识—再实践—再认识"的过程，以促进生态文明的发展。

### 5.3.3　生态智慧论

在生态文明的发展进程中，人们对生态智慧的认识、掌握与运用，是一个关键环节。因为生态文明发展过程中的许多理念、技术、模式与管理，都是从生态智慧中得到启发的，如循环经济的理念与模式，就是向生态智慧学习的结晶。我们下面将要谈到的生态化技术，许多都是从生态智慧中学习的。但这些毕竟还是个开端，在生态文明的发展过程中，人们一定会从生态智慧中学到更多的知识并转化成更加先进的科学技术，凝聚成更加先进的发展理念，从而不断推动生态文明的发展。

生态文明观认为，大自然是最有智慧的，它是经过几十亿年优胜劣汰、协同演变、和谐共荣积累起来的自然智慧。只有400万年历史的人类在45亿岁的自然界面前，就如少儿面对具有高度智慧的千岁老人。"自然界所懂得的是最好的"②。比如大自然是最节约、最没有浪费、一点也没有废物的，一切都在循环利用之中；自然界具有十分严密的系统结构，具有和谐协调的绿色管理机制；自然生态系统具有全息论原理，即生物母系统的基本信息会在子系统上表现出来，子系统的结构、功能和基本特征与其母系统有着内在的一致性等等。社会经济活动的许多规律都和自然界规律具有内在统一性，学者们把自然生态系统也称为自然的经济系统。

自然界承载着许多人类尚未了解的智慧和功能。例如森林被称为"未来的遗产"，人类对森林所知的只是未知中的一个极小部分，在这一小部分中，人类也只知道其某种或几种功能。众所周知的焦裕禄，20世纪60年代初，经过千辛万苦，率领兰考县干群种下大量的泡桐，主要目的是为了治理盐碱地和沙地，改善群众的生产和生活条件。但是意想不到的是，过了三十年泡桐成材后，20世纪90年代初由当时的轻工部组织专家鉴定，这里的泡桐是生产乐器（特别是古乐器）的最好材料。它不翘不裂不变形，材质轻、音质好，畅销欧美市场，在1993年的产值就达到1.2亿(当时许多县的总产值还没有上亿)，还解决了许多就业问题，成为兰考县最大的支柱产业，当地群众尊称为"焦桐"。随着科技的发展和时间的推移，森林的多样性、综合性功能将逐步呈现，森林不但能为我们创造绿水青山，也能为我们创造金山银山。"人类该如何调节自己与森林的关系，怎样方能获得对自己生存最有利的长远而根本的物质利益和环境利益等问题。因此，认识森林生态系统在地圈、

---

① 韩树英. 通俗哲学[M]. 北京：中国青年出版社，1981：47.
② (美)巴里·康芒纳著，侯文蕙译. 封闭的循环——自然、人和技术[M]. 长春：吉林人民出版社，1997：30.

生物圈过程中的作用和人类如何正确调节利用这种过程，成了人类生存的重要课题。"①

还如中央电视台第7套节目曾播放一个"蟑螂教授"的感人事迹。对于蟑螂，千百年来人类都把它作为害虫来消灭，其实蟑螂身上隐藏着许多神奇的生态智慧。蟑螂在地球上已经生活了2.5亿年，许多同时代的物种早已灭绝，它的家族却越来越兴旺，更令人惊奇的是：1945年日本广岛原子弹爆炸，广岛地区的人类死伤无数，其他动物都灭绝了，唯有蟑螂顽强地活着；蟑螂制成的药对烧伤、烫伤及其他伤痛和佝偻病等有着神奇的疗效。敷下去后一周内伤口长出新鲜肉芽，2周内愈合；蟑螂提取物可以治老年斑，可以延缓衰老，可以让70岁老人的记忆力、逻辑思维能力以及许多功能恢复到30岁左右；蟑螂还可以成为桌上的美味佳肴（当然是人工饲养的卫生的）。再如，由意大利和我国共同设计的高效节能建筑，就是模仿树叶原理，它不但冬暖夏凉，不必用（或少用）暖气与空调，而且当阳光充足时，"树叶"自动呈半关闭状态，当阳光不够时，便呈全张开状态，这样也节约了许多用电。树叶，对于人类来讲，是十分常见的，但其原理却至今才被人们运用于建筑等等。可见，人类对自然生态智慧的了解、学习与运用还是十分肤浅，微乎其微。我们相信，在大自然中，类似"焦桐"、蟑螂和树叶的智慧和功能还有许许多多，只不过人类尚未发现罢了。大自然具有学之不尽的智慧，人类必须通过实践—认识—再实践—再认识的钥匙，不断开启自然界的智慧之门，为自然—人—社会复合生态系统的和谐协调、共生共荣、共同发展服务。

### 5.3.4 生态可知论

从认识论原理看，生态系统不是神秘的，而是可知的；从实践的观点看，人们对生态智慧也是可以认识与掌握的，只要人们不断地实践和研究，"生态神秘"的面纱就会不断被撩开。

但这又不是一件容易的事，正如上文所述，我们对生态智慧毕竟还是知之不多，知之不深，有些是知道了，但还无法运用到生态文明的实践中去。比如，人类对自然界的许多现象如地震、海啸、台风、龙卷风等尚了解不深，也无法预防，更无法变害为利。当然，随着人们实践的深入，随着科学技术的发展，人们总有一天不但可以预测、预防它们，而且还可以变害为利，收集并利用它们的巨大能量为自然—人—社会复合体服务；人类总有一天会对所有动植物的结构、功能与特征进行仿生创造，并创造更好、更多样、更加先进的科学技术，以促进自然—人—社会这个复合体的和谐协调、共生共荣、共同发展等；而这一切，都需要遵循实践—认识—再实践—再认识的原理。

### 5.3.5 生态智慧与"生态中心主义"的本质区别

有人把生态智慧与"生态中心主义"等同起来，这是一种误解。生态智慧及其运用，是人类学习掌握并运用地球生态系统规律的结果，是人的主观能动性的充分体现，也是人的主体性与客体性辩证统一的体现。它是大力发展生态生产力的有效措施，而"生态中心主义"却是抹杀了人的主观能动性，认为人在自然生态系统面前束手无策，只能顺从，或者以牺牲生产力的发展来取得生态平衡。所以生态智慧与"生态中心主义"有本质的区别。

---

① 蒋有绪. 中国森林生态系统结构与功能规律研究 国家自然科学基金重大项目期中论文集[M]. 北京：中国林业出版社，1996：3.

## 5.4 人的主体性与客体性相统一原理

### 5.4.1 科学理解人的主体性与客体性

怎样认识人的主体性与客体性，是生态文明与工业文明的重要分野。生态文明要求人类要按照复合生态系统的客观规律办事，就首先要清醒地看待自己，即人类如何看待自己在系统中的位置和作用。这里有一对基本范畴是关键，即人类在复合生态系统中的主体与客体的关系，这也是当前社会上认识比较混乱的一个问题。工业文明的人类中心主义只承认人的主体性(实际上是主宰)，生态文明的生态整体主义认为，两者是对立统一的。一方面，人类是大生态系统中的主体，这不是因为人类比其他生命及生命赖以生存的环境高贵，也不是地球其他生命系统与环境系统必须单向地为人类服务，更不是人类要主宰自然、征服自然，成为自然的主人。生态文明观所指的主体主要是指人类具有主观能动性，即具有主动性、积极性和创造性，能够认识、掌握与运用客观规律，积极、主动、有创造性地影响地球生态系统，使地球生态系统沿着健康、持续、优化的方向运行，使包括人类在内的大生态系统和谐协调、共生共荣、共同发展。所以，生态文明观所指的主体性与人类中心主义所指的主体性有着本质的区别；另一方面，生态文明观又认为，人类在大生态系统中又具有客体性的一面。人类只是大生态系统(即地球生态系统)中的一个物种，是普通的一员。虽然人类有很高的智慧，但人类地球生物学的本质及其脆弱性是无法改变的。人类必须依赖于地球生态系统中的其他生命体和环境，才能生存与发展，所以达尔文称人类与其他生命体都是在地球这颗行星上共同旅行的"诸兄弟同仁"，也称之为"一丘之貉"，如果地球生态系统称为"皮"，那么人类就是"毛"，"皮之不存，毛将焉附"。

辩证对待人类的主体性与客体性，一方面要充分认识人类生态系统与自然生态系统相生相克、紧密相连的关系，科学、平等、公平、公正地对待其他生命体以及生命赖以生存的环境；另一方面努力按大生态系统的客观规律办事，以充分发挥人类的主观能动性，如果违背了客观规律，狂妄自大、忘乎所以，这种主观能动性就可能走向人类中心主义，因为真理向前跨过一步，就变成谬误。

有人认为，人类以外的生命和自然界也不是僵死的，也有主动性、积极性和创造性。笔者认为，这种主动性、积极性和创造性与人类的主动性、积极性和创造性是有本质区别的。如果说地球其他生命体是被动地适应环境，那么人类是主动地适应环境，如果说地球其他生命体是自发地影响环境，那么人类是自觉地影响环境。人类以外的生命体和自然界的主动性、积极性和创造性不是主观能动性的范畴。它是由于地球生态系统几十亿年以来协同演进所形成的科学、合理的系统功能结构所使然。它们不像人类那样有着思维，能够主动、积极地去影响地球生态系统。

### 5.4.2 辩证理解人作为目的与作为手段的关系

在生态文明学原理中，和人的主、客体性密切相关的另一对基本范畴是：人作为目的与作为手段的关系。人作为目的与作为手段紧密相连，是不可分割的两个方面，两者形成良性循环，对于建设生态文明具有十分重要的指导作用。

人的发展(特别是人的全面发展)是社会经济文化发展的目的，这是不言而喻的。但这仅仅是问题的一个方面，现在社会上对于"以人为本"，满足人的需要，促进人的发展，即把人作为目的的问题，谈得很多，但是却忽视了人作为手段问题，这对于建设生态文明，对于自然—人—社会复合体的发展是极端不利的，到头来也使人的发展成为一句空话。所以我们下面着重分析人作为手段问题。

先看几个例子：

土地革命时期，农民想分到土地，但农民怎样才能分到土地呢？必须在党的领导下，自己组织起来，打倒土豪，才能分到土地，所以分土地是目的，打土豪是手段。

人类要生存和发展，这是目的，但人类必须创造适合自己生存和发展的条件，这是手段。

从来就没有什么救世主，全靠我们自己，靠我们自己也是手段。

满足人们的需要既是目的又是手段，而满足自然生态系统的需要同样既是目的又是手段，所以目的是"以人为本"的组成部分，"手段"也是"以人为本"的组成部分，两者是统一的，而手段就是充分发挥人的主观能动性，这是人类能够建设生态文明的必要条件，也是生态文明观区别于深生态学的本质特征。

生态文明观要求的关心人、爱护人，也包括目的和手段两个方面，比如帮助弱势群体包括两个方面：一方面是直接提供物质上的帮助；另一方面则是帮助他们组织起来，利用自己的力量为自己的生活创造物质条件。帮助抗洪救灾也是这样，扶贫更是这样。

一个社会如果一味强调满足人们的需要，而忽视了充分发挥人们的主观能动性，那么关心人、爱护人就成为了无源之水、无本之木，甚至可能走向反面。当然，人类的主观能动性能够发挥到什么程度，这又与人的全面发展的程度密切相关（我们通常所说的人的综合素质实际上就是指人的全面发展的程度）。人越是全面发展，人们的主观能动性越能得到发挥；同时，人的主观能动性发挥越充分，人的全面发展的进程就越快。两者是相辅相成的。所以，在生态文明的发展中，不但要以满足人的全面发展需要为指针，而且要以充分调动人的主观能动性为中心。

# 第六章

# 生态文明建设的主要目标

生态文明建设是生态文明学研究的又一主要内容。生态文明建设是一个长期的过程，在这个过程中，首先需要进行整体的、长远的、系统的顶层设计，这就是：生态文明建设以学科基础理论为指导，遵循生态文明建设的基本原理，以自然—人—社会复合生态系统的协调、持续、全面发展为主线，以转变生产方式和生活方式为出发点，以在发展中建设资源节约型、环境友好型、人类健康型（以下简称"三型社会"）为落脚点，以发展生态生产力及其微观基础的生态文明经济与生态文化为两翼，应用战略管理中的目标管理和层次管理理论，以建设"类的生态文明"为基础性和近景性目标，努力实现中期目标，奠定生态文明社会的基石，坚持不懈地向着"生态文明社会"的远景性目标前进，使自然—人—社会复合生态系统结构优化和良性运行，获取生态效应、经济效应与社会效应相统一，满足人类的物质需要、精神需要、生态需要和自然生态系统自身繁荣的需要，实现以生态和谐、人态（社会）和谐与心态和谐为本质特征的共生共荣、持续协调全面发展的社会文明形态。下面加以分述：

## 6.1 基础性目标：加快生态建设与环境治理，改善人类福祉

主要是加强生态恢复与建设，强化环境治理与保护，实施国家"四大战略"。

### 6.1.1 实施粮食安全战略，夯实民生基本保障

夯实民生基本保障。民以食为天，粮食安全是世界绝大部分国家的首要安全战略。第20届联合国粮农组织大会决议确定，1981年开始，每年10月16日作为世界粮食日，以期唤起全世界对发展粮食和农业生产的高度重视。据联合国粮农组织估计，2009年全球饥饿和营养不良人口首次突破10亿，达到10.2亿，这些饥饿人口几乎全部来自发展中国家。其中，亚洲太平洋地区的饥饿人口最多，约为6.42亿；非洲撒哈拉以南地区的饥饿人口约为2.65亿；拉丁美洲和加勒比地区的饥饿人口约为5300万；近东和北非地区饥饿人口约为4200万；发达国家饥饿人口约为1500万。此外，非洲撒哈拉以南地区饥饿人口的比例最高，约为32%。尚不具备独立生存能力的儿童无疑是饥饿最大的受害者，目前世

界上有 3 亿儿童在饥饿中度日，每 6 秒钟就有一名儿童因饥饿或相关疾病死去①。

就世界范围看，人口每年以 9100 万的速度增长，预计 2050 年将达到 100 亿，同时因为气候变化带来的各种灾害与次灾害；人为因素带来的土地减少，21 世纪中叶将达极限；森林大量减少，1862～1958 年不到 100 年，全球森林从 55 亿公顷减少到 37 亿公顷，1958～1978 年，仅剩 26 亿公顷；不合理的耕作制度；生物多样性剧减以及战争等不确定因素，粮食安全的形势十分严重，且粮食问题的"蝴蝶效应"更加明显，后果更加严重。

我国是人口大国，粮食问题牵一发而动全身，农业基础比较薄弱，粮食一直是处于"紧平衡状态"，粮食生产形势十分严峻。

我国耕地面积的临界值为 18 亿亩，2010 年 3 月为 18.2574 亿亩，已逼近临界值，国家林业局 2011 年 1 月关于中国荒漠化和沙化状况公报显示，虽然土地荒漠化和沙化整体得到初步遏制，荒漠化和沙化土地面积持续减少，但局部地区仍有扩展。截至 2009 年年底，我国荒漠化土地面积为 262.37 万平方公里，沙化土地面积为 173.11 万平方公里，整体面积依然庞大，形势依然严峻。

气候变化所产生的各种自然灾害与次灾害对我国粮食生产的影响已日趋明显和严重，我国应对气候变化的能力建设刚刚起步，粮食生产的不确定因素还很多。

当今世界有 1/3 人口淡水紧缺，2050 年全球将有 2/3 人口淡水贫乏。专家认为，如果 20 世纪战争的根源是石油，21 世纪就是水，20 世纪末 21 世纪初的两次印巴战争，其根本原因都是争夺水资源。

我国淡水资源日趋紧缺，作为农业命脉的水生态系统(特别是湿地生态)恶化的情况尚未得到遏制。在生态用水方面，通常流域水资源利用率超过 30%，河流生态系统就会出现问题，而淮河、黄河流域已经达到 80% 以上，天津、山西过度使用工业用水和生活用水，导致地下层储水量不足，生态用水奇缺；长江每年被灌污水超 300 亿吨②。

作为农业水源调节器和粮食生产立地条件有效保障的森林生态系统发展不平衡。第七次全国森林资源清查显示，全国森林覆盖率 20.36%，未能达到保国土平安的要求，且森林系统的质量和生态功能还比较薄弱，生物多样性锐减。

以大量使用化肥与农药为主要特征的传统农业耕作制度使土壤生态系统的质量严重破坏，土壤退化达 1000 万～1500 万公顷/年，并有形成恶性循环的趋势。现代生态农业的发展还处于星星之火状态。

工业文明消费观及其模式的影响还很深，浪费粮食的现象经常发生，节约粮食的行动尚未在全社会形成。

### 6.1.2 实施生态安全战略，确保民众安居乐业

生态环境安全也是世界各国的重要安全战略，国土不存，人焉附之？国土不佳，人焉生活？本书在生态安全观和粮食安全战略中作了阐述，特别需要指出的是，我国因为环境污染而严重影响公众身体健康甚至生命安全的事件时有发生。据报道，我国有 100 个癌症村，大部分在东南沿海地区，近年来全国各地因环境污染问题而上访的人数和次数都仅次于征地拆迁，是造成人与人、人与社会不和谐的重要因素。

---

①② 全球饥饿人口首次突破 10 亿[N]. 福建日报，2009 – 11 – 17(8).

### 6.1.3 实施食品安全战略，促进民众身心健康

食品安全于 2011 年列入国家安全战略，成为继粮食安全战略、生态安全战略、能源安全战略之后的第四个国家安全战略。食品安全问题引起全社会的忧虑和关注，固然有许多道德缺失、监管不力、执法不严的社会因素，也有许多生态恶化、环境污染的自然因素，且后者对民众身心健康的影响更广泛更深远，如因环境污染造成的食品污染，会通过循环转化的规律，严重影响人的身心健康，污染物在人体内量的积累会引起人体质的变化，甚至出现基因突变，影响子孙后代的身心健康。

### 6.1.4 实施能源安全战略，巩固国家经济命脉

能源是国家经济社会的重要命脉，也是民众生活必不可少的。几百年来全球应用的化石能源是不可再生能源，许多种类已面临枯竭（有的已经枯竭），"《BP 世界能源统计 2008》的数据表明，全球石油能源将在 40 多年时间内枯竭，天然气将在 60 年内用光，煤炭也只可供应 133 年"①，凡是有远见的国家和区域都在大力发展可再生能源，我国能源的对外依存度已经超出国际警戒线（其中主要用于各类交通的石油的对外依存度更大），更需要发展可再生能源和清洁能源。2007 年中共十七大政治报告强调，建设生态文明……可再生能源比例显著上升。2010 年中共中央关于制定"十二五"规划的建议强调："推动能源生产和利用方式变革，构建安全、稳定、经济、清洁的现代能源体系。加快新能源开发，推进传统能源清洁高效利用"。我国重点发展的七个战略性新兴产业中，有三个是直接指向能源的（节能环保产业、新能源产业和新能源汽车产业），还有生物产业中也有相当部分是生物质能源的内容。新能源的开发利用，都是与自然界打交道，要防止新的污染。

在节能减排方面，要把着重点放在提高能源利用效率上，"很多发展中国家由于工业技术落后，燃料使用不完全。在发达国家应用高技术的情况下，用 1 吨汽油所做的事情，在发展中国家可能要用 2 吨汽油才能做到"②。我国能源利用效率也很低下：每吨标准煤的产出效率只相当于美国的 28.6%，欧盟的 16.8%，日本的 10.3%；1 单位（千克石油当量）能源消耗在我国仅能创造 0.7 美元的 GDP，而世界平均为 3.2 美元，日本则达到 10.5 美元，德国达到 7 美元，美国约为 5 美元。根据专家测算，我国生产中能源利用效率如能达到德国水平，就不要再建新的电站。在生产同样的产品中，能源利用效率提高了，排放自然就减少了，既是应对气候变化、减少污染的有效举措，又能降低成本，获得可观的经济效益。

要实现四大安全战略，首先要进一步加强森林生态、水生态、大气生态、土壤生态、海洋生态、湿地生态、草原生态、沙漠生态等建设；加强生物多样性保护；城乡环境治理与保护；新能源开发与节能减排；应对气候变化的能力建设和粮食耕作制度的变革等，改善人与自然关系，夯实国计民生基础。这是生态文明建设的基础性目标。

## 6.2 中期目标：转变生产和生活方式，奠定生态文明基石

造成世界性的资源枯竭、生态危机、环境恶化、人类工业病蔓延等问题的根本原因是

---

① 曹新. 新能源的特点、战略价值与结构调整[J]. 新华文摘，2011(24)：24.
② 蒋有绪. 人类必须进入低碳时代[J]. 山西能源与节能，2010(1)：3~5, 9.

工业文明恶劣的生产方式和生活方式。解铃还须系铃人，要从根本上改变这种趋势，关键是把工业文明的生产方式和生活方式转变为生态文明的生产方式和生活方式，为生态文明社会的建成和发展奠定基石。所以转变生产和生活方式是生态文明建设的核心目标。这个层次的目标可以分解为以下子目标：

### 6.2.1 实现五个转变与创新

#### 6.2.1.1 生产力发展理念的转变与创新

有三个方面：第一是生产力定义的创新。工业文明把生产力界定为"人类征服自然、改造自然的能力"，充分彰显出人类中心主义的思想和方法，人与自然对立、对抗，人类肆意践踏自然，其结果是遭到自然的严重报复，人与自然双亡。生态文明把生产力定义为"人类推动人与自然和谐协调、共生共荣、共同发展的能力。"人类充分发挥主观能动性，遵循地球生态母系统运行的客观规律从事生产发展经济，以获得人与自然的双赢。生态文明生产力是对工业文明生产力的扬弃，而不是全盘否定。第二是生产目的的转变和创新。工业文明的生产目的是满足人们不断增长的物质文化生活的需要，它已经突显出其无可救药的弊端。从宏观方面看，工业文明生产力因其大量破坏生态、大量浪费资源、大量污染环境，不但难以维系社会生产的持续，而且已经使人类遭到自然界的惩罚，危及到人类的生存安全，当然更谈不上人类的发展；从中观方面看，工业文明生产力是满足了人们不断增长的物质文化生活的需要，但是这种不断增长的物质生活，是以数量的上升为计量，以质量的降低为代价的，并且从根本上看，是以牺牲其他人的需要来满足自己的需要，以牺牲整体的需要来满足局部的需要，以牺牲子孙后代的需要来满足当代人的需要。同时，工业文明产生的"纵欲文明"也是一种危险、畸形的消费形态。它造成了大量的浪费，危及社会经济的健康持续发展，也危及人的全面发展。

受工业文明的深刻影响，我们以前把生产目的界定为"满足人民群众不断增长的物质文化生活的需求"，如果从生态文明的角度看，还有两个方面需要完善：一方面，我们也应当满足自然生态系统生存与发展的需要，在生产活动中不能只向自然索取（更不能掠夺），还应当反哺自然，如让自然休养生息或进行生态建设和环境保护，这样人类才能和自然双赢；另一方面，如果把"不断增长"改为"不断优化"，就会更科学，它体现了人们需求层次的提高。生态文明观认为，人们不能无止境地追求物质生活，而是在一定的物质生活得到满足后，追求更高层次的生态需求、健康需求和精神文化生活。更不能像金融危机前的美国那样大量购买，大量废弃，甚至即购即弃，大量浪费，否则要有 20 个以上地球才能支撑；它体现了人们需求结构的优化，从数量到质量的优化，从一般到个性的优化，从眼前到可持续需求的优化。从生态文明学的原理看，"优化"比"增长"更能体现生活质量和幸福指数；更能促进消费、扩大内需；更能节约资源保护环境。一个国家和民族进入中等收入（小康）阶段后，其生产力发展的方向应该更加注重人民群众需要的优化，特别是物质文化生活质量的提高。本书把生产目的中的"增长"改为"优化"，有利于对生态文明观的全面理解，对需要结构和社会主义生产目的的准确表达，有利于认识生态生产力与工业文明生产力的本质区别和不同要求，同时也是避免"中等收入陷阱"的理论思维和实践要求。第三是经济发展理念的创新。生态文明要求把知识作为经济发展的主要源泉和引擎，在经济发展中最大限度地发挥知识资源的作用，最小限度地利用自然资源，由此也就可以最大限度地减少排放。它要求摒弃工业文明以获取高额利润为目的，以耗竭资源、污染环境、危害健康为代价的经济创新和高投入、高消耗、高污染、低产出、低效益的生产方式；实现低投入、高产出、低排放、高效益的生产方式，实现生态、经济和社会三大效益的相统一与最优化，走资源能源节约、生态环境友好、人类健康幸福的发展道路。

#### 6.2.1.2 科学技术的转变与创新

工业文明生产力是二维技术的创新，主要是各行各业、各个领域的技术（称为纵向技术）和信息化、智能化技术（称为横向技术）的创新，这种技术具有发达的水平维和强大的力量维，但缺少价值维，往往只考虑经济效应而忽视了生态效应，出现负价值，所以这种技术也被称为"双刃剑"。生态生产力是三维技术的创新，即现代生态化技术体系的创新，它除了上述纵向和横向技术外，还要根据现代生态学原理研发的、能够贯穿经济发展各个领域的现代生态技术（如绿色技术、循环技术、低碳技术以及仿生态技术等，也称为横向技术），以及由三者有机结合形成的现代生态化新技术平台，它是实现生态、经济、社会三大效益相统一和最优化的综合技术体系。因为破除资源、环境和健康的约束瓶颈是全世界经济发展中面临的共同难题，而这种技术体系是破解这一难题的有效技术体系；因为这种技术体系是改造提升传统产业，实现产业链和产品链不断延伸，产品从低端走向高端，产业从低级走向高级的重要技术体系；因为它所形成的一系列产业集群，如生态化新能源产业群、生态化制造业集群、生态化新材料产业群、生态化健康产业群、生态化环保产业群、生态化农业集群、生态化现代服务业集群等，都成为许多国家重点发展的战略性新兴产业群，所以对现代生态化技术体系（三维技术）的创新成为世界各国奋力抢占的科学技术及其设备制造的制高点。

#### 6.2.1.3 经济管理的转变与创新

这里着重阐述三个重要的管理法则。

一是过程管理法则。它由美国管理大师戴明提出来的。戴明创造了丰富深刻又通俗易懂的质量管理理论，这个理论于20世纪中叶在日本实施，使日本产品誉满国际，迅速占领了世界许多市场份额，以戴明命名的《戴明品质奖》，至今仍是日本品质管理的最高荣誉。20世纪80年代初"出口转内销"回美国，又使美国的产品迅速提高，夺回了许多失去的世界市场；后来又被欧洲及其他一些国家引进，戴明对世界质量管理发展做出卓越贡献而享誉全球。戴明认为：随着产品质量的提高，企业获利率必定提高。而提高质量的一个重要法则是抛弃末端管理，实施过程管理，本书称之为"过程管理法则"。工业文明经济管理的显著特征是直线管理、末端管理和行为管理，比如对产品质量的末端检验，一旦发现不合格，要全部废弃或重新再造，既浪费资源、时间、人力，又污染环境；又如对污染的末端治理，也是既浪费资源，又少出产品，且末端治理的成本往往很高，还很难根治；治理过程还需要耗费许多能源，并会产生二次污染，所以企业甚至是地方政府都常常是消极的态度，公众也不放心，管理的效益很低。生态文明要求创新经济管理，综合应用戴明管理理论、现代生态学、协同学等学科知识和技术，实现从末端管理走向过程管理，过程管理要求从产品的设计、原料的选择、采购以及生产的各个环节，把好每一个环节的质量关，在那个环节上出现问题，马上在那个环节上整改，以避免浪费和污染；应用过程管理法则于生态文明经济中，还要求在生产中应用生态化技术体系，切实把上一个环节的"流"

变成下一个环节的"源",不断延伸产品链,并把"污染"消除在各个生产环节的过程之中,使之投入同样的资源,生产更多的产品,减少排放,直至零排放(根据物质不灭定理,生产出来的产品越多,排放一定越少,否则相反)这在理论上是成立的,在实践中也是可行的,国内外都有成功的经验。

二是管理的满意法则。它由德国慕尼黑企业咨询顾问弗里斯提出来。弗里施指出,客户满意率的提高必定带来企业获利率的提高。而客户满意率如何,取决于员工对于企业的满意度。"有了员工满意,才有客户满意",反之,没有员工对于企业的满意,就没有客户的满意。弗里斯认为,在一条完整的服务价值链上,其价值是通过人,也就是企业的员工在服务的过程中体现出来的。员工的态度、言行也融入到了每项服务中,并对客户的满意度产生重要的影响。许多企业都习惯于将客户满意度挂在嘴边,并为此绞尽脑汁翻新着服务的花样。但他们往往会发现,这些新花样到后来起到的效果并非总是那么显著。原因何在?因为很多企业忽视或者没有足够重视"让自己的员工满意"。因此,加大对员工满意度与忠诚度的关注,让员工能用快乐的态度、礼貌的言行、诚恳地对待顾客,是提升企业服务水平的有效措施,成功的企业之所以能成功,就在于它一以贯之地做到这一点。弗里斯还列举许多成功的案例来说明,如韩国精密机械株式会社、巴西的SIMICO公司、美国西南航空公司、沃尔玛公司等。

三是和谐管理的法则。和谐管理是根据生态文明和谐协调的本质特征,人与自然和谐即生态和谐、人与人和谐即人态和谐、人与自身和谐即心态和谐的原理,在企业创造和谐的生态文化,以充分调动人们创造性、积极性、自觉性,使企业提高创新能力和服务质量。和谐文化是人类创新的源泉,是企业创新的活力所在。心理学与创造学的许多研究都表明,人只有在与外部环境和谐(即生态和谐、人态和谐)、内部身心愉悦和自由自在(即心态和谐)的努力探索中,其个体的创造性才可以得到极大的发挥。同时企业职工的满意度也取决于企业营造的和谐度,一些企业认为给员工更多的工资就能提高员工的满意度,这是不全面的,还必须把员工当做企业的主人,培养员工对于社会的责任感,实现员工工作的成就感,把关心员工的冷热放在企业的重要位置,创造条件让员工更多接触自然、热爱工作,使员工之间、员工与企业之间和谐相处,形成浓厚的和谐、创新、品牌、园林、诚信等生态文化,提高员工的创新性和满意度。厦门路达公司创新了一百多类几千种五彩缤纷的水龙头,每一件都是艺术品,其产品的展出简直就是艺术的展厅,令人叹为观止。它不但给客户带来水龙头的使用价值,而且带来很好的审美价值等。其产品热销海内外,价值翻了几番。最大限度利用了智力资源,最小限度污染环境。这些都得益于他们创造了很好的和谐文化:如建造了宁静、和谐、美丽、极具艺术感的企业公园,要求所有员工(包括科技人员、工人、管理层)饭后都要到公园散步聊天,员工的许多创意就是在这里产生,一旦员工有什么创意,企业千方百计帮助其转化为产品,提高员工的成就感和自豪感;不但关心员工的物资利益,更注重对员工的人文关怀;重视创造品牌文化、诚信文化,树立员工的主人翁精神和社会责任感等。

#### 6.2.1.4 市场的转变与创新

主要是发展生态文明消费型市场,它不但能极大地扩大内需,还能提高公众的健康水平和幸福指数。这是一项极其艰难的创新,当前最重要的是创建绿色诚信市场,这是发展生态文明经济的最关键环节。要让绿色产品、低碳产品、有机产品等能够切实促进公众的安全、健康和幸福，促进资源节约环境友好，并在市场上确实体现其价值与价格，使企业在转变生产方式中获得持续的内在动力。我们的调研表明，哪个区域善于培育、发展真正的绿色诚信市场，哪个区域的产品就很畅销，能卖出好价格。相反，如果产品出现污染影响了安全和健康，会影响整个区域和行业的市场和生产。国内"毒奶粉"事件便是最好的例证，这一庞大的市场便被国外占领。这里关键的是诚信，否则"假作真来真亦假"，消费者是无法区别的，常常是"一颗老鼠屎坏了一锅粥"，就会失去整个市场。而建立诚信市场的基础是狠狠打击不法分子，否则就是对消费者的残忍。

#### 6.2.1.5 生产力发展机制的转变与创新

有价格、法规、政策、金融等机制的创新，而最重要的是建立生态生产力的各种经济形态协同发展机制：一是创新经济、体验经济、生态经济、绿色经济、循环经济、低碳经济、传统经济的改造提升、生态文明消费型经济等生态文明各种经济形态要协同发展；二是政府各部门协同创新有利于发展的机制，促进企业及社会发展生态生产力。福建德化县正在走出一条协同发展生态文明经济创新的路子，从而实现能源资源节约，生态环境优美，支柱产业和重点产业迅速提升，战略性新兴产业势头强劲，经济结构优化，城乡协同发展的新格局。

### 6.2.2 实现"三大效应"相统一，建设"三型社会"

转变生产方式和生活方式是实现生态效应、经济效应和社会效应（简称"三大效应"）的相统一与最优化的基础。三大效应相统一与最优化中的优化是指：配置的优化，生态资源、环境容量、经济运行、人类健康、社会发展等的配置；整体的优化，优化不等于平均，如主体功能区中的禁止开发，不等于不能开发，而是面上保护，点上开发，在生态平衡的阈值范围内的开发；生态、经济与社会的平衡，也有阈值，掌握阈值是整体优化的关键。从上面的基础理论和基本原理的分析中可以看到，"三大效应"是相统一而不是相割裂，我们在生态文明建设的实践调研中，许多企业、城市、乡村都能实现相统一，但是也存在不少"二律背反"的观念和实践，把"三大效应"相割裂，其效果是完全相反的。一些地方单纯追求经济效应而不顾生态破坏和环境污染的"二律背反"，已被公众所反对；但是现在又冒出另一种"二律背反"，一些地方单纯追求生态保护，遏制当地群众发展经济，如有个地方为了保护下游的水源，一律禁止上游的规模养殖和种果，连一重山（分水岭）以外的也不让。有一个养殖企业，应用生态文明的生产方式，把生态化技术贯穿在养、种的全过程，就在养殖场的周围，水也是绿色的，养殖场里面也基本没有异味，同时还把附近的几百株果树种成有机水果，吸收了几十个劳动力就业，真正做到了"三大效应"的相统一，但是下游有关部门却再三干涉，要关闭这个企业，表现出典型的相割裂的思维方式和处理方法。既能保持绿水青山，又能创造金山银山，为什么就只要其一呢？说到底还是工业文明的理念和方法在作怪。

实现"三大效应"相统一与最优化是建设资源节约型、环境友好型和公众健康型的社会（以下称为"三型社会"）的基础。建设"三型社会"是生态文明建设中期的重要目标，是实现远景目标，建成生态文明社会的必要条件。其具体路径有：

（1）发展创新经济是加快建设"三型社会"的核心。创新经济也称知识经济，它要求在经济发展中最大限度地发挥知识资源的作用，最小限度地利用自然资源，由此也就可以最大限度地减少排放。它的主要特征是：创新是经济发展的主要源泉。具体地说：它是上述经济发展中理念、机制、技术、管理和市场五大要素的综合创新，摒弃高投入、高消耗（包括高消费）、高污染、低产出、低效益的生产（包括生活）方式，走资源能源节约、生态环境友好、人类健康幸福的发展道路。这方面已在前面阐述，不再重复。

（2）发展体验经济是加快建设"三型社会"的必由之路。体验经济是满足消费者对于健康、智力、生态、审美、精神等高层次需求的经济活动，它使消费者在消费过程产生难以忘怀的体验或长期受益的效果。未来学家托夫勒强调，21世纪世界经济的发展将从产品经济（含农业经济和工业经济）过渡到服务经济，然后上升到体验经济，从而成为21世纪经济发展的主流。如作为生态文明重要消费模式的健康消费所推动的健康产业群，将成为继20世纪90年代的电脑和互联网产业群之后的全球第五波财富浪潮。据有关研究显示，世界许多国家（包括发达国家和一些发展中国家）的家庭消费中有50%以上用于健康消费，有的甚至达到70%。我国同样出现了这个趋势，在衣、食、住、行、玩、保健等各个领域中，健康已成为许多人的首要追求，一切有利于人们健康的新产品新产业都将得到人们的青睐而蓬勃发展，它将创造一个十分广阔的市场，引领新的内需，促进经济繁荣。同时休闲产业、文化创意产业、生态服务产业及其他体验经济形态，都将成为我国经济发展的新引擎。

体验型经济不但贯穿在农业之中，更是贯穿在工业和现代服务业之中，是"两型社会"的高级经济形态，它的主要特征是给人们带来愉悦、健康、幸福和全面发展的同时，能够最大限度利用智力资源，最小限度利用自然资源，同时最小限度污染环境。如厦门路达公司创新了一百多类近万种五彩缤纷的水龙头，每一件都是艺术品，其产品的展出简直就是艺术的展厅，令人叹为观止，它不但给人们带来水龙头的使用价值，而且给人们带来很好的审美价值，还有利于激发人们创造性的想象力等，所以产品热销海内外，且价格翻了几番。同时他们还创造了十分和谐的、令人赏心悦目、使人流连忘返的生态文化环境。体验经济能够满足公众的个性化、多样性需求，是具有极强的"长尾效应"，形成"长尾集"，于是便会出现规模效应，是多样性经济和规模经济的有机结合。体验经济的发展很大程度上依靠知识资源，在产品的生产过程必须是技术加上艺术、理性加上情感、科学加上灵感、个性加上多样。所以说到底体验经济也是一种创新经济，笔者把体验经济也称为"人本经济"。

（3）发展循环经济是加快建设"三型社会"的有效路径。循环经济是典型的生态文明经济发展的方法论，是一种横向经济，可以贯穿在其他各种经济形态之中。党的十七大报告要求"循环经济形成较大规模"，《国务院关于支持福建加快建设海峡西岸经济区若干意见》要求"积极发展循环经济"，中共十七届五中全会要求"大力发展循环经济"。循环经济对于加快建设"三型社会"具有不可替代的作用。

（4）发展低碳经济是加快建设"三型社会"的内在要求。低碳经济实际上就是新能源经济。它侧重于新能源和清洁能源的研究、开发和应用；节约能源，提高能源利用效率；减少以二氧化碳为主的"温室气体"的排放；增加碳汇和二氧化碳的回收利用。发展低碳经济是应对全球气候变化、实现国家能源安全战略、优化经济结构、转变经济发展方式的当务之急，它将全面取代传统经济中的石化能源，将会产生一系列战略性新兴产业群，形成新兴经济体系，如新能源制造产业群、新能源材料产业群、新能源电子产业群、新能源交通产业群、新能源建筑产业群、新能源农业产业群等，以及为之服务的下游产业群。其覆盖面之广、经济体量之大、生态效益之好、就业机会之多、对可持续发展之重要，都将是空前的，并且可能促进世界经济转型，改变世界经济运行秩序、国际贸易方式的许多规则，顺其者昌，逆其者衰。所以发展低碳经济成为各国政府与有远见的企业家抢占的制高点。美国总统奥巴马把发展新能源及其新兴经济体系作为摆脱经济危机、振兴经济、重新领导世界经济潮流的重头戏；欧盟更是重视。这方面我国有过深刻的教训，如对于火电的脱硫设备，80年代我们争论不休，拿不定主意，90年代它成为国际规则了，这个技术和设备又被外国占领去，我们就失去这个商机，类似教训不一而足。当然也有企业抓住了机遇，如福建省三明钢铁公司，研发了具有知识产权的脱硫技术，实现脱硫生产，他们的产品就能够进入国际市场，厦门通仕达公司研发了汞回收技术，实施了汞回收，他们的产品就能够进入欧盟市场，不但有生态效益，而且更有经济效益。近年来我国高度重视发展低碳经济，党和国家领导人在多个场合强调发展新能源和清洁能源，国务院召开常务会议专门研究发展低碳经济，要求大力发展新能源产业集群和环保产业集群等战略性新兴产业。我国在发展风能、太阳能、生物质能、潮汐能等方面有资源和技术的优势，要在不影响生态环境和粮食安全的基础上加快发展上述可再生能源，尤其是自主研发其技术和设备制造，抢占国际经济科技制高点。

（5）传统经济的改造提升是加快建设"三型社会"的最大量最繁重任务。上述"三型社会"各种新经济形态的发展和成熟都不可能一蹴而就，而是有一个渐进的过程。而传统经济仍然是一个十分庞大的经济体系，在经济社会的各个领域仍然起着不可替代的作用，建设"三型社会"也是在传统经济体系之上的。所以必须继承传统经济中发达的水平维和强大的力量维，摒弃传统经济发展中对自然资源、生态环境、人类健康产生的负效益负价值维，应用现代生态化技术体系（三维的技术体系，由生态技术、信息技术、各行业各领域的纵向技术组成的社会技术平台），把传统经济改造提升成为符合"三型社会"要求的新型经济。这是相当长一个时期内最大量最繁重的任务。

（6）发展生态文明消费型主导的经济是加快建设"三型社会"的基本要求。消费问题也是资源、环境和人类健康的问题。加快建设"三型社会"要求我们不但要改工业文明的生产方式为生态文明的生产方式，而且也要改工业文明的生活方式为生态文明的生活方式，这就是确立生态文明的消费观及其模式。具体如下：一是"以人为本"的消费观和全面发展的消费模式，具体有健康消费、素养消费和能力消费；二是资源节约环境友好的消费观和绿色消费模式，具体有绿色消费、循环消费和低碳消费；三是和谐消费观与公平消费模式，具体有代内公平、代际公平和人与自然的公平。

### 6.2.3　提升生态省（市）建设水平，建成生态文明区域

生态文明区域的标志是：区域山川秀丽，家园生态环境优美，自然本底能够支撑该区域的可持续发展；生态生产力及其生态文明经济发达，生态文明型创新能力强，经济发展主要依靠知识资源，大大减少对自然资源的依赖性；生态文明理念在全区域牢固树立，社会和谐，公众幸福指数显著上升。

生态省建设集基础目标和中期目标于一体，提升生态省建设水平是实现生态文明区域的综合载体和主要路径。从 1999 年海南启动建设生态省以来，我国相继有吉林、黑龙江、福建、浙江、江苏、山东、安徽、河北、广西、四川、辽宁、天津、山西、湖南、云南、河南等 17 个省（市、区）开展了生态省的建设。生态省建设是一个巨大的复杂系统，至少有五个子系统：一是生态文明观念在全社会的逐步树立，前期主要包括生态省建设的动员、宣传、教育和规划，许多省称为启动阶段，后面主要是生态文化建设；二是生态恢复与建设、环境治理与保护，生态生产力及其生态文明经济的初步发展，称之为初级建设阶段；三是生产方式的转变，即生态生产力及其生态文明经济的深入发展；四是生活方式的转变，主要是生态文明消费观及其模式的确立；五是生态省建设机制的发展和完善。许多省的生态省建设基本上都经过了启动和初级建设两个阶段，从 2011 年到 2025 年是实施第三阶段的建设，如福建省"十二五"规划强调"持续推进生态省建设"，2011 年 11 月召开的福建省第九次党代会提出的"建设更加优美、更加和谐、更加幸福的福建的奋斗目标"，可以看作第三阶段的总动员。

第三阶段的生态省建设是重要的攻坚阶段，应通过大力发展生态生产力和生态文明经济，推进生态省建设上水平、上层次，其中很重要的是实现上述的"五个转变与创新"、建设"三型社会"和以下的"五个提升"：

（1）把生态建设提升为生产方式的转变，按照基本规律办事。要遵循生态系统的协同演进法则、生态平衡法则、物质循环法则，遵循三大效应相统一的原则，应用生态化技术体系进行生态建设，创造适宜条件，既生产生态产品，又生产经济产品，增强公众和企业作为主体参加生态建设的经济动力和社会动力，以便更好激发其生态建设的积极性、主动性和创造性，福建长汀在这方面创造出很好的经验。我们对福建长汀县治理水土流失作了调研，这个典型的南方水土严重流失区，在 20 世纪 40 年代至 90 年代的长达五十几年时间里未能遏制，究其根本原因，就是只考虑了生态效应而忽视了当地群众的经济效应和社会效应，把它们相割裂，因而未能治好，即使一时治好了，也很难保持。90 年代末以来，他们切实注意了转变生产和生活方式，遵循生态法则和"三大效应"相统一的原则进行生态恢复与建设，在短短的十几年中，取得显著成效，初步展示出青山绿水的态势，成为国际治理水土流失的典型。在生态保护中，确实无法生产经济产品的区域，国家和政府应当给予生态保护区的群众足够的生态补偿，并根据市场和物价的变化作及时的调整。

（2）环境治理从治标到治本的提升。工业文明经济只考虑经济效益而牺牲生态环境效益，即使实施环境治理，也是末端治理，难度大、成本高，还难以根治。生态文明经济是改末端管理（含治理）为过程管理（含治理）、改单向索取为双向交流的经济系统。一方面要求在经济发展过程提高效率：提高资源利用率、增加产出、降低成本、减少排放（资源利用效率提高的同时，排放也就减少了，直至零排放），能够从内生力量促进生态效应、经济效应和社会效应的相统一与最优化，企业、政府和公众都能够获得各自的预期，都能够从外部动力转变为内部动力，从眼前动力转变为持久动力；另一方面要求克服对自然的单向索取，实施人与自然的双向交流，反哺自然。两方面有机结合，对于生态恢复与建设、环境治理与保护才是治本，才能持续有效。所以无论从治理的过程、动力还是效果来看，都需要有一个跃进，实现从治标到治本的提升。

（3）从传统产业向战略性新兴绿色产业的提升。传统产业是粗放型、劳动力密集型、主要依靠资源投入型和低端产品型的经济，战略性新兴产业是集约型、技术密集型、主要依靠知识投入型和高端产品型的经济，它是优化产业结构的重要内容，是生态文明经济的重要组成，是对工业文明经济、农业文明经济的超越，对于建成高水平高层次的生态省，具有不可替代的作用：

第一，引领世界经济发展潮流，具有先导作用。世界经济发展正面临着转型，以期通过生产方式和生活方式转变，解决世界性的资源能源危机、生态环境危机和人类健康危机，许多国家都把力量集中在解决这三大危机的领域。如新能源产业、新能源汽车产业主要解决能源危机，同时也减少以二氧化碳为主的温室气体的排放，应对气候变化；新一代信息技术可以使人类对生产过程进行精细和动态的管理，从而提高资源利用率和生产力水平，同时也降低排放；以纳米为主要特征的新材料技术及其产业主要解决资源的节约和替代，这对于解决不可再生资源的枯竭问题，具有重要意义，潜力十分巨大；生物技术及其产业主要解决粮食安全、能源安全和食品安全，同时减少农业生产中的农药污染，减少农药生产中二氧化碳和二氧化硫的排放，而更有意义的是解决人类健康问题；节能环保技术及其产业解决节约能源、提高能源利用效率和环境的治理与保护，它不但是应对气候变化的重要举措，更是调整经济结构、转变经济发展方式的硬措施，同时它和生物经济一样，也是重要的民生工程；高端装备制造业也是围绕资源节约型环境友好型和高附加值展开的等。在世界经济发展的必然趋势前，对于这些先导性的高新技术及其产业，谁占据了先机，谁优先发展了，谁就能跨越发展，否则就会更加落后，对于我国来说，机遇大于挑战。

第二，经济体量十分巨大，具有支柱作用。这些产业的科技含量非常高，其技术的覆盖面非常广，如新一代信息技术，几乎可以覆盖所有的产业，可以使许多产业从低端走向高端，产品从低附加值走向高附加值，同时还可以涵盖社会管理、人们生活等各个领域；新材料作为生产高端产品、发展高新技术产业的主要载体，成为发展战略性新兴产业的基础，其应用领域同样十分广阔，有信息材料、新能源材料、生物新材料、汽车新材料、新型钢铁材料、新型有色金属合金材料、新型建筑材料、新型化工材料、生态环境材料、军工新材料以及十分重要用途十分广泛的纳米材料、超导材料等；同时，产业关联性和带动性非常强，其上下游产业可以形成巨大的产业集群，如新能源产业，不但其自身会形成包括第一、第二、第三、第四产业在内的产业集群，而且随着时间的推移和科技的进步，所有应用化石能源的产业都会被新能源所取代，可见其经济体量之大；生物产业的经济体量也非常大，我国生物产业2010年产值超过1.5万亿元人民币，预计到2020年世界生物经济规模将达到15万亿美元，成为全球最强大的经济力量。同时它们能扩大许多社会就业，具有极大的社会效应。

第三，产业融合性非常强，具有整体作用。各个战略性新兴产业都是我中有你、你中有他、他中有我，且涉及生态文明经济的各种形态，协同度很大。如上所述，新一代信息技术覆盖了各个新兴产业；新材料是各个新兴产业的基础，而新材料的基础又是高新生物技术；生物质能源是生物经济的重要方面，生物燃料乙醇和生物柴油是迄今发现的能制成液体而取代石油的新能源，其应用可以不要改变全世界交通工具的生产线，其经济效应和生态效应都是非常可观的。因此，我们应当遵循系统原则，从整体上综合考虑各个产业的协调发展，以获取 1+1>2 的系统效应。

第四，得标准者得天下，具有主导作用。在当今国际竞争中，抢占制高点、占据先机者可以得到制定行业标准的机会和权利，所以在这些行业内可以得到国际上的话语权，具有很大的主导权，这几乎成了国际外交和贸易中一个重要的游戏规则，它对于国家在这个行业的发展具有极其重要的作用。

战略性新兴产业具备了生态文明经济的基本要求，但必须应用生态文明经济理念指导和生态化技术体系武装，才能充分发挥上述作用。

要克服急功近利思想，坚持发展的持续性。这些技术和产业的培育、发展是一个过程，不可能一蹴而就，还可能遇到许多困难，所以必须有长远的战略眼光，坚持发展。虽然不能马上出政绩，却可以造福后代，在公众中树立丰碑，这不管在国际、国内都是有先例的。

(4) 从传统 GDP 到绿色 GDP 和民生 GDP 的提升。虽然传统 GDP 有许多优点，但是见钱不见人是传统 GDP 发展观的重要内容；绿色 GDP 主要是把经济增长与资源消耗、生态环境问题联系起来，要求把经济发展与节约资源、建设生态和保护环境统一起来；而民生 GDP 则把人类健康、公众幸福等也纳入其中，它有三个重要指标，一是公众的幸福指数；二是 GDP 当中用在民生的比例；三是经济发展方式对公众健康、幸福指数的影响。进入 21 世纪以来，国际范围内对综合竞争力的评价中，增加国民幸福指数的核算，并占有相当的权重。如日本崛起一批以国民幸福为核心的新兴产业，都是从优化人们的需要结构为出发点和归宿点。加拿大著名幸福经济学家马克·安尼尔斯基提出真实发展指数（GPI）的理论，虽然这个理论带有过分理想主义色彩，但是有许多科学成分，且它对于传统 GDP 弊端的揭露是很深刻的，他举了两个例子：一个是嗜烟的晚期癌症患者，正经历着昂贵的离婚诉讼，他开车时边接听手机边吃汉堡快餐，他的车已驶入到 20 辆连环相撞的车祸里。这个人的行为是令人遗憾的，几乎全是负面效果，但却是传统经济学的"完美的英雄行为"，因为他的所有行为都为传统 GDP 作出了贡献。另一个是拥有稳固婚姻的健康人，在家就餐、步行上班、不抽烟、不赌博，则他是传统 GDP 的坏人，因为他对传统 GDP 毫无贡献①。从传统 GDP 到绿色 GDP 和民生 GDP 的转变将是复杂的长期过程，有些在统计中是非常困难的，但是以此为思想指导，对于建设生产发展、生活富裕、生态良好、公众幸福、社会和谐、自然—人—社会复合生态系统协调、持续、全面发展的高水平、高层次的生态省，具有重要意义。

(5) 从工业文明消费到生态文明消费的提升。这将在第 21 章中阐述，这里不再赘述。

---

① （加）马克·安尼尔斯基著，林黧等译. 幸福经济学——创造真实财富[M]. 北京：社会科学文献出版社，2010：37.

## 6.3 中长远目标：建成美丽中国，不断推进中华民族永续发展

### 6.3.1 建设美丽中国是生态文明学研究的范畴

美丽中国是走向生态文明新时代的基本底色，党的十九大提出建设富强民主文明和谐美丽的现代化强国，要求于2035年基本建成美丽中国，美丽成为建设现代化强国的新内涵载入新宪法。

### 6.3.2 建设美丽中国的主要内容

建设美丽中国是自然—人—社会复合生态系统的巨大工程，它主要由以下几个分系统组成：美丽城市、美丽乡村、美丽森林、美丽海洋、美丽草原、美丽湿地、美丽沙漠。而在这些分系统建设中，又都包含三个层次的"美"：生态美；生活美；人文美。要实现天长蓝、地长绿、水长清、经济长繁荣、人民长幸福、子孙后代长受益的美丽中国，缺少其中的任何一个，都不能称之为完整意义上的美丽。

#### 6.3.2.1 生态美

生态美是美丽中国的基础。生态美包含以下主要方面：

（1）自然生态系统数量足、质量高、功能全，自组织、自调节、抗干扰、自修复能力强，生态屏障牢固；区域内的城市生态、乡村生态、森林生态、海洋生态、湿地生态、草原生态、沙漠生态等生态系统之间有机联系；能够生产充裕且优良的生态产品；生态景观多样，能够保护生物多样性，有计划有步骤地让生态系统休养生息；还自然以宁静和谐美丽。

（2）提高环境健康值，加快对于土地污染、水污染、空气污染的治理速度，提高治理效果，特别是对于餐桌污染、雾霾等关系群众健康的重大环境问题的治理，已是刻不容缓。

（3）资源可持续发展是构成生态美的基本要素。它不但指资源的永续利用，而且是资源所处的生态系统的平衡和谐状态，只有当生态系统处于这种状态时，自然—人—社会复合生态系统才能健康、持续、协调发展。

（4）景观美是本质美与形式美的有机结合，也是生态美的基本要素，景观美不但指视觉美，更重要的是增强生态功能和生态效应，能够促进人类的健康美与和谐美。

（5）保护原生态美，在建设美丽城市、乡村中切莫破坏原生态。有的乡村把原生态的"野"花、"野"草、灌木、小乔木统统铲掉，然后种上大片的人工花与草，似乎一夜之间就美起来，这其实是破坏了原生态之美和生物多样性（包括栖息其中的许多动物）的美，得不偿失又劳民伤财；更有甚者，把大片原生态硬化成广场和道路。在建设美丽城市中也有类似情况出现，如砍去原有的树，种上花，美其名曰：让城市披上彩带。这些完全违背了生态美的客观规律，实际上是毁坏美。

#### 6.3.2.2 生活美

生活美是美丽中国的核心。一个国家的富强不仅表现在国家这个层面，更应该体现在国民的生活中，从这个意义上讲，建设美丽中国内在要义就是不断满足人民群众对幸福生活的追求。

人们对幸福的理解与追求是多样的，但有几个基本条件是共同的：一是生活得有尊严，国家要为此创造条件，保护公众生活有尊严。二是保障人民享有更高水平的教育、更稳定的工作、更满意的收入、更可靠的社会保障、更高水平的医疗卫生服务、更多的公共产品，满足人民群众对物质文化生态需求不断优化的追求。三是健康基础有保证，如安全的食品、新鲜的空气、干净的水。在这些基础上，按照自己对于幸福的理解与追求各自努力，出彩人生，使生活美起来，形成生活美的和谐局面。

#### 6.3.2.3 人文美

人文美主要指在人与自然、人与人、人与社会和谐相处、共生共荣、共同发展的过程中，形成的一种基于生态和谐、人态和谐、心态和谐的和谐之美。

和谐是自然美的基本元素。自然生态系统中存在着生态位分离、生态系统普遍联系、相互适应、协同进化、以及生物间的趋异、宽容等现象，都是自然规律和自然美的表现。自然界亿万年演进鬼斧神工造就的美，充分表现出和谐美；这就是生态和谐之美。

和谐是建设美丽中国的基础。在人类社会的发展中，人们渴望和谐、追求和谐，为实现和谐的美好社会不懈努力，"实现社会和谐，建设美好社会，始终是人类孜孜以求的一个社会理想，是包括中国共产党在内的马克思主义政党不懈追求的一个社会理想"①。这是人态和谐之美。

和谐是人类健康和人体美的基础。人体是自然生态系统和社会生态系统的有机融合，人的生理属于自然生态系统，人的心理则是自然生态系统和社会生态系统的融合，人的生理的阴阳协调，心理的和谐平衡，对于人的身体健康和人体美都有十分重要的意义。这是心态和谐之美。

和谐的主要内涵是和而不同，和实生物美丽存，同则不继美丽亡。和谐协调要求融会贯通。融会就是包容、消化与吸收，贯通包含着联系与互补。要承认差异、化解冲突、坚持宽容、实现包容，切实达到融会贯通，从而实现生态和谐美、人态和谐美、心态和谐美。

生态美、生活美和人文美相辅相成，缺一不可。只有将三者有机结合，融为一体，互相促进，良性循环，才能形成美丽中国的有机系统，即：生活美+生态美+人文美=中国美。

### 6.3.3 从三个维度研究美丽中国

#### 6.3.3.1 历史维度

旧中国积贫积弱、山河破碎、民不聊生、灾难深重，虽然子不嫌母丑，人们热爱自己的祖国，但可爱非美丽；中华人民共和国成立，使中国人民站立起来，走上独立自主的发展道路，是实现民族伟大复兴"中国梦"的第一个里程碑，但是仍未解决温饱问题；改革开放使中国人民富裕起来，成为"中国梦"的第二个里程碑，但是却出现了新的危机，即资源能源枯竭，环境污染严重，生态系统恶化，公众工业病蔓延，难以继续发展，富裕也非美丽。解决这些危机，突破主要瓶颈，必须建设美丽中国，实现中华民族永续发展，努力走向天长蓝、地长绿、水长清、经济长繁荣、社会长和谐、人民长幸福、子孙后代长受益的

---

① 胡锦涛. 深刻认识构建和谐社会的重大意义[BE/OL]. 人民网. 2005-02-20. http://politics.people.com.cn/GB/1024/3187879.html，2013-12-20。

生态文明新时代。

#### 6.3.3.2 空间维度

建设美丽中国，必须有空间整体性的视野。这就是形成人与自然和谐发展的现代化建设新格局。新型"四化"和美丽中国是一个整体的不同侧面，工业化、信息化为美丽中国奠定基础，是美丽中国的支撑，但是工业化与信息化也是双刃剑，如果仍然以工业文明的理念和体制实施，那么只会加速资源枯竭、环境污染、生态恶化、公众工业病蔓延的危机，所以必须以生态文明的理念和体制来实施，成为以美丽中国为底色的工业化、信息化、城镇化和农业现代化。

还要把空间视野拓展到"地球村"，从全球生态安全视野研究美丽中国。党的十九大强调，建设美丽中国为全球生态安全作贡献，引领建设美丽世界，这也是美丽中国的内在要求。全球生态系统是一个整体，生态网是一个扩大器，任何一个地方的生态发生变化，都会波及到其他地方，而且这个影响具有滞后性，就更具有危险性。所以建设美丽中国是国内生态安全和全球生态安全的共同需要，两者相辅相成。

#### 6.3.3.3 应用多学科间综合的方法研究美丽中国

美丽中国中的美丽，具有生态学、经济学、文化学、社会学、管理学、系统学和美学的多学科含义。

从生态学上看，生态美是美丽中国的基础，生态美的追求目标是永续发展，提供优质的生态产品，保障生活美，促进人文美。建设生态美需要遵循现代生态学法则和美学规律，切实体现自然规律之美。

从经济学上说，美丽中国的本质要求是满足人们不断优化的物质、文化、生态等方面的要求，提高幸福指数，不但满足当代人需求，而且为子孙后代满足需要提供良好的条件。经济学本身就是一门研究幸福的学问，加拿大著名学者马克·安尼尔斯基所著《幸福经济学——创造真实财富》使经济学回归到其原来的真实含义，他不仅研究稀缺资源的配置效率及其利益分配，而且研究人们的经济活动如何使人类自身的生活更美丽。所以生活美是美丽中国核心，它和生态美、人文美相得益彰。如果当地人民生活不富裕，甚至还贫困，那个地方的生态美也难以持续，贫穷不是生态文明。只有群众生活美的前提下，生态美才能持续发展，否则，生态美也难以为继。

从社会学意义上说，国家富强、社会和谐是人民幸福的根本保证，自然－人－社会复合生态系统的和谐协同是美丽中国的运行规律，所以要在每一位公民中牢固树立与践行爱国、和谐、诚信、创新的价值观，实现人文美，用以指引建设美丽中国。

从管理学意义上说，必须践行绿色和谐的管理理念，根据行为科学中的需要理论，满足人民群众多层次的需要，让各界公众都提高幸福指数。

从系统理论上说，建设美丽中国，是生态学、经济学、社会学、文化学、管理学、美学等多学科的有机融合，形成复合系统。其实美丽城市、美丽乡村、美丽森林、美丽海洋、美丽草原、美丽湿地、美丽沙漠也是一个整体，为了研究方便才把它们各自阐述，在实践中必须以系统科学为指导，把它们作为一个有机联系的系统，统筹进行顶层设计，实现 $1+1>2$ 的系统效应。

# 第七章

# 生态文明建设的主要内容

内容是实现目标的主要载体,在生态文明建设的目标定位后,必须研究其内容。

## 7.1 生态文明建设的基本内容

内容是实现目标的主要载体。全面理解生态文明建设内容,对于建设生态文明具有十分重要的意义。生态文明建设是在提高人们生态文明素质的基础上,自觉遵循自然—人—社会复合生态系统运行的基本规律,运用高新的生态化科技体系,改善优化人与自然、人与人、人与社会的关系。其中改善优化人和自然的关系,把工业文明时代的人类对大自然的"征服""挑战"变为人与自然和谐相济、共生共荣,这种转变主要在物质文明建设中得以遵循和实现,所以生态文明建设必须也能够吸收物质文明建设的一切成果。而改善优化人与人、人与社会的关系,使之和谐相济,共同发展,又必须在精神文明建设中得以遵循和实现,所以生态文明建设必须也能够吸收精神文明建设的一切成果。与此同时,生态文明要求在充分尊重自然规律、保护地球生态环境、维护社会公正(国际间的公正和代际间的公正)的基础上发展物质生产,摒弃工业文明掠夺资源破坏自然无视公正的基础上发展物质生产。协同发展是生态文明建设和运行的基本规律,遵循这一规律,切实做到人与自然、个人与社会协调发展,以实现自然—人—社会复合生态系统的持续、协调、全面发展。所以生态文明建设又是更高层次的物质文明建设。上面谈到的生态文明观及其所形成的道德规范和行为准则,不仅是处理好人与自然关系的基础,也是处理好人与人关系、个人与社会关系的基础;生态文明所形成的文化将是更加广阔、更高层次的文化(如绿色生活方式所追求的和谐美、健康美是一种更高层次的美);生态文明思维的系统性、整体性与联系性、协调性,要求人们把局部利益和整体利益、民族利益与全人类利益、当代人的利益与子孙后代利益统一起来,产生一系列的责任、义务及行为准则等。所以生态文明建设又是精神文明建设的深化和升华。

许多人误认为,生态文明建设就是生态的恢复与建设、环境的治理与保护,认为那只是环保部门和林业部门的事。甚至一些政府官员、学界同仁和媒体人员也持这种观点。其实不然,正如国家环保部部长周生贤指出:建设生态文明不同于传统意义上的污染控制和生态恢复,而是修正工业文明弊端,探索资源节约型、环境友好型的发展道路。生态文明在实践中的一个基本要求是实现生态效应、经济效应与社会效应的相统一,实现生态和谐、人态和谐与心态和谐相协调,实现物质需求、精神需求与生态需求相融合为主要特征的协调、持续、全面发展。马克思主义关于自然—人—社会复合生态系统的理论、科学发展观和现代生态科学是它的主要理论依据,国内外一些企业、产业和区域的成功经验是它的实践基础。所以生态文明建设的内容十分丰富,是一个复杂的巨系统,有五个子系统:一是"生态文明观念在全社会牢固树立",这是党的十七大报告中提出的要求,要以生态文明观指导人们的生产和生活,它不但要求加强生态文化建设,而且要求在改变生产和生活方式的实践中牢固树立生态文明观。二是发展生态生产力,它以生态文明的基本原理为指导,以生态化技术体系为基础,以生态化产业集群为主体,实现产业升级和经济结构优化,实现低投入、高产出、低排放(甚至零排放)、高效益,从内在根本力量上推动经济发展、资源节约、生态良好、环境优美,实现自然—人—社会复合生态系统的和谐、持续、全面发展,是生产方式的根本转变,是建设生态文明的核心内容,党的十七大报告和国家的许多文件都重点强调这个问题。三是党的十七大报告中提出的,建立生态文明消费模式,这是生活方式的根本转变,是促进人类健康和全面发展的重要基础,同时又能创造新的消费市场,也是生态文明建设的核心。四是生态恢复与建设、环境治理与保护,这在工

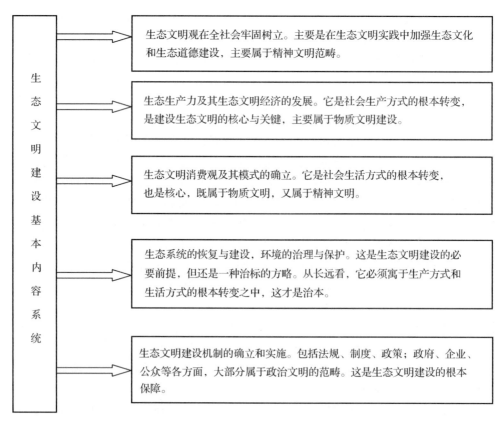

图 7.1　生态文明建设的 5 个子系统

业文明造成严重的生态环境危机后,是亟待加强的。但随着生态文明建设的发展和深入,它寄希望于生产方式和生活方式的根本转变,推进生态环境的正向转化,实现从治标到治本的转变。同时,又要善于把优美的环境和良好的生态优势转变为经济社会发展优势,实现生态、经济、社会三方面的协调、持续、全面发展。五是生态文明建设机制的确立,它包括政府的、企业的和公众的,还包括法规的、政策的、制度的、伦理规范等。

## 7.2 生态文明建设的核心内容

生态文明建设的核心内容是发展生态文明生产力(简称生态生产力)。生态生产力的发展是生态文明产生和发展的内在根本推动力,它对于实现生态文明目标具有决定性的作用,是生态文明建设的纲,纲举目张。

### 7.2.1 生态生产力定义

人类推动自然—人—社会复合生态系统和谐协调、共生共荣、共同发展的能力。

### 7.2.2 生态生产力的结构

生产力是一种三维结构,应当从立体上加以考察,而不能仅从线性或面状去分析。

1. 水平维(亦称状态维)

它是指生产力水平处于一个什么样的位置上,是前沿的领先的位置,还是中间的甚至落后的状态。水平维尤其表现在科学技术、生产工具等方面。科学技术发达与否,生产工具先进与否,是衡量生产力水平维的最重要标尺。发达国家中具有发达的科学技术和先进的生产工具,所以他们的生产力水平是处于领先或前沿的位置。

我国目前在工业化方面取得令人瞩目的成绩,科学技术也有长足的进展,某些领域如生物工程技术、航天航空技术、新材料和新能源技术、纳米新技术研究等,都注意紧跟世界发展的水平,有些还处于先进或领先水平。可以说,我国生产力水平维的发展有了一个比较大的飞跃。

水平维是一种状态特征,是衡量生产力先进与否的重要标志,但不是唯一的标志。

2. 力量维(亦称过程维)

它是指生产力作用于自然—人—社会这个复合体的力量的强弱和功率的大小。力量维是表明生产力的做功过程。发达的科学技术和先进的生产工具与其对复合生态系统作用的力量和功能并非成正比,这里面有一个生产力的管理问题(包括经济发展模式)。如果管理理念和技术都比较先进且能与实际情况吻合,那么发达的科学技术和先进的生产工具对复合生态系统的作用力量就会强,功率就会高;相反,如果管理不当,先进的科技和生产工具的优势仍然无法发挥出来,其功率仍然不会大,效率仍然不会高。我国某些行业的生产力水平维并不低(有的甚至还比较高),但是因其管理不善、产业结构和发展模式不合理等因素,科学技术和生产工具的优势就难以转化为复合生态系统发展的优势,也就难以取得比较高的生产效率,其对复合生态系统的功能仍然比较薄弱。在20世纪四五十年代,美国管理学家爱德华兹·戴明(E. Deming)博士发明、创建了崭新的管理学说和技术,先后为日本、美国、欧洲、加拿大、新西兰等国家提高生产力、发展经济立下卓著功勋,被誉为戴明管理法。

戴明管理法充满了崭新的管理理念：企业不应只盯住赚钱，它应作为一项事业来发展，真正尊重消费者的利益和人格，以帮助人们生活得更好为目标。为此，企业必须以提高产品的质量和服务为中心进行管理。他告诉世人，当产品或服务的品质不断提升时，生产力和获利力也必定会随之提高。这是全新的管理哲学。

为了不断提升产品和服务的质量，他创建了过程管理技术体系以取代传统的终端管理。他认为：终端管理只是在最后产品出来时做出质量检测，这样一旦发现质量有问题，需要重新返工，会带来人力、材料和时间的极大浪费，大大提高成本，并且这种检测也难以做到百分之百质量过关。所以戴明强调，质量不是来自检测，而是来自过程的改善：它包括材料商和原材料的选择、采购的策略、员工的正规培训、塑造领导新形象、驱除员工的"恐惧心理"、消除部门间的障碍、摒弃训诫、取消定额等全过程的改善，以及售后服务不断的改善等等。戴明被称为现代管理之父，一直享誉至今。

但是戴明管理法最早在美国得不到重视，而被日本引进，使得日本20世纪五六十年代生产的产品不但质量好，而且成本低，创造了许多国际品牌，经济得到飞速发展，戴明获得日本最高荣誉功勋奖，被日本称为国宝。与此形成鲜明对比的是，美国当时还是沿用传统的管理法，所以不少产品的质量比不上日本，有的甚至是劣质的，成本又高，在国际市场上屡屡竞争不过日本，这也是美国当时经济不景气的重要原因。后来，美国认识到了戴明管理法的重要作用，把戴明请回国内传播与传授新的管理理念和管理技术，成为美国产品重振世界雄风的法宝。后来英国、法国、加拿大、新西兰等国也纷纷邀请戴明去传授管理之道。

戴明管理法的理论与技术蕴含着许多绿色和谐管理的因素，可以说是当今世界上正在出现绿色管理新理念和新技术的基础。绿色管理就是要学习和遵循自然生态系统和社会生态系统竞争与和谐相统一的规律，遵循产品质量、售后服务与效益相统一的规律。在管理中实施生态和谐、人态和谐与心态和谐，促进自然、社会、人格三位一体的绿色和谐管理。它是生态生产力的重要组成部分。我们相信，随着绿色管理理念和技术的发展与传播，在戴明管理法的基础上必定会出现一轮新的管理优势，从而推进生态生产力上新的台阶。我国生产管理的总体水平还比较落后，应当趁此机会，努力学习绿色管理的新理念，实践绿色管理的新技术和新方法，以赶上世界先进的管理水平。另外，力量维还表现在自然力自身方面，其实自然力也是一种生产力，而且是一种巨大的生产力，在某种程度上其对于复合生态系统的力量至今仍不亚于人类对于复合生态系统的力量。例如，我们利用自然力进行封山育林，一般情况下其效果往往优于人工造林（如果外界对生态系统的干扰破坏超过生态系统自调节自组织的阈值，则另当别论）；风能与太阳能等可再生能源也是一种巨大的自然力；在农业和旅游业等方面，我们仍然在相当程度上依靠自然力等等。所以，自然力也是生产力的极其重要的基础，是力量维的重要内容。

生产力的力量维是一种做功过程，它也是衡量生产力先进与否的重要标志，但同样不是唯一的标志。

3. 价值维（亦称效果维）

它是指生产力作用于复合生态系统后产生的效果和价值，效果有大有小，价值有正有负。如果说水平维和力量维是指生产力作用的状态和过程的话，那么价值维则是作用的结果。发达的水平维和强大的力量维既可以使复合生态系统沿着正方向前进，取得正价值，也可能使其向着反方向运行，产生负价值。唯物辩证法大师恩格斯早在一百二十多年以前就告诫我们，"不要过分陶醉于我们对自然界的胜利。对于每一次这样的胜利，自然界都报复了我们。每一次胜利，在第一步都确实取得了我们预期的结果，但是在第二步和第三步却有了完全不同的、出乎预料的影响，常常把第一个结果又取消了。""美索不达米亚、希腊、小亚细亚以及其他各地的居民，为了想得到耕地，把森林都砍光了，但是他们想不到，这些地方今天竟因此成为荒芜不毛之地，因为他们使这些地方失去了森林，也失去了积蓄和储存水分的中心。"① 马克思也十分深刻地指出："生产力在其发展的过程中达到这样的阶段，在这个阶段上产生出来的生产力和交往手段在现存关系下只能带来灾难，这种生产力已经不是生产的力量，而是破坏的力量。"②

历史唯物主义和辩证唯物主义是过程与结果的统一论者，它不但要求生产力具有发达的水平维和强大的力量维，而且要求水平维和力量维作用于复合生态系统后产生正效果和正价值。那么怎样才能产生正效果和正价值呢？这里又涉及生产力发展的方向，即生产力发展的文明取向问题。

## 7.3 不同文明取向关于生产力的不同理解

这里所谈的不同文明取向主要指工业文明与生态文明。因为，工业文明是近几百年来在全球社会中占主导地位的文明，而生态文明又是世界文明发展的必然趋势。所以，本文着重讨论这两种文明观关于生产力的理解。

在许多经典著作及辞海中，都把生产力界定为人类征服自然、改造自然的能力。这实际上是工业文明取向关于生产力的理解。工业文明使生产力的水平维和力量维都得到高度的发展，这是有目共睹的。但是工业文明认为，自然是为人类服务的，是被人类征服与改造的对象，人类是自然的主宰，是自然的征服者，是中心。工业文明观片面地强调关心人、爱护人、一切为人着想，却完全忽视了关心自然、爱护自然，把自然作为人类的对立面存在。自然成了单纯的生产力作用的对象，人类一方面肆无忌惮地向自然索取，另一方面又肆无忌惮地向自然排放大量生产和生活的废弃物。其结果是对自然的严重摧残和破坏，表现出人类的暴力性和人性恶。所以，工业文明取向下的生产力越强大，即人类征服、改造自然的能力越强大，人类对自然的破坏就越严重，它必然导致自然界运用其固有的规律对人类行使报复，最终导致自然与人类共同覆灭，这就是工业文明取向下生产力导致的负效果和负价值。

生态文明取向对于生产力具有不同的界定，认为生产力即是人类充分发挥主观能动性，遵循自然—人—社会复合生态系统运行的客观规律，推进人与自然、人与人、人与社会和谐协调，共生共荣，共同发展的能力。它不是运用这种能力去征服、改造自然（实际上是破坏自然），而是运用这种能力去促进人类与自然的共同繁荣和发展。自然既为人类服务，人类也为自然服务，双向互补，友善共处，共生共荣，共同发展，表现出人类的协

---

① 恩格斯. 自然辩证法[M]. 北京：人民出版社，1971：158.
② 马克思恩格斯选集[M]. 北京：人民出版社，1972：76.

调性和人性善。这样，人类与自然有着共同美好的未来。在这里，生产力作用的对象就不单是自然，而是复合生态系统。在生产力要素中，自然力也成了重要的要素。生态文明取向也把发展生产力与关心人、爱护人紧密联系在一起，但它同时强调关心自然、爱护自然。它特别重视发挥人的主观能动性即人的积极性、主动性和创造性，促进人类与自然共同走上良性循环的持续发展之路，从而促进自然—人—社会复合体走上共生共荣、共同发展的轨道。这就是生态文明取向下生产力产生的正效果和正价值，也是科学发展观和政绩观的重要内容。

但是当前在发展生产力的实际工作中，还有相当一部分干部群众难以自觉地以生态文明观为指导，常常存在着不少模糊认识，陷入旧的发展观和政绩观，造成许多错误做法，这固然有许多原因，但其中十分重要的方面是把发达生产力等同于先进生产力。

## 7.4 不能把发达生产力等同于先进生产力

上面分析了生产力的三个维度及其发展的文明取向，从中可以看出：发达生产力是一种二维生产力，它主要指生产力的水平维与力量维都处于发达状态，如发达的科学技术、先进的生产工具、先进的管理技术等等。当今世界上，一些发达国家的生产力可以称为发达生产力。但是当发达生产力脱离了文明取向的制约时，它也是一把双刃剑（正如科技是一把双刃剑一样），它作用于复合生态系统时既可以产生正效果正价值，也可以产生负效果负价值。所以工业文明生产力中的"现代工业技术，即现在被称为'先进技术'，由于它以浪费资源和污染环境的形式发挥作用，而在未来的生产中将被视为'落后技术'，将被改造，或者在抛弃其不合理的成分后才继续起作用"①，而先进生产力却不同，它是一种三维生产力，它除了具有发达生产力的水平维和力量维特征外，还具有价值维的正方向特征，可以使生产力对于复合生态系统的作用产生正效果正价值。所以，评价一种生产力是否先进，不但看其水平维和力量维，更要看其价值维。从这个角度上说，发达生产力是先进生产力的基础，"社会主义现代化必须建立在发达生产力的基础之上"②，但是发达生产力不能等同于先进生产力，发达生产力有可能使人类向着负方向运行。如美国具有极其发达的生产力，使世界上2%的人口，耗费了世界许多资源，排放了全球30%的$CO_2$和大量的废弃物。如果全世界都像美国那样，则需要20个地球来支撑，可是地球只有一个。可见，发达生产力不一定能推动复合生态系统的持续、健康发展，只有先进生产力才能推动复合生态系统的发展进程。"人类社会的发展，就是先进生产力不断取代落后生产力的历史进程。"②"全党同志无论在什么岗位上，都要对自己所从事的工作经常加以检查和总结，看看是否符合先进生产力的发展要求，符合的就毫不动摇地坚持，不符合的就实事求是地纠正，这样，才能充分体现共产党人的先进性和时代精神。"②江泽民同志的这些论述实际上是把先进生产力同共产党人的先进性与时代精神紧密相连，而先进的文明取向恰恰是共产党人的先进性和时代精神的集中体现，是与时俱进的集中体现。由此可见，先进生产力即是建立在发达生产力基础之上，在先进的文明取向指导下发展起来的生产力，它是水平

---

① 余谋昌. 生态哲学[M]. 西安：陕西人民教育出版社，2000：66.
② 江泽民. 论"三个代表"[M]. 北京：中央文献出版社，2001：155.

维处于前沿、领先地位，力量维表现为力量极强、功率极高，价值维突显先进文明取向、正效应，能够推动自然—人—社会复合生态系统全面、健康、持续发展的生产力。

## 7.5 生态生产力是先进的生产力

生态生产力是 21 世纪世界先进生产力发展的必然趋势，是 21 世纪社会财富的源泉和人类文明的希望，哪个国家或民族领跑了生态生产力的发展，他就会在 21 世纪激烈的国际竞争中取胜，就能够在世界民族之林立于不败之地。

### 7.5.1 生态生产力传承了工业文明发达生产力的精华

如上所述，在人类社会的发展进程中，生产力水平维和力量维的发展是一个川流不息的长期积累的过程。它不会因为人类社会制度的改革或某个文明形态的更替而停止，也不会因为某个阶级的消灭而灭亡，总是不断向前发展的。科学技术的进步、先进生产工具的进步、生产管理的进步等，都是如此。因为，生态文明的社会形态是从工业文明社会中诞生的。所以，它必然要继承和发展工业文明社会所创造的发达的科学技术、劳动工具和管理技术等生产力的重要因素，具备了先进生产力在水平维和力量维方面的特征。

### 7.5.2 生态生产力对复合生态系统的作用结果具有正价值

它集中体现在以下几个方面：

1. 生态生产力可以推动复合生态系统的持续发展

这方面实际上已在上述各部分中谈过，这里必须强调的是：检验生产力的价值和效果时，不能只以人类自身为评价体系，更不能只以当代人为评价体系，而应当以自然—人—社会复合体为评价体系。发展生态生产力是实现资源节约环境友好人类健康，推动自然—人—社会复合生态系统的全面持续协调发展的内生力量。

2. 生态生产力是推动社会全面进步的主要力量

首先，如上所述，生态生产力的发展能够推动复合体的持续发展，这是人类社会全面进步的基础；其次，生态生产力的发展能够推进社会文明形态的变革，社会文明将由工业文明走向生态文明，这是人类社会全面进步的重要标志；第三，生态生产力的发展能够推动人的全面发展。人的全面发展是社会主义的本质特征之一，是人类社会全面进步的最高要求，也是新的发展观十分重要的内容。由于生态生产力的发展能够推动复合体的持续发展，能够推动社会文明的进步，能够推动人的全面发展的实现，所以，生态生产力是推动社会全面进步的主要力量。

3. 生态生产力能够满足变化了的市场需要

本书前面谈到，社会主义的生产目的是满足全体人民群众不断优化的物质生活和文化生活的需要。需求决定消费，消费决定市场，市场决定生产，这是经济运行的基本规律。现阶段，我国人民群众需要变化的最大特点是从物质生活的数量型向质量型的转变，从比较单一的物质生活需求向物质生活、文化生活以及良好生态环境等多元化需求的转变，从温饱型向小康型的转变。这种转变是一系列的、大众的、社会的以及自然生态系统的需求转变。

（1）衣食住行的转变是最基本而又最普遍的转变。人民群众从吃饱到吃好到吃得健康；

从住有房到住宽敞到住得健康；从穿温暖到穿漂亮到穿得健康；旅游也从好玩到玩好到玩得健康；行的发展趋势同样如此。以健康为生活质量的评价体系正在我国民间形成，我们称之为绿色需求。这就迫切要求有更多真正的绿色产品和绿色营销来满足这一越来越旺的绿色需求。这不仅在我国，在全球的发达国家以及许多发展中国家，都具有这个趋势，随着这个趋势的发展，国际绿色贸易的门槛会越来越高。

（2）人的全面发展的需求不断增强。人们从比较单一的物质生活的需求，转变到物质、文化与生态的多重需求，特别是大众对良好生态环境的追求，对生态文化的追求（如生态审美、生态休闲、生态旅游、生态保健、亲近大自然、与自然和善相处等等），成为国内外的一大亮点，生态文化产业正在蓬勃发展。

（3）国家民族的安全需要也发生着变化。随着世界性的生态环境恶化，也随着群众和政府对生态安全认识的不断深化，生态安全成了与军事安全、政治安全同等重要的安全需要，它们不但直接关系到国家民族的存亡，而且也直接影响到军事安全和政治安全（国家生态环境的恶化，会直接减少军事防御能力，会酿成生态难民而影响政治安全，同时会酿成国际的军事和政治冲突）。

（4）产业发展需求的转变。综观国内外发展情况，一切高科技产业，高附加值产业，高竞争力产业，都需要有良好的生态环境为基础，都必须有高新生态化技术体系做支撑，这个趋势已越来越凸显。

（5）社会基础设施和国家战略物资需求的转变。如，以可再生能源为代表的绿色能源将逐渐取代不可再生能源和灰色能源；水资源成了重要的社会基础设施建设和国家战略物资。2005年新年伊始，印度和巴基斯坦因为水资源的问题吵得不可开交，它们曾经为了夺取该地区的水资源而发动了两次战争，这样的纠纷全球各地时有发生。

（6）自然生态系统也有需求。在工业文明社会中，人们把自然生态系统作为人类的对立面，先是索取，再是掠夺，最后是毁坏，把自然生态作为无主论和无成本论的外部不经济。生态文明观认为，人类要与自然和谐相处，共生共荣，共同发展，就不能仅仅考虑满足人类的需要，不能单从自然中索取，同时也应该满足自然生态系统的需要，自然生态系统也需要从人类那里补充物质和能量，也需要人类付出劳动予以回报，这样才能取得双赢，获得良性循环，实现时间维和空间维的可持续发展等。

总而言之，随着大众、国家、民族、社会和自然的需求变化，市场也在变化。市场运作的最大法则是顺其者兴，逆其者败，这是不以人的意志为转移的客观规律，能够适应种种市场需求变化的就是生态生产力。从这个意义上说，生态生产力正是顺应这个趋势，遵循这个基本规律，紧贴市场的需求发展起来的生产力，具有强大的生命力。

### 7.5.3 发展生态生产力是提高人民生活质量之本，有极大的经济拉动力

从上面的分析可以看到，我国城乡人民的消费水平还比较低，国内这个广大的市场还没有摆脱低迷状态，这固然有许多原因，但其中一个重要的原因是：人民群众对生活质量不断提高的要求与工业文明生产力占主导地位的矛盾所导致。工业文明生产力不但使许多地方的人民群众身处恶劣环境（如严重的土壤污染、空气污染、水体污染、光污染、噪声污染而引发的许多疾病），还给人民群众增添了各种自然灾害，甚至造成生态灾民，化肥、农药、激素及有害矿物质的残留通过生物链不但直接危害这一代人的身体健康，还会通过

遗传基因的作用危及子孙后代的身体健康等等。许多人因为衣食住行各方面都存在着不安全因素而不想消费或不敢消费，造成了消费的信任危机，从而降低了经济发展的拉动力，影响了人民群众的身体健康从而降低了人民群众的积极性、主动性和创造性等等。生态生产力的发展可以从根本上改善上述状况，可以在很大程度上提高人民生活质量，提高人们的消费水平，拉动经济发展等等。这在不少地方已有成功的实践。

## 7.6 相关概念辨析

### 7.6.1 生态生产力与工业文明生产力的比较（表7.1）

表7.1 生态文明生产力与工业文明生产力比较表

| 比较内容<br>比较项目 | 定义 | 内涵 | 生产领域 | | | | | 生活领域 | 三大效应 |
| --- | --- | --- | --- | --- | --- | --- | --- | --- | --- |
| | | | 运行方式 | 管理模式 | 产品结构 | 产业结构 | 技术结构 | 创新性 | | |
| 生态文明生产力（简称生态生产力） | 人类促进自然—人—社会复合生态系统和谐协调，共生共荣、共同发展的能力 | 生态整体主义+生态化技术体系+诚信市场三维结构：发达水平维+强大力量维+正价值维 | 遵循复合生态系统运行规律，实现循环式闭环，最大限度节约资源投入 | 实施过程管理，保证质量；同时上一环节的"流"变成下一环节的"源"最大化减排，最终达到零排放；大大降低成本 | 产品链不断延伸，多系列产品 | 生产性产业+还原性产业（动脉产业+静脉产业）；产业共生 | "二横一纵"技术协调作用，即生态化技术+信息化技术+各行业各领域技术 | 善于从无中发现有，从有中发现优，从点扩展到面；善于寻找共生关系，转"流"为"源"，延长产品链 | 延长产品使用寿命；坚持再利用；废物回收并资源化；坚持"以人为本"消费观，资源节约、环境友好消费观与和谐消费观，倡导"全面发展""绿色""公平"三大消费模式 | 实现低投入—高产出—低排放—高效益，实现生态效益、经济效益与社会效益的相统一与最优化 |
| 工业文明生产力 | 人类征服自然，改造自然的能力 | 人类中心主义+灰色技术体系+恶性竞争市场。负价值维 | 违背规律，直线式开环，大量资源投入，大量排放 | 末端治理，发现质量问题全部返工，同时污染出现了再治理，加大成本 | 单一产品 | 缺少还原产业（静脉产业），产业各自为政 | "一纵"技术（各行业各领域技术）单独作用 | 按固定的流程，固定的模式 | 大量购买，即用即弃，大量消费，大量废弃 | 高投入—低产出—高排放—低效益，三大效益相排斥 |

### 7.6.2 生态生产力与绿色生产力的联系与区别

国内外一些专家学者正在研究绿色生产力，这为我们研究生态生产力提供了一个很好的学习借鉴的平台，可以说绿色生产力与生态生产力是一对同胞兄弟，但是两者也是有区别的。现在摘取几种有代表性的观点加以分析：

有的专家把绿色生产力界定为关注环境的生产力发展道路。他们认为，如果一个生产过程对环境的损害过大，产生的副作用过多，即使我们有资源、有技术，也不能进行生产，或不能不加限制地生产。有的还认为，绿色生产力"意指通过选择绿色生产力发展道路，促使中国经济增长由灰色道路步入绿色道路，进而由经济的高速增长渐渐导入适度的增长。我们坚信，随着经济由高速增长向适度增长的转化，绿色生产力在整个经济增长中必将占其主导地位"①。笔者认为，这种界定的实质是关注生产过程的副作用，并且是以降低增长为代价的，而生态生产力却是直接关注生产过程的正作用，它运用生态化、科学化与智能化技术，使生产过程产生正作用而不产生副作用，同时又能保持比较大的增长，所以前者是被动式，后者是主动式，前者是限制生产，后者是发展生产。

有的专家把绿色生产力界定为制度约束的生产力，即生产力发展的通道，认为要通过约束条件达到既保证"发展是硬道理"，又不损害环境和资源的生产力演进方式。笔者认为，通道是外部的因素，外在因素具有约束力量，但不是决定力量。生态生产力是通过其内在的本质的力量（如发展生态化技术体系）来达到自然—人—社会复合体的和谐协调，共生共荣，共同发展。只有内在本质因素才具有决定性的力量，才是事物发展的必然趋势。

"不损害环境和资源"与"共同发展"是两个不同层次的要求，但也有其内在的联系，与其相对应的"绿色生产力"与"生态生产力"同样是这种关系，所以本书认为，"绿色生产力"是通向生态生产力的一个途径，或者说是生态生产力发展的初级阶段所具有的一种形态，但不是唯一的形态。生态生产力是比绿色生产力更为全面更高层次的生产力形态。

### 7.6.3 明晰生态生产力与自然生产力这两个概念

自然生产力如农地生产力、林地生产力、草原生产力等，是指自然界自身的生产能力，而生态生产力是包括自然生产力在内的人类社会生产力形态，两者有根本区别。有的文章把这两者混淆起来，也是错误的。

## 7.7 生态文明建设的重点内容

生态文明经济是生态生产力的微观形态，是转变生产方式和生活方式的主要表现，是生态文明建设的重点内容、生态文明学的主干学科。生态文化建设也是生态文明建设的重点内容、生态文明学的主干学科。这些将在以下的章节详细阐述。

---

① 刘克英."绿色生产力"理论与中国经济发展[J]. 生产力研究，2005(2).

# 第八章

# 生态文明建设的技术体系

技术体系是实现目标的关键要素和重要保障。适宜生态文明建设的是生态化技术体系,它是生态化科学技术、生态化工艺、信息科技和各个领域的专业科技的有机结合,构成社会的生态化科技与工艺体系的平台,它不但应用于工业(第二产业),而且应用于农业(第一产业)和服务业(第三产业);不但是硬技术体系,而且是软技术体系。21世纪以来,许多国家(特别是发达国家)十分重视发展以生态化技术体系武装的生态化高效工业、农业和服务业,成为建设创新型国家的重要目标。

## 8.1 技术体系

技术体系包括三个层次:一是单项新技术的出现;二是技术结构的变革;三是新技术平台的产生。

### 8.1.1 单项新技术是生产力发展的基础

单项新技术是技术结构变革和技术平台产生的基础,当今世界生态化单项新技术层出不穷,为生态化技术体系的构建和发展打下良好的基础。

### 8.1.2 技术结构对生产力的重要影响

技术结构对于生产力的发生与发展起了决定性的作用,在生产力结构中,技术结构是最活跃的因素,它的变革和突破是生产力变革和突破的先导。历史上几次社会文明的变革和进步,都是由生产力变革和进步所决定的,而生产力的变革和突破都是以技术结构的变革和突破为先导的。农业文明生产力的产生是以农耕技术、养殖技术和冶炼技术的突破为先导的,这三大技术构建了农业生产力的基础,又推进了水利技术、建筑技术、城乡市场以及人文文化等的发展,从而推动了生产力的向前发展。工业文明生产力对于农业文明生产力的突破,是以能源技术(如以蒸汽机为标志,把热能转化为机械能的能量转化技术)、制造技术(如纺织业和各种制造业技术等)和航海技术的突破为先导的,这三大技术的突破,构建了工业文明生产力的基础,并且推进了以制造业为主线,以矿石能源开发利用为支撑、以世界市场为平台的一系列新型技术,使工业文明生产力有了重大的发展。工业文明生产力在短短的二三百年时间里,所创造的社会财富(包括物质财富和文化财富)远远大于以往一切历史时期的总和,也使发源地的英国成为世界工业革新的中心,成为"日不落的帝国"。近几十年来,被称为"后工业化社会"或"信息社会"的后工业文明生产力,是以信息技术、光纤通讯技术(因特网技术)的突破为先导的,它又推进了社会生产力的重大突破,用信息技术武装或改造的领域,几乎覆盖了现代工业、现代农业、现代服务业等各行各业,使这些行业的生产力有了迅速的提高。用因特网技术作为平台的世界变成了"地球村",极大地改变了人们的生产方式和生活方式,也使其发源地美国创造了20世纪90年代社会经济连续八年高速增长的奇迹。

能否跟上技术结构变革步伐是一个国家、一个民族、一个区域生产力发展快慢,经济发展快慢的关键。美国和日本的经济发展历程是一个鲜明的对比例子。日本在20世纪50~60年代的经济发展创造了世界奇迹,但是由于日本在70年代决策上的失误,它不是把战略重点放在发展信息产业和通讯产业上,而是放在电视机、打印机、复印机等制造业上,这是日本经济在80年代后二十年内逐步衰退的一条重要教训。美国则不同,它在20世纪50~60年代曾处于经济衰退时期,但由于美国在50年代末就领先研究与开发了信息技术和通讯技术,70年代末开始把这两大技术体系的产业化作为国家重点的战略加以发展,所以出现了90年代经济发展的奇迹。

技术结构变革的时间间隔越来越短,原始文明生产力技术结构的变革经历了几十万年时间,农业文明生产力的技术结构变革也经过近万年时间,工业文明生产力的技术结构变革只经历几百年时间,信息社会生产力的技术结构变革却只有几十年时间。

现在,在世界范围内正在经历着一场从工业文明生产力技术结构向生态文明生产力技术结构的重大变革,这就是生态化技术体系的产生和发展,它是生态生产力发展的先导,也是推动生态生产力发展的支撑。

### 8.1.3 技术平台的形成使生产力出现质的飞跃

它是推动新生产力发生和发展的核心力量。原始社会自然化的技术平台,使得原始文明生产力十分低下;手工化技术平台推动了农业文明生产力有了一定的提高;机械化技术平台使得工业文明生产力有了很大的提高;信息化技术平台推动了后工业文明生产力有了极大的提高,而生态化技术平台必将推动生态生产力又好又快地发展。

## 8.2 生态化技术体系的内涵

生态化技术体系是人类学习与应用地球生态系统的智慧,遵循地球生态母系统运行的基本法则和客观规律,把社会生产力发展、人类经济活动纳入自然—人—社会复合生态系统中,融现代生态学原理与技术、各行各业各个领域的科学技术与知识,以及信息化技术于一体的社会技术体系。它具有合理的技术结构、有效的技术平台,可以从内生力量推进人与自然、人与人、人与社会的和谐协调、共生共荣、共同发展。生态化技术体系首先是人类经济运行规律和地球母系统运行规律有机统一的产物;其次是地球生态智慧、现代生态学原理与技术、各行各业各个领域的科学技术以及信息化技术有机结合的产物;第三是生态化技术结构和生态化技术平台的形成。它是取得生态、经济、社会三大效应相统一与最大化的共赢的高新技术体系。

生态化技术体系不但需要单项技术的创新，而且需要各项技术的组装与融合，同时更需要整个技术平台的形成。生态化技术是当今世界经济发展的趋势。1992年美国最早建立生态工业园区，开始了生态化技术体系的探索，随后加拿大、丹麦、德国、日本、荷兰、瑞典、奥地利、爱尔兰、法国、英国、意大利、中国、菲律宾、印度、泰国、印度尼西亚等国家也相继开展各种相关的实践活动。当时最为成功的是丹麦的卡伦堡生态工业园区，在该园区内，发电厂、炼油厂、生物制药厂、石膏厂4个核心企业和园区外的水泥厂、硫酸厂以及工业以外的种植业、养殖业等实现了物质和能量的交换、物质的循环和能量的逐级利用，获得极大的经济、社会、生态效益，实现了三者的和谐统一，协调发展。但"卡伦堡模式"仍然属于初始阶段，还有待于不断地深化与完善。我国于20世纪90年代以来也着手发展生态化技术体系，短短十几年内取得一批示范性的成果。

各地创造了许多不同类型的生态化技术体系模式，目前有企业生态化技术体系、产业生态化技术体系和区域生态化技术体系。企业生态化技术体系一般指企业内部（或种、养殖业内部）生产产品中实现物质的循环和能量的梯级利用，以达到企业内部或种养殖业内部的低消耗、高产出、低排放、高效益的目的；产业生态化技术体系即是在企业之间、产业之间实现物质的循环和能量的梯级利用，以实现各相关企业和各种相关产业之间的减量、再生、循环的要求；区域生态化技术体系即是在一定区域内，对共生或互补企业、共生或互补产业以及社会生产和消费之间实现物质循环和能量的梯级利用，以实现区域内经济、社会、生态三大效益的相统一和最优化。区域生态化技术体系的面广，对知识的综合性要求高，需要有三维的创造性思维，是一种知识密集型的更加复杂而又更高层次的生态化技术体系模式，应当在发展产业生态化技术体系的基础上，进一步向区域生态化技术体系扩展，切实把生态化技术体系的理念贯穿到区域经济发展、城乡建设和产品生产中去，以加快实现全面建设小康社会的目标。

## 8.3 生态化技术体系的结构、功能与特征

### 8.3.1 结构

分析生态化技术体系的内部结构，有利于进一步深化人们对生态化技术体系的认识，有利于研究与开发。

生态化技术体系具有三个层次的结构：一是横向技术。它包括现代生态学原理与技术、现代信息技术、现代系统理论与技术，这一层次的技术覆盖着各行各业，即覆盖着整个生态化技术体系，是重要的公共平台，也是生态化技术体系的核心层次，必须用这一层次的技术武装各行各业。二是各领域各产业各专业的科学技术与专门知识，它包括生产主产业（产品）的技术，能够和主产业（产品）共生或耦合或能够延长产业（品）链（网）的相关科技与知识。这是生态化技术体系的基础，只有掌握这一层次的技术与知识，才能同化、融合横向技术，掌握的越深入越透彻，两者的结合越有机越紧密，生态化技术体系的功能就越大，越能促进三大效应的相统一和最大化。三是绿色管理理念与技术。管理也是生产力，管理理念与技术也是生产力技术体系的重要组成部分，生态化技术体系要求实施绿色管理的理念和技术，这是就总体而言的，但是各领域、各产业、各企业管理理念与技术是有区别的，要形成自己的特色，并把其积淀成企业文化，促进生态化技术体系的发展。

### 8.3.2 功 能

生态化技术体系是从内生力量上实现经济发展、社会发展、自然发展的协调统一，是生态生产力发展的根本保障。它把经济因素、社会因素、生态因素统一在一个系统生产的过程中，形成各因子的最佳组合，产生 1+1>2 的系统效应。同时，它遵循现代管理的过程管理原理，重视每一个环节的最优，把每一个生产环节中的流变成下一个生产环节的源，这样反复循环，以求得资源的最低投入，产品的最高产出，废物的最少排放（甚至零排放），产品的最优品质，和传统的终端管理相比较，可以节约大量的人力、物力和财力。

生态化技术体系要求学习大自然的智慧，遵循生态学原理组织产品的生产、产业和区域的综合发展，是生态生产力发展的基本要求。从某种角度看，生态化技术是一种"仿生"系统，它模仿自然生态系统中功能结构原理来组织生产，遵循"减量、再生、循环"的原则（称为3R原则），实现物质的闭路循环和梯级利用，形成互利共生的横向耦合关系，形成科学的产品链或产业链或经济链，甚至是产品网或产业网或经济网，构成高效产业生态群落或生态经济网络，达到资源的最小投入，产品的最高产出，废物的最低排放（零排放）。除此之外，生态化技术体系还模仿自然界生命个体的特征和性能，发明某种技术或制造某个产品，这也是一个巨大的技术宝藏，可以说，在这个技术宝藏中人类所懂得还只是一小部分，甚至是微乎其微。

生态化技术体系是一种知识含量很高的技术体系，是生态生产力发展的深层要求。如果没有各方面知识与技术的融合，没有集成技术的创新，是难以形成生态化技术体系的。这种高知识含量的技术体系，首先表现在生产的每一个环节，如发现优势资源、寻找共生关系、转"流"为"源"、延长生态链或扩大生态网等技术，都必须有多学科多领域的自然科学、人文科学和管理科学知识及其技术，同时还要求有高度的创造性思维，善于从无中发现有，从有中洞察优，从点扩展到线再扩展到面。其次需要多种人才的协同合作，使知识成为生产的重要资源。第三，它必须对传统的工艺流程作改造和创新，对传统的技术设备进行改造与创新等等。这些都是生态生产力发展的深层次的要求。

### 8.3.3 特 点

（1）从单项技术到集约生态化技术的转化。人类走出生态危机的困境，实现可持续发展涉及社会、经济、生态以及人自身发展等各个方面的协调发展，是综合性的发展问题，单靠某一个领域或某一个产业的某一项技术是无法解决的，也是传统的工业物理与工业化学手段无法解决的。它必须靠各个学科的渗透融洽，形成集约生态技术才能实现，于是许多生态化技术体系便应运而生，如生态化工业技术、生态化农业技术、生态化第三产业技术、生态化城市建设技术、生态化环境保护技术以及上述几方面相互融合的集群技术，等等，并且产生或即将产生一大批生态型的产业体系。"生态工程与技术自20世纪80年代以来，成为飞速发展的一门综合性的组装创新技术"[①]。

（2）从运用其他学科技术解决处理生态环境与资源问题，到主要运用生态学原理与技术融合各学科技术，解决处理社会、经济、生态、环境、资源以及人自身发展等综合性问题的转化。这种新的技术体系能够在生产过程中转变高投入（资源）、高排放（污染物）、

---

① 杨京平. 生态工程学导论[M]. 北京：化学工业出版社，2005：前言.

低产出为低投入、低排放、高产出,是从外部技术到内部技术的转化,是推动生态生产力发展的内在本质力量。

(3)由于生态化技术的不断发展,以生态化技术为核心的一大批生态产业也随之不断发展壮大,这是生态生产力发展的重要基础。"社会的转型首先从产业的生态转型开始,没有生态产业的发展,可持续发展只能是一句空话,从某种意义上讲,生态产业是实现可持续发展的具体手段。"①

(4)生态化技术体系及其生态产业能够推进人与自然、人与人、人与社会和谐协调,共生共荣,共同发展。其正体现了生态生产力发展对自然—人—社会复合体的正效益和正价值。因为生态化技术综合运用了自然生态系统原理与社会经济发展规律于生产之中,是遵循复合生态系统运行的规律组织起来的生产力技术,所以它是合规律合目的的,是从内部力量推动生产活动沿着有利于复合生态系统全面协调持续方向发展,是从本质上决定生态生产力的先进性。

劳动者生态文明素质的提高,是生态化技术发展的决定要素。生态化技术体系首先是由人创造出来的,同时要由人去实践去发展,只有不断提高人的生态文明素质,才能把生态化技术的发展不断推向前进。

## 8.4 生态化技术体系的应用

生态化技术体系覆盖着各行各业,它不但是生态化硬技术体系,也包含着生态化软技术体系,如经济决策、组织过程的绿色管理理念及其应用技术,绿色市场及其营销技术,绿色物流技术,等等。

### 8.4.1 生态化硬技术体系的应用

本书按照产业发展分类法,分成6个类别:

(1)新兴的生态化技术及其产业。包括环境技术及其产业,生物工程技术及其产业(包括转基因工程技术及其产业,工业酶技术体系,现代生物医药技术及其产业,以生物工程为主的生态建设与利用技术及其产业),可再生能源技术及其产业,城市生态化建设技术及其产业,生态化保健技术及其产业,生态与环境监测技术体系,自然保护区技术体系,森林、海洋、草原、湿地、沙漠等生态建设技术及其体系。下面以沙产业为例加以说明:沙漠本是生态系统十分脆弱,环境状况极其恶劣,经济效益和社会效益都很差的区域。但是如果运用生态化技术体系发展沙产业,那情况就完全不同了(图8.1)。

沙产业的生态化技术体系主要是运用生态系统的共生、耦合和食物链原理及其技术,融合种植业、养殖业、加工业、旅游业等科学技术于一体来组织生产,构建第一产业(农业)、第二产业(加工业)、第三产业(旅游业)有机结合的综合性的经济发展体系、生态治理体系和社会就业体系。比如,以沙漠上种芨芨草为开端(因为芨芨草是十分适合沙漠生长的少数植物之一),拉动种植业、养殖业、造纸业、加工业、旅游业等五大产业链。在沙漠上种植100万亩芨芨草,每年可生产50万吨秸秆,可造纸浆23万吨,造纸30万吨;每年可生产50万吨叶,添加部分精饲料,可以供3万头奶牛,1万头肉牛,27.4万只羊

---

① 周文宋.生态产业与产业生态学[M].北京:化学工业出版社,2005:前言.

食用，在此基础上发展畜牧加工业，其经济效益十分可观；与此同时，芨芨草对保持水土、改良土壤、改善沙漠生态系统和环境状况，也是相当有效的；它还可以使沙漠变成绿洲，形成十分雄壮的生态景观，极有利于发展生态旅游业。5个产业带一起推动还可以安排一大批就业人员，其社会效益也是十分明显的。为了一目了然，下面以图来表示运用生态化技术来发展沙产业的概况。

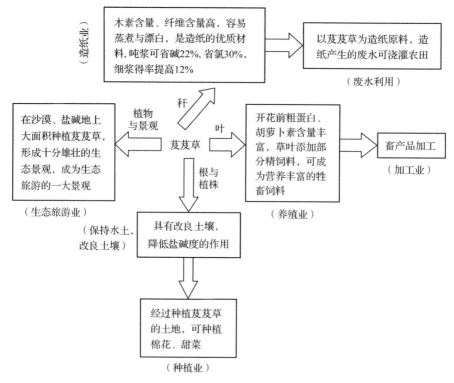

**图8.1　以生态化技术发展沙产业**

资料来源：综合《中国环境报》有关报道

（2）以生态化技术体系改造提升传统工业，使之成为集经济效益、生态效益与社会效益于一体的高效生态工业集群。主要有：生态化电子技术及其产业，生态化汽车、船舶等制造业技术及其产业，生态化冶炼技术及其产业，生态化航天航空技术及其产业，生态化化工技术及其产业，生态型材料，生态型建筑，生态型运输，生态化食品加工技术及其产业等，以及相关产业的共生耦合，形成以循环工业为核心的综合高效工业集群。下面以鲁北化工为例加以说明：

重化产业历来是污染环境的大户，这在全世界都是个难题，因其污染严重，浪费资源严重，有些地区对重化企业采取了简单的关闭政策或外迁举措。但如果运用生态化技术对其改造，那社会就会出现完全相反的情形。鲁北化工在这方面取得了成功。它把生态化技术和产业的专门化技术有机结合起来，对原生产过程进行大规模改造。从原来的单一产品增加到7个产品，从大量排放污染物到了零排放（最后是排出淡水）。产品成本比单项生产厂家成本降低30%~50%，年经济效益超过2.5亿元，解决了"三废"难题，资源综合开发利用和产品质量都处于国际领先水平，得到了准入国际市场的"绿色标志"，被权威专家认定为比丹麦卡伦堡更为成功的工业生态化技术体系。图 8.2 是鲁北化工运用生态化技术体系改造企业的示意图。

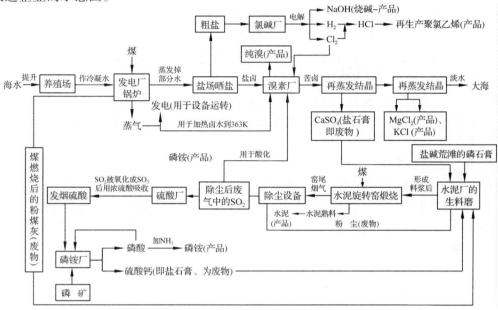

图 8.2　鲁北化工生态化技术体系工艺流程

资料来源：综合《中国环境报》有关报道

（3）以生态化技术体系发展高效生态农业集群。如高效生态化种植业，它以遗传基因工程技术为先导，以有机农业为中心，研究开发高效生态化粮油、水果、蔬菜、花卉等（这方面台湾省取得了比较成功的经验）；生物质能源原料的生态化利用；高效生态化养殖业等，以沼气开发利用技术为中心的种养加有机结合的循环型生态农业体系。下面以北京留民营村发展高效生态化农业为例加以说明（图 8.3）。

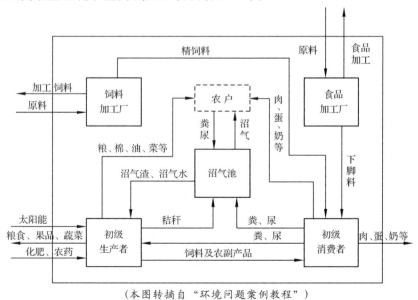

（本图转摘自"环境问题案例教程"）

图 8.3　留民营村农业生态化技术体系工艺流程关系图

(4)以生态化技术体系发展高效生态服务型技术及其集群产业。如生态旅游、生态化房产业、生态化物流业、生态化网络产业等等。下面以生态旅游业为例加以说明。某景区的旅游景观虽然十分丰富，名不虚传，但是游客一般都只停留1~2天，有些甚至是当天来回。后来他们运用生态化技术进行改造，发展了生态保健技术体系、绿色酒店管理技术体系、生态科普技术体系以及生态农业技术体系，把旅游与保健、科普考察及青少年教育基地等结合起来，使许多游客都想多停留几天，游客们还成了业余的义务宣传员，客源大增，同时带动了当地的交通业、种植业、旅游品加工业的发展，增加了许多就业岗位。图8.4、图8.5描绘了以生态化技术的体系来发展旅游业的路径，以便更加形象地说明这个问题。

(5)以生态化技术体系发展文化产业。这是一个新兴的产业，国家林业局提出，林业的发展要由原来的两个产业（即生态体系建设产业与商品林建设产业）发展至三个产业，增加了森林文化产业，是很有远见的。森林文化产业是文化产业的重要组成部分，其发展前景十分广阔。发展文化产业也必须以生态化技术体系作为保障，才能成为"三大效应"相统一与最优化的生态文明产业。

(6)以生态化技术体系发展综合高效生态区域。它集工业、农业、服务业于一体，集城乡建设于一体，集生产与消费于一体，形成区域综合产业集成，它对于建设生态文明具有十分重要的意义。

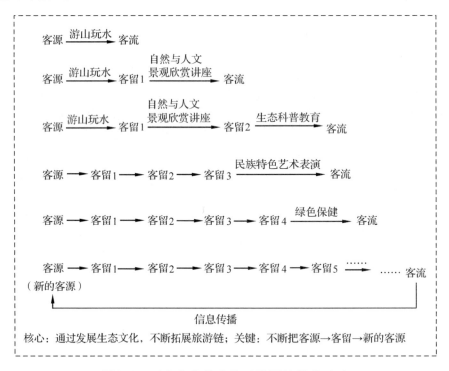

图8.4 以生态化技术体系发展旅游业（1）

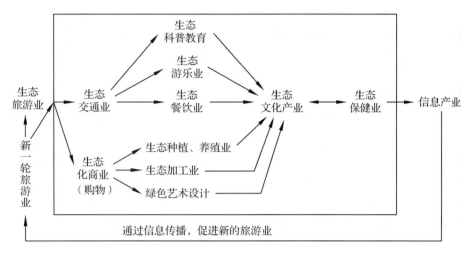

图 8.5　以生态化技术体系发展旅游业(2)

### 8.4.2　生态化软技术体系的应用

（1）学习生态智慧是生态化技术体系的内在要求。生态智慧是自然科学技术经济社会科学进步的重要源泉，是发展生态化技术体系的内在要求，是人类学习的重要内容。人类对于生态智慧的了解和掌握虽然还是不够多、不够深，但是它已能使人类从中获益不浅，学习与掌握生态智慧，运用生态系统规律进行经济建设，可以取得经济与生态的协调发展。

（2）学习地球生态系统的功能结构原理组织经济活动。在自然生态系统中，有着严密的功能结构，它们分别为生产者（即绿色植物）、消费者（即草食动物、肉食动物、杂食动物及腐食动物等等）、还原者（即微生物等），它们之间通过营养结构（即取食关系）形成网状链条，叫做生态链。生态链是闭路循环的，它使自然界的物质和能量能够高效利用，没有残留物，没有废物，所以从根本上说，自然界是没有垃圾的，它使自然界不断地持续发展。这就是生态链原理。根据这一原理，我们可以对产业进行重新划分，调整结构。可以把农业、工业中的资源产业和制造业等分为第一产业，即生产者；把服务业（包括信息服务业）分为第二产业，即消费者；把工业（包括原有的和新发展的）中具有把排放物还原成资源功能的产业，称之为第三产业，即还原者。这样就可以在产业系统，社会经济系统内形成完善的一整套产业生态工艺流程，使其中的每一环节既是上一环节的"流"，又是下一环节的"源"，没有"因"和"果"，"资源"和"废物"之分，物质在其中循环往复，充分利用，使整个经济活动向着低投入、高产出、零排放、无污染的方向进行，形成科学合理的产业结构和全新的循环经济。循环经济是生态生产力发展的重要模式。按照上述新的产业划分可以看出，在我们现实的经济活动中，有着十分发达的第一产业和第二产业，却十分缺少第三产业（即还原产业），它成为木桶中最短的那一块木板，所以大量"废弃物"难以再利用，资源浪费十分严重，经济活动处于开环状态，高投入、低产出、高排放、高污染，往往是经济数量增长了，但经济质量和生态效益都很低。

根据这样的分析，在我国产业结构调整中，应当十分注意扶植还原产业的发展，把最短的那块木板予以补上。还原产业既可以作为一个独立的产业，又可能寓于生态化企业和循环经济的某些环节之中，它需要高科技的支撑，运用科技力量，寻找工业生产环节中有机联系的产业生态链并使上一生产环节中的"流"变成下一生产环节中的"源"，循环往复。

（3）遵循地球生态系统的顶级群落原理组织经济活动，增强经济活动的自调节机能和抗风险能力。一个自然生态系统发展成为顶级群落时，它具有很强的自调节自组织和抗干扰能力，能够在一定程度上抵御外来的风险。这是因为顶级群落具有 2 个明显的特征：一是具有明显的健雄物种和优势种群。它对于群落的形成、稳定、生态系统的平衡和抗干扰起到了重要的作用；二是具有生物多样性，它对于群落的自调节、自组织（包括自恢复和自平衡）和抗干扰能力也是十分重要的，群落中的生物越是丰富，其结构越是复杂，这种能力就越强，效率也越高。两者构成有机统一体，缺一不可。我们把这种原理应用于经济活动中，就不难看出，首先，一个区域的经济活动中必须有经济群落和产业群落。其次，在经济群落和产业群落中，既要有龙头经济和龙头产业，又要有相互配套的能够互相消化又能互相补充的其他经济和其他产业。没有龙头经济和龙头产业，就难以带动整个经济的发展，而单一的经济和产业又难以抵御风云多变的市场风险和经济环境的风险。给我们的教训十分深刻的是 2003 年的 SARS 疫情给旅游业造成的灾难，这只是外部经济环境对经济造成的冲击，而比 SARS 更为严重更为常有的还是市场风险，市场是变化无穷的，且常常是风云突变的，所以如果靠单一的某种经济或产业来支撑，就会使整个经济有崩溃的危险。成功的经济发展之路往往都是先发展某种龙头经济和龙头产业，在此基础上发展经济和产业的多样性，并使两者有机地结合在一起。温州从纽扣市场发家，晋江从鞋业经济起步，苏州从制造产业开始，然后都不约而同地发展成为几个支柱产业齐头并进共同支撑的经济模式。这是他们的经济能够抵御各种风险，持续稳定发展的内在原因，也不失为成功的经验之谈。我们曾经在某个区域内提倡过一村一品，这实际上蕴含着龙头产品与多样产品的统一，就是经济的主导性与多样性的统一。就一个县来说，不同的村具有不同的产品，这是多样性；而就一个村或一个乡来说，它具有龙头产品，这就是经济的主导性。试想，如果在一个村中发展许多产品，势必形不成规模，打不开市场，缺少经济活力和效益，而如果一个区域内只发展某一两个产品的话，那么一旦这种产品的市场发生变故，或生产自身上出现问题，或是环境处于劣势，就有面临全军覆没的危险。所以要有经济主导性与多样性互相统一，才能使经济健康有序持续地发展。

（4）学习地球生态系统的协调共生智慧，在经济活动中学会"双赢"以及综合利用资源，获取多重效益。自然生态系统的协调共生的表现是多方面的，如生态位分离与充分利用生态位。生态位分离是各类生物利用资源的基本规律，它使全部资源被充分利用，并将容纳尽可能多的物种，同时还能使物种间竞争减少到最低程度。它充分说明了物种间不只是有竞争，而且也有许多趋异、宽容、协调共生。生态位分离便是趋异现象的基础。随着趋异程度的扩展，越来越多的生物种类可以在同一地区被养活下来，共生者之间的差异越大，系统的多样性越高，越能充分利用生态位，获益也越大。可见在自然界以内，同时，在所有有机物内，都有一种设计生活方式的潜在能力，也有一种天赋的能够利用资源的智谋。所以，整个绿色世界是互相协调、充满生机、富有创造、共生共荣的。

自然生态系统的规律（也称之为自然经济的规律）与人类经济活动有着内在的统一性。

人们在经济活动中开始认识到"双赢"对经济发展的重要性,并付诸经济活动的实践,而双赢实际上就是和谐协调,共生共荣,共同发展。在经济活动领域,"同而不继"实际上就是要求有竞争,没有竞争,一切都趋同,经济活动也难以为继,更谈不上发展;而"和则生物"实际上又是指和谐协调,共生共荣,就能生出万物,就能共同发展,这样整个社会才能持续发展。这两者都将成为推动经济健康持续发展的两个轮子,同时也是推动经济社会生态协调发展的必要条件。自然生态系统的这一智慧还告诉我们,自然生态资源的用途是多样性的,应当综合利用优化利用,以最大程度提高资源的利用率。

(5)学习地球生态系统的生物智慧,发展高新科技。近现代的高新技术中,有不少是人类学习自然生态系统中的生物智慧而获得的,人们模仿飞禽鸟类制造出飞机;模仿鱼类和海豚造出船和潜艇;模仿蝙蝠发出的超声波和蜻蜓、螳螂的复眼制造出雷达以及蛙眼雷达;生物学家通过对蛛丝的研究制造出高级丝线、抗撕裂降落伞与吊桥用的高强度缆索;科学家模仿蛇的"热眼"功能和其舌上排列着一种似照相机装置的天然的红外感知能力的原理,研制出现代化武器、响尾蛇导弹;模仿海蜇感受声波的器官,设计成功精确的"水母耳"仪器,这种仪器可提前15小时预报风暴等,不胜枚举。于是人类建立仿生学,而且从仿生学发展成为仿生设计学。仿生设计学是以自然界万事万物的"形""色""音""功能""结构"为确定对象而建立起来的一门学科,它有许多分支,如形态仿生设计学、功能仿生设计学、视觉仿生设计学、结构仿生设计学等。仿生设计作为人类社会生产活动与自然界的契合点,使人类社会与自然界达到了高度的和谐统一,也是人类学习自然界智慧的重要成果。它对于发展高新科技,发展生态生产力具有十分重要的意义和相当巨大的潜力,是当今世界抢占高科技阵地的重要领域。

(6)地球生态系统的协同演进智慧,实施绿色和谐管理。地球生态系统的协同演进蕴藏着博大精深的绿色和谐管理的理念和技术,把它们运用于经济社会管理之中,是建设生态文明、落实科学发展、实现和谐社会的必经之路,也是重要的隐形资源。以生态和谐指导技术集成,以人态和谐指导伦理规范,以心态和谐指导心理调适,以促进自然、社会、人格三位一体的绿色和谐指导制度整合。这种绿色和谐管理系统观正是适应了生态文明时代的要求,必将给经济社会带来新的生机和活力,在经济效益、社会效益和生态效益方面取得相统一和最优化。管理也是生产力,这种绿色和谐管理系统观对于调动人的积极性、主动性和创造性,是十分有效的,因而对于生态经济社会的协调、全面、持续发展是十分有利的。

优良的生态系统所形成的良好环境质量对于人们的生活质量和身心健康的影响也是一个重要的隐形资源。正如第四章所述,随着经济社会的发展和生态文明建设的深入,人们对于生活质量、身心健康的要求越来越高,这是社会的一大进步,也是社会发展的大趋势。顺应这个趋势,充分发挥良好环境质量的作用,以满足人们不断优化了的对生活质量和身心健康的要求,不但可以极大地拉动内需,拉动经济的健康发展,而且可以提高人们的智力,特别是提高人们的创造力。在当今的知识经济时代,人的身心健康,人的智力特别是人的创造力,成为经济竞争和综合国力的关键因素,也成为生态生产力发展的关键因素。

# 第九章

# 生态文明建设的基本规律、原则和体制

规律是事物本质的主要体现，原则是遵循规律进行实践的行为准则，它们直接指导实践。根据生态文明学的基础理论和生态文明建设的基本原理的分析，可以发现，生态文明建设必须遵循协同发展的基本规律，以及具体体现这个规律的包容性原则、公平公正原则和"三大效应"相统一的原则。

## 9.1 协同发展规律

地球生态母系统协同演进的法则告诉我们：生态系统的各个子系统、各个因子，只有协同演进，才能实现整体功能大于部分之和（1+1>2）的系统效应，才能不断新陈代谢、生机勃勃和长盛不衰。协同发展集中体现了生态整体主义的生态文明观与和谐协调的生态文明本质。自然生态系统的发展是协同进化的结果，人类社会系统的进步也是协同演进的结果，自然—人—社会组成一个庞大复杂的复合生态巨系统（母系统），自然界、人类自身、人类社会是三大分系统，构成了人与自然、人与人、人与社会三大主要关系（它们各自还有许多子系统以及下位层次的子系统等）。三者从来都是交融在一起，综合演进，即复合生态系统的整体演进。其中人与自然的关系是基础，人与人的关系是核心，人与社会的关系是最高层次。系统的各个部分只有有机联系、合理配置和协同演进，母系统才能够合规律、合目的地运动和发展。相反，其中任何一方面不协调，或是配置不合理，都会影响到其他方面，进而影响到母系统的运动和发展，甚至使系统消亡，这就是从系统的整体的方面观察问题。生态文明反映了人类新的生存与发展方式，它从西方传统的人与自然相对立，人类征服自然并成为自然的主宰，转向人与自然和谐协调，同时也注重了人与人、人与社会的和谐协调。所以只有协同发展，生态文明建设才能成功，遵循协同发展的基本规律，是实现生态文明建设目标的根本要求，它可以从三方面加以阐释。

### 9.1.1 自然—人—社会复合生态系统方面

生态文明建设必须遵循地球生态母系统运行的规律，促进自然系统、人类系统和经济社会系统协同发展。不但要求三个子系统的同时发展，而且需要三个子系统构成整体，形成其内部有机联系的协同发展，它要求根据地球生态母系统的功能结构原理，遵循物质循环运动、能量梯级利用、生态平衡、物质不灭、协同演进等规律统筹安排生态建设环境保护，生产、消费和扩大再生产等经济活动，以及社会建设，协同发展生态文明建设的"五个子系统"，形成人与自然和谐协调、共生共荣、共同发展的内在机制和力量，从而促进人与人、人与社会的和谐协调、共生共荣、共同发展。我们称之为内部规律。

特别需要指出，人类的经济活动必须与地球生态母系统的运行相统一。根据前面基本原理分析可以看出，人类经济活动系统作为地球生态母系统的一个子系统，它与母系统之间有着本质的统一。首先，人类的经济活动是源于自然生态系统，许多经济活动包括生产技术和生产知识等，都是人类向自然界学习的结晶，许多经济运行的规则也和地球生态母系统运行规则相吻合。所以在英文中经济学（Economics）与生态学（Ecology）是源于同一个词根，西方有些学者把生态学也称为自然的经济学。"生态学原意就是分析生物如何'经济地'安身立命，而经济学本身也是探索人这种生物如何'经济地'活下去，从而生态学就是探索自然界的经济学，经济学就是研究人的生态学。"[①]由此可见，人类经济活动不但是地球生态母系统的一个子系统，而且与自然生态系统密不可分，它必须与自然界进行物质、能量与信息的交换。换句话说，人类不但要从自然界中获取物质资料，而且要反哺自然界，使自然界也能健康持续发展。这是生态生产力观下人类经济活动必须遵循的一个重要法则。其次，人类经济活动又是人类社会生态系统中的一个子系统，它又和人类社会发展的许多规律相吻合，这是不言而喻的，当今生态生产力及其生态文明经济发展的全球一体化趋势，以及"地球村人"的理性假设，都是两者相吻合的重要轨迹。第三，人类经济活动又是和社会、人类、自然界的各种需要密切相关的，本书有关章节都分析了各种需要的变化，如果经济活动能够主动去适应这种需要的变化，那么就会得到发展；相反，如果经济活动不能适应这种需要的变化，那么就会衰退，这是经济活动一个重要法则。生态文明建设的核心内容是发展生态生产力，重要内容是发展生态文明经济，人类、人类社会和自然系统需要的变化是发展生态生产力及其生态文明经济的内在动力。

## 9.1.2 生态文明建设中的社会发展方面

必须遵循社会和谐协调与可持续发展良性互动的规律。生态文明观不但把自然、人类和社会当作有机联系的整体，而且把社会和谐协调、可持续发展和全面繁荣也当作有机联系的整体。和谐协调是生态文明的本质特征，是社会可持续发展和全面繁荣的基础。一个社会如果处于不和谐、不稳定甚至是动乱或战争状态，最受其害的必然是老百姓及其赖以生存的生态环境，更谈不上可持续发展和繁荣进步，这是不言而喻的。我国是在社会主义社会进行生态文明建设，具备了和谐协调的必要条件，但还不是充分条件，如果没有处理好人与自然、人与人、人与社会的关系（如代内关系中的环境权、生态补偿、区域关系、就业问题、公平公正等），那么社会就难以和谐协调，生态文明建设就无从谈起。而社会的可持续发展和全面繁荣又能为和谐协调创造良好的物质的、精神的、政治的、社会的条件，使和谐协调升华到更高阶段，实现和谐协调的新境界。这样循环往复，自然—人—社会这个复合体就能不断向更高层次发展。所以，生态文明建设坚持社会生态系统、人自身

---

① 段昌群等. 生态约束与生态支撑[M]. 北京：科学出版社，2006：5.

生态系统和自然生态系统的全面发展，坚持复合体内各个子系统的持续发展，坚持复合体各方面的全面繁荣和进步。生态文明建设的许多措施都是围绕和谐协调、可持续发展和全面繁荣的目标展开的。

生态文明观认为：共产主义是马克思主义世界观的最高境界，而共产主义首先是一个最高层次的和谐协调、全面繁荣、全面进步的自然—人—社会的复合体。在共产主义社会里，社会物质极其丰富，能够满足人们各取所需的要求；劳动不再是谋生的手段而成为人们生活的第一需要，人们的思想觉悟空前提高，能够自觉地选择合理的需要，而不再贪婪、浪费和挥霍，完全消除了个人主义和享乐主义；"没有剥削和被剥削、压迫和被压迫、没有帝国主义和法西斯、没有剥削造成的黑暗、愚昧和落后"①；人们都得到全面发展，"人类都成为有高等文化程度和技术水平的、大公无私的、聪明的共产主义劳动者"①，能够各尽所能，充分发挥自己的聪明才智进行创造性劳动；人类能够充分关注自然界存在的价值，在和自然界的物质交换中，一方面遵循生态学原理和规律，克服资源浪费和污染排放，另一方面能够使自然界尽快修复，使其得以共同发展。"人类中彼此充满了互相帮助、互相亲爱，没有尔虞我诈、互相损害、互相残杀和战争等不合理的事情。那种社会，当然是人类历史上最好的、最美的、最进步的社会"①，并且能够像毛泽东所说的永葆美妙青春、蓬勃于世界。这便是生态和谐、心态和谐与人态和谐的综合反映，是和谐协调、全面发展、全面繁荣与全面进步良性互动的综合反映。社会主义作为共产主义社会的初级阶段，不可能有共产主义社会那么高的和谐度和繁荣度，但它必须具备社会主义和谐与繁荣社会的基本特征，即胡锦涛主席指出的"民主法治、公平正义、诚信友爱、安定有序、充满活力、人与自然和谐相处"②，并为不断提高其和谐度与繁荣度而努力。

特别需要强调的是：生态文明作为21世纪新的社会文明形态，包括了物质文明、精神文明、政治文明和类的生态文明，它们必须协同发展。根据系统的整体性原理和方法论，如果四个子系统能够有机结合，协调发展，综合发挥作用，其对于构建和谐社会、实现科学发展，建设生态文明的作用与功能就一定会大大增强。那么如何做到这一点呢？生态文明建设的理论研究与实践表明，生态文明建设涵盖了四个文明建设的绝大部分内容，能够很好地发挥这种联系、协调、整合的作用。生态文明建设中的物质文明建设，关键在于彻底变革旧的生产方式和旧的生活方式。旧的生产方式的重要表现就是在物质生产过程中无视甚至违背自然—人—社会复合体的客观规律，肆无忌惮地向自然掠夺，又肆无忌惮地向自然排放，形成高投入—低产出—高排放—低效益的单向、线性生产格局；在物质生产中见物不见人，只顾一己（或局部）之利，牺牲全局或后代人的利益等。旧的生活方式是在第二次世界大战后，"发端于美国并逐步蔓延到全球的拼命赚钱、疯狂购物、即用即弃、及时行乐的纵欲文明"③，它不但消费大量的资源，而且造成纵欲污染。旧的物质生产和旧的物质消费的文明形态的负面效应是全方位的十分严重的。生态文明建设特别强调发展生态生产力，并把它作为首要问题，努力探索发展生态生产力的各种有效模式和途径，如

---

① 刘少奇. 论共产党员修养[M]. 北京：人民出版社，1962：28.
② 胡锦涛在省部级主要领导干部提高构建社会主义和谐社会能力研讨班的讲话[N]. 人民日报，2005-02-03.
③ 孙家驹. 人、自然、社会关系的世纪性思考[J]. 北京大学学报，2005，42(1)：113~119.

发展循环经济、绿色经济、绿色科技、实施绿色和谐管理等，使物质生产切实遵循客观规律办事，实现低收入—高产出—低排放（甚至零排放）—高效益的循环闭合生产格局。生态文明建设也特别强调在全社会倡导绿色消费，减少物质数量的消费，增加消费废物的再利用；反对铺张浪费，减少消费污染；提倡健康消费，提高人的身心健康水平以及支持贫困地区脱贫等，以期在全社会建立新的健康的消费文明形态。这些新的物质生产和物质消费的文明形态，都是生态文明建设中的物质文明建设，它们必须在精神文明（如生态文明观、生态生产力的理念和创新精神等）的指导下，不断发展和完善生态文明建设的机制（这是政治文明的重要内容）才能得以实现。

生态文明建设中的精神文明建设包括在全社会确立新的文明观如生态哲学观、生态安全观、生态价值观、生态伦理观和绿色人文精神等；发展绿色教育和生态文化，建设生态道德规范体系、倡导绿色消费，提倡提高生活质量，拓展精神、文化、科学、艺术等的消费；建设良好人居环境（它不但是良好的生态环境，也是良好的人文社会环境），培养全面发展的人，促进人与自然、人与人、人与社会和谐相处等等。这些建设有许多方面是可以独立进行的，但是更多的是寓于物质文明、政治文明和类的生态文明建设之中，以它们为载体的。

在精神文明建设中，生态文明观能够吸收工业文明观的精华，如充分肯定和重视人的主观能动性以及一系列有利于精神文明建设的理论、思想、途径、措施和方法等；又能摒弃工业文明观中的糟粕，如违背客观规律，表现出人类的残酷性和人性恶以及旧的物质消费造成严重的精神污染等；还能与时俱进地充实新的能够更加科学完整地体现宇宙观的内容：如既承认人的主体性，更承认自然—人—社会复合体的主体性；既承认人是我们一切工作的出发点和归宿点，又不把它作为唯一的出发点和归宿点，自然—人—社会复合体也是出发点和归宿点；既肯定人的价值，也肯定自然界的价值；充分表现人类的协调性和人性善，使人与自然、人与人、人与社会的矛盾运动从工业文明时代的以斗争性为主导走向生态文明时代的以同一性为主导，等等。这一切也必须在物质文明、政治文明和类的生态文明建设的实践中才能得以深化与升华。

生态文明建设中的政治文明建设，更必须围绕物质文明、精神文明和类的生态文明建设进行，为它们提供坚强的保障，如生态文明建设需要建立一系列与其相适应的法律与制度；生态文明建设需有广大人民群众的参与；生态文明建设需要充分发挥政府的职能，一方面多提供生态文明的公共产品，另一方面督促、引导企业沿着生态生产力及其生态文明经济的轨迹发展，切实走资源节约型环境友好型的发展道路，并从法律上严厉杜绝企业危害环境、危害公众健康的恶劣行为。同时生态文明建设本身就是重要的政治文明建设，如不少生态与环境问题已经引发了区域间的矛盾和民族间的矛盾，埋下了安全稳定的隐患，生态系统的破坏与环境的恶化甚至会引起整个地方和民族的覆灭，国际上不少生态与环境问题也演绎成战争，严重影响了和平与发展，全球生态与环境的恶化将给全人类带来灾难，发达国家实施的"污染输出"，对发展中国家特别是贫困国家雪上加霜，这些都是政治问题。所以国际社会开始把生态与环境问题当作重要的政治问题来看待，生态、环境问题成为为数不多的"国际语言"，成为21世纪外交的重要内容。据报道，肯尼亚环境保护部的女部长玛塔伊带领妇女在非洲栽下3000万棵树，领导了"绿色运动"，因此获2004年诺贝尔和平奖，就充分说明了这一点。旺加里·玛塔伊说了一句极深刻的话："当我植树时，我就种下了和平的种子"。国内许多城市也开展了创建最佳人居城市、环保模范城市、园林城市、卫生城市、森林城市、生态城市等等各种各样的活动，并都把生态形象转换为政治形象、经济形象和精神形象，也从一个侧面说明了这个问题。

从上面的分析可以看出，开展生态文明建设可以把物质文明建设、精神文明建设和政治文明建设融为一体，使之相互依存、相互促进，形成有机整体，协同发展，发挥综合作用。当然协同发展不等于同步发展，在当前的生态文明建设中最重要的是生产方式和生活方式的转变（属于物质文明建设），在这种转变中实现精神文明、政治文明和类的生态文明的协调发展。

### 9.1.3 生态文明建设的经济基础方面

生态文明建设的经济基础是生态文明经济的发展，它一方面必须遵循地球生态母系统的运行规律，另一方面必须遵循生态文明经济发展的内部规律，即生态文明经济各种形态协同发展的规律。

发展生态文明经济是生态文明建设的十分重要的内容。生态文明观认为，经济系统属于生态母系统的一个子系统，协同发展同样是生态文明经济发展的基本规律。生态文明经济是新的经济系统，它不是各种生态文明经济形态的简单相加，而是生态文明各种经济形态的有机联系协同发展，只有这样才能优化经济结构，实现产业升级，提升核心竞争力；才能创造新的价值、新的效益；才能使生态效益、经济效益、社会效益相统一和最优化。从这个角度上讲，协同发展本身就是一种创新。这是生态文明建设的关键问题，是落实科学发展观，转变经济发展方式的重要问题。生态文明各种经济形态既有它们的共性也有它们的特性，既有密切联系又有重要区别。其中，创新经济是核心与基础，贯穿生态文明经济发展的始终；体验经济作为未来经济发展的必然趋势，是一种既能实现资源节约、环境友好，又能满足人们的多样性需求，促进公众健康和全面发展，还能拉动内需、实现产品的高附加值的生态文明的重要的经济形态；生态经济主要是从宏观上解决生态与经济协调发展的问题，是一种宏观的生态文明经济形态；绿色经济是解决人类健康与安全、打破绿色贸易壁垒的重要微观经济形态，其重点是"绿色"直接体现于产品之中，特别在经济发展和诚信市场发育比较好的国家和地区，绿色产品具有很强的竞争优势。它不但突破制约问题，而且突破转化问题（即把生态环境的优势转化为经济发展的优势），绿色经济也是体验经济发展的重要基础；循环经济是一种典型的生态文明方法论经济，它贯穿在生态经济、绿色经济、低碳经济、体验经济和生态文明消费型经济之中，也是改造和提升传统经济的重要方法和途径，是把高投入、高消耗、高污染、低产出、低效益转变为低投入、低消耗、低污染（零污染）、高产出、高效益的重要方法；低碳经济是解决能源安全、拓展新的经济发展领域和应对气候变化的重要经济形态，其中能源安全主要是发展可再生能源和清洁能源，提高能源的利用率（节能），拓展新的经济发展领域主要是可再生能源及其产业群、节能及其产业群，要着重发展它们的技术及设备，形成产业优势，抢占国内外市场先机，应对气候变化主要是减少以二氧化碳为主的"温室气体"的排放，增加对二氧化碳的吸纳和利用，它包括减排、增加碳汇以及利用二氧化碳来生产各种相关产品；生态文明消费型经济主要是确立生态文明的消费观，它也是一种安全、健康、幸福和全面发展的消费观。通过生态文明消费引导生态文明经济市场，通过生态文明经济市场引导企业生态文明的生产，又通过生产引导消费，形成良性循环，它是实现资源能源节约、生态环境友好和人类健康幸福的必经之路，也是实现企业生态效益、经济效益和社会效益相统一的有效途径。建立生态文明消费的关键是建立诚信市场，消费者才能放心消费、乐于消费，企业才能从生产生态文明产品中获的经济效益，实现"三个效益"的相统一，才能可持续发展；传统经济的改造与提升主要是不断发展其水平维与力量维，把传统经济发展中对自然一人一社会复合生态系统出现的负效益负价值转变提升为正效益正价值，把传统经济中的低端产品低端产业转变为高端产品高端产业。

上述各种经济形态不可混为一谈，更不可以一种经济形态取代其他的经济形态。生态文明的各种经济形态作为相对独立的因子，已逐渐被人们认识与实践，但人们又往往不把各种经济形态当作有机联系的整体，而是把它们相割裂，甚至以某种经济形态取代其他的经济形态，实践效果不尽如人意。比如，20世纪80年代，生态经济传入我国，当时学术界展开了热烈的探索，但是由于很少把生态效益、经济效益和社会效益作为一个整体来研究，不少地方和实际部门的干部群众误认为发展生态经济只要生态效益就会影响经济效益，所以生态经济热了一阵就冷却了；后来有了绿色经济，有些人把它与生态经济割裂开来，以绿色经济来取代生态经济，忽视了他们之间的有机联系和协同发展；20世纪90年代后期到21世纪初的几年，我国开始推进循环经济，在轰轰烈烈的试点中，循环经济确实热了一阵，但因为一些地方把它孤立于绿色经济和生态经济之外，有些地方只把它作为花瓶，雷声大雨点小，加上技术的复杂性等，其发展十分缓慢；最近我国强调发展低碳经济，说到底它是新能源（可再生能源和清洁能源）经济。需要强调的是，又有人把低碳经济的内涵界定的太广泛，几乎涵盖了生态经济、绿色经济和循环经济的全部内容和体验经济的许多内容，似乎要以低碳经济取代生态经济、绿色经济、循环经济和体验经济；还有一些地方又只讲"低碳"不讲"经济"，成了"低碳"不"经济"等，这些都会给低碳经济的发展造成路障。低碳经济应当是"低碳"且"经济"的，其中要特别注重发展与其相关的技术、设备和战略性新兴产业集群，提高核心竞争力，增加国内外市场的份额。但低碳经济也不是万能的，许多生态安全、资源节约、环境友好、可持续发展、公众健康、幸福指数和全面发展等问题，还应当由创新经济、生态经济、绿色经济、循环经济、体验经济和低碳经济的协同发展来解决。再比如，我国的生态省（县市）建设、生态文明示范市建设、环保模范城市建设、可持续发展示范市建设、生态经济示范市建设、循环经济示范市建设、低碳城市建设、花园城市建设、森林城市建设、最宜人居城市建设等等，可谓名目繁多，且政出多门，其中许多建设项目和评价指标都非常雷同，真可谓上面千条线只穿基层一根针，不但造成了大量的人力物力财力的浪费，而且造成相互之间的矛盾，降低了效率，这实际上也违背了协同发展的规律。

## 9.2 主要原则

### 9.2.1 包容性原则

生态文明观认为，和谐协调的核心是融会贯通。融会就是包容、消化与吸收，贯通包含着联系与互补。它们包含着差异和冲突，而差异和冲突又蕴含着多样性。所以，生态文明观揭示了又一个重要子规律：多样性导致和谐协调。它是指在自然生态系统、人自身生态系统和社会生态系统中，系统因子越是多样，系统结构就越是稳定，功能也越大，系统抗干扰、自调控、自组织、自发展能力就越强，系统生命力就越旺盛，越能达到和谐协调。这个规律表现在自然生态系统即是生物多样性导致生态系统的稳定，这是已被生态学界公认的客观规律；表现在社会生态系统，就是和而不同、和实生物。同而不继，人类社会必然也是多样性的，包括多民族的、多人种的、多文化的、多种信仰的以及多种社会制度、多种意识形态的，等等。我们在经济体制改革中强调多种所有制并存；在政治体制改革中强调决策的民主化、科学化；在教育、科研、文化领域强调兼容并包；在人民群众中允许不同层次的价值观、伦理观的存在；在分析国际形势中，把世界多极化作为实现世界新秩序，维护和平与发展的重要前提等，都是这个规律的具体运用。多样性的差异可以导致竞争，竞争可以提高系统因子的活力从而增强系统功能（特别是双赢的良性竞争更是如此）；多样性的协调又可以优化系统结构因而也增强系统功能。两者结合就产生了更高层次的和谐。从这种意义上讲，不但合作导致和谐协调，竞争也导致和谐协调，竞争不一定是你死我活，生态文明观指导下的竞争是可以双赢的。所以，和谐不排斥差异，而是包容差异，协调不排斥冲突，而是化解冲突。在生态文明建设的进程中，让多样性、差异性在社会中协同演进，才能成功。这就要求包容性，包括物质建设、精神建设和政治建设上的包容性。只有在承认差异、化解冲突、坚持宽容、实现包容，切实达到融会贯通（如中西方管理理念和方法的融会贯通、市场经济和计划经济的融会贯通；多种所有制的融会贯通等），才能建成生态文明社会。

### 9.2.2 公平公正原则

生态文明的本质特征是和谐协调，而通向和谐的关键环节是公平正义。所以生态文明建设十分强调公平公正，把它作为一项重要的基本原则加以践行。公平公正包括地球生态系统的、国家的、区域的、个人的、代内的和代际的。有以下几个方面的内容：一是人与自然的平等、伙伴关系，彻底摒弃"自然中心主义"和"人类中心主义"。如上所述，自然界中的一切生命都有其存在的内在价值，它们不仅对人类有价值，而且对其自身及其他生命也是有价值的，它们有自身生存和发展的权利。人类只是自然界中的一个成员，人类独到的优势在于有主观能动性，正因为此，人类的存在不但要对社会、对他人有用，而且要对自然界的一切生命以及生命赖以存在的环境负责，承担义务和责任，人类应当更加善待自然。二是代内的公平正义。它要求切实做到一个地区的发展，要对相邻地区以及全国的生态环境负责，不得影响相邻地区的人民生活和生产。要求通过大力发展生态生产力，合理有效地整合与配置社会资源，实施生态扶贫和生态富民，以利于解决"三农"问题，增加就业，缩小城乡差别、贫富差别、区域差别。要求一个国家的发展要对邻国的甚至全球的生态环境负责，要通过相关的国际法律和条约，使各国政府和人民都对地球村的生态和环境尽义务、负责任。要通过国际法律、媒体、市场等手段，促使发达国家尽量减少纵欲污染和排放污染，帮助发展中国家解脱贫困，避免重蹈先发展后治理的老路，走上良性发展的道路，实现全球范围内的生态系统与环境的逐步缓和与改善。三是代际的公正平等，要求切实做到当代人的发展要对后代人的生存与发展负责任，因为后代人对于当代的发展没有发言权，所以当代人更应当有公正平等的义务感和责任心，为后代人的发展留下更多的空间和更好的条件。

坚持公平公正要求遵守信约，突显爱心，把它作为生态道德的主要规范，贯穿在生态文明建设的始终。它要求在国际关系上讲信用，承诺了就要执行；在代际关系上讲诚信和爱心；在人与人的关系上，要关爱人、尊重人，努力维护人的各种权利；在对待自然界方面讲博爱，对自然界其他物种以及物种赖以生存的生态环境予以爱护和保护。生态文明观认为，如果人们能够对自然界讲爱心，那么就更加容易对人类讲爱心，如果人们能够对后代人讲诚信友爱，那么就更加容易对当代人讲诚信友爱；在倡导绿色消费方面更要求把关爱健康寓于诚信之中，如实施 ISO9000 与 ISO14000 的绿色质量管理和绿色产品环境认证、消除餐桌污染、构建绿色营销通道、发展绿色经济、参与国际竞争等等，都需要在更高层次上追求诚信。绿色(市场)经济就是诚信(市场)经济，由此可见一斑。

坚持公平公正，需要强有力的民主机制和法治体系予以保障。比如，广大人民群众要求保有对环境的知情权、享受权、对经济和社会可持续发展的民主参与权；要求以法律手段保障代内公平、代际公平以及人与自然的公平；以法律手段保护国家和人民的生态安全；以法律手段打击假冒伪劣，保证绿色经济市场的培育与发展等等。这些都是直接的民主法治建设。因为在这些方面与公众利益密切相关，直接关系到公众的生存和身心健康，所以更能吸引公众的关心和参与，能够在更大范围内培养公众的民主法制意识。国外正在广泛实施的环境影响评价制度也已在国内实施，它对于扩大公众的参与权、监督权、环境受到侵害时的索赔权以及民主论证权等等，都是直接有益的，它不但对公众是十分有效的民主法治观念的普及和提高，而且还能够极大地增强政府、企业的民主法制观念。

### 9.2.3 "三大效应"相统一原则

生态效应、经济效应和社会效应相统一既是生态文明建设的重要目标，又是生态文明建设的重要原则。作为目标，要求通过生态文明建设，实现"三大效应"相统一和最优化，从而实现自然—人—社会复合生态系统的持续、协调全面发展，它是一种结果状态；作为原则，要求在生态文明建设中的每一个企业、每一个区域、每一个决策、每一个生产过程都遵循协同发展的基本规律，破除以牺牲生态环境来获取经济效益和以停止经济增长来保护生态环境的两个"二律背反"，通过转变生产和生活方式，发展生态生产力及其生态文明经济，从内在力量推动"三大效应"的相统一，它是一种过程状态。举个例子，国务院公布的主体功能区规划，分为优化开发区、重点开发区、限制开发区和禁止开发区，这是生态文明建设的纲领性规划，但是有人却产生了误解，认为优化开发区的主要目标是开发，忽视了生态建设与环境保护；同时又有一部分人认为禁止开发区就是绝对的生态保护，严禁开发，对于《规划》中提出的"面上保护，点上开发"的原则却视而不见，哪怕是通过发展生态生产力及其生态文明经济，不破坏生态不污染环境的开发，也被一律禁止；还有一些地方，为了下游有良好生态资源和环境(如清洁的水)，把上游本是富裕安康的区域变成了贫困不堪的区域，只靠杯水车薪的生态补偿，已使那里的农民无法生存，严重违背了"三大效应"相统一的原则，这样的生态环境保护是绝不能长久的。

"三大效应"相统一的原则是实现包容性和公平、公正的基础和保障。生态文明社会是"三大效应"相统一与最优化的社会，缺一不可。其中经济效应是基础，自然—人—社会复合生态系统中许多矛盾的解决都离不开经济基础，其发展与繁荣更离不开经济，社会的公平正义，社会安定有序，社会许多矛盾的解决都需要有一定的经济为基础，这是不言而喻的硬道理。更为重要的是，生态生产力及其生态文明经济的发展是推动社会全面进步的主要力量，有利于实现城乡间、区域间、行业间的互动和协调发展。比如，作为生态生产力发展的重要模式的循环经济，不但可以克服工业文明的许多弊端，从"三高一低"转向"三低一高"，而且可以实现城乡经济的互动和良性循环；作为生态生产力发展的又一重要模式的绿色经济和绿色科技，可以实现农业和非农产业的互动与良性循环，实现知识与科技的自主创新等。发展生态生产力是提高人民生活质量之本，从而也可以极大地提高经济发展的拉动力等。这些都是构建和谐社会的重要内容。笔者在生态文明建设的实践调查和案例分析中发现，凡是生态生产力发展比较快的地方，也是生态文明建设比较好的地方，这些地方也都呈现出和谐协调、持续发展和全面繁荣的社会景象。所以就代内关系来说，一个国家、一个区域如果没有强大的经济作为基础，绝大多数人处于贫困状态，就谈不上包容性，更谈不上公平公正；如果经济效应很好而生态环境很差，人民群众都无法生存，身体健康都无法保障，包容性和公平公正也无从谈起；如果生态效应与经济效应都很好，但是社会机制不好，如一次分配和二次分配机制都无法缩小贫富差距，社会就难以和谐，自然—人—社会复合生态系统更难以共生共荣、持续发展。就代际关系来看，更应该把国家富裕强大、生态环境良好、社会和谐进步留给后代，而不是相反，这是代际的包容性和公平公正。

规律与原则的应用必须因地制宜，因时制宜，因事制宜，方有成效。

福建省长汀县是遵循上述规律和原则进行生态文明建设的典范。1999年底笔者组织福建林科院的科技人员参加了福建省政府组织的新一轮长汀水土流失的治理；2009年笔者组织福建省生态文明研究会与福建师范大学生态文明研究所对长汀以治理水土流失为基础的生态文明建设的经验进行了调研，随后笔者应龙岩市和长汀县的邀请赴龙岩、长汀等地作了几场相关的学术讲座；2010年笔者又在专著《生态文明经济研究》中专门安排一章，以实证研究与规范研究相结合的方法，对长汀的经验进行理论总结，2012年初，福建师范大学地理科学学院应用我们这个团队研究的生态文明理论，编制了《长汀县生态文明示范工程试点实施规划》，获得国家发改委、财政部、国家林业局的高度认可。

长汀治理水土流失能够取得显著成效，关键在于其生产方式和生活方式的转变，具体表现在生产和生活中遵循生态文明建设的基本规律和原则；特别是生态系统协同演进的规律，它是生态建设必须遵循的重要法则，是生态化技术体系的重要理论依据，长汀县总结的"反弹琵琶"等技术，就是按照这一规律办事；同时遵循了生态效应、经济效应、社会效应相统一与最优化的原则。这两条基本规律和原则相辅相成，缺一不可，共同在生产和生活方式中起作用。如果不按生态系统自身的规律办事，生态恢复与建设、环境治理与保护是难以奏效的，甚至会适得其反；但是如果只重视生态效应，忽视经济效应和社会效应，生态恢复与建设、环境治理与保护也是不可持续的，最终也要失去生态效应。福建长汀县这个典型的南方水土严重流失区，从1940年至1990年长达五十年时间的治理，也未能遏制，究其根本原因，就是未能转变生产和生活方式，未能遵循基本规律和原则办事。

长汀县水土流失的治理可以分为四个阶段。从1940年开始到中华人民共和国成立，为第一阶段。国民党政府根本无心去治理，只靠科技人员的责任感和热情，最后由于科技人员的生活也无法维持而撤离,加上战争的摧残,长汀"四周山岭,尽是一片红色,闪耀着可怕的血光。树木很少看到! 偶然也杂生着几株马尾松或木荷,正像红滑的癞秃头上长着几根黑发,萎绝而凌乱……有些地方,竟至半山崩缺,只剩得十余丈的危崖"。

中华人民共和国成立到 20 世纪 70 年代末为第二阶段。政府重视,科技单位和人员分工协作,但是由于"大跃进""文化大革命"等的严重破坏,这一阶段的治理仍然没有成效,长汀到处裸露着瘠薄的红土壤,群众无奈地喻为"火焰山""和尚山""山光、水浊、田瘦、人穷""长汀哪里苦,河田加策武"。

改革开放到 20 世纪 90 年代为第三阶段。1983 年 4 月,时任福建省委书记项南等领导带领专家到长汀县视察水土保持工作,总结出《水土保持三字经》,同年 5 月,省委、省政府把长汀县列为全省治理水土流失试点,河田被列为全省水土保持试点的重点,由省水保委、农业厅、林业厅、水电厅、林科所、福建林学院、龙岩地区行署、长汀县人民政府八大家分工承包到村支援治理,流失区试点的生态恢复与重建取得一定的成果。但是由于只有政府和科技人员的积极性,只考虑了生态效应而忽视了当地群众的经济效应和社会效应,群众的许多生产和生活上的困难仍然未得到解决,缺少经济与社会的动力,因而未能治好,一些地方治好了,也很难保持,最终连同生态效应也一同丢失。加上在技术上采用"单种独进"和"开小灶"方式(客土、施肥、浇水),难以推广和维系,引进的外来树种大量死亡,仍然是远看有点绿,近看水土流,长汀县生态恢复与重建的局势并未从根本上扭转。

从 20 世纪 90 年代至今是第四阶段。特别是 1999 年 11 月,时任省长习近平同志视察长汀水土保持工作,要求同时充分发挥政府、科技人员、企业和群众的积极性;2001 年 10 月 13 日,习近平再次视察长汀水土保持工作,提出"再干八年,解决长汀水土流失问题"的目标,为长汀治理水土流失指明了转变生产和生活方式、按照规律原则办事的新方向,带来了"三大效应"相统一的新动力。在他的积极推动下,2000 年起福建省委省政府把"开展以长汀为重点的水土流失综合治理"列为为民办实事项目,并决定每年拨款 1000 万元以解决综合治理的实际问题;长汀县在水土流失治理即生态重建与保护中积极引进企业和群众的力量,努力发展生态文明经济,增加农民收入和社会就业;在农村推广使用新能源并予以经费补贴等一系列措施,注意解决群众的实际困难;科研人员总结并应用了"反弹琵琶"等新技术都成为这一阶段的重要亮点。在这一阶段中:第一,治理水土流失与发展生态文明经济紧密结合相互促进,生态农业、循环经济下的畜牧业以及由此推动的加工业与各种涉农服务业均得到迅速发展。涌现出一批如远山生态农业科技园、河田世纪生态园、河田小流域治理示范区和三洲杨梅种植基地、南坑银杏基地、策武"猪沼果"万亩果场、经济林果产业、远近闻名的农家乐旅游业等生态文明经济产业;涌现出像赖木生、黄金养、马雪梅、俞步庆、李木红、沈炎哩、卢盯火等一大批获得经济与治理双赢的大户,生态建设既生产了生态产品,又生产了经济产品,从根本上调动了企业和群众作为主体参加治理水土流失的主动性、积极性和创造性。第二,缓解了农村剩余劳动力的压力,创造了社会效应,仅近几年来生态恢复与重建项目实施共投入 270.34 万个工日,创劳动力价值 4065 万元。第三,农民人均收入得到长足的提高,从 2000 年开始至 2009 年来累计投入 1.8 亿元资金进行水土治理,通过投工投劳,发展生态农业等,有 9 个乡镇 118 个村 21

万人直接受益，农民人均收入从 2000 年的 2486 元增长到 2008 年的 4910 元。第四，培养了当地居民的环保意识，改变生活方式。当地居民通过参与生态恢复重建活动，不仅解决畜牧业点源污染、净化了农村生活环境（沼气池的应用），尝到了环境产业的甜头（收入增加），同时还自觉地树立起环境保护意识，改变了传统的砍柴割草的生活方式，并积极投放到环保产业中，产生了积极的社会效应，为生态恢复与重建的继续推进奠定了坚实的基础。长汀经验证明：只有以生态文明理论为指导，同时遵循上述基本规律和原则办事，生态恢复与建设、环境治理与保护才会有成效并持续发展。哪怕是传统的生态环境条件恶劣的地区，只要通过理念、技术、管理、市场和机制的创新，就能够把生态劣势转变为生态优势，再将生态优势转化为经济社会发展优势，取得生态、经济与社会效应的三赢。由于第四阶段在转变生产与生活方式、按照基本规律和原则办事方面取得突破，使在短短的十几年中，取的显著成效，展示出青山绿水的态势，成为国际治理水土流失的典范，按照习近平同志"进则全胜"的批示精神继续努力，不但能为长汀创造绿水青山，而且会为长汀创造金山银山，一个更加优美、更加和谐、更加幸福的长汀将喷薄而出。

福建省德化县在协同发展生态文明经济方面也有其特色，如图 9.1。

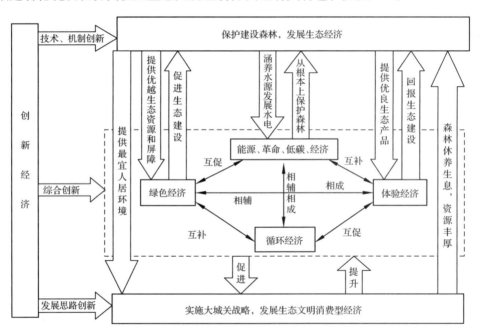

图 9.1 福建德化县协同发展生态文明经济示意

## 9.3 生态文明建设的体制机制与制度

习近平指出：我们党把建设美丽中国推进生态文明作为关系人民福祉，关乎民族永续发展的长远大计，作为人类文明发展规律和现代化建设规律认识的深化，这些成为创新建设美丽中国推进生态文明的体制机制与制度的政治基础。我国生态环境保护中存在的突出问题大多同体制不健全、制度不严格、法治不严密、执行不到位、惩处不得力有关。保护生态环境必须依靠制度、依靠法治，要用最严格制度最严密法治保护生态环境。要加快制度创新，增加制度供给，完善制度配套，强化制度执行，让制度成为刚性的约束和不可触碰的高压线。所以深化生态文明体制改革的当务之急是尽快把生态文明制度的"四梁八柱"建立起来，把生态文明建设纳入制度化、法治化轨道。必须牢固树立制度的刚性和权威，不得作选择、搞变通、打折扣。要落实领导干部生态文明建设责任制，严格考核问责。对那些不顾生态环境盲目决策、造成严重后果的人，必须追究其责任，而且应该终身追责。对破坏生态环境的行为不能手软，不能下不为例。要下大力气抓住破坏生态环境的反面典型，释放出严加惩处的强烈信号。对任何地方、任何时候、任何人，凡是需要追责的，必须一追到底，决不能让制度规定成为"没有牙齿的老虎"。

总之，按照国家治理体系和治理能力现代化的要求，着力破解制约生态文明建设的体制机制障碍，是推进生态文明建设的重中之重。

### 9.3.1 体制改革

建立把推进生态文明放在突出位置，深刻融入全面贯穿经济建设体制、政治建设体制、文化建设体制、社会建设体制的各个方面和全过程，以解决"两张皮""相割裂"问题，形成人与自然和谐发展现代化建设新格局的体制：在国土空间布局上，把推进生态文明的体制放在突出位置，"把人与自然和谐共生的价值观念纳入到宏观决策的全过程"①，形成科学布局生产生活生态空间，健全国土空间开发、资源节约利用、生态环境保护的新体制；在新型四化建设中，把建设生态文明放在突出位置，深刻融入全面贯穿到新型工业化、信息化、城镇化和农业现代化建设中，实施创新驱动，转变生产生活方式，遵循生态法则、经济社会生态效应相统一的原则，努力发展先进的生态生产力，优化产业结构和经济结构，推进产业转型升级，推动绿色低碳循环发展，形成资源节约型、环境友好性、公众健康型社会的新体制；在时间发展维度上，坚持不懈建设生态文明，以对人民群众、对子孙后代高度负责的态度和责任，加大力度，攻坚克难，全面推进，维护生态安全、增强生产生态产品的能力、发展完善为人民创造良好生产生活环境的生态文明制度，形成天长蓝、地长绿、水长清、经济长发展、人民长幸福、子孙后代长受益的美丽中国新体制。

#### 9.3.1.1 深刻融入全面贯穿经济体制改革的全过程

习近平指出，"要正确处理好经济发展同生态环境保护的关系，牢固树立保护生态环境就是保护生产力、改善生态环境就是发展生产力的理念，更加自觉地推动绿色发展、循环发展、低碳发展，决不以牺牲环境为代价去换取一时的经济增长，决不走先污染后治理的路子"②。这一重要思想体现在经济体制改革中：要建立"加快转变经济发展方式，加快建设创新型国家，推动经济更有效率、更加公平、更可持续发展"③的体制，这是生态文明建设的核心内容。

首先要求充分发挥市场在资源配置中的决定性作用，发展创新经济(知识经济)、体验经济、生态经济、绿色经济、循环经济、低碳经济以及生态文明消费型经济。创建绿色诚

---

① 周宏春. 解决突出环境问题促进生态良性循环——2013年政府工作报告解读[J]. 环境保护，2013(6).
② 习近平. 坚持节约资源和保护环境基本国策，努力走向社会主义生态文明新时代[N]. 福建日报，2013-05-24(1).
③ 中共中央关于全面深化改革若干重大问题的决定[N]. 科技日报，2013-11-16(2).

信市场，扩大内需，让生态文明经济系统生产的产品能够切实促进公众的安全、健康和幸福，并在市场上确实体现其价值与价格，使企业生产生态文明经济产品能够获得生态效益又能获得经济效益和社会效益，提高企业创新驱动转变经济发展方式的积极性、自动性和创造性。其次要求"健全归属清晰、权责明确、保护严格、流转顺畅的现代产权制度"。第三，要求"国有资本投资运营要服务于国家战略目标，更多投向关系国家安全、国民经济命脉的重要行业和关键领域，重点提供公共服务、发展重要前瞻性战略性产业、保护生态环境、支持科技进步、保障国家安全"[①]，确保四项国家安全战略的有效实施，这是生态文明建设的重要目标和内容。第四，要求"提高国有资本收益上缴公共财政比例，2020年提高到百分之三十，更多用于保障和改善民生"[①]。众所周知，当前生态环境问题已经成为民生关注的焦点，是保障和改善民生的当务之急，必须有更多的公共财政投向生态文明建设之中。

#### 9.3.1.2 融入贯穿到政治体制改革的全过程

生态环境危机不仅影响社会和经济的持续发展，还会影响人类的生命财产安全和生活质量，更会影响中华民族的永续发展。破解环境危机已不仅仅是治理污染、维护生态平衡的纯粹的自然科学问题和技术问题，而是影响经济、制约社会、涉及政治的一个引起各方面高度重视的不得不解决的重大而紧迫的综合化系统性问题[②]。在这样的环境政治下，要解决环境危机，不仅需要政府的支持，还需要将环境信息公开化，通过民主政治制度，使得民众拥有知情权、参与权、表达权和监督权，让民众广泛参与其中，提高环境保护意识，发挥民主力量，起到监督作用。如政治体制改革的一个重要要求，就是提高人民群众的知情权、发言权和参于权，在相当长的一段时间内，生态环境将成为人民群众最关心的问题之一，所以它会成为人民群众实践社会主义民主的有效途径，对于营造民主和谐、生动活泼的政治生态具有重要作用；同时在"深化行政执法体制改革"中，要求"加强食品药品、安全生产、环境保护、劳动保障、海域海岛等重点领域基层执法力量""独立进行环境监管和行政执法"[①]，都是把生态文明深刻融入、全面贯穿于政治体制改革全过程的具体表现。

#### 9.3.1.3 融入贯穿文化体制改革的全过程

生态文化是针对我国工业化、城镇化进程中日趋严重和恶化的生态环境而提出的，是时代必然的选择。生态文化伴随着工业化进程产生的生态危机所激发的全球环保运动发展起来的一种文化形态，具有全球性的特征，是"地球村人"的文化基础。生态文化是以自然生态为主，呈现了生态主题，遵循生态规律并以实现人与自然和谐为目标提出的，把生态文化融入贯穿文化体制改革的全过程，不仅仅是生态文明的要求，而且还能够促进国民素质的提高，增强国家文化软实力，促进民族复兴。

#### 9.3.1.4 融入贯穿到社会体制改革的全过程

随着社会经济的发展，人们对于生活的要求不断提高，人们的需求早已不是求温饱，而是上升到求质量的阶段。建设美丽中国推进生态文明是关系人民福祉的长远大计，凸显

---

① 中共中央关于全面深化改革若干重大问题的决定[N]. 科技日报，2013-11-16(2).
② 刘海霞，饶旭鹏. 生态文明视域中的环境危机[J]. 理论观察，2013(1).

出生态文明与民生的密切联系，能够维护人民的基本生存条件，提高百姓的生活质量，提高人们的幸福感。只有改善民生，提升人民幸福感，才能够促进国家安邦，促进国家永久兴盛不衰。同时生态文明建设的深化会有力促进社会体制的改革与实践。要把生态文明建设深刻融入，全面贯穿到社会建设的全过程，才能使两者相辅相成，相得益彰。

### 9.3.2 制度改革

要紧紧围绕建设美丽中国加快建立生态文明制度，实行最严格的源头保护制度、损害赔偿制度、责任追究制度，完善环境治理和生态修复制度，用制度保护生态环境，从根本上解决生态环境不经济的外部性问题以及由此产生的"公地悲剧"。这些制度主要有：

#### 9.3.2.1 自然资源资产产权制度和资源有偿使用制度

"建立自然资产产权制度，对水流、森林、山岭、草原、荒地、滩涂等自然生态空间进行统一确权登记，形成归属清晰、权责明确、监管有效的自然资产产权制度。"①自然资产产权制度是生态文明制度的重要内容。自然资源是"自然环境中与人类社会发展有关的，能被利用来产生使用价值并影响劳动生产率的自然诸要素，包括有形的土地、水体、动植物、矿产和无形的光、热等。"②即自然资源是对人有用的天然的资源。而具有明确的所有者和与经营者的自然资源为自然资源资产③。自然资源资产作为一种稀缺资源，必须从无价值论到有价值论的升华。

产权一般包含所有权，还包括支配权、经营权、收益权以及处置权等一切权利④，是根据一定目的对财产加以利用或处置以从中获取经济利益的权利，而产权制度则是以产权为中心，用来约束、鼓励、规范人们产权行为的一系列制度⑤。因此，自然资源资产产权制度的确定，能够明晰产权归属，明确权责，让自然资源有主可依，提高资源的利用效率，有利于协调生态与经济的关系，保护生态环境，不仅对资源的配置和利用有深远的影响，还能够促进生态效益、经济效益和社会效益的共同发展，推进生态文明建设的进程。若是自然资源无主，那么就容易造成资源过度利用，比如：过度砍伐森林、过度捕捞渔业，还有过度开发土地资源发展建筑业，过度燃煤等造成日益严重的雾霾侵害行为，都是"公地悲剧"的典型例子，只有建立自然资源资产产权制度，明晰权责，才能够避免无形资产和有形资产的流失，才能让"公地悲剧"不再发生。与此同时，中共十八届三中全会《决定》又制定了"加快自然资源及其产品价格改革，全面反映市场供求、资源稀缺程度、生态环境损害成本和修复效益"⑥的资源有偿使用制度，包括提高排污费增收标准、扩大增收范围、加大处罚力度、发展环保市场、推行节能权碳排放权排污权水权交易制度"，强化节水准入。"将资源税扩展到占用各种自然生态空间，推动环境保护费改税"⑥等制度与之相配套，体现了资源配置的整体性与协调性。

---

① 中共中央关于全面深化改革若干重大问题的决定[N]. 科技日报，2013-11-16(2).
② 王玮. 中国环境报：自然资源资产产权制度十问. 环境保护部环规划院，2013-12-1. http：//www.caep.org.cn/ReadNews.asp? NewsID=3913，2013-12-20.
③ 崔万安，谭家君，尹兰. 自然资源的价值确定与实现[J]. 科技进步与对策，2002(7).
④ 王言炉. 产权界定、产权流动与产权维护[J]. 技术经济与管理研究，2008(5).
⑤ 李胜，许水平. 资源资产的产权制度与可持续发展[J]. 科技进步与对策，2003(11).
⑥ 中共中央关于全面深化改革若干重大问题的决定[N]. 科技日报，2013-11-16(2).

#### 9.3.2.2 生态红线制度

习近平总书记强调"生态红线的观念一定要牢固树立起来。我们的生态环境问题已经到了很严重的程度,非采取严厉的措施不可,不然不仅生态环境恶化的总态势很难从根本上得到扭转,而且我们设想的其他生态环境目标也难以实现。"①生态红线是在空间上不可替代、不可复制的,是绝不能更改的。与生态保护红线相配套系列制度,如主体功能区制度、建立资源环境承载能力监测预警机制、探索编制自然资源资产负债表、对领导干部实行自然资源资产离任审计、建立生态环境损害责任终身追究制、坚决保护限制开发区域和生态脆弱区的生态环境,对限制开发区和生态脆弱的国家扶贫开发工作重点县取消地区生产总值考核等。确保对生态红线不能越雷池一步。

#### 9.3.2.3 多元化市场化生态补偿制度

生态补偿制度必须有新的蕴意和举措:一是坚持市场对于资源优化配置的决定性作用,要求"加快自然资源及其产品价格改革,全面反映市场供求、资源稀缺程度、生态环境损害成本和修复效益"②,这就是充分应用市场这只"看不见"的手实施生态补偿,克服以前单一靠政府进行生态补偿的惯性思维;二是对于那些提供不具排他性和竞争性的生态产品(如新鲜空气、生态安全屏障)的重点生态功能区,也不单靠政府来补偿,还要"坚持谁受益,谁补偿的原则",推动地区间建立横向生态补偿制度等新途径;三是对于企业和区域,要坚持使用资源付费和谁污染环境谁破坏生态谁付费原则,逐步将资源税扩大到占用各种自然生态空间。四是充分利用自然力,稳定和扩大退耕还林、退牧还草范围,调整严重污染和地下水严重超采区耕地用途,有序实现耕地、河湖休养生息,这对于生态系统的自我修复具有重要意义;五是发展环保市场,利用市场机制,推行第三方治理的方略。但是不能把生态补偿视为重点生态区位群众脱贫致富万验的灵丹妙药,不能重点生态功能区、自然保护区、上游水源区等的群众生活与致富都靠在生态补偿上,应当充分实施创新驱动,努力把生态优势转化为经济社会发展的优势,又用经济社会发展的优势反哺生态优势,形成良性循环,实现在保护中发展,在发展中保护的新要求。

#### 9.3.2.4 耕地草原森林河流湖泊休养生息制度

让自然生态系统休养生息,以自我修复为主,十分符合生态学原理。至今为止,不但自然力的力量远比人力强,而且自然力比人类更会按照自然运行的科学规律修复,更会形成生态系统的多样性,促进生态系统的稳定性,对于提高生态系统的质量,增强生态系统的功能,提高生态系统的自组织、自调节、抗干扰能力,多生产生态产品等都具有重要作用。所以休养生息制度是真正多、好、省的有效制度。对于耕地生态系统、森林生态系统、海洋生态系统、草原生态系统、湿地生态系统(主要是河湖)等,都应当有计划有步骤地让其休养生息。

#### 9.3.2.5 环境污染第三方治理制度

环境污染的第三方治理的制度是促进企业从末端治理走向过程治理,转变生产方式的

---

① 习近平. 坚持节约资源和保护环境基本国策,努力走向社会主义生态文明新时代[N]. 福建日报,2013-05-24(1).

② 中共中央关于全面深化改革若干重大问题的决定[N]. 科技日报,2013-11-16(2).

重要内容,是建设美丽中国、推进生态文明的有效举措。以前由于走的是末端治理(即先污染后治理)的老路,并且往往是企业污染,公众受害,政府治理,不但难以根治,而且花费巨大,治理时间相当之长,形成恶性循环。发展环保市场、推行环境污染第三方治理制度后,必须按市场规律来进行,企业多向环境排污,就要多掏出包括第三方治理的利润在内的足够的治理费用,企业污染环境的"红利"就完全失去。该制度实现了环境从"无价"到"有价"的转折,这样,一方面可以促进企业少排污,另一方面又能促进企业走创新驱动、技术改造、转变生产方式、实现从末端治理走向过程治理的新路,一举两得。

#### 9.3.2.6 税收制度

税收制度是用金融的杠杆促进建设美丽中国,所以《决定》指出,"调整消费税征收范围、环节、税率,把高能耗、高污染产品纳入征收范围;加快资源税改革,将资源税扩展到占用各种自然生态空间,推动环境保护费改税。"①

#### 9.3.2.7 构建国土空间开发保护制度

完善主体功能区配套政策,严格遵循生态空间规划和用途管制,继续严格实行耕地用途管制,并把这一制度扩大到林地、草地、河流、湖泊、湿地等所有生态空间。

#### 9.3.2.8 其他相关制度

(1)绿色生产和消费的法律制度和政策导向。

(2)强化排污者责任,健全环保信用评价、信息强制性披露、严惩重罚等制度。

(3)林权制度改革、一岗双责;天然林保护;湿地保护;生物多样性保护;河长制;对于重要生态功能区的县市取消 GDP 的考核;开展绿色发展绩效评价考核;党政领导干部生态环境损害责任追究办法等制度。

上述部分制度已经上升到法律层面。

### 9.3.3 机制改革

建立各方协同建设生态文明的机制。如:独立执法与联合执法相结合的机制,解决在生态环境保护中有法不依、执法不力和互相推诿等情况;多方参与的机制,协同政府、公众、企业、民间组织、国际环保组织等各方面力量,共同推进生态文明建设。

#### 9.3.3.1 政府与市场相协调的机制

"通过交易实现资源配置的优化,是经济学研究的基础"②,在市场经济下,可通过市场这只"看不见的手"自动调节来优化资源配置,促进经济和社会的协调可持续发展。然而,市场在一定程度上无法充分发挥化解和调整过剩产能的作用,这只"看不见的手"有时候会失灵,这时候就需要发挥政府的力量,用"看得见的手"来协调"看不见的手",如,借助一定的环境评价等手段提高市场准入门槛,禁止会对环境造成污染的项目进驻,防止部分投资项目未经环境评估就仓促开展,优化区域产业结构。

#### 9.3.3.2 独立执法与联合执法相结合的机制

《决定》强调要独立进行环境监管和行政执法。提出要"加强食品安全、环境保护、海域海岛等基层执法力量,独立进行环境监管和行政执法"。同时,又要求"建立陆海统筹的

---

① 中共中央关于全面深化改革若干重大问题的决定[N]. 科技日报,2013-11-16(2).
② 沈满洪. 水权交易制度研究[M]. 杭州:浙江大学出版社,2006:1.

生态系统保护修复和污染防治区域联动机制","建立公共安全体系","整合执法主体,相对集中执法权,推行综合执法着力解决权责交叉、多头执法问题,建立权责统一、权威高效的行政执法体制,减少行政执法层级,加强食品药品、安全生产、环境保护、劳动保障、海域海岛等重点领域基层执法力量"[①]等。

### 9.3.3.3 多方参与的机制

调动政府、企业、社会环保组织、公众等各方面的积极性、自动性和创造性,形成多方参与的机制,共同建设生态文明,同时还积极争取国际环保组织的大力支持。全面实施主体功能区规划,推进市县"多规合一"和国家公园体制改革。特别要充分发挥企业在建设生态文明的主力军作用,企业是消耗资源的大户、对环境污染的贡献率最大,同时企业又是转变生产方式实现经济升级的主体,它还可以通过转变生产方式促进社会消费方式的转变,促进企业都能做到绿色、低碳、循环发展。

### 9.3.3.4 生态产品价值实现机制

生态产品价值实现是经济发展与生态环境保护相协调相促进的重要环节。不少生态产品是公共产品,具有非排他性,非竞争性,常常市场失灵,收益外溢等,怎么解决?在生态产品价值实现中如何发挥"看不见"和"看得见"的"两只手"的有机协同作用?稀缺生态产品价值怎么核算?生态产品价值实现的路径和长效机制是什么?都需要在实践中继续探索,如碳交易、水权交易等机制。

---

① 中共中央关于全面深化改革若干重大问题的决定[N]. 科技日报,2013-11-16(2).

# 中篇

# 生态文明发展的基础：生态文明经济体系

发展生态文明经济体系是生态文明建设的核心，因为从某种意义上说，生态文明建设的关键是经济领域发展方式和模式的创新性、绿色化转型，它是从源头上、整体上充分利用资源（甚至全利用）、切实减少排放（甚至零排放）、有效提高经济质量和效益的新经济体系，是谋求中华民族永续发展的新经济体系。

生态文明经济体系与工业文明经济体系有根本的区别：工业文明经济体系是解构性碎片化的，在经济上是正价值，在生态环境和人类健康（社会效益）方面是负价值，最后也会把经济价值抵消，并且带给人类的是生态灾难和亚健康，表现出极端人类中心主义的残暴性。生态文明经济体系是建构性系统化的，不但要在经济上获取正价值，而且在生态和社会方面也是正价值，并且是在经济发展过程内生的源头治理，而不是"先污染后治理"的末端治理，表现出生态整体主义的协调性。

生态文明经济体系与绿色经济、低碳经济、循环经济等单个形态既有密切联系，又有重要区别。一方面绿色低碳循环经济是生态文明经济体系的基本经济形态，但不是全部，生态文明经济体系还有着创新经济（知识经济）、体验经济、传统经济改造提升等形态；另一方面，它也不是绿色、低碳、循环经济三者的简单相加，而是三者的有机融合与互补，产生整体大于部分之和的系统效应。如低碳经济的实质是能源的变革，要求在生产生活中创新能源的形态与运用，节能减排、增加碳吸收和利用等，但是如果没有与绿色发展循环发展紧密联系，就有可能造成新的生态破坏与环境污染，它们不能相割裂而必须相辅相成；再如循环经济是人类学习自然智慧的结晶，运用自然系统物质循环运动和能量梯级利用的原理到生产生活领域，把提高资源利用率，减少排放，提高产出，作为一个整体协同运行，在实现闭路循环中从源头上节约资源、保护环境，增加产品，它不但是一种新的经济形态，更是作为一种方法论运用于创新经济、体验经济、绿色经济、低碳经济、传统经济的改造提升之中。所以生态文明经济体系是经济发展范式的转变，它以生态文明的生态整体主义为指导，遵循有机联系的生态法则，从经济发展的内生力量解决资源能源、生态环境和人类健康等问题，并能有效提升产业链和产业结构，提高经济发展的质量，实现经济社会生态"三大效益"统一和优化。它是提高人类经济与生态福祉的有质量有效益的经济体系；是促进社会公平的包容性普惠性的经济体系；是降低生态稀缺与环境风险的经济体系。生态文明经济体系具有四个方面的显著特征。一是从世界经济发展趋势看，它引领世界经济发展新潮流，具有先导性特征；二是经济体量十分巨大，具有支柱性特征；三是产业融合性非常强，具有整体性特征；四是得标准者得天下，具有主导性特征。这些都是"生态文明经济体系"的本质特征。

  生态文明经济体系的运行必须遵循生态优先法则。一是生态要素优先：在新经济体系运行中，生态要素成为生产内部的基础性要素，它对于先进生产力的持续发展，是第一性的。所以保护生态环境就是保护生产力，改善生态环境就是发展生产力。这就要求在新经济布局中要优先考虑生态健全、生态健康、生态承载力；在建设基础设施时要优先安排优化生态系统结构，增强生态系统功能的项目；在工程上马前要充分论证其对生态环境系统的影响，不要超过阈值等，使新经济体系的发展成为有源之水。党的十八大以后，这种意识已逐步被干部群众所认识，许多地方如西部大开发、城市建设、脱贫致富、长江流域发展等方面都提出生态优先战略。二是自然规律优先：自然规律是地球生态母系统运行的规律，是统领经济社会发展的规律。新经济体系的运行必须遵循自然规律，合规律合目的地运行，如生态平衡及其阈值规律，是一切经济社会活动不能逾越的底线，否则就会受到自然规律的惩罚。

# 第十章

# 生态文明经济体系基本概念

生态文明经济体系是生态文明学的主干学科。生态文明经济体系是生态生产力的微观表现，是生态文明社会的主要基础，发展生态文明经济体系是生态文明建设的重要内容。上一章分析生态文明建设基本规律时阐述了生态文明经济体系发展的基本规律，本章就生态文明经济体系一些基本概念进行分析。

## 10.1 生态文明经济体系的基本概念

### 10.1.1 内涵

生态文明经济体系内涵是指：在经济发展过程中，能够实现生态效应、经济效应和社会效应相统一和最优化，从内生力量解决资源能源、生态环境和人类健康等危机，推动自然—人—社会复合生态系统持续、协调、全面发展的新兴经济系统。发展生态文明经济体系是优化经济结构、实现产业升级、转变发展方式的主要途径和有效载体。什么是转变发展方式？就是从高投入—低产出—高排放—低效益向低投入—高产出—低排放—高效益转变；从劳动力密集型产业向知识密集型产业转变；从工业化技术与工艺体系向生态化技术与工艺体系转变；从低端产业链（产品链）向高端产业链（产品链）的转变；消费上从基本单一的物质需求向物质、精神、生态丰富多样需求的转变。一句话：从工业文明经济向生态文明经济体系的转变。这是世界（特别是发达国家）经济发展的基本趋势，也是发展中国家实现跨越发展，避免"中等收入陷阱"的必然选择。它能够满足人类的物质需求、精神需求、生态需求以及自然生态系统的自身需求，促进自然—人—社会复合生态系统的全面、协调、持续发展，是生态文明社会的主要经济基础，是生态生产力的主要表现形态。

### 10.1.2 外延

生态文明经济体系外延是指：生态文明经济体系的各种形态。本书将在下面各章专章阐述，为了便于掌握，这里就其侧重点列表作一简单比较（表10.1）。有创新经济、循环经济、体验经济、生态经济、绿色经济、低碳经济、生态文明消费型经济以及传统经济的改造提升，从这个角度看，生态文明经济体系是生态文明各种经济形态有机结合、相辅相成、协同发展的经济系统,是经济发展理念、机制、技术、管理和市场相配套的综合创新。

表10.1　生态文明经济体系各种发展形态的侧重点比较

| 生态文明经济体系的发展形态 | 主要侧重点 | 在生态文明经济体系中的作用 |
| --- | --- | --- |
| 创新经济 | 知识成为经济发展的主要资源,创新是经济发展的引擎,主要体现在发展理念、技术、管理、市场和发展机制五个经济要素的协同创新 | 核心形态 |
| 循环经济 | 经济发展要遵循自然—人—社会复合生态系统的循环方法、生产系统的循环方法、消费系统的循环方法,遵循"减量化""再利用"和"资源化"的原则实现企业层面的"小循环"、企业间或产业间的"中循环"、区域、全国乃至全球复合生态系统的"大循环" | 方法论形态 |
| 体验经济 | 企业以服务为舞台,以商品为道具,以消费者为中心,创造能够使消费者参与、值得消费者回忆的经济活动,是物质、精神文化、生态三者有机融合、协调作用的经济形态,能给予认知、审美、愉悦、健康、幸福等体验 | 高级形态 |
| 生态经济 | 研究重点是经济与生态的整体协调,侧重生态环境承载力对经济发展的制约,人类经济系统如何运行才能和地球生态母系统相协调,集中在比较宏观的方面,较少关注社会因素 | 基本形态 |
| 绿色经济 | 有宏观与微观之分。宏观上是指立足于自然—人—社会复合生态系统的持续、协调发展,以人类健康和自然健康为目标,实现生态效益、经济效益和社会效益相统一与最优化的经济发展形态;微观上是指工业产品、农业产品、服务产品在生产、加工、营销和消费等各个环节中,无污染的、不损害人类生命安全和身体健康的、符合资源节约、环境友好的生产和消费范式;侧重自然、人、社会的健康 | 基本形态 |
| 低碳经济 | 实质是提高能源利用效率、优化能源结构、开发可再生新能源,核心是低碳技术创新、制度创新以及消费形态的根本性转变,目标是实现能源安全战略、应对气候变化,促进人类的可持续发展 | 基本形态 |
| 生态文明消费型经济 | 是在生态文明观指导下,通过倡导生态文明消费观,实施生态文明消费模式所产生的一系列经济活动。主要包括"以人为本"的消费观和全面发展的消费模式、资源节约环境友好的消费观和绿色低碳消费模式、和谐消费观与公平消费模式、建立绿色诚信市场;侧重消费的绿色化 | 基本形态 |
| 传统经济的改造提升 | 在生态文明经济体系思想指导下继承传统经济中发达的水平维和强大的力量维,摒弃传统经济发展中对自然资源、生态环境、人类健康和人的全面发展产生的负效益和负价值,应用现代生态化技术体系武装改造传统产业,把传统经济的改造提升融入到生态文明经济体系发展当中 | 现实应用 |

### 10.1.3　判断生态文明经济体系的基本依据

根据生态文明经济体系内涵与外延的概念,判断一种经济是否属于生态文明的经济形态,主要有三条:①它能否推进走资源节约型环境友好型和人类健康型的发展道路;②它是否有利于实现生态效应、经济效应和社会效应的相统一与最优化,这里的经济效应不但指经济效益，而且指经济结构优化、产业升级和经济发展方式的转变；③它能否促进人与自然、人与人、人与社会的和谐。

### 10.1.4 生态文明经济体系基本特征

生态文明经济体系协同发展具有以下基本特征：一是各种经济形态互相渗透，每一种经济形态中都蕴含着其他形态的经济因素；二是各种经济形态可以相辅相成、既互相补充又互相促进，但又有其不同的功能，都不能取代其他的经济形态；三是各种经济形态作为一个整体协同发展，形成有机联系的经济链（网）体，获得整体功能大于部分之和（1 + 1 > 2）的系统效应。善于把生态环境优势和经济发展优势相互转化，是生态文明经济体系协同发展的基本要求，也是取得系统效应的前提条件。

### 10.1.5 生态文明经济体系发展的基本规律

前面章节已阐述，不再重复。

## 10.2 生态文明经济体系发展的基本要素

### 10.2.1 理念的转换

首先，追求的目标不同，生态文明经济体系发展的目标是大生态系统的全面、协调、可持续发展。其次，由于追求目标的不同，立场也不同。生态文明经济体系是站在复合体的立场上（而不只站在人类的立场上）。它既反对原始文明的"自然中心主义"，又反对工业文明的"人类中心主义"；它既关心人类的发展，也关心自然界的发展，把自然界当作人类的伙伴，作为一切生命体的共同家园；既关心当代人的发展，也关心子孙后代的发展；既关心经济增长的数量，更关心经济发展的质量。所以它是从时间维、空间维以及价值维的三维角度发展经济。第三，由于目标和立场的不同，人类的主观能动性（这是生态文明经济体系发展的最重要要素）的体现也不同，工业文明经济将人与自然置于对抗的状态，人类的主观能动性表现出暴力性和人性恶；生态文明经济体系是要建设好自然、人、社会的共同美好家园，实现三者的和谐，它充分体现了人类主观能动性的协调性和人性善。第四，由于目标、立场以及人的主观能动性的不同，所以生态文明经济体系发展运作的机制和发展的模式也不同。

### 10.2.2 生态文明经济体系发展要素及其结构的优化

对于生态文明经济体系发展要素的要求可以概括为两句话：一句话叫做优质的要素，一句话叫做优化的结构。

#### 10.2.2.1 优质的要素

首先是优质的劳动者。劳动者具备较高的生态文明素质，具有绿色人文精神，特别是具备了较强的创新能力，善于推进人与自然、人与人、人与社会的和谐协调，共生共荣，共同发展。人类的主观能动性从工业文明的暴力性、人性恶转变为生态文明的协调性、人性善，这是经济要素发生的革命性的变化；其次是优质的劳动对象。人类的劳动对象不再是单纯的自然界，还有制造、加工与消费知识产品，知识成为生产活动的重要资源。知识产权在世界经济发展中占据越来越重要的位置，并且因为知识具有再生性、无限性、非消耗性等特征，运用越多，成本就越低；同时知识不受时间的限制，不具排他性，所以知识将成为生态文明经济体系发展要素中具有突破性的要素;第三,从劳动工具和劳动技术方面看,生态化科技是促进自然—人—社会复合体和谐协调,共生共荣、共同发展的智能手段和技术手段,是劳动者要素优质化的重要体现,是知识成为生产活动资源、把生态环境的优势转化为经济发展优势、以可再生能源取代不可再生能源、变"废物"为资源等等的充分必要条件。在未来社会里,绿色消费者的崛起、日趋完善的绿色法规、绿色壁垒的升级、环境领域一体化趋势的日益凸显、循环经济和生态化产业的进一步发展、生态建设的进一步强化等等,都需要生态化科技的支撑。可以说,将来社会经济的发展,在很大程度上取决于生态化科技的水平。所以生态化科技成为生态文明经济体系发展的关键要素;第四,劳动对象从不可再生资源逐步发展为可再生资源,特别是以可再生能源取代不可再生能源,在全球已经成为解除经济发展瓶颈、促进经济发展的战略举措。还有通过发展循环经济,把"废物"变成资源,一方面减少资源的消耗,另一方面减少对环境的污染,这些都已在全球内形成燎原之势,这是生态文明经济体系发展要素的基础性变革;第五,把生态资本和生态承载力也纳入生态文明经济体系发展要素的范畴。生态环境成为生产力的重要组成,成为世界经济竞争中取胜的重要法宝(当然,这里要强调的是善于把生态环境的优势转化为经济发展的优势)。所以保护好生态环境就是保护好生产力,建设好生态环境就是发展生产力,这将在以后的经济发展中越来越突出。

#### 10.2.2.2 优化的结构

优化的结构主要指生态文明经济体系发展要素的优化组合。系统原理认为,一个系统的优化,不但取决于系统因子的优化,而且取决于因子组合的优化,同样的因子,不同的组合将会产生不同的功能(可能是 1+1>2,也可能是 1+1<0)。生态文明经济体系十分注重要素的优化组合。首先,它反对工业文明经济把劳动者与劳动对象对立甚至对抗,强调两者和谐协调,共生共荣。一方面,人类的劳动对象不再是单一的自然界,另一方面,自然界也不单是人类的劳动对象,而是人类的伙伴与家园(伙伴与家园同改造与征服的对象是有本质区别的)。这是一对优化组合;其次,劳动者与劳动工具更加有机地结合,随着广大劳动者生态文明素质的不断提高,劳动工具和劳动技术沿着生态化道路不断革新和不断创新,两者结合的广泛性、紧密性和有效性都不断加强,这又是一对优化组合。同时,也促进了劳动工具与劳动对象(统称为生产资料)的优化组合,资源利用不断优化,产品质量不断提高以及生态环境不断改善;第三,由于各组分的优化组合,也由于生态文明经济体系发展要求从大生态系统的整体观出发,各种要素能够按照和谐协调的要求,更加有机地结合,这就更能促进自然—人—社会复合体的共生共荣,共同发展。

### 10.2.3 经济运行机制的更新

工业文明生产力的运行,是人类违背自然界的常行惯例,对自然界的单向索取过程(实际上是掠夺),其运行是开环的,以高投入、高消耗、高排放、低效益为主要特征。在经济运行的管理中,把物质生产的增加作为主要追求的目标,出现了机械人、经济人、社会人的管理理论,片面追求竞争,抹杀和谐协调,从而也抹杀了人自身的发展,更谈不上人的全面发展。

生态文明经济体系的运行则不同。首先,生态文明经济体系的运行是遵循大生态系统的客观规律办事。使经济运行主动融入地球生态母系统中,合规律合目的地运行,所以生态文明经济体系的运行过程是社会经济与自然界高度和谐协调的过程，是人类同自然界相互转换物质和能量的过程。这两个过程都充分体现了人与自然双向互补友善平等的过程，这就从内部机制上解决了人与自然和谐协调，共生共荣，共同发展的问题；其次，生态文明经济体系的运行是一个系统化、生态化的过程。所谓系统化，就是把企业、产业和区域内的各生产要素和经济要素都当作一个有机整体，把创新作为生态文明经济体系发展的灵魂，依靠生态化科技，系统地考虑经济各要素的科学配置、优化组合和高效运行。所谓生态化，是一个过程，就是在生产力的发展中，在经济活动中，学习自然生态系统的功能结构原理，生态链（网）规律和合理的"生态工艺流程"，遵循减量化、再利用、再循环的原则，实现物质的闭合循环和梯级利用，使得生产或生活中的每一个上游环节的"流"变成下游环节的"源"，使物质和能量在其中循环往复和充分利用，把工业文明生产力的"高投入、高消耗、高排放、低效益"的运行过程变成"低投入、低消耗、低排放（零排放）、高效益"的过程；第三，生态文明经济体系的运行过程还是绿色化的过程，这就是实施绿色和谐管理，更加注重竞争与和谐协调的辩证统一，变工业文明经济的终端管理为生态文明经济体系的过程管理，变工业文明经济的人类"单赢"为生态文明经济体系的人与自然的"双赢"，以实现生态和谐，人态和谐和心态和谐；第四，在生态文明经济体系运行中，特别注重增加经济发展的知识含量，善于学习生态智慧，善于把生态优势转化为经济发展的优势，同时又把经济发展的优势转变为生态优势，实现两者的良性互动。

总而言之，生态文明经济体系的运行过程，是人类与自然界和谐协调、共生共荣、共同发展的过程。由于人与自然和谐协调、共生共荣、共同发展的实践不断深入，以及由实践中产生的认识，培育的绿色人文精神和不断提高的这种能力，又会促进人与人、人与社会的和谐协调、共生共荣、共同发展。所以它也是推进人与人、人与社会和谐协调、共生共荣、共同发展的过程。随着时间的不断前进，人类遵循实践—认识—再实践—再认识的规律循环往复，人与自然、人与人、人与社会和谐协调、共生共荣、共同发展的机制就会不断完善，能力就会不断加强，绿色人文精神就会不断弘扬，人的全面发展的水平也会不断提高，从而形成人与自然、人与人、人与社会和谐协调，共生共荣、共同发展的良性循环。

#### 10.2.4 经济发展模式的创新

不同类型经济的发展一般都要具体到其模式上，需要通过各种经济发展模式，科技发展取向和资源配置来实现。工业文明经济的发展模式主要是灰色经济，开环经济；而生态文明经济体系的发展模式是一种全面协调可持续发展的经济模式。各地在发展生态工业园区、生态农业园区、生态旅游业、依托良好的生态环境发展高科技产业、高附加值产业、高竞争力产业、企业的循环经济、产业的循环经济、区域的循环经济、注重可再生能源的市场以及一系列的节能举措等等，都是创新生态文明经济体系发展模式的具体体现。同时还要求高度的创造性思维，善于从无中发现有，从有中发现优，从点扩展到线，从线拓展到面，不断创造出新的经济发展模式。

### 10.3 生态文明经济体系发展的层次性与适应性

系统的层次性是系统结构的重要特征，层次性显示了系统内部的差异性和多样性，它们是系统具有生机和活力的重要原因。生态文明经济体系的发展也具有层次性和多样性的特征。根据国内外生态文明经济体系发展有关资料分析和对生态文明经济体系发展实践的有关考察，生态文明经济体系的发展可以粗线条地分为三个层次。

### 10.3.1　在工业文明发达经济的基础上发展起来的生态文明经济体系

在工业文明发达经济的基础上发展起来的生态文明经济体系，它包括现代生态化工业、生态化与工业化农业以及现代生态化的第三产业，它们遵循大生态系统运行的规律，充分发挥优质要素并对各种要素进行有机的整合，科学的配置，以形成合理的结构，使经济能够合规律(大生态系统的规律)、合目的(全面协调可持续发展的目的)地科学运行。这一层次的生态文明经济体系是一种生态化高科技、高智能的经济，也是真正意义上的生态文明经济体系。那些生态工业园区、工业化生态农业园区、环保产业、以知识为主要资源的信息产业、生物产业、可再生能源产业、高竞争力高附加值的第三产业、企业内或产业间或区域内的循环经济等，都属于这一层次的，它们是生态文明经济体系的领头军。发达国家和发展中国家的那些发达地区，都十分重视发展这一层次的生态文明经济体系。

### 10.3.2　在农业文明经济比较发达的基础上发展起来的生态文明经济体系

在发展中国家的许多地区以及发达国家(地区)中的一些地方，有着比较悠久的农业文明经济的发展历史，这些地区只要遵循大生态系统运行的客观规律，善于充分把生态优势转化为经济发展的优势，其生态文明经济体系也能得到比较快的发展，如新西兰及澳大利亚的部分地区充分利用其生态优势，科学地发展畜牧业和沙产业等，都取得比较大的成功；一些地方注重发展农业循环经济，发展绿色农业和有机农业，其产品享誉海内外，具有强大的竞争力；一些地方注重发展生物质能源，其前景也十分看好。如果能够精心规划，遵循生态系统的规律运行，充分发挥优质生产要素，科学配置各生产要素，努力开拓国内外绿色市场，打造品牌，坚持到底，是一定会有成效的。在工业方面也有类似的情况，一些地方一些产业的工业经济并不发达，但他们善于在生产绿色产品，开拓绿色市场、实施绿色营销、发展品牌效应上坚持不懈地努力，照样能够创造生态文明经济体系发展的奇迹。

这一层次的生态文明经济体系对于社会经济发展的贡献，对于自然—人—社会复合体共生共荣、共同发展的贡献也是不可忽视的，如果搞得好，就可以直接从农业文明经济进入生态文明经济体系。

### 10.3.3　在农业文明经济比较落后的基础上发展起来的生态文明经济体系

在农业文明经济也比较落后的国家和地区，主要是比较落后的农村，可以在某些方面移植生态文明经济体系。比如，农村发展以沼气为中心的循环经济(实际上是属于庭院式的循环经济，还不能称为真正意义的循环经济)，它可以为农民增收与节支，降低生产和生活成本；可以生产部分绿色产品甚至有机产品；可以改善农村卫生文明状况，保护生态环境，提高村民生活质量和健康水平等，都有着非常积极的作用。更重要的是它可以提高农民对发展生态文明经济体系的认识，提供具体发展模式和运行机制的胚胎，为农村广泛发展生态文明经济体系打下良好的基础。

### 10.3.4 生态文明经济体系发展的空间广泛性

由于生态文明经济体系发展的层次性特征,所以其发展具有空间广泛性。不管是发达国家和地区、还是发展中国家和地区、或者比较落后的国家和地区,不管是城市或农村,不管是第一产业还是第二产业或第三产业,不管是高科技产业或者是传统产业,不管是大中型企业还是小型企业等,都有发展生态文明经济体系的潜在可能,也都有实现经济第二次跳跃的可能,应当根据各自的实际情况,发展不同层次的生态文明经济体系,并努力向高层次挺进。

## 10.4 生态文明经济体系与生态经济的关系:区别与联系

社会上往往把生态文明经济体系混淆于生态经济,其实不然。生态文明经济体系学是生态文明学的主干学科,是生态文明学的重要内容,是建设生态文明社会的核心。生态经济是生态文明经济体系的子系统,是其中的一个基本经济形态。生态文明经济体系吸收了生态经济中理论精华与合理内核,但两者不等同,下面具体分析。

国际上的生态经济学主要研究三个基本范畴:一是经济增长的规模必须在生态承载的范围之内,称为可持续经济规模;二是研究分配的公平(包括代内和代际);三是研究资源的配置。他们应用耗散结构理论和热力学理论对人类的经济活动进行分析,认为经济系统是地球生态母系统的一个子系统,从最终意义上看,人类的经济活动就是把自然界的优质低熵变成劣质高熵的过程。通俗地说,熵就是不能回收利用的能量和垃圾。一些生态经济学家在吸收早期稳态经济思想的基础上,认为工业文明经济已经对生态系统造成了一个资源枯竭、垃圾充斥生态系统的"满的世界",如果再扩大经济系统,整个生态系统就会崩溃,最终使人类受害,所以经济规模必须控制在一个范围之内。他们主张经济增长必须有极限,人类不能追求经济量的增长,而应当追求质的发展,应当追求生活得更好而不是消费得更多,要追求幸福等真实财富,这些"更好"和"幸福"主要在于精神财富而不是物质财富,所以必须大量减少直至停止物质产品的增长,增加文化教育等非物质产品的生产。国内一些生态经济研究者也认为,保护生态环境,必须停止经济增长,这种思想和做法已表现的越来越强烈,这实际上就是以放弃经济增长来换取生态与环境的保护,走到另一个极端的"二律背反",其结果同为了经济增长,不惜牺牲生态环境的"二律背反",是一样的严重。因为经济增长是一切社会发展的基础,"人类的生产活动是最基本的实践活动,是决定其他一切活动的东西。"[1]特别像我国这样的发展中国家尤其如此。

为什么生态经济的研究与实践会产生另一个极端的"二律背反"呢?原因有两个:一是他们理论分析的逻辑起点是深生态学,深生态学反对工业文明的人类中心主义,坚持把经济系统作为自然系统的子系统,坚持保护生态与环境,但却忽视了人类的主观能动性,特别是人的创造性,所以深生态学找不到解决问题的正确答案,只能把希望寄托于停止经济增长;二是他们实证分析的逻辑起点是发达国家(或地区),由于历史和现实的原因,发达国家(或地区)的物质产品是很丰富的,他们只要不浪费、不奢侈,是完全可以支撑他们生活的物质基础,还可以过得很好,他们当中也有极少数饥饿人口,完全可以靠社会政策来

---

[1] 毛泽东选集(袖珍本) [M]. 北京:人民出版社,1969:259.

调节。但是发展中国家(特别是落后地区)则完全不行,全球饥饿人口已经突破10亿,几乎全部来自发展中国家,目前世界上有3亿儿童在饥饿中度日,每6秒钟就有一名儿童因饥饿或相关疾病死亡。除了食以外,还有许多衣、住、行、医等生存、安全和健康问题,都必须有物质做基础,所以这种主张在发展中国家(特别是落后地区)是完全行不通的。即使是发达国家和地区,也需要解决就业问题,也要靠经济的发展,所以主张以牺牲经济发展来保护生态环境的思想在实践中是行不通的,最终连同生态环境也保不了。

生态文明经济体系坚持自然—人—社会复合生态系统的研究,认为仅把经济系统作为自然系统的子系统是不够的,自然—人—社会(包括经济)是复杂的巨系统,它们之间的复杂联系和相辅相成不能只停留在自然与经济的关系上面,还要充分发挥人的主观能动性,还要考虑就业、贫困等社会问题,所以生态文明经济体系是在科学发展观指导下的经济发展方式的转变,在其发展过程中能够从内生力量突破这两个"二律背反",实现数量与质量相统一,经济发展、生态环境保护、人类健康与社会发展相统一,即生态效应、经济效应与社会效应相统一。这也是生态文明经济体系和生态经济的重要区别。

## 10.5 优势互相转变

善于把生态环境优势与经济发展优势互相转变,是生态文明经济体系发展的重要环节。这里着重强调生态环境具有显性优势和隐性优势,人们往往容易看到的是显性优势,却忽视了更深层、更长远、更有效应的隐性优势。

显性优势是指,已经呈现出来且已被人们认识和运用的生态环境系统对于人类的生产生活等经济社会产生的优良效应,生态系统作为资源、屏障和防灾减灾的优势、生态环境对人类提供服务的优势、发展绿色或有机产业的优势、民生工程优势等多属于显性优势。

隐性优势是指,蕴涵在生态环境中尚未被人们认识的生态环境系统对于生产生活等经济社会将会产生的优良效应,生态智慧优势、仿生优势、生物多样性优势、种质基因库优势、保护人类健康促进人的全面发展优势等多属于隐性优势。如森林和海洋都被称为"未来的遗产",它们作为人类及社会经济的多样性综合性功能,现在还难以估量,因为人类对森林和海洋所知的只是未知中的一个极小部分,在这一小部分中,人类也只知道其某种或几种功能,森林和海洋不但能为我们创造绿水青山,也能为我们创造金山银山。

显性优势和隐性优势不是一成不变的,随着时间的推移和人类认识能力的加强,许多隐性优势将转变为显性优势,发展生态文明经济体系必须善于把生态环境的显性优势转变为人类及社会经济发展的优势,并把隐性优势变成显性优势,与此同时实现社会经济发展与生态环境的优势互转、良性循环、持续发展和繁荣。

# 第十一章

# 生态文明经济体系的基础理论

生态文明经济体系作为生态文明学的主干分支必定要以生态文明的基本原理为理论指导，本书总论中关于生态文明学的基础理论、生态文明观、生态文明建设的基本原理、基本规律和原则，都是生态文明经济体系的理论基础。而作为对于传统经济扬弃基础上所产生的新的经济系统，还有其独特的经济思想，这些经济思想也是生态文明经济体系的重要理论基础。本章着重阐述马克思恩格斯的物质变换理论、全球经济一体化理论、可持续发展经济以及人的全面发展理论等。

## 11.1 马克思恩格斯的物质变换理论

"物质变换"本来是一个生物学用语，指生命活动过程中有机体从外界摄取营养和从体内排出废料的过程。马克思恩格斯的物质变换理论是生态学和唯物主义自然观和历史观相结合的一种生态自然观，是基于生产和生活实践的人、自然、社会三者的辩证统一。发展生态文明经济体系要以马克思恩格斯的物质变换理论为指导。

### 11.1.1 物质变换的内涵

在马克思恩格斯的著作中，对物质变换的理解主要分为三个方面：第一是自然界自身的物质变换，即自然生态系统中的新陈代谢；第二是人与自然之间的物质变换，即以劳动为中介的社会与自然之间的物质变换；第三是人与人之间的社会物质变换，即社会经济中的商品交换。

#### 11.1.1.1 自然界自身的物质变换

自然界自身的物质变换也就是自然生态系统中的新陈代谢，马克思恩格斯从两个方面进行了分析。首先是无机物或有机物（生物）自身的物质变换或新陈代谢，即自然界本身具有自然力或需要新陈代谢。自然力永远起作用，生物需要新陈代谢，这是不可抗拒的自然必然性。其次是人的新陈代谢，即生物学意义上的人与自然界之间的物质变换。人为了维持生命，需要呼吸空气、需要基本的物质资料。人类社会中生命的自然性也是不可违背的。但人的新陈代谢要顺利进行并不是单靠自然就可以的。"无论我的血液循环，还是我的呼吸过程，就其本身而论，都决不能使我发财致富，相反，两者都是以代价昂贵的新陈代谢为前提的，如果完全不需要这种新陈代谢，世界上也就没有穷人了。"①

#### 11.1.1.2 人与自然之间的物质变换

马克思认为人与自然之间的物质变换实际上是以劳动为中介的社会与自然之间的物质变换。首先，马克思通过对劳动的一般性的分析，指出人与自然之间的物质变换对人类生存和发展的不可或缺性。人类要生存与发展，就必须通过劳动获得生产、生活资料。劳动过程即人和自然之间的物质变换过程，这一物质变换过程不以人类生活的任何形式为转移，是一切社会形式所共有的。人类凭借劳动直接或间接地从自然界中获取能满足自己需要的生产物，生产物被人类消耗后所产生的废弃物又回到自然环境。人类一方面从自然界获取，另一方面向自然界返还，通过获取和返还的活动实现人与自然之间的物质变换。其次，马克思明确指出，劳动过程并不是单向的人对自然的控制过程，而"是人以自身的活动来引起、调整和控制人和自然之间的物质变换的过程"②。它不仅包含人通过劳动，从自然界取得生存和发展所需要的物质的过程，而且包含自然通过人的生产和消费活动有所改变最终又影响人类生产活动的过程。人与自然之间的物质变换是人与自然之间双向交流的过程。人在改变外部自然的同时，也使人自身的自然得以改变和完善。

#### 11.1.1.3 人与人之间的社会物质变换

人与人之间的社会物质变换就是在社会经济中进行的商品交换，它揭示的是人类社会内部的产品生产、分配、交换和消费之间的关系。实际上，人与人之间的物质变换和人与自然的物质变换是相互依存、相互联系的。人与人倘若不结成一定的社会关系进行社会生产，孤立的个人是无法改造、利用和保护大自然的；同样，如果没有人与自然的物质变换，人就断了衣食之源，就会缺少生存条件，人与人的关系就失去了物质基础。马克思认为，人的劳动过程不仅是人与自然的物质变换过程，还是人与人的社会物质变换过程，在社会的物质变换运动中，生产是物质变换过程的起点，决定交换、分配和消费，消费是物质变换过程的终点并对生产产生反作用。马克思认为只有到了资本主义社会阶段，才形成全面的社会联系和普遍的社会物质变换，这种社会物质变换借助于世界货币（资本）超越各种局限，为自身的发展开辟道路，商品流通和社会物质变换扩展至全球，促进世界历史的发展。马克思进一步分析，认为资本主义生产流通过程是"形式变换"和"物质变换"的矛盾统一：在资本流通中我们看到了一系列交换活动，交换行为从使用价值方面看是物质变换，从价值方面看则是形式变换。在 W—G—W（商品—货币—商品）的流通过程中，结果表现为使用价值的交换，是真正的社会物质变换；G—W—G（货币—商品—货币）的流通过程中，结果表现为价值的交换，是形式变换。

### 11.1.2 物质变换断裂的思想

人与自然的物质变换属于生产力的范畴，而人与人之间的社会物质变换属于生产关系范畴。人类的劳动过程是在一定的生产关系中进行的，人与自然的关系必然会受到生产方式的制约和影响。因此，马克思结合资本主义生产方式对人与自然之间的物质变换断裂的

---

① 马克思恩格斯全集：第48卷[M]．北京：人民出版社，1985：54.
② 马克思恩格斯全集：第23卷[M]．北京：人民出版社，1972：201.

问题进行了分析，认为资本主义的生产方式和大土地私有制是造成人与自然物质变换断裂的根本原因，由此导致了社会与自然物质变换和社会的物质变换两个层面的断裂，造成社会不公、生态危机、经济发展不可持续。

#### 11.1.2.1 社会与自然物质变换的断裂

资本主义生产追求利润最大化，造成社会与自然物质变换的断裂，主要表现在城乡分割和工农业生产破坏生态环境上。马克思利用大量事实分析了资本主义工农业生产导致物质变换断裂进而造成城乡之间日趋严重的生态环境失衡问题。

马克思恩格斯认为资本主义社会生产力的迅猛发展是以牺牲自然生产力为代价的，其结果是生产力即劳动生产力并不随着社会生产力的发展而提高，反而由于这种发展补偿不了自然生产力的下降而下降。尤其是"在农业中，社会生产力的增长仅仅补偿或甚至还补偿不了自然力的减少"①。

#### 11.1.2.2 社会物质变换的断裂

马克思认为，生产方式决定分配方式，在阶级社会，生产资料私有制决定了不可能有公平的社会分配。马克思从劳动产品在现代资本主义社会最简单的社会表现形式即商品出发，创立剩余价值学说，揭示了工资只是劳动力的价值或价格，资本主义流通过程形式上的公正掩盖了实质的不公正，隐藏了资本主义剥削的秘密。由于社会不公，一方是资本主义生产无限扩大，资产阶级拥有大部分社会财富，另一方是工人阶级购买力不断下降，导致生产相对过剩，经济危机爆发，造成社会物质变换的断裂，破坏了生态、经济、社会的可持续发展。

### 11.1.3 物质变换顺利进行的措施

为避免社会物质变换的断裂，实现生态、经济、社会的可持续发展，马克思恩格斯对物质变换顺利进行提出了开创性的见解。

#### 11.1.3.1 对制度进行合理变革

首先，必须变革私有制。"从一个较高级的经济社会形态的角度来看，个别人对地体的私有权，和一个人对另一个人的私有权一样，是完全荒谬的。甚至整个社会，一个民族，以至一切同时存在的社会加在一起，都不是土地的所有者。他们只是土地的占有者，土地的利用者，并且他们必须像好家长那样，把土地改良后传给后代。"②其次，工人们要获得公平待遇就必须变革现存不合理的制度。在制度变革基础上，随着生产力的高度发达，"社会化的人，联合起来的生产者，将合理地调节他们和自然之间的物质变换，把它置于他们的共同控制之下，而不让它作为盲目的力量来统治自己；靠消耗最小的力量，在最无愧于和最适合于他们人类本性的条件下来进行这种物质变换。"③

#### 11.1.3.2 对人口进行适时调控

只有人口的生产与再生产跟物质资料的生产与再生产保持比较合理的比例，才有利于物质变换的顺利进行，因此马克思恩格斯认为有必要对人口进行适时调控。"人类数量增

---

① 马克思恩格斯全集：第 25 卷[M]．北京：人民出版社，1974：864．
② 马克思恩格斯选集：第 2 卷[M]．北京：人民出版社，1995：574．
③ 马克思恩格斯全集：第 25 卷[M]．北京：人民出版社，1974：926．

多到必须为其增长规定一个限度的这种抽象可能性当然是存在的。但是，如果说共产主义社会在将来某个时候不得不像已经对物的生产进行调节那样，同时也对人的生产进行调节，那么正是这个社会，而且只有这个社会才能无困难地做到这点。"①

#### 11.1.3.3　促进社会经济循环

除了合理变革制度、适时调控人口之外，马克思恩格斯也提出了发展循环经济的思想。首先，生产排泄物和消费排泄物的再利用与再循环是大规模社会劳动的结果；其次，区分生产排泄物的再利用而造成的节约和由于废料的减少而造成的节约，依靠科学技术进步实现废弃物的减量化与再利用。

## 11.2　全球经济一体化理论

全球经济一体化对于生态文明经济体系的发生与发展产生了重要的影响，全球经济一体化理论是生态文明经济体系的重要理论基础。一方面全球经济一体化进一步促进了生态整体主义的文明观和发展生态文明经济体系的内在要求；另一方面，发展生态文明经济体系要考虑经济全球化的实际，结合全球经济一体化的发展阶段持续推进，促进资源的优化配置，促进环境友好和人类健康。

一体化一词源于拉丁文，意指将不同部分融合为一个整体。经济一体化最早由荷兰经济学家丁伯根于1954年提出，认为经济一体化就是将有关阻碍经济最有效运行的人为因素加以清除，通过互相协作与统一，创造最适宜的国际经济结构。全球经济一体化是指世界各国各地区经济相互依存、相互融合，逐步形成有机整体的过程和趋势，也称为世界经济一体化(下文对全球经济一体化和世界经济一体化不做区分)。20世纪90年代以来，全球经济一体化的进程大大加快，这已经并且将继续对各国各地区经济产生重大影响。当前全球经济一体化主要表现在两个层次上：一是世界范围内绝大多数国家和地区相互之间的经济联合和融合，即经济全球化；二是同一区域内不同国家和地区相互之间的经济联合或融合，即区域经济一体化或称为区域经济集团。一般认为，区域经济一体化是经济全球化的过渡阶段和必要步骤，而经济全球化则是世界经济一体化的基础和必要条件，没有经济全球化就没有世界经济一体化。区域经济一体化是经济全球化过程最终达到全球经济一体化的必经阶段②。

### 11.2.1　经济全球化

"经济全球化"的概念于1990年才由经济合作与发展组织(OECD)前首席经济学家奥斯特雷第一次完整提出。它是指世界各国和地区的经济相互融合日益紧密，逐渐形成全球经济一体化的过程，包括贸易全球化、生产全球化与金融全球化三个阶段，以及与此相适应的世界经济运行机制的建立与规范化过程。经济全球化是国际经济关系变化中生产力、生产关系及其相互关系的过程与结果，其宏观条件是国际垄断资本的形成及其势力的扩张，微观基础是跨国公司规模和力量的迅速膨胀并成为连接各国、各地区经济交往的纽带。从生产力方面来看，经济全球化指的是在货物、资本、生产、技术、信息等生产要素

---

① 马克思恩格斯选集：第4卷[M]. 北京：人民出版社，1995：641.
② 邢伯春. 经济全球化问题讨论综述[J]. 经济理论与经济管理，2000(5)：75~79.

跨国流动加速发展的条件下，全球市场经济进一步形成，国家和其他政治经济力量出现整合、重组，各国经济在世界范围内高度融合，并通过不断增长的各类商品和劳务的广泛输送，通过国际资金的流动，通过技术更快更广泛的传播，形成相互依赖关系和各国之间的联系和相互作用；从生产关系的角度考察，经济全球化是由于资本的扩张本性与增值需要而使世界各国和地区的经济相互融合日益紧密，逐渐形成全球性的经济关系的过程[①]。

### 11.2.2 区域经济一体化

20世纪70年代，马克西莫娃从政治经济学的角度对区域经济一体化进行了诠释，认为国家经济间发展深层次且稳定的生产分工关系的过程是具有同类社会经济体制的国家群体框架内的国际经济实体的形成过程。一般说来，区域经济一体化是指：在区域上相邻或相近的若干个国家，具有相似的社会经济制度、相近的生产力和经济发展水平，以一定的共同利益和互补的经济条件为基础，通过签订共同的协定或条约组建起来的区域内跨国经济联合组织。在当代世界经济中，因区域经济一体化目标和成熟程度的区别，按照由低级到高级的类型或层级顺序，存在以下几种区域经济一体化的组织形式：自由贸易区、关税同盟、共同市场、经济联盟、完整的经济联盟。从1958年欧洲共同体成立至今，按照组成国的性质来划分，世界上已出现三种类型的区域经济一体化组织，即发达国家之间的区域经济一体化，发展中国家之间的区域经济一体化，发达国家与发展中国家之间的区域经济一体化。如欧盟、北美自由贸易区、亚太经济合作组织、东盟等。

当前区域经济一体化出现了新趋势和新特点：以自由贸易区为目标的区域经济一体化协议已遍及全球，形成名副其实的全球化规模；区域经济一体化组织成员的同质性减弱、异质性或混合型趋势愈益明显；区域经济一体化组织突破了单一契约型，出现了平等协商型；区域经济一体化组织的地理空间迅速扩展，出现泛洲性或跨洲性规模的发展趋势；区域经济一体化组织的开放性趋势日益加强；区域经济一体化组织之间开展对话和加强联合的趋势愈益发展；区域经济一体化组织出现多层次性，成员交叉重叠；发展中国家在区域经济一体化发展进程中的作用逐渐突出[②]。区域经济一体化的上述新趋势和新特点必将对世界经济、政治形势的发展变化和国际新格局的形成以及经济全球化的进一步发展产生重大的、深远的和广泛的影响。

### 11.2.3 经济全球化与区域经济一体化的关系

经济全球化与区域经济一体化有相同的目标追求，即实现规模经济、提高经济效益和增强产品竞争力，二者有紧密联系。一方面，经济全球化作为比经济区域化更高级的生产国际化表现，它在刺激区域经济一体化向最高形式发展的同时，也在不断地冲破与经济区域化相适应的区域经济一体化制度框架。另一方面，区域经济一体化为经济全球化准备了条件。区域经济一体化促进了国际生产的发展和国际分工的深化，而在这一基础上必然导致进一步的经济全球化的产生，因为区域经济一体化强化了作为经济全球化主体和载体的跨国公司的贸易功能。但二者也存在一定差异，主要表现在[③]：①区域经济一体化是区域

---

[①] 费利群. 马克思主义经济学总体方法论对经济全球化宏观认识的启示[J]. 中国流通经济, 2010(7): 43~46.
[②] 杨宏玲. 论区域经济一体化的新趋势和新特点[J]. 河北大学学报(哲学社会科学版), 2004(4): 97~99.
[③] 邢伯春. 经济全球化问题讨论综述[J]. 经济理论与经济管理, 2000(5): 75~79.

内各国突破了主权国家的界限,以国家出面签订的协约为基础而建立起来的一种国际经济合作的组织形式;经济全球化是指各种生产要素在全世界范围内流动和配置,从而各国经济密切联系在一起,相互影响、相互依赖这样一种现象,是由生产力发展决定的世界经济必然趋势,是一种自发的市场行为,是一种超主权的概念,是不以人们意志为转移的。②经济全球化与区域经济一体化范围不同。有时区域经济一体化趋势与经济全球化趋势也不完全一致,区域经济一体化经济组织的某些规定在一定程度上不利于经济全球化的发展。③经济全球化主要由企业带动,是从下到上的一种微观经济行为,是企业逐步走出原有国境的离心运动;区域经济一体化主要由政府出面推动,是一种以政府参与制定双边或多边协定,微观经济主体在协定框架内活动的向心运动。总之,经济全球化与区域经济一体化之间的矛盾是存在的,但正是因为这种矛盾的对立统一运动使两者并行不悖,相互促进。最终的发展趋势必然是,区域经济一体化在发展过程中实现对自身的否定,经济全球化通过量变的积累和部分的质变促成了全面质变的发生,即全球经济一体化。

**11.2.4 经济全球化与世界经济一体化**

"经济全球化"表述的是世界各国经济互相联系和相互依赖的加深,从而使经济活动范围不断扩大,多属于各国市场经济内在的要求,是经济层面上的问题。而"世界经济一体化"则是表述世界通过建立具有法律约束力和统一制度为基础的国际权威性机构来统筹世界经济,它更多属于法律和制度层面上的问题,所表达的是各国经济在机制上的统一,即世界各国经济关系的高度融合,不仅联系日益紧密,而且联系中的障碍日益消除。经济全球化是世界经济一体化的外在形式,世界经济一体化是经济全球化的内在机制,经济全球化是世界经济一体化的前提条件,经济全球化的深化将推动世界经济一体化,世界经济一体化是经济全球化发展的方向和最终结果,是经济全球化的最高阶段。经济全球化发展到一定阶段时,必然要求经济规则统一,经济规则全球统一反过来又加深了经济活动全球化进度。没有经济活动全球化作为基础,经济规则全球化也难以发展;经济活动全球化是经济规则全球化的前提和推动力量,经济规则全球化是经济活动全球化的要求和内在机制。因此经济全球化的发展,势必推动世界经济一体化的进程,而世界经济一体化的发展也将把经济全球化推向更高阶段。两者有着密切联系和互动关系,但两者却是不同的概念,不是世界经济一体化导致经济全球化,而是经济全球化的深化将推动世界经济一体化[①]。如今世界经济朝生态文明各种经济形态(如创新经济、循环经济、绿色经济、低碳发展、生态文明消费型经济以及传统经济的改造提升等)的发展趋势,既是经济全球化的必然要求,又将深刻影响经济一体化的进程。

## 11.3 可持续发展经济理论

**11.3.1 可持续发展经济理论概述**

生态文明经济体系是在可持续发展经济理论与实践的基础上发展起来的,所以可持续发展经济理论是生态文明经济体系的重要内容,是生态文明经济体系的理论来源。人们对

---

① 李桂树. 经济全球化研究中的几个问题[J]. 北方论丛,2009(4):143~145.

经济发展的认识已经历了经济增长、经济发展、可持续发展和科学发展几个阶段。传统的"发展"概念是指经济的增长，是经济领域内产值、利润的增长，或者说是指整个社会物质财富的增长。传统的经济增长模式忽视了生态环境与资源能源对经济发展的限制，忽视了人口因素的制约，忽视了人的精神追求和精神生活，忽视了社会公平与全面进步，给人类带来了一系列难题。首先是生态环境恶化、资源日益枯竭、人类处于亚健康；其次是人口爆炸及其引起的粮食安全问题；最后是诸多社会不良问题泛滥，社会动荡，和平与安全受到威胁。由此引起了人类社会对传统发展模式的深刻反思。人们开始认识到"发展"不仅包括了更高的物质产出水平，同时也包括了生产和分配所依据的技术、体制上的变革；不仅包括了生产效率，还包括了产业结构的优化以及各部门间投入分配的协调，是一个国家经济、政治、社会、文化、自然条件及其结构状况的综合表现。经济的增长不等于经济的发展。发展是一个多层面的过程，不仅涉及经济层面，也涉及非经济层面；不但展示物质生活水平的提高，也注重社会结构、制度、分配、价值判断和意识形态的变革；发展着眼于长期利益与短期利益的综合考虑。为此，人类需要对自身行为、特别是经济行为进行新的选择，抛弃陈旧的增长观，选择新的发展模式。人们越来越注意到社会的发展决不应只局限于经济领域，包括经济在内的社会文化、公众健康、生态环境、技术等社会活动都具有紧密的联系。发展不应该狭义地被理解和确定为经济的增长，经济增长是发展的必要条件但不是充分条件，是发展的部分内容但不是全部内容。随着对发展反思的深入，"可持续发展"开始进入人们的视线。人们认为以发展为首要且唯一目的的社会范式显然无法体现可持续发展理念的本质内涵，应由以发展为中心转向以可持续发展为中心，由经济可持续发展转向整体可持续发展、由以发展为重转向发展与公平并重。1987 年，联合国国际环境与发展委员会完成了《我们共同的未来》这份重要的报告，提出了"可持续发展"的概念，同时指出，世界各国的社会经济发展目标，必须从可持续发展的基本概念和实现可持续发展的大战略上加以确定。1992 年 6 月，联合国环境与发展大会通过了《21 世纪议程》，确定了可持续发展战略，制定了实施可持续发展战略的目标和行动计划。之后，世界多个组织和各方面的学术团体、学者都从各自的角度研究可持续发展的理论及实行可持续发展战略的相关对策。我国 1994 年制定了《中国 21 世纪议程——中国 21 世纪人口、环境与发展白皮书》，成为世界首部国家级可持续发展战略。《中国 21 世纪议程》在"可持续发展经济政策"这一章中提出"加强对可持续发展经济学的研究和培训活动"。因此，从国家发展战略上说就需要有以可持续发展观为基础的经济理论和方法论作指导，来研究可持续发展经济的运动与发展规律、制定可持续发展经济的战略、探索可持续发展经济的模式与道路，分析可持续发展经济的途径，设计实现经济可持续发展的总体框架和基本对策。专家学者顺应实施可持续发展战略的伟大实践，积极贯彻《中国 21 世纪议程》的精神，呼吁开展可持续发展经济学的研究，创建可持续发展经济学。1994 年 9 月，我国著名经济学家刘国光在全国资源、环境与经济发展学术讨论会上提出了开展可持续发展经济学研究问题。从 1996 年开始就陆续有可持续发展经济学方面的专著面世，相关研究成果不断呈现。有人主张以经济发展为轴心，把人口、资源与环境等问题综合纳入对经济发展问题的思考之中，以可持续发展代替原来的非持续发展思路；认为可持续发展经济学以经济的可持续发展问题为主要研究对象，在可持续发展观、可持续价值观的基础上，围绕着人类经济活动的需求与生态环境资源供给之间的矛盾运动这个中心，着重探讨可持续经济发展和经济运动的客观规律，达到人口、资源、环境与经济之间相互协调的可持续发展目的。人口、资源与环境经济学在本质上应属于可持续发展经济学的研究范围。可持续发展经济学属于理论经济学科，它的理论体系的建立和被应用，将从根本上影响和改变着人类资源配置的方向、资源配置的预期目标和资源配置的内在机制。可持续发展经济学在研究中必然涉及在进行资源配置时如何按照可持续发展的要求建立新的内在运行机制的问题，通过制度创新研究，从理论上影响和改变人类资源配置的内在机制。但仅此还不够，还要紧密联系人类的社会现实的生存状况，使变革现实社会关系中不科学不合理的部分和环节与改造自然的生产活动相匹配，是真正实现人类可持续发展的唯一选择。因此，在可持续发展和可持续发展经济学研究的基础上，又提出科学发展，即自然—人—社会复合生态系统全面、协调、可持续发展的研究，以科学发展观为指导，以马克思主义经济学说为指导，以当今世界正在日益发展的新兴经济学为基础，科学综合古今中外一切经济学说的合理成分，创建在经济全球化和环境全球化相互融合大背景中科学揭示生态文明时代现代经济运行机制和发展规律的经济学范式，是建设生态文明赋予我们的崇高历史使命①。这也说明可持续发展经济研究进一步发展的必要性，为生态文明经济体系提供基础的同时留有深入研究的空间。

### 11.3.2　外部性问题：可持续发展经济的重要内容

马歇尔在 1890 年发表的专著《经济学原理》中，首创了外部经济和内部经济这一对概念。马歇尔认为生产的扩大来源于单个企业自身资源组织和管理的效率，把企业内部分工而带来的效率提高称作是内部经济，同时认为生产的扩大依赖于产业的普遍发展，把企业间分工而导致的效率提高称作是外部经济。但由于没有以案例形式详细描述而被约翰·克拉彭称为现实世界中没有对应事实的"空盒子"。1924 年，马歇尔的学生庇古在其名著《福利经济学》中进一步研究和完善了外部性问题。庇古认为，在经济活动中，如果某企业给其他企业或整个社会造成不须付出代价的损失，那就是外部不经济，这时，企业的边际私人成本小于边际社会成本。20 世纪 60 年代，科斯在他的经典论文《社会成本问题》中提出"交易成本"这一范畴，认为庇古是在错误的思路上讨论外部性问题，他在文中证明，在交易费用为零的条件下，庇古是完全错误的，因为无论初始的权利如何分配，最终资源都会得到最有价值的使用，理性的主体总会将外溢成本和收益考虑在内，社会成本问题从而不复存在。

外部性是相对于行为主体而言的，如果把行为方当作内部，那么外部就包括与行为方相关联的有特定活动的直接影响者，也有间接影响者，还有外部环境等。以行为方为核心不断扩大系统的边界，从小到大就构成三类系统：行为方本身，包括企业、消费者、决策者等，以行为方自身的边界为界，行为方自身构成第一类系统；特定经济活动的行为方以及该活动的直接参与者构成第二类系统；除直接参与者之外，还有与该活动紧密相关联的间接参与者，这包括特定经济活动所处的特定行业以及与其相关联的产业等，以特定经济活动的相关产业为边界形成了第三类系统。而相对于第三类系统，其外部就构成了特定经

---

① 刘思华. 关于发展可持续性经济科学的若干理论思考[EB/OL]. http://mept.gxu.edu.cn/hzwk/lshwk/250742.shtml.

济活动的大环境。相对应的外部性也可以分为三类：第一类外部性(科斯外部性)、第二类外部性(马歇尔外部性)和第三类外部性(庇古外部性)。在第一类外部性中，行为方对直接参与者产生影响，这里的外部就是经济活动的另一方直接参与者，这类外部性的影响是直接的，受影响方对行为方的反馈也是直接的。这类外部性正是科斯所谈到的外部性。如果把系统扩展到经济活动的直接参与者，那么，直接参与者就都成了"内部"，而与特定经济活动紧密联系的相关产业以及其他经济体等间接参与者就成为了外部，把特定经济活动(内部)对这部分(外部)的影响称为第二类外部性。在第二类外部性中，受影响方没有直接参与特定的经济活动，但却间接受到了行为方的影响。对于这种间接影响，有些可以通过价格机制反馈，如马歇尔所指的外部经济，就是行业的规模效应的影响，可以通过市场机制反馈到行为方本身(这种可以通过市场机制反馈的，就是瓦伊那所说的货币外部性)，但很多情况下还是缺少反馈机制，如公地悲剧问题。第三类系统的外部，就是平时所说的大环境，即社会和自然环境，把行为方对这类外部的影响称为"第三类外部性"。由于第三类系统的外部跟特定经济活动联系不是那么紧密，其影响也是间接的，并且这种影响无法通过市场反馈(即使反馈机制存在，但由于滞后性也无法对特定活动产生影响)，使得这类外部性成为了最为典型，也是关注程度最为广泛的外部性。庇古在最先提出"外部性"概念时，就是指社会边际成本与私人边际成本的差别，其实质就是指这类外部性，因为只有这类外部性才能真正反映行为方对社会的影响。这类外部性的例子非常广泛，如全球气候变暖问题，可持续发展理论中的代际公平问题等。综述三类外部性的特征：第一类外部性的特征是直接性和简单性；第二类外部性的特征是间接性、紧密性和规模性；第三类外部性的特征是间接性、广泛性和松散性。从系统的观点来看，第一类外部性是直接参与方的相互影响，受影响方是少数几个对象，并且各方的关系相对简单；而第二类外部性和第三类外部性，由于影响是间接的，并且影响的范围越来越广，受影响方的规模也越来越大，受影响方对行为方的反馈越来越困难。事实上，对第二类和第三类外部性的研究，都不是针对某个或几个对象，而是外部的群体或外部环境。从第一类外部性到第二类和第三类外部性，出现了质的变化，那就是系统复杂性的出现，对于第二类和第三类外部性，就必须用复杂性的方法来解决。正是由于这个原因，我们把第一类外部性又称为简单外部性，或者称为直接外部性，而把第二类外部性和第三类外部性又称为复杂外部性，或者称为间接外部性。外部性的两个本质特征：一是受影响方的"决策的非参与性"；二是受影响方"缺乏有效的反馈机制"(这里所指的反馈性，是受影响方对行为方的直接反馈，是能够反过来影响行为方特定经济活动决策的反馈)。外部性概念的意义正是要揭示在缺乏有效的反馈机制下，如何解决经济活动对那些没有参与决策的被动受影响方的补偿问题。抓住这两个特征，外部性可以作如下理解：在特定的经济活动中，未参与决策的一方受到了经济活动的影响，并且缺乏有效的反馈机制进行补偿，这样就产生了外部性，它包括正的外部性、零外部性和负的外部性[①]。外部性就是收益与成本的不对等，具体表现为一部分人付出了成本却没有获得相应的收入，而另一部分人则获得了收益却没有付出相应的成本或代价。前者就是外部经济(或有益外部性、正外部性)，后者就是外部不经济(或有害外部性、负外

---

① 罗士俐. 外部性理论的困境及其出路[J]. 当代经济研究, 2009(10): 26~31.

部性),如一些不法厂商在从事生产经营活动时,甚至为了达到自身的经济利益,不择手段,不惜损害生态平衡与自然环境,无视他人的生命与健康。

外部性本身是一个很复杂的问题,因为它源于人类的相互依赖性,哪里有决策单位分离的情况,哪里就可能产生外部性。外部性的产生既可以导致个人理性背离集体理性,又在一定条件下诱发出某种制度使个人理性向集体理性过渡。外部性的存在并没有清晰的界限,它与不完全竞争、公共物品、信息不对称与不确定性之间又存在错综复杂的联系。外部性问题具有相互性和社会性。外部性是普遍现象,在一定历史阶段,要把这些现象消灭几乎不可能。存在外部性并不等于低效率或者无效率。在一些情形下,外部性会造成低效率,但在另一些情形下,并不会导致低效率,甚至能够带来高效率。庇古创立外部性理论的初衷之一就在于让外部性的天平向公平一边倾斜,以实现社会福利的最大化。但是后来的外部性理论学者除米德等少数人外,都把外部性理论的重心放在了效率上,而忽视了公平。市场缺失是普遍存在的,市场不完全是常态,外部性是人与人之间经济关系的普遍属性。外部性理论是一个以"公平"为主要价值观的理论,而外部性内部化实际上就是一个实现公平的过程,所以外部性内部化从历史的角度来看是必然的,外部性的内部化贯穿于资源有限的人类历史的始终。但是也不能否定外部性理论的时代性,如果站在某一个历史阶段,一味地追求外部性的内部化,企图把外部性瞬时间消灭而求得社会公平,那是不科学的[①]。所以外部性理论在坚持以"公平"为主要价值观的同时,兼顾社会经济"效率"。这就要在公平和效率之间寻找一个均衡点。对产生正外部性的经济主体给予经济补偿,与对产生负外部性的经济主体进行惩罚,是一个事情的两个方面,都应该予以关注与重视。因为若不对产生正外部性的经济主体给予经济补偿,久而久之,就会使这类经济主体减少供给,从而损害社会利益或群体利益,造成发展的不可持续。

外部性理论能够揭示人类行为的相互依赖与相互影响的事实,又能够通过模型构建、机制设计等方式从理论上均衡公平与效率、自由市场与政府干预之间的关系,从而对合理的人类实践起指导作用。外部性理论充分地、令人信服地解释和说明了生态失衡、环境破坏的根本原因,提出了一套解决有关问题的对策,是可持续发展经济的重要内容,为生态文明经济体系的发展奠定了理论基础。

同时生态文明经济体系又是对可持续发展经济的扬弃,它在实践上必须处理好外部性的问题,一方面要通过法规、政策、金融等调控措施和市场规则,促进外部不经济性向外部经济性转变;另一方面要发展生态文明经济体系,对传统经济进行改造与提升,实现在生产过程解决外部不经济性,实现生态效应、经济效应和社会效应的相统一和最优化。生态文明经济体系与传统经济既有联系,也存在诸多区别,这将在下面的有关章节中分析。

## 11.4 人的全面发展理论

人的全面发展首先是经济学的范畴,是马克思从事四十多年经济学研究后才得出的科学结论[②]。

---

[①] 胡石清,乌家培. 外部性的本质与分类[J]. 当代财经,2011(10):5~14.
[②] 许崇正. 论分工与人的全面发展[J]. 学术月刊,2006(10):61~68.

### 11.4.1 人的全面发展理论概述

人的全面发展既是发展生态文明经济体系的主要目的,又是生态文明经济体系发展的主要源泉。马克思对人的全面发展问题的研究是沿着如下思路或方法进行的:

(1)马克思对人的全面发展问题的研究是以人或个人的本质为前提和出发点的。他认为人的全面发展实指普遍的(每个)个人的全面发展,而个人的全面发展往往是相对于他们片面发展而言的,换言之,马克思是把关注的重心放在对"个人"的和"全面"的认识上。他所关心的问题是:人的某种东西在个人那里的全面发展,而不是人以外的其他东西的发展,是全面发展了人,而不是全面发展了人以外的什么东西。个人之所以为个人,在于他具有类特性、社会特性和个人特性(个性)这三种基本的本质特性。首先,个人与动物不同,他属于人这个"类";其次,个人与"一般人"不同,他是现实的个人,而个人之所以为现实的个人在于他是社会的存在物;最后,个人还与单个他人不同,他具有与他人不同的个人独特性,是具体的、有个性的个人。

(2)马克思把人类社会历史形态划分为三个阶段。最初的社会形态是人的依赖关系阶段(起初完全是自然发生的,也称自然经济阶段),在这种形态下,人的生产能力只是在狭窄的范围内和孤立的地点上发展着。第二大形态是以物的依赖性为基础的人的独立性阶段(也称商品经济阶段),在这种形态下才形成普遍的社会物质变换,全面的关系,多方面的需求以及全面的能力的体系。第三大形态是建立在个人全面发展和他们共同的社会生产能力成为他们的社会财富这一基础上的自由个性阶段(也称产品经济阶段),第二个阶段为第三个阶段创造条件。人的发展和社会的发展是统一的,都是一个自然历史过程。马克思把个人的全面发展放在社会历史发展过程这一大的背景下来考察,着重谈论个人全面发展的过去(前资本主义社会)、"现在"(马克思当时所处的资本主义社会)和未来(共产主义社会)。因此,他把个人的全面发展既看作是一个过程(这时他所谈的全面发展是"充分发展"或"最大限度的发展"),又把它看作是一个理想目标(这时他用"全面发展的个人"来表达)。

(3)他往往把个人的全面发展的规定同个人的应有发展、个人的自由发展和个人的和谐发展联系在一起,同时又力图把它们相对区别开来,以进一步说明个人的全面发展。个人的全面发展是指个人的类特性,社会特性和个性在个人那里的充分发展,它主要侧重于"变化"及其"程度",是一个"量变—质变"范畴。

遵循上述思路或方法,马克思关于"人的全面发展"具有下列涵义及具体内容:

首先是个人的"类特性"在个人那里的全面发展。自由自觉的创造性活动(即作为目的本身的消遣性的劳动)是人之所以为人的本质特征,是人的"类特性"。它包括两方面的内容:一是就活动的内容和性质而言,指活动的独立自主性、自由自觉性和能动创造性等各种能力,这方面的发展实质上就是个人主体性及其内在本质力量(能力)的充分发展;二是就活动的形式而言,指从事的是何种活动,这方面的发展,在马克思看来,实质上是个人活动充分达到丰富性、完整性和可变动性。

其次是个人的"社会特性"在个人那里的充分发展。人的本质在其现实性上是一切社会关系的总和,离开了人们一定的社会联系和关系,就无从谈社会的人,更不用说去把握人的全面发展了。在马克思那里,个人的社会特性的发展有如下主要具体内容:①个人与他人不仅与社会群体中的某一成员的身份发生相互关系,而且还作为个人发生相互关系;②在我和别人的交往中,我把别人当作发展自己力量所需要的对象,在这种关系中,个人彼此间交流经验和知识;③个人的主要社会关系(个人和他人的关系、个人和集体的关系、个人和人类的关系等)的和谐发展;④个人积极参加社会生活的多种领域和世界的交往,并发生全面而丰富的联系,尽可能利用全社会和世界的全面生产和关系的成果,来为自己的发展服务,以摆脱个人的个体局限、职业局限、地域局限和民族局限;⑤在丰富全面的社会关系中,个人之间的关系成为他们自己的共同关系并服从他们的共同控制,从而使他们获得现实关系和观念关系的全面性。

最后是个人的"个性"在个人那里的充分发展。它包括如下具体内容:①个人自身中的自然潜力的充分发挥。每个人自身中的自然潜力都有其特殊性,个人的使命就在于将这一特殊的潜力充分发挥出来,否则就会萎缩。②在社会意义上,个人的肉体和心理的完善。个人的肉体完善指一定社会中的个人体力各部分的相对并齐发展,而且达到健康的身体,保证高度的体力和脑力工作能力的技能和品质的训练。心理完善即健全的心理而非病态心理。③个人需要的相对全面和丰富。这主要体现为:个人按其自身的特点来发展其积极的需要;由单一片面的需要向相对全面的需要的发展;由低层次需要向高层次需要的发展;由占有和利己性质的消极需要向充实人的本质力量的积极性质的需要的发展。④相对丰富全面而又深刻的感觉。即指由"拥有"的感觉向丰富全面而又深刻的感觉的发展——把对象看作是表现、确证自己本质力量的对象。⑤精神道德观念和自我意识的全面性。它包括思维的全面性、观念的全面性、道德的全面性和自我意识的全面性,其实质是这些全面性要求反映和创造外部世界的全面性。⑥个性的自由发挥。

总之,马克思关于人的全面发展的思想实质,从内容上讲,是为了确立人在世界中的应有的价值和主体地位,是为了求得人类社会发展和个人发展的和谐一致,是为了达到自由的生存;而从理论上看,则是人道主义和历史唯物主义的有机统一[1]。人的全面发展是人的需要、人的活动及其能力、人的社会关系和人的自由个性由片面到全面、由畸形到完整、由贫乏到丰富、从潜在到现实的发展。其中,人的需要的全面发展构成了人的全面发展的逻辑起点和原初动力,以劳动能力为核心的能力体系的完善构成了人的全面发展的实质,人的社会关系的丰富与和谐构成了人的全面发展的重要标志,人的自由个性的形成构成了人的全面发展的最高目标和终极归宿[2]。马克思明确主张人的全面发展必须具有一个鲜明的社会尺度,全体人的自由发展必须具体落实到每一个个人发展之上。马克思在《哥达纲领批判》把共产主义社会区分为两个阶段,明确指出只有在共产主义社会高级阶段才会有个人的全面发展,而共产主义社会第一阶段则是刚刚从资本主义社会中产生出来的,在经济、道德和精神方面都还带着旧社会的痕迹。因此,在社会主义社会,人还无法实现全面而自由的发展,但人已经开始表现为生产的目的,在社会主义社会,为实现人的全面发展的历史任务,必须创造一系列的现实条件。

"生态文明建设是造就人与自然、社会与自然协调发展,自然—人—社会复合生态系

---

[1] 韩庆祥. 关于马克思"人的全面发展"涵义的商榷[J]. 哲学研究,1990(6):32~40.
[2] 牟文谦,路聪. 马克思人的全面发展内涵的逻辑理路[J]. 湖北社会科学,2010(7):5~8.

统全面进步的必然选择,所以生态文明建设是现阶段推进人的全面发展的必然要求"①。在生态文明建设过程,人的全面发展过程与发展生态文明经济体系是相辅相成、相互促进的。生态文明经济体系的发展在以下几方面促进人的全面发展:唤起人的生态需要、不断满足人的生态需要,满足包括生态需要在内的物质、精神等方面的需要是实现人的全面发展的有机组成部分;社会消费方式的改进,为人类的身心健康提供保证;社会生产方式的改进,提倡创造性劳动,提倡以科学智慧来提高生产效率,降低成本竞争的重要性,为人的全面发展提供和谐的劳动生活;为人类提供良好的社会生活环境,包括美好的自然环境、和谐的社会环境、符合人性的工作条件;改变了人的物质价值观,彰显了人生的真正价值,这是人的全面发展的核心。生态文明经济体系的高度发展是人的全面发展的重要标志,也是人的全面发展的重要条件,人的全面发展则是发展生态文明经济体系的重要保证。只有在人的劳动活动及其劳动能力的全面发展中,人们才能依靠科学技术对自然资源的有用性进行全方位的挖掘,着力培育自然再生能力的提高和自然资源的永续利用。只有在人的社会关系的全面丰富中,人们才能摆脱局部利益、眼前利益的狭隘性,形成有利于生态文明发展的人文环境,最终实现经济效益、社会效益和生态效益的高度统一。只有在人的素质全面提高中,人们才能建构起与良好的生态环境相适应的价值观念、生活方式和消费方式,形成尊重自然、善待自然的健康生态人格,最终促进生态文明的真正实现②。

**11.4.2 人的全面发展理论的经济学含义:幸福经济**

随着人的全面发展条件的不断发展,幸福经济研究受到了越发广泛的关注。党和政府也高度重视人民幸福生活问题。胡锦涛总书记在 2011 年"两会"期间参加代表团审议时就强调促进民众幸福,2012 年在参加十一届全国人大五次会议代表团审议时又强调:让七彩土地上各族人民过上更加幸福美好生活,实现经济发展和人民幸福同步提升;温家宝总理所作的政府工作报告突出一切为了人民的幸福生活,在 2010 年的政府报告中就指出"我们所做的一切都是要让人民生活得更加幸福、更有尊严,让社会更加公正、更加和谐。"他在接受中国政府网专访时说:"提供幸福就是要'让人们生活得舒心、安心、放心,对未来有信心',发展经济的目的就是要提高人民的生活水平。"③

一般认为,幸福是指人的需要和欲望得到满足时的快乐感受和体验,它比快乐更加复杂,是一种稳定的情绪体验。自古至今,人们一直没有停止过对幸福问题的思考和探索。早在 2000 多年前的古希腊亚里士多德就揭示了幸福的性质,认为我们说为其自身来追求的东西比为了他物的东西更为完善,那从来不因为他物而被选取的东西更为完满。总而言之,只有那些由自身而被选取而永不为他物的目的才是最后的,看起来,只有这个东西才有资格作为幸福,我们为了这自身而来选取它,而永远不是因为别的什么。指出幸福是终极的和自足的,它自身就是目的。德国哲学家费尔巴哈也曾指出,幸福必须是生活的,生活必须是幸福的;一切的追求,至少一切健全的追求都是对于幸福的追求。美国《独立宣

---

① 廖福霖. 生态文明观与全面发展教育[M]. 哈尔滨:东北林业大学出版社,2002:27.
② 张学书. 生态文明与人的全面发展[J]. 生态经济,2005(7):109~111.
③ 万武义. 政府工作报告诞生记:一切为了人民的幸福生活[EB/OL]. http://finance.people.com.cn/GB/14171913.html.

言》中也写到：人人生而平等，包括生命权、自由权和追求幸福的权利等若干权利是不可剥夺的，为了保障这些权利，人类才在他们之间建立政府，政府不能以任何形式破坏这些目标。因此，实现人民幸福的最大化是政府公共管理的最重要职责，一个国家应始终把国家经济社会发展的宗旨定位于尽最大努力为全体国民创造幸福生活，致力于更好、更快、更大地提升国民幸福水平。传统的经济学认为，增加财富是增加幸福的最主要方式，更多的财富会带来更大的幸福。而实证研究表明，经济增长虽然在最初可以大幅度提高生活质量，提高社会的幸福度；但是到了一定的临界点以后（如果用人均 GDP 表示经济增长，用联合国倡导的人类发展指数表示生活质量，那么这个临界点大致是人均 1 万美元）①，进一步的经济增长对生活质量的贡献开始降低甚至消失，总体幸福水平反而可能下降。雷亚德把这种现象譬喻为"快乐的走步机"现象。你走得越快，走步机也转得越快，而你还是身在原地。"幸福并不完全由于一个人拥有财富的多少。"②自 20 世纪 50 年代以来，西方经济空前增长，收入、住房、教育、健康、度假及工作条件都有了显著改善；然而，调查显示，美、英、日、欧洲大部分国家人民的幸福程度未见改善。人的幸福不能只停留在物质需要和感官刺激的满足上，应上升到高一级的精神层次的追求，即获得精神幸福。精神幸福是指一个人获得精神财富从而使其精神需要得到满足的心理体验。它是人类最高级的一种幸福。幸福是多方面因素共同作用形成的生活状态。诸如健康状况、职场与就业、教育水平、闲暇时间、公平、性格、性别、遗传、婚姻、家庭、亲朋关系、年龄、年代差异、文化等等因素，都可能带来幸福感的差异。首先，人是自然中的人，人的生存以及生命的保全离不开自然环境。新鲜的空气、洁净的水源、健康的体魄是实现幸福的前提和根基，是个人迈向幸福的第一步。其次，人是社会的产物，人不能脱离社会而单独存在，无论是人对于物质的需要，还是对于精神的需要，都属于社会性的需要，没有独立于社会之外的纯粹的个人需要。因此，社会和谐，人与人之间的关系和睦融洽是决定幸福的主要因素。研究表明幸福感很大程度上取决于生活的信念、生活的方式和生活环境中的对比感受等。正如恩格斯所指出的：每个人都追求幸福，个人幸福和大家的幸福是不可分割的。③ "社会建设与人民幸福安康息息相关。"④再次，从工作中获得满足是幸福的重要内容。每一个人的才能很大程度上是在工作中体现的，而才能的发挥是自我价值实现、得到社会承认的主要途径。"如果我们选择了最能为人类幸福而劳动的职业，就不会被他的重负所压倒，因为这是为全人类所做的牺牲，那时我们感到的将不是一点点自私而可怜的欢乐，我们的幸福将属于千万人。"⑤第四，公平正义是人民永恒的追求，是现代社会进行制度安排和制度创新的重要依据，是协调社会各阶层关系的基本准则，是一个社会产生幸福感的重要平台。幸福水平与公平分配、和谐消费等环节关系密切，坚持消费正义是解决幸福问题的前

---

① 诸大建. 理解科学发展观的思想误区[J]. 沪港经济，2009(5)：25.
② Bruno S. Frey, Alois Stutzer. Happiness and Economics: How the Economy and Institutions affect well-being[M]. Princeton University Press, 2002：26.
③ 马克思恩格斯全集：第 42 卷[M]. 北京：人民出版社，1979：374.
④ 胡锦涛. 高举中国特色社会主义伟大旗帜，为夺取全面建设小康社会新胜利而奋斗[M]. 北京：人民出版社，2007：37.
⑤ 马克思恩格斯论教育[M]. 北京：人民教育出版社，1958：49.

提。第五，政府善治是实现国民幸福的重要保证。最后，亲情的关怀和友情的温馨是实现幸福的重要支柱。

经济学作为一门以人类的经济活动、经济关系为研究对象的社会科学，其初衷和根本任务应当是而且也只能是保持和增进人类幸福[①]。但现代经济学事实上已经蜕化成为财富经济学，巴西前农业部长何塞·卢林贝格曾把这种财富经济学概括为"不幸福的经济学"，从而中肯地指出了现代经济学的不幸福本质。财富经济学，成为不幸福经济蔓延的理论根源，它无法解释现实经济生活中财富与幸福疏远化的现象，更无法解决人类目前面临的幸福危机等。人类经历的空前危机大都根植于人们的经济活动，并借助经济的强大影响力向社会其他领域不断蔓延、渗透，从各个方面削减着人们的幸福感。对于不幸福经济的形成和蔓延，经济学作为人类经济实践的重要指导负有不可推卸的责任。由于人们对于什么是幸福、怎样才能获得幸福这个根本性问题并没有搞清楚，因此盲目地去追求幸福，结果引发了一系列危机。人们追求财富只是为了获得幸福，"追求财富"是手段，而"幸福"才是根本目的，而且"增加财富"只是达到"幸福"的手段之一，却并不是唯一手段，也不是最重要的手段[②]。现代人是饱受了环境恶化苦难的人，是增强了生态意识的人，因此他们不仅追求直接的经济利益，同时也追求生活质量，历经磨难的实践使他们逐渐认识到，只有与自然和谐相长，才能取得经济利益的最大化，并且是长远利益的最大化[③]。可以说，现代人追求的是幸福最大化。在现代经济社会发展中，经济应是以人的福利提高为目的，经济以服务于人的自由、全面、健康发展为前提，经济只是人类生存、可持续发展、自我完善的手段，经济必须有利于人的健康生存与发展[④]，有利于提高人们的幸福感。"幸福感"的一个重要来源是"回忆"，另外一个来源是脉冲式的变化所带来的，幸福感还来自于时间性的比较和社会性的比较。全球化造成了整个世界的时空压缩，使整个世界成为人们活动的场所，在这样一个世界中，任何一个地方所发生的事情都会对远距离的他人的思想和行为产生不同程度的影响，也会影响到人们的幸福感。经济发展水平、生态环境状况、人与人之间、人与社会之间的关系等都会影响到人的幸福感。2006年，世界人均GDP已超过8000美元，照理，世界经济已发展到可以使全人类过幸福生活，但今天幸福感和财富并不成正比例，物质生活只是其中必要的基础条件，还需要精神人文环境方面的感受。科学应当围绕人类健康生存与发展，地球资源合理使用、生态保持平衡的问题来开展研究和不断推进，以增进全人类的福祉。现代经济学家的立足点应以全人类为高度，把200多年前亚当·斯密开创的宏观经济研究道路走宽走大，变富人经济学家为人类经济学家，为提高全人类的生活福利做出新贡献。[⑤] 研究生态文明经济体系目的就是用科学的发展观去引导自然—人—社会复合生态系统和谐协调，持续发展，提高人类的幸福水平，为人的全面发展创造条件。

---

① 陈湘舸，王艺. 论经济学的"幸福革命"[J]. 经济理论与经济管理，2009(11)：32~36.
② 王彦勋，卢苓霞. 幸福人假设带给管理领域的全新视角[J]. 管理科学文摘，2006(12)：21~23.
③ 张春霞. 绿色经济：经济发展模式的根本性转变[J]. 福建农业大学学报(社会科学版)，2001，4(4)：28~32.
④ 李克强. 论"人口、资源与环境经济学"的理论基础[J]. 中央财经大学学报，2007(4)：53~58.
⑤ 胡培兆. 世界经济发展与人类生活要求[J]. 中国经济问题，2008(2)：3~13.

# 第十二章

# 生态文明经济体系的结构与功能

　　关于经济结构的研究很早就已开始，其中最早对经济结构进行研究的是英国古典经济学创始人威廉·配第；而从经济学史来看，试图从结构角度来研究国民经济的运动，则是从法国重农学派的代表魁奈开始的①，自马克思首先提出使用"经济结构"的概念后，不断有学者对此进行研究，到了20世纪20年代，甚至形成了一门独立的经济结构学，其标志是新西兰奥塔哥大学教授费希尔和英国经济学家柯林·克拉克提出的"三次产业划分法"。所谓经济结构是指国民经济各组成部分的地位与相互比例关系。它是一个由许多系统构成的多层次、多因素的复合体。关于经济结构的分类构成，不同的学者从各自的研究角度出发，提出了不同的看法。有的学者主张把经济结构归结为生产力结构与生产关系结构，其中生产关系结构又称为社会经济结构，它主要研究所有制结构的问题；还有的学者则认为经济结构可以分为宏观与微观两个层面，其中宏观经济结构主要包括社会总需求结构、所有制结构、收入与利益分配结构、产业结构、区域结构等；微观经济结构则包括企业组织结构与产品结构等。而更多人认同把经济结构分为产业结构、技术结构、经济组织结构、所有制结构、产品和进出口结构、就业结构、投资结构、地区和城乡结构、积累和消费结构等十大经济结构①。经济结构状况是衡量国家和地区经济发展水平的重要尺度，而影响经济结构形成的因素非常复杂，具有不同经济体制，不同经济发展趋向的国家和地区，其经济结构状况也存在着很大的差异，合理的经济结构有利于充分发挥经济优势，有利于国民经济各部门的协调发展，反之则可能阻碍经济发展。因此，研究经济结构是现代国民经济发展的需要，它对调整国民经济，编制出科学的长期经济发展计划，提出正确的产业、技术等搞好国民经济发展的政策具有重要的指导意义。

　　结构是系统的存在形式，功能则体现结构与外部的联系与作用，即体现了某一结构与外部环境之间的物质、能量和信息的输入与输出的变换关系。结构与功能是一种相辅相成的关系，结构决定功能，而功能则影响结构，并受到结构的制约。研究经济结构主要是研

---

① 刘荣勤. 当代经济学学科[M]. 北京：中国展望出版社，1998：531.

究经济结构与其功能之间的关系。生态文明经济体系作为一种新型的经济系统，它与传统经济一样，也具有类似的结构类型，但它是对传统经济批判与继承的基础上产生的，因此它对结构的比例关系有着更高的要求。

## 12.1 生态文明经济体系的结构分析

中华人民共和国成立 60 多年特别是改革开放 30 多年来，我国经济发展取得了辉煌成就，在经济总量迅速扩大的同时，经济结构也不断得到调整和优化，但经济结构不合理的深层次矛盾和问题始终存在[①]。这种不合理的经济结构不但严重影响了经济增长的质量和经济效益，同时还造成了各种资源与能源的极大浪费，带来了日益恶化的生态失衡、环境污染与公众健康等问题。因此，为了促进经济平稳运行，实现我国国民经济又好又快发展，本节试图通过对工业文明经济结构分析的基础上，就生态文明经济体系的结构进行探讨。

### 12.1.1 需求结构

需求结构指的是国民经济的总需求结构，主要包括出口、投资与消费。从当前的需求结构来看，主要是内需与外需、投资与消费失衡。其中内外需结构指的是国内需求与国外需求的比例关系。

#### 12.1.1.1 内需与外需结构

改革开放 30 多年来，我国对外开放程度不断提高，与世界经济的联系越来越紧密。其中突出表现在进出口贸易的快速发展并取得了前所未有的成就。据海关总署统计资料整理发现，2011 年我国进出口贸易总额从 1978 年的 206 亿美元猛增到 36420.6 亿美元，增长了 176 倍。其中，出口总额从 98 亿美元增加到 18986 亿美元，增长了 193 倍。多年来，我国经济对外贸的依存度不断上升，经济增长在较大程度上依赖国际市场。但是改革开放以来，我国"两头在外、大进大出"的国际大循环经济发展战略奉行的是以单向引进和数量扩张为特征、以资源高消耗为手段、以环境遭破坏为代价的粗放型外贸增长模式，这种发展模式不但使我国在国际分工中被锁定于产业低端的依附地位，而且使我国自然资源遭受到欧美发达国家的残酷掠夺，给我国资源与能源造成了极大的压力，同时还造成了严重的环境污染问题。国家环保总局环境与贸易专家组初步研究表明：虽然我国对外贸易价值量为顺差，但资源环境却在产生"逆差"，并引用国务院发展研究中心的 DRC-CGE 模型计算结果说明：通过外贸行业对节能减排的重要指标 $SO_2$、$CO_2$ 与 COD 排放量的分析，我们发现中国入世以来外贸对污染物排放与能耗的贡献也非常惊人。外贸在过去十年中对 $SO_2$、COD 等污染物排放的比率都在 20% 以上，对 $CO_2$ 排放的比率在 30% 以上[②]。另外从我国现有的出口产品结构分析来看，目前我国大多数省市以出口初级产品的比重较大，并且大部分出口产品缺乏核心技术和具有自身知识产权，其附加值较低，其中以矿石、农产品和煤炭等原材料以及粗加工工业制品为主，这些产品一般都具有价格较低，劳动力、原材料

---

[①] 李克强. 关于调整经济结构促进持续发展的几个问题 [EB/OL]. 新华网，2010-6-1. http://news.xinhuanet.com/politics/2010-06/01/c_12165229_10.htm.

[②] 胡涛，吴玉萍等. 我国对外贸易的资源环境逆差分析 [J]. 中国人口、资源与环境，2008(2)：204.

和能源投入较多的特点。有关数据显示，我们消耗国内的资源出口一双布鞋平均 2.5 美元，需要 840 万双才能换回一架 2100 万美元的波音飞机，而生产 840 万双的布鞋需要消耗堆积如山的橡胶、布料、大量能源、厂房并产生大量污水和垃圾①。另以纺织行业为例，我国每生产 100 米棉布大约要消耗 3.5 吨水和 55 千克煤，同时要排放 3.3 吨废水，产生 2 千克 COD 和 0.6 千克 BOD5。

### 12.1.1.2 投资结构

当前，一些地方政府热衷于招商引资，却往往忽略了利用外资的效果或对引进项目的环保评价，导致许多引进项目对我国生态环境造成了严重的破坏，大大影响了人民群众的生命财产安全，有些地方的自然生态甚至濒临不可恢复的状态。而近年来发达国家的高污染产业转移是世人耳闻目睹的现实。为了缓解本国环境污染的压力，西方发达国家不断向发展中国家转移一些高污染、高能耗产业。相关统计表明：20 世纪 60 年代以来，日本已将 60% 以上的高污染产业转移到东南亚国家和拉美国家，美国也将 39% 以上的高污染、高能耗产业转移到其他国家。1984 年 12 月美国联合碳化物公司在印度的博柏尔农药厂发生毒气泄漏事故，导致 50 万人中毒，20 万人受到严重伤害，2500 多人死亡，这是发达国家向发展中国家转移污染产业的一个典型事例②。2011 年 1 月底，国内多家环保组织发布联合调查报告《苹果的另一面》，揭示苹果公司在华供应链存在的污染和毒害；8 月 31 日又发布调查报告《苹果的另一面 2》，指责苹果公司无视其供应商对环境造成的污染，以牺牲环境和当地居民利益为代价，攫取超额利润。该报告详细记录了环保人士对名幸电子、凯达电子等十余家苹果供应商污染情况的实地调查结果，报告显示苹果公司的中国供应商所从事的生产工序会产生含重金属、氰化物的废水、锡烟、铅烟等多种污染物，并且随着"苹果"产能的扩张，其供应商带来的污染问题也将随之放大③。

生态文明经济体系结构要比工业文明经济结构有着更高标准的要求，针对工业文明经济结构的不足，应更为完善。首先在内需与外需的结构方面，应该立足国内扩大内需，处理好扩大内需与稳定外需关系，力求内需与外需的平衡发展。一方面充分考虑国内环境与资源容量，通过将环境成本和资源成本纳入到产品成本的办法来进行控制高污染、高资源强度产业的出口，并倾向于出口更多高技术、高附加值的产品，以求经济与环境的协调发展④；另一方面，也要充分利用国际国内两种资源、两个市场，增加国内短缺资源的进口，缓解国内环境和资源压力⑤。其次，在国内各地方政府招商引资方面，应制定相关政策作良性引导，力求在吸引外资发展地方经济、拉动当地相关产业发展时，应当充分评估外资项目对生态环境的影响，以及引用外资后续的实际利用质量与效果。

---

① 杨庆育，黄朝永等. 省域资源节约与环境友好型经济研究[M]. 北京：中国环境科学出版社，2007：54.
② 曾凡银，冯宗宪. 贸易、环境与发展中国家的经济发展研究. 人大复印资料 - 世界经济，2000（10）：96~101.
③ "苹果"被指利用污染企业在华攫取超额利润[EB/OL]. 中国新闻网，http://news.xinhuanet.com/fortune/2011 - 09 -01/c_ 121940928.htm2011 -9 -1.
④ WTO 与环境课题组著. 中国加入 WTO 环境影响研究[M]. 北京：中国环境科学出版社，2004：271.
⑤ 《全国落实科学发展观大参考》编写组编著. 全面落实科学发展观大参考[M]. 北京：红旗出版社，2005：8.

## 12.1.2 产业结构

根据国家统计局的划分,第一产业指农、林、牧、渔业;第二产业指采矿业,制造业,电力、燃气及水的生产和供应业,建筑业;第三产业指除第一、二产业以外的其他行业,包括交通运输、仓储和邮政业、信息传输、计算机服务和软件业、批发和零售业、金融业、教育、卫生、社会保障等。所谓产业结构是指国民经济中第一产业与第二、第三产业之间的分布格局与相互比例关系,它是国民经济结构中最基本的结构类型,其比例关系对经济增长与发展的速度和质量产生最直接的影响。

在工业社会以前很长的一段时间里,农业作为第一产业一直发挥着非常重要的作用,它是人类社会财富的最主要来源。但是进入工业文明以来,农业对经济增长的贡献不断减少,第二产业工业的贡献则日益增长,其次是服务业。近几十年来,许多发达国家的第三产业已成为经济的主要增长极。中华人民共和国成立以来,我国三大产业的结构比例关系也发生了显著变化。中华人民共和国成立初期,我国的产业结构非常不合理,农轻重比例不协调,重工业的比重较大,这种结构虽然促进了我国重工业的发展,但却使得国内食品和轻工业产品非常匮乏,人民生活质量不高。十一届三中全会以来,产业结构关系开始逐渐改善,第一产业的比例不断下降,第二产业的比重则不断稳步提高,逐渐成为经济增长的主导力量,而第三产业的比重虽然也在不断加大,但是与第二产业相比,还是比较缓慢,对经济增长的拉动作用还比较有限。"十一五"时期,我国三次产业均保持较快的发展态势,2006~2010年第一产业年均增长4.5%,第二产业年均增长12.1%,第三产业年均增长11.9%。尽管产业结构在不断演进,但长期形成的结构性矛盾尚未根本改变,农业基础薄弱,工业的科技水平不高,经济增长高度依赖第二产业。另外,从三大产业对国内生产总值的拉动作用来看,2003年以来,我国的国内生产总值的增长率都在10%以上,但第一产业都在0.8个百分点以下,第二产业在5.3个百分点以上,第三产业则在4个百分点左右[1]。随着工业的发展,加剧了产业结构的不合理,进而加大了资源环境的压力,影响经济整体素质和效益的提高。特别是以生产资源密集型产业为主的包括非金属矿物制品业、黑色金属冶炼及制造业和石油化工业等行业在内的重工业化发展,使得不管是污染排放量还是污染排放强度都达到较高水平,从而造成严重的生态环境问题。诚如廖福霖教授所言,在各种经济成分中,企业是造成生态环境污染的主体,当今世界大多数环境问题都同企业活动有关[2]。另外根据邹东涛教授主编的《中国企业公民报告(2009)》蓝皮书,目前我国工业企业仍是环境污染主要源头,约占总污染比重的70%。此外,就地区分布格局而言,产业结构在全国各地普遍存在重复生产、重复建设的问题,即各地存在着非常相似的产业结构,造成过度激烈的市场竞争,资源浪费的问题也异常突出。

要改变工业文明经济产业结构的缺陷与不足,必须建立生态文明经济体系的产业结构,即建立有利于资源节约、生态与环境友好的产业体系。首先在工业特别是重工业的发展方面,要努力提高资源的使用效率,设立严格的市场准入制度,限制高能耗、高污染排放的落后产业,引导工业实现可持续发展,努力实现我国由制造业大国向制造业强国转

---

[1] 《走中国特色社会主义道路》编写组编.走中国特色社会主义道路[M].北京:北京出版社,2008:76.
[2] 廖福霖.生态文明建设理论与实践[M].北京:中国林业出版社,2003:307.

变。其次，采取积极的激励政策，鼓励创新，加强产业科技队伍建设，结合技术引进与技术改造以及自主研发，实现技术创新升级，增强产业的创新能力。通过增强自主创新能力，要着眼于抢占未来技术和产业制高点，培育发展包括新能源、新材料、绿色产业、节能环保、航空航天等高端制造产业在内的战略性新兴产业，加强基础研究，突破核心技术，力争实现跨越式发展。再次，针对部分行业尤其是一些高耗能、高排放行业产能过剩的情况，需要及时淘汰落后产能，防止重复建设，对产业的发展要以市场调节为主，宏观调控为辅，实现优势产业互补，结构优化。第四，大力发展现代服务业，特别是加快生产性服务业和代表未来发展趋势的体验经济的发展，达到既可以扩大就业，改善供给，同时又可以加快产业结构优化升级的目的，更重要的是可以大大减轻资源环境压力，有利于资源节约、环境友好、公众健康的社会经济构建。

### 12.1.3 要素投入结构

生产要素一般指用于生产经营活动，满足需要的物品和劳务。它们是生产过程中必不可少的因素或条件，主要包括劳动、土地、资本、企业家才能、技术等等。要素投入结构指的是投入于生产经营活动中的劳动、资本和土地、企业家才能以及技术等多种资源要素之间的比例结构，反映经济增长方式的差异。

长期以来，我国经济增长基本上是一种粗放型的增长方式，其主要特征是：依靠上新项目、铺新摊子、大量增加生产硬要素投入，以实现经济的不断增长。说到底，就是一种高投入、高消耗、低产出、低质量的经济增长方式，科技进步和创新对经济增长的贡献率偏低。显然，这种经济发展模式是以对自然资源的掠夺性开发和牺牲生态环境为代价的，消耗了大量资源能源，造成生态的严重失衡，环境也在不断恶化，给人们的生命财产安全带来了严重的负面影响。首先，在能源资源要素投入方面，2009 年，我国 GDP 占世界的 8.6%，却消耗了世界 46.9% 的煤炭和 10.4% 的石油。显然，在粗放型增长方式下，我国许多基础工业都在不同程度上表现出高资源投入、高能耗、低产出的特点。从国际的横向比较来看，我国的能耗水平也是相当高的，每单位国民生产总值的能耗和矿物原料消耗都比发达国家高 2~4 倍。例如，中国生产每吨钢的煤耗是日本的 4 倍，料耗比日本多 53 千克；油田总热耗效率仅为发达国家的 2/5；生产每度电耗煤比主要发达国家高 1.25 倍；每亿元国民收入能源综合利用率仅为 25%，比欧洲平均水平低 26%；每生产 1 美元的 GDP，中国的能耗相当于德国的 4.97 倍、日本的 4.43 倍、英国的 2.97 倍、美国的 2.1 倍、印度的 1.65 倍[①]。其次，在劳动投入方面，长期以来我国的经济增长是靠廉价劳动力的比较优势推动的，即凭借廉价劳动力的优势发展劳动力密集型产业来推动的。劳动者素质和管理水平较低，自主创新能力还不强，这不仅造成了严重的环境污染以及能源资源日益稀缺紧张的问题，更重要的是使我国产业沦为全球产业分工的低端，制约着居民收入增加和内需扩大。再次，许多发达国家为了缓解本国的资源与环境的压力，利用发展中国家环境标准较低的特点，纷纷把国内一些环境污染大、资源能源消耗大的产业转移到发展中国家，这样就无形中也把环境问题与资源问题转嫁到包括我国在内的发展中国家了。因此，在某种程度上来说，西方发达国家国内良好的环境是以发展中国家的环境为代价的。为此，有的

---

① 谢丽霜. 民族地区投资活动的环境效应研究[M]. 北京：中央民族大学出版社，2007：93.

学者提出了著名的"污染天堂假说"。

从上可知,传统的粗放型经济增长方式是以要素的大量投入为代价的,显然对经济可持续发展是不利的,发展生态文明经济体系应该通过增强自主创新能力,鼓励科技创新,发展创新型经济、循环经济、绿色经济和低碳经济,变粗放型经济增长方式为集约型经济增长方式;同时对国外引进的产业要提高环境标准,实现更严格的市场准入制度,以确保国内资源不被过度消耗。

### 12.1.4 收入分配结构

国民收入分配结构是指国民收入在政府部门、企业和居民之间的分配的比例关系,主要包括中央与地方财政的分配比例结构、贫富结构比例,其中贫富差距问题通常采用基尼系数来衡量,基尼系数越大,说明一国或一地区的社会收入分配差距越大,反之则越小。

关于收入对环境问题的影响,国内外已经有了许多丰硕的研究成果。有学者套用经济学家库兹涅茨的 U 型曲线说,采用倒 U 型曲线来解释收入变化与环境污染之间的关系,提出了著名的 EKC 假说。在相关研究中,学者们常用人均收入来代表经济增长,在经济增长(人均收入增长)初期,环境污染会不断恶化,等到经济增长(人均收入)到一定阶段时,产业结构会不断优化改善,人们的环境保护意识也会不断增强,环境质量也会不断改善。人均收入少对环境的改善显然是不利的,人均收入的增长会促进环境质量的改善。但是人均收入不能反映收入分配的差异,事实上,收入差距(贫富差距问题)也会对环境质量的改善产生很大的影响。一般来说,社会分配越公平,对环境质量的改善越有利。因为收入分配状况会对经济主体的行为产生直接影响,而经济行为,特别是生态文明的消费行为有利于引导环境产品的消费良性发展,进而促进整体环境质量的改善。如果社会分配不公平,会造成较大的贫富差距,从而加剧社会等级分化。富人手中持有更多的财富,他们因此而有更多的主动权选择高质量的环境产品和绿色产品等,但是仅凭少数富人的力量不足以拉动整个消费市场对环境产品的需求,对大多数穷人来说,他们的收入根本上说只能满足自身最基础的生存需求,因此无暇顾及环境问题及环境产品,甚至不平等和贫困化还会直接破坏社会环境从而影响经济增长的外部条件[①]。因此,只有当社会分配状况改善,贫富差距缩小,人们都具有相对令人满意的收入,衣食住行等基本生存需求满足后,才会更多地产生对环境产品和环境质量的需求,并在全社会形成保护环境、热爱自然的良好氛围,减少对环境的破坏或者采取行动改善环境。

从政府财政分配来看,1994 年实行"分税制"以后,中央政府的财政集中能力开始越来越强,集中比例越来越高,地方财税收入比例持续下降,收入来源不稳定,正规和稳定的税源趋于枯竭,形成了中央财政宽余、地方财政紧张的局面[②]。因此,实行分税制后,地方政府的财政收入受到很大影响,地方财政就不得不依靠当地的企业。由于这层关系,地方政府与当地企业发生利益合谋的行为也就显得难于避免。地方政府一方面要靠地方企业来吃饭维持运转,一方面又要对地方企业采取"关""停""并""转"等措施,那么地方财政势必受到影响,这对地方政府简直无异于自断财路。因此中央与地方财政的分配状况也

---

① 王玉振,张然. 收入分配不公对环境有何影响[N]. 中国环境报,2011-02-11.
② 周天勇,谷成. 中央与地方:财权再分配[J]. 南风窗,2009(15).

会影响到环境质量的改善。只有当地方保证有一定的财政开支,地方政府才会有更多的动力去保护本辖区的生态环境。

因此,促进生态文明经济体系发展的收入分配结构一方面要按事权与财权相统一的原则处理好中央与地方财政的分配比例结构,避免地方政府为创收而纵容企业的不良行为;另一方面要缩小贫富差距,在消除贫困,保障贫困群体的基本生存需求的基础上逐步实现共同富裕;同时要引导生态文明消费行为。

### 12.1.5 技术结构

技术结构是指一个国家、地区或部门在特定时期不同等级技术的结构比例关系。技术关系到如何生产的问题,合理的技术结构是国民经济持续高速发展的重要条件。

从20世纪30年代以来,环境问题始终为西方资本主义社会所关注,围绕环境问题而展开的社会运动和理论探索也从未停止过。由于资本主义是与工业革命或工业技术的发展相伴而生的,并且震惊全球的"八大公害事件"都直接与特定的工业部门和科学技术联系在一起,因此,人们在刚开始反思生态环境灾难时都不由自主地把矛头指向科学技术。在分析资本主义生态灾难的原因时,绿色生态运动和绿色理论也都将科学技术作为重点批判的对象(注:相对而言,我国对环境问题的认识则更加滞后,在改革开放之前,人们对环境问题的认识很有限,并且习惯以意识形态的思维方式来思考问题,一度认为环境问题是资本主义社会的事,与我国无关,多数人把环境问题简单地视为卫生问题[①])。法兰克福学派的霍克海默和阿道尔诺在《启蒙辩证法》中指出科学技术的进步实现了人类从自然界的分离和人类对自然界的统治与支配。而第一个真正把科学技术与生态环境灾难系统地联系在一起的是美国生物学家蕾切尔·卡逊,她在其著作《寂静的春天》(1962)中指出,农药、杀虫剂(DDT)等化学药品的滥用,造成了生物的灭绝,自然生态的失衡,甚至已危及到人类的生存。德国经济学家舒马赫(1973)也认为科学技术与自然是相互矛盾的,现代巨型的科学技术剥夺了人类的创造性与乐趣,并提出应采用"介于镰刀与拖拉机之间"的中间技术;巴里·康芒那则断言每一项科学技术都增加了"环境与经济利益之间的冲突",现代科学技术是"一个经济上的胜利,但它也是一个生态学上的失败"[②]。

事实上,工业文明以来的科学技术一直遭到许多学者的大肆批评,甚至有人认为科学技术已成为压制的工具,很多人都认为在传统经济增长观以及人类中心主义价值观影响下的科学技术已成了生态危机的元凶。为此,我国有很多学者提出要建设生态文明必须用生态价值观来评判科学技术,实现科技创新生态化[③]。认为科技创新生态化是调节人类社会活动与生态承载能力从而达到可持续发展的最佳途径[④];解决人类生态危机的有效途径在于把握现代科学技术的走向,在现代科学技术与生产力发展的水平上确立生态文明观,走一条人与自然协调发展的道路[⑤];传统企业技术创新是单纯效益取向的,存在着生态缺陷。

---

① 冯建华. 走有中国特色的环保之路[N]. 中国社会科学报,2009-08-04.
② (美)巴里·康芒那著,侯文惠译. 封闭的循环——自然、人和技术[M]. 长春:吉林人民出版社.1997:120.
③ 钟明春. 生态文明研究述评[J]. 前沿,2008(8):160~165.
④ 黄星君,杨杰. 科技创新生态化——可持续发展的必然趋势[J]. 武汉科技大学学报(社会科学版),2004(6):48~51.
⑤ 王文芳. 科技进步与生态文明观的确立[J]. 广西社会科学,2003(1):48~50.

建设生态文明和发展循环经济，必然要求企业从技术创新观、技术创新战略、技术创新模式、技术选择原则以及技术体系等方面，全面实现由效益型向生态型的转化，实现企业技术创新生态化，使技术创新能够真正为生态文明建设和循环经济发展提供技术保障[①]；生态文明经济体系各种形态的有机融合，产生了生态化技术体系，相对于工业社会的机械化技术体系，它具有更为合理的技术结构和技术平台，是促进自然—人—社会复合生态系统和谐协调、共生共荣、共同发展的内生力量[②]。一般来说，创新生态化技术体系占的比重大，则有利于资源与能源的节约，有利于生态与环境的保护，反之则不利于节约能源与资源，不利于生态与环境的保护。发展生态文明经济体系要求不断壮大生态化技术的比重。

### 12.1.6 区域经济结构

区域经济结构是国家各地区经济发展水平的空间分布格局，或者说各区域经济在整体经济中所占的地位与相互比例关系。区域经济结构可以反映各区域经济发展的协调程度。

当前我国区域经济发展极不平衡，区域发展差距较大。1978年、1998年和2008年三个时间段数据说明虽然我国各地区的人均GDP跟东部的相对比值缩小，特别是西部地区（表12.1），但是从表中可以明显看出东部地区的人均GDP还是占绝对优势，总GDP占全国的比重都在上升，而中西部则在下降，东北地区则有波动。

表12.1  我国区域生产总值相对比重及人均GDP变化情况

|  | 东部 | 中部 | 西部 | 东北 | ① | ② | ③ | ④ | ⑤ | ⑥ |
|---|---|---|---|---|---|---|---|---|---|---|
| 1978年人均GDP(元) | 852 | 285 | 273 | 589 | 567 | 3 | 579 | 3.1 | 263 | 1.4 |
| 1998年人均GDP(元) | 12499 | 5011 | 4228 | 7598 | 7488 | 2.5 | 8271 | 3 | 4901 | 1.6 |
| 2008年人均GDP(元) | 41672 | 18368 | 18742 | 26954 | 23304 | 2.3 | 22930 | 2.2 | 14718 | 1.5 |
| 1978年占全国GDP(%) | 43.4 | 21.7 | 20.9 | 14.1 |  |  |  |  |  |  |
| 1998年占全国GDP(%) | 53.6 | 20.3 | 18.4 | 7.7 |  |  |  |  |  |  |
| 2008年占全国GDP(%) | 54.3 | 19.3 | 17.8 | 8.6 |  |  |  |  |  |  |

说明：①东部与中部的差值；②东部与中部的比值；③西部与中部的差值；④西部与中部的比值；⑤东北与中部的差值；⑥东北与中部的比值。

资料来源：根据中国国家统计局网站http://www.stats.gov.cn/tjsj/ndsj/公布数据整理

按传统东中西三大区域划分，2010年的有关数据表明，在经济总量规模上，11个东部省市完成了近60%的国内生产总值，且上升趋势日益明显，而8个中部省不足30%，11个西部省区市则刚刚超过10%。在经济增长速度上，与东部11个省市相比，西部12个省区市与中部8个省的GDP年均增长率也存在着较大差距。在人均GDP水平与人均收入水平上，中西部地区与东部地区的差距也呈现扩大趋势。区域经济发展不平衡对我国资源与环境会产生很大的负面影响。首先，对中西部来说，由于经济发展相对滞后，人们生活水平不高，而资源特别是矿产资源以及能源等比较丰富，这就可能引发当地政府或居民

---

① 牛桂敏. 生态文明建设中的企业技术创新生态化[J]. 经济界, 2006(5)：65~68.
② 廖福霖等. 生态生产力导论[M]. 北京：中国林业出版社, 2007：8.

忽视当地的生态资源，以过量消耗矿产、土壤、森林、植被等资源为代价，发展许多自主型、无序型的效率低下的企业经济。这种经济发展模式由于片面追求眼前的经济利益，往往给本区域造成严重的生态环境问题的同时对其他区域产生负面影响，最终造成经济发展的不可持续。如 2011 年 8 月份媒体揭露的云南省陆良化工实业有限公司非法倾倒 5000 余吨剧毒铬渣的事件，造成了大量牲畜死亡，而且由于长年的污染排放，还给当地百姓的生命和健康造成了极大的危害，更为严重的是倾倒入河流中的铬渣还可能给下游百姓带来严重的危害。其次，对东部经济发达地区而言，由于企业过于密集，产业规模较大，污染排放规模也较大，在推动当地经济不断增长的同时，也给当地造成了严重的环境污染。

总之，区域经济发展不平衡既会造成经济落后地区生态失衡与环境污染，同时又会导致经济发达地区各种污染排放强度排放过大的问题。因此，发展生态文明经济体系需要统筹城乡发展，统筹东中西部各地区的经济发展，克服地区经济发展的不平衡问题，协调好各区域的经济结构，因地制宜，实行优势互补。

## 12.2 生态文明经济体系的功能分析

### 12.2.1 生态文明经济体系的基本功能

（1）有利于转变经济发展方式，增强经济的整体质量、经济效益和核心竞争力。生态文明经济体系是在充分考虑资源有限性以及生态环境承力的前提下展开经济活动，因此在生产过程中特别重视科技进步，劳动力素质的提高以及管理创新，进而改变当前高能耗、高污染、低产出的粗放型增长方式，即节约能源资源，大幅提高投入产出的效益。特别是我国当前资源与环境矛盾冲突异常严重，并且又处于一个工业化和城市化都在不断加快的发展阶段，提高资源能源的利用效率，促进经济的可持续发展就显得尤其重要。

（2）有利于取得生态效应、经济效应和社会效应的相统一和最优化，促进自然—人—社会复合生态系统的持续全面协调发展。生态文明经济体系与工业文明经济最明显的区别在于发展生态文明经济体系不仅重视经济效应，还重视生态效应与社会效应，通过发展理念、机制、技术、市场、管理等方面的综合创新，大力发展有利于资源节约、环境友好、公众健康的新兴产业，调整并优化产业结构，实现三大效应的相统一与最优化，促进自然—人—社会复合生态系统的持续全面协调发展。

（3）有利于促进区域、城乡协同发展，为实现生态和谐、人态和谐与社会和谐打下良好基础。生态文明经济体系的系统观要求发展经济不能片面强调某个方面或某个区域的发展，而是从整体或系统的角度出发，把自然、人、社会当作一个统一的大生态系统，因此不管哪个区域、城市与农村都从属于同一个大生态系统，发展生态文明经济体系就得把不同区域、城市与农村都纳入其中并全盘地考虑，某一区域的发展不能对另一区域造成损害，发展城市经济不以污染农村为代价，也不因发展农村经济而不顾城市发展，在发展中协调区域间、城市与农村的关系，化解矛盾与冲突，避免顾此失彼。

### 12.2.2 生态文明经济体系的具体功能

（1）促进全面发展。"青少年的全面发展应当是一种和谐协调的发展。如果从青少年与外部环境的关系而言,是同自然生态系统与社会生态系统和谐协调的发展密切联系的"[1],其他人的全面发展同样如此。生态文明经济体系遵循自然发展规律和经济、社会发展规律,注重经济效应、生态效应与社会效应的相统一与最优化,既可以促进经济增长,提高社会整体福利水平,提高人们生活水平和生活质量,同时又因为最大限度地减少经济活动对环境的污染和损害,注重自然与生态的平衡,从而实现人与自然的和谐协调、共生共荣,为人们的工作、生活提供了一个良好舒适的宜居环境。而良好的自然环境又有利于促进人们精神文明风貌的改善,从而在全社会营造出一种保护自然,爱护自然的良好氛围,在人与自然和谐的基础上实现人与人的和谐。人们身居和谐的环境中,既可以因为免受环境污染而保持身体健康,又可以在和谐的社会环境中培育良好的道德情操并实现心态和谐。可见,在经济效应、生态效应与社会效应的统一与最优化的基础上有利于生态和谐、心态和谐、社会和谐,促进自然、人、社会全面发展。

(2)优化经济结构。正如前文所述,经济结构对经济能否可持续发展起着一个很重要的作用。发展生态文明经济体系就是要改善当前存在的一些不合理的经济结构,制定相关法律法规以及更高的技术标准限制或取消高消耗、高污染、低产出的企业,对污染排放较大的工业进行升级优化,大幅度提高资源节约型、环境友好型新兴产业,包括高新技术产业,生物能源产业等等的比重,同时还要通过制定优惠的政策措施提高第三产业即服务业的比重。简而言之,就是要通过相关产业政策的调整,实现资源优化配置,推进产业结构的合理化和高级化发展。

(3)开发新资源能源。资源能源是经济活动中所必不可少的要素。长期以来,依靠高消耗、高污染、低产出的粗放型经济增长方式消耗了我国大量的资源能源,使我国经济发展面临着资源能源短缺的困扰。解决资源能源问题对我国这样一个人口众多,经济高速增长而资源相对不足、生态环境脆弱的国家来说显得格外重要。发展生态文明经济体系除了需要通过实现科技创新,结构优化升级等方式来实现资源能源的节约外,而且还需要增加科研投入,加大新能源的开发力度,寻找更洁净、更环保的可替代资源能源。

(4)保护生态环境。生态文明经济体系是在既有生态环境承力的前提下运行的,人们在从事经济活动时,以生态文明经济体系思想为指导,改变以往单向的线性生产方式,在生产过程中采用新技术最大限度地节约资源能源,并力争废物再利用,变废为宝,把各种形式的污染排放物尽量控制在生产过程之中,最终尽可能地实现"零排放",以达到减少对环境的污染与损害的目的,实现对生态环境的保护,促进经济可持续发展的同时也为人们创造一个良好的宜居环境。

(5)实现社会和谐。生态文明经济体系与传统经济不同,它不再单纯追求经济效应,同时还重视生态效应与社会效应。传统经济在发展过程中不计社会成本的经济行为不但大量消耗资源与能源,给社会造成了包括环境污染等严重的外部性问题,更为严重的是它造成了人与自然,人与社会的冲突。而生态文明经济体系正是在克服传统经济缺陷的基础上,注重生态效应、经济效应与社会效应的相统一与最优化,实现资源能源节约、生态环境保护、绿色低碳发展,进而促进人与自然、人与社会的和谐。

---

[1] 廖福霖.生态文明观与全面发展教育[M].哈尔滨:东北林业大学出版社,2002:28.

# 第十三章

## 生态文明经济体系的发展过程

经济发展要求节约资源能源、保护生态环境、保障健康安全，为实现自然—人—社会复合生态系统的和谐演进奠定经济基础，而传统经济在发展过程中产生的一系列危机迫使人们转变经济发展模式。在寻求经济发展与资源能源、生态环境和健康安全的协调过程中，产生了生态经济、循环经济、绿色经济、创新经济、低碳经济、体验经济、生态文明消费型经济、改造提升传统经济等各种生态文明经济体系发展形态。生态文明经济体系在发展过程中呈现非均衡的特点，存在先发与后发优势，各地在充分利用优势并善于转化优势的基础上，为增强生态文明经济体系的实效，进一步协同各方优势，把生态文明经济体系发展推向深入。

### 13.1 生态文明经济体系的非均衡发展[①]

#### 13.1.1 生态文明经济体系非均衡发展的表现

美国经济学家巴兰·保罗·亚历山大指出："世界经济的发展和人类的物质、文化进步，无论在时间顺序上，还是在空间分布上，都是不平衡的。"同样，生态文明经济体系发展也存在非均衡性，体现在国家间的发展阶段不同、区域间存在差距和进一步发展的条件差异。

发达国家工业化进程较早，对传统工业非生态文明经济体系的弊端感受较深，并且也较发展中国家拥有经济实力保护自然资源、治理环境污染、提高民众福利，支持生态文明经济体系发展。他们从末端治理开始，逐步发展生态文明经济体系的各种经济形态。在技术的创新过程中综合运用降低创新成本——技术推动政策和提高创新收益——需求拉动政策，在资源能源利用效率、绿色化、低碳化等方面取得了较好的成效。他们不仅在国内鼓励绿色产业、绿色产品和绿色企业的发展，促进产业升级，还把环境保护标准作为国际市

---

① 郑国诜，廖福霖，祁新华. 生态文明经济体系非均衡发展规律初探[J]. 石家庄经济学院学报，2011(6)：51~54.

场竞争的重要武器。自1978年联邦德国率先实行"绿色天使"环境标志以来，绝大多数发达国家相继制定了环境标志制度。只有当产品经过权威机构按严格的程序进行认证，确实达到标准时，方可确认为绿色产品。他们通过以下措施大力推进生态文明经济体系，实现经济转型：建立并完善生态环境保护和资源循环利用的法律法规体系，严格立法执法；综合运用多种政策，加大污染治理力度，进行生态环境建设，促进资源节约与循环、能源高效与低碳，保障居民健康安全；重视培养和提高公众的生态文明意识，规范公众行为，扩大生态文明消费市场。当前，欧洲以及美国、日本等发达地区和国家纷纷制定和推进一系列以循环经济、低碳经济为核心的"绿色新政"，旨在将高能耗、高消耗、高排放、高污染的传统经济发展模式，转变为低能耗、低消耗、低排放、无污染的"绿色"可持续发展模式。从生态文明经济体系的历史演进过程及实践成效可以做出这样的判断，生态文明经济体系需要经历萌芽→初步发展→取得积极的发展成果→深入发展→趋向成熟的阶段。很多落后国家尚未把生态文明经济体系纳入发展议程或在萌芽中；一些发展中国家，生态文明经济体系已得到初步发展，资源利用效率虽有提高，但跟发达国家比较还有不小差距，生态环境局部改善，总体堪忧，影响居民生命健康安全的问题还时有发生；新兴工业化国家的生态文明经济体系发展已取得阶段性的积极成果；主要发达国家的生态文明经济体系实践较早，在巩固已有成效的基础上已进一步深入发展。这显示出生态文明经济体系发展的阶段性差异，也说明生态文明经济体系发展存在空间差异。在区域范围，即使在同一个国家，特别是区域差异较大的国家，其内部也存在生态文明经济体系的发展差异。传统的产业结构理论认为，经济发展初期的资源与环境问题，是和产业结构低级化联系在一起的，这些问题要通过产业结构的提升加以解决。低收入国家以第一产业为主，对自然资源的依赖程度大进而对环境施加的压力较大；中等收入国家以第二产业为主，制造业尤其是重化学工业对环境施加的影响较大；高收入国家以第三产业和高新技术产业为主，对自然资源的依赖程度较低，对环境施加的负面影响也趋于下降。但如果缺少生态文明经济体系理论的指导，情况并非这样。按工业文明经济行事，即使较高的产业结构也仍然会严重破坏资源和污染环境，如旅游业对资源的破坏与白色污染。按生态文明经济体系行事，以生态化技术武装，第一产业可以做到零排放，第二产业也可以做到与生态环境相容。

### 13.1.2 影响生态文明经济体系非均衡发展的因素

生态文明经济体系是促进自然—人—社会复合生态系统和谐协调、全面发展的经济系统，其发展所需要的要素包括自然的要素、人的要素、社会的要素以及它们之间的和谐协调。人的要素主要体现在人力资本上。生态文明经济体系发展需要优质的劳动者，对人力资本的要求较高。我国各省自然本底差异很大，虽然西部主要省份人均自然资源占有量高，但因为人才匮乏，落后的生产力无法催生出一种生态生产力转变的能力，生态文明经济体系的发展水平落后于东部地区。教育发展的非均衡进而导致人力资本的差异是生态文明经济体系非均衡发展的一个重要因素。

影响生态文明经济体系发展的社会要素主要体现在文化和社会资本上。文化与经济发展具有密切的关系，企业文化、消费文化、政府行政文化等都会对经济发展产生重要影响。区域文化是区域经济发展不平衡的重要因素之一。社会资本是指在社会中通过创造、维持社会关系和社会组织模式来增强发展潜力的因素，是一个共同体中人与人、人与组织以及组织与组织之间长期交往形成的,嵌于社会关系和社会结构之中的,以态度、信任、习俗、惯例、规则、网络、制度等多种形式存在的,被社会结构中的行动者(包括个人和组织)所获得和利用,并为行动者在有目的的行动中提供便利的一种资源。它的分布具有非均衡性的特征。当人们被很好地组织在团体中时,基于信任、互惠、行为的同一规则与规范的社会制度能够调停无拘无束的私人行动。高度社会信任通过它对政府正式结构的积极影响而推动着经济发展。社会资本是实现可持续发展最关键的资本。社会资本与人力资本是自然资本改善的先决条件。社会资本对促进经济增长、缓解贫困、提高工程绩效、集成管理自然资源与保护环境非常关键,高水平的社会资本将是生态、社会和经济职责和谐过程的先决条件。

经济发展必须落实到具体的现实空间,也就是在某一具体区域发展,生态文明经济体系发展也必然要以区域作为发展的现实空间。区域经济发展需要各种条件,条件的不同引起区域经济发展不平衡。总之,在生态文明经济体系发展过程中,由于存在所拥有的初始要素禀赋以及反映区域要素和非区域要素之间匹配程度的要素适宜度水平的差异,必然会出现生态文明经济体系发展较快的国家和生态文明经济体系发展较慢的国家,生态文明经济体系发展较快的地区和生态文明经济体系发展较慢的地区。区域经济不平衡发展是客观的经济规律,因此存在生态文明经济体系先发区域与后发区域。生态文明经济体系发展的累积性差异又造成其进一步发展的条件差异,进而又会使生态文明经济体系非均衡发展。

## 13.2 生态文明经济体系先发优势与后发优势的交融发展

经济发展具有非均衡性,非均衡发展结果表现为生态文明经济体系发展的阶段差异、空间差异和进一步发展的条件差异,出现了生态文明经济体系发展较快的国家与较慢的国家和生态文明经济体系先发区域与后发区域,即出现生态文明经济体系的先发者和后发者,客观上存在生态文明经济体系的先发优势与后发优势,生态文明经济体系发展因此具有扩散性与互补性,能够在扩散与优势互补中实现交融发展。

### 13.2.1 后发优势及其追赶与超越战略

马克思主义经典作家们虽然没有使用后发优势的概念,但他们在著作中却从不同的角度论述,启发我们对后发优势的利用。马克思认为,共产主义是在吸收、继承发达资本主义国家所取得的一切文明成果基础上,社会物质文明和精神文明都达到高度均衡发展的社会。不发达国家要过渡到社会主义,实现跨越资本主义"卡夫丁峡谷",就必须吸收资本主义的文明成果。列宁进一步发展了马克思恩格斯的思想。他反复多次地强调要借鉴资本主义的宝贵经验,继承资本主义遗留下来的全部文化遗产,这些经验和遗产包括科学技术、知识和艺术、管理经验与各类人才。

"后发优势"是美国经济史学家格申克龙在总结德国、意大利等国经济追赶成功经验的基础上,于1962年提出的。所谓后发优势,是指在先进国家或地区(先发者)与后进国家或地区(后发者)并存的情况下,后发者所具有的内在的、客观的有利条件。这一条件在先发者是不存在的,也不是后发者通过自身的努力创造出来的,而是与后发者的总结、学习借鉴、超越分不开的,这体现了辩证唯物主义和历史唯物主义思想与方法。后发优势的内涵丰富,至少包括六个方面内容:技术的后发优势、资本的后发优势、人力的后发优势、机制的后发优势、结构的后发优势、精神的后发优势。具有后发优势的国家或地区在经济发展中可供选择的发展战略主要有四种：跟随战略或比较优势战略、追赶战略、赶超战略和超越战略①。一般来说，渐进式、分步式的追赶战略是具有后发优势的国家或地区的可行选择，但仅凭后发优势是不可能赶上发达国家或地区的，当通过发挥后发优势，后发利益的增量与总量变得很小的时候，实施自主创新和以创新为主的超越战略就成为必然选择。

跟发达国家比较，我国在发展生态文明经济体系时存在后发优势。在发展理念方面，根据国际发展经验和我国的实际，我国不能走先污染后治理的老路，要摆脱经济增长必然以牺牲生态环境和健康安全为代价的错误观念，党中央审时度势，提出科学发展观、进行和谐社会与生态文明建设。在体制机制方面，在实践中发现计划和市场都是经济手段，资本主义也有计划，因此我国要进行社会主义市场经济体制改革，充分发挥市场机制和政府宏观调控机制对发展经济的作用；在技术方面，我国的技术基础、技术创新能力和技术创新体系跟发达国家相比都有不小差距，在新产品、新工艺开发和资源能源利用等方面都有可供模仿与再创新的地方；在管理方面，企业管理规范化、信息化、人力资源管理、战略管理与决策管理等方面，发达国家都取得较好成效；在市场方面，发达国家比较好地建立了诚信市场，生态文明型消费市场正在快速发展，但我国的情况就相去甚远②。总之，在市场、管理、技术、机制、观念等方面，我国跟发达国家相比都存在不少差距，存在可供学习与借鉴的对象。

因此，我国在生态文明经济体系发展过程中可以借鉴先行者的发展经验，通过分析存在的优势与劣势，扬长避短，积极实施追赶战略并适时引入超越战略，从而实现生态文明经济体系的可持续发展。在工业文明基础上建造起来的城市、公路、街道、工厂、住宅区和公共设施越多，生态导向的改造和变革就会越困难。发达国家成熟但是传统的物质设施不利于进行全方位的脱胎换骨的生态变革，而中国总体上的物质基础建设仍然是不够的，因此物质层面的发展状态为发展生态文明提供了主要的机会和空间③。这也成为我国发展生态文明经济体系的一大优势。

### 13.2.2 先发优势及其创新战略

众多研究者将先发优势定义为"首动者优势"，主要是指在博弈中第一个采取行动的局中人所拥有的优势。这种优势的获得是因为有关国家或利益集团在参与竞争中有意识地最先出击、行动，争取话语权，在参与经济全球化或区域经济一体化进程谈判过程中可以利用业已形成的相应条款在制定惯例、规章、制度时为本国或本地区赢取更多相关利益。就国家或区域层面来说，先发优势是指发展起步较早，发展水平较高，发展阶段领先或超前的先发国家或地区（先发者）经济发展领先所产生的各种有利条件或创造的各种先机，主要包括要素性先发优势、技术性先发优势和制度性先发优势。要素性先发优势是指自然资源和人力资源先开发而形成的优势，而不是一般的资源蕴藏量，或要素禀赋优势；技术性先发优势是指先发者技术创新所形成的竞争优势及带来的超额收益；制度性先发优势是指先

---

① 郭熙保. 后发优势与跨越式发展[EB/OL]. http：//news. sina. com. cn/c/2004 – 01 – 06/08181514775s. shtml.
② 廖福霖. 再谈生态文明及其消费观的几个问题[J]. 福建师范大学学报(哲学社会科学版)，2010(1)：12~17.
③ 诸大建. 中国发展3.0：生态文明下的绿色发展[J]. 当代经济，2011(11)：4~8.

发者拥有效率更高、更能充分发挥制度功能的制度，降低生态经济社会的发展成本。先发优势主要有以下四个方面表现：

（1）市场竞争优势。首先是产品更具有竞争力。经济全球化会产生全球市场，为先发优势在市场竞争方面的发挥创造了条件。其次是谋取更多有利的经济规则。国际经济秩序规则的制定越来越有利于先发者，全球化进程中，国际经济秩序的制定越来越有利于那些制定规则的国家或地区，而这些往往是经济上有着先发优势进而有了制定游戏规则话语权的先发者。一旦一个国家或一个利益集团在全球经济一体化进程中占尽先机，则制度和惯例的制定必然对其自身有利，其他国家再想介入就会显得尤为艰难[1]。新制度经济学表明，制度的变迁往往是那些从中得到潜在利益的利益相关者推动的。将制度变迁理论推展到区域经济一体化中，显而易见，当前的区域经济规则通常是由在经济上占主导地位的先发国家实施的，最后是存在明显的路径依赖。路径依赖理论指出，由于某种原因获得先机者，能够实现自我增强的良性循环，从而在竞争中胜过自己的对手。相反，后进者将无法获得足够的追随者而陷于困境甚至"锁定"在某种恶性循环的被动状态之中，难以自拔。具有先发优势的国家凭借技术优势生产高端产品，同时抢占规则制定的主动权，用有利于本国利益的规则制约其他后进国家，为他们的高端产品抢先打入国际市场铺平道路，拥有大量的市场份额，获得规模效益。消费者使用先进入者的产品容易产生路径依赖，即使有替代品也会因为存在转换成本而锁定在原有产品上，给了第一个抢滩者发达的机会。

（2）技术优势及其产业转移优势。先发者（主要是发达国家）在科学进步方面拥有强大的优势。这种优势主要体现在科技投入、科技产出和科技对社会经济的影响三个方面。科技优势给发达国家的产业升级带来好处，其较落后的产业相对发展中国家来说也存在优势，为其转移带来便利。因此发达国家率先进行产业结构调整升级，大批高能耗、高污染产业转移到发展中国家，有的还在加紧转移；同时他们的节能减排技术也不断取得突破，正在本国推广应用，对发展中国家则加以封锁并设置环保门槛，使发展中国家在生态文明经济体系的发展中处于非常不利的境地。比如，占全世界人口20%的发达国家由于"工业化"而发达，但带给不发达国家的却是全球大气环境容量的"淤塞"、温室气体的"累积"；占全世界人口80%的发展中国家梦寐以求"工业化"，如今面临的后果却是为"工业化"必须要付出惨痛的代价！又比如，目前在中国每年消耗的煤炭和石油等能源中，约有1/4～1/3是用于生产最终供发达国家消费的产品[2]。这样，发达国家从中获得了经济发展优势，主要体现在经济总量、资本利用量、国际贸易量、跨国公司数、产业结构等方面。自20世纪70年代开始通过将物质生产部门转移到欠发达国家来着手解决自己的生态环境资源稀缺与破坏问题，目前已逐渐走上了以开发新能源、新技术，发展环保产业、保护自然的发展阶段。

（3）人力资本优势。人力资本是通过教育、培训、保健、劳动力迁移、就业信息等获得的凝结在劳动者身上的技能、学识、健康状况和水平的总和。劳动者可以分为从事简单劳动的一般劳动者和从事复杂劳动的高智力劳动者，显然后者具有较高的人力资本。先发

---

[1] 曹亮. 先发优势和后发优势[J]. 财贸经济, 2007(3)：24~28.
[2] 郑志国. 低碳经济概念的科学性质疑[J]. 理论月刊, 2009(11)：103~105.

者通过较高的教育投入同时以优厚的条件吸引后发者的优秀人才，形成人力资本优势，进而获得生态文明经济体系发展优势。最初是人跟着资源走，哪里有自然资源，人造资本、人力资本就向哪里迁移，而现在的情形是自然资源要跟着人造资本和人力资本走。

(4) 可以发挥资本的"滚雪球效应"。到 20 世纪 90 年代，占世界人口 1/5 的资本主义主要发达国家（先发者）产值占世界的 4/5，在世界前 100 家大企业和大银行中，它们分别占了 94 家和 95 家，黄金外汇储备占国际储备的 64%。可见，发达国家资本比较丰富，而发展中国家（后发者）资本比较稀缺，后者的资本报酬要高于前者的资本报酬。Caselli and Feryer 对 53 个国家的资本边际收益率进行比较，指出发展中国家平均资本的边际收益率为 27%，而发达国家只有 11%。Caselli and Feryer 对资本边际收益率的计算证实了发展中国家存在较高的资本边际收益率。因此，在经济全球化过程中，先发者可以在全球范围寻找投资回报率最高的地方，享受先发优势带来的好处，发挥资本的"滚雪球效应"。

当然，先发者也面临先发劣势和风险。由于没有可供借鉴的经验，创新就成了先发者的必然选择，这要摸着石头过河，要承担技术、环境等种种风险，要花大量的资金和时间培育市场、教育客户，有时候错误的代价是需要多倍资金和多年时间才可能得以弥补。创新需要成本，创新成本由直接成本和机会成本两部分组成。直接成本是一种货币投入，如研发费用和风险投资等；机会成本取决于创新所需的时间，时间越长，机会成本越高。创新一般需较长的探索时间，要走不少弯路，其风险成本往往大得惊人。据估算，美国 1997 年每 1000 个得到风险资本支持的项目里，只有一个能成功地占有大于 1% 的市场。另据资料反映，世界上产生收益的创新只占创新事件总数的约 10%，其余的或者失败，或者绩效平平。从事创新的高新技术企业，其寿命一般只有 10% 能活过 5 年，90% 的创新在进入市场之前夭折[①]。

一般来说，新技术在得到应用之前必须经历两个阶段：从研究到成熟为第一阶段，从成熟到应用为第二阶段，第二阶段一般需要 10~15 年才能完成，而技术引进和学习，一般只需要 2~3 年甚至更短的时间就可投产。有些科学发现和技术发明，往往花掉科研人员几十年乃至一辈子的时间，但一旦作为一种公共知识，后人学习时只需要几天甚至几个小时就可以了。

在区域性市场中，先发地区也一样会存在类似先发国家的情况，只不过它更易于受到所在国家的宏观调控。

虽然创新需要成本，也存在风险，但先发优势的保持除了创新战略就别无选择。随着产业升级、生活水平的提高，人们的需求已从基本单一的物质需求向物质、精神、生态丰富多样需求转变，经济发展也要求从工业文明经济向生态文明经济体系转变，要想在这一转变过程中获得主动，取得先发优势，就必须实施创新战略，抢占经济科技制高点。先发优势的实质是先发者通过创新获得科技与产品、产业优势，结合有利的规则在共同市场中获得超额利润，取得经济优势，从而能够更多地进行人力资本培育，进而加大基础研究与创新研究，进一步产生科技与经济社会优势，以此良性循环。生态文明经济体系的先发优势实质是通过以生态文明观为指导的创新获得生态化科技体系和高端产品、产业优势，结

---

① 汪丁丁. 索尼悲怆[N]. 经济学信息报，1998 - 6 - 5.

合绿色标准在生态文明型消费市场中竞争取胜，获得生态文明经济体系发展优势，从而能够更多地进行具有生态文明素质的人力资本培育，进而加大基础研究与生态文明型创新研究，进一步产生生态化科技体系与生态经济社会发展优势，以此良性循环。

### 13.2.3　扩散与互补实现生态文明经济体系交融发展

先发优势与后发优势的存在说明世界各个国家和地区在发展生态文明经济体系时存在互补性和扩散性，在扩散与互补中能够实现生态文明经济体系的交融发展。从20世纪60年代以来，发达国家首先不断探讨与实践生态经济、循环经济、绿色经济、创新经济（知识经济）、低碳经济、体验经济等各种生态文明经济体系发展形态，我国学术界从20世纪80年代进行了跟踪研究，总结了一些实践经验并提出了不少发展策略，实业界也进行了或深或浅的实践。发展生态文明经济体系就是使各种生态文明经济体系形态不断充实壮大，从"星星之火"到"燎原之势"，从小规模、小范围逐步扩大规模和范围，实现量变到质变，最终替代工业文明经济。目前最主要的任务是发展上述各种生态文明经济体系形态的同时对传统经济的改造提升、发展战略性新兴产业和生态文明消费主导型经济。对传统经济的改造提升源于生态化技术创新及其扩散，表现在国内和国际间的扩散；新兴产业也有扩散性，体现在其不断发展壮大和产业转移上；生态文明消费主导型经济也具有扩散效应，通过消费量的增加、消费群体的扩大拉动生态文明经济体系发展。当然，生态文明经济体系在扩散之前有一个要素集中的过程，某个企业进而该企业所在的区域通过集中优势要素进行生态文明经济体系实践，获得成功后方可成为扩散源。

技术演进是经济模式转变的主线，生态化技术体系是生态文明经济体系的关键支撑平台。生态化技术研发的历史还较短，世界上以绿色低碳为主的单项生态化技术已得到一定程度的发展，但生态化技术体系尚未成熟。发达国家或地区的生态化技术存在优势，可以成为扩散源，接收技术扩散的则成为扩散汇。来源于一国的技术扩散对于不同国家或地区的经济影响会呈现出不同的结果。生态化技术的国际扩散或转移无法被当作纯粹的商业活动，主要是"国家驱动"的，发达国家和发展中国家的政策空间都很大。但对于转移难度太大或者涉及核心竞争力的技术，发达国家（企业）不会转移给发展中国家（企业），发展中国家（企业）必须加强自主研发。因此生态化技术的扩散主要是在国内先进行，相关产业不断发展壮大，然后再与其他国家合作，实现生态化技术国际扩散，扩大生态文明经济体系的发展范围。20世纪70年代以来，美国、日本、欧盟的绿色技术发展经历了从"治"到"防"的转变，之后又对生产全过程进行控制，绿色技术市场不断扩大。近年来美国、日本、德国、巴西等许多国家政府开始大力推进绿色低碳技术在各个行业的扩散和应用。美国低碳技术创新成果显著，在电力行业的低碳化发展更显成功。日本的太阳能发电、太阳能电池产量多年位居世界首位，凭借其在半导体方面的技术优势和强大的经济实力，加上企业和民众的积极参与，日本光伏产业规模不断扩大。德国低碳政策的核心就是要通过促进低碳技术的扩散，实现由传统环境技术产业向低碳型环境技术产业的转变，继续保持其在低碳技术研究领域的世界领先地位，引领世界经济实现低排放模式下的发展。巴西政府早在20世纪70年代就启动了全国的乙醇低碳技术发展计划，经过30多年的不断改进完善，巴西乙醇燃料汽车的整体技术已相当成熟。巴西政府在乙醇替代能源等低碳技术问题上还非常注重国际合作，与美国、德国等发达国家合作在拉美地区其他国家推广乙醇和其他生物燃料技术,这样巴西相关的低碳技术可以获得更好的完善和推广①。

在发展生态文明经济体系过程中,有毒有害物质的排除也在发达国家先进行然后扩大范围。例如对电子产品实施无铅化,20世纪90年代,美国和欧盟的电子厂商在相关协会的组织下持续开展无铅焊接的研究计划,欧盟2003年正式通过了限制电子电气产品中使用有害物质的指令,其中包括无铅化的技术要求,随着欧盟电子废物管理指令的出台,无铅工艺被确立为市场发展的主流。日本后来居上,成为目前世界上无铅元器件、无铅材料和无铅系统产品的最主要的供应者②。我国也于2007年开始实施《电子信息产品污染控制管理办法》。曾经被认为是最有效的杀虫剂,也给人类带来巨大危害的剧毒农药DDT先是在美国,进而在全世界被禁止使用。为促进高污染工业走上绿色通道,美国科学家提出了"绿色化学"的概念(指的是生产工艺中的原料、生产过程的排放物的无污染、无毒物、无废物排出),1995年美国还设立了"总统绿色化学挑战奖"来促进这一工作,经过多年的实践,已逐渐得到学术界和工业界的认可,得到世界广泛的响应,绿色化学市场不断扩大。

发展生态文明经济体系的关键是生态化技术的创新,就目前而言,生态化技术体系尚未形成,有的只是单项的生态化技术,且各个国家和地区发展很不平衡。总体而言,发达国家和地区如美国、日本、欧盟生态文明经济体系发展较好,它们之间的生态化技术比较发达却各有特点,美国生态技术创新的出发点更具内在性,偏重"绿色",而日本则偏重"技术创新",在欧洲,由于欧盟政体的特殊性,欧盟委员会将生态技术创新视为战略性合作项目,生态技术创新模式往往注重以发挥欧洲一体化优势为出发点③。由于这些国家和地区的经济发展水平和技术知识水平方面比较接近,生态化技术发展水平比较相近但又存在质性差异,因此存在较大互补性,它们之间的扩散也较快。发展中国家在生态化技术方面也得到一定程度的发展,有些也达到世界先进水平,也存在与其他国家进行互补合作的条件。比如因为在生物质能方面的发展优势,巴西政府就在乙醇替代能源等低碳技术问题上与美国、德国等发达国家合作在拉美地区其他国家推广乙醇和其他生物燃料技术。生态文明经济体系较发达的国家或地区可以利用国际贸易、FDI和专利转让等方式跟生态文明经济体系较落后的国家进行合作,优势互补。比如中国可以利用市场大的优势跟其他国家进行合作,实现优势互补,在提高生态化技术水平的基础上提高生态文明经济体系发展水平。"中国有市场,只要政策对头,不愁吸引不来技术。"④这也已经引起国家的重视,《国务院关于进一步做好利用外资工作的若干意见》中提出,为提高利用外资质量和水平,更好地发挥利用外资在推动科技创新、产业升级、区域协调发展等方面的积极作用,一方面要鼓励外资投向高端制造业、高新技术产业、现代服务业、新能源和节能环保产业,严格限制"两高一资"(即高耗能、高污染、资源性)和低水平、过剩产能扩张类项目,同时引导外资向中西部地区转移和增加投资。

---

① 王靖宇. 低碳技术扩散中政府管理的国际经验比较研究[J]. 华东经济管理,2011(5):19~22.
② 童昕. 集群中的绿色技术创新—扩散研究[J]. 中国人口·资源与环境,2007(6):66~71.
③ 叶子青,钟书华. 美、日、欧盟绿色技术创新比较研究[J]. 科技进步与对策,2002(7):150~152.
④ 佚名. 中国70%减排核心技术需进口,实现低碳成本大[EB/OL]. 中国新闻网,2010-05-17.

## 13.3 生态文明经济体系的优势互转

我们乐意看到的是经济社会与生态环境协调发展、人民生活安康幸福，即生产发展、生活富裕、生态良好。而现实中却存在两种比较明显的情况：一是社会经济得到发展，生态环境在恶化，健康难保，幸福指数不高；再一是生态环境良好，而社会经济落后，生活贫困。这两种情况的共同点都是没有能够把经济社会发展、人民幸福生活与生态环境优势结合起来，没有实现优势的相互转化。而发展生态文明经济体系就要把三者有机结合起来。

### 13.3.1 经济社会发展优势转化为生态环境优势

经济社会优势发展转化为生态环境优势是一个过程，其实质就是经济生态化的过程，即在发展经济、促进社会公平、提高生活水平的同时改善区域生态环境，实现三重转变：从追求 GDP 最大化转变到经济、社会、生态三大效益的相统一与最优化；从外部治理资源浪费和环境污染转变到生产内部对资源的最充分利用且不产生污染；从主要追求物质生产转变为物质生产、精神生产和生态环境建设同时进行。为实现这一目标，需要采取以下策略：区域经济社会和生态环境配置和谐化；从生产到消费的全过程生态化；生态资产再造与功能激活。

### 13.3.2 生态环境优势转化为经济社会发展优势

在传统发展理念指导下，往往走高生态资源消耗的强物质化经济增长模式，结果是经济社会得到一定程度的发展而生态环境却在恶化，人民生活质量难以提高。以生态文明观为指导，生态环境优势转化为经济社会发展优势就是要实现生态环境经济化，要求合理保留、利用、开发、保护生态资源，维护生态服务功能，通过生态资源资产化、生态资产价值化与资本化、生态服务提供有偿化和生态补偿来实现区域经济发展、社会福利提高、生态环境良好。

生态环境资源是保障经济社会可持续发展的基础，但因为没有把生态资源当作资产，没有按资产运营规则进行经营与管理，在生态资源开发利用过程中，国家陷入了两难困境：一方面，经济发达地区遭受着生态资源极度稀缺的限制，当地居民获取生态服务满足的意愿一直难以实现；另一方面，生态资源富集区却一直难以实现把这一资源优势转化为经济社会发展优势的意愿。走出这一两难困境的根本出路是找到一种合理有效的生态资源的价值补偿和价值实现机制[①]。

生态资源有价值，无疑是资产。既然是资产，就应当按资产进行管理。因此要把生态资源作为生态资产来管理。生态资源资产化管理有三个基本目标：所有者权益得以明确，生态资产自我积累增值性得以确保，产权流转性得以确保[①]。资产化后的生态资源成为生态资产，生态资产是一个区域人民赖以生存、谋求发展的宝贵财富和手段，生态资产价值化和资本化是利用生态资产谋求发展的一个必要环节。不过这里需要研究如何建立符合基本国情的生态系统服务功能的单位价值量问题。在生态资源资产化并能够价值化后，生态

---

① 谢高地，曹淑艳. 发展转型的生态经济化和经济生态化过程[J]. 资源科学，2010(4)：782~789.

资产将能够资本化。通过生态市场，生态资源能够转变为生态资本，最终使生态资源所有者获得经济收益，反过来又提高生态资源所有者发展生态资源的积极性、自动性和创造性，形成良性循环。在生态资源转变为生态资本的过程中，政府在体制、机制的创设上起关键作用，而消费者为自己消费的生态服务和生态产品付费则是生态资源实现生态资本转变的保证。

生态环境优势转化为经济社会发展优势的实例已是不胜枚举。

### 13.3.3 生态环境优势和经济社会优势相互转化

发展生态文明经济体系就是为了尽力满足人的全面发展需要的同时促进生态系统和经济社会系统全面持续协调，实现经济、社会、生态三大效益的相统一和最优化，这有赖于生态环境优势和经济社会优势相互转化。在优势相互转化过程中，要用生态文明的思维、制度、技术作为指导、支撑和保障，具体落实到生态文明经济体系的产业发展，促进生态文明社会形态的建设。

在经济社会优势和生态环境优势的相互转化方面，国内外已有不少成功实践案例。浙江丽水通过转变发展理念，2008 年在全国率先实施《生态文明建设纲要》，推进生态产业工程、生态集聚工程、生态设施工程、生态文化工程，以生态经济化、经济生态化为取向，发展绿色经济、循环经济、体验经济、推广低碳技术，已逐步形成转型升级之后以生态经济为主导的增长方式，实现从"用绿水青山换金山银山"，到"既要金山银山也要绿水青山"，再到"绿水青山本身就是金山银山"的历史性跨越[1]。

经济社会优势和生态环境优势的相互转化在生态城市建设方面体现得很明显。生态城市建设需要良好的生态环境基质，而优美的生态环境对人们具有巨大的吸引力，尤其是高科技人才和投资者。受到过良好教育的高科技人才往往对生活环境有更高的要求，而具有一定经济基础的投资者则更有能力和可能性去选择环境优美的地方定居。一个环境优美的地方完全可以依靠自身的生态环境优势，吸引高科技人才的定居和投资者前来投资，带动本地各个产业的发展，从而使得生态环境优势变成经济发展上的优势，进而又有经济实力投入到生态环境的改善。厦门在这方面表现出色，2010 年亚洲开发银行中国城市环境宜居指数评价结果显示厦门排名居前，充分说明了厦门在环境方面的优势。调研说明投资者对宜居环境的评价和投资环境的评价呈现正相关关系，投资者认为较为宜居的城市也是投资者认为投资环境比较好的城市。自从 1991 年首个跨国制造业公司 ABB 签下进驻厦门协议，开启国际巨头纷纷抢滩厦门的历史以来，截至 2011 年 6 月，共有 11 个国家和地区的 49 个 500 强公司，在厦门投资 91 个项目[2]。中国社科院发布的《2010 年中国城市竞争力蓝皮书：中国城市创新环境竞争力报告》，报告对全国 294 个地级以上城市进行总体比较发现：厦门激励制度竞争力第 4 位，创新氛围竞争力居第 8 位，环境优美度竞争力第 9 位。可见，厦门今天的发展成就，生态环境优势与经济社会发展优势的相互转化是分不开的。生态环境优势与经济社会发展优势相互转化的案例中，美国的硅谷也是一个非常典型的模

---

[1] 叶辉等. 浙江丽水：经济生态春满园[N]. 光明日报, 2010-07-10.
[2] 吕寒伟. 世界 500 强竞相抢滩厦门[EB/OL]. http://www.taihainet.com/news/xmnews/szjj/2011-09-05/743793.html.

式。美国硅谷科技园区是闻名全球的高科技产业的典范，它的成功主要归功于优美的自然环境、高科技人才、高资本投入以及独特的人文环境。硅谷位于被称为世界上最美丽城市之一的旧金山市，这里环境优美，四季常青，拥有美丽的海滩和众多的公园，同时，由于硅谷独特的生态环境条件，使得硅谷气候宜人，四季如春。正是硅谷优美的生态环境，众多受过良好教育的人前来定居、创业，使得硅谷成为科学技术人才的集中地。硅谷可以为公司提供随手可得的高科技人才，投资者们纷纷在硅谷建立公司，可以说，硅谷拥有的优越的生态环境条件及其社会人文条件的结合是硅谷成功发展的重要因素①。慕尼黑也是一个类似的案例，位于德国南部阿尔卑斯山北麓的伊萨尔河畔，是德国主要的经济、文化、科技和交通中心之一，也是欧洲最繁荣的城市之一，世界著名的英国生活时尚杂志《单片眼镜》推出的2010年度世界最宜居城市榜单，在25个世界最宜居城市中，德国城市慕尼黑位居第一。

## 13.4 生态文明经济体系的协同发展

生态文明经济体系的发展遵循协同规律，所以其发展过程自然是协同发展的过程。本节着重阐述区域与国家间的协同发展。

### 13.4.1 区域间协同发展生态文明经济体系

生态文明经济体系各种经济形态要协同发展，体现在区域层面，同样要求区域生态文明经济体系走协同发展道路。

区域可大可小，为便于说明，这里的区域指国家内部并主要指我国的。区域间协同发展生态文明经济体系有其必要性。首先是实现生态文明经济体系发展目标决定的。我国地域辽阔，以各种标准划分（目前以行政区标准划分为主）的区域层次多、数量大，如果不走协同发展的道路就会变得"无序"，内耗非常大，对各区域与全国的发展都不利。发展生态文明经济体系是为了克服社会经济发展过程中面临的资源能源、生态环境和健康安全等问题，实现经济效益、社会效益和生态效益的最优化，增加社会福利，而资源能源、生态环境和健康安全等问题具有跨区域特征，因此只有协同发展才能达此目的。协同原理指出，系统中各个子系统和各要素的"协同"会使无序转化为有序，使分散甚至相互抵触的成分转变成有序的整体合力并形成整体功能和整体效益。生态文明经济体系作为一个系统，为实现系统整体效益最优，各区域在发展生态文明经济体系时必须协同运行；其次是应对经济全球化发展的竞争需要。经济全球化是不争的事实，而且将进一步深入发展，同时竞争也更加激烈。在经济全球化发展过程中，各个国家或地区都会积极参与横向联系，把对外开放与对外联系看作经济社会发展的重要前提和条件。为追求协同效益，形成新的优势，提高竞争力，各地区之间的经济合作与联系加强。要想在合作中获得更多效益，必须善于将区内外的各种资源或生产要素优化组合起来，有效地把区内外市场进行最充分的开拓。在市场经济条件下，生产要素的流动是以效率为导向的，即生产要素总是指向"高回报"的方向流动。面对生态文明经济体系发展比我们有优势的国外市场以及较高的绿色壁垒，我们必须协同发展区域生态文明经济体系，通过区域合作，形成新的更具竞争力的整合力量参

---

① 廖福霖等. 生态生产力导论[M]. 北京：中国林业出版社, 2007：166~167.

与全球竞争。

区域协同发展生态文明经济体系也存在可能性。首先是存在共同利益。一方面，只有协同发展生态文明经济体系才能解决具有跨区域特征的资源能源、生态环境和健康安全等问题；另一方面是应对全球竞争的有效手段。在当前区域经济一体化、世界经济一体化加快的压力下，各行政主体在地区利益的博弈中也被迫追求共同利益的实现。基于对共同利益的谋求，行政主体各方能够进行相互协商、相互配合，并通过采取诸如自愿原则、平等原则、互惠互利原则、共同受惠原则等一系列有效的原则来消除彼此之间的矛盾，这是区域间能够实现协同发展的重要前提；其次是各区域存在比较优势与互补性。不管是各区域的相对比较优势、绝对比较优势还是互补性，只有通过区际分工与合作、"强强"联合共生或"强弱"互补才能获得整体大于部分之和的"协同效益"。而比较优势的存在必然使区域间形成明显的区域分工以及专业化生产，也必然会不断强化区域间在经济发展上的互补性，同时增加了区域间彼此的依赖性，最终会促成各个区域之间的协作，通过资源在区域间的优化实现经济互补，或将某种共同的优势联合起来并不断增强。

当然，区域协同发展生态文明经济体系不可避免地存在困难性。首先是共同利益的公平分配与良性实现存在困难；其次是地方保护主义的存在增加了协同发展生态文明经济体系的难度；再次是体制与制度存在的不利因素。条块分割的行政管理体制造成只顾自己辖区局部利益，不去考虑行政区之间的经济协调发展；官僚式的体制结构为寻租提供了"温床"，寻租造成资源的浪费和市场低效率，更为跨行政区经济的协同制造了壁垒。最后是文化与思想观念存在的障碍。

区域生态文明经济体系发展不仅仅涉及资源能源、生态环境和健康安全等问题，而且还跟深刻影响这些问题的政策选择、制度创新、社会意识形态、经济与社会发展现象以及市场体系建设、不同地方政府间的竞争有着极为密切的关系。由于区域之间共处于一个复杂的巨系统中，各区域的生态文明经济体系发展情况如何，既受到区域本身条件、发展状况以及政策与制度选择等因素的影响，还在相当程度上受到其他相关区域的生态文明经济体系发展现状和政策制度选择的影响与制约。因此，协同区域间的生态文明经济体系发展具有重要意义。

区域生态文明经济体系发展需要经历以下三个过程：首先，创造区域生态文明经济体系发展的时机与条件，并注重对区域生态文明经济体系发展战略实施进程的调控，根据运行的实际情况进行调节与完善，以便生态文明经济体系发展战略按照既定的目标顺利实施；其次，捕捉能够推进区域生态文明经济体系合作的契机，采取措施推进区域生态文明经济体系系统开放，同时加强生态文明经济体系各子系统的深层次联系与调节，进而形成一种互相促进、互相竞争、互相制约、彼此协调以及充满生机与活力的局面；最后，是对区域间的生态文明经济体系发展战略进行统筹规划、合理运用与科学决策，推进更大区域的生态文明经济体系系统优化与升级。

## 13.4.2 国家间协同发展生态文明经济体系

发展生态文明经济体系需要各个国家的通力合作。资源能源、生态环境和健康安全等问题对人类的影响是全方位的，没有哪一个国家能够在这么巨大的挑战面前独善其身，也没有哪一个国家能够单独承担得起这一人类所面临的重任。因为诸如资源短缺、能源紧张、气候变化、臭氧层漏洞、污染扩散、工业病蔓延等等问题通常都具有跨国、跨地区的特点,影响面广、涉及的环节多。为此,在应对人类面临的资源能源、生态环境和健康安全等问题而采取的生态文明经济体系行动中,国际社会既要同舟共济,加强协调,重视开展国际和地区合作;也要根据实际需要,综合考虑,统筹兼顾。

目前还存在一些不利于生态文明经济体系协同发展的因素。首先,发达国家凭借先发优势进行生态殖民主义。生态殖民主义是指当代发达资本主义国家将生态危机转嫁给第三世界发展中国家,对这些国家进行生态掠夺。主要有两种方式:一种是直接的,另一种是间接的。直接的掠夺是指发达国家将一些高消耗、高污染、劳动密集型企业、原料仓库甚至垃圾场转移到发展中国家,直接掠夺那里的土地、劳动力、自然资源和洁净的空气、干净的水源。我国也一样受到生态掠夺。据2006年2月17日中国并购研究中心报告的《中国产业地图》显示:我国每个已开放产业的前5名,都由外资公司控制,在28个主要产业中,外资在21个产业中拥有资产控制权。外资以合资、兼并和并购等方式控制我国的一些重要矿产资源的勘查和开采,矿业已成为外商投资的重要领域。但我国矿产资源利用方式还比较粗放,一些地方采富弃贫、一矿多开、大矿小开的现象较为普遍,矿产资源总回收率和共伴生矿产资源综合利用率分别约为30%和35%,比国外先进水平低20个百分点,大中型矿山中,几乎没有开展综合利用的矿山占43%。间接的掠夺则是借助"结构性暴力"以贱买原料贵卖产品实现的。比如,青蒿素原料和成药销售利润比约为1:20。发达国家先把发展中国家的市场带入资本主义世界市场,在市场开放的情况下,首当其冲的是发展中国家的农业和原材料工业受到发达国家的巨大挑战,迫使发展中国家为降低农产品或工业用材料成本而对有限的资源进行掠夺性开发。例如,我国的科尔沁草原,曾是历史上保卫京、津的重地,如今却成了一片死寂的沙山。其中一个重要原因就是对麻黄、甘草这样既是制药原料又是草原卫士的植物的野蛮采挖。在这样肆无忌惮的背后却是内蒙古中药麻黄畅销欧美市场,以及日本客商对当地甘草所含的各种药用成分表示极大的兴趣,原因并非是中国的麻黄特别多而是中国的麻黄特别便宜,每千克售价只有0.7~0.85元,这当然是相对于欧美国家而言的,可是我们为此付出的却是每收割10万吨麻黄,要不同程度地破坏200万亩草原的代价。又比如,长期以来,全球稀土需求的90%以上依赖中国供应。因行业恶性竞争、乱采滥挖以及过去分离加工环保标准偏低等问题,导致中国稀土行业一度陷入低迷,价格普降。外国纷纷封停本国矿山,开始从中国大量买进廉价资源。在工业品方面,发达国家则通过绿色壁垒等手段来增加发展中国家产品打入发达国家市场的成本,以降低竞争力。发达国家一方面通过对第三世界国家的掠夺来维持和改善自己的环境,使之成为全世界羡慕的对象;另一方面则把资本主义基本矛盾转嫁到更大的范围,也把生态危机和生态矛盾扩散到全球[①]。

其次是异化消费带来的负面影响。所谓"异化消费",就是当代资本主义社会为了延缓经济危机而力图歪曲满足需要的本质,诱使人们在市场机制下把追求消费作为真正的满足,从而导致过度的消费。美国人口不足世界的4%,但能源、石油、天然气和煤炭消费

---

① 郭尚花. 生态社会主义关于生态殖民扩张的命题对我国调整外资战略的启示[J]. 当代世界与社会主义,2008(3):104~108.

总量均超过了世界消费总量的25%，美国年人均石油消费量为3.17吨，名列世界第一，是世界人均消费水平的5.4倍。如果全世界的人口均按美国人均消费水平来消费石油，那么全世界的石油储量使用将不足8年。目前，人口占25%的发达国家，消耗世界能源的70%、木材的85%、粮食的60%[①]。由此可见，异化消费、享乐主义、物欲横流、大量生产、大量消费、大量废弃、大量浪费的工业文明消费观及其模式是不可持续的，也是不利于生态文明经济体系协同发展的。

最后是发展不平衡所引发的困难。生态文明经济体系发展涉及很多"公共品"的范畴，需要各国共同参与。但由于发展的不平衡，发达国家与发展中国家之间在生态文明经济体系的发展过程中存在着事实上的不平等。在促进生态文明经济体系发展的规制和条约的起草与实施中，西方发达国家凭借自身强大的实力，不可避免地占据主导权、控制权与优先权，由于他们从自身利益出发而不是从全人类的利益出发来制定国际规则，因缺乏对发展中国家利益的关切和保护，而具有西方利己倾向和不平等性。也由于发展阶段的不同，各国在发展生态文明经济体系的认识与行动都存在很大差异。

尽管如此，国家间进行协同发展生态文明经济体系也存在着客观基础。首先是地球生态系统的整体性。地球是宇宙中的一个相对独立而又完整的生态系统，只有一个地球，人类社会只是地球生态系统的一个组成部分，任何国家或国家集团都不可能脱离地球生态系统而存在。只有发展生态文明经济体系，才有利于改善生态环境、化解全球性危机、保障人类健康安全。维护地球生态系统的整体性与稳定性是全人类的共同事业，只有通过广泛的国际合作，发展生态文明经济体系才有可能把这一事业做好。其次是全球化深入发展。国际经济交往日益频繁，国际间的依赖程度也越来越强。社会的合作也开始扩展到全球范围，全球性的相互合作带来了整体利益的发展和积累，同时对于经济和政治政策都产生了深远影响。经济全球化是不以人的意志为转移的大趋势，是不可抗拒的历史发展潮流。经济全球化的发展趋势一方面为世界经济的迅猛发展带来了新的活力，另一方面又加剧了威胁人类生存的全球问题的蔓延。正是经济全球化的扩散效应作用，才使人类面临的问题具有了全局性、整体性、一致性的特征。它所影响的不是个别人或者个别民族国家的命运，而是地球上所有人的命运，触及到的是全人类的共同利益。同样，解决世界性的共同问题也已完全超越了一个民族国家的能力，全人类必须共同面对，无法回避。全球化深入发展使"地球村"意识得到提高，使各国的相互依赖增强，要解决事关人类共同利益的生存和发展问题，就要有全球的视野，相互妥协、相互协调、相互合作将成为全球化时代的主旋律。世界正面临史无前例的全球化下的危机汇合提醒我们，世界需要的是一个更加包容、均衡和持久的能造福于全体人类的和平与发展的全球化，需要共赢的经济全球化。只有有效地克服经济全球化带来的诸多负面问题，人类才能迎来新兴的全球一体化文明，即生态文明。再次是全球可持续发展战略的持续推进。自从1962年揭示生态环境问题的小说《寂静的春天》发表以来，全球可持续发展实践已经历了四个阶段。起先是对生态与环境问题这一事实的确认，接着是对工业文明社会进行初步反思，并开始进行生态建设与环境治理实践，20世纪90年代各国政府把可持续发展思想转化为发展战略，可持续发展实践在世

---

① 范纯增，任建兰. 国际贸易与环境协调发展的难点和出路[J]. 人文地理，2003(2)：89~92.

界各地如火如荼地展开，进入21世纪以来，自然—人—社会作为有机联系的整体是一个大生态系统开始为人所接受，世界范围内涌现了大量的生态文明建设的实践活动。在生态文明建设中，人们发现需要发展生态生产力来取代工业文明生产力，在生态生产力实践中，又认识到要发展生态生产力，建设生态文明，就要打好与其相适应的经济基础，要发展生态文明经济体系。生态文明经济体系的发展是全球可持续发展战略持续推进的结果。最后是科学技术的进步。随着科学技术的进步，科学家采用更先进的观测手段和更精密的仪器，对人类所面临的各种问题的成因、作用机制、危害程度、变化趋势和规律，以及防治措施和效果等一系列问题取得了越来越多的科学观测证据，更清楚地说明了发展生态文明经济体系的必要性。同时，科技的持续进步为人类准确认识和有效解决各种全球性难题、发展生态文明经济体系提供科学支持与技术手段。

在生态文明经济体系发展实践中，国家间的协同发展与区域的明显区别是缺少一个强有力的能够统一立法、执法与监督的机构，国际法律制度之下的社会秩序主要是通过拥有主权的独立国家彼此达成自愿性质的协议形成。为此，发展生态文明经济体系，解决全球面临的共同问题需要国际合作，就需要将国家的部分主权让渡到国际制度的集体决策机制当中，不这样，人类就不能够解决诸如气候变化这样的公共产品问题。当然，这种让渡的主权并不是被授予了某一国家，而是由主权国家共同参与和制定规则的国际组织来行使的，主权在本质上仍然属于国家，国际制度的最终执行仍有赖于主权国家的决策行为。国际制度的遵守，除了自身设置上的效率与公平外，还必须深深嵌入到国家政治经济发展之中，否则就会遭遇全球合作或国际制度在执行过程中的扭曲。有学者利用实验经济学方法证明行为人对于公平的判断存在自利的偏见，参与方对公平原则的选用是基于自利的考虑。参与方对自身利益最大化的追求必然促使其选取有利的公平原则，如果国际社会对公平原则达不成某种水平的一致，相应的国际制度也就失去了基础。从经济学视角看，发展生态文明经济体系，促进生态环境改善具有全球公共品性质，因此国际合作存在着严重的搭便车现象。为避免搭便车，使合作是可自我执行的，所制定的国际规则就应是被广泛认同的[①]。要形成国际间协同发展生态文明经济体系的路径，必须在国际法律秩序下要求对国际收益与成本作为一个较为公平的分配。否则，在经济学上"有效率的安排"在国际法实践中成为"不切实际的幻想"。因为如果初始分配问题的公平性得不到解决，各国就不会参与合作，也就无所谓追求效率的措施了。国际法律秩序主要关心的是国家之间、准国家主体之间以及它们相互之间的利益的平衡关系。如果总的合作收益超过了总的合作成本，未获利的参加国可以找"赢家补偿"，由此创造了一种帕累托最优的结果——"人人获益、无人受损"。从国际法原理判断，由于国家可以自由地退出国际合作协定，所以国家之间达成的自愿性交易安排是可以产生上述结果的。因为国际法律秩序的性质意味着强迫国家参加并非为其利益服务的国际合作协定往往是不正当的，背离了国际正义的基本原理。在分配正义的基础上还要考虑矫正正义的要求。如果分配正义是立法的正义，那么矫正正义就是司法的正义。边际成本支付的效果如果是导致资源从穷国转移到富国，这样的结果是违背分配正义要求的。比如，对减缓气候变化速度有贡献但陷入减排输家地位的国家完全可

---

① 钟茂初. 国际气候合作中的公平性问题研究评述[J]. 江西社会科学，2010(3)：77~83.

以拒绝以牺牲本国利益为代价换取更大的"国际惠益",而作为参加此类国际减排协定的交换条件,此类国家可以要求从气候变化减排的赢家那里索取补偿。就此而论,为确保国际合作而采取的自愿性交易方法所产生的边际成本才会与人们的正义观念保持一致①。

为协同发展生态文明经济体系,促成国际良性合作,需要从以下几方面去努力。

首先,树立全球伦理观。经济全球化进程推动了人类的历史向世界历史转变,个人由狭隘的地域性的人向世界历史的人转变,这必然要求形成一种符合时代发展趋势的伦理道德,以对人类的行为进行规范和约束,对新的社会状况进行整合,从而实现人类的进一步发展和完善。全球性问题的严峻性已经刻不容缓,随着对全球性问题认识的提高,各国都意识到只有相互合作才是明智之举。全球伦理的提出和建构不仅是可能的,而且是人类发展的必然趋势。全球伦理以全人类的共同利益作为价值取向,处理和协调人与自然、人与人、人与社会之间的关系,使人类社会得以健康、和谐、持续的发展。全球新秩序的建立不仅需要依靠法律、规约和习俗的力量,还必须在价值观念上达成某种一致。"只有以价值体系为基础的新秩序经过不同的适应阶段才能长期稳定","只有伦理上的动力才能促使国家超脱因各种利益而发生对抗性的争论和为表示自己的实力往往发生的激烈的冲突"②。

其次,增强生态文明的主体性,在一种新的国家主权观指导下协调主权国家与国际乃至全球公共问题预防与治理之间的关系。国家作为主体虽然不直接改造自然,但国家作为某一区域内宏观经济政策的制定者和执行者却决定着改造自然的方式和方向。所以,相比于个人主体与企业主体,国家主体对自然的影响更根本、更具决定性。因此,国家在资源能源利用和生态环境治理中更应该发挥主体性作用,这就是生态文明的主体性。国家首先应在本国范围内发展生态文明经济体系然后扩大范围。国家增强生态文明的主体性将有助于落实全球生态环境责任,促进生态平衡,促进全球公共问题的预防与治理,有利于生态文明经济体系的可持续发展。

最后,促进国际合作的制度化,建立新的全球伙伴关系。无论是确立全球伦理道德价值观,还是增强生态文明的主体性以促进科学技术运用于提高全球福利,最终都取决于国际社会制度的正义与否。国家间协同发展生态文明经济体系目的是通过对全球公共问题的预防与治理实现跨国家范围的自然—人—社会复合生态系统的和谐协调。目前由西方发达国家主导的国际治理机制还难以体现国际社会制度的正义性,必须在理性合宜目标的指引下通过制度建设实现正义,促使国际合作走向制度化。让国际合作走向更广泛的范围,进行合作治理是各国的理性选择。随着全球多级主体在不断地博弈,特别是发展中国家正在成为国际新秩序的积极推动力量,通过体制的设计和创新,引导及激励国家兼顾自身利益和国际社会整体利益而采取合作性的集体行动,建立新的全球伙伴关系是必然趋势,也是国家间协同发展生态文明经济体系的必要条件。

## 13.5 生态文明经济体系发展过程示意图

由于世界各地存在自然、经济、社会等条件差异,生态文明经济体系的发展一开始就

---

① 金鑫. 世界问题报告[M]. 北京:中国社会科学出版社,2002:328.
② 王建廷. 正义原则与国际合作应对气候变化的激励机制[J]. 现代经济探索,2011(5):90~92.

呈现非均衡的特点，出现生态文明经济体系发展的先发者（先发国家或地区）和后发者（后发国家或地区），相应地存在先发优势和后发优势，各自采取不同的发展战略，并取长补短、优势结合，在互补与扩散过程中实现交融发展、协同发展，又产生了新的发展优势，结合实际对经济社会发展优势和生态环境优势进行相互转化，提升生态文明经济体系发展水平，在生态文明观指引下，生态文明经济体系进入了一个更高层次的相对均衡发展。生态文明经济体系就这样在遵循其自身发展规律的基础上不断升级、优化，在梯度式、跳跃式、双向式扩散与互补中交融并呈现螺旋式上升的发展过程，其逻辑联系如图13.1。

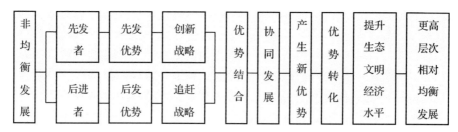

图 13.1　生态文明经济体系发展过程的逻辑联系

# 第十四章

# 生态文明经济体系的发展机制

发展生态文明经济体系是一个循序渐进的过程，需要观念引导、制度保障、技术支撑、人才供应、需求拉动、国际竞合，在这个过程中将面临一系列不利因素，因此在发展生态文明经济体系中，要发挥市场在资源配置的积极作用，同时构建政府、企业、公众、媒体、院校与科研机构、非政府组织相互监督与相互促进的良性互动机制（图14.1），力避"市场失灵""政府失效"。

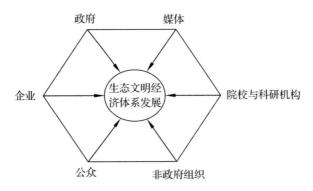

图14.1　政府、公众、产学研、媒体和非政府组织
促进生态文明经济体系发展的模型

## 14.1　观念导引机制

任何一种经济的背后都有相应的精神动力和价值支持，这些精神原则和价值因素贯穿于经济活动的始终。经济就其性质或意义来说是人力所决定的东西，是由人类的理智和道德的努力而创造的结果，其背后均有观念在起支配作用。观念决定思路、决定政策、决定行动，观念是行动的先导。工业文明观对社会经济发展的现代性危机难辞其咎。大自然的生态危机首先是"人类的意识的污染"，我们要避免的正是这种污染，正是人们对大自然的

态度所依据的种种荒谬观念①。人是大自然的一部分，所以他怎样对待大自然，就意味着怎样对待他自己。发展生态文明经济体系需要生态文明观作指导。生态文明观是一种生态整体主义（即自然—人—社会复合生态系统）的世界观和方法论，它强调的是复合生态系统的空间整体性、时间整体性和时空的统一性。遵循复合生态系统的运行规律和生态文明的基本原理，树立生态安全观、生态价值观、生态生产力观、公平正义观和生态消费观，这样便能够为生态文明经济体系的发展提供观念基础，并指引生态文明经济体系的发展方向。生态文明观在全社会越是普遍得到树立，对发展生态文明经济体系就越有利。观念是行动的先导，观念的萌发和转变预示着实践方式的变革。生态文明观的文化意义在于它激发了一种新的理念，引发人们对原有文化系统合理性的质疑，使得打破原有文化定势成为可能；进而从指导具体的行为入手，由量的积累着手，酝酿并不断增大新的质变的可能，使人类生产方式和生活方式向着生态文明的方向做出创新和发展。

在生态文明观念的形成与优化过程中，政府、企业、公众、媒体、非政府组织、院校和科研机构都充当不同而又相互促进的作用。生态文明观念主要是通过生态文化的不断扩散而逐渐形成与优化的，院校和科研机构的研究揭示人类文明的发展规律，说明工业文明不可持续的原因，同时能够产生绿色科技成果，形成知识并通过教育传播生态文化，政府及非政府组织能够为广大社会公众获取生态文化提供渠道和路径，企业产学研结合进行生态文化建设，有利于绿色科技成果产业化，媒体的加入有利于生态文化的传播并通过引导舆论监督形成社会评价机制，使社会大众自觉抵制并抛弃不符合社会价值标准的观念而使生态文明观念更易于强化和发扬，为生态文明经济体系的发展奠定观念基础。

## 14.2 制度保障机制

生态文明观念的树立有利于生态文明经济体系的发展，但从观念到行动毕竟是有距离的，有生态文明观念不见得就有生态文明的行动。现实状况是生态文明经济体系还处于初步发展阶段，传统经济仍然是一个庞大的经济系统，在经济社会各个领域仍然起着不可替代的作用，而生态文明经济体系的发展必须建立在传统经济体系之上，把传统经济改造提升为生态文明经济体系，破解以牺牲生态环境来换取经济增长的"二律背反"和以放弃经济增长来换取生态环境保护的"二律背反"是最大量最繁重的任务。

传统经济的一个显著特征是存在外部性，而制度存在的充分必要条件在于规定人们有关"外部性"的行为，没有外部性就没有建立制度的必要。但是一旦发生了外部性，无论是正外部性还是负外部性都会引发当事人的利益冲突，如果不考虑战争等破坏性的解决办法，则制度就是最好的解决办法。因此，只要有外部性就必须建立相应的制度调节机制②。在传统经济改造提升的过程中，经济发展也从资源约束和技术约束为主转向制度约束为主，即制度创新在其中起主导作用。制度具有降低交易成本、为经济提供服务、为合作创造条件、提供激励机制、外部利益内部化等功能，它可分为宏观层次的根本制度、中观层次的体制制度和微观层次的具体制度三个层次，也可以把制度解释成为一种体制和一种机

---

① 罗国杰. 西方伦理学思想史[M]. 北京：中国人民大学出版社，2004：401.
② 孟庆琳，王朗玲."绿色生产力"是制度约束的生产力[J]. 生产力研究，2002(6)：9~14.

制，体制指的是有关组织形式的制度，而机制指的是有机体的构造、功能和相互关系，泛指一个工作系统的组织或部分之间相互作用的过程和方式，是制度化了的方法。制度创新是制度主体以新的观念为指导，通过制定新的行为规范，调整主体间的权利利益关系，为实现新的价值目标和理想目标而自主地进行的创造性的活动①。制度创新是所有创新中最为根本的创新，"有效率的组织需要建立制度化的设施，并确立财产所有权，把个人的经济努力不断引向一种社会性的活动，使个人的收益率不断接近社会收益率。"②这样社会才更富有创新精神，经济才能更好更快发展。我国的根本制度是社会主义制度，社会主义是历史发展的必然趋势，因此我国制度创新主要应从体制、机制和具体制度入手。发展生态文明经济体系需要生态文明的制度作保障，但这样的制度具有公共品特征，供给主体中起主导作用的只能是政府，政府应在源头上保证它的有效供给。生态文明的制度是围绕经济效益、社会效益和生态效益相统一与最优化，实现自然—人—社会复合生态系统和谐协调、全面、持续发展所进行的各种制度安排。建立并完善生态文明的制度是人类应对生态环境危机、资源能源问题和安全健康问题的战略措施，是对原有各种制度安排实质性的变革。生态文明的制度创新实际上就是制度创新的生态化，即生态因素参与制度创新过程，并进行新的组合。在我国，生态文明经济体系制度创新的关键是使经济体制从传统的计划经济体制向社会主义市场经济体制转变的基础上，进一步向生态市场经济制度转变，实现对资本的利用、改造、限制与超越③。

　　发展生态文明经济体系离不开现实的市场经济环境，实际上，市场作为一种经济机制是迄今为止为绝大多数世人所接受也是被历史证明的有效的资源配置方式，是协调人类利益矛盾的一种基本机制。市场也是支持机会公平和过程公平的，但由于"超经济"等因素的影响可能造成贫富差距太大等结果不公平，表现出种种的"市场失灵"。当市场因自身的缺陷而无法实现对利益矛盾的协调时，完成利益协调的重任就落到政府身上。政府的主要任务是进行制度安排和制度创新，提供生态文明经济体系发展所需的制度，但政府的制度安排必须与市场作用的方向保持一致，使市场机制顺利运行才能成功，因为"市场可以通过看不见的手将个体的自利行为导向人类社会的共同善"。而"当制度不均衡所带来的预期收益大到足以抵消潜在费用时，个人会努力接受新的价值观、道德和习惯，而不管这些规则看上去如何的根深蒂固。"④因此必须通过制度引导人们在求利的过程中实现社会目标。不过出台政策与制度的政府是由公务人员组成的，"这些人的行为同经济学家研究的其他人的行为没有任何不同"，不仅同样存在着有限理性，而且也必然以追求自身利益的最大化为目标⑤。因此需要发挥媒体、非政府组织、公众舆论监督以及产学研联盟的积极作用，让制度更公开透明地形成并更有效地得到落实，实现制度创新生态化。

　　生态文明经济体系制度创新是一个不断完善的过程，要有一个良性生成的机制，朝既

---

① 辛鸣. 制度论——关于制度哲学的理论构建[M]. 北京：人民出版社，2005：183.
② 道格拉斯·C·诺斯. 西方世界的兴起[M]. 北京：学苑出版社，1988：1.
③ 刘思华. 生态文明与绿色低碳发展总论[M]. 北京：中国财政经济出版社，2011：17~24(总序).
④ 林毅夫. 关于制度变迁的经济学理论[A]. R·科斯，A·阿尔钦，D·诺斯. 财产权利与制度变迁——产权学派与新制度学派译文集[C]. 上海：三联书店，1994：393.
⑤ 孔令锋. 可持续发展的政治经济学分析[M]. 上海：上海财经大学出版社，2008：188~189.

定目标演进。其生成机制是利益相关者良性互动的生态化制度创新机制。宏观上要优化政府决策机制，构建生态治理社会机制，完善区域利益协调机制和人口的优化调控政策；微观上要促使企业、居民把生态环境成本纳入经济核算的机制，使生态环境成本成为经济的内生变量。这要从以下几个方面努力、完善。

### 14.2.1 构建和完善生态文明的行政机制

（1）政府自身要强化生态文明意识，树立生态文明执政理念。生态文明意识对生态文明经济体系实践具有重要的促进作用。政府作为生态文明经济体系建设的倡导者、组织者和推动者，本身具有强烈的生态文明意识才能在生态文明经济体系实践中进行科学、合理决策，完善生态文明经济体系建设的有关制度，提高政府在生态文明经济体系建设中的公共服务职能，包括对生态环境的监督与管理、生态环境治理与保护的制度建设、人民生命安全与健康的维护、自然—人—社会复合生态系统良性运行规律的研究及成果推广等职能。

（2）健全生态文明经济体系建设的行政长效机制。一方面要优化政府决策与落实机制。建立健全决策咨询机构，组织多层次社会人士及专家构成的决策机构，倾听民意，实现决策的科学化、民主化；进一步有效发挥人大、政协等的监督作用，推行政务公开，加强对政府决策过程的权利监督，提高决策透明度，保证各种决策目标的统一；合理划分决策权限，反应公共利益的要求；建立相应的决策责任追究制度，使决策者权利与责任相统一，对重大决策失误要坚决追究；明确政府各部门的职能，提高媒体、企业、公众、非政府组织等监督作用，实现对相关决策落实情况监督的日常化与透明化，加强行政问责的实施力度，有效制止行政不作为现象。另一方面要创新领导干部绩效考评的运作机制及相关配套制度。树立生态文明经济体系建设的政绩观，改变单纯追求 GDP 增长的不合理现象。制定科学的政绩考核评估机制及相关配套制度，不仅是生态文明经济体系建设职能得到正常发挥的重要保证，也是生态文明行政制度创新的一条重要途径。这方面内容主要包括：建立规范化的绩效考评制度；完善干部定性与定量分析考评办法；建立绩效考核评价信息收集制度；建立党政领导干部人才资源开发制度；建立党政领导干部绩效细节测评委托评定制度；建立绩效考评的评估制度；建立科学的考评结果运用制度等①。

### 14.2.2 完善区域利益协调机制

我国既有不同级别的行政区也有不同大小的经济区，且长期存在区域利益不够协调的现象。行政区划是历史沿革和追求政治管理便利的结果，稳定性较强；经济区是以中心城市为核心，城市与周边地区的相互作用使其影响不断跨越行政区界限的结果，具有延展性。我国行政区除了政治功能外，由于地方政府在辖区经济发展中的主导作用，同时也具有了经济功能。行政区经济凸显了地方政府对个体理性的追求，而经济区则主要由市场力量自然地塑造而成，二者具有一定矛盾。由于地方利益与生态文明经济体系整体利益的非叠合性，使得两者存在着不一致性。一项增进整体利益的制度安排，有可能损害个别地方的利益，出于对自身利益的考虑，个别地方有可能以政府行为来干预经济活动，使增进整

---

① 丁彬. 试论领导干部绩效考评的机制创新[J]. 长白学刊, 2006(5): 33~34.

体利益的制度安排难以获得预期的效益,甚至无法实施。行政区经济与经济区经济不一致只是问题的表面征象,存在地方利益才是问题的根本,而"增长偏导"型政绩考核机制又是问题的核心诱因,致使一些行政长官只追求任内的政绩而不顾区域的长远利益。区域内难以实现"集体理性"的关键问题在于各城市政府对自身利益的追求,要实现主体间利益的协调,首先必须建立跨区域利益协调机构并建立行之有效的协作制度。其次必须遵循利益分享原则,通过分工合作、利益补偿等方式实现区域间的互利多赢与利益共享和责任分担。再次要采取多元治理取向。治理是在市场原则、共同利益基础上公共机构与非公共机构的合作。政府是推动区域间合作与协调的主要动力,但区域合作与治理的主体不能只是政府,其他非政府机构和个人的加入将有效地降低合作成本并提高协调效果。

### 14.2.3 构建和完善生态文明治理的社会机制

生态文明经济体系发展涉及广、意义重大,社会大众必须成为主体,因此要构建包括生态文明的宣传、教育以及公众参与在内的生态治理社会机制体系,弥补市场机制和政府干预机制的不足,这也是推进生态文明经济体系建设的重要途径。

(1)建立与完善生态文明教育与宣传机制,提高全民的生态文明意识。一方面要运用广播、电视、报刊、网络等多种具有极大影响力的新闻媒体,加大生态文明宣传力度,包括对生态文明经济体系建设的专题会议以及各级政府部门利用会议开展的生态意识教育等的报导;另一方面要重视学校教育,让生态文明教育走入正规的学生课堂。关于这一点下节将详述。总之应积极利用媒体和学校的优势加强生态文明的宣传教育,营造良好的生态文明社会舆论氛围和提高生态文明经济体系建设的能力。

(2)建立与健全我国公众参与生态环境治理的制度。加强公众参与不仅是维护自身生态环境权益的需要,也有利于实现生态文明经济体系建设中的决策科学化与民主化,以及实现对政府管理的有效监督,充分发挥公众的主体力量,促进生态文明经济体系发展,促使生态文明社会的形成。对于公共参与制度的健全,可以考虑从生态环境信息公开制度、生态环境决策参与机制以及生态环境诉讼机制等三方面入手,其中生态环境信息公开制度是公众参与生态环境治理的前提,而公众参与决策、公益诉讼制度的健全则有利于实现公众对企业与政府的监督和控诉以及向政府部门建言献策。第一,完善生态环境信息公开制度,实现生态环境信息的公开、透明。对生态环境信息公开要有制度上的安排,并完善生态环境信息公开的内容和公布的方式,做到生态环境信息公布的及时、全面、可信。第二,完善公众参与生态环境治理的决策制度,实现生态环境治理决策的民主化、科学化。我国目前的决策权属于组织内部的一部分人,监督权实质上也仅限于少数人大代表、政协委员的提案、建议,是一种精英决策。在政策出台、规划制定和项目建设之前公众的主人翁作用基本没有发挥出来,公众的决策参与往往只是一种对已发生的生态环境问题上的被动参与。解决生态环境问题,协调人与人之间利益关系的关键是建立健全公众参与决策机制。政府部门需积极引导与鼓励公众参与生态环境决策,提高公众参与的积极性与主动性,使公众参与生态环境决策的途径具体化、多样化。第三,建立和健全生态环境公益诉讼制度,保障公众的正当生态环境权益。一是扩大公益诉讼权的主体范围。公益诉讼的主体应包括直接受害者与间接受害者的个人、团体甚至政府(最重要的是环保部门以及司法监察机关)等自然人或法人。二是建立健全与公益诉讼相关的经济激励与约束机制。这是实现有效环境公益诉讼的催化剂。一方面实行原告诉讼费用减免或补偿,另一方面应提高败诉被告的诉讼费用,这样就能在一定程度上约束企业的生态环境决策行为,减少生态环境事件的发生。

(3)扶持与扩大非政府组织,拓宽公众生态参与渠道。从外部因素来说,第一要完善非政府组织登记制度。减少政府对民间环保组织的过多限制,放宽非政府环保组织的注册条件,修改环保组织必须有主管单位的登记条件以及影响环保组织相互平等竞争的相关法律法规。第二是政府应加强对非政府环保组织的正确引导、监督与管理,确保非政府环保组织健康发展。从非政府环保组织自身来说,一方面要加强自身建设,包括自身组织建设与人才建设;另一方面应加大宣传力度,赢得公众支持,提高社会影响力。同时,非政府环保组织还要不断增强公众的服务意识,提高公众的服务水平并不断创造公众民间环保组织互动的机会,为生态文明经济体系建设服务。

#### 14.2.4 完善人口的优化调控政策

作为生产者和消费者相统一的人口是影响生态文明经济体系发展的重要因素。维陶谢客等人1986年计算出全球潜在(陆地和水里)初级产品净值NPP的25%已被人类所占有(陆地的NPP已被占40%),如果人类规模翻两番的话,那就没有任何能量是留给其他生物和非人工畜养生物的,而如果没有生态系统(它是由其他生物构成的)的服务支撑,人类也将无法生存[1]。世界人口增长过程中,1650年人口总数约5亿左右,到1900年时达到16亿,1965年33亿,2000年超过60亿,从1650年到1965年的事实是人口增长呈现"超"指数型,到2000年虽然人口增长率较1965年低,但因为人口基数大,实际人口增长数大很多,2000年平均每星期增加的人口超过9个纽约市的人[2]。世界人口的增加是地球熵值增大的主要原因,从地球熵值的角度看也应控制人口数量。据测算,一个人要维持生命得以延续,每年要消费大约300条蛙鱼所蕴藏的有效能量,这些蛙鱼要吃掉9万只青蛙,9万只青蛙要吃掉两千万只蚱蜢,而这些蚱蜢又要吃掉1000吨青草。维持一个人活着对地球熵值增加竟是如此之大[3]。人口的持续增加已经对生态环境的承载力造成极大的压力,温室效应、臭氧层空洞、酸雨等问题已明确显示宏观经济规模远远超过生态环境承载力的警示性水位。因此,完善人口优化调控政策,控制人口数量,优化人口结构(包括性别、年龄、分布等结构),提高人口素质成为生态文明经济体系发展的很重要的一个方面,这方面的制度创新必然成为促进生态文明经济体系发展的制度创新体系之一。

#### 14.2.5 完善资源有偿使用制度

发挥市场在价格形成机制中的基础性作用。在社会经济实践中,自然、生态资源越来越多地进入经济系统,成为经济发展不可或缺的因素。为保持资源良好的服务功能,需要投入大量一般人类劳动,有时退化的功能甚至是不可弥补的。以土地、土壤为例,在土地开发利用的过程中导致土壤的很多服务功能退化,比如腐殖质的丧失不仅侵蚀土壤肥力还增加大气中二氧化碳的累积量,而要改善其功能就要付出很大代价。因此资源是有价的,

---

[1] 戴利. 超越增长——可持续发展的经济学[M]. 上海:上海译文出版社,2001:81.
[2] 德内拉·梅多斯等. 增长的极限[M]. 北京:机械工业出版社,2006:25~26,57.
[3] 滕业龙,郑玉林. 论人口、资源、环境与熵[J]. 人口与经济,1992(6):34~39.

应有偿使用。商品的价值是再生产商品所必需的社会必要劳动时间。自然环境资源社会再生产所需要的劳动包括两类，第一类是生态环境受到破坏后，为改善生态环境状况而进行的劳动，如治理污染、植树造林等，这类劳动可以称为直接劳动；第二类是在某项自然资源开发行为发生前预见到其将对生产环境产生不利影响，为保护生态环境，改变该项行为本身所付出的劳动、或伴随该行为发生的同时而附加的劳动等，如开发替代品、提高技术水平从而减少对生态环境资源的消耗等，这类劳动可以称为间接劳动。实现自然资源的有偿使用的关键是建立一个科学合理的以市场调节机制为基础的价格体系。我国的自然、生态资源归国家或集体所有，长期以来以行政权、经营权管理代替所有权管理，资源所有权受到多元条块分割，存在产权主体虚位与责任主体虚位，所有权、行政权与经营权混淆现象。国家与集体作为资源所有者代表的地位模糊，产权虚置或弱化，各种产权关系缺乏明确界定，各利益主体之间经济关系缺乏协调，造成权益纠纷迭起，自然、生态资源得不到应有的保育和管理。也产生"自然资源无价或低价"的现象，导致资源浪费严重，综合利用效率低下。出现资源价格既存在内部扭曲，也存在着外部扭曲的局面。内部扭曲在微观经济行为上表现为资源深加工企业无须技术创新、管理创新，就可以稳获利润甚至是暴利；宏观上表现为经济增长方式粗放，经济发展被锁定在资源低价与能力劣势之间的路径依赖上，缺乏自主创新、科学发展的相应压力和动力。外部扭曲微观上体现为很多国内资源企业不顾国内严峻的资源供求形势和中央的宏观调控意图，或明或暗的出口资源套取国内外市场价差；宏观上实际是我国的低价资源在补贴世界其他国家，"大进大出"外贸表象的背后，是中国在承担高能耗、高污染的资源与环境成本，而附加值却流向西方发达国家的严峻现实①。

因此应明确资源产权关系，进一步活化使用权，将使用权纳入市场，根据可再生资源与非可再生资源的总量、用途大小以及需求等方面现状，科学确立各种自然资源的价格比差，形成一个完善的自然资源价格体系。将生态环境成本内化为企业的经济成本，真实反映社会经济发展过程中所付出的资源费用与代价，从而限制人们浪费自然资源的行为，提高自然资源的利用率。

### 14.2.6　建立发展生态文明经济体系的财税金融等机制

（1）实施绿色税收政策。绿色税收不仅研究如何利用税收对资源和生态环境进行保护，促进资源、生态环境与经济的协调发展，而且联系资源环境引发的社会问题，从环境与经济、社会三维发展角度，研究税收（包括整体税制结构、独立税种设计、单项政策安排）如何在发挥其保护资源、生态环境作用时，减少对经济、社会发展的负干预（发挥税收零干预或正干预作用）。同时一并研究税收如何促进生产发展、效益提高，社会就业、生活保障等问题，实现经济、社会、自然的可持续发展及税制本身"绿化"。

（2）实施绿色财政政策。把保护环境的相关财政工具，与促进经济社会发展、改善民生的各项财政政策有机结合，通过区域协调发展、可持续发展的财政政策以及与国土面积相关的财政政策的绿色化，来综合解决生态环境问题，主要包括如下三个层面：①在政府与市场关系层面，形成以强化社会环境责任为主体的绿色财政政策体系。所谓社会环境责

---

① 张雪梅. 中国西部地区产业生态化的发展路径研究[D]. 兰州：兰州大学，2009：104~105.

任,就是不同尺度地要求利益集团在其成本中能自觉地承担一块用于社会发展的成本(如环境、生态可持续发展的成本),同时,在与大自然进行交换的过程中,能按照自然规律和生态文明的道德规范,在不影响大自然可持续发展的情况下,利用好生态环境资源。个人环境责任的核心是实现个人消费绿色化、个人理念绿色化;企业环境责任的核心,是在企业内部体现资源有偿使用原则,引导其走向绿色生产、绿色流通;政府环境责任的核心,是促进政府承担起环境管理者的任务。②在政府间关系层面,形成以强化政府环境责任为主体的绿色财政政策体系。政府间关系层面的财政政策,主要体现在财政体制中。财政体制包括了两个主要内容:一是按照市场经济的要求,科学地划分政府间在生态环境问题上的事权与财权;二是通过转移支付制度,解决各级政府在生态环境问题上事权与财权不匹配的问题。③在区域协调发展层面,形成建立在主体功能区基础上的绿色财政政策①。

绿色财政政策中很重要的一方面就是实施促进生态文明经济体系发展的政府绿色采购制度。我国可以充分发挥政府采购规模巨大的优势引导经济发展方向。我国政府采购规模已由 2002 年的 1000 亿元增加到 2011 年的 9000 亿元左右(中国欧盟商会认为中国政府采购规模估计高达 7 万亿元人民币),公共采购规模平均每天已达 25 亿元人民币。这样一个由公共部门采购所形成的巨大市场,对于任何被采购商品或产业的发展推动力都是非常大的。建立促进生态文明经济体系发展的政府绿色采购制度,意味着存在一个稳定可靠的需求市场,生态文明经济体系在市场方面的不确定性就会大幅度降低。

(3)建立健全绿色信贷制度。绿色信贷是环保总局、人民银行、银监会这三个部门为了遏制高耗能高污染产业的盲目扩张,实现经济、环境协调发展而提出的一项全新的信贷政策。应进一步健全这一制度,结合绿色价格机制与生态产业政策,促进生态文明经济体系发展。实行贷款优惠政策为企业生态化技术创新筹集资金。首先,政府可以筹集企业生态化技术发展的资金,如基本建设资金、更新改造资金、排污收费、综合利润留成、国家环保补助资金、国外环保贷款或赠款等。其次,政府对企业和相应科研机构直接拨款,接受拨款的单位可以专心致力于生态化技术的创新与发展。再次,实行信贷优惠政策,对于企业从研究发展生态化技术到商业应用的各个环节提供低息或无息的优惠贷款。最后,建立完善的风险投资体系。生态化技术创新存在着周期长、费用高、风险大等特点,而常规的金融机构往往不愿或不敢贷款,企业因此缺乏创新的动力,有必要建立完善的风险投资体系。

### 14.2.7 为生态文明经济体系发展提供法制保障

虽然我国目前有 40 余部有关环境保护方面的法规,但其内容过于抽象,存在提倡性规定多,约束性规定少;原则性要求多,可操作性规定少;行政命令控制性规定多,经济激励性规定少;对政府部门设定权力多,制约性规定少等严重弊端,导致法律本身在实践中缺乏可操作性,不能有效地行使监督、检举和控告的权利以及保护人民的环境权益。此外,从执法上看,由于受益者与承担者背后的社会力量悬殊,使得执法不严、弹性执法、差别执法等不良现象依旧存在。生态文明经济体系发展必须有法制保障,应加强生态法制创新。生态法律制度的创新主要包括生态立法理念、生态保护立法与生态保护执法等三个

---

① 孔志峰. 关于绿色财政政策的若干思考[J]. 行政事业资产与财务,2009(4):12~17.

方面。在生态文明理念的指导下，可从以下几方面进一步完善我国的生态立法体系：第一，调整生态立法的重心。发展生态文明经济体系要求环境法不应再是事后防治或制裁法，而应是以生态环境承载极限为基础，以人与人、人与社会、人与自然和谐可持续发展为目的事前约束的基本法。第二，整合已有法律，对立法空白及时填补，形成有利于生态文明经济体系发展的生态保护法律体系。第三，加强生态保护执法力度。首先必须理顺现有执法体制；其次要保持环境执法部门的相对独立性；再次是提高环境执法人员的综合素质，加强环境执法的队伍建设，这是提高执法力度的人力前提；最后要做到有法必依、违法必究、执法必严。

**14.2.8　完善制度的落实机制**

制度供给是其中一方面，制度落实又是另一方面，而且是对前一方面有效性的考验。一项制度落实的具体过程可以分为"形式绩效"的达成与向"实质绩效"的转变两个阶段[①]，在"形式绩效"的达成阶段，由于受到制度本身的合法性程度和完善程度、行政体制的运作特征，以及制度执行者主动性与自由余地的影响，表现出从选择性学习到选择性阐释和选择性执行的特征。在"实质绩效"的达成过程中，"形式绩效"的达成就不再仅仅是"形式主义"的，它不仅可以改变当事者的认知结构，调整当事者的利益博弈格局，而且本身还可以对当事者形成一种合法化的压力，促使当事者进行相关结构和制度的调整，使得相关的制度安排能够更好地落实。在政府"自上而下"的改制运动中落实的社会制度，经过一次运动往往很难完全实现从"形式绩效"到"实质绩效"的转变，"实质绩效"的达成，往往要经过一个"反复性实践"的过程。先通过改制运动实现"形式绩效"，然后再通过一系列的过程和机制，最后变为现实。

因此，在建立各种促进生态文明经济体系发展制度的基础上，完善其制度的落实机制就显得尤为重要。这需要充分发挥政府、企业、媒体、科研院所、非政府组织、居民等主体的积极性和主动性，形成利益相关主体相互制约、相互促进、良性互动的生态文明经济体系的制度创新及其落实机制。主要应经历以下几个过程：首先是通过教育、唤起与操练来改变相关主体的认知结构。一个新的制度安排得以落实的前提是相关当事人知晓和熟悉这个安排。政府重视、学校教育和媒体宣传在这方面起主要作用。让利益相关主体知晓和熟悉新的制度安排所承载的教育意义在于改变了大部分社会成员的认知结构，起到了教育、唤起和操练的作用。认知结构的改变往往是制度变迁的第一步。其次是利益博弈格局的调适。新的制度安排不但改变了当事者的认知结构，同时，新的制度安排还会改变当事者的博弈结构，使得原来一些既得利益集团在某种程度上丧失优势，而给某些新的利益群体以机会。利益博弈格局的调适过程也就是新制度落实的过程。再次是正式制度的确立所形成的合法化压力迫使人们去适应。一旦一个新的制度安排被确立下来，虽然在一定时期内可能会被人有意或者无意地忽视或遗忘，但是重新改回到原有制度安排的可能性却极小。在这种情况下，新的形式主义的制度安排，往往会产生一种无形的"合法化"压力，迫使当事者调整自己的行为方式，来适应新的制度安排。并且，一旦一个新的制度被确立下来，它往往就会成为新一轮制度变迁的基础和起点，更新的制度安排往往要以此为起点来

---

① 刘玉照，田青．新制度是如何落实的[J]．社会学研究，2009(4)：133~154．

进行设计，这反过来也会强化制度本身的效应。然后是相关结构、制度的调整。当大规模的改制运动结束之后，由于人们对新一轮改制运动的预期，或者对新制度实施的预期，会对相应的结构和制度进行适当的调整，以使之能够更好地适应新制度的落实和运行。最好是反复性实践。对于一项全新的制度安排，其最终的落实往往还要经过多次的重复性实践，包括反复的"改制"运动①。建立促进生态文明经济体系发展的生态化制度也一样要经历"形式绩效"的达成与向"实质绩效"的转变两个阶段。

## 14.3 技术创新机制

科学技术日益渗透于经济发展和社会生活各个领域，成为推动现代生产力发展的最活跃的因素，并且归根到底是现代社会进步的决定性力量。当今时代，谁在知识和科技创新方面占据优势，谁就能够在发展上掌握主动②。

发展生态文明经济体系必须依靠科技进步，并且需要生态化技术的创新。制度生态化为技术创新生态化提供了制度条件和演进方向，也只有技术创新生态化才能为发展生态文明经济体系创造技术条件。

传统的技术创新是指生产要素的"新组合"首次引入生产体系，在经济中第一次尝试并实现商业性转化，评价创新是否成功的唯一标志是创新成果的商业价值。这一评价标准只看重经济效益，而不顾生态效益和社会效益，会诱导人们过度消费。在运作过程中，传统的技术创新只重视产品的生产和营销，忽视对资源的保护性开发和利用以及废物的处理和综合利用，企业为了追求内部利润最大化，甚至不惜牺牲外部公共利益。这样的技术创新在现实中造成资源浪费、生态环境恶化、社会关系紧张、人类健康受损，是不可持续的。因此应实现技术创新的生态化。这里的"生态化"是指事物之间平衡相依、相互协调、相互促进的状态和过程。它不单纯是指生态学意义上的生态化，而是将生物有机体的各组成要素在相互作用中形成的协调有序的状态提升为一种方法论原则，组成包括自然生态化、经济生态化、社会生态化和人的生态化四大子系统相互依存、相互作用、相互制约的动态系统③。每个子系统不能以牺牲其他子系统的发展为代价，在追求经济效益的同时要追求生态效益、社会效益和人的生存与发展效益。协调与和谐成为生态化技术创新整个系统融合的标志，最终目标是实现自然—人—社会复合生态系统和谐协调、全面、持续发展。生态化技术创新还是一个动态的多层次创新系统，包括了技术层次生态化技术创新、管理层次生态化技术创新和人文层次生态化技术创新。技术层次生态化技术创新是指技术创新朝着节约资源能源、改善资源能源结构、提高经济效应、避免或减少生态环境污染、提高人类健康和社会福利水平的目标发展，包括单项生态化技术的出现、生态化技术结构的改变和生态化技术平台的产生三个层次，最核心的是生态化技术体系的形成，它具有合理的技术结构、有效的技术平台，可以从内生力量促进人与自然、人与人、人与社会的和谐协调，

---

① 刘玉照，田青. 新制度是如何落实的[J]. 社会学研究，2009(4)：133~154.
② 胡锦涛. 坚持走中国特色自主创新道路 为建设创新型国家而努力奋斗——在全国科学技术大会上的讲话[EB/OL]. http://news.xinhuanet.com/st/2006-01/09/content_4030855.htm.
③ 彭福扬，胡元清等. 科学的技术创新观——生态化技术创新[J]. 自然辩证法研究，2006(6)：62~63.

共生共荣，共同发展①。管理层次生态化技术创新就是建立一种生态、经济和社会相协调的过程管理模式，促使企业生产经营活动与生态环境和人的发展相协调。管理层次生态化技术创新的内容不仅包括如何合理组织自然生产力和社会生产力（二者的统一为生态生产力），协调自然生产力和社会生产力的关系，而且还包括研究采用什么样的组织方式和技术，充分利用和合理配置现有资源组织最优生产，保证生态文明生产力和生态文明生产关系相互协调，体现在产品结构、企业结构、产业结构等微观、中观和宏观管理层面。人文层次生态化技术创新是将绿色人文精神融入技术创新的整个过程，考虑技术使用中的非理性因素，通过技术调整人与自然、人与人、人与社会之间的关系，使人朝向自身全面发展的目标。

生态化技术创新应遵循协调发展的基本原则。在技术创新生态化视野中，技术创新的功能就在于协调发展，即自然生态、人文生态和社会经济生态三大生态系统的各构成要素的协调，三大系统内部各要素之间的协调，以及三大系统构成的复合生态系统的整体协调发展。首先，技术创新应促进各个子系统的各构成要素的协调。在自然生态系统中，通过技术创新实现人与自然的和谐，资源的利用与开发的协调；在人文生态系统中，依靠技术创新实现人类物质与精神的互促、科学与人文的同尊、功利与道德的统一等；在社会经济生态系统中，社会进步与稳定相应，经济增长的速度与质量相当、规模与效益相适。其次，技术创新应能促进自然生态系统内部诸要素之间、人文生态系统内部诸要素之间、社会经济系统诸要素之间的协调。再次，技术创新应能够促进自然生态系统、人文生态系统和社会经济系统三者之间的协调，使三者构成的复合生态系统协调发展。

## 14.4 人才培育机制

人才是指以其创造性劳动为社会发展与人类进步做出较大贡献的人。科技和经济的大发展，必然对劳动者知识和技能要求越来越高，必然要求提高劳动者的整体素质。科技要发展，人才是关键，世界科技发展史已经证明：科学技术的发展，社会各项事业的进步，都要靠不断创新，而创新就要靠人才。经济繁荣和社会进步，从根本上说要有大批高素质的人才。如今国家核心竞争力越来越表现为对智力资源和智慧成果的培育、配置、调控能力，表现为对知识产权的拥有、运用能力②。1960 年，美国经济学家舒尔茨在任美国经济学会会长的就职演说时系统地阐述了人力资本是资本的一种形态，人力资本的积累是最重要的资本积累。同时，他明确指出：20 世纪以来，美国 90% 的产品更新依靠的是人才的智力，而不是传统的劳力或资本。邓小平明确指出：实现四个现代化，科技是关键，教育是基础，人才是根本。

经济发展和社会进步，归根到底要取决于国民素质和全社会科学文化水平的提高。百年树人，教育为本。对教育的任何忽视，都是一种短视和危险行为。教育是人才培养之基和立国之本。科学技术是第一生产力。当代教育的发展和科技的飞速进步，越来越成为推

---

① 廖福霖等. 生态生产力导论[M]. 北京：中国林业出版社，2007：72~74.
② 胡锦涛. 在中国科学院第十三次院士大会和中国工程院第八次院士大会上的讲话[N]. 人民日报，2006 – 06 – 06.

动经济发展和社会进步的强大力量。要推动教育事业科学发展，为发展生态文明经济体系提供人才保证，必须着力解决以下问题。

首先，要保证教育经费足额投入。

其次，要推行素质教育。

第三，要优化人才成长的社会环境，稳定人才队伍。人才价值的实现取决于主客观两方面的因素，其中人才环境是重要的客观因素，它包括先进的技术设备、自由讨论的学术气氛、便捷的信息手段和合理的劳动报酬等。对人才具有最大吸引力的发达国家，由于其技术水平高，体制建设成熟，信息服务设施齐全和生活条件优越等原因，对人才有极大的吸引力。因此作为发展中国家的政府和企业更应通过增加各种智力要素投入，在全社会形成尊重知识、尊重科学、尊重人才、尊重创造的良好氛围，不断优化人才的创造性劳动环境，创造有利于优秀人才脱颖而出的环境。一方面要有激励人才的精神动力，另一方面要创造有利于人才成才、有利于人才实现个人和社会双重价值的人文环境、技术环境和制度环境等，通过改善人才成长环境，不仅可以留住现有人才、稳定人才队伍，还可以吸引海外人才回国效力。

第四，要认真做好人力资源规划，建立创新人才培养选拔与利用机制，主要包括：建立科学、合理的晋升通道规划；确定有效的人才补充规划；制定科学的人才培训规划；做好职务轮换工作；完善人才选拔制度；吸引海内外各类紧缺人才回国服务、创业。

最后，要加强高校在生态文明教育中的作用并提高大学生的生态文明素质。高校具有进行科学技术研究、培养人才和服务社会的功能。加强高校生态文明教育，对促进生态文明经济体系具有重要作用，主要体现在两个方面：一方面是直接作用，即表现为高校为发展生态文明经济体系提供思想理念、科学技术、实践模式方面的支持；另一方面是间接作用，即表现为人才培养方面，提高大学生生态文明经济体系的意识，掌握生态文明经济体系的技术、实践能力。大学生作为社会一个重要的群体，其生态文明经济体系素质不仅关系自身发展，更关系到整个社会未来的发展。大学生将是生态文明观践行的主力军，在主导人类与自然和谐相处上大学生具有智力、地位和话语权的优势和潜在优势。大学生是掌握现代科技知识的主要群体，同时他们更能够接受新生事物，是传播和实践生态文明的生力军，是生态文明经济体系发展的后备主力军，提高大学生的生态文明素质有利于提高全民族的生态文明素质，有利于推动生态文明经济体系发展，进而有利于提高国际竞争力，促进全球生态文明经济体系的发展。

## 14.5 需求拉动机制

英国著名经济学家马歇尔早就指出："一切需求的最终调节者是消费者的需求"。需求决定消费，消费决定市场，市场决定生产，这是经济运行的基本规律。"社会一旦有技术上的需要，这种需要就会比十所大学更能把科学推向前进。"[①]很多经济学家通过实证研究发现技术创新更多是需求拉动的。罗森堡认为创新活动是由技术和需求两者共同决定的，技术决定创新的可行性及研发成本。在起步阶段，技术推动的作用很明显，在技术成熟和

---

① 马克思恩格斯选集(第4卷)[M]．北京：人民出版社，1995：732．

广泛应用阶段，需求拉动则超过技术推动。需求决定创新的预期收益，缺乏市场需求是影响技术创新生态化的最主要因素，因为市场将决定创新的收益，如果缺乏市场需求的拉动，持续的生态技术创新就不可能实现。消费需求不仅具有拉动作用，而且具有导向作用。正如马克思所指出的：消费者花费自己收入的方式以及收入的多少，会使经济生活过程，特别是资本的流通和再生产过程发生极大的变化。资本的再生产过程将朝有需求的地方发展。因此，需求在发展生态文明经济体系中是不可或缺的。通过树立生态文明消费观，确立生态文明消费模式，优化生态文明消费结构，可以拉动生态文明经济体系发展。具体模式和举措将在下面的章节中分析。

## 14.6 国际竞合机制

竞合的概念来源于合作竞争理论。竞争是商品经济的必然产物，在开放的、以市场机制为基础的世界经济体系中，各个经济主体为了自身的利益必然相互竞争，竞争是最主要的经济关系。竞争必然产生矛盾，要实现共同发展，经济主体必须通过利益协调，实现新的利益分配，这就是合作。竞争（competition）、矛盾（contradiction）、协调（coordination）、合作（cooperation）构成了当今国际经济关系中最主要的经济关系，它们之间相互转化，相互演绎形成了国际经济关系中客观存在的"4C"规律[①]。

发展生态文明经济体系，建设生态文明符合全球发展的趋势。人类健康安全、资源能源、生态环境问题是全球性问题，需要不同国家和地区在生态文明经济体系实践上开展合作，以一种整体的视野进行全球范围内的跨学科研究和实践上的整体协调。如遏制影响全球的温室效应、臭氧层空洞、生物多样性锐减、工业文明病蔓延等，需要所有国家的共同努力，加强国际经济合作。国际经济合作是指资金、技术、劳动力、管理、信息等各种生产要素的跨国界流动、组合、配置及与此有关的国际协调合作机制。发展生态文明经济体系需要生态化的高新技术支撑。目前没有哪个国家或地区在生态化科技上占有绝对优势。生态化高科技产品的研究与开发过程，从新产品试制、中间性生产到大批量生产，由于环节多、耗资大，单一国家的企业或行业往往难以承担，一件产品需要多国或企业共同协作方能完成。因此，联合投资，优势互补，实现所谓的"战略联盟"得以兴起。

经济国际化使各国经济相互联系、相互渗透的程度加深，一国的经济波动更容易向其他国家蔓延。要保护经济健康的持续性、生态友好的持续性和社会发展的持续性，把经济、生态、社会统一为不可分割的整体，最终达到经济、社会、资源与环境的全面持续协调发展，就必须积极参与国际经济竞争与合作。竞争需要合作，合作不排斥竞争。离开了竞争就没有双方的相互选择，就完全不可能建立起经济合作的关系。另一方面，即使达成合作协议，这种合作关系能否持续、稳定的发展，使双方都能获得经济利益，还是要依靠双方在合作过程中的竞争地位和竞争实力才能实现[②]。比如，清洁发展机制作为一种碳减排的国际合作机制，在有利于发达国家降低碳减排成本的同时，也有利于促进发展中国家的可持续发展。发达国家履行量化减排义务的基本方法主要是在其国内增加资金和技术投入，减少相关产业的排放。但是相对于发达国家较高的技术水平，任何技术进步和减排的

---

①② 王世浚. 国际经济关系中的"4C"规律[J]. 世界经济，1992(3)：8~13.

经济成本都非常高。据相关数据表明，发达国家减排温室气体的成本几十倍于发展中国家。而发展中国家经济和技术发展水平相对较低，因此在发展中国家减排成本与难度相对较低。由于气体的流动性，在全球范围内实现的温室气体减排同样对全球气候变化产生作用。对于发达国家，清洁发展机制使其降低减排成本，吸引更多的发达国家承诺减排，激励其切实地践行减排承诺；对于发展中国家而言，积极参与减排，既是承担自己应尽的义务和责任，同时可以换取更多的经验和技术，促进本国经济发展，改善贫困落后的现状。这种互补关系必须通过国际经济合作形式来实现，即通过二者之间的国际经贸合作和国际技术转移等渠道来完成①。但这种合作也是竞争的结果，自 2005 年正式开展清洁发展机制项目起，中国、印度、巴西和韩国作为清洁发展机制市场的主要供应国，占据全球清洁发展机制市场份额的 80% 以上。

国际生态文明经济体系合作关系能否持续、稳定发展，有赖于各方竞争实力和竞争地位的提高，有赖于协调的促进和矛盾的解决。在应对人类面临的共同问题而采取的生态文明经济体系行动中，国际社会既要同舟共济，加强协调，重视开展国际和地区合作，也要根据实际需要，综合考虑，统筹兼顾。国家间是否协同发展生态文明经济体系的问题在很大程度上取决于发达国家与发展中国家两大集团之间的利益博弈关系，如果把所有国家分成发达国家与发展中国家两个集团，在全球资源能源、生态环境和健康安全等问题的约束条件下，假设各自在经济发展过程中都可以采取工业文明经济或生态文明经济体系的两种发展战略。因为发达国家集团跟发展中国家集团相比具有先发优势，这样就会产生如下四种结果：①假设两类国家集团都选择工业文明经济的发展战略，那就不会产生因为协同发展生态文明经济体系而需要付出的成本，当然也失去协同发展而获得的收益，收益组合为(0，0)；②发达国家集团单独采取生态文明经济体系的发展战略，设其成本为 10，总收益为 20，因为发展生态文明经济体系存在正的外部性，发达国家集团具有先发优势，能够得到较多收益，假设为 18，净收益为 8(18 与 10 的差)，其余净收益 2 则为发展中国家集团获得，收益组合为(8，2)；③发展中国家集团单独采取生态文明经济体系的发展战略，因为其经济发展和科技水平总体较低，发展生态文明经济体系的成本比较高，假设为 14，但是因为发展中国家更多、区域更广、生态环境问题更突出，发展生态文明经济体系的全球效益会更明显，总收益较高，设为 24，其中，发展中国家集团获得的收益为 20，净收益为 6(20 与 14 的差)，其余的净收益 4 为发达国家集团获得，收益组合为(6，4)；④发达国家集团与发展中国家集团同时实行生态文明经济体系发展战略，设总收益为 44，发达国家集团的成本为 10，发展中国家集团的成本为 14，净收益为 20，各自获得的净收益都是 10，其收益组合为(10，10)。以上数据可以构成发展中国家集团和发达国家集团经济发展战略的纳什均衡模型，见表 14.2。

---

① 吕健华. 清洁发展机制：一种双赢的国际经济合作机制[J]. 中国党政干部论坛，2010(3)：47~48.

表 14.2　发达国家集团和发展中国家集团经济发展战略组合

| 发达国家集团/发展中国家集团 | 发展工业文明经济 | 发展生态文明经济体系 |
| --- | --- | --- |
| 发展工业文明经济 | (0, 0) | (6, 4) |
| 发展生态文明经济体系 | (8, 2) | (10, 10) |

表 14.2 中每栏的前一数字表示发达国家集团的净收益,后一数字表示发展中国家集团的净收益。从表中不难发现：发达国家集团发展生态文明经济体系的收益分别为 10 和 8,发展工业文明经济的收益为 6 和 0;发展中国家集团发展生态文明经济体系的收益分别为 10 和 4,发展工业文明经济的收益为 2 和 0。可见,发达国家和发展中国家发展生态文明经济体系都是较优的战略,如果二者协同发展生态文明经济体系,则收益都是 10,是理智的最优战略选择。虽然在要素可流动情况下,发达国家可以凭借先发优势在利益分配中占据支配地位,获得大于 10 的收益,但是从发展中国家各个战略组合的收益来看(10 > 4 > 2 > 0),还是应该选择发展生态文明经济体系,而且应该与发达国家协同发展生态文明经济体系。从收益上看(10 > 8 > 6 > 0),发达国家也应该做出类似的选择。这里的关键是合作机制的完善。

在世界经济全球化、自由化和信息化浪潮的冲击下,单个国家难以充当为国际经济合作提供制度规范和制度化管理的任务。因此,有必要建立起一个全球性国际经济合作的管理机构,由它来担负这一职责。建立起这样一个机构有以下三种可供选择的方案：在 WTO 体系内设立专门负责管理全球国际经济合作的机构;在联合国体系内设立专门负责管理全球国际经济合作的机构;设立区域性的管理国际经济合作的机构,有两种办法：一是在现有的区域组织机构内设立专门管理国际经济合作的机构;另一种是建立独立的区域性的专门管理国际经济合作的机构[1]。奉行互利共赢的开放战略是我国进行国际经济协调的宗旨,是指导我国开展国际经济合作的方针。互利共赢,使中国能够从外部世界获得资源与市场,同时又为各国提供财富与市场。在合作中,各国可以从中国的资本、技术、劳动力、自然资源等要素中获得发展资源,获得提高国民经济效率的资源,中国也需要与各国进行取长补短的资源互换。中国的工业化一方面要节能降耗,减少对自然资源的依赖,一方面也要从外部世界获得自然资源的支持,避免青黄不接。因此,中国在参与国际经济合作中,在自然资源开发利用的合作方面将占突出地位。另一方面,中国拥有大量劳动力资源,过去依仗劳动力的廉价来争夺世界市场,无形中对发展中国家起到低水平竞争的作用,未能体现互利共赢。只有在全国的努力下,将劳动力资源转化为智力水平高的人力资源,才能与世界经济发展起到更大的互补作用。中国政府贯彻的这一战略,是企业开展双向国际经济合作的生命线与最为关键的导向[2]。

因此,我国必须进行国际教育合作,整合中外教育资源,提升素质教育水平。教育是培养人才的基础,对经济和社会的发展具有先导作用。科学技术的竞争,在很大程度上是

---

[1] 华谦生. 论建立全球性国际经济合作管理机构[J]. 四川大学学报(哲学社会科学版),2001(6):18~23.
[2] 李欣广. 深化改革开放的新选择与开创国际经济合作新局面[J]. 广西大学学报(哲学社会版),2010(3):13~17.

智力投资的竞争。通过国际教育合作，提高教育水平，增加人力资本，对人力智力的充分发展并转化为现实生产力具有先导性作用，大量事实证明全面提高人的素质，是经济发展的优势、动力和源泉。发展生态文明经济体系更需要提高人的素质，通过国际教育合作提升人才素质是可供选择的路径之一，也是后发国家努力培育和提高国家的学习能力和创新能力的需要。当今世界科技发展特点对学习能力的要求越来越高，不断变化的技术创新已经从线性的模式演进到网络体系。在网络体系中，创新的演进过程大多数是不完全线性的，技术创新过程是不同行为主体相互沟通、相互协作、相互学习的过程，技术创新的主体不仅要整合内部的各种创新资源，也要动员各种外部资源。在科学的基础上通过长时间对基础科学研发投入以获得先进技术已成为当今技术进步的一个典型特征。在技术创新速度的加快所导致的技术学习周期的缩短的情况下，后进国家及其企业在使用领先国家的技术时，就必须具备相应的学习能力才能取得后发优势。

国际合作需要合作各方可信赖的承诺。如果从承诺的角度来理解国际合作，那么要促进国际合作水平，就要提高政府承诺的可信性。一个国家若想从国际经济合作中获益，它必须做出可靠的国际承诺；反之，它可能会被排除在国际合作之外。以制度形式做出承诺，能够增进观测的容易程度，并能够体现出政府承诺的可信性。因此，通过国内制度来发出政府政策偏好的信号对于促进国际合作是有利的。当我们需要建立或者强化某种国际经济合作时，可以通过国内制度的变革来降低阻力，增加支持力量，从而实现本国的经济目标。

强调建立平等互利、共赢的合作关系的观点已为发达国家表面上所接受。但如何真正成为指导南北关系的原则，从根本上讲还有待发达国家的实践。南北对话是一个长期的、艰苦的过程，在这种形势下，加强南南合作，就具有更加重要的意义。南南合作，不但有利于合理利用地区物质资源、人力资源以及资金技术等，而且有利于增强发展中国家的竞争能力，改善其同发达国家打交道的地位，对推动国际经济新秩序的建立具有积极意义。发展中国家的发展最终要靠不断增强自我发展能力，并且主动加强同发达国家之间的联系[①]。争取从生态文明经济体系的先发者发达国家中获得更多的先进技术与经验，提高本国的生态文明经济体系建设水平。

---

① 张永安. 国际经济合作的基础——南北合作[J]. 华东理工大学学报(社会科学版)，2005(2)：50~56.

# 第十五章

# 生态文明经济体系的核心形态：创新经济

## 15.1 生态文明创新经济的内涵与外延

### 15.1.1 生态文明创新经济的内涵

#### 15.1.1.1 创 新

创新，英文为 innovation，是指创新(innovate)行为、发明(invent)行为或者创造(create)某种新事物的行为，包括知识创新(即科学新发现)、技术创新(技术新发明)[1]。

创新在经济学上的重要含义就是新的组合，而这个组合的最初起因可能是知识的创新或技术的创新或管理的创新，但通过与经济生活中的某一活动相组合，就带来一场经济生活领域的革命。创新是一个多元性的概念，首先表现为创新来源的多样化。现实中，创新绝不仅仅来自研发，可能来自很多方面——意外发现、市场需求、用户设计，甚至某个失败的项目都可能产生创新机遇。其次是创新具有丰富的内涵。创新远远不止是技术创新和产品创新，还包括理念创新、管理创新、制度创新、服务创新等。阿里巴巴从初创的2万身家到现在的上百亿资产充分说明了其卓越的理念与管理创新。第三表现为创新在不同程度上的巨大差别。比如家电行业，既有微处理器革命性创新，也有外观设计变化这类渐进结构式创新等。Apple 公司不断推出的 iMac、iPod、iPad 等产品就深受全球顾客青睐。

#### 15.1.1.2 创新经济

创新经济有两种涵义：其一为创新的经济活动(称为创新经济)；其二为经济活动的创新(称为经济创新)。创新的经济活动是指一种新颖且具有价值的经济行为。经济活动的创新是指对现有经济活动进行新营运模式变革(新元素的加入等)，促其产生附加价值。创新经济的本质是知识经济，创新是经济发展的引擎，知识成为经济发展的主要资源[2]。无论是创新的经济活动还是经济活动的创新，都建立在知识不断积累和应用的基础上，只有坚

---

[1] 创新经济学. 百度百科：http://baike.baidu.com.
[2] 廖福霖等. 生态文明经济体系研究[M]. 北京：中国林业出版社，2010：26~27.

实的知识作为基石,创新才不会成为空中楼阁。

### 15.1.1.3 生态文明创新经济

优化经济结构、实现产业升级、转变发展方式,其中很重要的方面就是从高投入—低产出—高排放—低效益向低投入—高产出—低排放—高效益的转变;从资源枯竭、生态危机、环境恶化、人类工业病蔓延向资源节约、生态优良、环境友好、人类安康的转变;从劳动力密集型产业向知识密集型产业转变;从工业化技术与工艺体系向生态化技术与工艺体系转变;消费上从基本单一的物质需求向物质、精神、生态丰富多样需求的转变。总之就是从工业文明经济向生态文明经济体系的转变,这是世界(特别是发达国家)经济发展的基本趋势。生态文明经济体系是指生态文明各种经济形态有机结合、相辅相成、协同发展的经济系统[①],这在专著《生态文明经济体系研究》中已做界定。生态文明经济体系是对经济发展理念、机制、技术、管理和市场相配套的综合创新,是转变经济发展方式的重要方面,它能够从内生力量推进生态效应、经济效应与社会效应相统一和最优化,从而满足人类的物质需求、精神需求、生态需求以及自然生态系统的自身需求,促进自然—人—社会复合生态系统全面、协调、持续发展的经济体系。它是生态文明社会的主要经济基础,是生态生产力的主要表现形态。

生态文明创新经济的内涵表现为两方面:一方面是在经济发展中最大限度地发挥知识资源(主要是人的创造性),最小限度地利用自然资源,以此达到最小限度污染环境;另一方面是创造和发展高新技术体系(主要是生态化技术体系),改造和提升传统经济,最终实现生态效应、经济效应和社会效应的相统一和最优化。

## 15.1.2 生态文明创新经济的外延

创新不是某个部门或少数几个人的任务,而是遍布整个企业的思维方式。现代的创新甚至不能局限于一个企业内部,而是呈现出网络化协作的特征,研发和设计部门、合作企业、用户、供应商、大学、政府,甚至竞争对手,都可能参与其中。另外,创新不止是技术创新和产品创新,还包括业务流程创新、商业模式创新、管理创新、制度创新、服务创新以及创造全新的市场以满足尚未开发的顾客需要,甚至新的营销和分销方法等,还包括外观设计变化这类渐进性创新、结构式创新、跳跃式创新等。创新还意味着正确寻找和选择创新构思、有效组织实施创新,并在适当的时间限度内把创新带向市场,也就是企业创新方式的创新。

## 15.1.3 两种文明下创新经济的联系与区别

人类的生存,离不开自然物的支持,也离不开人工物(劳动产品)的支持。而人工物又是人与自然物相互作用的产物,因此,从根本上来说,人类的生存与发展都离不开人与自然物这两大要素及其相互作用(人类的劳动)。经济系统本是为了满足"人类的生存与发展"的需要而产生和形成的,这是一个最根本也最具决定性意义的"供需关系"。但工业文明时代形成的经济系统忽略了这一需求的整体性,只关注对人工物(社会物质财富)的"需求"。对整体性需求的"偏离",在"经济利益最大化"追求的驱使下就使自然物的"生产"机

---

[①] 廖福霖等. 生态文明经济体系研究[M]. 北京:中国林业出版社,2010:26~27.

制遭受严重破坏，导致自然环境出现威胁人类生存和健康的危机(图 15.1)。

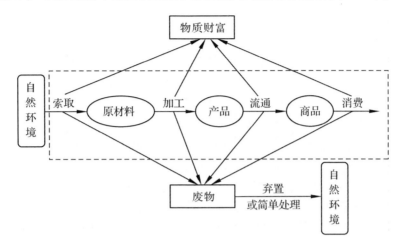

**图 15.1　工业文明下的产品生产流程**

图 15.1 所示的工业文明经济系统的根本性缺陷有二：一是为了创造出越来越多的物质财富，这种经济系统必须依赖自然资源的高投入(当然，作为手段它同时一定要鼓励和刺激消费)。由于它们把自然环境排除在这种经济系统之外，因而自然环境产出自然资源的活动(自然生产力)就不可能从这种经济系统中得到本应有的资金、技术的支持和投入，结果，自然生产力必然不断下降。二是为了获得越来越多的货币财富，经济系统的各个环节都把经济活动的"成本—效益"最大化的核算放在最根本的地位上。于是，与环境不友好(不易被自然环境消纳，但容易得到高附加值)的产品被大量生产出来，经过消费后又成为不能被自然环境消纳的废物被大量弃置入自然环境。这样，越来越多的自然物(产品)在消费后就退出了自然生态系统固有的循环，而且成为破坏自然生态系统良性运行的"杀手"。生态文明下的创新经济克服了这两大根本性缺陷，它是符合人类理想和需求的经济系统，是一个能使社会物质和货币财富得到继续不断地增长，同时又不降低甚至能够提升自然生产力和环境承载力的经济系统，其产品生命周期如图 15.2。

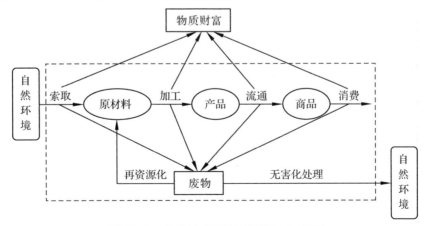

**图 15.2　生态文明下的产品生命周期**

值得一提的是生态文明创新经济还要求在生产过程中，实现上一环节的"流"成为下一环节的"源"，不断延伸产品链，实现排放最小化（直至零排放），这就是过程管理，如图15.3。

原材料 —生产环节→ 产品 —→ "废弃物" —第二个生产环节→ 第二个产品……—→ 零排放

**图15.3　延伸产品链，排放最小化**

### 15.1.4　生态文明创新经济的主要创新内容

众所周知经济创新的极端重要性，在国际上它是提高国家综合竞争力、抢占世界经济科技制高点的关键；在国内它是落实科学发展观，转变经济发展方式，实现跨越式发展的关键[①]。但就世界经济发展的大趋势看，它必须是生态文明的而不是工业文明的经济创新。当然，生态文明的经济创新又是相对于工业文明经济而言的，主要有以下5个经济要素的协同创新[①]：经济发展理念的创新、经济技术创新、经济管理创新、市场创新和经济发展的机制创新。详述请参见前面有关章节的内容。

## 15.2　创新经济是生态文明经济体系的核心形态

### 15.2.1　生态文明创新经济是历史的必然

当前，全球经济竞争愈演愈烈，经济实力和创新能力成为国家竞争力的关键所在，这给创新经济的发展提供了必要条件，创新经济的崛起已经成为必然。一项调查分析指出，创新能力在决定谁将在全球竞争市场上取得成功起主导作用。在竞争激烈的经济环境中，对国家而言，创新不仅可以实现国家制定的目标，还可以提高国家竞争力，从全球中吸引更多资源；对公司而言，创新将创造一种有战略意义的市场优势。因此，创新经济的崛起顺应全球竞争，是时代发展的必然。

### 15.2.2　生态文明创新经济助推生产力的第二次飞跃

改革开放三十多年来，中国生产力发展初步实现了第一次飞跃，这是从不发达生产力到初步发达生产力的飞跃。未来几十年内，我国生产力发展面临着双重的任务，一是使初步发达的生产力不断发展为发达的生产力，真正完成第一次飞跃；二是在发展过程中以生态文明的原理和规律为指导，从发达的生产力转为发展先进的生产力即生态生产力，以促进自然—人—社会复合生态系统和谐协调、共生共荣、共同发展的社会文明形态的形成，实现生产力的第二次飞跃[②]。

发展生态文明创新经济是优化经济结构、实现产业升级、转变发展方式的关键，通过创新发展方式、改善发展要素的组合，在同一时期内以优化的进程助推生产力的两次飞跃，这是实践科学发展观，构建和谐社会的本质要求。当然完美无缺的创新机制是不存在的，也不可能有放之四海而皆准的发展模式，所以中国生产力的第二次飞跃无疑将是一个漫长而艰难的过程，需要在创新中不断寻求更好的路径。

---

① 廖福霖. 致力于发展生态文明的经济创新[N]. 福建日报，2011－4－19.
② 廖福霖等. 生态生产力导论[M]. 北京：中国林业出版社，2007：107.

### 15.2.3　提高国家综合竞争力，抢占世界经济科技制高点的关键

美国竞争力委员会总结美国创新经济后指出，创新经济将成为美国和世界未来繁荣的根本。没有一个国家能够通过利用标准方法生产而维持高工资、高生产水准，并称雄于全球市场。在经济全球化的世界上，低工资发展中国家正在加快提高其技能，并逐步获取今天的技术，美国的繁荣取决于美国能否保持在创新中不断进步。美国必须提高对新产品、新工艺和新服务进行识别和商业化的能力，以带来盈利和支持高工资就业所需要生产率的提高。美国对其他国家创新经济做出的主要贡献有三：支持整个经济创新的公用创新基础设施（如对基础研究的投资）；支持特定互联产业群（如汽车、信息技术）创新的集群特需条件；它们之间联系的力量（如基础研究同企业联系的能力、企业的努力对技术和熟练人员总储备的贡献）。借鉴美国的成功经验，我国社会主义建设过程中，发展生态生产力是重要目标，技术革新是关键步骤，企业家创业精神要大力提倡，而这些，尽管观点不同，却都是熊彼特《经济发展理论》一书的主要内容。熊彼特的"经济发展理论"或"创新理论"中的几大观点，如强调生产技术革新和生产方法变革的观点、强调变动和发展的观点、强调经济制度内在因素的观点、强调企业家创新功能的观点，大多是正确的，这对我们今天进行社会主义建设，发展生态生产力，探索社会主义经济发展理论，研究社会主义经济运行和发展问题，都具有很大的参考价值和借鉴作用。

世界各国都把科技创新作为国家战略，把超前部署和发展战略技术及创新产业作为带动经济发展的关键举措。经济社会生态发展形势和基本国情决定了我国必须把科技创新作为国家发展战略，把走创新型国家发展道路作为我国面向未来的战略选择。因此发展生态文明创新经济是提高国家综合国力，抢占世界经济科技制高点的关键。

### 15.2.4　落实科学发展观，实现跨越式发展的重大举措

科技创新是树立和落实科学发展观，实现全面、协调、可持续发展的关键因素。改革开放以来，我国经济持续高速增长，但应当清楚认识到当前我国经济结构不合理、产业层次低、增长质量较差、能源及其他资源短缺、生态环境恶化、区域和城乡发展不平衡、人口健康与就业、公共安全等问题对经济社会生态发展的制约日益凸显，经济社会生态发展不协调、不平衡的矛盾日益突出，创新是落实科学发展观的必由之路。

在创新的第二次飞跃阶段，利用生态文明创新经济的理论和方法来指导工业化，用生态化技术体系和信息化技术体系来改造、武装工业，把生态效应、社会效应和经济效应三者相结合并实现最优化，是落实科学发展观、推动有中国特色产业跨越式发展的重要举措。

### 15.2.5　实现"三大效应"相统一和最优化的突破口

衡量社会发展与进步的一个很重要的尺度是效应。创新的目的是为了促进社会发展与进步，为此，效应就是鉴别和检验创新的最好标准。如果新观点、新思路、新举措有利于提高效益及生产效率，那是创新。看待效益，必须立足于全局，立足于长远。尽管有些新观点、新思路、新举措可能暂时影响局部效益，但是对全局、对长远效益将会产生更为积极的影响，那也是真正的创新。创新远远不止是技术创新和产品创新，还包括管理创新、制度创新、服务创新和市场创新等。生态文明经济体系是实现生态效应、经济效应、社会

效应相统一和最优化的新兴经济系统，创新就必然成为发展生态文明经济体系的关键点与突破口，经济创新与创新经济也必然成为发展生态文明经济体系的核心。对此中央作出认真部署，把推动经济创新与创新经济的自主创新摆在各项工作的突出位置，为建设创新型国家，实现经济社会生态全面、协调、可持续发展发挥支撑和引领作用。

## 15.3 生态文明创新经济的三个发展阶段

生态文明创新经济在不同历史阶段具有不同的特点，在世界范围内以发达国家为例，对创新理论来说，人们经历了一个认识、研究和应用的过程；从中国经济发展所处的阶段和现实国情看，生态文明创新经济是转变经济发展方式的必然选择。

### 15.3.1 生态文明创新经济的初期阶段

人类历史长河淌过原始文明、农业文明和工业文明，资源能源减少与枯竭、生态环境污染与破坏等一系列问题愈演愈烈。在我国经济进入高速增长时期，却面临粮食危机、资源能源不足、生态环境恶化与人类健康危机等世界亟待解决的问题。这都与我国底子薄、科技落后等基本国情有关，也与片面追求 GDP 高速增长的体制安排有关。粗放的经济增长导致的资源能源、生态环境、国内外市场需求、社会治安、区域贫富差距等问题，严重影响到中国经济的可持续发展。为解决这些问题，我们进入了生态文明创新经济的初级阶段。

在生态文明创新经济的初期阶段（萌芽阶段），为实现经济较快持续平稳发展，中国着手改变传统的生产理念，树立生态文明观念；强调科技创新，提高劳动者素质，把生产要素的技术与社会结合统一起来；从体制和管理创新入手，创建绿色诚信市场；力求实现由"高消耗、高能耗、高污染和低效率"为特征的粗放型增长向"低消耗、低能耗、低污染和高效率"集约型经济增长方式的转变。

### 15.3.2 生态文明创新经济的中期阶段

中期阶段是生态文明创新经济的增长阶段，可维持较长一段时期。在这个过程中，创新经济活动高于正常水平并持续扩张，直到生态文明创新经济超过传统经济；我国的产业结构不断调整升级，科技研究与开发（R&D）投资总额占国内生产总额（GDP）较高水平，已基本完成对大部分进口产品的替代，高新技术产业在国际市场上占一席之地并立于不败地位，缩小区域之间贫富差距，保证社会和谐稳定发展。整个增长阶段，社会总体消费水平较高，随着国民收入水平越来越高，企业持续利用科技研发手段创造更广大市场来满足人们日益优化的物质、精神、生态需求。

在生态文明创新经济的中期阶段（增长阶段），应当借鉴当代各国先进的生产要素组合方式，以适应更加开放和全球经济一体化的国际环境，实现由资本密集型产业向技术密集型产业转变，由劳动力密集型产业向知识密集型产业转变，由工业化技术与工艺体系向生态化技术与工艺体系转变，实现生态、社会和经济三大效应的相统一。但在这一阶段值得注意的是旧的增长观念和发展思路的思维惯性还在发生作用，特别是由利益原因产生的阻力还很大①。

### 15.3.3 生态文明创新经济的后期阶段

后期阶段是生态文明创新经济的繁荣阶段，表现为创新经济活动占绝对优势而传统经济持续收缩或经过调整转向生态文明经济体系。在繁荣阶段，传统企业面对市场不断萎缩和巨大存货不得不缩小规模减少投资，政府出于整体利益考虑采取紧缩政策淘汰一批落后的产业群，支持发展一大批代表先进生产力的新兴产业群，积极面对国际创新市场，进入世界生态文明经济体系强国之列。

在生态文明创新经济的后期阶段(繁荣阶段)，其核心是重组和优化升级产业结构，摒弃传统经济单纯追求物质享受而造成的大量浪费、污染，危害人民群众身体健康的消费模式；由资源枯竭、生态危机、环境恶化、人类工业病蔓延向资源节约、生态优良、环境友好、人类安康的转变，人们对生态环境、文化精神生活的追求持续提高，物质需求、精神需求、生态需求三者相互协调，不断优化，实现生态、社会和经济三大效应的相统一和最优化。

## 15.4 发达地区与欠发达地区的生态文明创新经济发展比较

### 15.4.1 发达地区与欠发达地区

过去单纯以人均 GDP 作为界定国家或地区是否发达的做法显然存在很大的局限性，人均 GDP 只代表了经济水平，而不能代表一个国家或地区的全面发展水平。1990 年，联合国开发计划署选用收入水平、期望寿命指标和教育指数这三个指标，来把人类发展作为一个全面综合的度量②。人类发展指数(HDI)是以"预期寿命、教育水准和生活质量"三项基础变量按照一定的计算方法组成的综合指标，用以取代单一的人均 GDP 衡量体系，以此界定一个国家是否属于发达国家或地区，就相对全面客观了。下面简单介绍人类发展指数的计算方法。

人类发展指数(HDI)的计算公式③：

$$指数值 = (实际值 - 最小值)/(最大值 - 最小值)$$

$$预期寿命指数(LEI) = (LE - 20)/(83.2 - 20)$$

$$教育指数(EI) = (\sqrt{MYSI \times EYSI} - 0)/(0.951 - 0)$$

(1) 平均学校教育年数指数(MYSI) = (MYS - 0)/(13.2 - 0)
(2) 预期学校教育年数指数(EYSI) = (EYS - 0)/(20.6 - 0)
(3) 收入指数(II) = [ln(GNIpc) - ln(163)]/[ln(108211) - ln(163)]

HDI 值取三个基本指数的几何平均数，根据 2010 年中国统计年鉴中预期寿命、教育和 GDP 指标可计算出中国各省的人类发展指数，见表 15.1(其中台湾、香港、澳门地区除外)。

---

① 试论区域创新系统构建的理论基础[EB/OL]. http：//wzzyk.com/lunwen.canka/jingjixue/jingjixue li lun.
② 人类发展指数. 百度百科：http：//baike.baidu.com.
③ 发达国家. 百度百科：http：//baike.baidu.com.

表 15.1 中国各省份人类发展指数比较表

| | 人类发展指数 | 预期寿命指数 | 教育指数 | GDP 指数 | 人类发展指数排序 |
|---|---|---|---|---|---|
| 全国 | 0.778 | 0.800 | 0.832 | 0.728 | |
| 北京 | 0.920 | 0.918 | 0.924 | 0.919 | 2 |
| 天津 | 0.886 | 0.862 | 0.912 | 0.885 | 3 |
| 河北 | 0.801 | 0.823 | 0.844 | 0.737 | 9 |
| 山西 | 0.789 | 0.797 | 0.862 | 0.706 | 14 |
| 内蒙古 | 0.788 | 0.762 | 0.837 | 0.765 | 15 |
| 辽宁 | 0.835 | 0.845 | 0.882 | 0.779 | 7 |
| 吉林 | 0.800 | 0.811 | 0.865 | 0.724 | 11 |
| 黑龙江 | 0.794 | 0.793 | 0.858 | 0.729 | 12 |
| 上海 | 0.923 | 0.919 | 0.909 | 0.941 | 1 |
| 江苏 | 0.838 | 0.939 | 0.849 | 0.825 | 5 |
| 浙江 | 0.846 | 0.850 | 0.846 | 0.842 | 4 |
| 安徽 | 0.743 | 0.800 | 0.779 | 0.650 | 26 |
| 福建 | 0.801 | 0.806 | 0.821 | 0.776 | 10 |
| 江西 | 0.765 | 0.788 | 0.846 | 0.662 | 23 |
| 山东 | 0.822 | 0.834 | 0.838 | 0.793 | 8 |
| 河南 | 0.773 | 0.797 | 0.825 | 0.697 | 20 |
| 湖北 | 0.782 | 0.808 | 0.842 | 0.969 | 17 |
| 湖南 | 0.779 | 0.810 | 0.849 | 0.678 | 18 |
| 广东 | 0.836 | 0.835 | 0.850 | 0.823 | 6 |
| 广西 | 0.767 | 0.805 | 0.843 | 0.654 | 22 |
| 海南 | 0.783 | 0.843 | 0.818 | 0.688 | 16 |
| 重庆 | 0.790 | 0.838 | 0.848 | 0.685 | 13 |
| 四川 | 0.765 | 0.818 | 0.818 | 0.658 | 24 |
| 贵州 | 0.674 | 0.720 | 0.744 | 0.557 | 30 |
| 云南 | 0.703 | 0.722 | 0.758 | 0.631 | 29 |
| 西藏 | 0.635 | 0.693 | 0.558 | 0.656 | 31 |
| 陕西 | 0.775 | 0.802 | 0.842 | 0.681 | 19 |
| 甘肃 | 0.705 | 0.751 | 0.738 | 0.627 | 28 |
| 青海 | 0.724 | 0.743 | 0.753 | 0.676 | 27 |
| 宁夏 | 0.757 | 0.807 | 0.787 | 0.677 | 25 |
| 新疆 | 0.772 | 0.769 | 0.832 | 0.716 | 21 |

据中国各省份的人类发展指数大小，本书把大于 0.800 归为发达地区，共有 11 个地区，分别是上海、北京、天津、浙江、江苏、广东、辽宁、山东、河北、福建、吉林；小于 0.800 归为欠发达地区，共有 20 个地区，分别是黑龙江、重庆、山西、内蒙古、海南、湖北、湖南、陕西、河南、新疆、广西、江西、四川、宁夏、安徽、青海、甘肃、云南、

贵州和西藏。从我国的发达地区与欠发达地区的时空分布看，目前我国沿海地区省份有8个省、1个自治区、2个直辖市，分别是浙江、江苏、广东、辽宁、山东、河北、福建、吉林；广西；上海和天津。其中，发达地区包括了沿海地区的浙江、江苏、广东、辽宁、山东、河北、福建、吉林8个省和上海、天津2个直辖市，再加上首都北京；欠发达地区则主要是我国广大的中部和西部地区。

### 15.4.2 两大地区的区域创新能力比较

区域创新能力（regional innovation capability）是指一个地区将新知识转化为新产品、新工艺、新服务的能力。其核心是促进创新机构间的互动和联系，表现为对区域社会经济系统的贡献能力。区域创新能力不等于科技能力，也不等于科技竞争力，但科技能力和科技竞争力是区域创新能力的基础[①]。

对区域创新能力的测度和评价有很多方法。本书采用《中国区域创新能力研究报告》的指标，该报告用知识创造、知识流动、企业创新能力、技术创新环境、创新经济绩效5大综合指标和多项子指标对全国各省份的创新能力变化情况进行测算（图15.4）。

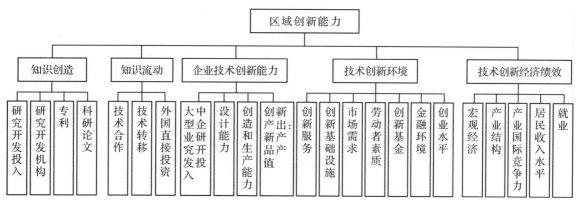

**图15.4　中国区域创新能力测算指标图**

本研究中数据来源：2001~2009年中国统计年鉴中相关的社会经济等指标数值。

由于各指标受其量纲的影响，数量级差距大，导致最终结果不具有可比性。因此，必须对原始的指标数据进行标准化，消除量纲量级的影响，选取最大值标准化方法，其公式为：

$$M_{ij} = X_{ij}/X_{j\max} \qquad 式（1）$$

式（1）中，$M_{ij}$表示第$i$个评价单元、第$j$项评价指标的标准化数值，$X_{ij}$表示第$i$个评价单元、第$j$项评价指标的原始数值，$X_{j\max}$表示所有评价单元中第$j$项指标的最大值。此值越大则效用值也越大，如"劳动生产率""GDP""发明专利"等。

同时，由于"失业率"指标是反向指标，该指标值越大，其区域创新能力综合分值就越低，因此必须对它进行逆化处理，其公式为：

---

[①] 中国科技发展战略研究小组. 中国区域创新能力报告[R]. 北京：中共中央党校出版社，2001~2009：263~327.

$$M_{ij} = 1 - X_{ij}/X_{j\max} \qquad \text{式}(2)$$

将各评价单元的标准化指标值与其权重相乘，再进行求和，便得到各评价单元的综合得分，其计算公式为：

$$Z_i = \sum M_{ij} \cdot q_j \qquad \text{式}(3)$$

式(3)中，$Z_i$ 表示第 $i$ 个评价单元的综合得分，$M_{ij}$ 表示式(1)、式(2)中计算得出的第 $i$ 个评价单元、第 $j$ 项评价指标的标准化数值，$q_j$ 表示第 $j$ 指标的权重。按上述方法，测算出各评价单元的综合得分，见表15.2。

表15.2  2002~2009年中国各省份区域创新能力综合得分表

|  | 2002年 | 2003年 | 2004年 | 2005年 | 2006年 | 2007年 | 2008年 | 2009年 | 综合分 | 排名 |
|---|---|---|---|---|---|---|---|---|---|---|
| 上海 | 58.3 | 54.7 | 56.4 | 57.2 | 57.0 | 57.1 | 53.0 | 52.4 | 55.8 | 1 |
| 北京 | 52.3 | 59.8 | 56.5 | 54.8 | 56.1 | 56.7 | 52.2 | 53.2 | 55.2 | 2 |
| 广东 | 49.7 | 44.5 | 46.8 | 49.3 | 50.2 | 50.6 | 52.7 | 53.7 | 49.7 | 3 |
| 江苏 | 43.2 | 43.3 | 42.6 | 48.5 | 48.4 | 47.5 | 48.8 | 55.6 | 47.2 | 4 |
| 浙江 | 34.7 | 36.9 | 37.4 | 41.2 | 45.3 | 39.9 | 41.1 | 44.6 | 40.1 | 5 |
| 山东 | 37.8 | 37.2 | 36.8 | 39.9 | 38.0 | 37.7 | 38.0 | 40.6 | 38.2 | 6 |
| 天津 | 34.2 | 36.2 | 38.6 | 39.6 | 37.4 | 41.0 | 37.2 | 37.4 | 37.7 | 7 |
| 辽宁 | 35.9 | 34.3 | 32.3 | 36.7 | 32.1 | 32.4 | 32.1 | 33.0 | 33.6 | 8 |
| 福建 | 33.8 | 28.9 | 29.0 | 29.8 | 30.7 | 26.3 | 28.2 | 29.9 | 29.6 | 9 |
| 湖北 | 25.5 | 25.6 | 27.1 | 27.7 | 26.9 | 27.6 | 29.6 | 32.8 | 27.8 | 10 |
| 陕西 | 26.8 | 28.8 | 26.4 | 27.4 | 27.3 | 28.3 | 28.2 | 29.1 | 27.8 | 11 |
| 重庆 | 23.7 | 23.6 | 25.5 | 29.2 | 28.6 | 29.9 | 27.4 | 29.5 | 27.3 | 12 |
| 四川 | 26.7 | 23.6 | 25.6 | 27.9 | 23.4 | 24.8 | 29.1 | 33.6 | 26.8 | 13 |
| 湖南 | 24.0 | 24.2 | 24.6 | 25.2 | 25.2 | 27.0 | 27.7 | 28.6 | 25.8 | 14 |
| 安徽 | 23.6 | 21.7 | 21.7 | 25.1 | 27.0 | 25.0 | 28.5 | 31.9 | 25.6 | 15 |
| 黑龙江 | 23.4 | 24.7 | 26.1 | 26.6 | 25.3 | 25.1 | 25.3 | 27.7 | 25.5 | 16 |
| 吉林 | 29.0 | 22.1 | 25.2 | 27.8 | 22.4 | 23.9 | 26.6 | 24.4 | 25.2 | 17 |
| 河南 | 23.1 | 24.2 | 21.6 | 24.1 | 23.3 | 24.5 | 26.8 | 28.4 | 24.5 | 18 |
| 山西 | 19.8 | 25.1 | 22.2 | 27.8 | 24.2 | 24.6 | 23.0 | 24.7 | 24.0 | 19 |
| 河北 | 25.5 | 21.7 | 22.4 | 24.6 | 23.5 | 22.5 | 22.5 | 25.2 | 23.5 | 20 |
| 江西 | 18.6 | 17.7 | 20.7 | 21.7 | 21.9 | 20.7 | 24.5 | 25.8 | 21.4 | 21 |
| 内蒙古 | 17.7 | 18.4 | 20.6 | 21.9 | 22.6 | 21.2 | 20.4 | 21.9 | 20.6 | 22 |
| 广西 | 19.1 | 18.8 | 19.0 | 21.1 | 21.3 | 21.4 | 20.9 | 22.7 | 20.5 | 23 |
| 新疆 | 19.4 | 18.6 | 21.8 | 22.8 | 19.8 | 18.9 | 19.2 | 22.9 | 20.4 | 24 |
| 海南 | 20.8 | 14.0 | 18.2 | 20.5 | 20.8 | 18.2 | 23.4 | 21.3 | 19.7 | 25 |
| 甘肃 | 19.2 | 20.0 | 18.4 | 20.0 | 17.2 | 18.4 | 19.2 | 20.9 | 19.2 | 26 |
| 贵州 | 16.9 | 17.1 | 16.7 | 19.9 | 18.2 | 19.2 | 21.1 | 23.3 | 19.0 | 27 |

(续)

|  | 2002 年 | 2003 年 | 2004 年 | 2005 年 | 2006 年 | 2007 年 | 2008 年 | 2009 年 | 综合分 | 排名 |
|---|---|---|---|---|---|---|---|---|---|---|
| 云南 | 18.9 | 16.4 | 16.7 | 12.5 | 16.4 | 19.0 | 21.7 | 24.3 | 18.2 | 28 |
| 宁夏 | 17.5 | 16.7 | 18.9 | 18.0 | 17.0 | 15.9 | 18.1 | 20.2 | 17.8 | 29 |
| 青海 | 15.0 | 18.0 | 20.6 | 18.7 | 15.4 | 17.1 | 18.1 | 19.0 | 17.7 | 30 |
| 西藏 | 15.7 | 12.8 | 10.5 | 18.4 | 14.4 | 14.3 | 17.8 | 18.1 | 15.2 | 31 |

根据知识创造、知识流动、企业创新能力、技术创新环境、创新经济绩效 5 大综合指标和多项子指标的排名，并将综合指标进行平均化处理，可以把各省份按创新能力的强弱细分为 3 个等级，创新能力强、创新能力中等和创新能力弱。其中，创新能力强的省份：北京、江苏、上海、浙江和广东 5 个省份；创新能力中等的省份：黑龙江、辽宁、吉林、内蒙古、新疆、山东、河北、河南、湖北、湖南、江西、福建、广西、山西、陕西、四川、重庆、海南 18 个省份；创新能力弱的省份：甘肃、宁夏、青海、云南、贵州、西藏 6 个省份。在创新能力强的地区中，上海强在企业技术创新能力、知识流动和创新的经济绩效上，而北京强在知识创造和创新环境上。尽管北京在知识创造能力非常突出，但由于其他方面的指标处于相对弱势，其技术创新综合能力稍逊于上海。广东强在企业的技术创新能力上。创新能力中等地区主要位于中部地区，但也包含了少数的沿海地区和西部地区。创新能力弱的省份则都位于西部地区。

### 15.4.3 两大地区的发展特点

#### 15.4.3.1 中国区域创新能力自东向西呈梯次分布

中国区域创新能力呈梯次分布的特点非常明显，东部沿海地区的创新能力较强，西部内陆地区的创新能力较低，中部省份的创新能力大体处于两者之间。上海、北京、广东表现突出，得分远超过其他地区，排在前三位，这与沿海地区改革开放领先于全国，为技术创新提供了良好的体制和环境有莫大的关系。而像天津等城市，它的工业基础好，科技有实力，又是沿海港口城市，但创新能力不强，是因为与南方地区相比，制度创新不活跃，由此可见，体制创新是决定技术创新能力的关键。

#### 15.4.3.2 创新能力各要素在不同地区分布不均衡

在创新能力强省市中，北京强在知识创造能力（第一位）和创新环境（第一位）上，而上海强在知识流动能力（第一位）、企业技术创新能力（第二位）和创新的经济效益（第一位）上。两个大城市各有千秋。广东的创新能力非常强，其中最突出的是企业技术创新能力已经超过了上海成为全国第一位。这得益于广东这几年的改革开放政策和深圳的崛起。在企业技术创新能力这一板块里，广东在企业研究开发投入、设计能力上居全国第一的位置，在制造和生产能力上居全国第三，在新产品产出上居全国第二的位置。创新能力中等的省市其发展的特点则表现出具有较强的企业技术创新能力，在创新能力的各个方面都有较均衡的能力。而创新能力弱的地区在知识创造、知识流动、企业技术创新能力和创新环境上都较差，落后于全国其他地区较多，尤其是与东部发达地区相比。

#### 15.4.3.3 各地区的创新能力震荡发展，总体平稳

分别选取位于创新能力强、中等、弱的典型省市，北京、福建和西藏做比较（图

15.5）。从三个地区 2002～2009 年的地区创新能力综合指数的发展曲线来看，三个地区的创新能力呈现出震荡发展的情况，部分年份上升，部分年份下降。但是，从整体上看，各个地区的创新能力发展水平还是处于相当平稳的状态，没有出现较大程度的波动。这种情况也正好反应了其他省市创新能力发展的现状。

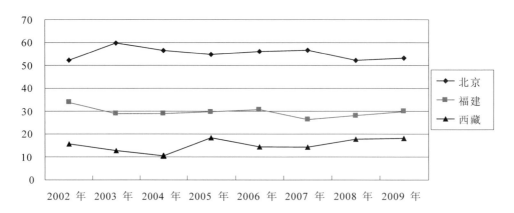

**图 15.5　北京、福建和西藏区域创新能力变化对比图**

#### 15.4.3.4　沿海地区表现出强劲的创新能力

东部技术创新综合评价远高于中部、西部。尤其是突出表现在企业的技术创新能力上，这是因为东部地区企业的创新机制更加灵活，市场经济的作用较强，企业已基本成为技术创新的主体。中部也有类似倾向，而在西部，企业的技术创新能力表现不突出，因此，西部提高技术创新能力的关键是政府减少对企业的干预，让企业有更多的经营自主权，并给企业更多的政策支持，使企业成为技术创新的主体。

#### 15.4.3.5　东部与中西部区域创新能力差距明显

相对而言，东部与中部、西部之间的差距较大，中部与西部倒较接近。在技术创新的经济绩效方面，西部的表现超过了中部。中部发展也应该得到重视，同时中部许多省份也应该意识到自己创新能力弱的问题，通过观念的转变，制订相应的战略，以提高创新能力。

西部地区并非所有指标都落后于东部地区。在效率指标上，在单位科技资金投入产生的发明专利产出中，西部强于东部；在单位科技人员产生的发明专利中，西部也并不比东部差。但在单位科技资金投入和单位科技人员产生的新产品产值中，西部要大大落后于东部。由此可知，西部主要差在面向市场进行产品开发的能力上。

总体上看，中西部创新能力差距不明显。一些好的西部地区的技术创新能力远高于中部地区。这种情况表明，中西部地区应该而且可以从东部地区大量吸收和应用科学技术知识，东部地区的科学技术知识也应该通畅顺利地向西部地区流动，这是东西部合作的关键。

### 15.4.4　发展过程中存在问题

#### 15.4.4.1　三大产业结构不合理

第一、二产业比例仍然偏高，第三产业明显偏低，远低于全球 64% 的平均水平，我国第三产业的就业比重不仅低于发达国家 70% 左右的平均水平,也低于世界中等收入国家 45% 左右的平均水平。服务业内部结构不合理,现代服务业发展明显落后。商贸、餐饮、交通运输等传统服务业仍然占大头。

#### 15.4.4.2 生产方式仍以粗放型为主

第二产业中资本、能源、资源密集型的重化工产业机构特征明显,高技术产业比重偏低,整体上仍未摆脱高投入、高消耗、高污染、低产出的粗放经营方式,如炼钢、水泥、乙烯等综合能耗分别比国家先进水平高 21%、45% 和 31%,单位工业产值产生的固体废弃物比发达国家高 10 倍。

#### 15.4.4.3 产业创新能力不足

装备制造业大而不强,创新能力差,产品竞争力弱,大量的先进装备仍主要依靠进口。整体上看,我国企业规模小(如全国炼钢企业 280 家,年产钢 500 万吨以上的只有 8 家,水泥企业 4800 多家,平均规模只有 15 万吨),产业集中度低,竞争力不强,产品品种、质量和档次还不能完全适应市场需求,一些高附加值的关键材料和设备仍需大量进口,如光纤、集成电路芯片、石油化工、轿车、数控机床等制造装备产品进口分别为 100%、85%、80%、70%、70%。

在激烈的国际市场竞争的严峻形势下,尤其是我国在加入世界贸易组织后,劳动力的比较优势将逐步减弱,我们必须坚持以科技现代化带动信息化、信息化促进工业化,以生态工业化反促科技现代化与信息化,走出一条科技含量高、经济效益好、资源消耗低、环境污染少、人力资源优势得到充分发挥的新型工业化道路。这就要求我们要紧紧依靠科技创新,推动以技术含量低的劳动密集型和资本密集型为主的产业结构向高技术产业和现代服务业为主的产业结构升级。

### 15.4.5 发展对策与建议

#### 15.4.5.1 根据不同地区的特点,采取不同创新发展模式

由于各地区经济发展水平不同,资源不同,文化不同,因此应结合实际来制订本地区的创新战略,创造出不同的创新业绩。在当前阶段,发达地区应加大原创性研究投入,注意引进技术的消化吸收和创新,努力改善产业的国际分工地位。随着我国对外开放的深入开展和经济发展进入新阶段,发达地区原有的政策优势和区位优势将不断弱化,这就要求这些地区必须加大研究开发投入力度,不断提高劳动力素质和原创性技术创新能力,发展高技术产业。欠发达地区应该大力推进市场化进程,提高经济发展的市场化水平,培育和完善市场体制,注重中间技术的消化吸收和利用。

#### 15.4.5.2 理念创新和制度创新决定区域创新能力高低

实际上,某些东部地区在改革开放之初的创新能力不及中西部的一些地区,但由于具备体制优势和政策优势,使其创新能力很快超过中西部地区。究其原因,一是得益于其独特的地理位置优势;二是东部人较强的经商意识;三是得益于改革开放和经济体制改革,大大提高了经济生活中市场化的程度[①]。创新的意识、竞争压力和投资驱动是东部地区创新能力快速提高的三大重要因素。

---

① 柳卸林,胡志坚. 中国区域创新能力的分布及其成因[J]. 科学研究,2002,20(5):550~556.

#### 15.4.5.3 企业成为技术创新的主体是提高区域创新能力的关键

创新是与市场密切相关的活动，只有善于在市场上生存的企业，才会把握创新的时机，才会有创新的动力，才会敢冒创新失败的风险，才会真正将创新计划付诸实施。政府、高校、科研院所都是创新体系中重要的要素，但不可能成为创新的主体。因此，各地政府，要注重为企业的创新创造环境，减少不必要的干预，促进产学研的合作，让企业自己承担创新的决策的风险。广东省近年来成为区域创新能力老大的例子深刻地说明了企业成为创新主体对于提高区域创新能力的重要性。

### 15.5 发展生态文明创新经济的举措

#### 15.5.1 人才举措

历史进入 20 世纪以后，人类步入到一个激烈竞争的时代，尤其是在科学技术突飞猛进、知识信息成倍翻番的现代市场经济社会中，众多有识之士早已认识到：在当今世界，各国、各民族、各地区之间在经济、政治、军事等方面的竞争，归根到底是其科学技术力量的竞争，而科学技术力量竞争的实质又是创新的竞争，是创新速度和创新效率的竞争，更是创新型人才的竞争，是培养人才创新性的竞争。从美国的实证分析可以得出结论：新的经济是以知识为基础的经济，知识是经济发展的关键，而知识的生产、消费、交换、分配必须以创新为动力，只有创新才能推动知识经济的发展。

我国的人才培养一直深受应试教育的困扰。杜玉波同志在 2011 年全国教育工作会议上指出：要强化基础、突出实践、重在素质、鼓励创新，支持部分高校探索建立科学基础、实践能力和人文素养融合发展的人才培养模式。生态文明创新经济条件下，人才的全面素质结构可以用表 15.3 表示。

表 15.3　生态文明创新经济下的人才素质结构表

| 创新与创业 | | |
| --- | --- | --- |
| 身体素质和心理素质<br>（智商和情商） | 思想品德素质<br>（人文素质） | 能力素质<br>（科学素质和技术素质） |
| 知识素质 | | |

建设创新型国家需要培养亿万创新人才，形成创新的民族。为实现这个伟大战略目标，必须做到以人为本，培养生态文明创新人才素质，以培养其良好的人文素质、科学素质和技术素质为根本，文化知识为辅，通过基础教育课程改革，使人文活动和科学活动、技术活动一起成为校园的主流文化。但在中国改革开放以来 30 多年经济腾飞的背景下，我国最优秀的高校毕业生仍然把出国作为最优选择，成批漂洋过海。教育部有关数据指明：从 1978 年到 2009 年年底，中国各类出国留学人员总数达到 162 万人，出国留学人数年平均增长 25.8%，但回国率却不足 30%。这造成了中国极大的人才浪费，确实值得我们深思。

#### 15.5.2 机构重组举措

中央和地方政府应从全社会的利益出发，营造良好的创新环境，从宏观上调控区域创新活动，制定激励创新的科技、经济、产业、财政、税收、教育、知识产权保护等一系列法规和政策，规范创新主体的行为，支持和鼓励创新活动①。企业、科研机构、大学和政府只有具备良好的运行机制，才能提高自身的创新能力。转变政府职能，采用以间接方式为主的宏观调控手段，避免政府对企业的行政干预，同时加强法制建设，为创新活动提供制度保障。地方政府应集中力量，抓好对区域经济发展具有重大意义的科技项目的规划和落实，有所为有所不为，力争在区域优势领域取得新进展，增加区域科技发展后劲。

### 15.5.3 市场举措

市场的发育程度、规范程度和运行效率，对区域创新活动具有重要影响。要建立和完善市场机制，发挥市场对创新的激励作用，可从以下几方面入手②：一是完善投资融资机制，建立健全风险投资机制，扶持科技型中小企业；二是改革和完善人才流动机制，以人才流动带动知识流动；三是建立和健全包括人才市场、技术市场、信息市场、生产力促进中心和成果推广机构之间的联系和合作，使之为区域创新系统要素之间的互动起到桥梁作用，为知识和人才的流动、科技成果的转化提供有效途径。

### 15.5.4 生态生产力倍增举措

系统要素间的互动将促进知识的融合，降低创新风险，减少创新成本，加快创新速度，提高创新效益，提高区域创新系统的整体效率。创新要素间的互动关键在于加强企业之间、企业与科研机构和大学之间的联系，加强政府各部门间的协调③。产学研合作可以将企业、大学、科研机构的优势有机结合起来，是推动区域经济活动的一种有效方式。企业要针对自身需要和条件，充分利用外部技术优势，弥补自身创新能力的不足，避免盲目投入和重复开发，降低创新风险。

通过系统要素的优化组合，充分发挥自然、人、社会各要素之间及其内部的积极作用，实现生产力要素 $1+1>2$ 的系统优势，促进生态生产力的倍增。

---

①②③ 谭清美，王子龙. 区域创新经济研究[M]. 北京：科学出版社，2009：78~90.

# 第十六章

# 生态文明经济体系的方法论形态：循环经济

## 16.1 生态文明的世界观和方法论

### 16.1.1 马克思主义世界观和方法论在生态文明经济体系中的作用

本书在前面已经阐述了作为生态文明学的首要学科理论基础：马克思主义关于自然—人—社会复合生态系统的世界观和方法论。为了本章叙述的方便，这里再作简单强调。世界观是人们关于整个世界总的、根本的看法和观点。马克思主义的世界观是辩证唯物主义和历史唯物主义，它通过揭示自然、社会和思维发展的普遍规律，实现了唯物主义和辩证法、唯物主义自然观和唯物主义历史观有机的高度统一，是唯一科学的世界观。方法论是人们认识世界和改造世界的理论，与世界观相一致，即运用世界观去分析问题和解决问题。马克思主义的方法论即运用马克思主义的世界观去分析问题和解决问题。

马克思主义世界观和方法论为生态文明理论奠定了基础，树立马克思主义的世界观和方法论对我们正确认识地球生态母系统、理解生态文明发展的历史必然具有重要的作用。

(1) 马克思主义世界观有助于理解地球生态母系统的观念。世界观包含了"整体世界"以及"世界整体"两个视角，其中"世界整体"观念的树立对于人们理解自然—人—社会复合生态系统尤为重要。"整体世界"是指世界观的认识对象是整体世界，包括自然界、人类社会和人类思维。其作用是能够指导我们运用马克思主义的世界观和方法论来实事求是，解放思想，正确地认识客观世界，认识人与世界的关系，树立整个世界的观念。而"世界整体"是指世界观是对整个世界总的、根本的看法和观点，具有最大的抽象性、概括性和最普遍的适用性。其作用在于指导人们从系统的、概括的角度看待自然界、人类社会，用世界整体的观念处理人与自然、人与社会的各种矛盾。

(2) 马克思历史唯物主义有助于理解生态文明发展的历史必然。马克思历史唯物主义认为，社会历史的发展有其固有的规律，即生产力决定生产关系，生产关系一定要适应生产力的发展。借用历史唯物主义的方法，分析生态文明的发展，也有其历史发展的必然性。表16.1揭示了随着生产力的发展，人类社会形态的变化，以及与社会形态变化相适应的文明形态变迁。从表中可以清晰地发现，生态文明生产力(以下简称生态生产力)在传承工业文明生产力的基础上，推动了生态文明发展，使自然—人—社会和谐社会的发展成为历史必然。

### 16.1.2 生态文明的世界观

如上所述，生态文明观来源于四个方面：一是马克思主义的有关理论；二是传承了传统的朴实的生态文明思想，如中国的天人合一、和为贵思想；三是来自西方的浅生态学、深生态学思想；四是建设生态文明实践的总结。所以生态文明观是在理论与实践相结合的层面，对工业文明社会进行了更深刻和有效的反思。首先，生态文明观是与社会经济发展相联系的，是指导自然—人—社会复合体全面、协调、持续发展的理论体系；其次，生态文明作为实践体系，具有物质的、精神的、制度的三个层面，而不单单是思想的；第三，生态文明观充分体现人的主体性(即人的主观能动性)，同时也不把人的主体性混同于人类中心主义，真正贯穿了辩证唯物主义和历史唯物主义这一主线①。

表 16.1 社会生产力变迁过程中的人与自然关系矛盾运动

| 社会要素<br>社会形态 | 远古时期 | 奴隶社会 | 封建社会 | 资本主义社会 | 后工业时代 |
| --- | --- | --- | --- | --- | --- |
| 生产力发展 | 原始生产力 | 原始生产力 | 农业生产力 | 工业生产力 | 生态生产力 |
| 人与自然的关系 | 人依附自然 | 人与自然原始和谐 | 人与自然和平共处 | 人与自然对立 | 人与自然和谐共生、共荣共存 |
| 文明类型 | 采猎文明 | 农业文明 | 农业文明 | 工业文明 | 生态文明 |

马克思主义的世界观和方法论是生态文明观的哲学基础。廖福霖教授在《生态生产力导论》一书中指出：马克思所阐述的人类社会实际上是指自然—人—社会这样一个大生态系统的复合体。马克思和恩格斯是站在大生态系统观的立场，以大生态系统观的整体方法论来分析人类社会的发展进程，从三个方面立体呈现马克思主义关于人与自然、人与人、人与社会和谐发展的生态文明思想。首先，马克思主义的辩证唯物主义是自然、社会和思维三大领域发展的共同规律，也是大生态系统发展的共同规律；其次，马克思、恩格斯在分析人与自然的关系时，认为两者是本质的统一；第三，马克思、恩格斯在分析社会发展与自然发展的关系时，认为两者是有机的整体，是相辅相成的②。

因此，生态文明的世界观充分体现了马克思主义的世界观，是用生态文明的视角去看世界，包含宏观和微观两个视角。①生态文明观的宏观视角：地球生态母系统的生态法则和基本规律，生态整体主义的世界观和综合、系统、协调的方法论，生态文明的基本原理和本质特征，生态安全观、生态生产力观等；②生态文明观的微观视角：生态文明价值观、生态文明消费观、生态文明伦理观、生态文明观的绿色精神等③。这两个方面构成生

---

① 廖福霖等. 生态生产力导论[M]. 北京：中国林业出版社, 2007：6.
② 叶春涛, 卢继富. 马克思主义生态观及其当代发展[J]. 涪陵师范学院学报, 2006, (4)：79~82.
③ 廖福霖等. 生态文明经济体系研究[M]. 北京：中国林业出版社, 2010：13.

态文明观的有机整体。

**16.1.3 生态文明经济体系发展的方法论**

生态文明经济体系是生态文明发展系统中具体实践的革新，是生态生产力的微观基础。而生态文明经济体系发展的方法论，是指运用生态文明的世界观去分析目前复合生态系统中存在的问题，并用生态文明观的方法去解决这些问题。它在生态文明观指导下，与工业文明观的方法论不同，具有整体性、联系性、协调性的特点。

（1）生态文明经济体系发展的方法论反映了整体论的思想。生态文明经济体系发展的方法论把事物看成是一个有机的整体，自然、人、社会都是整体的组成部分，整体是事物存在的环境和基础，而在整体里面，部分间的有机构成通过物质、能量和信息的交换，促使整体系统优化。在系统内部出现矛盾和问题时，生态文明经济体系发展的方法论认为，矛盾和问题不仅仅只是某个部分和子系统的问题，因为如果矛盾和问题不及时处理，会扩散影响整个系统的稳定和协调。例如，气候问题是地球生态母系统内部的一个问题，但这个问题的解决不仅涉及国家间的协调，还涉及全人类与环境的协调，社会发展与自然生态的协调。因此，要从整体的观点去看待问题，协调整体内的各部分和各层次来共同解决问题。在谋求当代利益与长远利益，生态效益、社会效益和经济效益的相统一与最优化的同时，体现的正是整体论的思想。

（2）生态文明经济体系的方法论反对工业文明的割裂论、暴力论。工业文明经济中，"人类征服自然和改造自然"的核心观点决定了工业文明的方法论是"割裂论"和"暴力论"。"割裂论"危害在于割裂了各子系统的优化组合和协同演进，使系统无法发挥整体功能，割裂了人与自然的有机联系、割裂了人类既作为主体又作为客体的辩证统一、割裂了局部与整体的有机联系，使人类站到了自然界的对立面上，最终把人类自身也推向了危险的境地。而"暴力论"纵容应用暴力向自然开战，掠夺自然资源，破坏生态环境，更为恶劣的是暴力论还认可应用暴力消灭异族，实施殖民，抢夺别国的资源，这些都是生态文明观所要反对和消除的。

（3）生态文明经济体系的方法论体现了协调论的思想。生态文明经济体系的方法论是一种多向、多维、循环的方法。在系统中，任何事物都不是孤立、单一的，都与其他事物存在不同方向、不同程度的关联，而系统整体的稳定和健康，恰恰有赖于内部事物的相互联系、相互作用、相互协调、相互促进。当系统内部各部分、各组成因素相互作用时相互协调、相互促进，则系统朝正向发展，系统整体功能大于各部分功能之和。而如果系统内部各部分、各组成因素相互作用时出现相互牵制的情况，就可能造成逆向的结果，使系统的整体功能小于各部分功能之和。当系统内某一部分的作用力特别强或特别弱，通过关联和相互牵制，作用于整个系统便会导致系统的不稳定。正如工业文明经济中，人的作用力太强，而自然的作用力被削弱，污染排放的作用力太强，而环境自我修复能力减弱，各部分相互关联的和牵制的关系网被扯破，从而导致各种各样问题的产生。这也正是工业文明经济发展中的症结所在。而生态文明经济体系的方法论指导系统各组成部分、各要素相互协调、相互促进，体现了协调论的思想。

## 16.2 工业文明经济与生态文明经济体系的方法论辨析

### 16.2.1 工业文明经济的方法论

工业文明经济的方法论是"人类征服自然和改造自然"的工业文明观指导下产生的理论,它的核心特点是割裂、机械和单向,最主要的理论方法包括以下几种:

#### 16.2.1.1 "主客二分"的方法

"主客二分"的哲学思想源于古希腊。古希腊哲学家认为自然界是渗透或充满心灵的,"心"与"身"处在一个统一体中。笛卡尔"我思故我在"的哲学命题把认识主体从自然界中剥离出来,把人的心灵与灵魂即"思"提高到至高无上的地位,把人从万物中突显出来,自然则成为与主体对立的存在物,人与自然的关系被简化为主体与客体的关系。统一的世界被一分为二,人作为主体,而自然存在,只能作为人的实践对象和满足实践需求的对象而存在。这一切就为工业文明经济中人们征服自然、改造自然提供了方法论基础。

在这种思维的影响下,人类征服自然的力量得到史无前例的扩张,疯狂掠夺资源和改造自然,发展了经济主义、消费主义、享乐主义,践行一种实际上"反自然"的社会—经济—消费活动,在这种价值观指导下,发展了唯科学主义的思想,从而发展了损害自然环境的科学技术和生产工艺①。这种过分强调人与自然对立的观念,在社会发展实践中,逐渐表现出它的局限性。随着人类对自然的征服,自然也开始报复人类,生态失衡、资源匮乏、环境污染、人类工业病蔓延等全球性问题不断涌现,人类陷入了发展的困境。

#### 16.2.1.2 还原论的方法

还原论是工业文明经济机械观的方法论。机械世界观的建构机理是通过分裂、分化、分解、分割的方式将复杂的自然事物变为单纯物,然后又将这些单纯物重组为符合人需要的复合物。机械世界观认为部分的性质决定整体,人类的认识只有认识了局部以及它们的作用机制,才能够认识整体②。在这种世界观的指导下,还原论方法把整体世界分解并还原为部分、不可再分的个体或要素,进而把这些部分、个体或要素看成是世界的本原和本体,并认为只要认识了构成事物的基本单元,就彻底认识了事物,认识了生命③。这种方法推动了科学研究的发展,分子生物学的诞生和发展、基因技术的进步、生物学上还原主义的贯彻、牛顿机械论纲领的建立,都充分地说明了这一点。不仅如此,机械的还原论获得了广泛的社会影响并被人们普遍接受。自然科学特别是物理学和化学中那些最伟大的成就,也几乎是在机械论自然观的指导下取得的。

但是用还原论的方法去认识自然则表现出极大的局限性。表现在以下几方面:①自然的构成是简单的,具有清晰确定的线性、周期运动。自然的构成仅是宇宙中基本要素的分离、结合和外力作用的结果。②自然可以分离,分离后的每组要素间只具有外在关系而不具有内在关联;自然是可以还原的,人与自然是相对立的,人与自然组成的系统和事物之

---

① 余谋昌. 生态哲学:可持续发展的哲学诠释[J]. 中国人口、资源与环境,2001,(3):1~5.
② 肖显静. 从机械论到整体论:科学发展和环境保护的必然要求[J]. 中国人民大学学报,2007,(3):10~16.
③ 王真. 构建生态文明必须由错误方法论走向科学方法论[J]. 太原师范学院学报(社会科学版),2009,(4):29~31.

间没有内在关系。③自然的祛魅。自然界通过还原后只是一部僵死的机器,不具有经验性和目的性。只是一个可以由科学方法加以解剖的、由数学方法加以计算的和由技术加以操纵的、没有任何深刻意义的东西,是由人类控制和统治的工具。

#### 16.2.1.3 线性的思维方法

所谓线性是指自变量与因变量之间单向的直线的关系,自变量增加或减少会机械地导致因变量成比例的增加或减少。以线性的观点来考虑问题,形成的是线性思维。它的特点是:思维沿着线型或类线型的轨迹寻求问题的解决方案;把复杂的思维对象分解成多个目标,并且对这些目标平均用力,以个体目标的累加实现取代整体目标的实现。以线性思维分析和解决问题,其结果是忽视了认识事物的"重点论"原则,忽略了事物间的多样性和普遍性联系①。

线性思维单向、均匀的不足给人与自然的关系带来了消极的影响。人们把社会发展等同于经济数量增长,认为实现经济增长就可以实现社会的和谐与全面发展,把发展的其他要素从人类社会系统中孤立出来,片面注重社会某一要素的发展,追求发展的单一性、至上性和无限性,认为发展就是以工业化为核心的经济增长,社会只要物质财富增加了,人与自然、人与人等各方面的关系都会实现和谐。在线性思维方式的指导下,迅速走上了工业化的发展道路,产生了工业文明,但是它并没有带来预期的繁荣,反而引发了环境污染、生态危机等一系列全球性的问题②。例如:工业文明的线性的思维方法在工业生产流程中表现为"资源→排放"的线性模式,造成资源的大量浪费和大量排污;在工业生产管理中则表现为终端管理模式,如终端质量检查(一旦发现问题,就得把原有产品全部废弃或重新返工)、终端治污等等,同样造成了大量的浪费,增加了成本,甚至造成难以治理的污染。

### 16.2.2 生态文明经济体系发展的方法论

生态文明经济体系发展的方法论是"自然—人—社会复合生态系统共生共荣、共同发展"的生态文明观指导下形成的理论,它的核心特点是多向、多维、循环,主要包括:

#### 16.2.2.1 整体论的方法

工业文明经济用主客二分的方法去分析人与自然的关系和问题,本质上是一种"人类中心主义"的观点,是一种从部分出发去认识自然—人—社会复合生态系统的方法,因此必然陷于谬误之中。而生态文明经济体系观把认识对象看成是一个有机、动态、联系的整体,是用整体性的方法去认识自然—人—社会复合生态系统。它要求人们在思考、决策和实践时,把人类利益和复合生态系统的利益,把当代利益和长远利益有机地联系起来,把生态文明观所提供的联系性和协调性的思维方式运用到实际工作中去,克服孤立的、静止的思维方式和急功近利的思想观念。

整体论的方法,克服了工业文明经济"主客二分"方法的缺陷,是主体与客体相统一的方法论。工业文明经济中的主体"人"和客体"自然"被作为整体纳入到认识的对象中,在

---

① 姜正国,杨小军. 基于思维方式转变的视角看科学发展观的实践[J]. 湖南师范大学社会科学报,2010,(1):5~8.
② 王真. 从线性到非线性——建构人与自然和谐关系的科学方法[J]. 价值工程,2011,(7):174~176.

这个整体中，人与自然相互作用，各自都起着主体和客体的作用。人通过发挥主观能动性作用于自然，充分利用自然、影响自然向有利于人类的方向发展；同时，自然也通过人来实现自身从自在自然向自为自然的转化，从而体现自身的现实性，获得属人的性质，表现为自然向人的生成过程[①]。

#### 16.2.2.2 系统论的方法

生态文明经济体系观的核心是把研究对象看成是一个复合生态系统，在这个大系统内，又包括自然、人、社会（含经济）三个子系统，各子系统又由不同的次级系统和要素构成。系统论与还原论有本质的区别，还原论是将系统整体还原为不能再分的个体和要素，通过对要素的认识来认识整体系统，它的方法是"部分→整体"。通过这个方法得出的整体系统不过是要素简单相加的机械的、没有生命的整体。而生态文明经济体系的方法论的过程是"整体→部分→整体"的方法。即先将自然、人、社会作为复合系统进行研究，分析系统总的特征、构成、规律和运行机制，接着对系统内的组成要素和次级系统进行研究，并突出子系统间的联系及相互协调作用的研究，通过对各子系统和构成要素以及它们之间相互关系的细致分析之后又回到对整个系统的研究，寻求推动系统协调、可持续发展的方法。

因此，用系统论的方法去认识生态文明经济体系，可以发现：一方面，自然、人、社会是有机统一的系统，具有整体性、结构性和功能性，同时，系统内的自然、人和社会各要素又分别具有各自的整体性、结构性和功能性，且相互间联系紧密；另一方面，系统内的要素即自然、人、社会依附于复合系统内，受到整体系统的影响和控制。

#### 16.2.2.3 非线性的方法

非线性是指自变量与因变量之间不是正比例那样的直线关系，非线性的方法与线性的方法有重要区别。非线性的方法，是指通过多维整合、分叉放射和间断跳跃等方法把系统内各要素进行结合，也包括从认识和分析过程中的某一片断或因素联系到其他事物或因素，并分析两者或多者之间相互影响、相互制约关系的思维方法。具有多元性、非均匀、立体性、交互性、发散性等特点，与客观物质世界的本质特征更贴近。

自然—人—社会复合生态系统是一个非线性的系统，在这个系统里，环境、资源、人口、社会、经济、文化等各因子和多层次组织交织在一起形成各种矛盾，复杂多变。这就要求我们要深入研究复合系统的非线性特征、产生根源、作用机理、表现形式等，从各方面共同作用，发挥非线性的有力作用，使自然—人—社会复合生态系统和谐协调、共生共荣、共同发展。具体研究中，生态文明经济体系在生态文明观的指导下，提出要协调发展创新经济、体验经济、生态经济、绿色经济、低碳经济、循环经济等各种经济形态，从生态文明建设的五个子系统，即生态文明在全社会牢固树立、生态生产力的发展、生态文明消费观及其模式的确立、生态系统的恢复与建设、生态文明建设机制的确立和实施这五个方面去协调推进生态文明建设和生态文明经济体系的发展，所运用的正是非线性的方法。

---

① 王真. 构建生态文明必须由错误方法论走向科学方法论[J]. 太原师范学院学报（社会科学版），2009，（4）：29~31.

## 16.3 循环经济是生态文明经济体系的方法论形态

在生态文明各经济形态当中，循环经济是一种横向经济，它贯穿于生态经济、绿色经济、低碳经济、体验经济和生态文明消费型经济之中，其哲学基础是马克思恩格斯关于自然生态母系统物质循环的思想。循环经济把生态系统物质循环运动和能量梯级利用的规律，运用到经济社会发展中，首先在生产环节中实现循环，其次在生活领域即消费系统中实现循环，还有很重要的一方面是在复合生态系统中实现循环①。因此，循环经济是一种典型的生态文明经济体系发展的方法论。

### 16.3.1 循环经济是整体论的方法

在循环经济当中，没有所谓的主体和客体，所有的对象都处在系统循环当中，构成系统循环的一个环节。自然、人、社会都被放到整个复合生态系统中去定位，并在复合生态系统的关联中获得各自的历史性规定。整个系统的和谐协调、共生共荣、共同发展是循环经济的最终目标。

### 16.3.2 循环经济是系统化的方法

循环经济的本质是一个闭路循环的系统，上一级的"流"是下一级的"源"，在系统中进行物质的循环利用和能量的梯级传递。在系统中，系统的每一个环节都十分重要，而且每一个环节自身也是一个系统，可以形成一个微循环系统。各微循环与复合系统的循环通过复杂的作用机理相互发展关系，相互联系并相互制约，从而使系统趋于稳定，并协调推进系统向前发展。

### 16.3.3 循环经济是非线性的方法

循环经济是一种新的生产模式和消费模式，区别于传统经济"资源—产品—废物"的线性过程。为了使系统平衡与稳定，它充分考虑了自然生态系统的承载能力，提高资源的利用效率，减少排放，达到低投入、低消耗、低污染（零污染）、高产出，其本质是一种"资源—产品—再生资源"的物质闭环流动和能量梯级利用的生态文明经济体系，是非线性的方法。

## 16.4 作为生态文明经济体系方法论的循环经济

生态文明经济体系方法论的循环经济，即从方法论层面理解的循环经济，是以物质循环为核心特质，以提高资源的利用率，减少排放，提高产出作为一个整体的协同运行，达到节约资源（低投入）、增加产品（高产出）、减少排放（甚至零排放）的要求，实现自然—人—社会复合生态系统大循环的重要方法和途径，故称之为"系统循环经济"，以区别于传统理解的循环经济（这里把它称为"微循环经济"）。

### 16.4.1 "系统循环经济"的三个层面

廖福霖教授在2011年5月17日《福建日报》上发表的《从方法论层面理解循环经济》一文指出循环经济具有三个层面。

---

① 廖福霖等. 生态文明经济体系研究[M]. 北京：中国林业出版社，2010：13.

#### 16.4.1.1 生产系统的循环

人们把生态系统物质循环运动和能量梯级利用的原理、模式运用到生产领域，把提高资源利用率，减少排放，提高产出，作为一个整体协同运行，在生产环节中实现闭路循环。人们把生态链（网）移植到循环经济中，就叫做产品链（网）、产业链（网）。在循环经济中，上游产品（或产业）的"流"成为下游产品（或产业）的"源"，环环相连，构成工业生态群落，使传统经济发展中的废弃物都能资源化，能量得到充分利用。所以，在循环经济中，关键环节是研究产品之间、产业之间的共轭关系，进行技术创新、工艺创新和生产流程创新，尽量延伸产品（产业）链，扩大产品（产业）网，通过企业内部的生产循环、企业之间的生产循环和产业之间的生产循环，以同样的资源（甚至更少的资源）生产更多产品，同时，也达到少排放少污染甚至零排放零污染的效果（因为资源浪费与环境污染往往是同时发生的），实现"低投入—高产出—低排放—高效益"的"两低两高"效果，从生产源头上节约资源、减少排放，实现生态效益、经济效益、社会效益相统一和最优化。严格地说，这样才是循环经济中的减量化原则。

#### 16.4.1.2 消费系统的循环

主要有两个方面：一方面，尽量延长消费品使用的时间和周期，如水的循环利用，工业用水经过处理后用作绿化或卫生用水，尽量少消费或不消费一次性消费品等，这就是再利用原则；另一方面，对消费（含生产性和生活性消费）领域的"废物"回收、分类，进行再生产（称为再循环或资源化），达到变废为宝的目的，这需要大力发展静脉产业（也称还原产业），它要求建立和完善再生资源回收体系，促进重点行业废弃物和城市生活垃圾的资源化。

#### 16.4.1.3 自然—人—社会复合生态系统的循环

复合生态系统的循环是循环经济中最高层次也是最大层次的循环，它的最重要内容是在经济社会活动中实现与自然生态的物质良性循环，当然包含生产系统的循环和消费系统的循环，将各层次的循环和系统中的各子系统相结合，形成复合环状，从而组成内部作用机制复杂的，但却是稳定的、协调的复合生态系统大循环。

### 16.4.2 "系统循环经济"的主要特征

（1）宏观性。"系统循环经济"是一种方法论经济形态，贯穿于生态文明经济体系各具体形态当中，为它们提供理论基础和发展方法基础。

（2）系统性。地球生态母系统是一个大的系统，在这个系统内包括了自然、人、社会三个子系统，各子系统及系统构成要素间通过复杂的作用机制，形成动态、联系、互相制约的自然—人—社会复合生态系统。人类只是系统构成的一个部分，不能置于系统之外，要充分发挥人的主观能动性维护系统稳定平衡。人类在从事生产消费的活动过程中，应注意自然生态系统的承载能力，在向自然索取生产资料的过程中，应提高利用效率，控制废物排放，在发展生产力的过程中反哺自然，使自然保持生机，促进生态优势和经济社会优势互相转化，形成良性循环，共同推进复合生态系统向前发展。

（3）复合环状。区别于"微循环经济"的单环状，"系统循环经济"是由"微循环经济"的单环相互作用组成的复合环，各微循环通过复杂的作用机制相互联系、相互制约，真正把所有的物质都循环利用于系统循环内，实现零排放、零废物、零污染的目的。

(4)应用生态化技术体系,研究实施产品、产业的共轭,尽量多地延长产品链(网)和产业链(网),是循环经济的重要内容,也是重要特征。

## 16.5 "系统循环经济"与"微循环经济"的联系与区别

循环经济作为生态文明经济体系形态的一种,是方法论的经济形态(也称之为"系统循环经济"),它与以往研究中的循环经济(也称之为"微循环经济")既有联系,又有区别。

### 16.5.1 "系统循环经济"和"微循环经济"的联系

(1)核心特质相同。"资源—产品—再生资源"的物质闭环流动和能量梯级利用是二者共同的核心特质。

(2)追求和效益相同。二者的目的都是通过物质和能量循环,保持系统的稳定,达到经济效益、生态效益和社会效益的相统一和最优化。

(3)循环理念相同。二者对于循环过程调控严格,对系统资源消耗和废弃物的排放进行控制,尽可能把对环境污染物的排放直接消除在生产过程中。都是"标本兼治"循环理念,区别于工业文明经济"末端治理"的消极方法。

### 16.5.2 "系统循环经济"和"微循环经济"的区别

"系统循环经济"的阐述是基于方法论形态的分析,具有宏观、系统的特征,是对"微循环经济"更高级别和更深层次的认识。主要区别在于:

(1)研究基点不同。在"微循环经济"的研究中,侧重在微观上对循环经济本身内质方面的研究,比如概念、运行原则、运行规律,以及循环经济与传统经济在废弃物处理方面的研究;"微循环经济"在实践中的运用,也局限于在企业、产业及区域间的循环。而"系统循环经济"侧重于在宏观上对复合生态系统特质的研究,注重系统的稳定与协调,以及系统内部各循环子系统、各组成要素的协调与发展;"系统循环经济"的实践研究,则主要包括复合生态系统循环、生产系统循环、消费系统循环等宏观循环系统的研究。

(2)创新角度不同。"微循环经济"最大的创新在于批判工业文明经济"资源—产品—废弃物"线性发展模式的基础上,提出了将"资源—产品—再生资源"的物质闭环流动和能量梯级利用发展模式运用到社会经济发展系统中,并且提出了在发展中必须遵循减量化、再利用、资源化(再循环)的"3R"原则。

"系统循环经济"的创新包括:①研究角度的创新,即从方法论形态去分析循环经济。"系统循环经济"认为"资源—产品—再生资源"的物质闭环流动和能量梯级利用发展模式在经济社会发展这个子系统的运用是不够的。因为,单纯社会经济子系统的物质循环运动只能起到节约资源与减少污染的作用,只能减缓资源枯竭的步伐,而且在静脉产业的发展中,还会出现二次的能源消耗和污染的问题。因此,应当从复合生态系统的层面分析循环经济,并且将其作为生态文明经济体系发展的方法论形态。②增量化原则的创新。"系统循环经济"认为必须通过人的作用,将自然生态系统和社会经济系统进行有机结合,形成复合生态系统的大循环。人类不仅利用自然、从自然系统获取资源,而且要反哺自然、发展自然力,让自然系统保持生机、蓬勃发展增加资源存量,提高资源质量,增加生态环境承载力。同时,人类还要善于把生态和环境的优势转化为经济社会发展的优势,以形成自然、人、社会子系统的良性循环和复合生态系统稳健发展的态势,即增量化原则(或称为协同演进原则)。这个原则比"微循环经济"中的减量化原则更为本质也更为重要①。

## 16.6 循环经济与各生态文明经济体系形态的区别及联系

如前所述,生态文明经济体系形态包括了创新经济、体验经济、生态经济、绿色经济、低碳经济、生态文明消费型经济和循环经济(实际上是系统循环经济)。这几种经济形态既有联系,又有区别。

### 16.6.1 循环经济与各生态文明经济体系形态的联系

创新经济、体验经济、生态经济、绿色经济、低碳经济、生态文明消费型经济和循环经济都是生态文明的经济形态,都是根据现代生态学的基本原理,遵循现代生态学的基本规律,运用现代生态学的基本方法,创新生态化技术体系,以促进资源能源、生态环境与经济社会的全面、协调、持续发展,都贯穿于整个实体经济、统一于生态文明经济体系当中。

### 16.6.2 循环经济与各生态文明经济体系形态的区别

前文中,重点阐述了循环经济是生态文明经济体系发展的方法论,是整体论的方法、系统论的方法以及非线性的方法,它与作为经济实体的各生态文明经济体系形态有所不同。

一方面,循环经济作为方法论经济,横向贯穿于各经济形态当中,为它们提供方法论基础。主要表现在:

(1)循环经济的核心特质——"资源—产品—再生资源"的物质闭环流动和能量梯级利用发展模式被生态文明各经济形态利用,并成为实现生态文明各经济形态的重要途径。例如发展低碳经济的一个重要方面是减少 $CO_2$ 的排放,增加其回收利用,这一目标实践于企业当中时,便可依照系统循环经济理念,利用生态化高新技术对生产线进行改革,加强对产品生产过程的监控,减少生产过程的废物排放,对于生产末端的废弃物将其应用于下游企业或进行分解再利用,从而从一定程度上实现碳循环及碳减排。

(2)循环经济整体论的方法、系统论的方法以及非线性的方法,同样适用于各经济形态的具体实践。特别是在现代经济社会发展的转型时期,社会发展中存在许多矛盾,要发展生态文明经济体系的各种经济形态困难重重。这种情况下,更需要运用循环经济整体、系统、联系的方法去理清思路、认识矛盾、协调各方利益,实现生态效应、经济效应和社会效应的相统一与最优化。

另一方面,创新经济、体验经济、生态经济、绿色经济、低碳经济、生态文明消费型经济作为生态文明经济体系的各经济实体,在具体的实践过程中,为循环经济方法论的落实提供了丰富的素材,同时为推进生态文明经济体系的完善和深化提供广泛的路径。

---

① 廖福霖. 从方法论层面理解循环经济[N]. 福建日报,2011-5-17.

# 第十七章

# 生态文明经济体系的高级形态：体验经济

体验经济是资源节约型环境友好型人类健康型的经济发展形态，它能够满足人们物质、文化、生态的多样化需求，能给人们带来审美、愉悦、健康、幸福的体验，能够促进人的身心和谐并全面发展，从而促进社会、生态和谐，是物质、精神和生态三者有机融合协调作用的经济，是生态文明经济体系的高级形态。在自然—人—社会复合生态系统的发展进程中，体验经济的产生与发展具有必然性。

## 17.1 体验经济的内涵与外延

### 17.1.1 什么是体验

"体验"一词既可以当名词使用，也可以当动词使用。在英语中，体验"experience"一词可翻译为"经验""经历"和"体验"。根据现代汉语词典的解释，体验是"通过实践来认识周围的事物；亲身经历"。"体验"一词一般包含相互关联的两方面意思：一是指人们亲身直接获得的经验；二是指人们以身观察、设身处地地省察[1]。从体验的研究发展及其渊源来看，最先对体验进行研究和界定的是哲学、心理学和美学领域，之后经济学和管理学领域才开始逐渐对其加以关注[2]。

从哲学意义上说，体验是主体把握世界的一种动态的认识活动方式，它是一种主体高度自觉的内心体验（或生命体验），是主体通过把握自身而把握外部世界的一种认识方式，主体的内心世界与外部世界通过主体的内省体验而融合成一体[3]。

从心理学角度看，体验是特殊的活动、是改造心理世界的特殊工作、是旨在确定意识与存在之间意义联结的工作、是确定主体同世界的关系以及解决主体现实问题的独立的过程，体验作为活动，既由外部行为也由内部行为来实现[4]。体验是个体对某些刺激做出的

---

[1] 庄穆. 体验的认识功能初探[J]. 福建学刊，1994(6)：51~52，63.
[2] 郭红丽. 客户体验管理的理论与方法研究[M]. 厦门：厦门大学出版社，2010：10~16.
[3] 庄穆，体瓦西留克著，黄明等译. 体验心理学[M]. 北京：中国人民大学出版社，1989：24~26.
[4] 史密特著，刘银娜等译. 体验营销[M]. 北京：清华大学出版社，2004：55~57.

反应,这种反应通常会在人们的言语和表情中表现出来,它常常源于直接观察和(或)参与一些活动,通常不是自发产生的而是被诱发出来的①。根据刺激程度的不同体验又可以细分为感官体验和高峰体验两个层次,其中感官体验是人的听觉、视觉、嗅觉、味觉和触觉等五大感官系统对于外部刺激的反应,是感官需求得到满足的结果,属于一般体验;高峰体验则是人类最高境界的一种需求,是人类在超越自我实现后的超然状态②。高峰体验属于深刻的理解与领悟,是感官体验升华的结果;而感官体验则是高峰体验的基础。

从美学的角度看,体验则指与艺术和审美相关的更为深层的、更具活力的生命领悟和存在状态,是艺术中那种令人沉醉痴迷、心神震撼的东西,是深层的、活生生的、令人沉醉痴迷而难以言说的瞬间性审美直觉③。

最早把体验作为经济价值来看待的是美国著名未来学家托夫勒,早在1948年,美国第三产业比重就已经超过第一、第二产业之和,达到了53.96%,之后第三产业(服务业)的比重继续提高,现在已高达70%~80%。为了经济的持续健康发展,对"服务业之后,还搞什么?"这样的问题,美国未来学家阿尔文·托夫勒从需求结构调整角度得出的结论是发展体验经济。"体验经济"一词最早就出现在他1970年出版的《未来的冲击》一书,该书指出社会经济的发展在经历了农业经济、工业经济、服务经济等浪潮后,体验经济将成为新的发展浪潮。他认为体验是商品和服务心理化的产物,并指出"体验产品中的一个重要品种将以模拟环境为基础,让客户体验冒险、奇遇、感性刺激和其他乐趣"。而派恩和吉尔摩将体验引入消费领域,他们将消费者体验定义为:"人们用一种从本质上说很个性化的方式来度过一段时间,并从中获得一系列可记忆事件。"体验是一种经济提供物,它从服务中分离出来,就像以前服务从产品中分离出来一样。体验是"当个体的情绪、体力、智力乃至于精神达到某一水平时,意识所产生的美好感觉",发生在"企业有意识地以服务为过程,以商品为道具,致力于为个体消费者创造难忘事件的时候"④。另外,从供给方面来讲,体验代表一种已经存在但先前没有被清晰表达的经济产出类型,是一种独特的经济提供物,也是增加企业价值的一种新途径;从需求方面来看,体验仍是一个心理层次的概念,是一个人的情绪、体力、智力甚至是精神达到某一特定水平时,在意识中所产生的美好感觉。基于对这种美好感觉的强烈追求,消费者不仅愿意以个性化的方式参与到体验环境当中,而且愿意为此付费并通过口碑宣传这种体验⑤。

### 17.1.2 体验经济的内涵

体验经济(the experience economy)是一种继农业经济、工业经济、服务经济形态之后的第四种经济发展模式,也有人把它认为是服务经济的延伸。它以服务为舞台、以商品为道具,以消费者为中心,通过多种方式,创造欢乐气氛,使顾客参与其中,引起共鸣,最终创造出令消费者值得回忆的经历与体验,从而使消费者获得心理上的愉悦。

体验是第四种经济提取物,它从服务中分离出来,就像服务曾经从产品(或商品)中分

---

① 马斯洛著,李文恬译. 存在心理学探索[M]. 昆明:云南人民出版社,1987:102~106.
② 王一川. 审美体验论[M]. 天津:百花文艺出版社,1992:99~109.
③ (美)托夫勒著,蔡伸章译. 未来的冲击[M]. 北京:中信出版社,2006:24~55.
④ Pine II, Gilmore JH. Welcome to the experience economy[J]. Harvard Business, 1998, 4:97~105.
⑤ 郭红丽. 客户体验管理的理论与方法研究[M]. 厦门:厦门大学出版社,2010:10~16.

离出来那样，它事实上是当一个人达到情绪、体力、智力甚至是精神的某一个特定水平时，在他意识中所产生的美好感觉。它是一种心理感受，通常是在个体对事物的直接观察或参与的基础上形成，具有极强的个体差异性。体验经济就是建立在顾客充分参与和体验基础上的经济。在体验经济中，消费者不再满足于产品和服务本身的消费，而是希望在消费最终获得惊喜的体验和难以忘怀的美好记忆。体验经济把消费需求作为导向，把服务作为附加价值，通过理念上的创新与互动式的营销活动，来满足消费者的情感需要和自我实现需要。体验产生价值，体验就是价值。

体验经济与其他经济形态的最大不同就在于：农业经济的经济提取物是产品，它是从自然界开发出来的可互换的材料；工业经济的经济提取物是商品，它是公司标准化生产销售的有形产品；服务经济的经济提取物是服务，它是为特定顾客所演示的无形活动；体验经济的经济提取物是体验，它是使每个人以个性化的方式参与其中的事件，当体验展示者的工作消失时，体验的价值却弥留延续。体验经济关注的是消费者体验的满意程度，它使消费者为其所获得的情感体验和心理感受而付费，消费者是用货币交换感受、快乐和体验，而不是传统意义上的换取物品或服务。从体验经济的角度来看，企业以提供最终的体验为目标，给顾客留下难忘的美好回忆，被服务者的满足程度越高，则体验感就越强，价值越大。

### 17.1.3 体验经济的外延

体验经济的外延主要体现在服务经济基础发展起来的产业，如健康产业、休闲产业、文化创意产业、高新科技普及产业、网络产业、生态服务产业等，它们都将成为我国经济发展的新引擎。如专家预测，健康产业将成为继"厨房革命""办公室革命"、电子计算机、互联网经济以后的世界第五波财富浪潮，这在发达国家和部分发展中国家都已表现得比较明显，健康消费已成为许多国家、家庭的第一大消费支出。还如生态服务行业，近年来，拉美地区被评为全世界最幸福的地区，其中最主要的因素就是他们是最生态的地区，据专家估算，全球生态服务功能每年的价值是全世界各个国家每年 GPD 总和的近两倍，能够创造十分可观的经济效益和社会效益。当然，这要靠人们发挥创造性，充分保护、科学开发其生态服务功能，使生态环境的优势和经济社会发展的优势相辅相成，相互转化，形成良性循环。

### 17.1.4 体验经济的基本特征

体验经济的核心是：知识（特别是创意）成为经济发展的主要资源。它有利于建设资源节约型环境友好型社会。具有以下基本特征[①]：

（1）能够满足人们高层次需要，因而是高层次经济。需要理论认为，人的需要具有层次性，当人们满足了基本层次的需要（如生理上的需要和安全上的需要）以后，就会追求更高层次的需要（如归属的需要、友爱的需要和尊重的需要），当这一层次的需要也得到满足以后，又会追求最高层次的需要（如自我实现的需要和全面发展的需要），体验经济能够满足后面这两个层次的需要。

---

① 廖福霖. 体验经济是21世纪经济发展的重要趋势[N]. 福建日报，2011 – 5 – 3.

（2）能够满足个性化需求，因而是多样性经济。人们的需要总是个性化的，人们在消费活动中的体验总是独特的，体验经济能够满足人们的多样化需求；在体验经济中，"消费是一个过程，消费者是这一过程的'产品'，因为当过程结束的时候，记忆将长久保存对过程的'体验'，消费者愿意为这类体验付费，因为它美好、难得、非我莫属、不可重制、不可转让、转瞬即逝，它的每一瞬间都是一个'唯一'"。

（3）体验经济是规模经济。体验经济具有极强的"长尾效应"，是多样性的组合，形成"长尾集"，并出现规模效应，所以体验经济是多样性经济和规模经济的有机结合。多样性经济是经济稳健发展的重要前提，从长远看，一方面人们的需求不断地向个性化、多样化发展；另一方面，因为产品生命的周期性，单一的经济形态具有比较大的风险，多样性经济与规模经济的有机结合，才能提升为高端经济。根据上述特点，在体验经济中，产品的生产过程必须是技术加上艺术、理性加上情感、科学加上灵感、个性加上多样。

## 17.2 服务经济与体验经济的联系与区别

### 17.2.1 体验与服务的联系

二者的经济提供物都是无形的，在市场交换中不表现为实物与货币的交换，而表现为无形的劳动成果与货币的交换；它们的生产与消费一般是同时发生的，其提供物中许多是不可储存的，某时多余的供应能力无法成为将来的供应能力；二者的提供物具有非实物的性质，提供物的收入需求弹性高于实物产品的收入需求弹性，当利润增加时，资源将更多地流向服务业和体验业。

### 17.2.2 体验与服务的区别

（1）依托载体和需求的满足类型不同。服务的产生可以与某种有形产品联系在一起，也可以毫无关联。消费者对于服务的需求是为了使自己的生活状态更好，更能向前发展。服务带给消费者的是享受，可以摆脱繁重事务的束缚与压力，可以轻松享受生活。服务人员帮助消费者从事他们想做却又不愿意、或不能亲自去做的事情，而产品在某种程度上只是提供了媒介。而体验则依附于产品及服务，通过参与获得个性化的满足，是比服务更高一层的需求满足类型。消费者购买体验是为了获得理想生活化的一种体验，体验理想的生活方式，感受理想自我下的价值追求。体验必须在一定氛围、一定的舞台道具下产生，而氛围的营造、舞台的搭建、道具的提供则是体验策划者（企业）所提供的产品与服务。因此体验必然与产品相结合，与服务相结合，从而才能在理想的具体化下得到需求的满足。

（2）满足的表现形式及消费关注的焦点不同。服务的提供解决了消费者想做却又不愿意、或不能亲自去做的难题，摆脱繁重事务的束缚与压力，因此消费者以服务是否快捷、省力、方便、安全、舒适等方面感知服务利益。消费者不太关注服务本身属性，而关注其使用过程。而体验是一种感觉，当体验展示者的工作消失时，体验的价值仍然弥留延续，是难忘的，并且感知利益的停留远远超过对产品、服务的认知。消费者在体验过程中关注购买、使用以及操作过程中的体会与感觉，享受的是体验的过程，而不是结果。

（3）消费者的参与程度不同。在提供服务的过程中，消费者需要在场（比如提供美容服务）或者也可以不在场（比如提供设计服务），消费者重视的是服务效果，参与程度低而要进行体验，消费者在整个体验过程都必须在场，融入体验供给者所策划的场景，获得难忘的感受，参与程度高。

## 17.3　体验经济的理论基础

作为发展体验经济的理论基础有生态文明理论、生态生产力理论、人的全面发展理论、幸福经济学理论、需要理论，前四方面的理论在前面的章节已有详细的论述，在此不再赘述。这里就体验经济的需要进行阐述。

人类对需要问题的探讨源远流长，在中国哲学史上，自《周易》中有了需要这个意思后，人们对其认识和探讨的历史长达 3000 年之久。在西方古近代哲学史上，自古希腊哲学家伊壁鸠鲁提出需要概念之后，人们对其认识和探讨的历史也有 2500 多年了。然而，不论是中国哲学还是西方哲学，都有一个共同之处，就是未能将需要与人的社会实践活动联系起来①。

在中国古代时期，人们往往从人性的角度去阐述人的需要。把人的需要视为恶的根源，并进而揭示出强调理性，节制欲望的合理性。如战国时期，荀子认为，"性者天之就也，情者性之质也。欲者情之应也。以所欲为可得丽求之，情之所必不免也。以为可而道之，知所必出。"②也就是说，"性"的实质就是"情"，"情"的发作就是"欲"，人的欲求是人先天所具有的东西。荀子认为，人的利欲是无止境的，社会的财富却是有限的，因此，他提出对利欲必须有所节制。这种把人的需要视为恶的根源，用理性来节制人的欲望的思想进一步发展，到宋明理学发展到了极端，提出了"存天理，灭人欲"的理论主张。如，王守仁认为，"圣人述六经，只是要正人心，只要是存天理，去人欲。""学者学圣人，不过是去人欲丽存天理耳。"③不可否认，需要的满足离于理性的指导会给社会造成一定的危害，因而强调理性，节制欲望对人类社会的发展有一定的积极意义。但过分强调人的精神追求而忽视人的物质需要，甚至于否定人的物质需要，这就未免太极端了。这种极端思想到了清朝雍乾时代的戴震才有所改变。戴震在继承前人的基础上，进一步指出了人的欲望与人的行为之间的关系。他说："凡事为皆有于欲，无欲则无为矣。有欲而后有为，有为而归于至当不可易之谓理。"④这就肯定了人的欲望是人们行为的动力，对人的需要的认识比前人具有更大的进步。纵观中国传统文化的发展，我们可以看到，伴随着人们的社会实践，人们对自身的需要有了逐步的认识，看到了需要在人的行为中所起的作用，并且认识到人的需要应当以理性作为指导。但是，由于时代的局限性。他们没能从实践的角度去看待人的需要，因而也未能真正揭示出需要的本质以及人的需要在社会发展中的作用。

在古希腊，哲学家也一直在探讨人的需要这一问题。大哲学家德谟克里特把人的需要分为物质需要和精神需要，强调人的精神追求高于物质追求。他认为："对一切沉溺于口腹之乐，并在吃、喝、情爱方面过度的人，快乐的时间是短的，就只是当他们在吃着、喝着的时候是快乐的，而随之而来的坏处却很大。""凡期望灵魂的善的人，是追求某种神圣

---

① 杨合起. 论人的需要及其在社会发展中的作用[D]. 郑州：郑州大学，2003：76~88.
② 列宁. 列宁哲学笔记[M]. 北京：人民出版社，1960：330~335.
③ 萧萐父，李锦全. 中国哲学史[M]. 北京：人民出版社，1982：55~75.
④ 北大外哲史教研室. 古希腊罗马哲学[M]. 上海：商务印书馆，1961：22~24.

的东西，而寻求肉体快乐的人则只有一种容易幻灭的好处。"①因而，"不应该追求一切种类的快乐，应该只追求高尚的快乐。"②霍尔巴赫也重视人的需要，他认为："生命就是再生的欲望和满足了的欲望之永不间断的循环。"③他对人的需要又进行了进一步的分析，认为，人的"本性使它具有为数更多的需要。自保和繁殖是禽兽的唯一需要，也是它们的情感所企求的唯一对象。野蛮人比禽兽多有一种需要，就是穿衣，禽兽则生而具有自然的装备，以御四时寒暑。一个文明国家的公民有数不清的需要，这些需要是他的想象力受到榜样的指引，受到他所获得的观念的指引。而且常常是受到偏见的指引，随时随刻给他创造出来的，也是他千方百计地设法去满足的。"④在此，我们可以看出，霍尔巴赫初步区分了人的需要与动物的需要，也看到了人的意识在需要产生中的作用，但他把需要仅仅归结于人的想象力所创造出来的，却是很片面的。后来，德国哲学家黑格尔对人的需要与社会历史的发展作了一定论述。他认为："我们对历史最初的一瞥，便使我们深信人类的行动都发生于他们的需要、他们的热情、他们的兴趣、他们的个性和才能。当然，这类的需要、热情和兴趣，便是一切行动的唯一源泉——在这种活动的场面上主要有力的因素。"⑤这些论述可以说是有一定合理性的。但是，他把"绝对精神"看作一切个人的内在的灵魂，因而认为人的需要源于这一"绝对精神"，人的需要及其所引起的人的活动是对精神得以展开的工具。这显然是他唯心主义的观点所导致的后果。19世纪的德国哲学家费尔巴哈恢复了唯物主义的权威，从唯物主义的观点出发，认为人是普遍的感性动力。人的感觉的最内在的本性就是欲求、欲望，即活生生的、健康的生存欲望，爱的欲望，幸福的欲望。他认为，人们活动的唯一的目的就是追求幸福，而他所谓的幸福就是人的需要的满足后所达到的状态，"幸福不是别的，只是某一生物的健康的正常的状态，它的十分强健的或安乐的状态；在这种状态下，生物能够无阻碍地满足和实际上满足为它本身所特别具有的、并关系到它的本质和生存的特殊需要和追求。"⑥费尔巴哈不仅仅强调物质需要，还认为人有精神的需要，个人追求幸福必须受到良心的支配。纵观西方文化思想的发展，我们可以看到，人们对于人的需要及其在社会中的作用的认识在逐步的丰富和发展。

马斯洛的需要层次理论，对揭示人类复杂的需要的普遍规律性做出了贡献，且具有直观、易于理解、相对较合理等特点，因此成为国内外许多管理理论的基础，也是体验经济学中重要的理论基础。需要层次理论是美国心理学家马斯洛（A. H. Maslow）于1943年提出的一种关于人的需要结构的理论⑦。该理论基于两个基本假设：

（1）人主要是受满足某种需要的欲望所驱使的需求动物。人类的需要是无止境的，当个人满足一种需求之后，就会产生另一种需求。

（2）人类所追求的需要具有普遍性，这些需要有层次之分。

---

① 章海山. 西方伦理思想史[M]. 辽宁：辽宁人民出版社，1984：118~120.
② 罗国杰，宋希仁. 西方伦理思想史上卷[M]. 北京：中国人民大学出版社，1985：230~235.
③ 杨适. 马克思《经济学—哲学手稿》述评[M]. 北京：人民出版社，1982：445~460.
④ 李彦如，鲍训吾. 实践唯物主义导论[M]. 北京：团结出版社，1992：78~90.
⑤ 黑格尔著，王造时译. 历史哲学[M]. 上海：上海书店出版社，2001：45~56.
⑥ 王浦劬. 政治学基础[M]. 北京：北京大学出版社，1995：77~89.
⑦ （美）马斯洛著，许金声等译. 人类动机的理论[M]. 北京：中国人民大学出版社，2007：421~425.

由此，马斯洛把人的需要分为五个层次，如图 17.1。

图 17.1　马斯洛需要层次金字塔图

其中，生理需要是维持人类自身生存的基本需要，是人类最原始、最基本的需要。如衣、食、住、行、性的需要。在生理需要得到满足之后，人就会产生安全需要，如避免职业病及事故，摆脱失业威胁及某些社会保障的需要。再上一层需要，是社交的需要，如满足归属感，希望得到友爱等。尊重需要可分为内部尊重及外部尊重。前者指希望自己有实力，后者指对地位、威望的需求。自我实现的需要是个人的最高需要，要求实现个人抱负，施展才能。马斯洛认为，上述五种需要是按次序逐级上升的。当下一级需要获得满足之后，追求上一级的需要就成为行动的动力了。

马斯洛从人的需要出发探索人的激励和研究人的行为，抓住了问题的关键；马斯洛指出了人的需要是由低级向高级不断发展的，这一趋势基本上符合需要发展规律的。人都潜藏着这五种不同层次的需要，但在不同的时期表现出来的各种需要的迫切程度是不同的。人的最迫切的需要才是激励人行动的主要原因和动力。人的需要从外部得来的满足逐渐向内在得到的满足转化。

马斯洛还认为，在人自我实现的创造性过程中，产生出一种所谓的"高峰体验"的情感，这个时候是人处于最激荡人心的时刻，是人的存在的最高、最完美、最和谐的状态，这时的人具有一种欣喜若狂、如醉如痴、销魂的感觉。实验证明，当人待在漂亮的房间里面就显得比在简陋的房间里更富有生气、更活泼、更健康；一个善良、真诚、美好的人比其他人更能体会到存在于外界中的真善美。当人们在外界发现了最高价值时，就可能同时在自己的内心中产生或加强这种价值。总之，具有健康心理的人和处于较好环境的人更容易产生高峰体验。

## 17.4　体验经济是生态文明经济体系的高级形态

### 17.4.1　体验经济产生具有历史必然性

#### 17.4.1.1　体验经济发展的内在因素

生产力的发展和需求的升级是体验经济发展的内在因素。从农业经济到工业经济、从工业经济到服务经济、服务经济再提升为体验经济,都是社会经济环境发生深刻变化所引起的,有其内在必然性,即都是生产力发展和人类需求不断升级及其相互作用的产物。农业经济时代由于生产力落后,人们大多只能求生存。随着生产力的发展,人类进入工业经济时代,人们更多地追求物质文化生活需要的满足。生产力的进一步发展,商品经济的空前繁荣,收入的不断提高,人们对生活质量和人生价值的追求日益强烈,对服务的需求不断增加,对服务的品质日益挑剔,服务经济时代呼之欲出。20世纪70年代,斯坦福研究所提出这样的问题:"一个国家,当基本物质需要用生产能力的3/4甚至1/2就可以满足时,就必须进行根本性的调整,使经济健康发展。"[①]因此,这样的时代,人们的需求层次同以往时代相比有了很大发展和提高,社会总体上进入了服务经济时代。企业开始不断系统地拓展和强化自己高效有序的服务体系,并把它作为企业核心竞争力的重要组成部分,以吸引和留住顾客。服务经济发展到20世纪末,人们的需求层次有了进一步的升华,不但要求优化物质、精神需求,对生态需求也有更高的要求。时代提出这样的一个问题:"服务业之后,还搞什么?"托夫勒从需求结构调整角度得出的结论是"体验制造商将成为经济的基本(假如不是唯一的)主柱"[②]。

随着生产力水平维和力量维的进一步提高,特别是生态生产力的逐步兴起,人类对物质、精神和生态三者的整体协调能力大大增强,更有实力满足人们全面发展的需要,"体验"开始成为经济提供品。从社会总体上看,人们的需求在满足了生理、安全、社交、尊重的需要之后,实现了历史性的跨越,进入了"自我实现"层次。这时人们需要更加个性化、人性化的消费来实现自我,于是,体验就成了服务经济之后的主要经济提供品,从而将人类带入了体验经济时代[③]。因此,社会经济演进过程体现了这样的特点:在某一经济发展水平,经济层次越高,消费群体越小;经济层次越低,消费群体越大,经济层次与消费群体的关系如图17.2(A)所示。随着生产力的发展,社会的进步,体验经济的消费群体将逐步增大,而且在某一时点将会出现跃迁点,其后体验消费群体增大有加快的趋势,其关系如图17.2(B)所示。

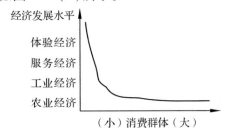

图17.2(A) 经济层次与消费群体的关系

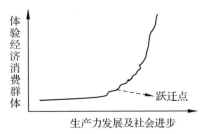

图17.2(B) 体验经济消费群与社会进步的关系

#### 17.4.1.2 市场经济和市场竞争是体验经济发展的外部推动力

市场经济作为一种社会配置资源的方式和经济体制保证了资源的优化配置和竞争的自

---

① 辛杰. 体验经济与企业经营策略[J]. 企业研究,2004,35:55~59.
② 郑国诜,廖福霖. 生态文明视野下的体验经济发展探析[J]. 产经评论,2010(6):78~84.
③ 郭馨梅. 体验经济刍议[J]. 北京工商大学学报(社会科学版),2003(4):1~4.

由、公平与公正。市场经济的不断发展和市场竞争的演进将成为外部动力推进体验经济的发展。这从经济演进历程可以得到体现。工业经济向市场提供大批量、标准化的产品,同样品质的产品只有通过企业的不同品牌才能给予区别,但当顾客难以鉴别不同品牌之间产品的差异与优劣时,企业竞争的焦点便转为向市场提供服务的质量与数量,而顾客则以此作为判定与选择品牌乃至企业产品的标准。服务经济的运行,使企业在其经济活动中,不仅要提供有形产品,还要提供无形服务。商品是提供服务的依托,而在纯粹的服务产业中,服务本身就是一种商品。在服务经济条件下,消费者通常发现不了商品之间的差别,所以,企业为了争夺更高的市场占有率,很难摆脱低价恶性竞争的境地。在市场经济条件下,竞争迫使企业不断挖掘服务中更深层次的内涵,以差异化战略来满足消费者个性化、多样化的需求。某些企业率先有意识地以服务作为舞台,以商品作为道具来使消费者融入其中,提供"体验"这一商品。"体验"的出现给消费者带来了美好的感觉、难忘的记忆,能够满足消费者自我实现的需要,从而形成了巨大的拉动性需求,带来了巨大的市场潜力。潜在的市场吸引其他企业纷纷效仿或者进一步创新,提供更多更好的"体验"商品,这样就使服务经济的内容更加丰富,更具有延展效应。在市场竞争机制的作用下,一旦"体验"商品在服务经济中所占的比重成为主要部分,体验经济就因此产生,并且不断发展壮大。

#### 17.4.1.3 现代信息网络技术是推动体验经济发展的润滑剂

服务经济能够显示企业的个性与风格,是经济运行主体的个性化表现,但它并不一定代表着是对消费者的个性化满足。体验经济在延续服务经济的发展中可以使市场跳出低价恶性竞争的陷阱,因为企业在体验经济运行中需要按照消费者的个性要求创造出不同的提供物,而不同提供物之间的价格不具有可比性,自然不能统一定价。但是,企业创造不同提供物的愿望从设想到现实之间还有相当长的距离,这种距离在批量大规模生产发展阶段永远也不能缩短,从而其目标不能得以实现。只有充分利用信息网络技术,这种距离才能逐渐缩短,并促使其目标得以实现[①]。为了创造体验,企业必须清楚地知道消费者与它提供的商品和服务是如何互动的,这必须利用信息技术和网络技术建立顾客关系管理系统,通过对顾客信息的收集、分析、集成、共享,实时了解顾客的真实需求,把握顾客的特定偏好,从而为顾客提供个性化的服务,给予顾客快乐的体验。现代信息网络技术为人们分享生活中的体验和协同设计体验的舞台提供了强有力的技术支持。随着信息技术的成熟、网络经济的普及,体验经济可以利用消费者的个性化和多样化需求及因为大量个性化和多样化需求形成的规模经济为消费者提供多种体验。正如一个鞋业公司的老总所说:"过去批量生产很难满足顾客的个性需求,现在的网络经济、信息技术,使我敢承担为任何一个顾客定制一双鞋的委托,同时成本也不会大幅度上升。"[②]这种定制服务只有充分利用信息网络技术才有可能顺利实现。因此,信息网络技术是体验经济发展的重要手段,是推动体验经济发展的润滑剂。

#### 17.4.1.4 闲暇时间和可自由支配收入的增多是体验经济的必要条件

体验需要消费者亲自参与,因此消费者不但要有为体验付费的经济实力,而且必须要

---

[①②] 汪秀英.体验经济的成因与价值分析[J].北京工商大学学报(社会科学版),2005(1):46~49.

有参与体验的闲暇时间。闲暇时间是指除了工作和生理需要的时间以外的可自由支配的时间。现代科学技术的迅猛发展以及分工的不断深入促进了社会劳动生产率的大幅度提高，为劳动者拥有更多闲暇时间创造了条件。这主要表现为：日工作时间逐渐缩短，目前我国及很多国家都实行 8 小时工作制，甚至更短；每周工作天数逐渐减少，不少国家实现每周 5 天工作制；有的国家已开始实行每周工作天数更少的工作制；节假日逐渐增多；随着人口平均寿命的增加，人们退休后的时间也在增加。跟一百多年前比，人们的闲暇时间已大大增加，据统计，在美国，1850 年每周平均要工作 70 小时，相当于每周工作 6 天，每天工作 12 小时[1]。而如今，美国人有 1/3 的时间用于休闲，有 2/3 的收入用于休闲，有 1/3 的土地面积用于休闲。而在休闲活动中，体验消费无疑是内涵最丰富、吸引力最强的一种消费方式。闲暇时间的增加，人们便更有机会培养自己的消费能力，消费的能力是消费的条件，是消费的首要手段。"要多方面享受，他就必须有享受的能力，因此他必须是具有高度文明的人"[2]。发展生产力与发展消费能力是同步的。此外，可自由支配收入的提高也是进行体验消费的一个必要条件。发达国家的人均可自由支配收入很高，体验经济首先在发达国家兴起正是这一条件使然，这可以从多年来保持很低的恩格尔系数得到解释。1985~1993 年，绝大部分发达国家的恩格尔系数低于 15%（以购买力平价为依据计算而来，以下均同），平均值是 13.3%，不少发达国家该比重甚至低于 11%，例如：加拿大 9.0%、丹麦 10%、德国 10.7%、日本 10.9%、荷兰 10.7%、瑞典 10.4%、英国 10.6%，美国最低只有 8.4%。同期计算的 42 个发展中国家平均值为 24.08%，但各国差别较大。到 20 世纪 90 年代中后期，发达国家的恩格尔系数相对以前没有多少变化[3]。

人们可自由支配收入和闲暇时间的增多为体验这种经济提供物带来了广阔的市场前景，为体验经济的发展创造了必要条件，为体验消费提供了经济、时间和能力上的保证。

17.4.1.5 体验经济时代必然到来图析

社会经济系统犹如一个圆球，生产力发展、需求层次升级作为拉力，市场经济和市场竞争作为推力，网络信息技术作为润滑剂以减少阻力，闲暇时间作为必要条件，这几者相互作用，必然将社会经济系统这个圆球向体验经济时代推进，它们的关系可以用图 17.3 表示。

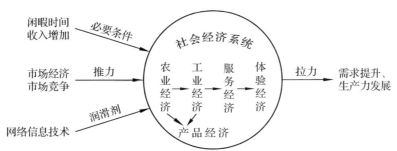

**图 17.3 社会经济系统演进图**

---

[1] 加尔布雷思著，赵勇译. 富裕社会[M]. 南京：江苏人民出版社，2009：234~246.
[2] 马克思. 1844 年经济学哲学手稿[M]. 北京：人民出版社，2000：87~89.
[3] 资树荣，范方志. 发达国家与发展中国家居民消费需求变动比较[J]. 经济纵横，2004(5)：45~49.

### 17.4.2 体验经济是多样性经济和规模经济的有机结合

体验经济正在或者说已经成为了一种新型的经济形态,而且这样的经济形态渗透到了工业经济和服务经济当中。人类社会发展是劳动分工趋于专业和生产过程日益迂回的动态过程,其结果是形成了彼此互相依托、纵横交织的产业网络体系。从历史的发展脉络来看,在这样的产业网络体系之上,形成了农业经济、工业经济、服务经济等一系列的经济形态。体验经济正是在专业化分工和生产过程更加精细、更加注重产品或服务在消费领域被认可的状态下所产生的。

体验经济是建立在基本需求得到满足之后以享受消费为中心的经济活动形态,它不能动摇以产品生产为主的规模经济和配套服务业等经济形态在整个产业结构中的基础性和保障性地位,同时它还要受到社会整体生产能力和水平的制约。但是也要看到,体验经济的发展为产品生产、配套服务提供了新内涵和新的发展方向,虽然产品生产具有规模化特点,但产品生产产业的提升和优化,就需要体验经济的健康发展。体验经济对配套服务业有很好的产业发展指向性作用,因为体验经济需要服务业的配套服务,体验的感受往往在于消费者对配套服务的认可,产品一般只是起到"体验平台"的作用。对于体验经济而言,无论是产品生产还是配套服务,只是作为体验经济必需的条件之一,它们之间的排列组合构成了体验经济成功的重要因素。

### 17.4.3 体验经济是21世纪世界经济发展的重要趋势

如上所述,体验经济最早由美国未来学家托夫勒于1970年出版的《未来的冲击》一书提出,当时主要是回答"美国在服务经济以后发展什么?"这样一个问题。他认为,世界经济的发展将从产品经济过渡到服务经济,然后上升到体验经济,从而成为21世纪经济发展的主流。可以说这个预见是科学的,从实践上看,发达国家已处于服务经济阶段,其服务业总值已占GDP的70%以上,我国尚未过渡到服务经济,但也有上升趋势。同时,发达国家和我国的沿海发达地区已有了体验经济的端倪。从理论上说,体验经济的发展在某些国家或区域具备了内在充分条件:需要理论所阐述的人类需要从低层次上升到高层次,需要产生需求,需求激发消费,消费引导市场,市场引导生产,生产又反过来发展市场,形成经济发展的良性循环。同时体验经济的发展还有其外部必要条件:①随着社会生产力的提高和经济的发展,人们的收入水平也得到提高,为体验经济的发展提供了经济条件;②随着社会劳动生产率的提高和文明的进步,人们闲暇时间增多了,这为体验经济的发展提供了时间条件;③在具备经济、时间条件的情况下,人们更有心情发展自己的消费能力并进一步为提升需求与消费层次奠定基础;④随着科学技术的进步(特别是互联网技术的发展),大大缩小了人们的空间距离,这为体验经济的发展提供了空间条件。凡是具备上述充分必要条件的区域,体验经济就会蓬勃而出,并展示其无限生机。

### 17.4.4 体验经济是生态文明经济体系的高级形态

本书第10章阐述了判断生态文明的经济形态的基本依据主要有三条:①它能够推进走资源节约型环境友好型和人类健康型的发展道路;②它有利于实现生态效应、经济效应和社会效应的相统一与最优化,这里的经济效应不但指经济效益,而且指经济结构优化、产业升级和经济发展方式的转变;③它可以促进人与自然、人与人、人与社会的和谐。体验经济符合这三条基本要求。首先,体验经济也可以称为人本经济,一方面它能够满足人的个性化和多样化需求,为实现人的健康和全面发展提供经济基础,体验经济以先进的生产力、发达且结构合理的经济、良好的生态环境以及祥和的社会氛围为基础,能够满足人们不断优化的物质、精神与生态需要,给人予认知、审美、愉悦、健康、幸福等体验,在体验过程中,人的需要、人的能力、人的潜能、人的素质在不断提升、全面发展。另一方面它特别需要充分发挥人的创意,实现经济发展从主要依靠自然资源到主要依靠人力资源的转变,推进走资源节约型环境友好型发展道路。其次,体验经济是服务经济的进一步发展,是社会经济发展的新阶段,是高端经济形态,是产业高级化、经济结构优化的结果,它不但具有高附加值,能够促进产业升级,而且能够提高第三、第四产业的比例,有利于优化经济结构,还有利于扩大社会就业,是取得"三大效应"相统一和最优化的经济形态;在发展体验经济中,人们具有更强的自我实现意识和更高的创新能力,体验经济也因此能够深入到各行各业,包括现代新兴产业,跟其他生态文明经济体系的表现形态相融合,协同发展推动生态文明经济体系的发展。第三,由于体验经济能够满足人们高层次的文化和生态的需求,体验经济可以充分发挥人的创造性,满足人的个性化和包括物质、精神、生态等的多样化、高层次需求,能够促进人的心态和谐并进而促进社会和谐。体验经济代表着先进的经济形态,是生态文明经济体系的高级形态。

## 17.5 体验经济发展分析

### 17.5.1 体验经济发展过程

体验经济的产生与发展具有历史必然性,21世纪是体验经济的时代,但体验经济并非一开始就可以达到较高的水平。它的发展呈现层次性、两面性、不平衡性的过程。

#### 17.5.1.1 体验经济发展的层次性

事物往往遵循从简单到复杂、从低级到高级的发展过程,体验经济的发展也不例外。体验经济是服务经济的进一步提高与升华,首先必须在提供的产品和服务中加入体验因素,并且不断加强,然后是体验成为独立的经济提供物。体验往往从较浅层的参与度较低的感官、情感体验类型,到较深层的参与度较高的思维、行动体验类型,最后是综合的关联体验类型,体验经济在社会经济中的比例也是从小到大、从不明显到明显、从个别行业萌芽、发展并逐步扩散到所有其他行业,最后在社会经济中占主要地位[①]。

#### 17.5.1.2 体验经济发展的两面性

体验经济发展的两面性主要指体验供给方可能提供有利于社会的积极的体验产品,也可能出于一味迎合消费者低级趣味而提供不利于社会的消极的体验产品;消费者进行体验时可能是主动的也可能是被动的,可能是有益身心健康的也可能是对身心有害的。

#### 17.5.1.3 体验经济发展的不平衡性

首先,体验经济在发展中国家和发达国家的不平衡发展。由于生产力发展水平、科技创新、市场条件,居民可自由支配收入、闲暇时间等方面的差异,体验经济首先在发达国家兴起并得到较快发展。发达国家的经济发展表现出农业经济—工业经济—服务经济—体

---

① 史密特著,刘银娜等译. 体验营销[M]. 北京:清华大学出版社,2004:59~65.

验经济的发展路径。而发展中国家的服务经济还不发达，还比较难以发展体验经济，但并非要等服务经济高度发达后才能发展体验经济。随着经济全球化的不断深入发展，跨国公司出于盈利考虑将有利于促进发展中国家体验经济的发展。不同于制造业，跨国公司通常在母公司和子公司之间建立垂直的分工体系，经营服务业的跨国公司的优势主要是现代的服务手段和管理方法，与建立在海外的分支机构多半只能构成水平分工关系，同样，体验设计、营销与管理也难以在母公司与子公司进行垂直分工。因此，发展中国家可以利用这一有利因素在大力发展工业经济和服务经济的同时发展体验经济，使工业经济、服务经济和体验经济在同一时期各得其所。

其次，体验经济发展的不平衡性还主要体现在时间、空间、数量、质量和结构等方面。时间方面，体验供给在一定时期内是比较稳定、缺乏弹性的，有的还可能出现"锁定效应"，而体验需求却可能时而集中时而分散，具有易变特点，因此有时会供不应求有时却供过于求。空间方面，由于区域经济差异，体验资源与设施等供给要素在地域空间上分布不均，且这些要素往往难以实现空间转移，而体验需求方在空间选择上具有一定指向性且随着环境变化会发生改变，因此会出现甲地供不应求而乙地供过于求，有时却会相反。数量方面，在一定条件下所能提供的体验供给数量较为固定，而体验需求量却不稳定。质量方面，体验具有多层次性，某种体验对一个顾客来说是高度体验，而对另一个顾客却可能只是低度体验；某种体验，对同一个顾客而言起先是高度体验，逐渐也会变成低度体验，因此可能会出现所提供的体验产品的质量因人们感受不同而无法达到消费者的体验预期。结构方面，主要体现在体验供给的内容和项目、档次和级别、方式和程序与体验需求的不相适应。

#### 17.5.2　发达国家体验经济发展借鉴

##### 17.5.2.1　发达国家体验经济发展借鉴

1999年4月，由约瑟夫·派恩二世和詹姆斯·吉尔摩合著的《体验经济》出版时，受到了广泛注意，该书提出了"工作是剧场、生意是舞台"的理念，体验经济从此走红。如今，一些发达国家已把体验业作为一个重要产业来开发，美国的休闲业已成为第一大产业，据预测到2015年时将独占GNP中的半壁江山；日本在2001年时，电子游戏产业就占了全国经济的20%，超过汽车工业成为第一大产业；韩国的游戏产业也成为最有利润的行业，产值达200亿美元、年增长率高达30%~40%。

目前在发达国家，体验已经逐渐成为继农业经济、工业经济和服务经济之后的一种新经济形态，它以全新的文化理念对服务经济进行深化和发展而形成的精神体验作为其内涵。在体验经济下，消费者不再限于购买产品后所获得的美好体验，而是更加侧重于在消费过程中甚至企业生产过程中所获取的"美好体验"。当消费过程结束后，消费者记忆将长久保存对过程的"体验"。消费者乐意为这类体验付费的原因在于体验是如此美好、不可替代，对某一个消费者来讲它是唯一的，有时是不可再生的。

由于体验式经济充分满足了消费者体验和消费的愿望并收效明显，这种设计模式很快在美国、日本、欧洲各地流传开来。在美国，拉斯维加斯的论坛购物中心就是成功展示体验经济的例子。它以古罗马集市为主题，从各个细节展现主题。购物中心铺着大理石地板，有白色罗马列柱、仿露天咖啡座、绿树、喷泉，天花板是个大银幕，其中蓝天白云的画面栩栩如生，偶尔还有打雷闪电，模拟暴风雨的情形。在集市大门和各入口处，每小时甚至有凯撒大帝与其他古罗马士兵行军通过，使人感觉仿佛重新回到古罗马的街市。古罗马主题甚至还扩展到各个商店，例如：珠宝店用卷曲的花纹、罗马数字装潢，挂上金色窗帘，营造出富裕的气氛。论坛购物中心每平方英尺的营业额超过 1000 美元，远高于一般购物中心 300 美元的水平，这表明了体验的巨大价值。

在日本，著名的花园漫步商场（Garden Walk）是一家专门销售高级女性流行服饰的购物中心，设计师以各种灿烂如庆典般花朵的主题图案，设计和连接了三个不同情调的露天广场，用不同的花瓣和叶子镶嵌在路面上，引导购物者进入三个购物商场，花刺成了购物者舒服的座椅，橘红色的大向日葵塑成的舞台供朋友聚集与才艺表演之用，绚丽明亮的颜色和图案，营造出复杂而多变的都市花园氛围。花园漫步年营业额预计约有 9000 万美元。这是一个以花为元素的主题体验式商业设计方式。这种体验式商业，借规划、设计、装修、材料等来体现统一的商场主题，通过对主题事物的发掘，在建筑、装饰、商品组合等方面采用象征、隐喻等表现手法，创造出令人心旷神怡的商业环境和氛围。

#### 17.5.2.2 发达国家体验经济特点

从美国、日本的迪斯尼乐园，到台湾的市民农园，从制造欢乐的娱乐产业，到贩卖知识的书店，体验式消费旋风，已经席卷全球产业。体验幻境、体验自己动手做的乐趣⋯⋯体验与感觉，变成可以销售的经济商品。在发达国家和地区，有越来越多的业者掌握体验的优势，以精心设计的情境，说服消费者为体验付费。同时，也有越来越多的消费者，愿意花钱购买体验。体验经济正逐渐形成在消费中参与，在参与中享受，在享受后回忆的消费新理念。其体验经济具有以下几个特点：

（1）体验经济为消费者带来全新的享受体验。与过去不同的是，商品、服务对消费者来说都是外在的，但是体验是内在的，存在于个人心中，是个人在形体、情绪、知识上参与的所得。没有人的体验会完全一样，因为体验是来自个人的心境与事件的互动。创造体验一直是娱乐事业的核心，但今天娱乐体验已经在电影院与游乐园之外的产业生根。发达国家凭借其领先的科技发展水平，带起互动游戏、动态模拟、虚拟实境等全新的体验，更进一步刺激计算机业的新发展，它让消费者有所感受、留下印象。英国航空公司以"超越功能，在提供体验上竞争"，让飞航成为乘客忙碌生活中的舒适休息时刻。明尼亚波利市一家安装与维修计算机的公司，自称为"杂耍特勤队"。他们的服务人员穿白衬衫、打黑领带、别着臂章、携带防身用品、开老爷车。这样的装扮将单调平凡的工作，变成令客户印象深刻的接触。视算科技公司在加州山景总公司中的"虚拟实境中心"是另一个例子。"虚拟实境中心"能够实时处理信息、三度空间立体模拟产品，工程师与顾客在其中可以无止境地尝试、试用产品设计。总裁麦克来肯指出，有了"虚拟实境中心"，顾客可以在生产前知道产品看起来是什么样子、听起来是什么声音、摸起来是什么感觉。

（2）体验经济为传统经济产生新的附加值。许多国际知名企业为实现收取"体验"门票、真正迈入体验经济，正在加紧设计更丰富的体验内容，从而获取更丰厚的经济利益。IBM 在 20 世纪 60 年代到 70 年代的全盛时期，以"IBM 就代表服务"为口号，大方挥霍服务。当时，只要购买 IBM 的硬件产品，IBM 就免费提供规划设备、设计程序、整合设备、维修产品的服务，周到得让用户大为吃惊。但是后来顾客的需求越来越庞大，IBM 再也负担不起免费提供,而服务也成为 IBM 最有价值的商品。现在 IBM 的全球服务事业体每年都以两位数的速度成长,再也不用借服务来卖硬件产品。耐克旗舰店可以设计篮球场,让消费者上场比赛,或是与 NBA 球员打几场斗牛赛。店里还可以卖特制的耐克运动衫,印着比赛的日期与分数,让消费者在球赛后购买。最后还可以再加上一张胜利照片。此外,旗舰店还可以增加互动信息站与虚拟实境的设计,消费者可以在互动信息站得到体育历史的信息,运用虚拟实境尝尝当高尔夫球之王老虎伍兹的滋味。

(3)体验经济的模式呈现多样化发展的趋势。体验的特质包括消费者是主动参与还是被动参与,以及消费者是融入情境还是只是吸收信息,这决定了体验经济模式的多样化。体验因为主动参与或被动参与、融入情境或只是吸收信息,因而可分为四大类:看电视或是参加音乐会等属于娱乐体验,消费者较被动,只是吸收信息而没有融入;上课属于教育体验,消费者参与较主动,但本身处于活动之外,没有融入其中;参加戏剧演出、乐团演奏,或是进入大峡谷则是属于遁世体验。遁世体验一样可以发挥教育或是娱乐的效果,但是消费者更主动的参与、更融入体验;如果将消费者在遁世体验中的参与降到最小,就成为美学体验,消费者虽然融入体验的活动或环境,但是不影响体验的呈现,就像游客只站在大峡谷边缘观赏奇景,或是到艺廊欣赏艺品。

### 17.5.3 制约我国体验经济发展的因素

我国产业结构体系形成较晚,且多遵循国外发展足迹。由于目前我国在科技水平和地区发展均衡上与发达国家存在一定差距,这些将在不同程度上制约我国体验经济的发展。

在信息化技术的应用下,体验经济不同表现形态之间的横向和纵向体现出了很强的技术上的联系。体验经济需要综合运用一切能够提高消费者体验感觉的技术,而且促进相互之间的技术的进步。如我国虽然拥有世界上最庞大的网络用户群体,但我国的网络基础设施还相对落后。其中,我国的网络速度处于全球的平均水平之下,网络使用费用也偏高。这些因素就不利于体验经济通过网络空间的集聚形成要素之间的合理流动和分享、形成体验经济初步的产业化集群。

在发达国家或地区,体验经济的发展大都是在经济社会发展比较成熟的地区逐步成长起来的。但是,我国地域发展不平衡的矛盾还是比较突出。虽然,近年来我国大力实施了西部大开发等一系列的支持西部落后地区经济发展的措施,但是经济的发展需要一个过程。如何弥补西部地区在发展体验经济上所需的其他产业支撑条件,这将是我国发展体验经济需要解决的一个问题。

从目前我国体验经济的发展来看,体验经济本身的从业人员对于消费者体验的内在规律的认识还不够,加之体验经济自身也处在尚未成熟的阶段,大多数以体验经济示人的经济形态依然体现出遵循传统投入产出规律的特点,仅仅在企业生产消费的某一些过程中体现出不同于以往的价值规律。而且,现有我国体验经济的应用往往停留在企业营销策划阶段,而没有深入到企业要素生产的各个阶段。正是由于这样的不足存在,体验经济才会被认为依然是延续了传统要素生产的规律,而没有体现出体验经济在价值规律方面应有的突破性,由此使得社会对于体验经济有了不同程度的误解。

## 17.5.4 三大体验产业的案例分析

### 17.5.4.1 海尔电脑：创新+体验经济

对用户需求的把握和对全球资源的整合是海尔的一大优势之一。海尔电脑坚持"润眼+润心"和"科技+设计"的策略，时刻以"用户的抱怨就是最好的礼物"为导向，充分整合英特尔、微软、NVIDIA 等国际 IT 巨头资源，进行上下游资源的对缝对接，并通过创新设计，设计出具有差异化的产品，进而满足消费者的体验和应用需求。通过坚持"对缝、对立、对口"三对策略，海尔电脑目前已经具备了一定的核心优势。

目前 PC 产业正在向"传统"产业演变：成熟、稳定同时缺乏亮点。无论是产品线的细化，还是品牌的重建，抑或是渠道的下沉和扩张，都是众厂商千方百计避免利润下滑做出的努力。海尔电脑认为，在新的时代里，PC 厂商不能再陶醉于自身产品的配置、功能、性能，而忽略"体验经济"的非生产性，即体验无法生产，它只能由消费者自行发生。要解决这个问题，首先就必须听取消费者的体验和感受，从消费者的使用体验和感受中，找到准确的需求。

海尔电脑利用其在 3C 消费电子领域的优势，积极满足用户新需求，如将 3C 产品优势互补，推出唯一具有"电视+触摸"功能的一体电脑。相对于竞争对手，海尔一体电脑更注重用户需求的"对口"。如目前在国美一体机销量第二、单型号第一的乐趣 Q5 为例，设计时加入了电视功能，也支持壁挂。并且考虑到家庭共用的娱乐工具，因此操作方式不一定局限于键盘和鼠标，海尔电脑添加了触摸功能，并专门跟微软中央研究院合作，研发出 40 款触摸游戏搭载在海尔一体电脑中。而这种竞争对手尚没有的差异化设计，让海尔一体电脑自 2010 年初推出以来，一直深受消费者的喜爱①。

### 17.5.4.2 历史街区重筑

清河坊步行特色商业街区位于杭州老城区，街区内有着丰富的历史遗存和文化底蕴。随着杭州城市中心的北移、市区的扩展，昔日位于城市中心的清河坊不可避免地陷入到逐渐衰败的境地。更新整治后的清河坊保持了传统街巷格局，"抢救性保护"街区内的历史文化遗存，延续城市文脉，展现南宋旧都遗韵，并通过功能的置换，强化旅游休闲功能和商业功能，复兴地区经济，业态的主要表现形式是民俗化小商品、老字号等。2007 年 3 月，杭州清河坊历史文化特色街区被正式命名为国家 4A 级景区，这是全国首个获得 4A 级景区称号的商业街区。

清河坊步行特色商业街区以恢复杭州原有的市井风情以及民间文化，展现南宋旧都风情。在更新前，设计者对清河坊商业街区内现存建筑进行了严密的等级划分和原型归类，在这个基础上，建立了一个简单化及形象意义的类型菜单模式，来指导、控制街区的保护规划。街区秉承南宋街巷空间格局，并以"修旧如故，以存其真"的原则，采用"整体保存、修缮延续、整饬治理、更新改建"的特色手法抢救性保护街区内的历史建筑，保证了街区内建筑风格的统一。在保留了街区内老字号的基础上，以传统建筑群落、民间艺术为特色，吸引更多商家经营古玩、字画等符合历史文化氛围的商业内容。民俗化商业与传统建筑、民间艺术有机结合起来，形成了独特的民俗化商业氛围，加上街区内历史文化的积

---

① 黄智. 计数机世界[EB/OL]. http：//www.ccw.com.cn/weekly/news/hottopics/htm2011.

淀，使得这种氛围显得与生俱来①。

#### 17.5.4.3 体验师的兴起

旅游体验师是网络环境催生出的一种新兴职业，可以免费跟随旅行团游山玩水，还能获得万元月薪，堪称"美差"。首席旅游体验师没有学历限制，要熟悉各地的旅游情况，比如香港三日游最近多少钱，另外就是文字表达能力强、会摄影，可以随时在线传播旅游心得。首席旅游体验师月薪在万元以上，网站将给其配置相关移动设备，通过网络将旅游文字、图片或视频实时与网友在线共享，并对该条旅行线路给出综合评价以供网友参考。

2010年中国在线旅游行业同比增长58%，传统旅行社越来越看重在线旅游市场的力量，未来会更注重借助在线旅游平台进行口碑营销。随着微博、视频等传播手段兴起，一个人也可以成为一个电视台、通讯社，向全世界现场直播。这是"旅游体验师"这个新职位产生的互联网技术基础。

2011年4月20日，"旅游体验师"将随首批体验团向世界第二高峰乔戈里峰（又称K2）出发，免费饱览国际登山界公认的最难攀登的山峰周围的特色景观。此次旅行将从喀什乘越野车经叶城抵达麻扎，14天骆驼骑行，往返180公里，翻过海拔4900米的阿格勒达坂进入克勒青河谷，从K2中国大本营徒步到达舌部冰川地区，此处距离顶峰垂直高度差达4700米，是世界上垂直高度差最大的山峰，被称为"垂直极限"。在跟随K2体验团尽情游玩的过程中，"旅游体验师"的工作职责主要是将其在旅途中的关于交通、住宿、美食、风景、见闻等各个环节的体验进行微博播报，通过文字、照片和视频等形式与网友在线共享，并最终对该条旅行线路给出综合体验评价，以供网友参考，在旅行中的吃、住、行、游等费用则全部由该旅游网站承担。而紧随K2体验团之后，该旅游网站于2011年5月16日，还将为"旅游体验师"提供免费体验法国、瑞士、意大利10日游的机会。此外，包括冰岛体验游、世界特色海岛体验游等一系列"首批旅游体验师"体验团将持续发出。该旅游网站期望通过团队的不懈努力，逐渐使"旅游体验师"的足迹真正遍布全世界，为旅游爱好者提供更多可参考的旅游目的地细节化信息，有效提高优质的旅游体验②。

### 17.6 加快我国体验经济发展的对策

#### 17.6.1 进行与体验经济相适应的政府管理创新

体验经济是以顾客为中心的经济，置身于体验经济之中，这与政府一切行政行为的出发点、最终结果都应是为了人民具有内在一致性。因此政府必须进行与体验经济相适应的管理创新。

（1）要创新执政观念。在体验经济时代，政府的执政理念不仅要考虑满足公众的需求，更要考虑到增加公众的体验感受。所以政府应采用一种"逆向行政"的思路，即先要了解民情、知晓民意、掌握民需，然后制定方针政策。把提供优质的体验式服务作为政府行政活动的目标之一。在进行行政活动时，真正将服务大众落到实处，这样才能真正吸引投资者并得到纳税人的拥护，才能更好地为发展体验经济创造条件。

---

① 陈璐."体验经济"下杭州商业街区更新的研究[D]. 杭州：浙江大学，2007：67~77.
② 旅游体验师. 百度百科. http://baike.baidu.com/view.

(2)树立公共治理观念。过程参与是体验经济区别于其他经济形态的一个重要特征,只有身临其境、亲身经历,才有体验这种心理感受。在体验经济时代,随着体验经济的不断发展,人们的参与意识会不断增强,不管是在社会经济领域,还是在社会政治领域都会出现其他社会主体参与的身影。因此政府应树立公共治理观念,加强民主建设,为 NGO(Non – Government Organization 非政府组织)等社团组织和公民参与行政创造条件。

(3)创新服务理念。现代政府是服务型政府,要引入竞争机制,实现公共服务市场化,提高公共服务供给质量与效率,创造个性化、品牌化的体验式服务并把体验式服务落实到每一位行政人员。

(4)创新公共品的供给。体验经济时代政府对公共物品的供给,应在保证满足公众基本需求基础上考虑公共物品的文化内涵,供给精神文化产品的比重应当不断加大。

**17.6.2　根据形势发展情况积极引导产业融合**

在经济全球化发展过程中,产业融合趋势明显。产业融合首先发轫于服务业,并逐步向制造业和农业渗透扩展,引发了一场新的产业革命。在全球化的分工与合作中已经出现了横向产业。这是因为,从广义的角度来讲,任何一个商品的形成都可以归纳为这三个中间过程:一是研发过程,如渔农商品的前期育种,工业商品的前期研发,服务商品的前期规划都是商品形成过程的第一阶段;二是制造过程,如渔农商品的养殖、工业商品的生产制造、服务商品的制作都是商品形成的第二阶段;三是营销服务过程,如渔农、工业和服务的最终商品如何成功地转移到用户都是商品形成的第三阶段。依据商品形成过程与企业组织出现了一个基本的横向产业模型,即将传统三次产业糅合并横向切断,划分为研发产业、制造产业和营销产业,而且三个横向产业的发展可以选择与之相适应的空间发展。比如,中国香港的电子、玩具、纺织、制衣、塑料及印刷等企业在 20 世纪 80 年代开始陆续将工厂搬离香港,北移到中国内地,这种现象覆盖了各种行业,包括高技术的服务业,数万家香港的企业把工厂迁移到中国内地的各个城市,形成了"空心化"的香港工业格局,而留在香港的则是为香港工业北移服务的商品前期研究开发、后期营销服务的企业[①]。

在横向产业中,传统的第一产业、第二产业和第三产业都包括研发、制造和营销三个过程,且这三个过程都可以加入体验因素,特别是研发与营销环节,体验产业跟其他产业的融合因此有了更广阔的天地。为此,要抓住产业融合的有利时机,结合产业布局规划实情积极引导产业融合,实现产业的优化组合与结构升级,促进体验产业与其他产业的融合,推动体验经济发展。

**17.6.3　提高消费者信心指数,以需求结构升级促进体验经济发展**

现代市场经济条件下,供给已经无法自动创造需求,相反是需求引导市场,需求结构的升级带动产业结构升级。随着服务经济的发展,需求的进一步升级将促使它朝体验经济的方向发展。目前的实际是服务经济还不够发达,消费者的消费信心不足。如何提高消费者的信心指数,让有效需求进一步得到释放,在发展服务经济的基础上促进体验经济的生成与发展。我国居民人民币储蓄存款余额近几年一直攀升,2010 年已超过 30 万亿元,可

---

① 林民盾,杜曙光. 产业融合:横向产业研究[J]. 中国工业经济,2006(2):31~36.

以说体验消费能力不小，可实际上体验消费市场并不尽如人意。很大一部分原因在于贫富差距大，基尼系数接近0.5，加之我国社会保障体系不健全，教育、医疗、住房支出压力大，使得一些想进行体验消费的群体信心不足，不敢消费，因此影响需求结构的升级，进而影响到产业结构的升级和体验消费群体的扩大。需要做的是深化收入分配改革，进一步健全社会保障体系，促进教育公平发展，落实医疗互助制度、提高医改实效，加大廉租房建设、扩大住房公积金覆盖范围，严惩贪污腐败行为，提高消费者信心指数，以需求结构升级促进体验经济发展。

### 17.6.4　加强生态文明建设，保障体验经济朝健康方向发展

（1）发展生态生产力，夯实体验经济基础。体验经济是生态文明经济体系的表现形态之一，是工业文明经济的升华。生态生产力是工业文明生产力的进一步发展，它继承工业文明生产力强大的力量维和发达的水平维的基础上，增加了正的价值维。发展生态生产力能够克服工业经济与社会、生态环境和公众健康的矛盾，有利于打牢经济基础的同时与社会、生态和谐协调，能够推进生态文明经济体系的发展。发展体验经济要有坚实的经济基础，必须通过生态生产力的发展来实现。

（2）树立生态文明观，指引体验经济发展方向。在体验经济的发展中，存在着一味追求"体验"而忽视产品经济、商品经济的发展和服务经济的完善的倾向；存在因注重体验的经济效益，而忽视体验产业的文化性、艺术性、健康性等问题。就我国目前的实际状况看，体验经济的发展遇到的首要问题是：如何将现代科学技术应用于健康的体验产业，而避免体验经济成长中所滋生的那些庸俗的或低俗的体验消费。发展体验经济要找对方向，必须以生态文明观为指导，将体验经济引向健康发展的大道。

（3）完善生态文明建设机制，增强体验经济发展动力。体验经济发展是生态文明建设的一个方面，完善的生态文明建设机制是体验经济发展的强大动力。生态文明建设也需要多方进行公平公正的博弈。它不仅要协调人与自然的关系、人与人的关系，消除社会不公，还要协调人自身的身心，全面推进人类文明的发展和进步，实现社会公平公正的目标（包括人与自然之间、当代人之间、当代人与后代人之间的公平公正等）。我国生态文明建设过程中要进一步完善机制，按照公平公正的原则行事，以增强生态文明经济体系（含体验经济）发展的动力。

（4）提高市场参与方素质，促进体验经济良性发展。体验经济要得到良性发展，需要高素质的市场参与方，主要是提高企业经营管理人才（企业员工）和消费者的素质。人才决定企业生死存亡。有位成功的企业家在谈论企业发展经验时指出：决定企业未来发展最关键的因素是提高员工绩效，如果你能够有效地识别、保持和激励高绩效的员工，他们为公司带来的成长将是惊人的。体验经济是服务经济的延伸和进一步发展，企业靠的只能是不断营造适合消费者需求的体验氛围来吸引并留住顾客。要保持企业的可持续发展，关键是要通过高素质的企业员工积极主动发现消费者的兴趣所在，创造性运用知识，充分调动并合理配置企业资源，在恰当的时间、恰当的场所、为特定的顾客提供个性化的体验氛围，满足顾客自我实现的需要。在激烈的市场竞争中，顾客是企业生存和发展的前提和基础。菲利浦·科特勒在《市场营销管理》一书中指出："企业的整个经营活动要以顾客满意程度

为指针，要从顾客角度，用顾客的观点而非企业自身的利益的观点来分析考虑消费者需求。"①这意味着那些能够提供顾客参与，满足顾客消费前、消费中、消费后整体体验的企业日益得到消费者的青睐。反过来，消费者素质将从需求方面影响到体验经济的发展。消费者如果素质较高，生态文明消费观念较强，那将化为需求的动力推进生态文明经济体系发展，推动体验经济良性发展。

---

① 陈述，罗婉容. 体验经济时代的顾客满意战略[J]. 管理科学文摘，2005，(3)：28~30.

# 第十八章

# 生态文明经济体系的基本形态（一）：生态经济

## 18.1 国内外生态经济研究进展

### 18.1.1 生态经济产生背景

工业革命以后，随着世界工业经济发展、人口剧增和生产生活方式改变，资源能源短缺、人类健康、环境危机和粮食安全等问题已成为人类社会面临的最大挑战。20世纪30年代到60年代，震惊世界的环境污染事件频发，使众多人群非正常死亡、残废、患病的公害事件不断出现，其中最严重的是被称为"八大公害"的八起污染事件。针对日益严重的经济病态增长，人类社会开始反思传统经济发展模式，寻求经济与生态之间矛盾的解决。生态经济思想便于20世纪60年代产生，之后逐渐兴起。生态经济学是在人口、工业迅速增长，资源耗费日益加剧，赖以提供资源的生态环境渐趋退化和被破坏，以及由于大工业、现代农业的迅猛发展造成严重环境污染的条件下，从资源经济学、公害经济学、污染经济学和环境经济学中孕育产生出来的[①]，以后又产生了绿色经济、循环经济、低碳经济。

### 18.1.2 国外生态经济研究进展

从生态经济学产生与发展的历程来看，国外生态经济学的研究大体可划分为三个阶段。

#### 18.1.2.1 国外生态经济研究的第一阶段

20世纪60年代后期之前为第一阶段，是生态经济学概念酝酿和产生的阶段。20世纪40年代，苏联经济学家斯特鲁米林把资源、环境和经济结合起来进行研究并提出具有生态经济体系内容的经济观。1962年，美国生物学家蕾切尔·卡逊发表了著名的科普读物《寂静的春天》，第一次向世人揭示了近代工业带来的环境污染对自然生态系统的巨大破坏作用，引起广泛讨论。20世纪60年代后期，美国经济学家肯尼斯·鲍尔丁在《一门科学——生态经济学》论文中，第一次阐述生态经济学这一概念，说明经济发展必须遵循生

---

① 程福祜. 生态经济学源流[J]. 经济研究，1983(9)：43~48.

态学的法则，为生态经济的研究奠定了理论框架。他认为，不断增长的经济系统对自然资源需求的无止境性，与相对稳定的生态系统对资源供给的局限性之间必然构成矛盾，而解决这个矛盾的最有效办法就是发展生态经济①。

#### 18.1.2.2 国外生态经济研究的第二阶段

20世纪70年代初期到1988年国际生态经济学会成立之前为第二阶段，是全球生态经济问题的大辩论阶段。1968年以人口、资源、环境为主要内容讨论人类前途的"罗马俱乐部"成立，并于1972年发表了它的第一个报告《增长的极限》，震动了整个西方世界。继掀起生态学复兴运动的科普名著《寂静的春天》后，20世纪70年代初，一大批引人入胜的生态科普著作不断涌现，这样，生态经济学的理论不仅在专家的研究中，而且在群众普及著作广泛流传推动下，有了飞跃的进展。70年代中期以后，各色各样以生态经济为内容的理论观点和对未来社会设想的方案，不断涌现出来。形成了三种观点②：环境悲观论、经济乐观论、生态经济论。环境悲观论（悲观派）认为人类社会对自然界的破坏已经达到或超过自然界的承载能力，主张限制增长；经济乐观论（乐观派）主张必须保持经济持续增长的势头，认为生态环境问题可以通过开发新的技术加以解决；生态经济论（中间派）认为应该现实地对待和分析人类面临的问题，必须处理好生态系统与经济系统的二者关系。世界环境与发展委员会也强调生态与经济具有重要的因果关系，在1987年《我们共同的未来》中就呼吁全球共同解决生态与环境问题。

#### 18.1.2.3 国外生态经济研究的第三阶段

1988年国际生态经济学会的成立成为生态经济研究进入第三阶段的标志。国际生态经济学会致力于将生态学和经济学结合成为一个跨学科的研究领域，通过出版《生态经济学》杂志（月刊）以及其他出版物，举办国际双年会，召开不定期的小型研讨会，支持生态经济学地区分会的活动，来促进生态学家和经济学家的相互了解以及他们之间思想的融合。1992年里约热内卢联合国环境与发展大会之后，他们也把可持续发展经济纳入研究范围。这一阶段西方生态经济学代表人物主要有莱斯特·R·布朗（Lester R. Brown）、罗伯特·科斯坦扎（Robert Costanza）、赫尔曼·戴利（Herman Daly）等一批经济学家，他们从不同的角度，以不同的方法批判了传统经济追求无限增长的错误倾向，在国际生态经济界产生了很大的影响，处于西方生态经济学研究的较高水平。

（1）生态经济核心理念：经济系统是生态系统的子系统。生态经济与传统经济的重大分歧在于是否将经济看作自然生态系统的一个子系统。生态经济从热力学角度出发，将经济系统视为生态系统的子系统。Herman Daly 于1996年构建了可持续发展的生态经济理论框架，其中一个重要的理论贡献就是首次提出了"经济是环境的子系统"，即"把经济看作生态系统的子系统"的新命题③。

莱斯特·R·布朗认为传统经济如同托勒密的地心说，他在2001年出版的著作《生态经济：有利于地球的经济构想》中指出："经济学家把环境看做经济的一个子系统，生态学

---

① 肯尼思·鲍尔丁. 一门科学——生态经济学[J]. 1996：1~10.
② 徐中民，张志强，程国栋. 当代生态经济的综合研究综述[J]. 地球科学进展，2000(6)：688~694.
③ 赫尔曼·戴利著，诸大建，胡圣等译. 超越增长——可持续发展的经济学[M]. 上海：上海译文出版社，2001：8~9，113.

家则与之相反，把经济看做环境的一个子系统。把经济视为地球生态的子系统，以环境中心论取代经济中心论，这是一场如同哥白尼提出日心说式的思想革命。"①这一思想在生态经济学界引起轩然大波。布朗的研究表现为要一改过去经济驾驭生态的思路为生态主导经济的思路。他在2003年出版的《B模式：拯救地球延续文明》（以下简称《B模式》）中认为，A模式即传统经济发展模式所走上的一条环境道路正在使世界经济走向衰退和最终崩溃，故必须选择B模式，即新经济模式。布朗认为，目前国际社会仍未形成建立新经济的广泛认识，也看不出新经济是什么样子，故又在2006年推出了新版本——《B模式2.0：拯救地球延续文明》（以下简称《B模式2.0》）。在《B模式2.0》中，莱斯特·布朗提出了新的经济模式，主要包含3个内容：调整全球经济结构，维持人类文明；大力消除贫困，稳定人口增长；采取系统措施，恢复自然系统。

戴利则从传统经济的增长模式在生物物理方面受到自然有限性、生态相互依赖性以及熵定律的限制出发，提出稳态经济论，指出人类福利最大化只有通过稳态经济才能实现。稳态经济是人口和社会商品生产规模维持在恒定水平、物质和能量的流通率最小的经济。

（2）生态经济热点和前沿问题：生态系统服务理论。生态系统服务的概念最早于20世纪60年代提出，但是直到20世纪90年代以后才成为生态经济研究的热点和前沿问题。生态经济学家在评价自然资本和生态系统服务的变动方面做了大量研究工作，以Daily和Costanza等人的研究最具有代表性。

关于生态系统服务的内涵。Daily认为，生态系统服务是指自然生态系统及其组成物种所形成、维持和实现人类生存的所有环境条件和过程[②]。千年生态系统评估（MA）则将其定义为：生态系统服务是指人类从生态系统获得的各种惠益[③]。从上述定义可以发现，生态系统服务是人类直接或间接从生态系统中的生境和生物或生态过程中得到的产品和服务。

生态系统服务的分类及价值评估。目前对生态系统服务的分类有不同的划分。Costanza等人[④]则作了更为详细的划分，他们将生态系统的服务分为17种类型，如图18.1。

为了有别于传统的忽视环境资源价值的理论和方法，环境经济学家重新对环境资源的价值进行界定，在此基础上，生态学家将生态系统服务的总经济价值（TEV）细分为不同的价值，各种价值类型见表18.1。

Costanza等人建立了生态系统服务价值评估指标体系，运用多种评估分析方法，对全球生态系统服务价值进行的分类和估算，掀起了国际生态经济学研究领域对生态系统服务价值研究的热潮，有效地推动和促进人类对生态系统服务的深入、系统和广泛研究，为生态经济系统的研究开辟了一个新的研究领域和研究方法。

（3）生态经济的主要研究方法。为实现生态经济可持续发展，20世纪90年代以来，

---

① 莱斯特·R·布朗著，林自新，戢守志等译. 生态经济：有利于地球的经济构想[M]. 北京：东方出版社，2002：21～22.
② Herman Daily. Nature's Services: Societal Dependence on Natural Ecosystems[M]. Washington D. C: Island Press, 1997: 3.
③ 千年生态系统评估报告集（三）[M]. 北京：中国环境科学出版社，2007：51.
④ Costanza, et al. The value of the world's ecosystem services and natural capital[J]. Nature, 1997: 253～260.

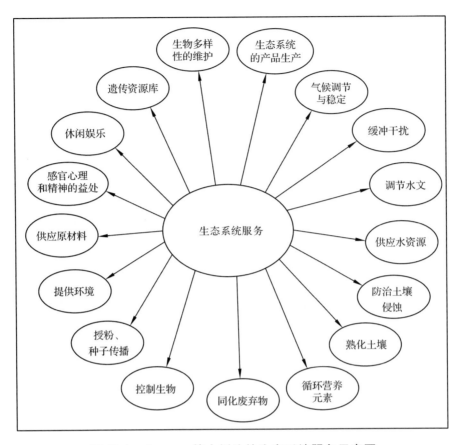

**图 18.1　Costanza 等人划分的生态系统服务示意图**

资源来源：Costanza R, d'Arge R, de Groot R, etal. The value of the world's ecosystem services and natural capital.

国际上相继提出了一些直观的、较易于定量评价的方法及模型, 有可持续经济福利指标 (ISEW)、真实发展指标 (GPI)、生态足迹 (EF)、能值理论与分析方法等, 这里就后两者进行简单介绍。

**表 18.1　生态系统服务价值的分类**

| 生态系统服务的总经济价值(TEV) | | | | |
|---|---|---|---|---|
| 使用价值(UV) | | 非使用价值(NUV) | | |
| 直接使用价值 (DUV) | 间接使用价值 (IUV) | 选择价值 (OV) | 遗赠价值 (BV) | 存在价值 (EV) |
| 可直接消耗的量 | 功能效益 | 将来的直接或间接使用价值 | 为后代遗留下来的使用价值和非使用价值 | 继续存在的知识价值 |
| ·食物<br>·生物量<br>·娱乐<br>·健康 | ·生态功能<br>·生物控制<br>·风暴防护 | ·生物多样性<br>·保护生存栖息地 | ·生存栖息地<br>·不可逆改变 | ·生存栖息地<br>·濒危物种 |

资料来源：李金昌. 生态价值论. 重庆：重庆大学出版社, 1999.

生态足迹(ecological footprint)简称(EF)，或称生态空间占用，最早是由加拿大生态经济学家 William Rees 等在 1992 年提出，并在 1996 年由其博士生 Wackernagel 完善的一种衡量人类对自然资源利用程度以及自然界为人类提供的生命支持服务功能的方法。生态足迹是一种可以将全球关于人口、收入、资源应用和资源有效性汇总为一个简单、通用的进行国家间比较的便利手段——一种账户工具，是指能够持续地提供资源或消纳废物的、具有生物生产力的地域空间，它从具体的生物物理量角度研究自然资本消费的空间[①]。当生态足迹小于生态容量时为生态盈余，反之则为生态赤字。

20 世纪 80 年代后期，美国著名生态学家 H. T. Odum 在能量系统分析的基础上，创立了能值理论和分析方法，并于 1996 年出版了世界第一部能值专著，引起国际系统生态学界和生态经济学界的强烈反响。能值理论和分析方法以太阳能值作为统一度量标准(某种资源、产品或劳务的能值，就是其形成过程直接或间接应用的太阳能焦耳总量)，对系统的各种生态流和经济流进行能值分析、整合和定量评价，并建立一系列反映系统动态、效率和生态经济特征的能值综合指标体系，使得原本难以统一度量的各种生态系统或生态经济系统的能流、物流和其他生态流能够进行比较和分析，不论是可更新资源、不可更新资源，还是商品、劳务，甚至信息和教育，一般情况下都可以用能值来评价其价值。人类与自然界创造的所有财富都具有价值，其中均包含着能值。太阳能值的基本计算公式为：

太阳能值(sej) = 能量(J) × 能值转换率(sej/J)
太阳能值(sej) = 物质(g) × 能值转换率(sej/g)
太阳能值(sej) = 价值($) × 能值转换率(sej/$)[②③④]

例如：1g 雨水的太阳能值为 $7.5 \times 10^4$ sej；1g 铁矿石的太阳能值为 $8.6 \times 10^8$ sej；1 个研究生 1 年所受的教育的能值为 $343.0 \times 10^6$ sej。所以，能值是财富实质性的反映和客观价值的表达；能值理论是从系统生态学观点提出的能量价值论。应用能值可衡量、分析自然和人类社会经济系统以及它们的本质关系，它是连接生态学和经济学的桥梁，具有重要的科学意义和应用意义。能值分析理论和方法为复合生态系统开拓了一条定量研究途径[⑤]。

(4)生态经济研究的主要理论成果。在生态经济的深入研究过程中，主要实现了三个阶段性的理论突破：第一是自然资本观(生态资本观)，认为人类赖以生存的生态圈及其构成的资源和环境是大自然恩赐给我们的自然财富，和人类所创造的物质财富一样是有"价值"的资本。自然资本观认为自然资本不仅包括为人类所利用的资源，如水、矿物等，还包括草原、沼泽等在内的生命系统，认为一个健康的经济系统必须要有四种类型的资本才能正常运转：以劳动和智力、文化和组织形式出现的人力资本(human capital)；由现金、投资和货币手段构成的金融资本(financial capital)；包括基础设施、机器、工具和工厂在

---

① 王书华等. 生态足迹研究的国内外近期进展[J]. 自然资源学报, 2002(6): 776~782.
② Odum. H. T. Environment Accounting: Emergy and Environmental Decision Making [M]. New York: John Wiley&Sons, 1996, 20~50.
③ Odum. H. T Self-organization, Transformityand Information[J]. Science, 1988: 1132~1139.
④ Doherty. S. J, Brown. M. T, Odum. H. T. Emergy Synthesis Perpectives, Sustainable Development and Public Policy Option for Papua New Guinea[M]. Gaines Ville: Center for Wetlands, University of Florida, 1992: 121~133.
⑤ 陆宏芳等. 生态经济系统的一种整合评价方法: 能值理论与分析方法[J]. 生态环境, 2005(1): 121~126.

内的加工资本(manufactured capital);由资源、生命系统和生态系统构成的自然资本(Natural Capital)。第二是生态与可持续发展,认为生态系统承载力有最低安全的阈值问题,实施生态资本供求以实现代际公平必须遵循三条最低安全标准:①社会使用可再生资源的速度不得超过可再生资源更新的速度;②社会使用不可再生资源的速度不得超过作为其替代品的、可持续利用的可再生资源的开发速度;③社会排放污染物的速度不得超过环境对污染物的吸收能力。第三是交易费用和外部性进入生态资本有效使用的制度分析范畴,进行生态产权制度安排①。

### 18.1.3　西方生态经济理论在中国发展的可行性分析

源于西方社会的生态经济,以发达国家为主要研究对象,倡导最佳经济发展规模,限制物质财富的增长,通过精神方面提高经济发展质量,是较高发展阶段的理想化模式,它更多的是一种构想,缺乏一套解决生态与经济协同发展的完整思路和可行方案。所以,它目前也仅是发达国家争取的目标②。此外,西方的生态经济理论,都没有从根本上变更资本主义生产关系的主张,即使是激进的学者也只是主张通过社会性的管理体制来调节经济与自然的关系以解决生态危机③。

对于像中国这样的发展中国家而言,最迫切需要解决的是生存与发展问题。生态经济所提倡的稳态模式必须接受中国实践的检验,政府的首要任务就是营造和谐的环境,动员一切积极的因素,满足人民群众日益增长和优化的物质、文化、生态需要。生活水平的提高、资源能源的有效利用、生态环境的改善都离不开经济基础。经济发展是物质基础,是实现人口、资源、环境与经济协调发展的根本保障。为了实现自然—人—社会复合生态系统的协调发展,就必须保持一定的经济增长速度。虽然西方生态经济的某些主张(如经济缩减、停止增长)不适合发展中国家的实际情况,也与人类社会生产力发展的客观规律不相符合,但其追求人与自然和谐及很多对策主张对我国的可持续发展道路的选择具有极其重要的借鉴价值,的确能给予人们以新的启示。从警示世人的意义看,西方生态经济理论对促进世界和中国转变社会经济发展模式、节约资源、提高经济效益、保护环境以及推动可持续发展实践有积极意义。但也需要提防其对"中国威胁论"增添论据的负面影响④。

因此,中西方生态经济发展的差异是不可忽略的。生态经济作为理论本身并不完善,将其应用到有中国特色的社会主义经济建设中,还需要深入探索并进行本土化改造。

### 18.1.4　国内生态经济研究进展

20 世纪 70 年代我国自然科学家开始接触生态经济问题,发表了一些描述和揭露生态经济问题的文章,但尚未进行深入的理论分析,国外的著名生态经济理论也开始传播到中国。20 世纪 80 年代初,著名经济学家许涤新提出"要研究我国生态经济问题,逐步建立我国生态经济学"的目标,从此揭开了我国创建生态经济学的序幕。生态经济学从最初的

---

① 王万山. 生态经济理论与生态经济发展走势探讨[J]. 生态经济, 2001(5):14~16.
② 诸大建,钱斌华. 循环经济的 C 模式及保障体系研究[J]. 铜业工程, 2006(1):6~10.
③ 程福祜. 国外生态经济学术观点评介(续)[J]. 生态经济, 1986(1):44~49.
④ 国冬梅,任勇,尚宏博. 走向新经济模式:环境革命——莱斯特·R·布朗新著《B 模式 2.0:拯救地球延续文明》述评[N]. 中国环境报,2006-06-16.

农业生态经济学范畴扩大成一个完整的学科体系和扩充到多个分支领域。但无论从生态经济的理论研究还是从实践来看，我国与西方国家都存在比较大的差距①。从研究对象和侧重点的不同，可以把我国生态经济研究分为以下三个阶段：

1980~1984 年为第一阶段。1980 年著名经济学家许涤新倡导要加强生态经济学的研究。1981 年 11 月云南省生态经济研究会成立，1982 年 11 月，全国第一次生态经济讨论会在南昌召开。之后对生态经济的研究稳步发展。这一阶段的生态经济研究强调生态系统与经济系统的矛盾运动，关注的焦点是生态平衡。许涤新认为，研究生态经济学必须从实际和具体问题出发，从生态经济的各个侧面出发，才能在社会主义建设中完善地处理经济与自然之间、今天与明天之间的关系。这个时期是生态经济学的初创阶段，其研究核心是发展经济必须遵循经济规律和生态规律②。

1984~1993 年为第二阶段，以 1984 年中国生态经济学会成立为标志。生态经济研究强调生态系统与经济系统的协调发展，关注的焦点转向环境容量与资源承载力。从 20 世纪 80 年代后期到 90 年代初，生态经济协调发展论成为我国生态经济理论的主流。这一理论的建立和发展，是我国生态经济学建设中的一项重要成就，也是我国生态经济学以至整个经济学理论发展上具有重要意义的大事③。

1994 年至今为第三阶段。1994 年我国制定了《中国 21 世纪议程》，可持续发展成为国家战略，这给生态经济研究带来了新任务与新机遇。我国生态经济协调发展理论与实践互相渗透与融合，逐步形成了可持续发展经济理论。生态经济学家刘思华在其著作《可持续发展经济学》中就揭示传统发展观已完全不适应当代人口、资源和环境之间的相互协调与可持续发展，与它相对立的可持续发展观便应运而生④。著名经济学家、中国生态经济学会理事长刘国光在 1994 年的学会理事会年会上的发言中也提出"要从生态经济向'可持续发展'，将生态、经济、社会统一起来研究，拓展研究面"⑤。20 世纪 90 年代以来，特别是 1994 年以来，国际上的一些研究方法开始逐渐被我国学者应用到国内生态经济问题的研究中，并取得了许多可喜的研究成果。生态经济学的产生和发展历程，可以再一次证明，一门新兴学科总是在不同学科的交叉领域萌发，并总是要经历从定性描述到定量研究的一般过程。

## 18.2 生态经济的内涵

生态经济学产生于 20 世纪 60 年代，70~80 年代才引进中国，作为一门新兴学科，其概念和内涵的界定在表述上还没达到完全统一，但基本含义还是比较趋同的。生态经济学家 Robert Costanza 给出的定义：生态经济学是从最广泛的意义上阐述生态系统和经济系统之间的关系，这些关系也正是当前我们所面临的许多最紧迫的问题（可持续发展、酸雨、

---

① 徐中民等. 当代生态经济的综合研究综述[J]. 地球科学进展, 2000(6): 688~694.
② 李周. 中国生态经济理论与实践的进展[J]. 江西社会科学, 2008(6): 7~12.
③ 刘思华. 生态经济在中国的发展与展望[N]. 光明日报, 2000-3-7.
④ 刘思华. 可持续发展经济学[M]. 武汉: 湖北人民出版社, 1997: 1~15.
⑤ 周立华. 生态经济与生态经济学[J]. 自然杂志, 2004(4): 238~241.

全球变暖、物种灭绝、财富分布)①。生态经济是一种"遵循生态学规律"的经济，是有利于地球的经济构想。国内也有大量学者对生态经济的概念进行定义，马传栋认为"生态经济学是从经济学角度来研究由经济系统和生态系统复合而成生态经济系统的结构及其运动规律的学科②。"

大量专家学者从不同视角诠释了生态经济的现代涵义，有一个共通点就是从生态经济的目的来定义，生态经济最终目的就是人类经济系统和整个地球生态母系统的可持续发展。根据以上学者对生态经济的定义，应该把握生态经济所主张的几个观点：首先，人类经济系统是地球母系统的亚系统；其次，反对人类中心主义，坚持生态整体观；三是坚持经济系统与生态系统的协调发展，即人与自然的和谐发展。因此，我们认为，生态经济从宏观上研究生态系统和经济系统的相互作用过程及其运动过程中所产生的矛盾问题，并提出要遵循大自然生态规律，调控人类经济活动规模，寻求人类经济活动和自然生态的协调平衡；运用生态学的基本原理和基本规律来解决生态和经济的协调发展，最终实现生态、经济、社会可持续发展的一种经济形态，是生态经济学研究的重要内容，也是生态文明的宏观经济形态和基本经济形态之一。

## 18.3 生态经济研究的主要内容

### 18.3.1 生态经济的基本问题：可持续规模、公平分配和有效配置

生态经济学家认为"经济子系统依赖生态母系统，生态母系统具有有限性、非增长性及封闭性"，在这一前提下要求人类在控制吞吐量的基础上提高人类的福利。Herman Daly 明确提出人类发展所面临的三个关键问题，即经济系统的规模总量问题、收入分配的公平问题和资源配置的效率问题，其优越性也依次递减，尤其强调经济规模问题是与传统经济最根本的区别。

#### 18.3.1.1 规模问题：生态经济的总量控制

生态经济理论认为，经济系统是整个地球生态母系统的一部分，经济增长会受到固有的生物物理限制，主要来源于三个互相关联的条件：有限性、熵和生态的相互依赖性。地球生态母系统的承载容量决定经济发展的最大限度，距离这个限度越近，经济增长、社会发展的余地就越小，经济子系统的扩大就会受到限制。因此，Daly 认为需要对经济系统的扩张施加一定的约束和限制，并提出经济系统相对于生态系统必然存在一个最佳规模：既不超越生态系统的承载能力，同时又能够为人类生存带来持久的、最大化的福利的经济总量规模。Daly 将经济的最佳规模形象地比喻为"经济装载线"（economic plimsoll line），宏观环境经济学的主要任务是适当定义和计量社会整体边际收益和边际成本，进而"设计出一个与装载线相类似的制度，用以确定重量即经济的绝对规模，使经济之船不在生物圈中沉没。"在规模问题上，生态经济理论的主张是经济增长的物质规模是有极限的，人类社会经济活动必须服从自然生态规律。由此可见，生态经济学指对经济增长实施一定程度的自觉的约束与限制，将经济规模限制在生态系统的资源供给和废弃物调节能力之内，以维护

---

① R. Constanza. What is ecological economics[J]. Ecological Economics, 1989: 1~7.
② 马传栋. 生态经济学[M]. 济南：山东人民出版社, 1986: 1~18.

生态系统结构和功能的稳定性,从而保证人类社会的生命支持基础和社会经济的可持续发展。但生态经济理论在规模控制问题上忽视了现实可行性以及人的主观能动性。

#### 18.3.1.2 公平问题:生态经济的不同模式

公平问题是指产品、服务和资源在不同人之间的相对均等分配。包括代内公平、代际公平以及区际公平,既应该按以劳动为主的生产要素所做贡献分配,又不能使收入差距过大,在资源分配中,对于许多不可再生资源(尤其是稀缺资源)的利用存在公平和公正的问题,不只是在不同地区和国家之间,而且是在不同时间即人类目前的利用和子孙后代的利用之间的公平。Herman Daly 提出了必需的收入差距的限度:"建立有限不平等原则是必需的,但不是充分的。最小收入应是一种文化的限定数量,包括足够的食物、衣服、住所以及基本的健康和教育。最大的可能为最小的 10 倍……10 倍这样的比例对于奖励实际的差异、提供激励以使必要的工作都被自愿完成是足够的。""公正分配意味着足够这样一种状态被所有人拥有,在足够的前提下,不平等范围受到限制。它并不意味着所有人的财富都相等,一定程度上的不平等对于公正、效率和社会都是必需的。"① 所以,在公平问题上,生态经济理论强调在物质规模一定的情况下,物质分布需要从占有过多的部分流向占有不足的部分,这样才能增加社会总的福利水平。

#### 18.3.1.3 效率问题:生态经济的操作原则

在效率问题上,生态经济理论强调要特别注意提高土地、能源、水、稀缺自然资源等的资源生产率。由于自然界提供的物品和服务有许多不具备市场配置的特征(如没有排他性、竞争性和拥塞性),如果用自由市场来配置这些资源,只会导致低效率、不公平和不可持续的结果。所以用市场配置非市场资源创造了"一只无形的脚",它狠狠地踢了公共物品一脚。生产者对经济效益的一味追求和对产权无归属的环境资源的掠夺性使用,造成了生态被严重破坏的"公地悲剧"。布朗引用一段颇有深意的警句:"中央计划经济崩溃于不让价格表达经济学的真理,自由市场经济则可能崩溃于不让价格表达生态学的真理。"② 在今后的长时期内,经济发展的合理选择是提高自然资本的生产力,把生命系统的动力学原则与现实经济活动及政策相结合。这些都有赖于政府对市场经济施加干预、引导和控制市场机制的运行。

### 18.3.2 生态经济主要理论

#### 18.3.2.1 自然资本论

1990 年,皮尔斯(Pearce)在《自然资源与环境经济学》一书中首次提出了"自然资本(Natural Capital)"的新概念,但没有对其做出更多的论述。自 1996 年 Daly 的《超越增长——可持续发展的经济学》出版以来,自然资本论成为西方生态经济学家的又一研究思路。如美国的保罗·霍肯(Paul Hawken)于 1999 年出版的《自然资本论:关于下一次工业革命》一书,贯穿全书的核心思想就是将自然看作一种资本。这是生态经济领域的开拓性

---

① 赫尔曼·戴利著,诸大建、胡圣等译. 超越增长——可持续发展的经济学[M]. 上海:上海译文出版社,2001:8~9。
② 莱斯特·R·布朗著,林自新、戢守志等译. 生态经济:有利于地球的经济构想[M]. 北京:东方出版社,2002:21~22。

思维。

自然资本和人造资本具有互补性而非替代性。Herman Daly 指出"人造资本和自然资本是互补性的,只有部分是替代性的。""越来越多的人造资本远不是代替自然资本,而是对自然资本有越来越大的互补性需求,快速地消耗自然资本。""在一个满的世界,任何人造资本的增加,都是以自然资本及服务为代价的。"①生态经济学家认为,自然资本是人类经济活动和生存所必需的,不能为人类劳动、人造财富和技术的任意组合所替代。

自然资本已经成为社会经济发展的限制因素。早在 1971 年,尼古拉斯·罗根(Nicholas Georgescu·Roegen)在《熵定律与经济问题》这篇论文中就强调,物质和能量不仅仅是不灭的,也是不可逆的,一旦低熵转换为高熵,这一过程就不可逆转,低熵稀缺解释人类经济活动的最终约束。1996 年,Herman Daly 明确提出:"当我们画出包含经济的环境边界,我们就从"空的世界"的经济学走向"满的世界"的经济学——从一个经济系统的输出输入没有限制的世界,走向输出输入日益受到资源衰竭和污染限制的一个有限环境的世界……限制性因素的特征从人造资本迁移到了我们剩余的自然资本。"②工业革命以前,在"空的世界"的经济中,人造资本是限制性的,自然资产是极其充裕的。而工业革命以来,由于人口的增长和经济的发展,我们已经进入了"满的世界"的经济,单纯依靠化石燃料为驱动力的经济增长方式受到资源有限性、热力学定律和生态的相互依赖性这三个相互关联的生物和物理条件的限制,人造资本和自然资本的作用颠倒了。

18.3.2.2 稳态经济论

Herman Daly 于 1971 年出版了《走向稳态的经济学》提出"稳态经济学"概念。1996 年出版的《超越增长:可持续发展的经济学》论著中 Daly 又进一步论述稳态经济论,认为经济系统是生态系统的子系统,二者之间不断进行物质与能量的交换。由于经济活动是从环境中取得低熵的物质和能量为原料,然后以高熵废弃物的形式返回环境,为了保持经济系统现在有人造资本的水平,就需要持续不断的低熵物质——能量流的输入,又因为根据生态学原理,人造资本和自然资本之间是不可逆性(生物多样性锐减)和不可替代性(如臭氧层空洞),二者只能是互补关系。所以,随着人类社会经济活动的加剧,经济子系统的扩大必然会逐渐压缩生态系统,导致生态系统崩溃的危险,或者说是从一个相对"空的世界"日益走向一个相对"满的世界"。为了解决环境生态这一终极性问题,Daly 强调人类必须追求的终极模式——"稳态经济",即在必要时应该不惜放弃短期经济增长和资源消耗以维持整个社会长期生存和稳定的一种经济。稳态经济的核心问题是确定经济规模。Daly 提出要用"经济的装载线"来限制经济总量的规模,即最佳规模,并把最佳规模与可持续发展联系起来。稳态经济所主张的可持续发展就是"用质量性改进(发展)的经济范式来代替数量性扩张(增长)的经济范式作为未来进步的道路。"因此,可持续发展就是"没有增长的发展——没有超出环境可再生和吸收能力的流量增长"②。从稳态经济出发,生产和消费的物质流必须最小化而不是最大化,在物质形态的财富恒定时,经济增长必须是非物质的商品,即服务和休闲,商品密集型的活动如消费应该让位于时间密集型的活动。稳态经济否

---

①② 赫尔曼·戴利著,诸大建,胡圣等译. 超越增长——可持续发展的经济学[M]. 上海:上海译文出版社,2001:8~9,113.

认传统经济对经济增长数量的追求,而是肯定对经济发展质量的追求,在对经济与生态关系的研究上可以说是迈出了重要一步。然而不可否认的是,为达到社会经济的可持续发展,稳态经济主张生产和消费的物质流量必须最小化而不是最大化,在物质形态的财富恒定时,经济增长必须是非物质的商品,即服务和休闲等精神文化。这种限制物质规模的经济发展可能要求人们必须暂时接受相对较低点的生活水平,这与《增长的极限》的基本主张在本质上是一致的,即保持人口和物质资本存量零增长。因此,稳态经济论只能是一种改进方案,而对于发挥人的主观能动性,尤其是生态和经济二者之间的协同发展的认识明显不足,陷入了生态环境与经济发展对立的"二律背反"怪圈,这注定了稳态经济论在资本主义社会是不可能实现的,在发展中国家和落后国家更不可能实现,它只能限于理论研究,稳态经济虽具有一定理想性但同时也具有一定的空想性。

#### 18.3.2.3 深生态学

深生态学是生态经济的重要理论基础之一。"深生态学"(Deep Ecology)于20世纪70年代产生,是由挪威著名哲学家阿恩·纳斯(Arne Naess)创立的。深生态学是西方环境伦理学中的一种深环境主义理论,是一种整体主义的环境伦理新思想,有别于传统的浅生态学。在解决环境危机的途径上,深生态学摒弃了浅生态学的狭隘的技术主义思想,认为试图以一点一滴的改良主义方式来解决环境污染和生态破坏问题仅仅将是"治标不治本",只能解决表面现象,对于深层次的危机,不可能从根本上奏效。因此,他们认为必须找到环境危机的深层根源,并进一步指出人类面临的环境危机,实际是文化危机,即人类看待自我与自然环境的世界观。所以解决环境危机的根本途径就是人类必须改变自己的价值观和世界观。按照深生态学理论,这一新的世界观不将人类视作与自然相分离的一部分,人类并非是自然的统治者,而是自然环境这一关系网上的一个纽结。深生态主义者特别强调自然环境(生态系统)的整体性。在它看来,所有个体,包括人类都是自然环境的组成部分,个体的本质是由系统中的关系所形成和决定的。所以,深生态主义者在两条基础性的原则上达成共识,即生态中心的平等原则和自我实现原则。所谓"生态中心的平等原则",指的是所有的生命至少在原则上是平等的。它强调的是,在生物圈中所有的有机体和存在物,作为不可分割的整体的一部分,在内在价值上是平等的。每一种生命形式在生态系统中都有发挥其正常功能的权利,都有生存和繁荣的平等权利。"人类的自我实现"是通过确认其他生命的价值同我们的价值相互一致而达到的。人的自我利益和生态系统的利益是完全相同的。深生态学主张的"自我实现"不同于西方传统哲学中仅指人类个体的、分离的自我本质的发展的"自我实现"。可见,人类的自我实现,就是在与自然的统一中实现的,其前提必然是人类与其他生命在价值上的平等。因此不难看出,生态中心的平等原则和自我实现原则是紧密联系的。

深生态学的世界观有它的合理之处:在人与自然关系方面,深生态学持整体主义思想,强调生态系统的整体性;深生态学的两个基本原则表明它认为所有"生命"具有相同的内在价值,因此,主张所有"生命"的平等性;就解决当代环境危机问题的途径而言,深生态学倡导一种整体主义的思路。所以,深生态学在这些方面被认为是强有力的。同时,深生态学也有它的局限性,深生态学坚持反人类中心主义的立场,反对只从人类的利益出发,而强调生态系统的完整性这似乎过分强调了整体的价值和意义,而削弱了个体的价值和意义。这是一种过于理想化的思想体系，深生态主义者似乎只从表面上将环境危机和人类世界观连接在一起，并要求人们改变现有的世界观，却完全否认了人类是一特殊"生命"，具有主观能动性，否认了人类在整体中的主体地位，这样就有可能出现为了生态系统的整体利益而牺牲人类生命的结局。

#### 18.3.2.4　经济学理论

许多环境问题其实质就是经济问题，如稀有资源的分配、效益的分配、环境成本等都关系到经济问题，此外，许多环境问题产生的原因就是经济因素，不管是经济活动的输入端（资源投入），还是经济活动的输出端（废物排放）都是造成生态环境恶化的主要原因之一。美国保罗·萨缪尔森认为经济学就是研究社会如何利用稀缺资源以生产有价值的商品，并将它们分配给不同的个人[①]。在这个定义中包含了经济学的两大核心思想，即物品是稀缺的；社会必须有效地利用它们。

资源具有稀缺性。资源的稀缺性是经济学第一原则，一切经济学理论皆基于该原则，因为资源的稀缺性，所以人类的经济及一切活动需要面临选择问题，经济学理论则围绕这一问题提出观点和论证。如果能无限量地生产出各种产品，或者如果人类的欲望能够完全地得到满足，那么谁都不在乎不同人或阶层之间的收入分配问题，因为所有人都能随心所欲地得到想要的东西。但是任何社会都不可能达到物品是无限的这种情况，因为地球的资源是有限的，而人类的需求是无限的。所以，社会稀缺的资源是否得到充分使用就备受关注，人类必须要对其进行更合理和有效的利用，以达到可持续的经济发展。

资源的有效配置。经济学的根源在于承认稀缺性的现实的存在，并研究人类如何进行组织以便最有效地利用资源。所以，资源的稀缺性决定了人们在使用经济物品中不断做出选择，如决定利用有限的资源去生产什么，生产多少，为谁生产以及在稀缺的消费品中如何进行取舍及如何用来满足人们的各种需求。因为在资源稀缺的条件下，生产一种商品必然导致生产其他产品机会的减少，也就是说会发生机会成本问题。在生产多少中，市场价格起了重要的作用。为谁生产就是产品的分配问题，由于稀缺性的限制，不能保证每个社会成员都能获得他们希望得到有所有商品与劳务。所以，必然有一套机制来保证产品的分配公平。

经济学的主要目的是关注社会如何利用稀缺资源以生产有价值的商品，并将它们分配给不同的个人，这就是生态经济学的重要理论基础。因此生态经济学研究的三大关键问题为：可持续规模、资源有效配置和公平分配。生态经济关于地球相对于人类经济规模而言的限制性或者承载力问题，也就是资源的稀缺性问题；资源的有效配置和分配也就是生态经济学要解决的另外两大任务。但是，目前经济学过分地强调市场和价格的作用，认为价格机制可以解决一切问题，事实上现在面临的众多资源环境问题都是市场和价格所解决不了的。所以，人类改变目前这种经济发展和消费方式，借助生态学、系统学等科学共同解决生态与经济不协调问题，寻求一条可持续发展的道路。

#### 18.3.2.5　耗散结构理论与热力学理论

耗散结构理论的创始人是伊里亚·普里戈金（Ilya Prigogine）教授，他认为："社会和生

---

[①] （美）保罗·萨缪尔森，威廉·诺德豪斯著，萧琛等译．经济学（第17版）[M]．北京：人民邮电出版社，2004：4．

物的结构的一个共同特征是它们产生于开放系统，而且这种组织只有与周围环境的介质进行物质和能量的交换才能维持生命力。然而，只是一个开放系统并没有充分的条件保证实现这种结构，只有在系统保持'远离平衡'和在系统内的不同元素之间存在着'非线性'的机制的条件下，耗散结构才能实现。"[①]显然，人既有生物的属性，又有社会的属性，人的生命过程既参与生物运动，也参与社会运动，更具备形成耗散结构的条件。热力学第一定律(守恒定律)认为，能量既不会凭空产生也不会凭空消失，只能从一种形式转化为另一种形式，即进入经济过程和生态过程的物质输入和输出是相等的。因而经济过程所赖以存在的物质是有限的，相对于目前日益增长的人类需求来说资源必定是稀缺的。热力学第二定律(熵增加原理)认为，一种能量形式转化为另外一种能量形式时，所有的转化率都低于百分百，即总有一部分将以热的形式散发出去。又因为能量转化总是不可逆的，具有单向性，即总有一些优质低熵能量不可逆转地变成劣质高熵能量，也就是有用能逐渐变得不可用，如化石燃料燃烧就是不可逆的。因此，在能量转化中孤立系统的熵将会逐渐增加。生态经济把熵延伸到能量和无法回收利用的废弃物方面。

## 18.4 "生态经济"与"绿色经济"联系和区别

生态经济和绿色经济都是对人类社会经济活动和自然关系的重新认识和总结，都是主张促进经济发展方式重大转变的发展模式，以经济活动与生态环境的和谐为目的而发展起来的一种新的经济形式。从理念上和本质上讲都是生态文明经济体系的基本形态，属于可持续发展经济范畴。它们在内容上有重合、交织的一面，在某些方面达成一定的共识。它们都遵循相同的系统观(人类社会和自然界相互依赖、相互影响；将人类社会作为地球母系统的一部分来研究符合客观规律的经济原则，在考虑生产和消费时不再置身于这一大系统之外)；具有相同的生产观和消费观(节约资源、提高效率、清洁生产；适度消费、环境友好型消费)；追求相同的目标(指导人们端正经济思想和经济行为，解决当代普遍存在的越来越严重的生态与经济不协调的问题，探讨一条生态与经济协调和可持续发展发展的道路)。此外，二者都具有人文关怀精神(强调代内公平和代际公平，表现出对人类福利的关注)。两种经济形态都力求通过发展模式的创新与人类价值观念的革新，实现经济发展与环境保护的双赢。但它们又有着各自的研究重点、可操作性和受青睐度不同。

### 18.4.1 侧重点不同

生态经济强调生态系统与经济系统的协调发展，强调宏观经济发展模式的转变，其着眼点是经济与生态状况之间的关系，具体是看它们之间具有什么样的相互影响。生态经济的本质，就是把经济发展建立在生态环境可承受的基础之上，在保证自然再生产的前提下扩大经济的再生产，从而实现经济发展和生态保护的"双赢"。所以，生态经济侧重强调追求经济与生态的良性平衡，更多的是从控制经济规模来实现生态发展，忽视人类的主观能动性，人类的发展没有很好体现出来。

绿色经济主要从微观角度探讨人类社会经济活动与自然生态环境的关系，是产业经济为保障人类安全与健康而出现的一种微观经济形态。绿色经济关爱生命，鼓励创造，突出

---

① 熵·耗散结构应用系列[EB/OL]. http://hi.baidu.com/gaoz/blog/item/ec92988216c61096f703a630.html.

以科技进步为手段实现绿色生产、绿色流通、绿色分配、绿色消费，兼顾物质需求、生态需求、精神需求的满足。绿色经济走的是一种以人为本，坚持生产发展、生活富裕、生态良好的文明发展道路，所倡导和追求的是生态效应、经济效应和社会效应相统一和最优化的全面协调和谐发展。

### 18.4.2 可操作性不同

生态经济吸收了生态学的相关理论，主张以限制物质生产规模（经济增长减缓或零增长）来维持生态系统的平衡，即 B 模式。这种 B 模式虽然能够实现生态可持续发展，但从目前的技术水平、生产工艺以及经济社会发展现实来看，一方面是难以在短时间内实现，另一方面是缺乏群众基础，会招致大众反对，即使在发达国家也只是一种较理想的状态，可操作性不强。生态经济是较宏观的经济发展模式。目前，各个国家生态经济的发展仅表现出经济活动的生态化趋势。绿色经济有极强的融合性和较大的发展空间，贯穿在生产、消费、营销和市场等日常生活中的各个环节。所以，绿色经济理论不仅有很强的科学性、前瞻性，而且还有很强的可操作性，可为实施可持续发展战略和建设生态文明社会提供微观的基础，是现实就可以着手实施的形式。

### 18.4.3 受青睐度不同

众所周知，生态经济和绿色经济都是在生态系统与经济活动出现矛盾的背景下提出的，希望通过发展生态经济或绿色经济来缓解乃至消除生态环境危机。然而，要让生态与经济协调发展真正落实并不那么容易。因为投资生态环境保护需要大量投入，且周期长、见效慢，需要全社会的积极参与和共同努力。如果不能惠及民众，不能给社会各层面带来应有的利益，企业和公众是不会放弃本有的利益去保护生态环境的。在这方面，相比生态经济，绿色经济更容易被接受，更受欢迎，因为发展绿色经济不仅考虑到环境保护，同时还考虑它将消耗多少成本和能带来多少就业机会和尽量有益人类健康。从目前世界各大国纷纷提出绿色增长、绿色新政、绿色革命、绿色复苏，频繁强调大力发展绿色经济，推动绿色发展、绿色增长，倡导绿色生活、绿色消费等也可以看出，绿色经济比生态经济更受青睐。

## 18.5 "生态经济"是"生态文明经济体系"的基本形态之一

生态经济是生态文明经济体系的一个子系统。在生态问题上，生态经济与生态文明经济体系的共性在于两个方面：第一，它们都不是孤立地看待人类经济活动，而是将其纳入到自然界这个大系统中，从自然和人类的关系出发，分析了人类经济活动与生态环境之间的内在矛盾。第二，生态经济与生态文明经济体系在生态问题上都表现出了人文关怀精神。强调人们在使用能量和物质时必须符合既满足当代人的需要，又不对后代人满足其需要的能力构成危害的要求。在利用和改造自然的过程中应当重新审视和界定人与自然、人与社会的关系，表现出对人类未来的关注。生态经济与生态文明经济体系一样，把自然资源、环境作为社会经济发展的内生变量，自然环境具有自己的内在价值，社会经济发展要在自然环境的承载范围之内，追求的最终归宿和最后目的就是使生态系统与经济系统更为协调。可见，生态经济与生态文明经济体系的观点是趋同的，根本原因在于生态经济同生态文明经济体系有着无法割断的历史渊源关系。但生态经济与生态文明经济体系在分析问题上的差异也是明显的。第一，两者分析的理论基础和逻辑起点不一样。生态经济是以深生态学为理论基石，深生态学强调人类必须与自然和谐相处，自然有其内在价值，生物物种之间完全平等，这些世界观都有其合理之处但也有它的局限性，它是一种过于理想化的思想体系，在强调人类应该善待自然、强调人与自然统一的同时，忽视了人类的主观能动性在这种统一中的作用，因而未能从根本上改变人与自然的关系，未能切实实现人与自然的和谐[1]。以深生态学为理论基石的生态经济的研究范围就集中在自然与经济两个系统，忽视人的主观能动性，而生态文明经济体系借助马克思主义的生态观，以生态文明观为基础，从劳动属性出发，将其贯彻到生产、分配、流通、消费中，强调在生产过程中，人和人的关系同人和自然的关系必然相互联系、相互制约，强调自然—人—社会复合生态系统的和谐协调，重视人的主观能动性的发挥。第二，两者的可操作性和结果不同。生态经济强调人类经济活动系统的低流通率、人口和物质财富的稳定，让人们接受目前的物质生活水平，以维持地球生态母系统的平衡。而且这种低流通率能否实现、如何实现，则考虑得还不全面。同时生态经济很少考虑落后贫困区域的经济发展以及社会就业等社会问题。因此，生态经济特别是稳态经济所倡导的更多的还是基于一种片面现实的"危机呼吁"，缺乏实际操作性，从而表现出其空想性。生态文明经济体系立足历史和辩证唯物主义，认为环境问题在本质上是一个经济发展问题，是一个生产方式、经济结构和消费模式的问题，且发展经济是解决生态危机的物质基础。没有经济的发展，生态环境保护所需要的资金和技术就缺乏保障，这样的生态保护是不可能持久的。强调生态保护，并不是靠放弃发展来消极地保护环境，而是要努力做到用最小的生态环境成本实现生态、经济、社会三大效应的相统一与最优化。

生态文明经济体系是建立在可持续发展经济基础上，研究自然—人—社会复合生态系统实现优化的经济条件、经济关系和经济机制，它吸收了生态经济的科学内核，同时摒弃其不科学不易操作的方面。生态文明经济体系与生态经济的主要区别，已在本书的总论中阐述，这里不再重复。

---

[1] 廖福霖. 生态文明建设理论与实践[M]. 北京：中国林业出版社，2001：26.

# 第十九章

# 生态文明经济体系的基本形态(二):绿色经济

自然界没有垃圾,在自然—人—社会复合生态系统中,垃圾是放错地方的资源,但放错地方的资源也往往会成为垃圾,循环经济把废弃物当再生资源时就需要考虑合理利用的问题,避免在循环利用中造成对人类健康不利的影响。例如,地沟油可以制造成生物柴油循环利用,但如果把它加工成食用油流向餐桌则对人体健康危害很大。又比如一次性医疗注射器、输液管等某些垃圾是难以再资源化的,只能作无害化处理。因此在实践中,人们产生了绿色经济的思想。

## 19.1 绿色经济国内外发展动向

"绿色经济"一词最早出现在经济学家皮尔斯于1989年出版的《绿色经济蓝图》一书,主张从社会及其生态条件出发,建立一种"可承受的经济",但还只是一种浅绿色的环境经济。浅绿色的环境经济萌芽始于20世纪60年代的一场"绿色革命",它起先主要针对绿色植物种植的改进,但后来演变成一场全球的"绿色运动",不仅涉及资源与环境问题,还渗透到社会各个方面,如反核运动、反战运动、劳工运动、女权运动等。在经济学界,绿色生产、绿色消费、绿色分配、绿色技术、绿色制度等带有绿色前缀的名词不断涌现,一时间绿色经济成为经济学界研究和讨论的热点。在1992年地球峰会上,美国世界观察研究所所长布朗发表了《发起一场环境革命》的文章,论述了这场以深绿色(环境与发展双赢)为特征的环境革命与20世纪60~70年代的浅绿色环境运动(即传统的环境保护运动)的本质区别。在2007年底联合国巴厘岛气候会议上,联合国秘书长潘基文高瞻远瞩地指出:"人类正面临着一次绿色经济时代的巨大变革,绿色经济和绿色发展是未来的道路""绿色经济正在为发展和创新产生积极的推动作用,它的规模之大可能是自工业革命以来最为罕见的"[1]。联合国秘书长潘基文在2008年12月11日的联合国气候变化大会上再次将其提出后,欧洲以及美国、日本等主要发达国家和地区就纷纷制定和推进绿色发展规划,且迅

---

[1] 潘基文.秘书长潘基文在联合国气候变化会议高级别上的讲话[C].2007-09-24.

速从理论层面上升到实施层面,不少发展中国家也雄心勃勃,以绿色经济为核心的"经济革命"正席卷全球。

### 19.1.1 绿色经济国际行动进展

从20世纪80年代开始,联合国环境署和其他一些国际组织(如世界银行、联合国亚太经社会、联合国统计署)就开展了绿色财富、绿色增长、绿色GDP核算等相关研究,但没有形成相应的分析技术方法或建立相关的模拟和预测模型来科学合理地界定绿色经济的概念和分类,及分析绿色经济对经济增长的贡献和潜力。2008年10月,联合国环境署(UNEP)为应对金融危机召开了"绿色经济和绿色新政"倡议大会,认为绿色经济可以在解决经济危机、创造就业机会和保护环境方面发挥更大作用,试图通过加大绿色投资等手段催生新一轮产业革命,培育新的经济增长点。随后,绿色经济得到了G20国峰会的支持,并写入了G20国峰会的联合声明。至此,绿色经济就从学术研究层面走向国际和国家政策操作层面。绿色经济革命,将比以前三次工业革命意义更重大,影响更深远,是21世纪人类最大规模的经济、社会和环境的总体革命。绿色经济不仅成为欧盟以及日本、美国等大经济体的未来经济的主力引擎,而且是他们占领新的国际市场竞争制高点、主导全球价值链的新王牌。下面分别以欧洲、美洲、亚洲的部分国家为例加以说明。

#### 19.1.1.1 欧洲地区(英国、丹麦、法国为例)

欧盟发展绿色经济的思路是加强经济协调和管理,增加科技投入,提高能源效率,改善就业状况,发展知识经济和绿色经济,保持欧盟在"绿色技术"领域的世界领先地位[1]。目前绿色经济产业是英国衰退期几个为数不多的经济增长领域,预计从现在开始至2015年每年的增长率将超过4%。绿色行业将创造40万个工作岗位,而且这一数字还将不断上升,到2020年,将有120万人从事绿色工作岗位[2]。丹麦多年来一直重视绿色经济的发展,并形成一些绿色经济的王牌[3]。2010年法国实施新的可持续发展战略,新战略将可持续性融入到产品和服务的整个生命周期中,设想使用日常用品的环境标签,来引导消费者做出更合理地选择,并且支持企业致力于生态设计,确定了要实现"绿色与公平经济"的九大战略性挑战[4]。

#### 19.1.1.2 美洲地区(美国、墨西哥、巴西为例)

美国发展绿色经济思路是为了抢占世界绿色新科技制高点,占领更大的市场份额,引领未来几十年世界经济发展的新趋势,致力于发展宏观上的绿色经济[5]。墨西哥通过绿色行业,农业以及土地使用行业,还有其他所有大约140种不同的领域的绿色工作,采取行

---

[1] 欧洲未来十年 知识经济和绿色经济是发展重点[EB/OL]. http://news.sina.com.cn/0/2010-03-29/02281287745s.shtml.

[2] 英国全力打造绿色经济[EB/OL]. http://chn.chinamil.com.cn/xwpdxw/gjssxw/2009-08/18/content.4024049.html.

[3] 丹麦绿色经济——大胆创新与积极合作[EB/OL]. http://news.xinhuanet.com/world/2010-05/27/c.12148510.html.

[4] 转变发展方式 法国多头"押宝"[EB/OL]. http://news.xinhuanet.com/fortune/2010-03/08/content-1312.6711.html.

[5] 美国发展绿色经济 寻求复苏转型[EB/OL]. http://topic.ec.com.cn/article/ztbynh/ztbalsksj/201003196692-1.html.

动应对气候变化问题,从而实现绿色经济①。"金砖国家"之一巴西,经过30多年的发展,目前生物燃料作物的种植面积已扩大到950万公顷,乙醇和生物柴油生产企业分别达到320家和43家。随着各国对乙醇燃料的高度关注,巴西政府计划到2013年,将燃料乙醇的年产量扩大到350亿升,其中约100亿升将用于出口,成为世界最大的乙醇出口国。作为世界上重要的发展中国家和生态大国,巴西已成为全球绿色经济的佼佼者②。

### 19.1.1.3 亚洲地区(中国、日本、韩国为例)

中国政府多次强调,绿色经济发展已经成为世界上的重要趋势,并在近几年不断提出要大力推动绿色经济发展的新思维和新战略。胡锦涛总书记在2009年9月的联合国气候变化峰会上明确指出:"要大力发展绿色经济,积极发展低碳经济和循环经济。"③2011年9月6日,总书记在首届亚太经合组织林业部长级会议上的致辞中又强调"加强区域合作,实现绿色增长"。④第五届中欧工商峰会中,温家宝总理在题为《发展绿色经济,促进持续增长》的演讲指出:"结构调整、科技创新、节能环保和生态建设,推进了绿色发展、循环发展和持续增长。"⑤2010年国家副主席习近平出席博鳌亚洲论坛年会开幕式进一步提出"要大力弘扬生态文明理念和环保意识,使坚持绿色发展、绿色消费和绿色生活方式,呵护人类共有的地球家园,成为每个社会成员的自觉行动。"⑥国务院副总理李克强在国家节能工作座谈会上指出:"在我国推进节能减排、发展绿色经济,是当前扩内需、保增长、惠民生的重要举措之一,也是从我国国情出发,调整经济结构、增强发展后劲、化解资源环境瓶颈制约的长远之计。"⑦绿色经济这个新观念已从学界的视野,进入政界的视野,标志着我国发展绿色经济时代的到来。在政策和规划层面上,如我国"十一五"规划开始转向绿色发展,"十二五"规划则以绿色发展为主题,完成了从可持续发展到绿色发展的继承、创新以及升华。"十二五"规划成为真正意义上的"绿色发展规划",标志着中国进入"绿色发展时代",是中国发动和参与世界绿色革命的重大历史起点。日本政府于20世纪90年代初彻底修改了《废弃物处理法》,对环境污染的处理及相关法律的出台,有力地推动了日本绿色经济的发展,绿色经济开始慢慢被人们所接受;次贷危机对日本经济的影响,再次触动了日本对新经济模式的探索,绿色经济也越发深入人心。2009年4月,日本公布了名为《绿色经济与社会变革》的政策草案,强化日本的"绿色经济"。在政府财政政策支持下,日本发展绿色经济产生了两种比较典型的模式:"宇都模式"和循环型社会模式⑧。韩国

---

① 墨西哥大力发展绿色经济 应对气候变化[EB/OL]. http://www.mexico-china.cn/html/201005/08/210100714.html.
② 综述:巴西成为"绿色经济领跑者"[EB/OL]. http://news.xinhuanet.com/world/2009-11/08/content_12411594_3.htm.
③ 胡锦涛. 携手应对气候变化挑战[N]. 光明日报,2009-9-23.
④ 加强区域合作 实现绿色增长——胡锦涛总书记在首届亚太经合组织林业部长级会议上的致辞2011[EB/OL]. http://cpc.people.com.cn/GB/64093/64094/15604136.html.
⑤ 温家宝. 发展绿色经济 促进持续增长[N]. 光明日报,2009-12-1.
⑥ 习近平. 携手推进进亚洲绿色发展和可持续发展[EB/OL]. http://politics.people.com.cn/GB/1024/11334438.html,2010-04-10.
⑦ 李克强. 参加全国节能宣传活动强调推进节能增效[EB/OL]. http://politics.people.com.cn/GB/1024/1134438.html.
⑧ 严兵. 日本发展绿色经济经验及其对我国的启示[J]. 生态经济,2010(6):57~59.

"绿色增长"兴国战略正在自上而下如火如荼展开。韩国政府出台了绿色产业、绿色国土、绿色交通、绿色生活等领域的政策方针，政府还积极引导民间资本投资绿色产业，对绿色存款免征利息所得税。"绿色增长"国家战略目标是韩国要在2020年底前跻身全球七大"绿色大国"之列[①]。

### 19.1.2 我国绿色经济理论动态

我国21世纪初就对绿色经济进行了比较广泛的研究，一系列论著对绿色经济作了全面的探讨。刘思华的《绿色经济论》(2001年)分析了知识经济与可持续融合发展趋势、本质特征、运行规律，现代经济与生态环境发展关系的巨大变革以及中国经济可持续发展的现实选择等内容[②]。张春霞的《绿色经济发展研究》(2002年)运用系统论、协同论的方法初步构建了绿色经济的理论框架，系统探讨绿色经济这一融生态环境保护于经济发展中的新模式，并在理论与实践的基础上，从绿色生产、消费、营销和市场等方面分别阐述了绿色经济的现状、运行机理、约束因素和应对策略[③]。赵弘志等编著的《绿色经济发展和管理》(2003年)系统地讲述了经济形态演化、工业经济的弊端，绿色经济的发展和管理模式及指标体系构建与评价等内容[④]。张兵生的《绿色经济学探索》(2005年)分析了绿色经济国内外的实践进程和发展模式、我国绿色经济发展中的问题及主要制约因素，提出了操作性强的思路和突破对策[⑤]。张叶、张国云编写的《绿色经济》(2010年)从理论与实践，宏观、中观与微观相结合的角度，分析了绿色经济的内涵与外延、运行方式、发展的重点与难点，以及实践中的经验与问题，着重从制度层面提出了有利于绿色经济发展的路径与政策建议[⑥]。

绿色经济是适应人类环保与健康需要而产生并表现出来的一种经济发展形态。它既可以指具体一个单位的微观经济，也可以指一个国家的国民经济，还可以指全球范围的全球经济。一些学者在对绿色经济的内涵和特征界定的基础上，对绿色经济发展的要素、约束条件、动力机制以及宏观管理等进行了进一步研究[⑦]。一些学者指出我国"绿色经济"政策具有政策参与主体相对单一、政府部门协调难度大、政策工具针对性不强等的现实困境[⑧]。发展绿色经济的当务之急是建立绿色经济制度[⑨]。

## 19.2 绿色经济的内涵

### 19.2.1 什么是绿色经济

早在20世纪60年代，南亚、拉美等地区应用农业生物技术实现粮食大量增产的"绿

---

① 班威. "绿色经济"在韩国城时尚[J]. 农村财政与财务，2009 (10)：47~48.
② 刘思华. 绿色经济论[M]. 北京：中国财政经济出版社，2001.
③ 张春霞. 绿色经济发展研究[M]. 北京：中国林业出版社，2002.
④ 赵弘志等. 绿色经济发展和管理[M]. 沈阳：东北大学出版社，2003.
⑤ 张兵生. 绿色经济学探索[M]. 北京：中国环境科学出版社，2005.
⑥ 张叶，张国云. 绿色经济[M]. 北京：中国林业出版社，2010.
⑦ 余春祥. 对绿色经济发展的若干理论探讨[J]. 经济问题探，2003(12)：92~95.
⑧ 苏立宁. "绿色经济"政策的困境与改革路径[J]. 环境保护，2010(14)：36~37.
⑨ 崔如波. 绿色经济论[J]. 延安大学学报(社会科学版)，2002，24(2)：61~65.

色革命"已出现绿色经济的萌芽。随后罗马俱乐部在第一次石油危机前提出"增长的极限",直到1992年的联合国环境发展大会提出了可持续发展的概念,不断地拓展绿色经济的内涵。所以,新时代的"绿色经济"是在可持续发展理论影响下随之兴起的新的经济概念。从国际到国内的经济学界对"绿色经济"概念做了大量研究,从不同角度做出了不同阐释,但对其核心内容达到一定的共识:一是要在自然资源的承载能力范围内,把实现自然、人和社会的可持续发展作为绿色经济的发展目标;二是要把生产、加工、流通和消费等经济活动过程和结果的"绿色化"(不损害环境和人的健康)作为绿色经济发展的主要内容和途径,使高科技的绿色产品极大地占有市场,成为经济生活中的主导部分。基于以上分析,我们把新时代背景下绿色经济的内涵界定为:"绿色经济"是将生态、资源、环境和人类健康要素纳入经济活动系统为基本前提,以促进经济活动过程和结果的全面"绿色化"为重点内容和途径,以实现自然、人和社会的持续、全面、协调发展为目标的全新经济形态。绿色经济是可持续发展的微观基础和实现形式①。实际上,绿色经济有宏观与微观之分,宏观上是指立足于自然—人—社会复合生态系统的持续、协调发展,以人类健康和自然健康为目标,实现生态效益、经济效益和社会效益相统一与最优化的经济发展形态。微观上是指工业产品、农业产品、服务产品在生产、加工、营销和消费等各个环节中,无污染的、不损害人类生命安全和身体健康的、符合资源节约、环境友好的生产和消费范式②。本章着重分析微观上的绿色经济,主要强调发展与衣、食、住、行、健康密切关联的绿色产业与产品,倡导绿色消费。

## 19.2.2 "绿色经济"与"循环经济""低碳经济"的联系与区别

近年来,生态经济、绿色经济、循环经济和低碳经济几种经济形态先后进入媒体和大众的视野。但很多时候公众对这几种经济形态的内涵并没有很好地理解,经常混为一谈,甚至以一种经济形态取代另一种经济形态。如有些人把绿色经济与生态经济割裂开来,以绿色经济来取代生态经济,忽视了他们之间的有机联系和协同发展;又有些人把低碳经济的内涵界定得过于宽泛,几乎涵盖了生态经济、绿色经济和循环经济的全部内容等等。这些认识上的混乱在实践上不仅给各个部门造成大量的人力物力财力的浪费,也给各种经济形态的顺利开展设置了路障。因此,有必要对这几种经济形态作统一辨析,以便使它们在生态文明经济体系的发展中有机地融合起来,协同一致,更有效地发挥各自作用。

(1)本质相同,都是生态文明经济体系的表现形态。生态经济、绿色经济、循环经济、低碳经济这几种经济形态都是人类面对资源危机、环境污染、生态破坏等严重问题自我反省与改进的结果,是对自然—人—社会复合生态系统的重新认识和总结。它们有各自的内涵和外延、特征和切入点,有独自的空间。但它们之间并不是排斥的关系而是相互补充的关系,从本质上来讲,这几种经济形态之间有着紧密的内在联系,都是由传统经济的"三高一低"(高投入、高消耗、高排放、低效率)向生态文明经济体系的"三低一高"(低投入、低消耗、低排放、高效率)转换的模式,都体现自然—人—社会和谐协调、共生共荣、共同发展的生态文明理念,都是生态文明经济体系系统的表现形态,包含在同一个系

---

① 廖福霖. 绿色经济:可持续发展的微观基础和现实形式[J]. 林业经济,2001(5):37~40.
② 廖福霖. 发展绿色经济是重要的民生工程[N]. 福建日报,2011-5-24.

统中。

（2）目的相同，都追求资源节约、环境友好。生态经济、绿色经济、循环经济、低碳经济都旨在解决经济增长和资源环境约束之间的矛盾，它们都从地球生态母系统出发，研究符合客观规律的经济行为，追求自然—人—社会复合生态系统的可持续发展，并要求人类的经济行为和生活方式不能凌驾于整个地球生态母系统，必须充分考虑自然生态系统的承载能力，尽可能地节约自然资源和保护环境。

（3）研究的核心和侧重点不同。绿色经济以生命健康和可持续发展为宗旨，以市场为导向，积极促进经济绿色化，生产绿色产品，注重节约资源和环境保护。在高效利用自然资源，保障人与自然、人与环境的和谐共存的同时，全面提高人民生活福利水平，使社会系统的最大公平目标得以实现。其重点是"绿色"直接体现于产品之中，使绿色产品具有很强的竞争优势，特别是经济发达和具有良好诚信市场的国家和地区。绿色经济还侧重于生态环境的优势与经济社会发展的优势互相转化，形成良性循环，取得生态效应、经济效应和社会效应的相统一与最优化。

生态经济的核心是实现生态系统和经济系统的可持续发展。"运用生态学的基本原理和基本规律来解决生态与经济的协调发展，是生态经济研究的重要内容"[①]。生态经济注重两大系统的有机结合，强调宏观经济发展模式的转变，追求两大系统的平衡发展。

循环经济是生态文明经济体系发展的方法论，目前侧重生产领域和生活领域即消费系统中实现循环，但真正核心是如何在自然—人—社会复合生态系统中实现良性循环。

低碳经济的本质是新能源经济，主要是研究、开发、应用新能源，提高能源的利用效率，是碳生产力（单位碳排放的经济产出）达到一定水平的经济形态。通过建立全新能源系统、减排技术体系、低碳产业结构和低碳消费模式，应对全球能源危机和气候变化。

（4）实施控制的环节不同。绿色经济重视对生产、加工、营销、消费、废弃等各个环节的控制，使工业产品、农业产品、服务产品无污染，不损害人类生命安全和身体健康，有利于节约资源，保护环境，改善生态。生态经济主要研究自然系统与经济活动的相互作用，从控制经济系统入手使经济活动不突破生态系统的承载力。循环经济主要通过输入环节的"减量化"、过程中的"再利用"、输出环节的"再循环"并在自然—人—社会复合生态系统当中进行物质交换、能量转换、信息交流，实现经济活动从"三高一低"向"三低一高"的转化，循环经济还有方法论的意义，已在第16章专门讨论。低碳经济则强调对经济活动的能源创新，以可再生能源逐步取代石化能源，并提高能源利用效率、减少碳排放、增加碳吸收，实现低碳化或碳中和，改善气候条件、促进自然—人—社会复合生态系统的和谐协调。

综上所述，绿色经济、低碳经济、循环经济、生态经济这几种经济形态的研究角度和实施途径都有一定区别，但本质和目标一致，都是发展生态文明经济体系，为建设生态文明社会服务。必须统筹国内和国际两个大局，统筹近期目标和长远规划，把发展绿色经济、低碳经济、循环经济、生态经济等各种理念结合起来，把不同方面的力量统一起来，发挥协同效应，促进我国生态经济社会可持续发展，即全面协调持续发展生态文明经济体

---

① 廖福霖等. 生态文明经济体系研究[M]. 北京：中国林业出版社，2010：30.

系，建设生态文明社会。

### 19.2.3 "绿色经济"是生态文明经济体系的基本形态之一

绿色经济的"绿色"，不是人们感知意义上的颜色，而是一种象征性用语。张春霞在《绿色经济发展研究》中指出："绿色经济是一种以节约自然资源和改善生态环境为重要内容的经济发展模式。它是以经济的可持续发展为出发点，以资源、环境、经济、社会的协调发展为目标，力求兼得经济效益、生态效益和社会效益，实现三个效益统一的经济发展模式。"[1]国务院发展研究中心产业经济研究部部长冯飞认为绿色经济的包含以下四个含义：第一个含义是指绿色产业，包括提供绿色产品、装备、技术和服务的产业；第二是指生产过程的绿色清洁化，即在生产过程中减少能耗、物耗和污染物的排放；第三是指绿色的流通，包括绿色物流等；第四是指绿色消费，是一种可持续的消费模式[2]。所以，绿色经济是一种新的经济发展模式，它既不是以牺牲生态环境为代价来发展经济的传统发展模式，也不是以牺牲经济发展来保护生态环境，即提倡所谓的"零增长"甚至负增长的环境主义和自然主义。它是以发展为落脚点，通过转变发展模式，改变经济运行方式、人们活动方式和对生产过程的管理方式，引导生态环境向良性方向转变，在发展过程中减轻和解决资源环境问题，真正做到从内生力量解决经济与生态环境矛盾的新发展模式。这样，通过发展绿色经济，经济与资源环境就能实现协调发展，也实现了"以经济发展为核心"的发展要求。

绿色经济宏观上是社会、经济与生态环境的协同发展的一种新的经济形态，微观上是通过科技力量的巨大作用使人们在社会生产、流通、分配、消费各个环节中，做到不损害生态环境与人类健康的生产和消费范式，是受社会各界所接受和欢迎的新的发展模式。绿色经济直接关系公众的生命安全和身体健康，在此基础上，通过生态环境质量的改善，经济发展的绿色化，来促进人的身心和谐，提高公众的幸福指数，是重要的民生工程，体现了生态文明经济体系"三大效应"相统一与最优化的原则，是生态文明经济体系的基本形态之一。

## 19.3 绿色经济的价值能效分析

### 19.3.1 发展绿色经济能够有效推进民生工程

把发展微观绿色经济作为最基本、最重要和更高层次的民生工程，才是完整意义上的绿色经济。微观绿色经济是民生工程主要体现在以下几个方面：

（1）发展绿色经济直接关系到公众的生命安全和身体健康。安全和健康向来是人们生活幸福的最基本要求。然而，今天人们的生活条件提高了，可食品、衣着与住宅等安全问题以及交通污染问题层出不穷，生活质量反而不断下降。人们在尽情享受现代文明成果的同时，"文明病""富贵病"却日益流行，处于亚健康状态的人群越来越多。这些不得不让人反省现存的社会经济发展方式。绿色经济涉及衣食住行各个领域，关系每一个公众的身

---

[1] 张春霞. 绿色经济发展研究[M]. 北京：中国林业出版社，2002：3.
[2] 邢亦萍，张健. 用激励政策促进绿色经济发展——访国务院发展研究中心产业经济研究部部长冯飞[J]. 经济，2011：40~41.

体健康，关系国家的生死存亡，它所体现的广泛性和重要性，绝不亚于其他的民生工程。

（2）发展绿色经济有助于增加就业。继蓝领、白领和灰领之后，又一个全新的职业阶层——"绿领"正悄然兴起。绿领一词最早由美国佛蒙特法学院教授帕特里克·赫弗南提出，根据联合国环境规划署的定义，绿领指的是从事农业和制造业研发、管理和服务工作的劳动者，他们的工作必须对保护和恢复生态环境起重要作用，如有助于维护生态系统和生物多样性的工作、有助于通过提高效率来降低能源消耗的工作以及有助于减少废物和污染物排放的工作等。研究表明，绿色经济的蓬勃发展有利于增加就业，同时也会引发劳动力市场的结构性调整，导致劳动力在不同行业和地区之间重新分配。以绿领为代表的绿色就业岗位将不断诞生。以欧盟的可再生能源行业为例，预计到 2020 年，这一行业就业总人数将达 280 万，比 2005 年翻一番，与此同时，一些传统能源行业的就业规模将萎缩，据欧盟委员会估计，总体来看，最后将净增加 10 万~40 万个就业岗位。

（3）发展绿色经济能够提升公众的幸福指数。公众幸福指数最早在 20 世纪 70 年代由不丹王国的国王提出，他认为"政策应该关注幸福，并应以实现幸福为目标"，人生"基本的问题是如何在物质生活和精神生活之间保持平衡"。公众在基本安全得到保障后，就会有更高的追求，即追求幸福生活。发展经济的终极目的是为了让公众能过上幸福生活。实践证明，发展绿色经济是让公众生活具有幸福感的高层次的民生工程。英国"新经济基金"组织公布的 2009 年度《幸福星球报告》，拉美的哥斯达黎加荣膺世界最幸福的国家——高达 85% 的居民认为自己的生活幸福，最重要的原因就是该国是世界上最绿色的国家（人口对生态环境的影响小，能源消耗的 99% 为可再生能源）。在被调查的 143 个国家和地区中，拉美大获全胜，除哥斯达外，还有 8 个位于拉美国家进入前 10 名，而欧美发达国家纷纷落马，英国排第 74 位，美国仅排 114 位。由此得出的结论：绿色的是幸福的。

（4）发展绿色经济能促进人的身心和谐。绿色经济要求对行为管理的革命性否定，实施绿色和谐管理，在政府、企业、社区和乡村的管理中，不但有绿色和谐的生态环境，而且有绿色和谐的人际关系和绿色和谐的文化氛围。原生态的景色、舒适优美的环境以及亲切的问候、友善的微笑可以让人产生良性的内分泌循环，充分发挥人的潜能，保持人的机能正常发展，健康生活，从而促进身心的健康。

## 19.3.2 发展绿色经济能够有效平衡效率和公平"两大矛盾"

效率与公平是一国经济持续、健康发展的共同保证。追求经济利益，不断提高人类的生活质量，是经济和社会发展的根本手段和基本目标。公平性是可持续发展的重要特性，失去公平性就等于失去了可持续发展。绿色经济通过发挥人的潜能，能够最大限度地提高自然环境的利用率和再生能力，提高资源利用效率。比如，2011 年 8 月 17 日深圳大运会组委会举行新闻发布会上指出："靠科技创新，深圳资源能源利用效率提升，深圳万元 GDP 能耗、水耗分别为 0.51 吨标准煤和 20.3 立方米，仅为全国平均水平的 1/2 和 1/10 左右，绿色经济发展取得新进展。"[①]通过科技创新对生产工艺进行改进，可以节约资源降低生产成本，通过对生产方式进行改进缩短生产周期和提高资源的利用率。

绿色经济始终坚持以人为本，把社会公平、社会发展、社会分配、利益均衡以及生态

---

① 深圳靠科技创新发展绿色经济[EB/OL]. http://news.cntv.cn/20110818/10060s.shtm. 2011-08-18.

公平等作为基本内容。绿色发展的社会公平内涵重点强调代际公平、代内公平和区际公平，即满足本地区或同代人需求的同时不损害其他地区或后代人满足其需求的能力①。绿色经济同时兼顾当代人和后代人的代际利益平衡和当代人之间的区域利益平衡，真正做到资源利用的区际公平和代际公平。此外，绿色经济要求尊重其他物种的生存权，倡导维持生物多样性，把人与自然的关系同人与人、人与社会的关系联系起来一体化思考，既反映了社会公平的要求，又表达了生态公平的要求。因此，发展绿色经济能够有效把自然生产力与社会生产力相结合，促进生态生产力的发展，从而保证"效率与公平的合理平衡"。

### 19.3.3 发展绿色经济能够有效统一生态、经济和社会"三大效益"

改革开放以来，中国经济发展迅猛，但大规模推进工业化以及粗放型增长方式也使中国付出巨大代价，经济发展与资源环境之间的矛盾日益显现。在传统经济发展模式下，大量占有和利用自然资源，不断提高劳动生产率，最大化地促进经济增长是其基本特征，认为自然环境与经济增长和社会发展之间彼此不能兼容，生态环境的保护必然会限制经济、社会的发展，而经济、社会要发展必定会付出昂贵的生态环境成本，最终导致经济发展的不可持续性。相比之下，绿色经济模式是以经济、生态和社会效益相统一为基本原则，把实现经济、社会和环境的可持续发展作为发展目标，追求三者统一效益的最大化的新型经济发展方式。绿色经济要求在生产过程中减少环境污染，节约资源消耗，提高效率，同时保证产品无毒无害；在消费过程中讲究经济实惠减少不必要的消费，既追求健康安全的高品质生活又把握适度的消费方式；在生产和消费过程中都强调平等、人道、公平、和谐的人际关系。绿色经济的时代使命是既要保护环境又要发展经济，还要实现人类最大福利。

## 19.4 绿色经济发展的 SWOT 分析

### 19.4.1 绿色经济发展优势（Strengths）

绿色经济本身所具有的"两型"特点及福利最大化这种优越性决定了其是人类最受欢迎的经济发展形态之一。传统经济以需求无限和资源无限为两个"规范的假定"，在经济活动中，个人所追求的唯一目标是其自身经济利益的最大化和最优化。换句话说，经济人以消费的持续扩张为前提和利润最大化为目标，却忽视了用以生产各类消费对象的资源有限性和用以承纳消费过程所产生的各类废弃物的环境容量有限性的环境资源对经济发展的刚性约束。因此，扩大需求和消费便成为实现利益最大化的关键手段，追求利润最大化则成为经济发展的根本动力。或者绿色经济不同于传统经济，它是建立在绿色、健康、更有效率的基础上，以最小的资源耗费得到最大的经济效益，始终强调经济发展的生态化，效率的最大化，努力追求高层次的社会进步，是财富最大化与幸福最大化同步实现，即福利最大化的一种经济形态。英国经济学家阿瑟·庇古创建了福利经济学的完整体系，认为"福利"是指个人获得的效用或满足。考察社会福利的标准，一是国民收入的数量；二是国民收入的分配，凡是能增加国民收入总量而不减少穷人的绝对份额，或增加穷人的绝对份额而不

---

① 绿色发展内涵诠释：生态健康经济绿化社会公平人民幸福[EB/OL]. http://ch.chinagate.cn/infocus/2010-11/09/content_ 21303059_ 2html.

影响国民收入总量的,都意味着社会福利的增进[①]。但庇古的福利经济学体系忽视了整个自然—人—社会复合生态系统福利的改进。而绿色经济不仅最大限度地实现经济系统效率最大化,达到财富最大化目标,而且最为显著地实现生态系统和谐化和社会的公平化,完成幸福最大化目标。绿色经济包括了以人为本、以科技手段来实现绿色生产、绿色流通、绿色分配的内容,兼顾资源的效率和分配,在动态中实现人自身、人与自然、人与人、人与社会的和谐。追求自然—人—社会复合系统和谐的根本动力始终贯穿于绿色经济发展的一切经济活动之中。所以,绿色经济发展的这种内在本质使其不管在天时、地利还是人和都更具优势,这种优越性必然使其成为未来经济发展的潮流和趋势,成为人类共同的理想追求。

### 19.4.2 绿色经济发展的劣势(Weaknesses)

#### 19.4.2.1 绿色认知模糊

绿色经济是生产、加工、流通和消费等生产方式和生活方式符合资源环境容量、不污染环境、不危害人类健康的一种和谐协调的经济发展形态。首先,目前在世界上许多地方政府和企业普遍存在对绿色经济认知模糊的现象,甚至一些经管部门并没有真正理解绿色经济的内涵,简单地理解为只是节能减排或节约资源,把绿色经济等同于生态经济或循环经济或低碳经济,且对这几个经济形态认识不足,消极地认为绿色经济限制经济的增长。还有些部门认为开发、发展几个项目和产业就是绿色经济,或是认为只有在农业方面才能发展绿色经济,更让人贻笑大方,某些公众认为生产出的产品颜色是绿色的就算是绿色经济。这种认知上的模糊,对发展绿色经济的重要性、必要性和紧迫性认识不够,绿色观念淡漠,极有可能导致行动迟缓,准备不足,失去新一轮的发展机遇,也有可能导致走错方向,付出巨大代价。其次,大众对绿色产品认识不足、绿色消费意识不强。居民的生活方式、消费理念是发展绿色经济的重要动力,而目前中国公众对的环境意识和绿色消费意识还停留在初级水平。很多数消费者对绿色产品的了解并不深入,不少消费者仅仅停留在"听说过"这个层面上,比如,有消费者认为绿色食品就是指野生的、新鲜的食品。消费行为心理学认为,认知是消费者产生购买行为的前提。只有当消费者意识到绿色产品有利于人类健康,且能够保护人类赖以生存的生态系统时,消费者才会产生强烈的需求欲望,并最终转化为实际的购买行动。由此可看出,公众对绿色经济的认识不足也会对发展绿色经济形成一定阻力。

#### 19.4.2.2 核心技术落后

发展绿色经济,一系列核心技术的突破和集成是基础[②]。比如从风能来说,现在风速3级以下发不了电,而台风来了还得把叶片拆下来以免受损害。中国气象局风能太阳能资源评估中心相关负责人说,中国风电增长速度迅速,但在1200多万千瓦的装机容量当中仅有800多万千瓦实现了正常发电,1/3处于不发电或者是发电不能上网的闲置状态。其中一个关键因素就在于没有核心技术。目前已经建成的风电厂大多处于亏损或微利状态,至于经济效益和社会效益是否会出现预期增长还很难说。

---

① Dales. Water and ownership[J]. Canadian Journal of Economics,1968:79~80.
② 绿色经济浪潮高涨—哄而起隐忧已现[EB/OL]. http://news.qq.com/a/20091203/002856.htm,2009-09-03.

根据地方和企业的调研情况看，目前技术引进较多，自主研发创新普遍不足，特别是信息、新能源、新材料等产业，这种状况在短期内可大幅提高当地的产业规模和经济总量，但长期缺乏核心竞争力，只能成为产品链的低端和下游生产商和提供商。中国组装一台风机有20%的核心部件需要进口，光伏行业的原料依赖进口，原因就是没有生产多晶硅原料的核心技术。我国可再生能源教育、研发机构严重缺乏，生产设备基本模仿欧洲，但往往是只知其然，不知其所以然。例如风电产业，模仿国外设备或照搬经验并不一定可行，由于我国与欧洲的自然环境差异性很大，如果没有对当地的气候、土壤、水源等进行调查研究，有可能使当地的风电行业受到致命打击[①]。许多绿色产业的技术含量相对较高，整体历史比较短，专业技术人才又非常紧缺，无法形成强大的技术力量去攻破核心技术，自主创新方面相当薄弱，只好高度依赖进口，缺乏核心技术成为发展绿色经济的重要障碍之一。

#### 19.4.2.3 绿色市场混乱

绿色市场是对健康、安全无害的产品的需求，是对美好生存环境的需求，是对和谐的人与人关系的需求。绿色市场的出现代表了一种消费趋势，说明人们更讲究健康安全，讲求生活质量。正是为了满足人们的这一健康需求，国家制定了严格的绿色食品认证标准，鼓励企业从事绿色产品生产和加工。绿色产品因其特殊的生产工艺而身价倍增，并为市场所看好。然而，真绿一经受宠，假绿便如影随形。由于消费者对绿色产品认识比较模糊，商家就有了可趁之机。许多商家为了迎合消费者的心理，把无绿色产品标志和产品批号"绿色产品"，冠以"绿色"，私自贴印"环境标志""绿色标志"等字样，挂羊头卖狗肉，以次充优。绿色产品在进入市场初期便遭遇了李逵与李鬼之争。一些商家为了赚取昧心钱，不择手段，打着"绿色产品"的招牌来误导欺骗消费者，不仅对消费者造成了误导，还打击了绿色产品生产厂商的积极性，从而使他们放松了对自身产品环境行为的要求。

### 19.4.3 绿色经济发展的机遇(Opportunities)

#### 19.4.3.1 政策支持和制度保障

近年来，中国在制度设计和政策制定上，开始注重支持和鼓励清洁生产和绿色消费。在制度保障方面，如部分地区开始试行排污许可证的交易制度，促成企业节能、增效和技术创新，开发环境友善产品；完善绿色技术标准制度，使企业按照与国际惯例接轨的环境技术标准进行生产；形成产品质量标识制度，为绿色技术创新型企业提供制度保障。在政策鼓励方面，为了保护环境，促进资源综合利用，国家出台了一系列促进绿色经济发展的税收政策，在增值税方面有5个，在所得税方面有2个。增值税方面的优惠政策主要是对销售自产的再生水、以废旧轮胎为原料生产的胶粉翻新轮胎、掺兑废渣比例不低于30%的特定建材产品免征增值税，对污水处理、劳务也免征增值税，对综合生产的生物柴油实行增值税即征即退。所得税的优惠政策包括企业购置节能节水设备，其投资额10%可以在当年的税额中予以抵免等。此外，于2007年出台的"绿色信贷"，2008年的出台的"绿色保险"和"绿色证券"都说明了国家已开始积极鼓励绿色经济的发展。

---

① 三大"瓶颈"制约中国绿色经济[EB/OL]．http：//news.xinhuanet.com/fortune/2009 – 08/27/content_11951576.htm．

#### 19.4.3.2 绿色生产和绿色消费模式日渐成熟

2010年是绿色食品事业创立20周年，全国绿色食品继续保持平稳健康发展。全年新发展绿色食品企业2526家，产品6437个，分别比2009年同期增长6.4%和3.9%。全国累计有效使用绿色食品标志的企业总数为6391家，产品总数为16748个，分别比2009年同期增长5.1%和4.4%。绿色食品粮油、蔬菜、水果、茶叶、畜禽、水产等主要产品产量占全国同类产品总量的比重不断提高，产品结构不断优化。按照全程质量控制的标准化生产和规范化管理的要求，绿色食品现已建立较为完善的标准体系，整体达到国际先进水平[1]。2010年10月18日，十七届五中全会通过的"十二五"规划建议，提出要构建扩大内需长效机制，促进经济增长向依靠消费、投资、出口协调拉动转变。绿色消费通常指无污染、无公害、低耗能的节约型消费，是一种更为健康和环保的理性消费。随着社会的进步与人们生活水平的提高，绿色消费已成为一种消费潮流与时尚，绿色消费群体不断扩大，绿色消费市场广阔。全国妇联宣传部于2009年10月至2010年4月组织开展《中国和谐家庭建设状况问卷调查》，调查在北京、广东、山东、浙江、河南、黑龙江、湖北、贵州、内蒙古、宁夏等10个省份展开。据调查结果显示，超过八成的家庭(82%)主张"爱家庭，绿色消费共创好环境"，在日常生活中践行购买环保家电、食用绿色有机食品、使用无磷洗衣粉的家庭比例分别达到39.8%、45.8%和36.3%。据另一有关资料表明，带有绿色标志的产品日益博得消费者的青睐。目前全球绿色消费的总量已达2500亿美元。在一些发达国家，绿色生态服饰已成为消费的首选，喜欢购买绿色产品的人超过50%[2]。由此可见，由绿色产品、绿色服务等更大范围的有利于健康和环保的产品所构成的绿色市场将蕴含无限的商机。在这样一个充满挑战和机遇的市场，发展绿色经济就是抢夺市场竞争优势，根据市场需求，追逐消费亮点，抢占市场盲区必然成为发展绿色经济的强大动力。

#### 19.4.3.3 绿色贸易壁垒

绿色贸易壁垒对我国经济发展不仅是一种挑战，同时也是我国绿色经济发展的一种机遇。绿色贸易壁垒是以保护自然资源、生态环境和人类健康为由而制定的相关限制进口措施，是一种新的贸易保护主义。随着环境问题的日益严峻，环保观念的加强以及人们对于健康理念的推崇，各种以环保为名进行的贸易壁垒被广泛采用。因为这种具有极强隐蔽性的"绿色"武器的制约和阻碍，那些缺乏绿色技术和绿色产品的企业将面临出口量减少，出口市场萎缩，在全球经济大家庭中将处于劣势地位。发达国家在这方面有了几十年的积累，并开始用这些技术优势形成新的贸易壁垒。如欧盟颁布的双绿指令《废弃电气电子设备指令》(WEEE)，要求电气设备生产厂对进入欧盟市场的产品负责回收、处理；《电气电子设备中限制使用某些有害物质指令》(ROHS)，要求进入欧盟市场的产品不得含有铅、汞等六种有害物质。这两项指令几乎涵盖了我国出口的主要机电产品，涉及10大类20万种、出口金额300多亿美元，将使产品成本提高10%以上[3]。"想在国际上生存与发展的

---

[1] 2010年绿色食品统计年报[EB/OL]. http://wenku.baidu.com/view/oc3f5aef551810a6f5248633.html.
[2] 绿色壁垒不断加高 中国纺织业加快"绿色转身"[EB/OL]. http://www.cqm.com.cn/news/zgzgLb/dier/350580.html.
[3] 绿色革命：未来经济发展的制高点[EB/OL]. http://paper.people.com.cn/rmlt/html/2010-06/11/content_569217.htm?div=-1, 2010.

企业,除了去领取'绿色通行证'之外,已别无选择①。"仅依靠传统的竞争手段已不能适合目前生态化市场的需要,通过发展绿色经济,才能顺利跨越"绿色贸易壁垒"。在这种压力和趋势下,企业只有顺应这个潮流,进行"绿色转身",才能更好地融入全球经济大家庭中,才能获得持续竞争力,才能在新的国际竞争中立于不败。

### 19.4.4 绿色经济发展的挑战(Threats)

#### 19.4.4.1 粗放增长惯性

目前,不同的国家与地区有一定比例的相对贫困人口,所以追求经济增长仍然是全球未来很长一段时期的发展目标和任务,同时人口的持续增加和消费的日趋奢侈化、超前化对资源环境也带来更大的压力。从经济增长方式看,不少地方通过固定资产投资来拉动经济增长,实现 GDP 增长就能实现发展的传统思维惯性和跨越式增长冲动仍然很强烈。此外,由于绿色经济属于知识产品,需要长期性投入,前期开发成本较高,具有边际报酬递增的特征,所以在短时期内效果不一定明显。而大量的集团和个人私欲膨胀、生财心切,不惜浪费或毁坏自然资源,以求短时间内实现个人利益最大化。可以说,高投入、高增长模式在未来一段时期内仍会存在,向依靠资本效率和技术进步的经济增长方式转变还需要较长时间。因此,在当前的经济发展阶段下,产业结构调整和经济增长方式尚不能完全转变的情况下,内在的经济增长冲动和传统粗放增长方式的惯性锁定可能会使绿色经济发展和绿色转型过程经历较长的时间。

#### 19.4.4.2 资金和技术的投资不足

由于现阶段绿色产业尚未形成规模效应,发展绿色经济需要的资金和技术要求比传统粗放增长成本相对较高,利润空间有限,加之绿色产品价格处于高位,市场认知度低,企业对投资发展绿色经济的积极性并不高。普遍存在绿色产业在内部管理经营方面对绿色理念的理解不强,对绿色经济所需要的资金和技术投资不足,绿色技术研发陷入"小批量、低投入、低水平"的规模不经济状态。很多由于绿色技术"小批量、低投入、低水平"的研发很难产生预期的收益,从而导致对经营者的经济激励不足。基于对投资风险的考虑,绿色企业又往往会进一步减少"绿色"投资,致使绿色技术的研发博弈变成等待型博弈,从而使我国企业的绿色技术研发陷入"低水平—低效益—低水平"的恶性循环怪圈而难以自拔。

#### 19.4.4.3 绿色产品市场的逆向选择

就目前而言,绿色产品相对比较稀缺,由于其技术要求和生产成本较高,因此,在市场上与一般商品相比,其价格相对高昂。所以,在其社会认知度还不够的情况下如果身价过高必然导致消费力不足,进入老百姓餐桌还需较长时间。而我国目前的市场体系不健全,缺乏专门的绿色产品销售市场,昂贵的价格使绿色产品消费主要局限于一线城市,许多二线城市消费者对绿色食品、有机食品的消费体验还不够。加上我国现行的绿色产品认证及标识制度不健全,市场上存在绿色食品使用标志"超期服役"甚至假冒绿色产品的情况,而消费者对绿色产品的辨别能力不足,经常买到价高质劣的"山寨"绿色产品。许多消费者认为绿色产品种类有限、价格偏高、"山寨"绿色产品泛滥,这些都导致绿色产品市场的逆

---

① 绿色发展内涵诠释:生态健康经济绿化社会公平人民幸福[EB/OL]. http://cn.chinagate.cn/infocus/2010-11/09/content_ 21303059_ 2. htm,2010-11-09.

向选择问题日益严重,给生产绿色产品的企业造成了巨大的损失,不利于其生存和发展。

## 19.5 加快发展绿色经济的对策

联合国秘书长潘基文在 2010 年达沃斯夏季论坛上发表观点:发展绿色经济将带来巨大的机遇。在过去一个多世纪中,人们一味追求经济增长而大大忽略了环境破坏的后果。现在我们正品尝自己种下的苦果,气候变化、荒漠化和生物多样性的减少正威胁着千年发展目标的实现。幸运的是越来越多的人开始认识,但我们需要行动、创新与决心。

### 19.5.1 加快技术创新,引领绿色生产

绿色技术创新是引领绿色生产、实现绿色发展的关键。发展绿色经济,绿色技术是支撑,无论何种绿色产业的发展,都离不开科技进步,稀缺资源替代品的开发需要科技,环境保护需要科技,绿色食品生产需要科技,绿色工业品的生产也需要科技[1]。现代绿色技术创新是从人类健康和生活环境出发,从生命周期的全过程考察其对资源环境的影响,即从末端治理向过程治理转变。对产品设计、生产制造、售后服务到废弃物利用的全过程技术创新,它体现的是一条贯穿绿色思想理念的价值链技术经济体系和系统构建[2]。加快技术创新,引领绿色产业,就是促使公司从产品研发、设计、生产流程、供应链管理、外部协作等方面重新以"绿色化""生态化"的角度来思考,形成从开发、生产、处理、营销到回收利用的绿色供应链。例如,耐克公司制造出不产生任何毒素的球鞋;马自达汽车公司在设计、生产汽车时,已经考虑零部件的回收利用;麦当劳与加油站合作——加油站销售的乙醇是由麦当劳的废油加工得来的[3]。

### 19.5.2 加强绿色科普,倡导绿色消费

绿色消费是拉动经济增长的引擎,抓住市场主流消费是关键。首先,充分利用广播、影视、报刊等宣传媒介进行绿色经济知识的普及教育和宣传,做好政府工作人员和企业领导人员的动员工作,积极发动社会各界参与不同形式的绿色行动,增强全民的绿色意识。如开辟绿色经济电视专项频道、举办绿色经济专题节目等,以增强政府和企业等各界的绿色意识,营造绿色经济发展的浓厚氛围,使绿色经济思想成为广大干部群众统一的自觉意志和共同的追求理念。其次,积极倡导绿色消费,提高公众对绿色产品的认知度,增强其绿色消费的观念,从而达到增加绿色消费的目的。绿色消费有益于人类自身和社会的健康发展,有益于自然生态保护,是人类可持续发展战略具体到个人、家庭的实践。因此,要唤起全社会树立绿色消费观,倡导绿色消费,使绿色消费观念深入人心,引导社会公众自觉选择资源节约型、环境友好型、低碳排放型的绿色消费模式。在宣传手段上,可以考虑开展绿色产品有奖知识问答;充分发挥报纸、电视、广播等媒介的宣传功能;开展绿色产品展销会;开展产品的免费品尝活动等。

---

[1] 加大技术投资打造绿色经济[EB/OL]. http://www.gxlky.com.cn/2011/0720/084531-1.Html. 2011-7-19.

[2] 中小城市绿皮书首倡:绿色经济 绿色社会 绿色人心[EB/OL]. http://news.163.com/10/1126/11/6MDNJFBT00014JB6.htmc. 2010-11-26.

[3] 绿色经济:这是生存问题[EB/OL]. http://finance.sina.com.cn/leadership/mroll/20091211/14237091614.shtml. 2009-12

### 19.5.3 完善制度构建，保障绿色发展

由上文分析可知，传统经济增长惯性制约绿色经济的发展，要全面推广绿色经济的发展，必须重新构建一种新的制度框架，为绿色经济的可持续发展提供一个良好的环境。因此，绿色经济的发展要求有适合的运行机制和资源配置方式，其发展离不开制度的保障。为了加快绿色发展的制度构建，可通过政策的约束和激励机制来增强其自觉性和主动性，来抑制不顾资源环境的瓶颈制约及盲目追求发展的短期行为，以形成资源节约型和环境友好型的社会效应。

#### 19.5.3.1 推进绿色GDP核算制度

长期以来，GDP指标一直作为衡量国家与地区经济发展的唯一指标。一方面，忽略了自然环境对社会经济的作用和影响，难以准确、真实反映国家和地区经济增长情况。另一方面，对干部的政绩考核往往通过查看GDP增长率指标，造成地方政府唯GDP是崇的现象。现在的环境问题越来越严重，让人们不得不反思现有的GDP核算制度。建立科学的绿色经济的评价体系和统计核算制度，能够很好处理经济增长、资源利用和环境保护三者关系，而且将资源环境指标纳入对地方干部的考核，能有效促进领导干部的绿色观念，使政策支持成为发展绿色经济的重要推动力和保障，但新的发展理念和战略的制定和实施需要合理、可靠的制度保证。因此，必须"绿化"我国的法律制度，不仅要修改有关的法律，而且要制定与绿色国民经济核算相关的新法律，保障绿色国民经济核算制度的正常运行。

#### 19.5.3.2 强化绿色财政体制

发展绿色经济需要财政的支持，可以将财政与绿色发展有机地结合起来，充分发挥市场机制作用，有效运用价格、收费、税收、财政、金融等经济杠杆，促进能源节约和环境保护。财政政策的主要手段包括财政收入政策和财政支出政策。一是财政收入方面。西方发达国家长期将税收作为治理资源环境问题的主要手段，通过税收政策来提高消耗资源和影响生态环境的经济行为的成本。中国在发展绿色经济时应该借鉴西方发达国家的经验，完善资源税费征收办法，缓解资源稀缺性，将环境外部成本纳入价格体系，减轻环境污染和生态破坏。二是财政支出方面。对绿色产品的生产者进行补贴，对绿色产品给予税收优惠政策，以调动全社会的积极性，大力鼓励民间投入，尤其是对再生产领域的投入，引导各方不断增强推动绿色发展的自觉性和主动性、形成全社会投入的新机制。

#### 19.5.3.3 规范绿色认证体系

当前绿色市场建设方面存在的突出问题就是无法可依和有法不依现象，恶意违法违德事件屡见不鲜。所以，要通过加强绿色产品质量监管和绿色认证工作，为企业创造一个公平竞争的环境，为消费者营造一个健康和安全的市场，促进绿色经济的发展。首先，要严格落实企业年检制度，对获得绿色产品标志使用权的企业进行年度的监督、检查、考核和评定。其次是加大产品抽检比例，通过不定期对超市等场所的产品进行抽检，定期开展以打击"绿色李鬼"为主题的专项活动，并及时将检验结果通过报刊、广播、电视等媒介向社会公众公布，使广大消费者掌握准确信息。通过以上多种途径监督市场，加大监管体系，规范绿色认证，真正让绿色市场"绿"起来，为广大消费者营造一个诚信、健康、良好、规范的市场环境，促进绿色经济的持续健康发展。

绿色经济是 21 世纪最具有活力和发展前景的经济形式之一[①]。全球管理咨询公司麦肯锡在题为《中国的绿色革命：实现能源与环境可持续发展的技术选择》的报告指出：在未来 20 年中，中国有潜力向"绿色经济"转型。麦肯锡研究了中国在 6 个关键领域可以用来提高能源效率，减少排放和污染的 200 多项技术。这六个领域包括电力、汽车、重工业和废弃物管理、建筑、农林业、城市规划和消费者行为[②]。毫无疑问，绿色经济已经成为中国实践科学发展观的一个重要战略。中国有潜力向"绿色经济"转型，在绿色经济研究和发展问题上国家正进行重大理论与实践的双重创新，绿色经济将成为我国未来经济发展的新方向。

---

[①] Dales. Water and ownership[J]. Canadian Journal of Economics，1968：79~80.
[②] 中国的绿色革命：实现能源与环境可持续发展的技术选择[EB/OL]. http://www.mckinsey.com/locatims/chinasimplified/mckon china/reports/china – green – revolution. aspx. 2009.

# 第二十章

# 生态文明经济体系的基本形态(三):低碳经济

生态文明经济体系系统包含多种基本形态,各种基本经济形态的发展都是为了更好地促进生态文明建设,从而实现生态效应、经济效应和社会效应的相统一与最优化。在生态文明观指导下的经济发展,最终都应该脱离高投入、高排放、高污染、低效益的发展模式,转向低投入、低排放、无污染、高效益的发展模式。在全球气候变化背景下提出的低碳经济,实质上是一种能源经济[①]。它以减少温室气体排放为契机,在全世界范围推进发展方式改革,推动新能源的生产和能源消费的革命,是实现低碳式生产和生活消费的引领者,有助于解决目前存在的高能耗、高排放的发展困境。发展低碳经济将促进世界经济转型,改变世界经济运行秩序、国际贸易方式的许多规则,已成为各国政府和有远见的企业家抢占的制高点。"无论如何,中国应对气候变化也是中国可持续发展的需要。"[②]发展经济离不开能源,低碳经济主要从"低碳"的新能源视角研究经济发展,以应对传统经济发展的能源危机,是生态文明经济体系的基本形态之一,是发展生态文明经济体系的重要组成部分。

## 20.1 低碳经济的兴起

2003年英国政府发布能源白皮书——《我们能源的未来:创建低碳经济》,至此"低碳经济"开始正式进入人们的视野。低碳经济的兴起主要与三个方面因素有关:气候变化是低碳经济兴起的最直接原因;能源资源紧缺是低碳经济兴起的根本原因;金融危机是低碳经济发展的助推器。

### 20.1.1 全球气候变化

低碳经济是在人类应对全球气候变化过程中产生的,气候变化是低碳经济产生的直接原因。早在1857年第一次国际海洋气象大会的召开,人类已经在关注气候变化。1990年

---

[①] 廖福霖. 科学看待气候变化和低碳经济[N]. 福建日报, 2011-3-15.
[②] 蒋有绪, 张炜银. 谈谈森林城市和低碳城市[J]. 中国城市林业, 2010, 8(2): 4~7.

12月联合国第45届大会,正式启动《联合国气候变化框架公约》,不仅明确人类活动对气候变化的影响,同时也呼吁对气候变化的关注。随着越来越多国家成为《公约》的缔约方,《公约》成为影响最大、涉及面最广和意义最深远的国际法律文书。1997年12月在日本召开的第3次缔约方会议上制定了《京都议定书》,并于2005年2月正式生效,这样以$CO_2$为主的温室气体排放首次有了国际法的限制。期间联合国政府间气候变化专门委员会(IPCC)的4次科学的评估报告,对相关国际公约的签署和生效产生了很大的促进作用。4次评估报告结论指出:人类活动引起温室气体排放(1990年);人为对气候变化的影响因素是可辨识的(1995年);过去50年气候异常现象约有66%是由人类活动引起的(2001年);20世纪中叶以来,大部分已经观测到的全球平均温度升高很可能由于观测到的人为温室气体浓度增加所导致(2007年)[1]。由于明确了人类活动对气候变化的影响及其变化程度,人类社会生产、生活排放温室气体自然成为关注的焦点,发展低碳经济成为减少人类社会生产、生活碳排放的有效途径。

### 20.1.2 能源资源紧缺

能源资源紧缺是促进低碳经济发展的最根本的原因。能源资源紧缺是全球性问题,国际石油价格的不断波动,提醒各国能源资源有限的事实。一次能源供应紧张,而二次能源的生产成本也在攀升。以中国为例,我国煤炭剩余量可供开采不足百年,石油剩余可采量极其有限,能源供应面临挑战,2010年10月份以来,全国各地突现"柴油荒""石油荒",各地汽车排长队等待加油的场景告诉世人能源危机已经是摆在大家面前的事实。为此兴起的对可再生能源的开发热潮,如对生物燃料的研发和推广应用,为减少能源消耗和提高能源利用率的努力都是发展低碳经济的表现,低碳经济成为解决能源资源紧缺的最有效办法。

### 20.1.3 金融危机

2008年开始的全球性金融危机是低碳经济发展的助推器。金融危机加上气候变化多重危机笼罩着全世界,而且迟迟不肯散去,联合国环境规划署在2009年的《全球绿色新政》报告中认为多重危机的共同根源就是大量资本的错误配置,即过度地将有限的资本配置到化石能源、结构化的金融资产及其衍生品方面,而在可再生能源、能效、公共交通、可持续农业、土地及水资源方面投入相对较少[2]。报告号召各国积极发展低碳产业,从危机中寻求机遇,以此解决金融危机带来的经济衰退,同时也为经济发展开辟一片新天地。以发展低碳经济的方式,避免经济发展的衰退,并不是首创。早在2006年前世界银行首席经济学家尼古拉斯·斯特恩在其做出的《斯特恩报告》中提出,全球以每年GDP1%的投入,可以避免将来每年GDP5%~20%的损失,并呼吁全球向低碳经济转型。

---

[1] 薛睿. 中国低碳经济发展的政策研究[D]. 中共中央党校. 2011.
[2] 万宇艳. 我国工业结构低碳化初探[D]. 华中科技大学. 2011.

## 20.2 低碳经济的内涵与发展动力

### 20.2.1 低碳经济的内涵

到目前为止，对低碳经济的内涵概括有多种，综观专家学者①②③的研究，对低碳经济的内涵有以下几点共识：低碳经济的发展以减少温室气体、发展可再生能源为出发点，最终目标是实现经济发展与资源环境的友好共存；低碳经济以低能耗、低污染和低排放为基本特征；发展低碳经济的关键是低碳技术研发和运用；主要实现途径是发展低碳产业、提倡低碳生活和低碳消费等。

本书认为低碳经济的本质是能源经济，发展低碳经济的关键是解决能源问题，即提高能源利用效率和发展可再生新能源。同其他生态文明经济体系形态一样，发展低碳经济的最终目的是为人类的发展寻找到更大经济效益、更低生态成本和更多人类福利。低碳经济的发展具有强大的动力，除了全世界对气候变化的关注及解决温室效应的决心作为外部推动力外，低碳经济发展还具有独特的内生力量，即通过发展低碳经济，实现发展方式转变、经济结构调整，由此带来更大的经济效应、生态效应和社会效应，进而形成不断推动自身向前发展的独特的循环动力。

低碳经济包含两个概念："低碳"和"经济"，强调以最小限度的碳排放和对含碳燃料的依赖度，实现经济的增长，因此如何实现"低碳"，成为发展低碳经济最需要解决的核心问题。减少碳排放和对含碳燃料的依存度主要应该依靠新能源（清洁能源）的开发与利用来提高能源的利用效率，因此低碳经济的本质是能源经济，通过建立新的能源生产、消费结构，提高能源的使用效率，降低能源消耗，实现减少二氧化碳等温室气体和有毒有害气体排放的目的。

### 20.2.2 低碳经济的发展动力

上面提及的全球性气候变化、能源资源短缺和金融危机是促进低碳经济发展的外部动力，发展低碳经济还有更重要的内生力量，主要表现为三点④：首先，发展低碳经济是实现国家能源安全战略的需要。目前大部分国家的能源结构还不甚合理，主要表现为对石化燃料的依存度过高，而新能源的开发和利用尚处于起步阶段，发展低碳经济有益于改变现状，缓解能源危机；其次，发展低碳经济将产生一系列战略性新兴产业群，由此产生的经济效益将激发低碳经济的发展热潮并带动其他新兴产业发展；第三，发展低碳经济将促进世界经济转型，进而可能改变世界经济运行秩序、国际贸易方式等。发展低碳经济不仅仅是简单的经济问题，还是重要的外交问题，发展低碳经济可能改变目前的国际能源产业、国际贸易格局，成为争取国际话语权的有力武器，因此发展低碳经济已成为国家层面战略性决策。上述提及的三点都成为发展低碳经济的内在动力，促使低碳经济蓬勃发展。

---

① 庄贵阳．中国：以低碳经济应对气候变化挑战[J]．环境经济，2007（1）：69~71．
② 冯之浚，牛文元．低碳经济与科学发展[J]．中国软科学，2009（8）：13~19．
③ 卞继红．低碳经济模式下我国产业集群发展问题思考[J]．生态经济，2011（1）：58~60，66．
④ 廖福霖．科学看待气候变化和低碳经济[N]．福建日报，2011-3-15．

## 20.3 低碳经济发展目标

目前世界各国家因各自的国情、经济发达程度、政策等条件的不同，低碳经济的发展程度有所不同，对低碳经济在本国的发展目的也不尽相同。本小节对中国和发达国家低碳经济发展的要求进行简单分析，以期对我国低碳经济的发展方向和发展重点有更明确的定位。

### 20.3.1 发达国家低碳经济发展目标

发达国家大多在 20 世纪已基本完成工业化，现阶段正处于工业化后期，在享受高碳发展时代带来巨大经济效益的同时，大多也面临着巨大的环境资源压力。发展低碳经济以解决本国能源问题、应对全球气候变化为其发展目标之一。

由于发达国家已步入工业化后期，产业结构主要以第三产业即低能耗的新兴产业为主，能源消费强度相较工业化初中期有较大降低。目前，发达国家的重心，是在保持经济发展的前提下，寻求更好的发展模式，从而实现生态环境的优化。发达国家发展低碳经济的最终目的是为了实现人与自然的和谐共存，从而实现自然—人—社会复合生态系统的可持续发展。

因此，发达国家发展低碳经济侧重的是：①对新能源技术的开发和探索。发达国家在新能源的开发和利用方面开始较早，资金雄厚、技术比较成熟。如美国、日本在新能源汽车的研发和推广上，就比我国发展得更快[①]；②生活与消费方面的低碳化。例如绿色建筑节能，发达国家不仅在公共建筑上追求节能，同时在私人住宅建筑上的节能设计也是屡见不鲜，除了节能建材，还包括房屋整体用水、用电等细节上的循环节能减排。再如，公共事业的节能减排，如交通方面的节能减排等。总体来说，发达国家目前较为注重的是微观方面的努力，主要依靠全民总动员的方式，共同开展低碳运动。

### 20.3.2 中国低碳经济发展目标

中国目前处于工业化发展的中期，产业结构以第二产业为主，低端制造业发展的势头强劲，产业结构尚待优化，仍需强大的能源资源为依托。实现全面进入小康社会是我国现阶段的奋斗目标，低碳对我国现阶段的发展提出了更高的要求，需要我国做出更多的努力。因此我国发展低碳经济有自身的内在要求，即通过低碳经济的发展推动产业结构的调整，改善能源结构，提高能源利用效率，从而实现经济社会生态发展的可持续性。但我国发展低碳经济的最终目标与发达国家是一样的，都是为了实现人与自然的友好共生，实现自然—人—社会复合生态系统的共生共荣、共同发展。

虽然某些发达国家在注重自身低碳经济发展的同时，以"低碳"为借口，利用目前我国因发展需要大量能源，对我国提出很多不合理的要求。但我国以积极的态度应对，并在国内制定和实行了一系列相关的工作方案、规章和制度，彰显了一个负责任大国的决心和风范。这也正是因为我国明确了解发展低碳经济也是我国的内在要求。低碳经济发展是世界经济发展趋势，是符合可持续发展的一种经济发展模式，与其坐等别人制定发展规则，不

---

① 我国新能源汽车如何追上发达国家[EB/OL]. http://www.cnr.cn/allnews/201002/t20100202-50597694 2-1.html.

如调整心态，积极推进本国低碳经济的发展进度，从而在国际贸易、市场竞争和技术领域争取更有利的主动权。

因此，中国现阶段低碳经济发展的侧重点是：①加大对低碳经济发展在政策、资金和技术上的支持。我国低碳经济的发展正处于起步阶段，国家和政府在宏观上的推动十分重要。一旦低碳经济市场建立，低碳经济发展理念深入人心，这时，微观上企业和人们发展低碳经济的原生力量才会迸发出来。②生产生活方面的低碳化。除了与发达国家一样应提倡生活和消费的低碳化外，我国更应注重生产方面的低碳化。目前我国处于工业化中期，是产业发展转型的关键时期。此时，发展低碳经济是一个良好的契机。应抓住低碳的生产理念，大力发展新兴产业，减少高能耗、高污染产业，对传统产业进行低碳化改造提升，从而实现产业结构的升级与优化。

## 20.4 中国发展低碳经济的基本要求

总结当前我国发展低碳经济的内外要求，主要有五个方面：一是改善能源结构；二是提高能源利用效率；三是实施新的《环境空气质量标准》；四是增加森林碳汇；五是加强二氧化碳的回收与利用。

### 20.4.1 改善能源结构

改善能源结构是我国发展低碳经济的重要要求之一，通过改善能源结构实现产业结构的优化和升级，也是我们目前生态文明经济体系发展的重点。

#### 20.4.1.1 能源结构存在问题

目前我国能源结构存在着结构不合理，化石能源与可再生能源在生产和消费方面比重失衡的问题，是低碳经济发展的阻碍之一。

(1) 能源生产、消费结构不合理。图20.1是我国1978~2010年四类能源生产总量的比重图，从中可以看到，1978年到2010年中国能源生产结构基本呈现高煤少油低气低可再生能源的状态。能源生产比重中原煤从1978年的70.3%上升到2009年的76.5%；原油的生产则有较大幅度的下降，从1978年的23.7%下降到2010年的9.8%；天然气的生产比重有略微的上升，由1978年的2.9%到2010年的4.3%；水电、核能、风能的生产比重有一定的提高，但是增长速度缓慢，由1978年的3.1%到2010年9.4%，所占比重仍太小。总的来说，目前我国能源生产结构中煤炭仍占主导和决定性地位，而可再生能源的开发占能源总量的比重极少。这样的生产结构与我国能源资源结构有较大的关系，在中国资源探明储量中，煤炭占94%，石油占5.4%，天然气占0.6%，是典型的"富煤贫油少气"的能源结构。

能源生产结构受能源消费结构的影响，同时也影响消费结构。如图20.2所示，我国煤炭消费量从1978年的70.7%到2010年的68%、石油的消费量由1978年的22.7%到2010年的19%，两者都有少量降低，天然气从1978年的3.2%到2010年的4.4%，有少量的增加，水电、核能、风能的消费量从1978年的3.4%到2010年的8.6%有一定提高。能源消费的总体情况呈现多煤多油少气少可再生能源的状态，这与能源生产结构有莫大关联。石油消费量比例的小幅度降低可能与国际石油价格攀升有关，但据BP6月发布的《世界能源统计回顾2011》报告数据显示，2010年中国是世界第二大石油消费国，石油消费量为 4.29 亿吨，仅次于美国。2011 年我国石油对外依存度超过了 56%，对石油的依赖依然是能源消费结构中的一个突出问题①。

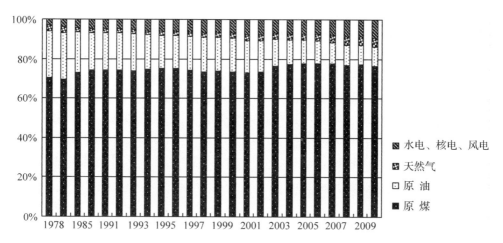

图 20.1　1978～2010 年四类能源生产总量比重图

数据来源：2010 年中国统计年鉴

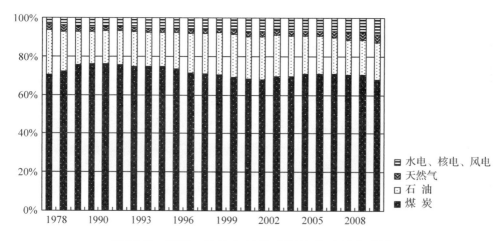

图 20.2　1978～2010 年四类能源消费总量比重图

数据来源：2011 年中国统计年鉴

因此，我国目前的能源生产、消费结构还不甚合理，主要表现为生产、消费能源以煤炭为主，对石油依赖性仍然较大，而可再生能源的开发和消费所占比重很小。在碳排放方面，因为煤的碳密集程度比其他化石燃料高很多，单位能源燃煤释放的二氧化碳相对其他能源是最高的，是天然气的近两倍②，根本无法与基本"零排放"的可再生新能源相比。因

---

① 国家发改委：2011 年我国石油对外依存度超过 56% [EB/OL]. http：//politics. people. com. cn/GB/1027/17048040. html.

② 煤炭资源利用率低或将全面改观 [EB/OL]. http：//cccmc. mofcom. gov. cn/aarticle/2hongyswhd/201011/20101107255086. html.

此，以煤炭为主的能源生产与消费结构对发展低碳经济是一个很大的障碍。

（2）可再生能源的市场化水平低。可再生能源是相对不可再生能源而言的，具有无污染和可持续利用的特点，目前已知的可供利用的可再生能源包括：太阳能、水能、生物质能、氢能、风能、波浪能以及海洋表面与深层之间的热循环等。可再生能源作为未来人类主要依靠的能源，具有极其重要的战略地位。目前中国发展可再生能源已取得一定成绩，也受到国际的认可和关注，但仍存在一些问题，其中可再生能源的市场化水平低尤为突出，包括开发市场化低和占领能源市场份额小两方面。第一，可再生能源开发市场化低。可再生能源的开发是一个庞大的系统工程，需要强大的技术力量和雄厚的资金支持，使得进入该行业需要跨越很高的门槛，造成了目前很多主要开发项目由央企完成、民营企业参与有限的状况。这种状况容易形成能源领域开发的垄断，导致可再生能源开发市场化低。第二，可再生能源占领能源市场份额小。这在能源消费结构已有所体现，尽管近年来可再生能源的消费量有所增加，但在整个能源消费总量的占有比重还较低，不足10%。可再生能源市场份额小，主因归结于可再生能源的价格较高，这与可再生能源的开发难度相对较大，产量相对较低有关。以发电成本为例，火力发电为每度 0.2~0.3 元，风力发电约为 0.5~0.6 元，太阳能发电约为 1.2~1.3 元[1]，就算是成本最低的风能发电价格也是火力发电的2倍多，高开发成本影响了开发产量，也影响了市场的消费总量。有专家指出，大概10年之后，风电和煤电的价格才可能相当[2]，在这10年内，风电还是需要国家的补贴支持，10年后风电的发展才能完全取决于市场。

#### 20.4.1.2 解决路径

改善能源结构最主要的就是通过发展可再生能源，推广可再生能源的使用，改变以煤炭为主的生产和消费结构，促进能源利用转型。发挥政府主导作用，吸收民营企业力量，推动可再生能源开发市场化；优化产业结构，减少石化燃料依赖度；凸显开发可再生能源资源益处，促进各地区发挥可再生能源禀赋优势，这三点对促进改善能源结构有重要的作用。

（1）吸收民营企业力量，推动可再生能源开发市场化。无可置疑，政府在改善能源结构方面起着主导作用，而吸收民营企业力量，积极发展民营企业可再生能源经济不仅有助于缓解政府的发展压力，而且有利于实现可再生能源行业内健康的市场竞争，有利于实现可再生能源价格市场化。因此，政府应该营造良好的竞争氛围，出台有利于促使可再生能源市场化的政策，例如：加大对民营企业的技术和资金支持，构建国有企业与民营企业之间的合作桥梁，帮助民营企业在发展可再生能源经济中找到合适的位置，从而实现国有与民营的优势互补，共同为发展可再生能源出力。

（2）优化产业结构，减少石化燃料依赖度。产业结构是决定能源结构能否优化的关键。三大产业的能源强度和种类各不相同，目前我国能源消费结构中，第二产业对化石燃料的依赖度最高，其次是第一产业，最少的是被称为"无烟工业"的第三产业。"三二一"是目

---

[1] 新能源发电领域央企垄断格局正形成，民资被退出[EB/OL]. http://news.hexun.com/2010-07-26/1243602/html.

[2] 时璟丽. 中国可再生能源飞速发展[EB/OL]. http://news.qq.com/a/20090904/002500_1.htm.

前公认最优的产业结构，增大第三产业比重，保持一定的第一、二产业比重，对改善能源结构可以起到一定的促进作用。中国从 1978 年到 2010 年以来第三产业有明显的上升，由 23.94% 上升至 43.14%，但第二产业的比重一直保持较稳定状态，从 47.88% 到 46.75% 降幅不大（图 20.3）。第二产业对国内生产总值的贡献大，同时能源消耗量也大，2009 年工业消费能源总量为 219197.16 万吨，占能源消费总量的 71.48%，远远超过其他行业的消费量（表 20.1）。而且工业所消耗的石化燃料占绝大比重为 73%，电力能源仅为 26854.49 万吨（表 20.2）。我国要完成工业化尚需时日，产业结构的调整应该是循序渐进，不能贪图速度而忽视质量。在调整产业结构的同时，要注意产业内的行业结构和产品结构的相应调整，以实现产业结构与能源结构调整的相互协调。

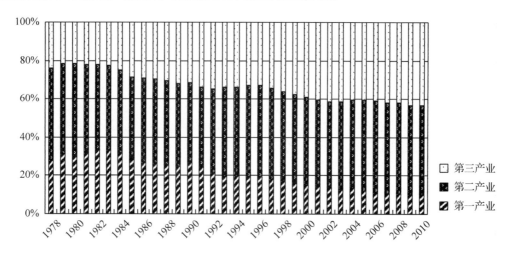

图 20.3 1978~2010 年中国三大产业比例图

数据来源：2011 年中国统计年鉴

表 20.1 2009 年各行业能源消费总量

| 行　业 | 能源消费总量（万吨标准煤） |
| --- | --- |
| 农、林、牧、渔、水利业 | 6251.18 |
| 工业 | 219197.16 |
| 建筑业 | 4562.02 |
| 交通运输、仓储和邮政业 | 23691.84 |
| 批发、零售业和住宿、餐饮业 | 6412.26 |
| 其他行业 | 12689.81 |
| 生活消费 | 33842.88 |

数据来源：2011 年中国统计年鉴。

表 20.2　2009 年工业消耗能源种类

| 能源 | 消费量(万吨) |
| --- | --- |
| 煤炭 | 279888.52 |
| 焦炭 | 31743.32 |
| 原油 | 37975.17 |
| 汽油 | 671.07 |
| 煤油 | 32.04 |
| 柴油 | 2348.80 |
| 燃料油 | 1521.53 |
| 天然气 | 577.90 |
| 电力 | 26854.49 |

数据来源：2011 年中国统计年鉴。

（3）促进各地区发挥可再生能源禀赋优势。我国可再生能源资源丰富，涉及地区面积广，且存在地区差异。2011 年 6 月 8 日，我国首个全国性国土空间开发规划《全国主体功能区规划》在能源篇对新能源（主要是风能与太阳能）的发展进行规划。风能重点在资源丰富的西北、华北和东北以及东部沿海地区布局建设大型风电基地；太阳能近期重点在光伏产业较发达的山东半岛、长江三角洲、珠江三角洲等地区布局建设大型太阳能基地；中远期逐步在河西走廊、兰新线、青藏线、宁夏和内蒙古沙漠边缘等地区建设大型太阳能基地[①]。各地区充分发挥可再生能源禀赋优势，对更快促进我国能源转型有着极大的作用。通过对各地区开发可再生能源的扶持，有助于促进地区能源优势的发挥，对发展低碳经济具有重要作用。包括：①发展可再生能源能有效解决当地本身能源问题，保证能源供应安全。②争取到国家对可再生能源资源丰富区的开发重点支持，包括技术、资金和政策上的优惠等，促进可再生能源健康有序发展。③开发可再生能源可以作为当地特色、支柱产业，促进当地开拓新的经济增长领域，在实现经济效益的同时也为当地提供更多的就业机会。但从促进当地发展的利益出发，激发各地区发展可再生能源的热情和信心的同时，要注意从本地区的实际情况出发，切忌盲目跟风。

### 20.4.2　提高能源利用效率

#### 20.4.2.1　能源利用存在问题

我国能源利用效率低，浪费严重，在生产和生活两方面都表现明显。能源利用效率低是指能有效利用的能源占全部能源消耗的比重低，即一定量的能源中实际发挥作用的只占较少的比重，其余的没有发挥作用，甚至有的因为没有完全利用反而产生了更多污染物，影响环境保护。据了解，用煤炭作为燃料的热电厂，煤炭的利用率最高只有 45%；用煤炭作为燃料的发电厂，煤炭的利用率仅为 35% 左右。能源使用率低，不仅影响能源的开发成本，而且因为能源的没有完全利用而产生的污染物更是破坏环境的"杀手"。另外，二次能源的利用率也有待提高，我国煤矸石、煤矿瓦斯、矿井水等这些二次能源综合利用率为

---

① 全国主体功能区规划[EB/OL]. http://www.chinanews.com/gn/2011/06~09/3099774_8.shtml.

40%，有研究表明假如这些利用率能提高到70%，每年便可节约2000万吨标准煤。因此，在生产上，能源利用率上还有很大的进步空间。

生产是能源利用的大户，其利用效率值得重视，而生活的能源利用效率问题同样值得关注。生活上的能源利用率低主要体现在两个方面：一是家庭浪费，比如家用电器用电浪费等。二是社会公共浪费，公共场所的能源浪费等，比如商场、会议室的空调过低；敞开门窗开空调，或是风扇、空调齐运作；许多公共场所往往有长明灯或长流水。导致这样浪费的原因主要有两个：一是民众的低碳意识有待提高，节约意识不够，对公共资源的爱惜不足；二是使用不当引起的浪费，大部分民众虽然具备一定节约意识，但缺乏一些使用技巧，如哪些电器是待机省电，还是直接关闭电源省电，这些省电小窍门迫切需要普及。生活能源利用率的提高有重要的意义，据施耐德电气研究表明，在用电端节省1个单位的能源相当于发电端节省3个单位①。

#### 20.4.2.2 提高能源利用率的途径

（1）转变经济发展方式。提高能源利用效率，变革生产方式是最终落脚点。转变经济发展方式、调整经济结构及改造提升传统经济都是促进能源利用效率提高的主要途径。转变经济发展方式，要素投入由资源密集型向技术密集型转变；需求要素主要由投资拉动型、出口带动型向投资、消费、出口三者相协调转变等，从而实现经济发展由粗放外延型向集约内涵型发展，减少能源投入、增加能源利用效率。调整经济结构，加大创新技术产业比重，减少高能耗高污染低效率产业，发展绿色可循环清洁生产，最终实现经济结构优化的同时，减少经济发展能耗。改造和提升传统经济应该是现阶段的发展重点，完全实现生产方式变革不能立竿见影，这是一个缓慢的过程，完全抛弃传统产业是不现实的，对传统经济进行改造和提升更具有现实意义。对传统生产工艺的改进，淘汰高能耗和低效率的生产设计，添加新的生产技术、使用新的生产装备，促进传统经济逐渐向符合时代发展需求转变的同时，提高能源利用效率。

（2）加强能源利用技术研发和推广。能源利用技术的研发和推广应用，对促进企业清洁生产，提高企业能源利用率有非常大的作用。以煤炭为例，随着技术水平的提高，由最初的脱硫技术，到现在的煤炭洗选，煤炭的利用率有了不少的提高。2010年神华集团共洗选加工原煤3.05亿吨，有效提升了外运商品煤的热值，减少了矸石无效运输，提高了煤炭燃烧利用效率。据测算共节约5200千卡热值的煤炭4266万吨，相当于17座百万千瓦火力发电机组的年耗煤量，减排二氧化碳约7793万吨②。但是目前煤炭生产过程中，动力煤入洗率比重还比较低，综合利用规模小，产品的技术含量低，总体利用率还不高③。加强应用能源技术的研发和推广除了要依靠政府的政策和资金支持之外，企业内部也应该有所作为。一是有一定规模和实力的企业应该通过加大企业科研人才队伍建设，做好企业内

---

① 施耐德电气王洁：节能既节省成本也增加商业回报［EB/OL］．http：//www.chinanews.com/ny/2011/01-0512766541.shtml．

② 提高煤炭利用效率，我国需加大煤炭洗选率［EB/OL］．http：//www.china5e.com/show.php?contentid=158931．

③ 煤炭资源利用率低或将全面改观［EB/OL］．http：//cccmc.mofcom.gov.cn/aarticle/zhongyswhd/20101/20101107255086.html．

部的技术研发,服务本企业;二是对大多数没有足够资金和规模力量的中小型企业来说,加强企业间的技术合作,参与技术研发,通过发挥规模效应,促进本行业低碳技术的研发和推广;三是加强企业与科研院校的合作,企业提供资金和实践基地,科研院所提供技术研发,通过二者的强强联合,实现产学研一体化,实现生态效应、经济效应和社会效应相统一和最优化。

(3)树立全民低碳意识。全民低碳意识包括在生产和生活中注重节能减排的意识。对企业生产者来说,树立低碳意识,有助于在生产中提高能源利用效率,减少能源浪费,从而减少生产成本。企业一般更注重经济效益,因此树立企业的低碳意识,可以通过成功企业的示范入手。从成功企业如何通过技术的应用、清洁生产,提高能源利用率,在获得生态效益与社会效益的同时获得巨大经济效益,这样的示范不仅对企业如何寻找到提高能源利用效率有一定的借鉴作用,而且巨大的经济效益也对企业有一定激励作用,成为促进企业树立低碳意识的有效途径之一。对居民消费者来说,树立低碳意识有助于提高能源使用效率,减少家庭、单位能耗,从而减少家庭或单位日常支出。具体实践中,可以从加大社会宣传的力度着手。首先需要消除民众对"低碳"认识上的误解,改变人们认为低碳就是限制了享受生活的错误观点。引导人们树立正确的生态文明经济体系观,即正常和合理的生活要求是允许的,只是不能因为生活水平提高了,就肆意地浪费,为满足狭隘的个人主义,而置整个地球大环境于不顾。具体宣传手段可以通过小区的平台,制作生动有趣、通俗易懂的低碳小常识的宣传栏;开展家庭节水节电竞赛;开设废品回收再利用产品展;把低碳产品引进小区等。

### 20.4.3 实施新的《环境空气质量标准》

国家环境空气质量标准是国家环境空气质量管理工作的出发点和归结点,旨在保护人体健康和生态环境安全,促进人与自然协调和谐可持续发展,具有较强的法律性、技术性和时效性。现行国家环境空气质量标准(GB 3095—1996)是1982年颁布实施并于1996年修订且在2000年修改的标准[①]。2012年3月发布了《环境空气质量标准》(GB 3095—2012),并提出分期实施新标准的时间要求:2012年,京津冀、长三角、珠三角等重点区域以及直辖市和省会城市;2013年,113个环境保护重点城市和国家环保模范城市;2015年,所有地级以上城市;2016年1月1日,全国实施新标准。

#### 20.4.3.1 重要意义

实施新《环境空气质量标准》是加强大气环境治理的客观需求。随着我国经济社会的快速发展,以煤炭为主的能源消耗大幅攀升,机动车保有量急剧增加,经济发达地区氮氧化物($NO_x$)和挥发性有机物($VOC_s$)排放量显著增长,臭氧($O_3$)和细颗粒物(PM2.5)污染加剧,在可吸入颗粒物(PM10)和总悬浮颗粒物(TSP)污染还未全面解决的情况下,京津冀、长江三角洲、珠江三角洲等区域PM2.5和$O_3$污染加重,灰霾现象频繁发生,能见度降低,迫切需要实施新的《环境空气质量标准》,增加污染物监测项目,加严部分污染物限值,以客观反映我国环境空气质量状况,推动大气污染防治。

实施《环境空气质量标准》是完善环境质量评价体系的重要内容,是满足公众需求和提

---

① 王宗爽等. 中外环境空气质量标准比较[J]. 环境科学研究,2010(3):253~260.

高政府公信力的必然要求。与新标准同步实施的《环境空气质量指数(AQI)技术规定(试行)》增加了环境质量评价的污染物因子，可以更好地表征我国环境空气质量状况，反映当前复合型大气污染形势；调整了指数分级分类表述方式，完善了空气质量指数发布方式，有利于提高环境空气质量评价工作的科学水平，更好地为公众提供健康指引，努力消除公众主观感观与监测评价结果不完全一致的现象。

#### 20.4.3.2 亮 点

可吸入颗粒物(PM10)、氮氧化物(NOx)、臭氧($O_3$)、二氧化硫($SO_2$)、一氧化碳(CO)和铅(Pb)等仍是绝大多数国家共同控制的污染物，发达国家增加了细颗粒物(PM2.5)项目，并有增加苯、重金属等污染物的趋势[①]。我国新环境空气质量标准具有下列亮点：

(1)首次增加了 PM2.5 限值。新标准首次增加了 PM2.5 限值，年限值为 35 微克/立方米，平均浓度限值为 75 微克/立方米，这与世界卫生组织所列的四个标准值中最宽的目标值相同。

(2)PM10 限值要求大幅收紧。新标准提高了 PM10 限值，年平均值从 100 微克/立方米收缩到了 70 微克/立方米。

(3)空气污染指数退出评价体系。新的评价体系"空气质量评价体系"(AQI)中，评价因子由三项(二氧化硫、二氧化氮和 PM10)变为七项(新增臭氧 1 小时和 8 小时限值、PM2.5)，对各污染物浓度进行计算，得出最终的评价，对目前现有的"一级""二级"等评价词将改为空气质量指数"一级"到"六级"。

(4)工业区和居住区空气要求一致。现行标准将环境空气功能区划分为三类：一类区为自然保护区、风景名胜区和其他需要特殊保护的地区；二类区是城镇规划中确定的居住区、商业交通居民混合区、文化区、一般工业区和农村地区；三类区为特定工业区。

(5)监测准确率最高从 70% 提至 90%。新标准提高了监测数据统计的有效性规定，将有效数据要求由 50% ~ 70% 提高至 75% ~ 90%。空气污染物监测设备，需要人为校准，数据的产生往往会出现差错，令有效性降低。根据新的要求，要整体提高数据采样准确性。

#### 20.4.3.3 加强新《环境空气质量标准》的落实

新标准首次增加了 PM2.5 限值；PM10 限值下降了 30%，幅度较大，很多城市都不容易达到标准；按照新分类方法，工业企业须首先考虑公众健康和环境容量，无法再进行粗放型管理和大规模排放。而我国尚未规定污染物达标的统计要求，更没有具体的环境质量标准实施要求，相对放宽了环境空气质量标准，因此要严格落实新的环境空气质量标准还是有不少难度的。所以，在落实新的环境空气质量标准之前，应重点做好以下工作：开展科学研究，制定达标规划；提高环境准入门槛；深入开展重点区域大气污染联防联控；加强机动车污染防治；建立健全极端不利气象条件下大气污染监测报告和预警体系；规定污染物达标的统计要求；制定环境质量标准实施要求。另外，在加强落实的过程中，各地也可考虑提高标准，比如：目前的 PM2.5 限值还是世界卫生组织所列的四个标准值中最低的目标值。

---

① 王宗爽等. 中外环境空气质量标准比较[J]. 环境科学研究，2010(3)：253~260.

### 20.4.4 增加森林碳汇

除了上述改善能源结构和提高能源利用效率外,增加森林碳汇也是促进低碳经济发展的途径之一。与其他两条途径相比,增加森林碳汇的成本相对更低,而效果却直接、明显。一般认为碳汇是大气中清除二氧化碳的过程、活动或机制。碳汇的作用载体主要有海洋和陆地。海洋碳汇主要通过海洋生物如浮游生物、细菌、海草、盐沼植物和红树林等捕获和固定二氧化碳。陆地碳汇主要通过森林、草原和农田等吸收和储存二氧化碳。这里主要探讨森林碳汇。

#### 20.4.4.1 意 义

(1)缓解我国节能减排的压力。为应对气候变化,发展低碳经济,中国始终不遗余力。从签订《京都议定书》、同意"巴厘岛路线图"到 2009 年哥本哈根气候变化会议上的减排承诺,无不彰显我国负责任的大国态度。但是以我国目前的发展阶段、能源结构和资金技术条件,要实现承诺,仍需较长时间的努力。而《京都议定书》中关于可以通过造林等增加陆地碳汇用以抵减本国碳排放指标的方案,无疑为我们完成节能减排任务开辟了一条新的路径。据专家测定,森林通过光合作用,每生长 1 立方米木材,约吸收 1.83 吨二氧化碳,释放 1.62 吨氧气,而全球森林年均吸收二氧化碳更是占生物固碳总量的 80%[①]。与改变能源结构、提高能源利用效率相比,增加森林碳汇成为我国应对气候变化,完成国际节能减排任务的一个成本相对较低的方法,对促进低碳经济的发展来说,是一个更直接有效的途径。

(2)促进碳汇经济发展,实现三大效应的相统一和最优化。伴随着《京都议定书》的生效,碳汇市场化已成为趋势。碳汇市场交易的是森林碳沉降所形成的碳排放权,通过交易市场的交换从而实现排放权经济价值。碳汇市场的建立和完善,将极大地促进碳汇经济的发展。《京都议定书》中的清洁发展机制规定发达国家可以通过向碳汇丰富的发展中国家购买"可核证的排放消减量",发展中国家可以通过人造林,出售二氧化碳的排放量,以此获得经济效益。而且根据现有的"碳汇"交易项目来看,增加碳汇交易,还有利于促进农民增收,实现社会效益。2006 年全球第 1 个正式注册的 CDM 森林碳汇项目——广西珠江流域再造林项目在苍梧县和环江县启动,该项目共计有 25 个行政村、77 个自然村参与,将有超过 2000 户农户直接或间接从中受益。研究发现,该项目可以从租金、林产品销售、CER 核证汇清除(Certified Emission Reductions)销售、参与造林活动以及参与森林管护这 5 个方面提高农户的经济收入[②]。发展碳汇经济的出发点就是为了保护全球生态环境,因此所产生的生态效益就不言而明了。

#### 20.4.4.2 措 施

(1)保证森林生态系统安全,加快发展森林碳汇。随着大家对碳汇交易的日渐关注与重视,未来我国的碳汇交易也将越来越多。在碳汇巨大市场和经济效益面前,首要应对是做好准备、冷静对待。目前我国森林资源总量还不丰富,森林覆盖率排在世界第 130 位;

---

① 减排必须发挥森林固碳的特殊作用[EB/OL]. http://www.gov.cn/2007lh/content_549754.htm.
② 陈冲影. 林业碳汇与农户生计——以全球第一个林业碳汇项目为例[J]. 世界林业研究,2010,23(5):15~19.

人均森林面积不足世界平均水平的1/4,排在世界第134位;人均活立木蓄积量只有世界平均水平的1/7,排在世界第122位①。发展森林碳汇应该在保证我国森林生态系统安全的前提下进行。

首先应开展森林资源调查。森林资源调查包括森林各项数值指标调查、森林空间分布差异、树种空间分布差异等。它是进行森林生态效益补偿和森林资源资产化管理的前提,清楚掌握我国目前整个森林资源状况,才能在碳交易合作项目谈判中做到有理有据。其次,做好林业发展规划,结合森林资源调查结果,从国家发展的战略高度,考虑如何做好森林布局和树种分布以促进国家更好应对气候变化,并促进碳交易顺利发展。最后,加强森林日常养护力度。每年我们种植树木的数目与最后成活成材的数目相差甚多,森林种植不应该只是一个"节日活动",它更关系着我们未来发展,因此加强森林日常养护力度,保证我国森林生态安全才能保证森林碳汇的健康发展。

(2)加快森林碳汇计量研究。森林碳汇计量问题是目前阻碍碳汇交易发展的重要因素之一。森林碳汇计量没有统一的标准是其最大问题。由于森林碳汇的计量与很多因素有关,涉及事务繁多,地区差异性明显,因此目前国际上还没有一个统一的计量监测标准。以IPCC关于碳汇计量和监测的相关指南来说,由于其提供的计量参数多来自欧洲和北美,很难适用于我国,而且国际上采用的土壤分类系统与我国有较大差别,因此其默认参数也很难运用到我国②。甚至,就我国内部来说,也没有统一的标准参数和方法,计算结果因采用的参数和选用的方法不同可能有所差异。如国内外普遍运用的碳汇计量方法就有生物量法、蓄积量法、生物量清单法、涡旋相关法、涡度协方差法及驰豫涡旋积累法六种之多,且每种计量方法存在优缺点。以生物量法为例,生物量法是目前应用较多的碳汇测算方法之一,它是根据单位面积生物量、森林面积、生物量在树木各器官中的分配比例、树木各器官的平均碳含量等参数计算得出③。实践操作上,一般是通过大规模的森林实地调查,建立一套标准的测量参数和生物量数据,用样地数据得到植被的平均碳密度,再用每种植被的碳密度与面积相乘,估算生态系统的碳量④⑤。生物量法的优点是直接、明确、技术简单,但也存在不足之处,一是在实际操作中,一般选取生长较好的林分进行测算,因此导致森林植被的碳固量值可能偏高⑥⑦。二是在估算中,一般只注重地上部分,对地下部分生物量的测量不足或存在较大的不确定性⑧。因此规范、权威、统一的计量标准对碳汇

---

① 回良玉. 全面推进集体林权制度改革,切实加强生态文明建设[EB/OL]. http://www.forestry.gov.cn/portal/sbj/s/2664/content-425036.html.
② 用数据展示森林碳汇的成果[EB/OL]. http://politics.people.com.cn/h/2011/0729/c226651-2165816185.html.
③ 赵林,殷鸣放,陈晓非等. 森林碳汇研究的计量方法及研究现状综述[J]. 西北林学院学报,2008;23(1):59~63.
④ Chang huipeng, Michael J. Contribution of China to the global cycle since the last glacial maximum Reconstruction from palaeovegetation maps and an empirical biosphere model[J]. Tellus, 1997, 49(B):393~408.
⑤ Foley J A. An Eduilibrium model of the terrestrial carbon budget[J]. Tellus, 1995, 47:310~319.
⑥ Brown S and Iverson LR. Biomass estimates for tropical forest[J]. World Resour Rev, 1992, 4:366~384.
⑦ Fang J, Wang GG, Liu G, et al. Forest binmass of China: an estimate based on the biomass volume relationship[J]. Ecol. App, 1998, 8:1084~1090.
⑧ 何英. 森林固碳估算方法综述[J]. 世界林业研究, 2005, 18(1):22~27.

的公平交易至关重要,加快森林碳汇计量研究迫在眉睫。

(3)积极建立森林碳汇市场。在目前的碳汇交易中,国际上有两个市场:京都市场和非京都市场。京都市场是指以欧盟为中心、符合《京都议定书》碳贸易机制的国家之间的交易;非京都市场主要是指以美国为中心,基于自愿碳标准的"自愿市场"。在京都市场,2012年前发展中国家的企业可以通过再造林等碳汇项目,产生的温室气体减排量或碳汇量,在获得联合国CDM执行理事会认证成为"核证减排量"后,出售给发达国家的企业[①]。

目前国内森林碳汇市场发展还未成熟,但是国内建立森林碳汇市场,对增加我国森林碳汇能起到促进作用,主要体现为:①激发国内碳汇交易,为促进企业节能减排提供一条新的路径,相比经济手段,企业购买森林碳汇更能解决或缓解企业因生产产生的碳排放问题。②促进森林碳汇产业化,有学者构想我国森林碳汇市场的基本架构由碳排放权交易市场、碳汇信用项目交易市场、森林碳汇资产产权交易市场、森林资产与碳汇保险市场、森林碳汇期货市场、森林碳汇提供者互助基金、森林资源调剂基金、森林碳汇交易中介服务市场和监管体系9个部分组成,包括营利和非营利组织,这将提供一定的就业机会,以及促进延长传统产业链等。③建立森林碳汇市场,有助于更多人了解森林碳汇交易,避免出现不法分子利用大家对碳汇市场交易复杂的程序和规定不清,设置投资陷阱等。

当然国内市场的建立应该参照国际市场标准,以便实现与国际对接,同时建立森林碳汇市场,应该结合我国情况,稳步推进,不可冒进。2011年3月出台的《福建省建筑节能"十二五"专项规划》中明确指出,福建省将在厦门开展低碳城市建设试点和碳排放量交易试点,厦门市成为全国首个建设领域碳交易试点城市。2011年10月29日,国家发改委办公厅发布《关于开展碳排放权交易试点工作的通知》,文件批准北京市、天津市、上海市、重庆市、湖北省、广东省及深圳市首批启动试点,目的是推动市场机制以较低成本实现2020年我国温室气体排放行动目标,加快经济发展方式转变和产业结构升级[②]。

(4)完善碳汇法规政策。增加我国森林碳汇还需要法规政策的支持。我国森林碳汇政策的制定应该考虑到以下几个方面:一是保证森林生态系统安全,不能因发展碳汇破坏我国森林生态系统;二是鼓励我国森林碳汇研究,如森林碳汇计量探究、我国历史陆地碳汇研究等,保证森林碳汇的发展有科技的支撑;三是专门针对森林碳汇市场的法规和政策。国际市场上,气候变化政策仍具有较高的不确定性,相关的市场制度和规则也不完善,因此容易导致"有行无市"的局面出现,很多的投资者因为害怕承担巨大的风险望而却步。另外,因为较大的交易成本,使得投资者的收益小,因此相关政策应多为促进森林碳汇产业化提供保障,同时也要有专门针对"碳汇"犯罪的法规,规范森林碳汇市场的正常运行。

## 20.4.5 加强二氧化碳的回收与利用

### 20.4.5.1 正确认识二氧化碳

(1)二氧化碳是非污染性气体。二氧化碳的化学分子式为$CO_2$,常温常压下是一种无

---

① 吴兆喆. 用数据展示森林碳汇的成果[EB/OL]. http://www.forestry.gov.cn/portal/main/s/72/content-494128.html.

② 国家发展改革委办公厅关于开展碳排放权交易试点工作的通知[EB/OL]. http://www.ndrc.gov.cn/zn/zcfblzcf-bt2/t20/20113.456506.htm.

色、无味并且无毒的不助燃的气体,水溶液呈弱酸性,呈固态时又被称为干冰。二氧化碳的来源主要有三种类型:①生物来源,主要是人和其他动物的呼吸作用、有机质降解等;②非生物来源,自然活动中的矿物燃烧,包括火山喷发和其他自燃现象等;③人类活动来源,这是二氧化碳的主要来源,人类生产活动包括农业生产、工业生产和人类日常生活产生的。一般情况下,二氧化碳性质稳定,不易发生化学反应,且与污染性气体如 $SO_2$、$H_2S$、$NO_x$ 等不同,目前研究表明二氧化碳不会对人体和其他生物造成任何损害。因为二氧化碳对较长波长的辐射有较强的吸收能力,使得大气温度增加,因其具有增温效应而被称为温室气体,而且在大气中所有温室气体中二氧化碳所占的比重最高,因此,二氧化碳被认为是主要的温室气体,但并非污染性气体,二者有本质的差别。

(2)二氧化碳具有使用价值。二氧化碳不仅不是污染性气体,并且还可供人类生产活动利用。一般地,将上述各种方式产生的二氧化碳通过物理、化学和生物方法回收并且作为碳资源进行辅助生产或制造相关化工产品的行为称为二氧化碳的回收利用。二氧化碳的利用方式也分为物理利用、化学利用和生物利用。物理利用主要是指二氧化碳作为一种介质或助剂使用,不改变二氧化碳本身的化学性质,同时较少或基本不消耗其总量。化学利用是指二氧化碳以气体或者其他还原形态参与化学反应,以合成和制造相关化工产品,同时消耗其总量。生物利用是指利用生物方法使用二氧化碳。这里将二氧化碳三种利用方式的具体表现进行归纳,见表20.3。

表20.3 二氧化碳主要利用领域

| 物理利用 | 化学利用 | 生物利用 |
| --- | --- | --- |
| 作为溶剂用于超临界流体;作为制冷剂;保护焊接;烟丝膨化;碳酸饮料添加剂;人工降雨剂;大型铸钢防泡剂;灭火剂;油田驱油剂;洗涤剂等 | 醇;烷烃;酯;胺;生产尿素;生产纯碱;合成碳酸氢铵;水杨酸钠;合成脂肪族聚碳酸酯(共聚物);高聚物;养护混凝土;处理污水等 | 设施农业,增加大棚二氧化碳浓度;用于生物能源制造、果蔬保鲜剂、呼吸促进剂、柿子脱涩、灭杀害虫、二氧化碳培菌等 |

#### 20.4.5.2 二氧化碳的回收与利用

(1)二氧化碳的回收。目前工业二氧化碳的回收技术主要有化学吸收法、物理吸收法、吸附法、膜分离法[①]等方法。对于二氧化碳排放大户,二氧化碳的回收不仅可以减少因其排放量所带来碳税等的困扰,而且因为二氧化碳是一种利用范围广、需求量大、价格较低的气体,其利用领域和利用量正不断地开拓和攀升,未来二氧化碳的需求将会不断加大,因此回收二氧化碳也可以成为排放大户创收的一个新途径。然而,目前二氧化碳回收量远远赶不上其排放量,主要受限于二氧化碳的回收技术尚未成熟。一方面由于回收难度导致回收量少,形成的利润低,影响生产者回收的积极性;另一方面由于回收二氧化碳所需的技术装备尚未大范围推广使用,因此购买设备和引进技术的成本相对较高,造成生产成本增加,也影响着二氧化碳的回收。因此改进二氧化碳回收技术,降低二氧化碳回收的难度、门槛和成本,应该成为推广二氧化碳回收应该解决的首要任务。

---

① 毛松柏,朱道平,叶宁. 低分压 $CO_2$ 回收新技术的工业应用[J]. 化工环保,2010,30(02):146~148.

（2）二氧化碳的利用。二氧化碳的主要利用领域在上面已经说明，在此不做赘述。这里主要对二氧化碳利用进行展望。首先，应该改进二氧化碳利用技术，提高以二氧化碳为主要原料产品的性价比。目前以二氧化碳为主要原材料生产的产品的价格大多高于普通产品，如塑料，目前从二氧化碳制备生物降解塑料成为最受关注的研究方向之一，由此得到的塑料具有生物可降解性能而大受期待，但是目前其价格无法与普通塑料相媲美，如何实现高效合成和提高性能改善的程度成为影响其性价比的技术关键[①]。因此改进二氧化碳利用技术成为提高二氧化碳性价比的核心动力。其次，加大二氧化碳地质封存技术研究力度。与其他利用方式相比，二氧化碳地质封存的二氧化碳消耗量大，产生能耗少，同时也有助于增加原油的开采量等，是目前较为受关注的利用方式之一。再次，扩大二氧化碳利用规模，促进二氧化碳产业链的延伸。二氧化碳目前的利用规模较小，同时利用较为零散，产业链严重短缺，如二氧化碳在保护焊接中的利用已有很长的历史，由于技术缺乏革新，关注度不足等原因，并不成气候。因此在未来发展中，二氧化碳的利用应该朝着大规模、紧密联合上下游、生产更多性价比高的产品方向发展。最后，做好二氧化碳利用宣传，提高二氧化碳的回收利用率。二氧化碳的回收利用在我国还处于起步阶段，提高生产者的回收利用和加大消费者对二氧化碳产品的消费关键还要做好宣传工作，以扩大宣传增加二氧化碳利用意识，以技术指导扩大二氧化碳利用规模，以优惠政策保障二氧化碳的利用和消费。

---

① 王献红. 从二氧化碳制备生物可降解塑料——机会与挑战. 第三届国际化工新材料（成都）峰会：2010.

# 第二十一章

# 生态文明经济体系的基本形态（四）：生态文明消费型经济

生态文明经济体系系统主要是通过生产方式的转变来解决现今地球生态母系统存在的矛盾。但生产方式的转变只是其中一方面，对现存矛盾的化解无法全面也不够彻底，还应从根源出发寻找激发母系统良性循环，使系统保持稳定和持续发展的途径。众所周知，需要决定需求，需求决定消费，消费引导市场，市场引导生产，生产满足和激发需求与需要，在这个循环中消费是很重要的一个环节。因此，要促进地球生态母系统健康和持续运转，除了转变生产方式之外，发展生态文明消费型经济也是必要的途径。生态文明消费型经济是生态文明经济体系体系发展的重要支撑点，它通过提倡生态文明型消费作为切入点来使经济发展转方式、调结构、促提升。消费问题也是资源、环境和人类健康的问题，是事关自然—人—社会复合生态系统和谐协调、共生共荣、共同发展的基本问题。转变经济发展方式，发展生态文明经济体系，不但要改变工业文明的生产方式，也要改变工业文明的消费方式，确立生态文明消费观及其模式，发展生态文明消费型经济。在生态文明消费观指导下，能够产生一系列新的需要和需求，从而催生一系列新型消费群体，拓展一批新兴消费领域。生态文明消费型经济主要从消费的视角研究如何以需求拉动的方式促进生态文明经济体系的发展，是生态文明经济体系的基本形态之一。

## 21.1 生态文明消费型经济的内涵

生态文明消费型经济是指在生态文明观指导下，通过倡导生态文明消费观，实施生态文明消费模式所产生的一系列经济活动[①]，它是生态文明经济体系体系的基本经济形态之一。生态文明消费型经济包括三种生态文明消费观和与之相对应的三种生态文明消费模

---

① 廖福霖. 发展生态文明消费型经济[N]. 福建日报（求是版），2011-06-14.

式，廖福霖教授在其《生态文明经济体系研究》等有关论著和论文[1][2][3][4]中已有详细论述，在此择其要进行阐述。

### 21.1.1 "以人为本"的消费观和全面发展的消费模式

"以人为本"的消费观是以人的身心健康为基础，以人的全面发展为目标而实施的消费活动和生活方式。"以人为本"消费观强调以人的全面发展促进自然—人—社会复合生态系统的全面、协调、持续地发展；强调消费的目的是为了人的全面发展；强调以促进人全面发展的健康产业、创意产业和文化产业，促进经济更好更快地发展。

促进人的全面发展的消费模式主要有：健康消费、素养消费和能力消费。健康消费是指促进人的身心健康的消费，包括满足基本生理健康需求的物质消费和满足心理健康需求的文化、生态产品的消费（包括与自然和谐相处产生的消费），身心健康是实现人全面发展的基础。素养消费，是在健康消费基础上的提升，着重培养人自身、人与人、人与社会、人与自然关系协调的能力，更多属于精神、文化和教育的消费。能力消费，是层次最高的消费，强调的是人自身的可持续发展的能力，其中最重要的是人的创造性的能力和人推动自然—人—社会复合生态系统全面、协调、持续发展的能力。

因此，生态文明型消费经济的特征之一是以人为本，通过提高人的整体素质，实现人自身、人与人、人与社会及人与自然在消费过程中的和谐协调。

### 21.1.2 资源节约环境友好的消费观和绿色消费模式

资源节约环境友好的消费观，主要指消费者注重消费资源节约和环境友好型产品的消费观念，并以此观念指导消费者的消费行为进而引导生产者生产更多这样的产品，从而达到以生态文明消费引导生产，以生产促进生态文明消费的目的。

与资源节约环境友好消费观相适应的消费模式是绿色消费模式，包括绿色消费、循环消费和低碳消费。绿色消费是指有利身心健康、符合可持续发展和不污染环境的消费，它遵循资源阈值、环境阈值、经济阈值和以不浪费为准绳的适度消费这四个原则。循环消费主要是指对消费品的循环利用。低碳消费则是指在消费过程中尽量选择低能耗、低碳产品，以促进企业低碳生产或在生产过程中节能减排等，同时减少因消费产生的有毒有害气体或二氧化碳等温室气体的排放。

因此，生态文明消费型经济的特征之二是通过消费者在日常生活中绿色消费行为的养成，促进资源节约环境友好型产品的生产，借助于绿色产品的消费促进资源能源节约，生态环境保护。

### 21.1.3 和谐消费观和公平消费模式

和谐消费观主要是指在消费领域实现自然、人、社会的和谐协调；代内和代际消费的和谐协调；物质消费、精神消费和生态消费的和谐协调。

公平消费模式是实现和谐消费观的主要模式。在自然—人—社会复合生态系统层面，

---

[1] 廖福霖. 关于生态文明及其消费观的几个问题[J]. 福建师范大学学报（哲学社会科学版），2009(1)：11~16，27.
[2] 廖福霖. 再谈生态文明及其消费观的几个问题[J]. 福建师范大学学报（哲学社会科学版），2010(1)：12~17.
[3] 廖福霖. 三谈生态文明及其消费观的几个问题[J]. 福建师范大学学报（哲学社会科学版），2010(4)：6~10，22.
[4] 廖福霖等. 生态文明经济体系研究[M]. 北京：中国林业出版社，2010：38~43.

要求在进行个人消费和社会消费时,也要满足自然生态平衡所需的消费,反哺自然、善待自然。在社会层面,要求在资源配置和利益分配中实现代际和代内公平;在个人层面,要避免"人类中心主义"的消费观,树立"生态整体主义"的消费观。

因此,生态文明消费型经济的特征之三是通过树立和谐的消费观,突破以往狭隘的消费关系,把消费关系从人与物、人与人扩展到人与社会和人与自然之间,从而实现人与人、人与自然、人与社会在消费上的公平与和谐。

## 21.2 发展生态文明消费型经济的重要意义

### 21.2.1 有利于调结构、促提升、转变经济发展方式

生态文明消费型经济通过内需拉动,促进新型消费产业的发展、新型消费领域的拓展进而推进经济发展方式的转变、产业结构的调整和产业提升。"以人为本"的消费观,注重的是人的全面发展,包括健康的身心、良好的素养、优秀的能力,并以此刺激健康产业、创意产业、文化产业及体验产业等新兴产业的勃发;资源节约和环境友好的消费观,倡导绿色消费模式,顺应现今低碳经济的发展热潮,可促进绿色产业、循环产业及低碳产业的发展,以此增加服务业、低能耗低环境影响产业的比重,从而促进产业结构的调整、提升产业竞争力和活力,同时实现由"高能耗、高污染、低效益"向"低能耗、低污染、高效益"经济发展方式的转变。上述提及的新兴产业为刺激消费提供了消费产品,而生态文明消费型经济的和谐消费观及其公平消费模式,则提供了消费的理念和途径,从而从各方面推进生态文明消费型经济的发展。

不少专家学者认为消费经济将成为"十二五"时期新的经济增长点[①]。继2008年金融危机以后,人们逐渐意识到经济增长的动力除了投资和出口外,增加国内消费,以内需扩大促进经济发展也是一个有效的路径。有学者曾指出,扩大消费的主要任务是保持经济持续稳定增长、提高居民消费增长率,并同时提高居民收入份额和居民平均消费倾向[②]。通过完善收入分配制度,提高居民收入,特别是中低等收入水平人群的收入,提高整个社会各个群体的消费能力。另外,扩大公共事业如教育、卫生和社会保险的建设,特别是农村地区公共事业的建设,提高公众消费的能力与积极性,从而增加居民平均消费水平。以上种种都是和谐消费观和公平消费模式所倡导和坚持的,都是为了促进经济发展和社会发展相协调,实现经济发展方式的转变。

### 21.2.2 有利于树立正确的消费观和养成文明的消费行为

生态文明消费型经济的发展对树立正确、科学的消费观以及养成文明的消费行为具有重要作用。生态文明消费与工业文明消费观和消费行为相比,有三个方面的区别:首先是出发点不同,工业文明的消费出发点是满足个人的物质欲望,社会倡导的是"我消费,我享受";生态文明的消费出发点是满足个人的全面发展,进而促进自然—人—社会复合生态系统的全面协调发展。其次是行为特点不同,工业文明提倡的是为消费而消费,诱惑性消费,为赶上所谓的潮流而不断地消费,甚至不顾自身能力而超前消费,根本不考虑消费

---

[①] 洪银兴. 消费经济:十二五时期新的经济增长点[J]. 南京社会科学,2011(3):1~5.
[②] 宋立. "十二五"扩大消费:扩大什么,怎么扩大,扩大多少?[J]. 经济研究参考,2010(61):9~25.

行为是否会给自然或他人造成什么影响;生态文明提倡的是理性消费,适度消费,消费的产品是绿色、无污染、不给自然造成负担也不伤害他人。最后,究其消费观与消费行为存在的差异,主要源于两种文明的精神实质不同,工业文明提倡个人享受主义,消费以满足个人无限制的物质欲望;生态文明倡导的是"生态整体主义",消费不能破坏而应该更好地促进自然—人—社会复合生态系统的协调发展,以生态文明消费观为指导,促进生态文明消费型经济发展的同时,也有利于文明消费行为的养成。

### 21.2.3 有利于推进民生工程建设

发展生态文明消费型经济有利于推进民生工程建设,也是通过三个消费观和消费模式体现出来的。首先,"以人为本"消费观和人的全面发展消费模式,着重突出了在消费过程中人的地位和重要性,整个社会的发展终究要依靠人的发展,同时人的发展情况也反映了社会的发展状况,身心健康、素养和能力提高都是人发展所需要的,这里"以人为本"不单以本代人为本还应以后代人为本,不是以某部分人为本而是以全体人民为本,这必然要求推进民生工程。其次,资源节约和环境友好的消费观及绿色消费模式,主要强调生产和消费的产品是绿色、无污染和低能耗的。如保证产品是绿色、无污染的就是目前一个重要的民生工程,因为频发的食品安全事件使公众对食品安全日渐担心和重视,如何重塑消费者的消费信心,发展生态文明消费型经济就有其必要性和可行性。最后,和谐的消费观和公平消费模式所倡导的代际和代内消费公平,有助于缓解目前存在的矛盾,为推进社会和谐的民生工程建设起到一定的作用。在公平与效率这个问题上,以我们目前的发展阶段,应该开始重视公平问题,努力协调发达与不发达地区、高收入和低收入人群的社会公平性,假如没有处理好,会对整个社会的和谐建设产生一定的负面影响。

## 21.3 生态文明消费型经济发展存在的阻碍

### 21.3.1 经济增长方式失衡

长期以来,我国经济增长主要依靠投资和出口两辆马车拉动,2008年金融危机的爆发,国际发展环境的恶化、市场的低迷促使人们更多的希望寄托在第三驾马车——扩大国内消费上。"十二五"规划建议提出坚持扩大内需特别是扩大消费需求的战略,肯定了消费需求对经济增长的拉动作用,同时也凸显了目前经济增长方式存在的投资和消费失衡问题。目前投资对经济增长的贡献远高于消费的贡献,虽然消费对经济增长的贡献率在不断增长,但是消费率还是存在逐年走低的趋势,特别是居民消费率的下降。1978年我国消费率为62.1%,2009年下降到48%,这是改革开放以来的最低点,特别是2000年以来,消费率下降更为明显,九年间下降了14.3%,而居民的消费率也从改革开放之初的近50%降低到35%[①]。消费在经济增长中所起的作用不容忽视,但是目前我国消费对经济增长的拉动力还没有完全释放出来,究其原因主要是目前大部分社会群体的消费能力有限。在教育、卫生和社会保险等保障事业上,我们还不能做到真正实现公共事业化,个人还是要为此付出很多,导致普通大众对其他方面的消费倾向变弱。这在一定程度上阻碍了生态文明

---

① 迟福林."十二五"我国发展方式转变的趋势与重点[J].上海大学学报(社会科学版),2010,17(6):5~16.

消费型经济的发展。同时，发展生态文明消费型经济不仅需要一定的消费能力（包括经济实力、精力、个人素质等），而且需要具备较高层次的消费意识，例如目前绿色产品的成本相对于普通产品要高，因此消费者需要支付更高的价格，对于消费能力有限的公众，不一定能够接受。而现实中，仍有一部分群体背负着失业、医疗、房贷等巨大的生活压力，对他们而言，目前要实现以促进个人全面发展的消费还是比较困难的。以上种种都成为阻碍生态文明消费型经济发展的现实因素。

### 21.3.2 公众生态文明消费观缺失

公众生态文明消费观的缺失是阻碍生态文明消费型经济发展的一个重要因素。以下是公众生态文明消费观缺失的主要表现：过多追求物质享受，忽视自身的全面发展，文化消费过少，社会捐助过少。随着我国经济的迅速发展，越来越多的国人拥有较强的消费能力，但是消费方式却引人深思。2011 年 6 月 18 号《环球时报》一篇名为《中国奢侈品消费称王令西方兴奋，日本庆幸失第一》的报道，值得我们思考。中国目前奢侈品消费能力以极快的速度引起世界的注意，但是从消费奢侈品中，能得到什么呢？世界奢侈品协会中国代表处首席代表欧阳坤接受《环球时报》采访时说，"有些中国人为了买那些名牌货省吃省穿，有些人甚至借钱也要消费奢侈品。这些人买奢侈品其实就是买一个用来炫耀的牌子，他们对奢侈品背后的商业文明和品牌创造根本不了解"①。为了物质享受，而忽略自身修养的提升，这是奢侈品行业的兴旺与文化产业的冷清的这种畸形消费现象产生的根本原因。

中国部分公众表现出对奢侈物质的爱好已经远远超过了西方发达国家的民众，作为欧洲乃至世界富国的瑞士是名表的生产王国，众多手表品牌名扬世界，但瑞士人大都戴的是普通手表。可瑞士却是世界上最乐善好施的民族之一，每年都有大量的善款流向世界各地需要帮助的地方。而在中国，我们虽然也有"一方有难八方支援"的团结精神，但是平时的社会捐助和中国慈善业仍需要大力建设，应该注意到虽然一部分人已经进入了小康生活，但仍有一部分人还没解决温饱问题。生态文明消费型经济倡导的"以人为本"的消费观、资源节约环境友好的消费观及和谐消费观在全社会的树立和推广尚需时日。目前社会还是以实现自我物质满足为主流的消费观，这与中国经济发展速度和国民素质修养还未能实现同步有一定的关系，这些都对生态文明消费型经济的发展造成一定的困扰。

2011 年本课题组在福州市展开一次关于生态文明消费问卷调查，本次调查共发放 600 份问卷，其中有效问卷为 570，有效率为 95%（因调查选项为多选，因此存在选项有重复）。在消费者进行绿色消费动机的调查项目中，有 26.32% 的消费动机是为了响应环保号召，26.84% 的消费动机是为了个人与家庭的健康，有 26.14% 是为了追求绿色时尚，尚存 20.70% 没有绿色消费意识。而在关于"您认为自己的日常行为对整个社会的环境改善有意义吗？"的调查中，有将近 50% 的受访者认为意义不大或者没有意义。因此可以判断绿色消费观还未能成为当下的主流消费观，公众生态文明消费观的缺失，不仅表现为对奢侈品的追捧，更深层的原因在于未能完全领会生态文明消费的重要意义。

---

① 中国奢侈品消费称王令西方兴奋，日本庆幸失第一[EB/OL]. http://finance.huanqiu.com/roll/2011-06/1765473.html.

### 21.3.3 绿色诚信市场匮缺

绿色诚信市场匮缺是阻碍生态文明消费型经济发展的最主要问题。目前市场上存在许多绿色产品，但真假难辨。苦于有限的鉴别能力，很多时候通过媒体的曝光，消费者才知道之前所购买的绿色产品都是假冒伪劣产品。花费更高的价格却买来假货时，"何必花钱买气受"成了很多消费者的心声，这直接造成公众对绿色产品消费信心的丧失，对绿色产品的市场产生了巨大的冲击，形成了真正绿色产品市场有价却无市的怪现象。生态文明消费型经济，倡导的是资源节约和环境友好的消费观及绿色消费模式，通过绿色产品的生产和消费带动经济的发展，而绿色产品产量较少直接影响其市场占有份额，而且一旦群众对绿色产品的消费信心没有了，那么对绿色产品的消费也就无从谈起了，想要通过绿色产品的生产和消费促进经济发展也就无从谈起。在我们的调查中，关于"在购买产品过程中，您没有选购绿色产品的最主要原因"的调查结果显示，有41.75%的受访者是由于无法识别绿色产品而没有进行绿色产品消费，此选项选中率远超过其他原因如"价格高、与一般产品无异"。因此，绿色诚信市场的匮缺是发展生态文明消费型经济的主要障碍，需要引起极大的重视。

造成绿色诚信市场匮缺除了企业社会责任感、法律意识、道德的缺失之外，还有一个很重要的方面——市场监管出现纰漏。市场监管纰漏主要表现为政府监管不力和有法不依、执法不严。具体问题主要有：缺少绿色消费市场的专项法律法规或相关法规不配套，造成执法者无法可依或有法难依；政出多门，遇事互相推诿；商品抽查检查程序繁杂、取证难、时间久；监督力度不足，商品抽查制度不完善，存在小部分的执法人员出于地方保护主义或是利益诱惑而对假冒伪劣产品视而不见；惩罚力度不足，一般经济处罚的损失远小于非法所获得的利益。

## 21.4 建设绿色诚信市场，发展生态文明消费型经济

发展生态文明消费型经济，建设绿色诚信市场是关键，诚信市场是生态文明消费型经济发展的保障。建设绿色诚信市场，主要可以从三个主体着手：生产者、消费者和政府组织。

### 21.4.1 生产者的作为

建设绿色诚信市场，应从源头抓起，即要加强生产者——企业的建设，主要应该做到以下三个方面工作：一是企业增加生产生态文明消费型产品；二是加强企业的社会责任感、道德感建设；三是加大维护和提升自有品牌"绿色身份"的力度。

#### 21.4.1.1 增加生态文明消费型产品的生产

企业增加生态文明消费型产品，为绿色消费市场提供消费品。生态文明消费型产品应该是符合"三个"消费观的产品：一是生产符合"以人为本"消费观的产品，以促进人的全面发展为目的，从消费者的身心健康、素养培养及能力提高等方面考虑，针对消费者的实际情况，设计个性化产品，以满足消费者的需求，从而寻求商机，获得经济效益。二是生产符合资源节约环境友好型消费观的绿色、低碳产品，它们的特点是无污染、低能耗等。倡导在生产过程中实现清洁生产，以减少生产给环境带来破坏和压力，倡导在产品使用过

程中实现低能耗,如食品至少应该是无公害的。绿色商品市场是目前最为引人关注的市场,是生态文明消费型经济的发展重点,也是未来经济发展的趋势。绿色商品生产初期,企业可能需要付出更多的技术和资金投入,用以改善生产条件,以生产出真正的无污染、低能耗的绿色产品,但是企业应该深信未来市场将是属于绿色商品。三是生产符合和谐消费观的产品,针对不同消费群体进行市场定位,更加关注中低等收入人群,为他们生产的产品要实用、耐用,包装简单,减少成本,以缓解消费者的消费压力。

#### 21.4.1.2　加强企业道德感和诚信建设

提高企业社会道德感和诚信度是建设绿色诚信市场的关键。目前绿色诚信市场的匮缺,与部分企业道德感缺失和诚信度不高有很大关系,以次充好是目前建设绿色诚信市场的最大障碍。市场上并不缺少真正绿色产品,但同时却充斥更多的假冒绿色产品,在利益面前,道德感和诚信似乎一文不值。温家宝总理三番两次强调"企业家身上应该流淌着道德的血液",他指出道德第一是爱人,每个企业家或者社会成员都要知道热爱群众、热爱国家;道德第二是要有同情心,己所不欲,勿施于人①。我们关于"您认为哪些主体应对诚信市场承担主要责任"的调查结果显示,有将近40%的受访者把希望寄托在企业上,选中率仅次于"当地政府"。大部分消费者认为企业是绿色产品的来源,源头的控制才是根本。

加强企业道德感建设可以从以下两方面入手:一是通过加强社会宣传来实现,以激励的方式鼓励企业,例如通过表彰道德模范企业,增加企业的认同感;二是切实加强企业的生态文化特别是生态道德建设,从内生力量加强企业社会责任感和正义感。

诚信建设主要依靠市场和法律两种机制:一是市场的淘汰机制,一旦企业出现不诚信行为,通过媒体曝光等手段让企业信誉扫地,使相关企业的产品在市场上无立足之地,以此督促企业诚信经营;二是通过强有力的法律途径,一经查实企业存在不诚信行为,且造成已经触犯法律的程度,那么通过法律的严惩,以儆效尤,达到促进企业诚信建设的目的。

#### 21.4.1.3　加大维护和提升自有品牌"绿色身份"的力度

企业应该加大维护和提升自有品牌的"绿色身份",尤其是获取绿色产品认证。产品绿色标志表示该产品的生产符合环境保护的要求,同时容易实现资源再生和回收利用。目前绿色产品标志主要是中国环境标志,有人把中国环境标志列为中国四大品牌之一(其他三个为国家免检产品、中国名牌和中国驰名商标)。获得环境标志对企业的发展有着重要的意义,它标志着企业的生产受到政府的认可。环境标志是由国家权威机构认证并颁发企业的,企业经过严格的考核方能获取,获得认证企业产品更容易获得消费者信任,与同种产品相比,消费者更愿意购买经过认证的产品,因为商品可信度更高,企业因此更容易开展绿色营销。我们关于"您在购买绿色产品时最先考虑的因素"调查结果显示有42.11%受访者认为"绿色产品标志"是首要考虑因素,绿色产品标志是消费者判断绿色产品的重要标识。加大提升自有品牌"绿色身份"的力度,同时要注意在取得认证后,继续努力,除了绿

---

① 温家宝再次强调,企业家身上应该流淌着道德的血液[EB/OL]. http://news.xinhuanet.com/politics/2010-02/27/content-13063392.htm.

色产品的认证具有时效性外,更重要的是为了促进企业的可持续发展。

### 21.4.2 消费者的作为

消费者作为市场的重要组成部分,对绿色市场的形成具有不可替代的作用。只有消费者消费了,市场才能正常运转,才能前进。发展生态文明消费型经济,从消费者方面出发,应该做到以下三点:一是树立绿色产品消费理念;二是培养绿色产品甄别能力;三是提高消费信心,增加绿色消费。

#### 21.4.2.1 树立绿色消费理念

消费者在平时消费行为中应该树立绿色消费理念,促进绿色产品消费,推动绿色产品消费市场的繁荣,促进绿色产品生产,进而促进生态文明消费型经济的发展。促进消费者树立绿色消费理念,可以从以下三个方面进行引导:首先,彰显绿色消费品物有所值,引导消费者全面了解绿色产品对促进身心健康和全面发展的积极作用,促使消费者更愿意接受绿色消费品暂时价格略高的市场行情。其次,激发消费者在保护环境上的责任感,凸显消费者的主人翁地位,以此树立绿色产品的消费理念,通过宣传让消费者明白消费绿色产品也是支持环保的举动。再次,凸显消费者促进生产真正绿色产品的力量。目前虽然假冒伪劣绿色产品充斥市场,但市场上如果绿色消费增多,就可能引起真正生产绿色产品的企业加大对品牌的保护力度,引起有关组织机构对绿色消费市场的关注,从而更好地规范市场,促进更多的绿色产品的生产。

#### 21.4.2.2 培养绿色产品甄别能力

目前绿色诚信市场还没有完全建立起来,在购买绿色产品时,还需要靠消费者多加辨别,促进生态文明消费型经济的发展需要培养消费者对绿色产品甄别能力。首先,识别绿色产品标志。"中国环境标志"可以提供参考。"中国环境标志"俗称"十环",图形由中心的青山、绿水、太阳及周围的十个环组合而成,它是产品的一种"证明性商标",表示产品质量优,而且符合环保要求,是由中国环境标志产品认证委员会认证和颁发证书的。其次,绿色食品编码的辨识。目前中国绿色食品发展中心对许可使用绿色食品标志的产品进行统一编号,并颁发绿色食品标志使用证书。编码形式为 LB-XX-XXXXXXXXXXX。其中"LB"是绿色食品的标志代码,后面的两位数代表产品分类,最后 11 位数中分别表示认证年份、认证月份、省份(国别)、产品序号及产品级别(产品级别一般有 A 和 AA 两个级别,A 级允许限量使用限定的化学合成物质,AA 级则禁止使用化学合成物质)。根据国家规定,绿色产品标志使用期限为三年,因此消费者在购买时,要特别注意标志时间是否过期。最后,可以参考环境标志产品政府采购清单中的产品目录,或者通过国家环保总局网站,查询绿色产品[①]。

#### 21.4.2.3 增加消费信心

目前市场上绿色产品真假难辨,因此消费者经常会以高于普通同类产品的价格买到假冒伪劣的绿色产品,这大大挫伤了消费者对绿色产品的消费信心,从而严重影响绿色产品市场的发展,进而影响生态文明消费型经济的发展,因此重塑和增加消费者消费信心有其

---

① 生活提示:怎样识别真假绿色产品?[EB/OL]. http://www.gov.cn/fwxx/sh/2008 – 03/31/content_932870.htm.

必要性。增加消费信心主要应该从下面两个方面着手：一是使消费者相信依靠市场机制和政府的严厉监管，会实现去伪存真，从而购买到真正的绿色产品；二是使消费者相信绿色产品的发展前景是光明的，未来将会主导市场。这就需要企业和政府一起努力，以实际行动告诉消费者，让消费者放心，让消费者对绿色产品有消费信心并消费得顺心。

### 21.4.3 政府的作为

政府在建设绿色诚信消费市场中，主要起到指引和监管的作用。我们关于"您认为哪些主体应对诚信市场承担主要责任"的调查结果显示，有高达75%的受访者把希望寄托于当地政府。政府是市场的宏观调控者，政府的有效作为是建立绿色诚信消费市场的必不可缺的条件。其中促进市场正常运作的指引作用体现在通过绿色产品认证达到对生产者的生产指引，同时通过绿色产品的公示等途径指引消费者的绿色消费。监管作用是指政府通过行政、经济和法律手段来规范和建设绿色诚信消费市场。

#### 21.4.3.1 绿色产品认证

政府在建设绿色诚信市场方面，首先要做好的就是绿色产品的认证工作。开展绿色产品认证工作，可以从以下几个方面着手：一是规范绿色产品生产标准，实现从产品的"终端控制"到产品的"终身控制"（指产品的整个生命周期）的转变；二是对获得认证的企业进行定期检查和不定期抽检。企业在经过努力之后获得绿色产品认证，但是为防止获得认证以后的松懈，应该对企业做好定期检查和不定期抽检；三是做好"证书打假"工作。市场上存在假冒绿色产品，就意味着存在伪造的绿色产品证书，因此，在对产品开展打假的同时也应该对证书进行打假。

#### 21.4.3.2 指引绿色消费

政府在建设绿色诚信市场方面，还应该做到指引绿色消费，主要包括以下三个方面：

(1) 使绿色产品认证标志容易辨识。目前消费者辨认绿色产品主要是看认证标志图案等，在图案的设计上就应尽量做到简单明了，而且绿色产品认证标志图案应该尽量保持一致，不应该出现频繁变换，避免给消费者带来辨识上的困扰。

(2) 对绿色产品进行公示。政府发布绿色产品名录，直接为消费者提供绿色产品品牌，使得消费者在选购绿色产品能够心中有数，辨别真假。公示过程中应注意选择合适的渠道，目前有些名单目录是通过有关部门网站公布，宣传渠道较单一，不够便民，难以被人们了解。假如通过小区平台，如小区宣传栏处等途径进行公布，可能效果更佳。

(3) 加大与新闻媒体的合作，曝光假冒伪劣绿色产品的生产者和经营者，让假冒伪劣商品无所遁形，避免消费者上当受骗。

#### 21.4.3.3 依法监管和规范绿色消费市场

政府在绿色诚信消费市场建设中，最大的作用就是起到监督和规范市场的作用，即发挥政府应有的职能，利用行政、经济和法律等手段监督和规范绿色消费市场。监督和规范绿色消费市场，主要有以下五个途径：一是完善法制。绿色消费市场尚处于建立阶段，缺乏专门为规范绿色消费市场而制定的法律法规，因此，需要加快完善相关的监管措施，制定配套法规，为执法者提供依据。二是明确相关部门职责，克服政出多门，遇事互相推诿的状况。三是加强相关部门之间的合作，规范和简化程序。四是加强监督力度。在开展打假工作中，完善商品的抽查制度，加强执法工作人员队伍建设；五是加大惩罚力度。明确对造假者的处罚罚款倍率以及应承担的法律刑事责任，追究对执法不严工作人员的相关责任。总之，只有完善相关法律法规、明细相关部门职责、加强相关部门的合作、加强监督力度和加大惩罚力度，绿色诚信消费市场才能更好更快地建立起来，才能为公众提供更多真正的绿色产品，从而促进生态文明消费型经济的发展。

# 第二十二章

# 传统经济的改造提升

传统经济的改造提升是生态文明经济体系发展的重要形态，也是现阶段发展生态文明经济体系的最急迫最大量最艰巨的工作。

## 22.1 传统经济的历史演进及其内在矛盾

人类历史经历了原始文明、农业文明、工业文明，并即将跨入生态文明。与之相对应的人类经济也经历了采猎文明经济、农业文明经济、工业文明经济，并逐步向生态文明经济体系迈进。

### 22.1.1 人类经济发展模式的历史演进

#### 22.1.1.1 采猎文明经济

在原始社会，生产力水平极其低下，早期的人类使用的工具极其简单，都是用石头加工而成的简陋石器。人类通过狩猎和采集来维持生活，劳动对象极为有限，如果实、小动物、种子、鱼类等。到了原始社会后期，细石器才被大量使用，钻木取火、弓箭等才被发明。随着金属工具的出现，生产力有了新的发展，共同劳动逐渐被以家庭为单位的个体劳动所代替，并产生了生产资料的私有制。

这个时期人类的生产资料和生活资料都直接从自然界中取得，由于食物来源不足，需要经常迁移寻找食物。人口稀少，生产力落后，人对自然的影响非常有限，可以忽略不计。这个时期的经济活动以氏族部落为单位，进行采集和狩猎活动，或者是渔业和简单农业，人类的活动能力有限，更多的是自然对人类的影响和制约，因此本质上是自然中心主义的经济形态。

#### 22.1.1.2 农业文明经济

由于生产力的发展，产生了私有制，奴隶社会代替原始社会在初期促进了生产力的进步，由于金属工具的使用，农业和畜牧业在原有的基础上又有显著发展。此外，手工业兴起，商业和城市繁荣，奴隶社会的生产力比原始社会有了巨大的发展。到了奴隶社会末期，由于野蛮、残酷的剥削制度，新的生活工具不能得到利用，极大地阻碍了社会生产力的向前发展，奴隶制走到了尽头。而封建社会生产力的发展以铁器和牛耕为标志，与奴隶社会相比，具有明显的进步性。但随着手工业和商业的发展，到了封建社会后期，实行封建土地所有制，以地租为主要手段剥削农民，封建生产关系已不再适应生产力的发展，这预示着旧社会制度的灭亡和新社会制度的诞生。商品经济的发展，正为新的资本主义社会的诞生创造了条件。

奴隶社会和封建社会虽然是两种不同的社会形态，但在经济发展上，特别是在人与自然的关系中，却是类似的，二者的社会经济发展类型都是农业文明经济。这个时期，由于生产力的发展，人与自然的关系有较大的变化。首先，人类不再直接从自然界中获取现成的生活资料，而是靠种植及养殖来获得人类生活的必需品，从根本上改变了人类完全依赖、顺从自然的状况；其次，乡村式的居住方式，使人们避免了自然灾害和野兽的侵扰和危害，自然不再是威胁人类的主宰；再次，农业文明最重要的成就在于人类在同自然的对立统一中显示出其主观能动性，增强了改造自然的能力，能够在一定程度上支配自然，并且出现了体力劳动和脑力劳动的分工，人类强化了智慧的力量，加快了自然的人化过程，人支配自然的能力不断加强，人不再是自然神的奴隶[①]。

农业文明经济的发展开始了人类对自然的影响和破坏，人类为了开垦农田，砍倒大片森林，捕杀动物等。历史上一些农业发达的古国，也因此消失在了浩瀚的沙漠中。但这一时期，人对自然的支配仍然是十分有限的，就全球范围看，农业文明对生态环境的破坏是有限的，它并没有造成整个生态环境的恶化，是处于"自然中心主义"向"人类中心主义"的过渡时期。

### 22.1.1.3 工业文明经济

资本主义社会的建立具有历史的进步性，先后爆发的3次科技革命，不仅带来了资本主义社会生产力的巨大飞跃，更创造出过去任何时代都无法比拟的社会财富。资本主义经济突飞猛进的增长，导致生产关系发生新的变化，资本主义国家进入了历史上的"黄金时代"。这一时期，由于"人类中心主义"急剧膨胀，生产力从手工业时代发展到机器大生产时代，人类对自然的剥夺和破坏达到空前的程度。在短短的三四百年中，人类对整个生态环境的破坏也远远超过以往所有时代的总和。以至于全球出现极其严重的资源枯竭、人口膨胀、大气污染、水体污染、森林危机、土地荒漠化、生物种群灭绝、酸雨污染、温室效应等等生态环境问题，并且这些问题不断从区域性向全球扩展，从微观毒害向宏观损伤发展，从中等规模破坏向大规模破坏发展。自然界对人类实施了无情的报复和严厉的惩罚。人与自然的关系出现了根本性的改变。

工业文明经济是典型的以"资源—产品—废弃物"为核心特质的线形经济。这是一种"开环式"的经济增长方式，通过大量开采和消费自然资源生产产品，并制造大量废弃物向自然界排放，排放之后没有主动也没有意识对自然进行修护，而自然界自身的修复速度远远落后于人类对其破坏的速度，最终导致了资源的不断枯竭和环境的严重恶化。人与自然的关系在工业文明经济中，完成了从"自然中心主义"向"人类中心主义"的转变。

值得注意的是，在后工业文明时期，自然破坏的现象已引起人们的注意，人类对"资源—产品—废弃物"的线性经济模式开始反思，提出了"资源—产品—废弃物—治理"的经

---

① 廖福霖. 生态文明建设理论与实践[M]. 北京：中国林业出版社，2001：2~3.

济发展模式。这个模式的提出说明了后工业文明时期正在向生态文明时期过渡。我们分析"资源—产品—废弃物—治理"模式会发现，对比"资源—产品—废弃物"的模式，只是多了"治理"一个环节，其基本特征是"先污染，再治理"，因此，也称之为"末端治理模式"。"末端治理模式"在对环境的污染和生态的恢复中起了一定的积极作用。但事实上，"末端治理模式"仍是一种"线性"或"开环式"的发展模式，不能从根本上解决人与自然的尖锐矛盾。它的治理有一定的限度，只是延缓了资源枯竭、生态环境恶化的速度，在一定程度上减轻自然承载力和自我修复的压力。因此，"末端治理模式"根本上也属于工业文明经济的发展模式。

### 22.1.2 传统经济发展方式的内在矛盾

传统经济指的是，从自然界中获取生产资源，将其加工成为人类生产和生活所需要的产品，并将生产、利用和消费过程中产生的废弃物排放到自然环境之中的人类活动。传统经济是与生态文明经济体系相对立的经济发展形态，在对自然资源的认识和利用上，具有传统的共同缺陷[①]：①忽视自然资源的有限性，尤其是不可再生的自然资源，忽视自然环境的承载力及环境自我修复的周期性。②忽视资源的潜力和效率。发展粗放型的经济增长方式，在生产过程的每一个环节中，资源都浪费严重。③忽视废弃物的再资源化和价值，特别是忽视了自然—人—社会复合生态系统的共同发展。因此，传统经济在其长期发展的过程中，产生了许多问题，主要表现在资源能源、生态环境、人类健康等方面。

#### 22.1.2.1 资源能源与传统经济之间的矛盾

在自然资源当中，能源是非常重要的一项资源。能源是人类社会经济发展的重要物质基础，甚至影响着经济社会发展速度、结构和方式。在人类历史上，共经历了三次能源革命，分别为：以柴薪为主体能源的农业文明；以煤炭为主体能源的工业文明；以石油为主体能源的后工业文明，每次能源的变革，都引起了社会生产方式的巨大变化。

传统经济的资源观认为资源是无限的，地球中的资源可以任意消费，而不用支付成本。自然资源被认为是没有价值的，其成本仅包括自然资源本身的开采成本，而未包含资源补偿成本和环境治理成本，这使得自然资源的价格远远低于其价值。在这样的思想指导下，人类对自然资源大肆开采，粗放使用，而粗放型生产方式又进一步加重了对资源的消耗。工业文明传承下来的发达生产力都是建立在煤炭和石油为主要动力基础之上的，它的发展理念和发展方式造成了资源消耗和资源有限之间的矛盾，而且自身无法解决这个矛盾。

#### 22.1.2.2 生态环境与传统经济发展之间的矛盾

生态环境有一定的自净能力和承载力，一旦人类活动对生态环境的影响超过了自净和承载的阈值，导致生态环境的不平衡和不协调，就会产生生态环境危机。传统经济发展体系没有认识到生态阈值规律的存在，只是强调生产效率，而没有注意到生态效率，结果在促进经济快速发展的同时造成了巨大的环境污染[②]。反思生态环境危机的根源，我们会发现，根源就在人类自身以及人类活动。

首先，传统经济唯人类中心主义的思维方式是环境危机产生的思想根源。人类中心主

---

① 鲍健强，方申国，陈明.用循环经济理念重构传统经济流程[J].自然辩证法研究，2007，(4)：90~94.
② 林娅，孙文营.论传统经济发展模式向循环经济转变的必然性[J].求实，2007，(11)：41~44.

义的价值观念把人的利益视为价值的中心，特别是把人类当前的利益和个人的利益作为中心，忽视长远利益以及人类的整体利益，把人与自然的关系视为"主体"与"客体"的关系，肆意利用自然、破坏自然，而不进行修复和改善，造成生态环境危机。

其次，科学技术的发展被资本和私有制的利用成为环境危机产生的技术根源。科学技术的发展原本对人类更好认识自然和按自然规律行动、对推动生产力和提高人民的生活水平起着促进的作用。但是，在工业文明时期，特别是资本主义时期，科技的进步和工业的发展凸显了人与自然的矛盾，当科技的进步服从于追逐利润的需要时，便开始了资本对自然的剥夺。主要表现在：资本的贪欲造成了生产目的的普遍异化，导致了对作为人类生存必需条件的自然资源的掠夺式开发；同时，掠夺式的开发资源方式既生产财富，又造成贫困，发达国家与发展中国家的差距在不断扩大，而日益扩大的贫困既是环境退化的原因，又是环境退化的结果，贫国为了温饱而滥用自然资源，而且还要承受发达国家转嫁的污染，这又不断加剧了环境危机的发生①。

再次，粗放型的生产方式和异化消费的生活方式是环境危机产生的实践根源。传统经济基于资源的无限性，其生产方式通过加大资源投入的粗放型生产换取产品产出的增加，线性生产过程和异化消费过程，加速了污染物和废弃物的排放，超过环境自净的能力，造成危机。在生活方式上，为了推动生产的持续和利润的增加，就必须推动市场消费的不断增加。于是在利益驱动下，利用广告和大众媒体在全社会宣扬消费主义的文化价值观和生活方式，以控制人们的消费需要和消费选择，使得传统经济的消费具有了明显的"社会内嵌性"②。

#### 22.1.2.3 人类健康与传统经济发展之间的矛盾

健康是人类生存发展的基本条件。随着生产力的发展，人们对健康的认识也不断深化。最早，在生产力十分低下的情况，人类关注的是如何战胜自然，使自身得以生存，人们对健康的认识仅限于身体健康，没有疾病就是健康。随着经济的发展和社会的进步，人们突破了"无病即健康"的狭隘、低层次的健康观，将健康观扩展到身体健康、心理健康以及社会适应的健康。但是，随着经济进一步发展，特别是工业文明高速发展时期，大气污染、温室效应、酸雨、生态破坏等问题不断凸显。人与自然的矛盾引发了一系列公共卫生事件，如1930年至1960年末举世震惊的八大事件，死亡人数众多，且对当地人民身体健康的影响将延续数代，并且工业文明的生产方式和生活方式造成人类工业病严重蔓延的趋势。因此，随着社会的不断进步，对健康的影响因素不断变化，人们对健康的理解也随着自然、社会、伦理的需要在不断变化。人类的健康不仅应包括身体健康、心理健康、社会适应健康，也应包括人与自然关系的健康、生态健康，即通过改善自然环境来促进人类健康水平的提高。

传统经济不仅在发展模式上对人类健康发展造成了危害，而且在生产方式上对人类的身心造成影响。特别是在资本主义的机器化大生产中，生产资料与劳动力相分离，被迫参与雇佣劳动的形式剥夺了工人生命活动的全面发展的可能性。工人被畸形化为局部工人，

---

① 谢成海. 环境危机反思：重估人与自然的关系[J]. 浙江社会科学，2001，(2)：94~98.
② 郭辉，王国聘. 环境危机的现代化根源[J]. 山西农业大学学报(社会科学版)，2010，(6)：703~707.

他的知识和意志只能在所分工的范围内使用和贯彻,而掌握整个生产的能力却逐渐丧失掉①。在资本论第一卷《机器和大工业》一章中,马克思引用了大量的资料,说明资本家为了追求剩余价值,大量雇佣女工、童工,使他们的身体和精神受到了严重的摧残,工人子女在出生后头几年死亡率惊人,同时还引起社会上人们道德的败坏和精神的颓废等负面影响。

## 22.2 生态文明经济体系与传统经济的关系

### 22.2.1 生态文明经济体系是社会经济系统发展演变的必然趋势

人类社会从原始的采猎文明经济,发展到农业文明经济,再发展到工业文明经济时,人与自然的关系日益恶化,人类中心主义的价值理念导致了人与自然分为"主体"和"客体",线性的生产方式导致生产过程没有得到控制,污染物和废弃物被任意排放到大自然中,引起资源的日益短缺和环境的不断破坏。到了工业文明后期,虽然人类对线性经济模式开始反思,提出了"末端治理模式",但这不能从根本上解决人与自然的矛盾。因此,一种新的人与自然关系的价值理念,一种新的文明形态,一种新的社会经济发展体系呼之欲出。

生态文明经济体系正是在这样的背景下被提出来的,它是农业文明经济、工业文明经济之后社会经济发展系统的必然趋势。生态文明经济体系提出处理人与自然关系要以自然—人—社会复合生态系统共生共荣、共同发展为目标;以生态文明观为指导,发展生态生产力为社会推动力;以创新经济为核心,以循环经济为方法论贯穿生态文明经济体系的各种形态;从生态文明观在全社会牢固树立、生态生产力的发展、生态文明消费观及其模式的确立、生态系统的恢复与建设、生态文明建设机制的确立和实施这五个子系统的建设,协同推进地球生态母系统繁荣发展。因此,它是一种全新的社会经济发展方式,必将取代工业文明经济发展方式,为全人类所认同。

### 22.2.2 生态文明经济体系是对传统经济的扬弃

生态文明经济体系是工业文明经济发展的必然趋势,但它无法避开现实传统经济的发展环境,因此必须对传统经济进行扬弃。

(1)生态文明继承了传统经济中发达的水平维和强大力量维。水平维是指生产力水平处于一个什么样的位置上,是前沿的领先位置,还是中间的甚至落后的状态,主要表现在科学技术、生产工具等方面。力量维是指生产力作用于自然—人—社会这个复合体的力量的强弱和功率的大小,表明生产力的做功过程②。在人类社会发展进程中,生产力水平维和力量维的发展是一个川流不息的长期积累的过程,它不会因为人类社会制度的改革或某个文明形态的更替而停止,也不会因为某个阶级的消灭而消亡。总是不断向前发展的。科学技术的进步、先进生产工具的进步、生产管理的进步等等,都是如此。传统经济在长期的发展过程中,创造出了发达水平维和强大的力量维,科学技术、生产管理经验都十分发达和丰富。生态文明经济体系诞生于传统经济之上,必然要而且也应该要继承和发展传统经济中创造出的发达的科学技术、劳动工具和管理技术等成果。同时在继承的基础上,生态文明经济体系还通过生态生产力的发展,进一步推动水平维和力量维的发展和壮大,

---

① 陈征. 资本论解说[M]. 福州:福建人民出版社,1997:400.
② 廖福霖等. 生态生产力导论[M]. 北京:中国林业出版社,2007:56~57.

将传统经济对自然—人—社会复合生态系统的负效应负价值维转化为正效应正价值。

（2）生态文明经济体系摒弃传统经济发展中对自然资源、生态环境、人类健康和人的全面发展产生的负效益负价值，把传统经济改造提升成为符合生态文明要求的新型经济。传统工业文明经济秉持的是人类中心主义的价值观、"资源—产品—废弃物"的线性生产方式、铺张浪费的消费观，传统经济造成资源、生态、人类健康方面的危害，生态文明经济体系不会再重蹈覆辙。生态文明经济体系有自己先进生态文明观作为指导，有在工业文明生产力基础上发展起来的生态生产力作为技术支持，其创造的价值和文明成果必将超越传统经济。

## 22.3　用生态文明经济体系化解传统经济发展的内在矛盾

### 22.3.1　资源能源矛盾的化解

传统经济中资源能源短缺的根源在于，传统经济观认为资源、能源是无限的，没有价值的，所以可以随意使用，任意浪费。生态文明经济体系能够化解这个矛盾的根本方法就在于，建立一种新的人与自然的关系，将人、自然资源、社会都纳入一个相互影响相互制约的系统当中。在这个系统中，人与自然环境共生死、共存亡，约束人类行为。一方面，建立生态化的技术体系，控制生产过程的资源能源消耗，并将循环经济的方法贯穿于各种经济形态，将废弃物和垃圾再回收利用成为资源，通过对资源的节约利用、循环利用化解资源能源短缺的问题。另一方面，生态文明经济体系大力发展新兴的生态化技术，研发新的资源和能源的替代品，转移对传统资源和能源的依赖，建立资源和能源的多样化经济结构，从真正意义上解决资源和能源短缺的矛盾。

### 22.3.2　生态环境矛盾的化解

上文分析过，传统经济唯人类中心主义的思维方式是生态环境危机产生的思想根源，科学技术的发展被资本和私有制的利用是生态环境危机产生的技术根源，粗放型的生产方式和异化消费的生活方式是生态环境危机产生的实践根源。在这三个方面，生态文明经济体系正好与传统经济相对立。

首先，生态文明经济体系的核心观点是自然—人—社会是一个复合生态系统，人与自然是一体的，都是复合生态系统的一部分，互为主体和客体，没有绝对之分。重视对自然环境的保护，对资源的节约、循环利益，对脆弱的生态系统进行修复。这从思想认识根源上化解生态环境矛盾。

其次，生态文明经济体系发展的是生态化技术体系，技术的发展为复合生态系统的可持续发展服务，既考虑当前利益、又顾及长远利益，以达到生态效应、经济效应、社会效应相统一和最优化，从技术角度化解生态环境矛盾。

再次，生态文明经济体系的生产方式是以创新经济为核心、以循环经济为方法论的集约型、资源循环利用型的生产模式，各企业、各产业、各区域、各子系统的循环系统环环相扣，形成复合生态系统内的大循环，因为对废弃物进行充分再利用或无害化处理，所以对生态环境不构成威胁。在生活方式上，生态文明经济体系鼓励生态文明消费，引导人们在一定物质基础之上，更重视精神和生态消费，将物质消费控制在生态环境的承载力之内。生态文明经济体系的生产方式和生活方式都使经济社会发展与生态环境的矛盾在实践中得以化解。

### 22.3.3 人类健康矛盾的化解

传统经济对人类健康的影响主要在两个方面：一是传统经济造成的生态环境破坏对人类的身体和生存造成危害；二是传统经济的生产方式和生活方式对人的身体、生活和社会关系等方面的影响，阻碍了人的全面发展。而生态文明经济体系对人类健康矛盾的化解，也正是从这两个方面着手的。

#### 22.3.3.1 对人类生活环境的改善

生态文明经济体系追求自然、人与社会的和谐，对生态环境的保护和对生态的恢复与建设是生态文明建设五个子系统中非常重要的一个子系统。生态系统的恢复与建设，环境的治理与保护是生态文明建设的必要前提，但这还只是治标的方法，生态文明经济体系寄希望于生产方式和生活方式的转变，推进生态环境的优化，实现从治标向治本的转变。同时还善于将优美的环境和良好的生态优势转化为经济社会发展的优势，真正实现生态、经济、社会的和谐协调、共同发展。这也从根本上解决了传统经济中生态环境污染和破坏对人类健康的危害。

#### 22.3.3.2 践行人的全面发展

生态文明经济体系作为一种全新的社会经济发展形态，在人的发展上，抛弃传统经济以物质经济为核心的发展模式，确立"以人为本"的发展模式，提倡人的全面发展。主要表现在：

第一，生态文明经济体系为人的发展提供充分的物质基础。生态文明经济体系弘扬工业文明关于物质生活水平是基础的观念，同时又摒弃工业文明单纯追求物质享受从而造成大量浪费，大量污染，危害人民群众身体健康的消费模式，引导人们处理好物质、精神、生态三大需求的关系。在物质生活得到一定提高之后，重视人们对精神生活和生态环境的需求，使物质需求、精神需求、生态需求三者相互协调，追求生活质量的整体提高。

第二，生态文明经济体系为人的能力发展提供广阔空间。生态文明经济体系中，工业文明经济对资本的追求让位于对知识和创新能力的追求。传统工业文明经济中人是片面发展的，人不过是为了实现资本家对资本追求中的机器附属物；而生态文明经济体系中，知识和创新是经济发展之本，拥有知识和创新能力的人成为社会发展中被竞相争夺的人才，成为社会经济发展的重要资源。因此，知识和能力受到重视，人的全面发展得以践行。

第三，生态文明经济体系促进人的社会关系更加丰富和发展。人的社会关系是指个人参与社会各个领域和各个层次的活动，以及个人与其他人进行物质、精神和生态成果交换的活动。在传统经济中，人的社会关系十分狭隘和简单，特别是在工业文明经济中，人作为机器化生产的齿轮，束缚在机器生产的过程中，资本的私有注定工人只是出卖劳动力的工具。而与生态文明经济体系的发展相适应的信息和知识经济的发展，人们对知识和能力的追求，使得人们在政治、经济、文化等方面的交往越来越多，人们的社会关系日益丰富。人们参与社会各个领域和各个层次的活动越来越多同时，个人与其他人进行物质、精神和生态成果交换的机会和活动也越来越多，从而实现从传统经济中"片面的人"向生态文明经济体系中"全面的人"的转变。

## 22.4 用生态文明经济体系改造和提升传统经济

生态文明经济体系是新型经济发展形态，是新生事物，它的发展和成熟还需要较长的时间。而传统经济仍然是一个十分庞大的经济体系，在经济社会的各个领域仍然起着不可替代的作用，同时，传统经济并不是夕阳经济，即使在生态文明经济体系发展的时期，它也不会被迅速取代，因此生态文明经济体系与传统经济的互动发展具有重要的现实意义，用生态文明经济体系改造和提升传统经济是发展生态文明经济体系的一个重要环节。

### 22.4.1 生态文明经济体系与传统经济的互动融合

生态文明经济体系的核心是发展创新经济，以系统循环经济为发展方法论，使其产业发展具有高度的关联性，各产业相互联系，形成产业链长、关联度高、带动性强的产业类型。在生态文明经济体系内部，具有高科技性、高信息性的生态化技术通过自身创新和发展，带动相关产业的发展，通过循环经济的发展体系，影响和带动上下游以及一系列相关联产业的创新发展和变化。例如，某项新能源的生态化技术的发展，在产业内部，引起新材料、新能源的发展，通过产业关联，在外部就可能带动新的仪表仪器、新的机器制造甚至新的交通运输等产业的发展。因此可以说生态文明经济体系的发展，可以将新的科技和信息渗透到各产业，渗透到传统经济，增加产品的技术含量，提高产品的附加值，节省生产成本的消耗，对传统经济的技术基础、产业结构和产品成长都进行改进，从而促进传统经济的升级。

但同时，传统经济对生态文明经济体系的发展起了支撑的基础性作用。生态文明经济体系的发展以新的发展理念、新的技术发展、新的组织结构创新为特征。但是新生事物在最初的发展过程中，往往由于自身各方面的不成熟，市场需求的不同，人们认识得不全面，发展较为曲折。而传统经济由于其庞大的体系，成熟化的市场，生态文明经济体系也只能在传统经济的母体中产生并逐步壮大。传统经济主要在以下几个方面对生态文明经济体系起基础作用：第一，提供发展的"温床"。传统经济可以为生态文明经济体系提供发展的基地，特别是生态化技术发展的过程中，可以提供技术研发的实验基地，在小范围的企业取得成功后，再进行推广。第二，促进市场需求。生态文明经济体系的产品若作为新事物直接进入市场，可能由于市场的需求小或市场的认同度低而遭受较大风险。而传统经济发展较为成熟，市场占有率和认同度较高，因此，通过对传统经济进行改造后的产品，更易被市场接受，从而起到对生态文明经济体系发展的促进作用。第三，提供资金。传统经济中的发展较好的企业一般拥有雄厚的资金，而生态文明经济体系的发展在初期，需要一定资金投入，如果传统经济将资金投向高技术和高信息化的生态化技术，则可以解决生态文明经济体系发展初期的资金需要。

因此，传统经济和生态文明经济体系可以实现互动和融合。生态文明经济体系在发展初期，由于各方面条件的不完善和不成熟，直接市场化和产业化困难重重，而通过"嫁接"和渗透到传统经济中，形成较大的缓冲，容易获得成功。同时，传统经济在生态文明经济体系的改造和提升下，产业技术发展得到提高，成本得到控制，进一步迎合了市场需求，从而获得良性发展。

## 22.4.2 改造和提升传统经济的指导思想

### 22.4.2.1 以生态文明观为引导

生态文明观包含了两个方面的内容[①]：首先是地球生态母系统的生态法则和基本规律，生态整体主义的世界观和综合、系统、协调的方法论，生态文明的基本原理和本质特征，生态安全观、生态生产力观等，属于生态文明观的宏观层次；其次是生态文明价值观、生态文明消费观、生态文明伦理观、生态文明观的绿色精神等，属于中、微观层次。这两个方面构成生态文明观的有机整体。对于生态文明观的中微观层次，由于与人们的生产、生活较为贴近，容易被人们理解和接受，而对于生态文明观的宏观层次，由于较为抽象、理论化和系统化，往往容易被人们忽略，且不易被接受和理解。但是，宏观的层次才是生态文明观的核心，才能从根本上指导人类解决目前的资源、能源、健康、生态环境等问题。因此，在利用生态文明经济体系对传统经济改造的过程中，要特别注意对生态文明观宏观层次的宣传和教育，使自然—人—社会复合生态系统的系统观深入人心，促使人们自觉用生态文明经济体系的理念改造传统的生产方式和生活方式，牢固树立生态文明的经济理念、价值理念和消费理念。

### 22.4.2.2 以发展生态生产力为推动力

发展生态生产力是生态文明建设的核心。生态生产力是生态文明经济体系发展的动力，在传统经济改造和提升的过程中，起着重要的推动力作用。在生态生产力发展过程中，核心的是生态化技术体系的研究和开发。生态化技术体系包括三个层次，一是单项新技术的出现；二是技术结构的变革；三是新技术平台的产生[②]。具体运用于传统经济的改造和提升时，也可以从三个层次起作用，即将单项的生态新技术"嫁接"于传统技术上，推动传统的工具化技术结构转变为生态化技术结构，传统的机械化技术平台向生态化技术平台的转变。

同时，生态化技术体系是一个三维的技术体系，由生态技术、信息技术、各行业各领域的技术组成，称为"两横一纵"技术体系，并且形成社会技术平台，它不但是生产领域的，也是生活领域的，还是管理领域的。传统经济中的工业文明技术体系是一个二维体系，只有信息技术和各行业各领域的技术，称为"一横一纵"技术。我们在利用生态化的信息技术和各行业各领域的技术对"一横一纵"技术体系进行升级改造的同时，要渗透生态技术，使经济形态和技术体系都更加符合地球生态母系统的运行规律，从而深入到生产力层面推进复合体系的和谐发展。

### 22.4.2.3 以建立生态文明消费市场为拉力

消费分为生活消费、生产消费和政府的管理消费。在生活消费上，与追求利润的传统经济不同，生态文明经济体系倡导的是"以人为本"全面发展的消费模式，包括健康消费、素养消费和能力消费，这三个方面若形成消费市场，将能带动传统产业向生态文明的体验经济、绿色经济、低碳经济以及健康产业、创意产业和文化产业的发展。在生产消费上，生态文明经济体系倡导的是绿色消费模式，包括生产过程和产品消费过程的绿色消费和低

---

[①] 廖福霖等. 生态文明经济体系研究[M]. 北京：中国林业出版社，2010：13.
[②] 廖福霖等. 生态生产力导论[M]. 北京：中国林业出版社，2007：56~57.

碳消费，是建设资源节约型和环境友好型社会的基础。政府的管理消费倡导和谐消费观和公平消费模式，对实现自然、人、社会的和谐协调，代内和代际消费的和谐协调，物质消费、精神消费和生态消费的和谐协调具有宏观调节作用。消费引导市场、市场决定生产，在改造和提升传统经济的过程中，如果有生态文明的消费市场作为需求拉力，那传统经济向生态经济的迈进无疑将会加快。

#### 22.4.2.4 以生态文明机制为保障

生态文明机制是生态文明建设的一个重要子系统，包括法规的、政策的、制度的、伦理规范等方面的规定。它不仅是生态文明建设的保障，也是把传统经济改造和提升为生态文明经济体系的保障。主要包括：通过制定生态文明经济体系发展融资政策，对企业的投融资行为进行调控，从而保障企业的生态文明行为；健全生态文明经济体系发展的信息公开制度，促使企业公布真实有效的生态环境信息，通过公众、舆论的压力和监督规范企业的生态环境行为；制定生态环境税收政策，迫使传统经济转变生产方式，主动进行改造和提升；健全生态补偿制度，设立生态环境专项资金，引导企业通过实施资源节约型与环境友好型的生产行为来改造和提升。

#### 22.4.2.5 以组织结构创新为基础

对传统经济进行改造和提升的基础便是对其组织结构的创新，将传统线性的生产模式，改造为循环经济的生产模式，将单一的产业关联改造为环状的产业关联，对割裂的复合生态系统进行修复，形成自然—人—社会复合生态系统的大循环。因此，从组织结构上对传统经济进行改造和提升是基础，而循环经济正好提供了组织结构改造的方法论，对此上文已阐明，不再赘述。

### 22.4.3 改造和提升传统经济的具体措施

#### 22.4.3.1 传统农业的改造和提升

改造和提升传统农业，必须坚持生态化、标准化、品牌化、产业化的发展方向，创新农业发展思维，打造"生态型农业、品牌型农业、加工型农业和市场型农业"。一是坚持生态化发展方向，用绿色理念谋划农业发展。以绿色消费需求为导向，发展生态农业、绿色农业是农业发展的必然方向。要大力发展绿色食品生产、有机食品生产，确保农业既能提供绿色安全农产品又能实现可持续的发展，切实转变农业的增长方式。二是大力推行标准化生产，实施名牌带动战略。农产品质量是农业实现可持续发展的根本。实施名牌带动战略，切实加强农产品生产环境和产品质量检验检测，严格农产品标识、质量认证和市场准入，加快发展无公害生产、品牌生产，拓宽农业产业化标准覆盖。三是大力发展农产品精深加工，延长产业链，提高产业聚集。加快产业化生产、规模化经营是加快改造传统农业，发展现代农业的关键。在大力发展农产品加工产业聚集，延长农业产业链时，要加快利用现代信息技术和生态技术改造提升传统农业，实现农产品生产、加工、储藏、运输和市场营销等环节的科学化、智能化、生态化，保证传统农业向现代农业的成功转型升级。四是优化农业结构，积极发展能源农业。能源农业作为一种新的农业发展方向，不仅能解决未来能源安全问题、减轻国家能源的负荷，成为农村经济新的增长点、促进社会经济的发展，而且还减少环境污染，对改善生态环境有直接的作用。可以说，能源农业有利于实现"经济、社会、生态"三大效应的最优化，是一种可持续农业的发展模式。

#### 22.4.3.2 传统工业的改造和提升

在电子信息、生物工程、环保、新材料、新能源等新兴工业迅速发展的时代,传统工业正面临着巨大挑战。面对考验,传统产业一定要要加大改造和提升力度,实现局部领域的突破和跨越式发展,提高可持续发展能力。一是要向生态文明经济体系的方向转型升级。重化行业侧重于安全、环保、节能、清洁升级改造;家电产业、轻工产业等加快产品升级换代进程,向节能化、效益化、规模化进军;建筑行业要大力推进绿色建筑发展,节约资源,保护环境和减少污染,为人们提供健康、舒适的生活空间。以绿色经济、低碳经济、循环经济等为代表的新经济发展模式的兴起为传统产业的改造提升提供了动力,同时新兴工业在刚发展时就要以生态化技术体系,避免重走资源浪费、环境破坏和危害健康的老路。至少要在区域内统筹安排传统工业改造提升和避免新兴工业重走老路。二是坚持科技引领,自主创新,用高新技术和先进适用技术,助推传统产业改造升级。鼓励原始创新,以集成创新和引进消化吸收再创新,突破一批关键技术、高端性技术和瓶颈技术。如利用数控技术等手段,对现有企业的设备进行改造,提高产品的质量和技术水平。需要强调的是,传统工业必须广泛运用污染治理技术、废物利用技术、清洁生产技术,促进产品升级换代,提高核心竞争力。三是着力培养和吸纳人才,逐步增强企业的发展后劲和竞争力。改造提升传统工业,科技是先导,人才是关键。牢固树立人才资源是第一资源的观念,把实施自主创新战略与实施人才强市战略紧密结合起来,以培养并配置研发人才,注重培养市场开发人才为关键,统筹推进各类人才队伍建设,逐步增强企业的发展后劲和竞争力。

#### 22.4.3.3 传统服务业的改造和提升

面临着消费升级和保护生态环境的新压力,传统服务业需要向绿色化、市场化、品牌化方向发展。一是传统服务业绿色化。虽然服务业相比制造业来说,消耗更少的自然资源,但服务业也是一个投入—产出的系统过程,也需要有形资源的支持,并产出一定的废物。Crove(1996)曾列出一个"服务业绿色矩阵",指出一些企业在日常经营活动中实施的一些绿色实践活动①。随着经济的迅速发展,产业结构中服务业的比重不断提高。面对绿色消费需求剧增和生态环境保护的巨大压力和挑战,服务业应积极顺应时代要求主动进行绿色化建设,为顾客带来更高的绿色附加值,为人类的可持续发展做出贡献。二是传统服务业品牌化。加强传统产业品牌建设,使传统产业拥有的中国名牌、驰名商标、著名商标数量不断增加。推进连锁业、专业街、品牌商区、品牌企业与国际一流企业、商业街看齐、对接。注重做好营销理念和消费理念的扩张,早日融入国际市场,实施跨国战略。三是经营模式现代化。通过创新业态和服务经营模式,促进传统服务业的经营效率的提高和高级化发展,实现传统服务业的信息化、市场化、产业化和现代化。大力发展连锁经营、物流配送、代理制等,在经营扩张的同时,加快科研开发,全面建立企业信息化管理体系,完善信息化服务方式,提升企业服务功能和运作的科技含量,运用现代服务技术和经营方式改造提升传统服务业。

---

① 白长虹,武永红. 绿色化:从制造业到服务业[J]. 现代企业管理,2001,(11):40~42.

## 22.5 生态文明经济体系是对传统经济的跨越

### 22.5.1 经济跨越发展的内涵

跨越发展指的是在特殊条件下,发展的进程不经过"低级—高级—更高级"的常规过程,而是越过"高级"的阶段和环节,直接进入"更高级"阶段的超常规发展,这是发展进程中的一种特殊表现形式。人类经济的发展阶段表现为"采猎文明经济→农业文明经济→工业文明经济初期→工业文明经济中期→后工业文明经济→生态文明经济体系"的历史进程。我国经济发展目前处于工业文明经济的中期阶段,跨越发展表现在我国现代经济发展上,即指经济发展同时进入工业文明经济的后期阶段和"生态文明经济体系"阶段。

经济跨越发展具有以下特征:

(1)发展的非线性。从工业文明经济中期直接跃入生态文明经济体系,工业文明经济并没有发展到极限,发展路径的改变,在于客观历史条件的符合以及主体价值的选择。

(2)发展的加速性。经济的快速发展并跳过某一阶段是其本质特征。但经济发展的加速并不简单等同于"快速",快速并未体现"跨"的过程。要实现跨越式发展为生态文明经济体系,必须在工业文明经济中揉入"自主"和"创新",从而使得工业文明经济的中高级阶段与生态文明经济体系相融合,实现经济形态的重组,跨越式发展得以实现。

(3)发展的协调性。跨越式发展需要一定的时间过程,在这一过程中,发展的不均衡是主要表现。若过程控制不当,易变形成为"跃进"式发展,甚至导致经济发展的倒退。因此,在集中力量对重点领域、重点区域进行突破的同时,应保持母系统的总体稳定与协调。实现工业文明经济向生态文明经济体系的跨越发展,关键在于生产力的跨越发展,即实现传统生产力向生态生产力的跨越发展。但生产力并非是孤立存在的领域,它的发展变化,离不开资源和环境的支持,离不开技术、人才的支持。在自然—人—社会复合生态系统中,牵一发而动全身,生产力的跨越式发展,要求母系统内的各个领域提供支持并与之相适应,也要求在跨越发展的过程中,生产力的变革要遵循母系统运行的客观规律,以实现自然—人—社会复合生态系共生共荣、共同发展。

### 22.5.2 生态文明经济体系是传统经济跨越发展的必然选择

#### 22.5.2.1 经济转型时期提供跨越式发展的历史条件

当前人类社会正处于工业文明向生态文明的转型时期,不同的国家和地区正处于不同的发展阶段。有些处于工业文明的初期,有些处于工业文明的中期,而有些正处于工业文明后期向生态文明转型。中国虽然处于工业文明经济发展的中期,尚未走完工业文明经济发展的全部历程,但却与发达国家拥有相同的发展生态文明经济体系的机遇、挑战和平台,面对新兴的生态文明经济体系,中国与发达国家处于同一起跑线上。这是历史赋予后发国家实现跨越发展的机遇,作为发展中国家的中国应牢牢抓住这次机遇,实现向生态文明经济体系的跨越。否则,刻板地循着工业文明经济发展道路,必将陷入"中等收入陷阱"[①],步步落后。

---

① 张卓元. 转方式调结构是避开"中等收入陷阱"的正确选择[J]. 新视野,2011,(2):18~19.

### 22.5.2.2 生态文明经济体系凸显经济发展的后发优势

生态文明经济体系作为传统经济跨越式发展的必然选择,还在于它充分展示了经济发展的后发优势。①生态生产力是发挥后发优势的关键。生态文明经济体系具有后发优势就在于它是在改造和提升传统经济的基础上,发展了生态生产力,实现了从"一横一纵"的工业文明技术体系向"两横一纵"的生态化技术体系的发展。生态文明经济体系突出了创新经济为核心,循环经济为方法论的发展道路,这是发挥后发优势的关键。工业文明经济虽然实现了经济的巨大发展,但是,却是以资源短缺、生态破坏、人类亚健康为代价的。而且发达国家传统工业的先发优势已使世界工业品市场趋于饱和,也给后发的国家经济向外发展造成强大的阻力①。后发的国家如果继续走传统工业化的道路,必将走进死胡同。因此,另辟蹊径,走科技与创新相结合的发展道路,利用循环经济的方法论大力发展生态文明经济体系,是发挥经济后发优势的关键。生态文明经济体系凸显了跨越发展的人本问题,这是发挥后发优势的根本。上文分析过,生态文明经济体系通过人类环境的改善、提倡人的全面发展等途径来解决传统经济与人的矛盾,体现的正是生态文明经济体系在人本问题上的后发优势。

---

① 张琦,乔亚梅. 跨越式发展:一种全新的发展模式[J]. 理论学习,2003,(10):29~30.

## 下篇

# 生态文明的传承：
# 生态文化

# 第二十三章

# 生态文化概述

## 23.1 生态文化产生的背景

### 23.1.1 经济社会背景

生态文化的出现并非偶然，生态文化是伴随工业化进程产生的生态危机所激发的全球环保运动而发展起来的一种文化形态，生态文化与工业文化相互对立，又息息相关。

以物为目标，采用市场机制运转的工业社会其缺陷是明显的。1962年，美国蕾切尔·卡逊的著作《寂静的春天》唤起人们的环境意识和生存意识。在卡逊的激励下，20世纪60年代生态环境运动在西方世界迅速崛起。生态环境运动一出现就与和平运动、反种族运动、妇女解放运动等反主流文化结合在一起。这些运动实质涉及人与自然、人与物、人与人关系的恶化在西方国家不同层面的反映。因此，生态运动一开始，就被融入"新文化"运动之中，并成为其中最具活力的社会运动。

西方国家的环保运动推动全球的环保浪潮。1972年6月5日，联合国在瑞典召开"联合国人类环境会议"，通过《斯德哥尔摩人类环境宣言》。1973年联合国成立环境规划署，设立联合国环境规划理事会、环境基金会。1987年通过《蒙特利尔协议》，1992年在巴西举行联合国环境与发展会议，会议通过《地球宪章》《21世纪议程》《气候变化公约》和《保护生物多样性公约》等四个重要文件，标志世界环保运动进入一个新阶段。

中国作为一个发展中的国家，在建国以后特别是改革开放的30多年中，进行了大规模的现代化建设，取得举世瞩目的成就，但也为此付出沉重的环境代价。权威人士深刻指出，在资本主义国家几百年中出现的环境问题，在我国的20多年中一下子发生了，问题的严重性已经到了触目惊心的程度。如果继续采用粗泛的、不顾环境的生产方式，只能进入死胡同。面对这种情况，生态与环境问题进入国家决策层面。在继20世纪90年代提出的可持续发展方针后，近年又提出科学发展观和建设环境友好与资源节约的两型社会的目标。2007年中共十七大把建设生态文明作为全面实现小康社会的战略，以科学发展为主题，以转变经济发展方式为主线，切实解决我国面临的生态与环境问题，这不但符合经济健康持续发展的方向，保护资源和环境，也给国民带来长远的福祉，符合时代和历史的潮流。

### 23.1.2　哲学与文化背景

如果说生态文化产生的社会经济背景，要求以科学发展观为主题，以转变经济发展方式为主线，逐步实现由工业文明向生态文明转型，那么，从哲学与文化背景，无疑要求从当下的人类中心主义向生态整体主义转型。

"人类中心主义"在工业社会背景中，对催生生产力的发展，促进社会进步无疑起到极大的作用。但巨大的生产力同时又是对自然的巨大摧毁力。工业化造成整体的环境污染和局部的生态灾难，人类中心主义的理念以及由此衍生的观念面临质疑。任何一种社会形态的理论形态都有其历史性和局限性，一旦完成历史使命，将走向自身的反面。法国哲学家福柯1966年在《词与物》一书中指出："在我们今天，并且尼采仍然从远处表明了转折点，已被断言的，并不是上帝的不在场或死亡，而是人的终结。"①这里的所谓人的终结即"人类中心主义"的终结。

"人类中心主义"的终结并非对人的作用的否定，只是人作为"中心"的消解，并把人放置在自然的适当位置之中。正如著名的绿色和平哲学所宣称的那样："人类并非这一星球的中心。生态学告诉我们，整个地球也是我们人体的一部分，我们必须像尊重自己一样，加以尊重。"②而对自然的尊重正包含对人类自身的尊重。

与人类中心主义思潮相抗衡，西方现代生态理论不断涌现，例如达尔文的进化论、辛格的动物解放论、雷根的动物权利论、施韦策的敬畏生命和生命中心主义伦理、利奥波德的大地伦理学、奈斯的深层生态学、罗尔斯顿的荒野哲学等等，集中到一点，即对人类中心主义的批判和对生态整体主义的执著和倡导。生态整体主义坚持生态平等、生态价值和生态权利。当代生态理论家不但认为众生平等，且认为自然具有固有的内在价值，而不仅仅是人类的工具，人类应当尊重自然的这种价值。认为权利主体范围应当从所有存物扩展至整个生态系统，自然应当享有权利，以及人类对自然应承担道德责任等，都是生态文化的重要话题。

我们社会文化的所有方面，共同决定了我们在这个世界上生存的独一无二的方式。不研究这些，我们便无法深刻认识人与自然环境的关系，而只能表达一些肤浅的忧虑。因此，重要的是探讨决定人类对自然态度和行为的思想文化因素，历史揭示文化如何影响自然生态，进而在文化审视过程中进行文化重构和文化变更，即建立一种整体的、综合的、有机统一、和谐共生的现代生态文化，已成为当代的一个重要任务。

### 23.1.3　文学背景

生态文化的产生除了经济社会和文化哲学的背景外，还在一定程度得益于生态文学和生态批评的兴起和发展。作为意识形态的文学必然要对当下人类的生态危机予以关注，从而产生生态文学；而从生态维度对文学作用进行的审视，必然产生生态批评。生态理论向文学方面延伸无疑极大地推动生态文化的出现和发展。

生态文学的经典作品有亨利·梭罗的《瓦尔登湖》，奥尔多·利奥波德的《沙乡年鉴》

---

① 米歇尔·福柯. 词与物[M]. 上海：三联书店，2001：503.
② 冯泸祥. 人、自然与文化[M]. 北京：人民文学出版社，1996：532.

等。生态文学非一般意义描写自然，而是具有生态意识的文学。生态文学与传统文学存在差异和不同。传统文学以人为中心，描述和礼赞人，故也被称为人学；而生态文学以自然为本，侧重生态，关注万物生命。传统文学极力宣示人的个性，凸显人的反自然力量；生态文学则怀着对自然的敬畏和尊重，尽可能走进自然，与自然为伴，同自然对话。传统文学宣扬物质主义，重视世间的功名利禄、富贵荣华；生态文学则倡导绿色、低碳、简单的生活方式。梭罗认为："大部分的奢侈品，大部分的所谓生活的舒适，非但没有必要，而且对人类进步大有妨碍。所以关于奢侈与舒适，最明智的人生活得甚至比穷人更加简单和朴素。"①生态文学作品以其敏锐的眼光看到工业社会背后人与自然为敌，疯狂掠夺自然资源的罪恶行径。"生活现在是太放荡了"，而且"无论在农业、商业、文学或艺术中奢侈生活产生的果实都是奢侈的。"一方面是对奢侈生活的深恶痛绝，一方面是对自然的无比敬畏和亲近，这构成了生态文学最鲜明的特征。

与传统的文艺批评相区别，生态批评是一种基于生态视域的批评，是在生态整体主义思想指导下的文学批评。美国生态文艺家威廉·鲁克尔特认为这是一种"信仰改变"，也就是说是批评原则的重大转变。生态批评还要揭示文学作品所反映出来的生态危机的思想文化根源，探索文学的生态审美及其艺术表现。

传统文艺批评应当说是"人类中心主义"的，缺乏"生态维度"。"只有生态批评才第一次将生态维度纳入文学批评之中，并使之成为最根本的文化立场"②。这一文化立场就是当代生态整体论的立场。生态批评毫不修饰地声称要挖掘和批判生态危机的思想文化根源，面临当下的日趋严重的生态危机，批判家要为缓解直至消除生态危机承担责任，以体现人类对自身生存的整体性关怀。生态批评的任务就是在文学领域的生态批评和生态美学原则的重建，以阻止人类群体对自然群体的破坏，避免产生人类自我毁灭的后果，还给人类一个诗意的栖居。

生态批评在本质上是批判的，但也包含对话与价值的重构。这种价值的重构是以"绿色"或"生态"为其特点，所以我们将其称作"绿色阅读"。"绿色阅读"是一个以"共生""整体""生命"为旨归的阅读，是包容着各种阅读和批评模式的阅读。生态批评要摒弃"人类中心主义"的价值观，但绝非否定人在当下和未来的地位和作用。文艺批评增加生态维度，使人们在生态整体主义和众生平等的高度上，拓宽文学的视野，给文学研究带来全新的理念——生态哲学、生态美学以及生态文艺学，并赋予生态批评应担当的自然和社会使命。在人类肆意破坏自然，物欲急剧膨胀的今天，生态维度的加入，对于抑制人的欲望和功利，进一步推进文学艺术的多元和繁荣都是大有裨益的。

## 23.2　生态文化的性质

文化是人类对自然(包括人类自身)的改变③，或者说文化是对世界的非自然化。在人类文化发展史中，人类以文化的方式生存，主要是通过劳动，以变"自然"为"文化"的方

---

① 梭罗. 瓦尔登湖[M]. 上海：上海译文出版社，2004：12.
② 曾繁仁. 生态美学[M]. 北京：商务印书馆，2010：96.
③ 白光润. 论生态文化与生态文明[J]. 人文地理，2003(4)：76.

式生存①。文化是为反抗自然而被创造出来。当人类进入工业社会,"反自然"文化对自然的损害达到其"临界点",出现不可持续的严重态势——生态文化出现了。

生态文化的性质包括以下两个方面:

### 23.2.1 生态文化是中华传统文化的一部分

从纵向上,生态文化是中华传统文化的一部分,中华文化包含丰富的生态文化内涵,值得借鉴。首先,中国文字——汉字是在绘画基础上简约的方块字,尽管世界上所有文字已拼音化,唯独汉字还保留着原生状态。其二,中国的宗教虽以儒、释、道为主,但在中国人的骨子里,是对天地、祖先的敬仰和崇拜,天地和祖先在国民的心理结构中占有崇高位置。其三,"天人合一"的整体性世界观。用整体的观点看待现实世界,不但影响哲学社会科学,还影响自然科学包括医学。其四,道家倡导的"无为"思想产生的影响。美国著名学者李约瑟把"无为"定义为"禁止反自然的作为"。这便是生态智慧。卡普拉说:"在诸多传统中,据我看,道家提供最深刻并且最完善的生态智慧,它强调在自然的循环过程中,个人和社会的一切现象和潜在两者的基本一致。"②其五,文学作品中的自然主义倾向,田园歌吟,寄情山水。其六,一整套有效的有机农业耕作制度,包括轮作、套种、秸秆返田、施用人畜肥粪等,保证农业持续稳产。其七,以家为单位的,超稳定的中国社会结构等等。中国传统文化中蕴含着十分丰富和宝贵的生态学思想和实践,是当代生态学重要的思想资源,应当加以整理和发掘,用以充实当下的生态文化,无疑是一项十分重要的任务。

### 23.2.2 生态文化是社会主义先进文化的一部分

一方面,从纵向上,要如实把生态文化看作中华文化的一部分,生态文化在不同历史时期有不同的呈现;另一方面,从横向上,要把生态文化看作社会主义先进文化的一部分。生态文化,显然是针对我国工业化、城镇化进程中日趋严重和恶化的生态环境问题而提出的。在一个人口众多,底子薄弱的社会主义国家,在实现现代化和小康社会目标中,出现生态环境问题是极正常的。关键问题是如何正视和正确解决。在20世纪的80年代,党和政府已把人口和环境作为国策,在"三个代表"理论中把先进生产力与先进文化并列提出,以及走新型工业化道路的提法,显示了决策层对工业化负面的思考。基于对多年来环境保护与可持续发展的历史考虑,党的十六大把建设生态良好的社会列为全面建设小康社会的四大目标之一。党的十六届三中全会,明确提出"以人为本"为核心的全面、协调、可持续的科学发展观。党的十七大,胡锦涛总书记阐明生态文明建设的目标,在国家决策层面上,生态文明建设已同经济建设、文化建设、政治建设、社会建设并列,这为生态文化的繁荣和发展提供方向性和制度上的保障,开辟一条宽广的道路。当然,在以人为主体和主导的社会,工业文化在相当长的时间内,依然是文化的主流和主旋律,但生态文化以其独特视域,对工业文化进行有效的缓解、纠正和补充,所提供的原生态的、本土的、绿色的、低碳的文化,具有强大的生命力,在社会文化市场中将不断扩张,占有一席之地则是不容置疑的。

---

① 余谋昌. 建设生态文化,走可持续发展的道路[M]. 北京:文化艺术出版社,2004:236.
② 余谋昌. 文化新世纪[M]. 哈尔滨:东北林业大学出版社,1996:59.

## 23.3 生态文化的科学界定

生态文化的定义，因不同学者从不同角度出发，其定义繁多，大致可分为五种：

第一种定义，从自然角度，以是否征服自然为标准，认定生态文化。

第二种定义，从历史角度，认为任何社会都有各自的生态文化或生态文明，只是表现的形式不同而已。

第三种定义，从当下社会现实出发，认为人与自然和谐，物质之间良性循环，环境良好，即为生态文化或生态文明。

第四种定义，从文化批判角度出发，认为工业文化是反自然文化，生态文化属自然文化。

第五种定义，以人与自然的高度和谐统一的目标，来阐述生态文化这一新型文化。

上述生态文化的定义各有侧重，各有所长，但生态文化作为一种文化应包括以下内涵：

首先，生态文化是以自然生态为主要的文化形态。传统有关生态文化的界定是人类中心主义的，是以人为中心的围绕人的文化或社会文化。因为传统认为人才有内在固有价值，只有人能在文化意义上成为人，而非人类存在物则不存在文化。生态文化需要突破人类中心主义所设定的界限，把文化的观念延伸至非人类存在物。一种真正意义上的生态文化既应当以人为本、呈现人类生态文化；又要以自然为本，呈现非人类生态文化，包括非生物环境文化、生态系统文化、物种文化等等。

其次，生态文化是呈现生态主题的文化形态。传统生态文化的界定以人的立场出发，集中呈现物质、精神、制度以及行为的文化形式，而人的个体生命本身实际上被忽略了。同样，在人类背后的整个生物圈被忽略了。这是传统文化的严重缺乏，也是当下生态文化或生态文明定义的疏忽。因为生态文化包括人类文化和非人类存在物文化两大部分。人类文化只是生态文化的一部分，除人类文化之外，尚有植物文化、动物文化、微生物文化，这是生物文化。此外，还有非生物环境文化，即地球生物圈文化。

其三，生态文化是遵循生态规律的文化形态。生态文化必须遵循自然规律（即生态规律），这是生态文化的客观实际和理论基础所规定的。当下人类普遍遵循的是价值规律（经济规律）和社会法则，而忽略或忽视了在经济、社会规律背后的生态规律，这一比经济社会规律更大更具基础性的生态或自然规律。早在2500多年前老子就指出："天下有始，以为天下母。既得其母，以知之子；既知其子，复守其母，没身不殆。"自然生态系统是比人类经济社会更大的系统，换句话说，经济社会属自然生态系统的子系统，是由自然生态系统派生的，是母与子的关系，只有"复守其母"，才能"没身不殆"。生态规律或自然规律对于经济社会规律有约束和基础的作用。所谓制约，指当经济社会规律与生态或自然规律发生冲突或矛盾时，应以服从生态或自然规律优先。因为生态或自然规律是总规律，制约着经济社会的诸多分规律。无数实践证明，凡是违反生态或自然规律的，始终被认为是错误的。所谓基础，指生态或自然规律是基础性或根基性的规律，人类只能遵循它，但不能超越它。生态规律位于规律的底层和基础部分，往往被视而不见，但一旦违背生态规律，自然基础便会坍塌，文明大厦也将随着坍塌，这是无法改变的事实，也是文明历史给予人类最重要的启示。

其四，生态文化是以实现自然与人和谐为目标的文化形态。由于生态文化赞赏差异，遵奉多元；由于生态文化承认变化，强调过程，因此，自然与人和谐的目标或图景，既不是一种理想，也不可能是终极和永恒的。随着时代变化，自然与人和谐的目标或图景也在变化。不是一个和谐图景，而是不断相续的和谐图景的拼贴。当下，对于人类最重要的是对人与自然矛盾的诸多问题，在生态文明的视域中加以审视，在制度、精神、物质和行为的不同层面上作出科学的规划和合理的安排，并使这种规划和安排，既符合当下经济社会的实际，又体现生态文化未来的方向。通向和谐的道路是曲折的，不可能一蹴而就。工业社会才推进300多年，正处在兴盛时期。况且，工业社会又分为前工业社会、中工业社会以及后工业社会等不同时期，以及发达国家与发展中国家的差异，因此，和谐的目标和图景应当结合各国和各地的实际情况，有所区别，不应当强求一律。

## 23.4 生态文化学的学科性质

### 23.4.1 生态文化学属文化学范畴

生态文化学是有关生态文化的学说，是以生态为对象，研究生态文化的起源、本质、范畴、形式和规律，并运用这些规律维护、完善和创新生态文化的科学。生态文化学的学科性质和落脚点在文化上，生态只是表明生态文化学的研究对象，并用来规定或修饰文化的。生态文化学首先是文化的，属文化学或应用文化学范畴。

### 23.4.2 生态文化学属生态学范畴

生态文化学是以生态为研究对象，以地球生物圈为物质载体，显现生态文化的学说。生态学是生态文化学的理论基础。显然，离开或脱离生态学，生态文化便失去生态文化本身固有的价值和意义。但生态学作为生态文化的理论基础，并不要求人们从自然科学角度出发去研究生态，那是生态学家的事；也不是要求从经济角度出发去研究生态，那是生态经济学家的事；生态文化学要求从文化角度，去研究生态，构筑符合时代需求的生态文化体系。

### 23.4.3 生态文化学是文化学与生态学交叉的学科

生态文化学既是文化学的，是文化的理论形态；又是生态学的，以生态为研究对象，探讨和研究生态文化的理论形态。从文化学角度，生态文化属应用文化学；从生态学角度，生态文化是文化学和生态学相互交叉、交融、嫁接的一门边缘学科，是人类从人文视域对生态的一种审视。生态文化学的出现，为生态学从自然科学跨进哲学社会科学提供一种路径或可能，生态学不再单纯属自然学科，而是包括生态哲学、生态伦理学、生态美学、生态经济学、生态社会学、生态政治学、生态神学等社会学科在内的完整的生态科学体系（图23.1）。

### 23.4.4 生态文化学本身是一个文化学科体系

一般而言，文化学由生态美学、文化理论、文化史和应用文化学四部分组成。生态文化学显然属于文化学下的应用文化学。但问题在于，作为生态文化学本身，要阐述生态文化的形态、本质、范畴、规律等，这属于文化理论；生态文化本身有生成和发展的历史，

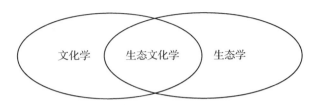

**图 23.1　生态学与文化学交汇的生态文化学**

这属于文化史；生态文化的创造，这属于应用生态文化范畴。这就是说，生态文化学本身作为一门独立学科，又包含生态文化理论、生态文化史和应用生态文化三大部分（图 23.2）。

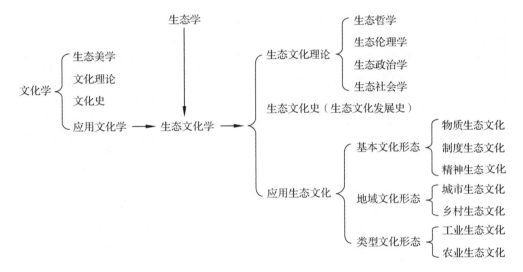

**图 23.2　生态文化学体系结构示意图**

### 23.4.5　生态文化学是涵盖各类文化形态的文化学

在所有应用文化学中，生态文化是涵盖面最广的一门文化学。生态文化学不但要研究物质、精神和制度层面的生态文化，还要研究城市生态文化、乡村生态文化，以及企业、学校、军营等单位团体的生态文化，这些属人类生态文化。另一方面，还有研究非人类存在物的生态文化问题，包括生态系统、物种、非生物环境等生态文化形态，它们的生存智慧和生存状况，与人类息息相关，人类理应予以关注。生态文化是一个整体，缺席非人类存在物的生态文化是不完整的。

## 23.5　生态文化学的研究方法

任何一门学科不仅有自己的研究对象和范围，还有研究该对象的具体方法。从马克思主义角度，生态文化学的研究方法主要坚持理论与实践相结合的原则，以及逻辑与历史相统一的原则。

理论与实践相结合的原则。狭义的生态文化指人类对自然界的选择和适应；广义的生态文化指所有生命对自然界的选择和适应。因此，生态文化学的研究必须以生命生存的实践，尤其必须从人类经济社会活动的实践出发。无论生命的生存或人类经济社会活动从本质上都是实践的。实践是主体和客体、物质和精神的交叉点，是认识的出发点和归宿。实践中包含大量活生生的感性材料，生态文化学研究就是要以实践为基点，把实践中的感性认识，按照逻辑进行概括梳理，形成条理化、系统化的生态文化概念、范畴、形式、原理，进而利用这些生态文化理论，去指导生态文化的实践，并接受生态文化实践的检验。

逻辑与历史相统一的原则。生态文化本身就是历史，有自己生成、发展和变化的历史过程。对于生态文化学的研究，既要从生态实践中进行逻辑和理论的概括，又要结合人类历史的客观进程，加以分析和校正，从生态文化视角，看待历史的兴衰。这就是说生态文化学研究，既不能只是单纯的逻辑推理，使生态文化理论成为概念的堆砌；又不能囿于简单的历史叙述，而缺乏理论的概括。要使逻辑和历史的方法有机结合起来，使生态文化呈现本来面目。

生态文化学的研究方法有：

（1）哲学思辨的方法：哲学思辨的方法，亦称形而上的演绎的方法，把生态文化作为一种理念或价值，按既定的哲学理论体系，设定文化的最高原理，然后用形而上演绎方法，逐一推导出生态文化的现象，抽象出定义。哲学思辨方法极力把一切文化现象都纳入其体系中，用以论证其先验规定的正确性和合理性。

（2）社会学的方法：人们不应排斥非人类存在物文化的存在，但无论如何，人类社会的生态文化对于我们是最为重要的。必须把生态文化置于不同社会阶段中加以考察。生态文化不是无的放矢，生态文化有目标、有方向，是有的放矢，这个"的"就是缓和或化解工业社会中自然与人凸显的矛盾。生态文化要走出文化圈，走向社会现实，进行广泛和深入的社会调查，掌握各地生态文化的第一手材料，揭示产生生态环境问题的社会因素及制度安排，从经济社会的总框架中，全面认识人类面临的生态环境问题及寻找解决办法。

（3）生物学的方法：显然，生态文化不限于人类社会，在人之外的万千生物中，也有文化，这就是非人类存在物的生态文化，或生物社会的生态文化。为了解人以外的生物社会诸多物种的生存状态，同样要求生态学家、植物学家、动物学家走出书斋，走进自然，用生物学方法，设点观测和个案分析，了解人以外万物的生活方式和文化活动，感知和体验它们的生存智慧和生存高招，这对于丰富生态文化是极重要的。

（4）比较学的方法：由于所处的地域不同，不但产生东方文化与西方文化的差异，不同流域文化的差异，以及山区文化、平原文化、滨海文化、荒漠文化、草原文化等的差异，还存在由于所处不同历史阶段的农耕文化与工业文化的差异，不同宗教信仰和不同民族习俗出现的文化差异等等，极需要用比较学的方法，在文化的不同层面，进行比较分析，从中得出内在规律，用以指导生态文化的实践。

（5）系统科学的方法：从生态学角度，应当把森林、海洋、湿地视为一个系统，同样，从社会学角度，也要把经济、社会、文化、军事等视为一个系统，即用系统科学的方法来看待自然界、看待人类社会、看待生态文化以及生态文化与其他文化的联结。当用系统观点看待世界，世界不再孤立，而是一个整体，生态文化亦是一个整体。当生态文化以整体形式出现，人类社会与自然之间，再也无法分开了。

## 23.6 发展生态文化的目的和使命

### 23.6.1 既是生态文明建设的重要内容，又是重要基础

生态文化学不是纯理论的说教，生态文化学注重实践，是理论与实践，知与行相统一的学说。生态文化就其终极目标和使命而言，是围绕自然—人—社会复合生态系统的和谐这一主题。但就中国工业化初期的经济社会现实，生态文化应侧重于人与自然的和谐，当前生态文化学的最基本使命和责任就是要在努力发展经济的同时，兼顾经济与社会、生态效益三者的统一。生态文化力求通过自身的努力，改变人们的意识观念，实现生产方式和生活方式的生态文明转型。

### 23.6.2 是维护地球生物圈的需要

发展生态文化学的另一使命和责任则是保护非生物环境，维护地球生物圈的稳定，这是对人类的生存带有根本性的大问题。社会生物学家爱德华·威尔逊说，可能发生，将要发生的最可怕不是能源消耗、经济消耗、经济崩溃、有限的核战争，或者是被一个极权主义政府所征服。对我们来说，这些灾难尽管可怕，但经过几代人就可补救。可是由于自然栖息地的毁灭而失去遗传物质和物种多样性，这一进程要花几百万年的时间才得以纠正，这是我们的子孙最不能原谅我们的蠢事。地球生物圈的稳定和多样，是人类安身立命之本。还家园一个青山绿水，还地球一个高天厚土，还人类一个洁净安宁，这无疑是生态文化一个最重大使命和任务。

### 23.6.3 促进国民素质的提高

国民素质包括德、智、体、美等诸多方面，而国民素质增加生态维度，无疑使国民素质有了高度和厚度，并衍生出生态伦理、生态美学、生态文学、生态艺术、生态神学、生态政治等等内容，洞开另一新的天地，这对于国民素质的提高，将产生深远的作用和影响。文化学者雷毅认为："生态文化上的首先任务是启蒙。通过文化启蒙将生态意识、责任意识渗入公众的心灵，这是人类历史上的第二次启蒙运动。近代以来的启蒙运动只完成了它最初的目标：人性的解放。然而，实现人的全面解放没有自然的参与就不可能成功，因为'自然是人的无机身体'，而在工业文明中，作为'人的无机身体'的自然界也等待着被解放，即从人对自然的支配和控制中解放出来。"①通过生态文化的启蒙就能在国民中确立生态意识，认同生态道德，承担生态责任，履行生态义务，从而在行为的每一环节自觉保护自然和生态，这既是人类自身生存的需要，也体现时代的总体方向。

### 23.6.4 为世界和人类作出更大贡献

以生态学理论为基础的生态文化被人认为具有"颠覆性"，其原因在于它以一种整体和系统的思维方式看待世界。生态文化的出现为传统哲学、美学、伦理学、神学、政治学、文学、艺术等注入新的元素，使所有意识形态领域都发生了革命性的变革。同样，生态文化将为当下工业生产体系注入新的元素，导致或产生或即将产生生态材料、生态能源、生态技术、生态工艺，将对整个工业生产体系进行脱胎换骨的改造。中国正在进行工业化的

---

① 严耕等主编. 生态文明理论建构与文化资源[M]. 北京：中央编译出版社，2009：225.

进程中，从 18 世纪的洋务运动，到 20 世纪的改革开放，中国的工业化路子艰难曲折，经历坎坷。但是应当清醒看到，由于农耕文明迈向工业文明，西方先进国家已为我们提供先例，而在工业化进程中，要在发展经济的同时，做到对资源节约，对环境友好，实现人与自然的和解，在全世界并无先例，并且是全球性的困惑和难题。况且中国有 13 亿人口，家底极薄，积贫积弱，如何建设生态文明，无疑是一个极其严峻的挑战，一个历史性的重任，一个世界性的课题。生态文明拷问世界，也在拷问中国；期待世界，也在期待中国交出答案。如果在一个占全世界人口四分之一的大国，能在工业化进程中建设生态文明，实现科学发展、绿色发展和可持续发展，对世界和人类都将是一个巨大的贡献。

# 第二十四章

# 生态文化的思想理论渊源

生态文化是一个体系。从纵向上看,从历史传承角度,无疑接受中国文化的影响。中国文化中的生态智慧和生态思想,给生态文化以深厚的滋养;从横向上看,在对待外来文化上,又不排斥西方文化以及作为主流意识的马克思主义中的生态思想的接受和接纳,从而形成具有自身特色的生态文化。

## 24.1 中国文化中的生态思想资源

中国文化历史悠久,源远流长;多元会聚,博大精深,其中包含丰富的生态智慧和生态思想,是生态文化取之不尽的思想资源和理论基础。这些生态智慧和生态思想不仅体现在各家各流派的记述中,还贯穿于中国人基本的生产方式和生活方式的实践中。这里仅以儒、道、佛为主,择其要点,作一阐述。

### 24.1.1 儒家文化中的生态思想资源

中国传统文化是以儒家为主体,儒道互补的文化。儒家以人为本,用"仁"界定人,强调人生、人性和人类社会,但又以"天人合一"整体世界观看待自然宇宙,并把"仁"延伸至自然万物,这就是"仁爱万物"和"民胞物与",与当代生态伦理既相似又相通。

#### 24.1.1.1 "天人合一"

"天人合一"思想并非儒家所专有,而是古代中国一种对宇宙及自身认识的结晶,一种生态智慧和整体的世界观。"天人合一"思想不同程度反映在先秦各派学说(包括道家学说)中,但儒家独特表述和发展这一思想,把人的道德性赋予自然,提出尽心、知性、知天、人与天地齐的进取观点,实际上是建立了一种贯通天人的人生哲学。

天即天与地两个方面,或阴(坤)阳(乾)两极。儒家认为,天地乾坤是一个生生不息的创造生命和万物的过程。以自然现象和过程来说明人类社会,人类居于天地之间,兼备天地的顺承性与创造性,因而要求人类继承和发展天地之道,遵循自然规律,与天地融合。

"天人合一"的关键点是"合"。既然人由天而来,故人的行为准则要与天的行为准则相融合。儒家所倡导的与天地合其德，与日月合其明，与四时合其序，包含相接、相继、相通、相容、相合的意思。这种直觉的、朴素的、整体性世界观，对中国人的思维影响极大。中国人的思维总力求寻找事物相互间的一致。如本体论的"体用合一"，知识论的"知行合一"，伦理学上的"心性合一"，文化交流上的"中西合璧"，文学艺术上的"情景交融"等命题，都是明证。"天人合一"观念对中国文化产生深刻影响。

为实现"天人合一"，《中庸》提出"自诚明"与"自明诚"。"自诚明，谓之性"，即发挥天命所赋予的道德本性，提倡孟子所说的尽心、知性、知天，一条内在的"尊德性"的修养道路。"自明诚，谓之教"，即博学、审问、慎思、明辨、笃行的"修道"方法，一条外在的"道问学"的方法。这两种修养中核心是"诚"，诚既是天道，又是人道。只有达到"诚"，才能成己成物，尽人之性和尽物之性，达到赞天地之化育、与天地并立的崇高境界。

#### 24.1.1.2 仁爱万物

以孔子为代表的儒家学说是围绕人展开的，并用"仁"界定人，主张"仁者爱人"。《论语·颜渊》记载："樊迟向仁，子曰爱人"。《论语·学而》又提出"泛爱众"，这就是说孔子所表述"仁"的对象，是众人，不单指某一群体，表现了孔门以仁本思想为核心的"人学"。

当然，儒家的仁者爱人是以人的血缘亲疏和社会等级贵贱为核心，逐步由内向外扩展至万物，孟子对这一基本原则作了阐述："君子之于物也，爱之而弗仁；于民也，仁之而弗亲。亲亲而仁民，仁民而爱物。"这就是亲亲、仁民、爱物的三个顺序的有等差的仁爱。首先是父母、兄弟、夫妻及家族的爱，然后是朋友、邻人及天下人，然后是人之外的万物生命。这与道家的"物无贵贱"，以及当下生态伦理的万物平等有所差异。

儒家的朴素的生态伦理，是一种推己及人，由己及物的道德观。推己及人，即提出"己所不欲，勿施于人"这一被人类社会普遍接受的原则，而实现这一原则的做法是"忠恕"或"恕"。自己不想做的，不要强加于别人，这就把人看作人，尊重每一个人的权利和尊严。由己及物，指人固有的一种爱护和怜恤生命的恻隐之心，当动物遭受损害的哀鸣或杀戮的惨状，会引发人对动物生命的同情。儒家这种以鸟兽昆虫为同类的同情心理，给民间保护动物以深刻的影响。"劝君莫打三春鸟，子在巢中待母归。"反映了人们保护动物的心声。汉代经学家董仲舒又把爱护鸟兽动物当作仁的内容。这说明，仅仅爱人，还不足以称之为仁，只有将爱人扩展到爱鸟兽昆虫等生物，才算是仁。孔门的仁学，不只包含人际伦理，且包含生态伦理。宋代大儒张载的"民胞物与"，理学家程颢的"仁者，以天地万物为一体"的思想观念，终于把"仁"的对象扩大至天地万物及整个自然界，在伦理上实现了人道和天道在理论上的彻底贯通。

#### 24.1.1.3 生生之德

生态文化的主题是围绕"生"展开的，这与儒家所阐述的"天地之大德曰生"，可谓不谋而合。"天地之大德曰生"这就是说天下最高的道德，是尊重和珍惜自然界一切生命形式。

儒家的天地的"生"指由阴阳开合的内在运动，不断创生，化育万物而成为一个有机和谐的生命整体。既然万物生生不息、相互关联，那么"生"或生命不能仅仅关注人类自身。基于此，张载提出，人与天地万物同源于阴阳交合，万物都是由乾父坤母聚合所生的子女，在把所有的人看成同胞的同时，人以外的自然万物生命亦是人类的朋友与伙伴。这种表述，既说明自然界生态的整体性，又阐明人与自然万物之间的关联性——为了人类自身的"生"，必须珍惜万物的"生"，这会使人类能更好地"生"，一种与万物生命并存共生的生态。

而人类生存的需求，又要利用和改造自然物，这会在不同程度上造成对生命的损害，为此，儒家倡导"时禁"（合理利用自然资源）、"节用"（爱护自然资源）、"惜物"（珍惜自然物）等措施，其目的是维护"生"——维护生态系统和物种种群的稳态，勿使万物因被人类利用索取而失去平衡。

#### 24.1.1.4 中庸之道

中庸之道或"中和"观念，是儒家思想的基本精神，也是中国文化的基本特征之一，对中国文化有巨大影响。中庸思想的产生，由来久远，由尧、舜、禹、汤、文、武、周公而一直传至孔子，成为中国文化的道统正统。

中庸之道是一种行为准则。孔子认为，任何一种行为，如处理不当，都有流于偏颇的可能。因此必须用"中庸"来调节，使之贯彻于道德行动之中。中庸之道是一种思想方法。中庸之道既反对"太过"，又反对"不及"，反对固执一端而失之于偏激或片面，强调中道、中和，即和谐。中庸之道强调的"和"显然不是和稀泥或不讲原则的调和折中。中庸之道反对的是，无视时空条件的固执，以及只看到单方利益的偏激，而要"叩其两端"来对待和把掌事物，从"和"的意愿出发，找到双方的共同点，保留各自不同看法，求同存异。中庸之道从本质上就是求同存异。双方或多方有不同看法与诉求是极正常的，关键要找到共同点，共同点的认同即是"和"目的的实现。

中庸之道是一种人生境界。即"中和"的境界。当然，这里的"中和"体现自然与人的和谐。天与地要在各自恰当位置运行，万物自然自在长成，社会与自然和谐为一。故把"中"称为天下之大本，"和"称为天下之大道，把"中和"思想提升到本体论的高度。

### 24.1.2 道家文化中的生态思想资源

中国儒家是以"仁"为核心的人文主义，而道家则是以"师法自然"为内容的自然主义。道家崇奉自然、顺应自然、一切师法自然，强调按自然规律办事，无疑给生态文化以深刻的影响。道家提出的"无为""不争""守柔""虚静"等观点，以及建立在此之上的朴素的对自然现象和规律的辩证认识，是生态文化一份珍贵的思想宝库。

#### 24.1.2.1 道法自然

道家是出世的，因而道家理论的一个重要特点是崇尚自然，因而必然以自然为师，效法自然。故老子在《道德经》中在阐述人与天地无为的关系时写道："人法地，地法天，天法道，道法自然。"[①]"道"指法则、规律。这就是说，人类生存于大地要遵循地的规律，而地的规律遵循天的规律，天的规律遵循"道"（规律），而这个"道"，遵循自然的规律。道即自然，自然的规律是总规律，其他的规律均要服从自然规律，这应当是道法自然的本意。

道法自然的第二层意思是端正或摆正自然与人的关系。这里是自然与人，不是传统上的人与自然。道家"四大"观念的顺序是自然→天→地→人。人类社会最小，自然（地球生

---

① 老子. 道德经[M]. 太原：山西古籍出版社，2001：44.

物圈)最大，人类社会是自然大系统中派生的一个子系统。人类社会隶属于自然界。人类不是自然的主宰，不是自然的征服者。决定或主宰自然(地球生物圈)的是自然自身。故老子告诫人们："生而弗有也，为而弗恃也，长而弗宰也，此之谓玄德。"不把自然据为己有，不作自然的主宰，这是道德的最高境界。

道法自然的第三层意思包含着自然辩证关系。例如"知和曰常，知常曰明"，"和"指自然界的和谐性，以及自然万物相互联系和相互依存的整体性，维护自然的完整与和谐，而不狂为，人类才能与自然共存。而只有认识自然规律，按自然规律(常)行事，事物才能清晰呈现本来的面目。又例如"知足不辱，知止不殆"，一方面要求人们树立正确的消费观，对物质的追求不能贪得无厌，懂得"知足"；另一方面要求人们在经济发展中，要懂得适度，懂得"知止"，充分考虑自然环境的承受限度，不致作出破坏生态平衡的事情，以确保生物圈的不殆(生生不息)等等。

#### 24.1.2.2　自然主义

道家文化的另一着眼点是自然主义，这与儒家所倡导的人文精神是截然不同的。儒家的人文主义着眼点在人，而道家的自然主义则倾向于自然。故荀子批评道家为"蔽于天而不知人"。被"天"遮蔽而"不知人"的自然主义倾向，恰好与当代的生态学基本思想相似或相近。

显然，道家是以自然为本的，其出发点和归宿是自然界。"道"是道家的始原，是道家的最高哲学范畴，而这个"道"，是"效法自然"，是自然本身。这样，以老、庄通过"天道"观念所做的思辨性哲学的净化，创立了道家的宇宙本体论，排除了中国早期宗教所崇拜的神鬼的权威，把哲学本体"道"，提升到"象帝之先"的位置[①]。道家从哲学高度，对自然、宇宙以及社会所作的清醒理智和辩证的探讨，排除了神或上帝的预设和启示，是自然哲学与人的哲学的统一，是生态文化应当吸取一份宝贵资源。

人类社会总是充满权谋、陷阱和诸多的不合理性，在专制统治时期，情况尤其如此，这一切往往是宗教思想产生的最好温床与酵母，但道家的自然主义并没有走上宗教的道路。虽然感到无可奈何，甚至提出"安时处顺"，"安之若命"等宿命思想，但始终立足社会现实，提出大异于儒家的救世方案，即一方面"圣人处无为之事，行不言之教"，一切听任自然，自然而然；另一方面，道家注意到自然正反的辩证关系，通过否定的办法，从"负"到"反"的方面，达到"正"与"合"的目的，即所谓"无为而无不为"。

道家的自然主义，一切遵奉自然，效法自然，顺应自然，从自然中吸取道德教训，必然倡导一种清净、淳朴、无为、守柔、不争的人生态度，这与儒家倡导的充满"浩然之气"的刚健有为的人生态度，截然不同。但无论是儒家或道家，当仕途落魄或政治失意之时，往往投入"自然"的怀抱，"达则兼济天下，穷则独善其身"。宁做隐士，不做教徒。这是因为自然显然比宗教虚无缥缈的天国具有更大的吸引力，一个更为广阔的天地。道家的理念看似是出世的，否定人生的，但最终落实在人生上，此时的自然无疑成为人生的庇护所和乐园。因为他们可以在这里荡涤污浊，纯洁心灵，陶冶情趣。道家的自然主义显然成为儒家人文主义的最得力补充。

---

① 李中华. 中国文化概论[M]. 北京：中国文化书院，1987：119.

### 24.1.2.3 无为无不为

老子的"无为"观念包含有深刻的生态学思想。老子说的"无为"，不是不作为，而要遵循生态规律，借助自然力，达到"无为而无不为"。在这里的"为"与"无为"是两种手段，"无不治"是效果与目的，更是一种境界。

成书于公元四世纪的道教经典《抱朴子》中区分了人类对待自然的两种不同态度与手段：一是役用万物，一是效法自然。对自然和人的关系了解得浅薄的人，就役使自然，让自然物完全隶属于自己；而深知自然与人之间奥妙的人，不但能善待自然，还能从自然之中悟出人类"长生久视"①的道理。

人们在认识和利用自然过程中，对待自然实际上持三种态度与手段。第一种：妄为。不效法自然，不按自然规律办事，役用妄为，导致生态恶化，自然与人类对立，这是最不可取的；第二种：作为。指在生态阈限允许范围内，按自然规律办事，满足人类基本需求的作为。老子把此称之为"下德"，下德是"为之而有以为"，通过作为，达到有为；第三种：无为。老子把其称为"上德"，上德是"无为而无以为"，因为自然生态系统自身会按自身运行规律运行，无须人类插手。应当看到，"大自然是个有机的生物圈，是一个无限循环的整体，不是静态循环而是动态增长的，这是一条根本性的自然法则"②。中国古代思想家将自然界的这种动态增长概括为"生生不息"，即"自然生产力"。这是一种情况；另一种情况是对人类控制的人工系统、半人工系统之外的荒野、湿地、天然林、荒漠、冰川、深海等系统，人类能有所作为吗？回答同样是否定的。显然，无为的实质是明确人类在自然界的位置和作用。"为无为，事无事，味无味。"过浓的味，失去真味；忙无头绪，近于瞎忙，对自然过多的干预，往往适得其反。既有为，又无为。对人工系统与半人工系统而言，应当有所作为；对自然系统和整个生物圈而言，应当持无为态度，让自然按自身的规律和轨迹运行，而无须人类妄加干涉和插手。

### 24.1.2.4 重生贵生

道家的愤世嫉俗和对社会的抨击，并没有导致道家走上宗教的道路，没有对彼岸世界的执著追求，相反，十分注重"生"，注重保持和整体生命的和谐。这就是道家所注重的"重生"和"贵生"思想。

名誉地位与身体生命哪一个更可爱？身体生命与财货家产哪一个更贵重？获得与丧失哪一样更令人担忧？人们在理性上会选择前者，但在现实中往往自觉或不自觉为后者埋单或付出代价。围绕着自身生命（重生、贵生）的题课，既普通又深刻地令人再三思之。对此，老子开出的药方是："我恒有三葆，持而宝之。一曰慈，二曰俭，三曰不敢为天下先。"一曰慈，指人的心性品德的修持修行。心性品德的修持修行，就是磨炼自己的意志，摒弃应摒弃的功利私欲，广做善事，广积善德，使自己的品德修养不断提高和升华，做一个具有高尚道德情操的人。二曰俭，要求"轻物重生"，"生"是根本。而对自身的物质需求，则节制物欲，清淡朴素，一切从简。三曰不敢为天下先。有两种情况，对于一般事，道家认为无论是"以德报怨"或"以直报怨"，都不是最好办法。因此，只有不结怨，才可

---

① 宝贵贞. 出世与入世之间——论道教伦理之要义[J]. 中国道教, 2003(3).
② 胡筝. 生态文化[M]. 北京：中国社会科学出版社, 2005: 27.

以无怨。最好办法是施而不求报之义，以"不报为报"；另一种情况是不硬碰硬，因为"兵强则灭，木强则折"，要避开锋芒，等待时空变化，顺应自然之道，以柔克刚，这就是所谓的"柔弱之道"与"不争之德"。不争非不争，而应当顺应法则，采用适当方法化解之。这样才能"柔弱胜刚强""后其身而身先""外其身而身存"。保存自身是第一位和最终目的。

道家始终认为，生命的价值比天下更为贵重，把生命摆在最高位置上。且这里所谓的生命不仅指人类生命，还包括自然界一切生命在内。"生生之谓易"，自然界的一切运动，都为着生命和生存。道家哲学可以说是生命的哲学，回答包括人类之内生命永恒存在的哲学。

## 24.2 西方文化中的生态思想资源

### 24.2.1 有机论的思想传统

1866年恩特斯·海克尔首创生态学，而现代意义上的生态学成熟于20世纪中叶。但自然有机论和整体论的思想，在西方文化中却有着悠久的历史。

在古希腊神话中，自然充满神性和灵魂。柏拉图在《第迈欧篇》中描述世界是一个有着灵魂和理性的活的生物体。亚里士多德认为万物有着内在的活性原则，星辰也部分拥有生命和活性，自然哲学的目标就是要寻找事物之中的目的。

在文艺复兴时期，达·芬奇声称："地球有着生长的灵魂，它的肉体是土地，它的骨骼是岩石结构……它的血液是湖泊……海水涨落是它呼吸和脉搏。"[①]在近代机械论兴起之后，自然有机论依然存在，认为有一种活力充盈世界，整体世界包括人和万物，都是一个大的有机体。例如17世纪的亨利·摩尔(1614~1687年)认为存在一个"世界灵魂"和"自然精神"；哲学家莱布尼茨(1646~1716年)，反对人与自然的分别，拒弃生命与非生命的分离；哲学家斯宾诺莎(1632~1677年)坚持泛神论的观念，主张万物相连，并无高低之分；至19世纪仍有欧美的浪漫主义者坚持自然的整体性、统一性和自发性，认为自然是更高秩序或更高目的的体现，强调直接的认知方法和对自然的审美体验。

鉴于近代机械的自然观把自然视为死的、惰性的、可分析的、可由外部支配的物质的观念，对人类认识自然产生的负面影响，重温自然有机论和整体论，对于理解现代生态学思想是有所裨益的。

### 24.2.2 爱默生：超验主义的生态学

超验主义是19世纪30年代在美国发展起来的带有宗教色彩的思想运动，其实质上是对19世纪西方理性精神的一种反叛。理性主义不能满足超验主义者对于灵性经验的强烈渴望，因为对于超验主义者来说，寻找上帝，既不依赖于正统的教条主义，也不依赖合乎理性地实现美德，而在于内心追求灵性与神性的融合。

超验主义最重要的代言人爱默生(1803~1882年)主张在人的精神性的自我(即灵魂)与所有非我之物(除人的灵魂外的所有东西)作出区分。精神世界是最重要的，但是精神世界并非只是人的灵魂。他认为包括灵魂和自然都是精神性普遍存在的流溢，是对最高的普

---

① 约翰·布鲁克著，苏贤贵译.科学与宗教[M].上海：复旦大学出版社，2000：124.

遍存在(上帝)的反映，因而都是精神性的。人要认识上帝，需要最大限度地向精神世界自我开放，打开心灵的窗户，与上帝交流。

在人与上帝的沟通中，自然起到重要的中介作用。自然反映了精神的存在，是普遍的精神存在的产物，能够传达出关于上帝的知识。爱默生认为，上帝的本质无法记载在命题里，也无法言说，但是，人的精神在自然中升华，以至与上帝合一。

其次，爱默生还认为自然是人的精神的象征，是普遍精神的创造。因此，似乎可以说，自然是人的精神向外的延伸，自然与人之间存在某种同构。因而，自然存在的意义必须从它和人的精神的联系上去理解。在爱默生的这些思想中，人类中心主义的色彩依然明显，但爱默生以人的精神或意义为中心，将自然精神化、道德化，这与片面强调自然存在的目的要服从人类物质需求的当代人类中心主义是有区别的。

爱默生还强烈表达超验主义的一个信念，即世界的整体性和统一性。其根源在于创造自然的普遍精神是统一的。爱默生把自然精神化，使他和欧洲浪漫主义者一样，把自然视为对人有益的、良性的，诗人可以从自然中汲取灵感，可以在自然中得到疗治。这种过分精神化自然，把自然的价值隶属于人，视自然为一种虚幻和非实在的东西的思想和梭罗肯定自然的思想是不同的。

### 24.2.3 梭罗：自然主义的思想

大卫·亨利·梭罗(1817～1862年)作为作家、诗人，其最主要作品如《瓦尔登湖》《缅因森林》等，是以人对自然的沉思为主题的。在20世纪环境运动兴起之后，梭罗关于自然各部分协调的思想，自然有不依赖人的独立价值的思想，以及文明与自然之间平衡的思想，获得了丰富的生态学寓意，成为非人类中心主义的象征和标志，是美国环境主义的第一位圣徒。

梭罗认为自然是有生命的，也是有人格的。在梭罗的笔下，鸟兽是他的邻居，蚂蚁的厮斗是两个帝国的交战，潜水鸟的狂笑透着足智多谋，枭的号叫是瓦尔登湖的方言，狐狸会唱小夜曲。梭罗问道："难道禽兽不是跟人类一样，也存在一种文明吗？"梭罗断言："我脚下所踩的大地并非死的、惰性的物质，它是一个身体，有着精神，是有机的，随着精神的影响而流动。"[1]

在梭罗的思想里，人和自然的亲近乃是人类的必需，因为人类接近自然，就是接近"那生命的不竭源泉"[1]。梭罗理解的人是一种整全的人，是肉体和精神都健康的人，这要求人有一种内心生活，即一种灵性的生活。在梭罗看来，只有在自然之中，人的灵性才能够得到更新和提高。

梭罗一方面对自然的无保留赞美，另一方面又对快速的工业化和商业进行深刻的批判。物质主义导致人们把经济利益放在首位，"物骑上了马鞍，驱使着人"，政治上的独立和经济的发展，但人仍然是经济和道德的奴隶。梭罗指出，得到土地的人要终生在土地上劳作，不得歇息，成为土地的奴隶。而在道德方面，人们缺乏精神上的自立，遵从宗教和父辈的权威，注重形式的教条的说教，把外表当成内涵，以手段为目的，这样的生活是肤浅的、外在的。梭罗一生生活简朴，把物质的需求减低到最小，从而更大程度满足精神需

---

[1] 梭罗著，徐迟译. 瓦尔登湖[M]. 长春：吉林人民出版社，1997：126.

求。在梭罗看来，钱不是心灵慰藉最必需的。工作也一样，工作不能定义为赚钱的工具。所以，梭罗坚持每天工作两三小时，剩余时间用以观察、读书和思考。梭罗喜欢独处，独处能抛弃浮华，聆听内心、灵魂的呼唤。

在缅因，梭罗见到真正的荒野，深为原始林区雄浑荒芜的气势所震撼。他写道："这里的自然是某种美的，但却野蛮、令人生畏的东西。我惊异地看着我所站的地面，想看出造化之力在那里的杰作，他的作品的形式、款式和质料。这就是我们所听说的大地，是从混沌和古夜中造出来的。它不是草坪、牧场和草地，也不是森林、草原、耕地和荒地……它是广袤的、骇人的物质，不是我们所听说的地球母亲……而是必然性和命运的家园。"这标志梭罗对荒野的兴趣与觉醒。进之，在阐述文明与自然关系时，梭罗对荒野的价值作了有力的捍卫。梭罗认为，生命是与野性相伴而存在的，最有活力的东西是最野性的东西。我们的祖先都是野蛮人，古代的优秀文明都是野性的肥沃大地所养育的结果。梭罗说，未来和希望不是存在于人工种植的草坪和庄稼地里，也不是在城镇里，而是存在于不可穿越的、令人震撼的沼泽地里。他宣称："世界保全在野性中"①，这句名言后来成了西拉俱乐部的座右铭。

### 24.2.4 缪尔：自然保护事业的先知

缪尔于1838年出身于苏格兰的邓巴，11岁时全家迁至美国。缪尔在麦迪逊威斯康星大学毕业，从事机械研究，1867年因工伤一只眼睛失明，重见光明后下定决心，以探索和研究自然为业。他步行一千多公里，从印第安纳波利斯到墨西哥，又到达古巴、巴拿马，沿美国西海岸，于1869年到达内华达山区，开始以创建国家公园为中心的自然保护事业。

19世纪正是美国经济迅猛发展的时代。人们向"无限的大自然"攫取财富。那时，人们砍伐森林、开发土地的行为既未使生态系统的平衡遭受破坏，也未使人类自身的生存受到任何威胁。然而，正是这样一个时代，缪尔发出保护自然的声音。

1871年，缪尔建议联邦政府采取保护森林的政策。1890年，在他的呼吁和设计下，巨杉国家公园和约瑟米蒂公园相继成立。之后，又参加雷尼尔山、石化林、大峡谷等国家公园建设。1892年成立美国最早的自然保护组织——塞拉俱乐部。1901年，缪尔出版《我们的国家公园》一书。1907年有识之士威廉·肯特用4500美元的重金买下旧金山的一片原始红杉林，1908年罗斯福总统宣布把这片森林作为国家公园，但肯特却执意把荣誉归于为自然保护作出贡献的缪尔，最后红杉峡谷被正式命名为"缪尔森林国家公园"。缪尔还用自己的行为，影响美国的政治，促进美国的自然保护事业。1903年春天，罗斯福总统邀请缪尔陪同他到约塞米蒂地区旅行，四天的行程，他们之间建立特殊友谊。旅行结束后，罗斯福总统宣布把保护塞拉森林的面积，一直延伸到沙斯塔山。到20世纪初，通过缪尔和罗斯福总统的努力，美国已建立51个野生动物保护区，16个国家级纪念保护林，5个国家公园。

缪尔为了说服人们保护荒野、森林，建立国家公园，而常常采取一种人类中心主义思想，有一种神圣的意味。他视大自然为教堂，即他感悟和崇拜上帝的地方，因而对他而言，保护自然无疑是一场圣战。他告诉人们，走进大山就是走进家园，大自然是一种必需

---

① 何怀宏. 生态伦理[M]. 石家庄：河北大学出版社，2002：431~432.

品。自然物到处都在诉说上帝的爱意。他对树木和森林充满感情，对破坏它们的人的行为，感到痛心疾首。缪尔说："伐倒树木的人没有谁再去种树，而即使他们种上树，那么新树也无法弥补逝去的古老的大森林。一个人终其一生，只能在古树的原址上培育幼苗，而被毁掉的古树却有几十个世纪的树龄。"①

### 24.2.5 生态女性主义

生态女性主义一词一般认为是法国女性主义者奥波妮于1974年首创的，是一种比较前卫的环境主义思潮，是妇女解放运动和环保运动相结合的产物。

生态女性主义是一个比较宽泛的概念，但其主要特征依然明显：首先，生态女性主义是"女性的"。生态女性主义力图揭示并消除任何形式的男性偏见，并致力于创造不以男性偏见为基础的行为方式、社会政策和哲学理论。因为在一个基本关系模式仍然是男性统治模式的社会中，她们根本不可能获得解放，生态危机也不可能得到解决。其次，生态女性也是"生态的"。因为它理解赞赏保护生态系统的重要性，并把保护生态环境视为自己的使命。在生态女性主义看来，任何一种缺乏生态学视野，特别是妇女与自然关联意识的女性主义，以及任何一种缺乏生态女性主义视野的环境哲学，都是有缺失的。其三，生态女性主义是"多维视野的"。因为它把各种社会统治形式（如种族歧视、阶级歧视主义、年龄歧视主义、民族中心主义、帝国主义、殖民主义和性别歧视主义）之间复杂的内在联系纳入了对妇女与自然的关系分析之中。生态女性主义对导致对妇女与自然的孪生统治关系的原因，以及消除这种孪生统治的方法的分析是多元化的，它拒绝把能够解决某些地方的社会和生态问题的有效方法普遍化，认为并不存在某种本质化的"唯一正确的"方法。对某个特定问题的恰当解决方案，必须要考虑特定的历史、现实和社会经济条件，它会随文化环境、历史阶段和地理环境的不同而不同。因此，生态女性主义是一种多元论。

生态女性主义流派纷杂，就其基本倾向，可分为文化生态女性主义与社会生态女性主义。

文化生态女性主义包括：①自由主义的生态女性主义。自由主义的生态女性主义的目标是把被排除在外的群体纳入这个现存的制度中来，把权力赋予他们。要重视发达国家中自由文化和制度化的种族歧视所造成的不平等，以及由公司资本主义在全球范围所造成的贫困、环境退化和把人类之外的动物当作工具来使用等。②关心动物的生态女性主义。女性主义者关心动物的伦理基础是妇女的注重关系，强调关怀并充满主动的爱的文化。她们看到压迫妇女与压迫动物之间的联系，她们的主要目标是把对动物的关心纳入女性主义的批评中来。③激进的文化生态女性主义。最能代表激进的文化生态女性主义观点的著作，是科拉德和康斯特路茜的《对荒野的强暴》，该书以妇女的解放为前提，进一步探讨了把动物和大自然从父权文化的压迫中解放出来的必要性。④精神的生态女性主义。比较母系文化和现代父权文化，精神的生态女性主义认识到宗教、文化和政治制度之间的紧密联系，并提出这样的结论：对于女性主义运动的成功来说，变革父权宗教是至关重要的。当代的女神精神运动并不简单重复远古时代的宗教，而是一种创造性的精神实践。

社会生态女性主义包括：①妇女主义与生态女性主义。特别强调有色人种妇女与生态

---

① 缪尔. 我们的国家公园[M]. 长春：吉林人民出版社, 1999：249~250.

女性主义联系。②社会主义的生态女性主义。认为对自然的剥削与社会中的剥削有关，强调统治妇女和统治自然的政治制度，而非个人因素。社会主义生态女性主义关注殖民主义、全球财富重新分配、跨国公司带来的恶性发展、种族与性别歧视、对生物技术批评等。③社会的生态女性主义。认为最迫切的任务是消除所有形式的等级制度（包括父权制），社会统治制度的消除，将能阻止人们以浪费和毁灭的方式对待自然，因为对待自然的这种方式植根于社会统治之中。④行动主义的生态女性主义。生态女性主义运动从诞生的那一天起，就是一个注重行动的社会文化运动，每一个流派都有自己的行动纲领，有志愿者和积极分子，诸如为妇女权益和动物提供保护，组织游行，参加绿色和平运动、妇女健康运动、环境正义运动、阻止生物技术扩散等等。

### 24.2.6 动物的解放与权利论

大部分动物都具有意识，是一个能作出选择的自主的生命。动物能感受生命的快乐和痛苦。从人类诞生起，人类就同动物生活在一个混合的共同体中，动物在人类生活中随处可见，许多人还与动物建立了很深的感情。如果动物从地球上消失了，人类也难以生存。因此，当人类的道德关怀对象从人类扩展到人类之外的其他生命存在时，动物便成了道德关怀的首批受惠者。

早在17世纪，英国的哲学家约翰·洛克（1632~1704年）在《关于教育的几点思考》中就明确指出：动物能够感受痛苦，能被伤害。对动物的这种伤害是错误的。洛克写道，许多儿童"折磨并粗暴地对待那些落在他们手中的小鸟、蝴蝶或其他这类可怜动物。"洛克认为这种行为应予改正①。第一个明确把道德关怀应用到动物身上的是功利主义哲学家边沁（1748~1832年）。边沁把"最大多数的最大幸福"的伦理原则推广到动物界。边沁的学生摩尔（1806~1873年）进一步提出，要求承认动物的道德地位和利用法律保护的观点。现代的动物解放运动，可视为英国近代仁慈主义运动的延续，是当代生态伦理学的一个组成部分。其主要思想包括：

#### 24.2.6.1 动物解放论

动物解放论者从近代伦理学中的功利主义思想找到依据。这就是功利最大化原则和平等原则。边沁说："每个人都算一个，没有人多于一个。"②另一位功利主义者希季威克（1850~1943年）说得更明确："任何一个个体的价值，从宇宙的观点来看（如果容许我这么说）都不高于另外一个个体的价值。"这就意味着不能把任何人看得比其他人更重要。道德关切的唯一必要条件便是感觉苦乐的感受能力。我们之所以要平等地关心每一个人的利益，是由于每一个人都拥有感觉苦乐的感受能力。"如果一个存在物能够感受苦乐，那么拒绝关心它的苦乐就没有道德上的合理性。"在《动物解放》一书中，辛格向读者展示了一幅人类在根深蒂固的物种歧视观念下，残暴地对待动物的惨景："猿类平台实验，小猎犬毒气实验，猴子辐射实验……无数可爱的生灵在实验中痛苦挣扎，直到悲惨地死去，人类为享口腹之欲，在工厂化的农场中甚至剥夺了动物转身、舔梳、站起、卧下和伸腿的自由，难以计数的家畜在阉割、烙印、电昏、强迫进食或禁食的折磨中结束毫无生趣的生

---

① 约翰·洛克. 约翰·洛克的家庭教育[M]. 福州：海峡文艺出版社，2005.
② 王贺. 从杰里米·边沁到彼得·辛格[J]. 三联生活周刊，2011(34).

命。"①辛格把动物解放与妇女解放、黑人解放并列，反对虐待动物。因而，辛格提出要将动物从人类物种歧视主义观念下解放出来。辛格说："我们所倡导的是，我们在态度和实践方面的精神转变应朝向一个更大的存在物群体，一个其成员比我们人类更多的物种，即我们所蔑视的动物。换言之，我认为，我们应当把大多数人都承认的那种适用于我们这个物种所有成员的平等原则扩展到其他物种上去。"②这就要求人类要用人道的原则，善待动物，而不是虐待它们。

#### 24.2.6.2 动物权利论

动物权利论是美国哲学家汤姆·雷根提出的。动物解放论与权利论的理论根据不同，以辛格为代表的动物解放论的理论基础是边沁的功利主义，以雷根为代表的动物权利论继承的是康德式的道义论传统。但两者都主张动物拥有道德地位、人对动物负有直接的道德义务。

动物权利论者认为，人类给动物带来的痛苦，人类对动物的剥夺，只是人类所犯错误的一部分，但不是根本性错误。我们所犯的根本性错误是允许我们把动物当作资源的制度。只要我们接受了动物是我们的资源这种观点，其余的一切都注定是令人可悲的。在动物权利论者看来，动物解放论者从功利主义角度对动物的道德地位所作的辩护虽然值得称赞，但却不能令人满意。因为动物解放论所依靠的功利和平等原则之间具有内在的逻辑上的不一致性，尊重每一个动物的利益与最大限度地促进功利总量之间无必然的逻辑联系。动物解放论在理论上有明显的缺陷。

相反，动物权利论认为，权利是天赋的，动物的权利不是由他人或任何组织授予的，也不是由于人们做了某事而获得的。具有天赋价值的动物应获得恰当的尊重的前提是：必须被当作一种目的本身而非工具来对待。我们仅仅把动物当作一个工具，就是不尊重或否定它的"天赋价值"。不是因为动物对人类有用，人类要保护它们，只要动物生命存在，人类便要对它们承担道德责任。

这就是"天赋价值"概念建立起的动物权利论，从理性的角度看，动物权利论是最圆满的道德论。它说明和揭示了人对动物应负有的义务和责任，在这个意义上，动物权利论较动物解放论前进了一步。

### 24.2.7 生物中心主义

动物解放论和动物权利论虽然把道德关怀范围由人扩展到人以外的动物，但也只是迈出了一小步。许多环境伦理学家认为，应继续扩大道德关怀范围，使之能够包括所有的生命。人对所有的生命都负有直接的道德义务，所有的生命都是道德关怀的对象，这就是生物中心主义。

#### 24.2.7.1 "敬畏生命"的伦理学

敬畏生命的伦理学是法国人道主义者阿尔贝特·施韦策(1875~1965年)提出的。施韦策认为，所有伦理学的最大缺陷，就是它们只需处理人与人的关系，道德只涉及人与人的行为，只对人讲道德。施韦策指出，"实际上，伦理与人对所有存在于他的范围之内的生命行为有关，只有当人认为所有生命，包括人的生命和一切生物的生命都是神圣的时

---

① 辛格. 动物解放[M]. 北京：光明日报出版社，1999：8~9.
② 雷毅. 生态伦理学[M]. 西安：陕西人民出版社，2000：86.

候,他才是道德的。"一种完整的伦理要求对所有生物行善。这符合有思想的人的天然的对生命的尊重。它促使所有的人,关心他周围的所有人和所有生物的生命,给予需要它的人以真正人道的帮助,给予所有生物以道德关心。"一个人,只有当他把植物和动物的生命看得与人的生命同样神圣的时候,他才是有道德的。"施韦策写道:"不打碎阳光下的冰晶,不摘树上的绿叶,不折断花枝,走路时小心谨慎以免踩死昆虫。"①

但是,敬畏所有生命必然要同现实生活实际发生矛盾。施韦策的回答是:在生活的过程中,一个确实要偶尔地杀死其他生命,但是,这样做必须是为了促进另一个生命,并且要对"被牺牲的生命怀着一种责任感和怜悯心。"施韦策的敬畏生命并不一味地强调"不杀生",人们可能为了保护一个生命而伤害或牺牲另一个生命,但这不意味着他不敬畏生命,只要在这样做时心存对生命的敬畏,且意识到自己因此而承担的责任,那么他仍然是一个有道德的人。施韦策的敬畏生命伦理学是一种内在的道德追求,在东方的伦理思想中存在类似的观念。敬畏生命的伦理学的现实意义在于,它把人的爱心、奉献、同情、同乐等作为人们的共同追求,对于克服人类的利己主义,实现个人精神和道德完善,是有益处的。

#### 24.2.7.2 尊重自然的伦理学

生物中心主义最主要的代表人物是保尔·泰勒。泰勒的思想集中体现在他1986年出版的著作《尊重自然》中。泰勒的生物中心主义伦理体系包括尊重自然的态度、生物中心主义自然观和环境伦理的基本规范三部分。

泰勒认为"尊重自然"是一种对自然的终极道德态度,"一种行为是否正确,"一种品质在道德上是否善良,将取决于它们是否展现或体现这一终极性的道德态度。尊重自然的态度在生物中心主义环境伦理学部分中处于核心地位②。

生物中心主义自然观由四个信念构成:①人是地球生物共同体的成员。人的存在的一个最基本特点,仅是一个生物物种的成果。作为地球生命共同体的平等成员的资格,是与其他生物共享的。②自然界是一个相互依赖的系统,各种依存关系环环相扣,缺一不可。人这一个迟到物种只不过是这个既定的关系网上的一个网结,因而人类没有权利任意毁损地球这个共同的居所。③每个有机体都是生命的目的中心,都以自己特殊的方式实现自身的"善"。共同体的"善"只能到有机体的生命中去寻找。④人并非天生就比其他生物优越,每一个物种拥有同等的天赋价值和内在价值,所有物种都是平等的。对物种平等原理的接受意味着每一个拥有自己的"好"的实体,都被认为拥有天赋价值——同等的天赋价值,因为没有谁更优越。而一个主体对它们所采取的唯一合适的态度就只能是尊重。

泰勒提出的环境伦理的基本规范,使生物中心主义具有可操作性:①不作恶的原则。不伤害自然共同体,不杀害有机体,不毁灭种群或生物共同体。②不干涉的原则。自然中发生的一切都没有错误,应让"自然之手"控制和管理那里的一切。③忠诚的原则。这一原则要求人们不要打破野生动物对人的"信任"。打猎、设陷阱捕捉和垂钓行为被认为是不忠诚的。④补偿正义的原则。如果我们伤害了一个机体,一个种群数量,或破坏一个生态系统,那么,我们有义务使这个有机体或生态系统恢复。泰勒指出,生活在现代工业社会中

---

① 雷毅. 生态伦理学[M]. 西安:陕西人民出版社,2000:101.
② 曹海英. 公平原则的环境伦理学阐释[J]. 北京林业大学学报,2004(4):12~17.

的每个人的福利，都是以牺牲地球上其他生命的"善"为代价换来的，因此，所有的人都对自然界及其中的生命负有补偿正义的义务，承担保护和恢复生态平衡所需的费用。

### 24.2.8 大地伦理学

大地伦理学体系由奥尔多·利奥波德(1887~1948年)创立。利奥波德是林业管理专家，一直追随美国林业部长吉福德·平肖。他对平肖把资源分为"有用"和"无用"，"有利"和"无利"的功利管理原则深信不疑。当他把注意力从森林转向野生动物时，这种管理的目标就是如何发展"有用"动物，并消灭那些"无用"动物。利奥波德后来回忆道："那时，我总是认为，狼越少，鹿就越多，因此，没有狼的地方就意味着是猎人的天堂。但是，在看到这垂死时的绿光时，我感到，无论是狼，或者山，都不会同意这种观点。"①

促使利奥波德由自然保护主义原则转向"大地伦理"思想建构的是1923年对美国西部水土流失问题的关注。他写道："水、土壤、动物和植物——一个真正息息相关的结构，被我们一起破坏着。"②

利奥波德一篇论文的题目为："像山那样思考"。这句话的背后，意味着已经在用有机整体性方式进行思维。一座山没有思维器官，似乎无法思考，但山的存在所体现的却是山上的动物、植物和微生物、岩石、土地间的整体性和相关性。相互关联，相互依存才是这种思维方式的实质。大地有机体把土壤、高山、河流、大气圈等地球的各个组成部分，看成地球的各个器官和器官的零部件，其中每一部分都具有确定的功能，协调大地有机体整体的运行。

大地伦理学的主要思想：

(1) 大地伦理学扩大了共同体的边界。利奥波德认为，人类道德从最初的伦理学，研究人与人之间的关系，后扩展到研究人与社会之间的关系，其结果是奴隶制废除，所有人拥有了道德地位。伦理学的第三步，要把研究扩展到人与大地之间的关系。利奥波德认为，道德向人类环境中的这种第三因素(大地)延伸，就成为一种进化中可能性和行为上的必然性。大地伦理的任务就是"扩展道德共同体的边界，使之包括土壤、水、植物和动物，或由它们组成的整体：大地。"大地伦理学表述的道德关怀由生物扩大到生态整体。大地伦理学实质是生态中心主义，即包括大地、水体、山脉都成为人类道德关怀的对象。

(2) 大地伦理学改变了人在自然中的地位。大地伦理学在扩大共同体边界的同时，也改变了人类的地位。人由共同体的征服者转变为共同体的普通一员。人类应尊重他的生物同伴，而且还要以同样态度尊重大地共同体。利奥波德写道："我们滥用大地，因为我们把它视为一种属于我们的物品。当我们把大地看作一个我们属于它的共同体时，我们也许就会开始带着热爱和尊重使用它。"①

(3) 大地伦理学需要确立新的伦理价值尺度。传统自然保护政策是用经济尺度来代替伦理尺度，全然不考虑土地的内在价值，只把自然当作资源来保护和管理。大地伦理学要求彻底地改变以单一的经济私利为基础的自然保护系统。因为它往往忽视，进而排除那些在大地共同体中没有商业价值的许多成员。但是排除的那些成员正是大地系统完善功能的

---

① 奥尔多·利奥波德. 沙乡年鉴[M]. 长春：吉林人民出版社，1997：122~123.
② 雷毅. 生态伦理学[M]. 西安：陕西人民出版社，2000：126.

基础。例如有些树种，生长缓慢或木质差，作为原木收获价值不高。又如，沼泽、泥塘、荒地等生物群落，这是许多野生动物和植物赖以生存和繁殖的地方。如果只从经济利益考虑，排干沼泽地，把它改为农田，可增加谷物的收获，但却破坏了这个沼泽地区的生态系统，结果逼使那些世代栖居此处的野生动物迁离。人们懂得"这些沼泽的最终价值是荒野。"迫使一个该保留荒野价值的沼泽产生经济效益，其结果只能是搬起石头砸自己的脚。

（4）大地伦理学的基本道德原则。利奥波德指出："我不能想象，在没有对大地的热爱、尊重和敬佩，以及高度赞赏它的价值的情况下，能够有一种对大地的伦理关系。"大地伦理基本道德原则是：一个人的行为，当有助于维持生命共同体的和谐、稳定和美丽时就是正确的；反之，就是错误的。这一原则，"从生态学角度，是对生存竞争中行动自由的限制；从哲学观点看，则是对社会和反社会行为的鉴别。"①为实施这一原则，利奥波德主张：一是用法律措施制止私利的扩张；二是运用利益调节，制定相应的行政和经济措施与人的利益挂钩，以限制私利膨胀；三是运用伦理调节，制定相应的道德规范，用公众舆论限制私利。简言之，保持生态系统的和谐稳定，保持生物物种的多样性，保持土地完整无损的行为是合乎大地伦理规范的行为。

### 24.2.9 深层生态学

利奥波德的"大地伦理"思想，在实质上表达一种整体主义的价值伦理观，但因所处年代的限制，他的这种思想并没有得到广泛的认同。当代一批激进的生态主义者，把"大地伦理"中的生态整体主义思想扩展到政治、经济、社会和日常生活领域，从而在西方掀起一场深层生态运动。

1973年，挪威哲学家阿伦·奈斯发表题为《浅层生态运动和深层、长远的生态运动：一个概要》的论文，对环境伦理中两种全然不同的主张作了区别和分析。他把一种以人的利益为目标的价值观念，称浅层生态学；一种以整个生态系统及其存在物（包括人类）的利益为目标的价值伦理，称深层生态学。这两种不同观念在对待当代生态环境上有不同的主张。

深层生态学立论的基础是两条最高准则（ultimate norms），即自我实现原则和生态中心平等主义原则。作为内核，它们位于深层生态学理论体系的中心。这两条根本准则是内在地相关的，但它所依据的前提却十分广泛，既有西方的文化传统，又有东方思想。

#### 24.2.9.1 自我实现（self-realization）原则

深层生态学追求的终极目标。深层生态学的"自我实现"概念是对现代西方"自我（self）"概念的超越。在深层生态学看来，现代西方的"自我"是一种分离的自我，这种自我追求的是享乐主义的满足感，或是追求一种狭隘的对个人的此生或来生的拯救感。从社会意义上讲，这种狭隘的自我打乱了人们的正常秩序，使人变成了社会时尚的牺牲品。人类也因此失去了探索自身独特精神与生物人性（即人的生物属性）的开端。如果人们不再把自己看成分离的、狭隘的"自我"，如果每个人都能够同其他人——从他的家庭、朋友直到整个人类——紧密地结合在一起，那么，人自身独有的精神和生物人性就会生长、开花。然而，在生态学意义上这还不够，"自我"还需要进一步的成熟，还需超越整个人类而达到

---

① 雷毅. 生态伦理学[M]. 西安：陕西人民出版社，2000.

一种包括非人类世界的整体认识：人不是与自然分离的个体，而是自然整体中的一部分，人与其他存在不同，是由与他人、与其他存在的关系所决定的。人们必须超越狭隘的当代文化模式和价值，超越这个时代的日常智慧而不断反思和深层追问，才能达到这一目的①。

自我实现的过程是人不断扩大自我认同对象范围的过程，也是人不断走向异化的过程。随着自我认同范围的扩大与加深，我们与自然界其他存在的疏离感便会缩小，便能感到自己在自然之中。当我们达到"生态自我"的阶段，既能在与之认同的所有存在物中看到自己，也能在自我中看到所有存在物。

"自我实现"是深层生态学理论的出发点，又是深层生态运动所追求的最高境界。

在奈斯的眼中，"自我实现"这一最高准则可表述为："最大化的（长远的、普遍的）自我实现"！就是"活着，让他人也活着（live and let live）"（指地球上的所有生命形式和自然过程）。由此引出的第二个术语是"最大化的（长远的、普遍的）多样性"！一种必然结果是：一个人达到的自我实现的层次越高，就越是增加了对其他生命自我实现的依赖。自我认同的增加，即是与他人自我认同的扩大。从原则"最大化的多样性"和最大多样性包含着最大的共生这一假定，我们能得到原则"最大化的共生"！

#### 24.2.9.2 生态中心主义平等（ecocentric equality）原则

作为深层生态学的另一最高准则，生态中心主义平等是指生物圈中的一切存在物都有生存、繁衍和充分体现个体自身以及在大写的"自我实现"中实现自我的权力。可见，深层生态学主张的平等，既不是动物权力论意义上的平等，也不是其他非人类中心主义狭隘意义上的平等，而是生态中心意义上的平等。它把平等的范围扩大到整个生物圈，一种彻底的平等主义。在深层生态主义者们来看，生物圈中的一切存在物，无论是我们自身还是我们所认同的对象都具有某种同一性，这种同一性就是内在价值。深层生态学的直觉并不是缺乏理性基础，而是这种直觉的说明需要涉及一些其他的因素。奈斯认为，具有一百个物种的生态系统显然要比仅有三个物种的生态系统具有更大的丰富性和稳定性。在这种意义上，生态系统中的一切存在物都能有助于系统的丰富性和多样性，这种丰富性和多样性正是生态系统稳定和健康发展的基础，因此，一切存在物对生态系统来说就是有价值的。当我们把注意力转向包括人类自身在内的生态系统，就会发现，一切生命体都具有内在目的性，它们在生态系统中具有平等的地位，没有等级差别。人类不过是众多物种中的一种，在自然的整体生态关系中，既不比其他物种高贵，也不比其他物种更坏。因此，人在自然生态系统中并无优于其他存在物的天赋特权。深层生态学所说的平等不是绝对的平等，而是生态系统赋予人和自然存在物的权力和利益是平等的，因为人和自然存在物都是生态系统"无缝之网"上的一个"节"。

深层生态学把生态系统看做一个有生命的整体，因而也赋予生态系统中的所有存在物以生命，如大地、河流、山川。生态中心主义平原则等与大写的"自我实现"是内在地相关的，自我实现的过程是一个不断扩大与自然认同的过程，其前提就是生命的平等和对生命的尊重。从这种意义上讲，如果我们伤害自然界的其他部分，那么我们就是在伤害自己。自然界中一切事物都是相关的，事物间有区别但无明确界限。从这一思想出发，深层生态

---

① 雷毅.生态伦理学[M].西安：陕西人民出版社，2000：165，169.

学给出了一条基本的生态道德原则：我们应该最小而不是最大的影响其他物种和地球。深层生态学运动就是依据这一道德原则，呼吁人们"手段俭朴，目的丰富"。

对于人类中心主义者来说，深层生态学要求生物圈内的平等，不是把非人类的存在提到人的地位，而是把人类降到非人类生命存在的地位。但在深层生态主义者看来，无论是提高非人类存在地位，还是降低人类地位的说法都不重要。因为这种说法仅仅只是一种参照系的不同，人类中心主义者时刻以人为中心，自然地把人与其他存在的平等看成是人的地位的降低。对于深层生态学，参照系没有任何意义，人与非人的存在本身是一体的。

1984年4月，约翰·缪尔诞生日的那天，深层生态学的两位主要人物奈斯和塞欣斯在加利福尼亚州的死亡谷（Death Valley）作了一次野外宿营。在宿营地，他们对十多年来深层生态学的发展情况进行了总结性的长谈。在此基础上两人共同起草了一份深层生态运动应遵循的原则性纲领。纲领由八条基本原则组成，所用的语言中性而通俗，为的是让不同哲学和宗教立场的人都能够理解和接受。这一纲领得到深层生态运动支持者普遍认同，并成为深层生态学的理论核心和深层生态运动的行动纲领。这八条行动纲领是[①]：

（1）地球上人类和非人类生命的健康和繁荣有其自身的价值（内在价值，固有价值）。就人类目的而言，这些价值与非人类世界对人类的有用性无关。

（2）生命形式的丰富性和多样性有助于这些价值的实现，并且它们自身也是有价值的。

（3）除非满足基本需要，人类无权减少生命形态的丰富性和多样性。

（4）人类生命与文化的繁荣与人口的不断减少不矛盾，而非人类生命的繁荣要求人口减少。

（5）当代人过分干涉非人类世界，这种情况正在迅速恶化。

（6）因此我们必须改变政策，这些政策影响着经济、技术和意识形态的基本结构，其结果将会与目前大有不同。

（7）意识形态的改变主要是在评价生命平等（即生命的固有价值）方面，而不是坚持日益提高的生活标准方面。对数量上的大（big）与质量上的大（great）之间的差别应当有一种深刻的意识。

（8）赞同上述观点的人都有直接或间接的义务来实现上述必要改变。

## 24.3 马克思主义中的生态文化思想资源

马克思主义经典著作中蕴含丰富的生态文化思想资源。由于马克思所处的自由竞争的资本主义时代，人类面临的主要任务是解决物质匮乏的问题，马克思在描述共产主义社会图景时特别强调"财富的极大丰富"，在此物质基础上，才能谈及人与自然的和谐。而且马克思处在工业化初期，工业化造成的生态危机尚未达到危害人类生存的地步，尽管如此，马克思从人类历史发展的整体把握上，依然清晰地看到人与自然之间的矛盾，提出许多有真知灼见的生态学思想，给人们以深刻的启示。这方面的主要内容，本书在第3章中已作了阐述，这里不再重复。

---

① 雷毅. 生态伦理学[M]. 西安：陕西人民出版社，2000：226.

# 第二十五章

# 生态文化的范式、范畴、形式

美国海军哲学家麦茜特说:"生态学已经成为一门颠覆性的科学。"①麦茜特说的"颠覆"诚然指对现代文化的"反自然"倾向的颠覆,对现代文化否认自然存在物具有内在价值的颠覆,对现代文化"主—客二分"理论模式的颠覆等。集中到一点,即文化范式的转换,由现代文化或工业文化的以人为中心的"人与自然"现代文化范式,向生态整体主义的"自然与人"的生态文化范式转换,其生态文化的范畴、形态也随着转换和改变。

## 25.1 生态文化的基本范式

现代哲学始终强调主体性原则,把文化的建构看成是主体对客体的把握。即只以人为主体,人以外的自然万物为客体,自然作为人类被认识和利用的对象,其目标是为人类的利益服务。这就是人类业已走过的文明史,一部以人类为中心来划定或评判的文明史。

以人为主体,以自然为对象为客体,这样一种认识路线和思维定势,必然造成"人与自然"的基本范式:把人置前,自然置后;人为主体,自然为客体;人处在优先、主动、主宰的地位;相反,自然被滞后,处在被动、被主宰和被决定的地位。这种范式显然违背自然事实。

"人与自然"显然是以人类中心主义立场出发得出的基本范式,即以人类为主角,以人类为主线来看待历史和客观事实。自人类与猿作别,自人类能够站立和使用工具,自人类有自己的一整套语言和文字表达系统和生存方式,从野蛮到文明的改写,确实始自人类的主体性,始自人类对自然界的认识和改造能力的一步步挥洒,表达了人类足够的智慧和才情。这就是说,从人类中心主义的视角,我们的确可以说人是主体,自然界是客体,人对自然界的认识和改造,改变了世界,带来了文明。

但从生态整体主义立场出发,人们发现"人与自然"范式的描述,明显存在以下缺陷和质疑:

---

① 麦茜特. 自然之死——妇女·生态和科学革命[M]. 长春:吉林人民出版社,1999:2.

(1)"人与自然"的范式描述,把人类置前,颠倒了生命与文明演化的顺序。从广义上理解生态文化,应当包括整个地球生物圈的生命进化过程。没有人类之前的生命进化,便不可能有人类自身的进化。是先有自然,然后才有人类,而不是相反。人类及人类文明的进化仅是整个生命文明进化的一个精彩插曲,绝不是文明的全部。割断人类之前的生命文明进化,难有真正意义上的生命文明和人类文明。

(2)"人与自然"的范式描述,忽视自然作为主体的存在,把作为主体的自然,误为认识对象与客体,颠倒了主客关系。正是这种主客关系的颠倒,放任人类自身的主体性和主动性的无限扩张,逼使自然这一真正的主体处在被动、被奴役、被统治的位置,从而导致人与自然的对立对抗。

(3)"人与自然"的范式描述,还实际颠倒了自然与人的主与从的关系。自然是母体,人类要从属自然,而不是自然从属于人类。没有人类,自然依然存在;而一旦失去自然,人类一天也难以生存。当然,这里的自然还包括人以外的其他物种,人类的存在不但依赖自然,还依赖比人类种群数量多的多的其他物种的存在,否则,人类成为孤家寡人,也难以存在。

(4)"人与自然"的关系描述,还忽视人以外其他生命个体作为中心的存在,每个物种,每个生命个体,都有自己的中心,都有固有的内在价值,都有自己在自然的选择和适应中的生存方式和文化呈现。从广义上理解,文化不单为人类所垄断和独有。如果从对自然态度和做法、作为批判文明与野蛮的标准,人类是所有物种中最坏的物种。文明显示自身的悖论。最文明的人类最野蛮。人类在认识和利用自然中塑造自己自以为得意的作品,但却给自然和人以外的万物生命带来自生命诞生以来最无情最残酷最严重最不人道的损害与毁坏。人类几乎把人以外的生物逼到绝境。这种情况,在工业文明社会中表达的最为凸显。

工业文化向生态文化转型,其首要任务就是要把这种被颠倒的范式颠倒过来,变客为主,把"人与自然"的关系描述颠倒为"自然与人"的关系描述,这就是生态文化的基本范式。"自然与人"的基本范式,不但符合中国传统文化"天人合一"的自然观,也符合地球生物圈在文明进化中的客观现实。自然(即天地、生态、地球生物圈)置前,人类置后,这不单是一个排列顺序的纠正,而清晰表明自然的先在性、本源性和和本体性。"自然与人"的基本范式表明:自然是母,强调以自然为本,人类由自然派生,这是自然先于人类;自然是源,强调自然的原动力,人类只需巧借自然力,这是自然大于人类;自然是主,强调顺应自然规律,不能逆自然而动,这是自然优于人类[①]。当然,这一基本范式并非否认人的主观能动性,而是强调人类必须遵循自然规律办事,这是人的主观能动性的核心。自然与人类关系如图25.1。

(1)自然先于人类。自然或地球生物圈在先,人类在后,人类及其他生命形态皆由地球生物圈派生。人类是从自然,从未知的丛林中,从万物生命群体走出来的。

(2)自然大于人类。自然指地球生物圈,无论从物质或能量,自然都远远大于人类这一物种。人类要顺应自然,顺势而为,不能逆自然而动,更不能与自然对抗。

---

① 苏祖荣.森林哲学散论[M].上海:学林出版社,2009:44.

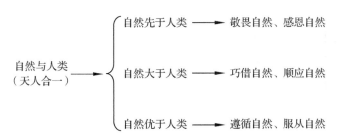

图 25.1　自然与人类关系图

（3）自然优于人类。包含两层含义：

其一是人类永远难以穷尽自然的奥秘和真理，尽管自然简单但是多样，尽管世界有序但是复杂。企图用一种严谨和统一的规律揭示自然的全部奥秘和真理，将永远办不到。加拿大科学哲学家哈金这样描述世界图景：上帝写了一部伯格斯丛书，其中每一本书都尽可能简明扼要，但不同书之间却并一致。没有哪一本是多余的。每一本书都使我们理解了自然之特定领域……莱布尼茨说上帝选择一个现象最为多样化同时规律又最为简单的世界。不错。但使现象最为多样化又使规律最为简单的最好办法，是使规律彼此不一致，每一条规律皆可适用于此物或彼物，但没有任何一条规律可适用于一切[①]。

其二是自然规律是总规律，其他规律包括经济规律、政治规律、社会规律等，都是分规律，均要服从自然规律。固然经济、政治、社会等规律各有自身的研究对象和特殊性，但这些规律都应当服从和遵循自然的总规律、大规律，更不能违背它。从绝对意义上，自然制定法则、规律和标准，是真正的大师、导师，所谓"师法自然"即是。人类只是自然的工程师、工匠，认识和执行自然制定的法则、规律和标准，因此，必须遵循自然总规律、大规律，这不但为经济、社会等提供良好的生态环境，对经济、政治、社会的平稳运行都是必备的前提和条件。自然生态良好，即天和、地和，经济社会平稳运行是人和，唯有这样，才能造就一个和谐的社会。

## 25.2　生态文化的基本范畴

生态文化范畴指对生态文化最一般或最基本的看法或概念。生态文化与工业文化是两种不同的文化形态，有着自身不同的范畴。当时代诉求工业文化向生态文化转换，必然要求生态文化确立自己的文化范畴，以正确指导生态文化的发展。虽然我们尚未完全进入生态文明时代，但为了人类生存的根基和发展的可持续性，必须提出符合生态学原则的范畴，不致使文化偏离生态文明的轨道。

### 25.2.1　整　体

21世纪生态学的研究揭示，自然界是一幅与数理科学不同的图景，生态系统中各要素有相互依赖性、平衡性和整体性的特征。整个生态系统犹如一张"无缝之网"，人和其他生物都是网上的一个"节"。如果试图脱离这张网去看其中的"节"，那就打破了系统的连续性和统一性。因此，整体性构成了生态系统最重要的特征。生态文化以生态学为理论基

---

[①]　CF. Iam Hacking. Representing and Intervening University Press，1983：50.

础,又客观反映自然生态,故生态文化本身也是一个群落,一个超级有机体,生态文化的各要素,同样相互依赖依存,具有系统的所有属性。把整体作为生态文化的基本范畴在于说明生态文化本身是一个有机整体,生态文化自身最了解自己,按照自身的规律运行,向着必然的方向。整体作为生态文化的基本范畴还说明,在生态文化的视域中,审视任何问题,都应当坚持整体主义的立场,捍卫整体主义的观念,应当用整体主义的世界观,作为评判事物正确与错误的准则。正如利奥波德说的:"一件事,只有当它有助于保持生物共同体的完整性、稳定性和完美性时,才是正确的,否则就是错误的。"①世界是一个整体,自然生态是一个整体,作为真实、客观反映世界或自然生态的生态文化,也是一个整体。整体与部分的区别只具有相对意义,它们之间的相互联系才是最基本的。对生态文化来说,重要在于整个社会生态文化舆论的形成和全民的生态文化的自觉。这就是整体范畴的意义所在。

### 25.2.2 共 生

生态文化另一基本范畴是共生。"生态"一词本身就包含生命状态和多元共生两个意思。生态文化把共生作为基本范畴自是题中应有之义。生态文化不可能一枝独秀、孤芳自赏;而是百花齐放、春色满园。百花齐放描述的就是多元文化的共生态。我们说生态文化作为人类文化发展高级形态,未来将替代工业文化,或后工业社会的一种人们普遍认可的文化形态,主要指文化的主体或主流方向而言,而非生态文化独霸天下或一统天下。历史事实证明,任何一种一统的清一色文化只能走向僵化和文化的死胡同。生态文化欣赏差异,又不拒斥包容。自然界从来就是大胸襟,在创生和演化万物中从不废弃一草一木,一虫一兽,呈现的是全阶的生物图景。因而生态学的本意就是万物共生。作为生态文化范畴的共生,共生就意味着对差异的认同,意味着不同形态或形式文化都有平等存在的权利,意味着对不同形态或形式文化的尊重和认可,意味着生态文化与其他文化的并存。而尊重和认可其他的文化,正是生态文化自身价值实现的标志。

当然,生态文化的多元共生并不否认等级或等差的存在。但这种等级或等差,只是表明不同的生态文化形式所处的位置不同而已,而非所体现价值的差异。生态文化的等级或等差,构成的生态文化金字塔,下层低层的生态文化是基础,最为牢固。

例如精神层面的生态文化较之与物质层面的生态文化,精神文化处于文化的上层,物质文化相对处于下层。城市生态文化较之与乡村生态文化,城市文化处于文化的上层,乡村文化相对处于下层。但人们注意到,越处于上层、顶层的文化越脆弱,越容易坍塌,而下层低层的生态文化扎根泥土,往往并无大碍。共生还体现最大限度接纳和包容,生态文化不仅包容社会文化、政治文化、经济文化、宗教文化等文化形态,还突破人类中心主义的局限,第一次把非人类的文化纳入自己的研究范围,而非人类文化的研究和呈现无疑使人类文化放在一个更为牢固的基础之上。

### 25.2.3 循 环

生态文化作为时间存在,有其前后相继相承的发展历史;生态文化作为空间存在,有

---

① 奥尔多·利奥波德. 沙乡年鉴[M]. 长春:吉林人民出版社,1997:213.

其同层面上相互渗透和影响的事实。同时，重要的是在时空上，生态文化还有自身的建构与解构、生成与消失的过程。这个过程是往复的、圆圈的、周期的，即一种循环的过程。自然界之所以生生不息，充满活力，其奥秘之一在于循环，即物质的代谢、能量流动和信息转换。自然界不单有生产者（植物）、消费者（动物），更为巧妙的是还有无数的微生物分解者的存在，使消费剩下的，化为资源，返给自然，归于有序。而工业文化缺乏的正是分解环节以及由此缺乏的良性循环。生态文化把循环作为其基本范畴的意义在于：其一，一部成功的生态文化作品不可被一次性消费掉，不同时代不同读者群会进行不同的文化解读与意境领会，形成一个文化生物链。其二，在生态文化领域，既有生态文化生产者一方，又有生态文化消费者一方，同时还存在第三方的生态文化的分解者。因为生态文化生产者生产的生态文化产品，在提供给消费者消费后，其作品依然存在，尤其是其中的生态思想、理念和信仰会以不同方式分解并进入日常生活的方方面面，被更为广大的人群消费和接纳。其三，任何一种文化形态或形式都不可能是永恒的。生态文化同其他文化一样，有着自身生成和被解构的历史，即经历一个文化的兴与衰、荣与枯、新与旧的周期循环和更替过程。也正是这个过程，促使不同时期的生态文化推陈出新、生生不止。其四，循环不是简单的重复，还包含时代的创新，以及对以往文化的回眸和回顾。当人们对以往的文化进行回眸和回顾时，过往的旧的文化又以显现的或潜移默化的形式表达出来，给时尚和新潮以一种惊喜。这不是复古或复归，而是循环的力量和古典与时尚的张力。

### 25.2.4 平　衡

生态学上的生态平衡主要指生态与非生物环境之间的平衡。作为生态文化的平衡，主要指生态文化内部各要素之间的平衡，以及生态文化与其他文化例如政治文化、经济文化、精神文化等之间的平衡等。应当看到文明社会的进步的重要标志是人类征服和控制自然能力的强大，然而，这却造成人类主宰自然的后果，人类欲望膨胀，人与自然对立，自然平衡破坏。因此，蕾切尔·卡逊强烈批评人类对自然的控制，她说："'控制自然'这个词是一个妄自尊大的想象的产物，是当生物学和哲学还处于低级幼稚阶段时的产物。"[①]生态文化固然有诸多优势和在当下成长的理由，同样不能以自己作为文化的主宰，甚至设想去征服或控制其他形态的文化。以平衡作为基本范畴的生态文化，要完整自身、协调生态文化内部各要素之间的平衡，把生态文化自身调整到最佳状态，还要协调与其他文化形态的关系，使整个社会的文化大系统平稳运行。既满足人类的文化需求，又要兼及非人类的文化需求。平衡不是不变或静止不动，平衡也不是墨守成规，不图创新。世界总在动和变化中，生态文化亦然。这里所谓的平衡，是统筹与协调，是节奏与合拍，是有序与统一，是变化与图新。平衡还极力反对任何一种形态或形式的文化过分的扩张和膨胀，因为任何一种文化形态的过分扩张和膨胀，都可能会对另一种文化形态造成伤害。对于生态文化自身，也应当如此。平衡反对用行政手段强制推行一种文化，压制另一种文化，反对文化领域中不适当的行政手段。平衡不是一个排斥另一个，平衡诉求一个公正的社会文化氛围和公平的市场条件，使各种文化形式在竞争中趋于一种稳态。

---

① 蕾切尔·卡逊. 寂静的春天[M]. 长春：吉林人民出版社，1997：263.

### 25.2.5 和 谐

生态学向人类揭示自然界两大基本规律：一是丛林竞争法则；一是妥协和解法则。但无论是丛林竞争的优胜劣汰，还是妥协和解的共处共生，皆是自然之手启示人类的手段或方法，其终极目的，旨在和谐。生态文化从她诞生起已本能地把和谐作为基本范畴和最高理念。人类文明已历经数千年，当核武器的力量可以数次毁灭地球，暴力、战争、杀戮等无疑已成为当下人类最不能容忍的词汇。作为生态文化，首要的任务就是要反对战争，坚持非暴力，竭尽全力，服务于当下世界"和平与发展"的主题，服务于"和谐中国"和"和谐世界"的目标。生态文化要始终坚持从和谐的愿望出发，用对话和协商的办法，达到和谐的目的。生态文化视域中的和谐目标有三：一是人与社会的和谐，即建构一个政治上民主自治，经济上合作共赢，文化上多元并存，没有歧视没有剥削，平等共享的社会。二是人与自然的和谐，要求人类不破坏环境，不滥用自然资源，不做违背自然规律的事，维护自然生态的稳定，实现人与自然的和谐。三是人与自身的和谐，生态文化毫无保留的批判工业社会的物质主义、消费主义、金钱至上和娱乐至死，约束欲望的扩张，减少世俗的纷扰，并以简单、理性和绿色的生活方式，以求自我内心的淡泊与宽容，实现人与自身的和谐，真正兑现恩格斯所说的作社会的主人和自己的主人。当然，这一和谐目标的实现，非一朝一夕之功，而是人生一辈子的修炼修行，也将伴随人类文明史的整个进程。只要人类存在一天，都存在矛盾和对和谐目标的追寻，而这种追寻主要应当采取一种友好、和平、协商的办法，一种人类普遍认可的"己所不欲，勿施于人"的办法，以求实现。

## 25.3 生态文化的基本形式

自然界是由各部分组成的有机整体，这是生态学的基本观点。自然界及其存在物都具有内在价值，亦有自身的文化描述和外在表现方式——非人类存在物文化形式，包括生物文化、生态系统文化、生物圈文化等。这是生态文化学的基本观点。显然，我们不能持狭窄的文化观，生态文化形式不能单指人类文化，不能为人类所垄断。美国文化学者汤因比认为，整个人类历史的书写不能抛开人类的"大地母亲"——地球生物圈。汤因比写道："在思维法则中，一个人可以把自己与其他人相区别，与生物圈其他部分相区别，与物质与精神的其他部分相区别。但人性，包括人的意识和良心，正如人的肉体一样，也是存在于生物圈中的。我们从未见过任何单位的人或人类可以超越他在生物圈中生命而存在。"[①] 因此，一种真正意义上的文化，应包括人类文化和非人类存在物两种文化基本形式，而不能仅限于人类文化一种形式。不错，人类文化位于生态文化结构的顶端，其基础恰恰是地球生物圈文化。地球生物圈文化支撑整个文化，包括人类文化和非人类存在物文化。

### 25.3.1 人类文化形式

在几百万年以前，主宰地球生物圈的是动物，并非人类。然而，人类这一迟到的物种，在与猿类作别之后居然站了起来。这是偶然现象却具有进展演化的历史必然性。历史就这样翻开新的一页，人类大踏步进入世界舞台。

---

[①] A·汤因比. 人类与大地母亲[M]. 上海：上海人民出版社，2011：6.

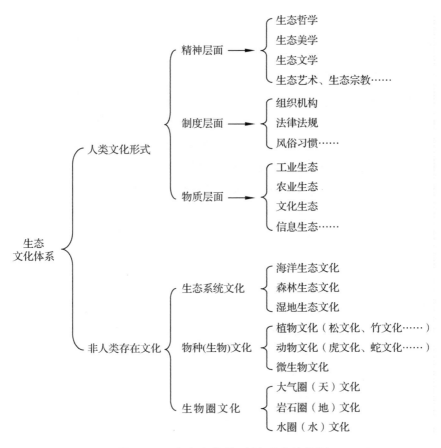

图 25.2　生态文化体系及形式结构图

人类文化是追求"真"的文化，体现对科学和真理的追寻。人类知道自身的弱点和缺陷，在严酷自然和人少兽多的环境下，唯有师法自然、以自然为师，向自然学习，掌握自然规律，并以群体协作形式，通过劳动，才能得以生存，从而在改造世界的意义上，打上人类的烙印。

人类文化是追求"善"的文化，体现对自身人格和品位的锻造。人就其自然或社会属性，不可能十全十美，因为欲望和竞争，导致邪念产生，这是恶。但其整体人类是向善或趋善的。要倡导和践行"己所不欲，勿施于人"的道德底线和"忠恕"的为人准则。而对于邪恶现象，则要讲义，匡扶正义，弘扬众生平等，守护生态正义和生命尊严。这便是善或善的追求。

人类文化是真、善、美的统一。人类既追求真，追求善，还追求美，追求心灵的自由和自我价值的实现，而审美是迈向这一道路的唯一途径。有了真，产生科学和技术；有了善，伴随道德和宗教；有了美，诞生文化和艺术，涌现诗歌、绘画、舞蹈、音乐、戏曲等不同形式的艺术作品和饮食、建筑、服饰、礼仪、游艺、交通、风俗等不同门类的文化形态。美使人类从物质的制约走向心灵的自由，进入理想的生存境界。

### 25.3.2 非人类存在物文化形式

非人类存在物文化包括：物种（生物）文化、生态系统文化和地球生物圈文化三种文化形式。

#### 25.3.2.1 物种（生物）文化

（1）植物文化。植物是地球表层的最初居民。植物的立足和扎根，地球外在面貌发生了根本性的改变，不再灰头土面，而呈现一片绿荫，繁花似锦，果实累累。植物首先是绿色的美，虽然植物的终端——叶片，有不同色彩，或变幻不同色彩，但其底色是绿色。植物的绿色架构为地球表层一切生命的到来铺平道路。

植物呈现一种扎根的稳定。这种稳定是植物根系的固定作用而呈现的。与动物相比，植物对大地有更亲密的情感。植物不但亲吻大地，且扎根在那里，一生一世，矢志不移。植物的"根以不为人所看见的形式，在不断掘进过程中，为整个生态作出贡献。可以想象，地球上如果没有根，世界将会怎样。"① 这种被忽略的根的作用，呈现一种平凡的伟大，朴素的崇高。

植物还呈现一种博大的接纳。神奇而又巧妙的光合作用，把太阳能接纳固定，奠定了生物（动物、微生物）资源和生物能源（化石燃料）的基础。五谷杂粮、茶果菜蔬、竹木麻棉、人类的衣食住行、文人的文房四宝以及昆虫、食草动物的食物，均要来自植物。地球之上，凡有水分的地方，几乎都有植物存在。或旱生、或湿生、或水生、或乔木、或灌丛、或草木，不分大小，不论高低，集结着、繁衍着、生长着，涵水固土，顶风节雨，为人类及其他生命，默默奉献，从不言退，从不言败。

人类无根，借植物稳固的根以立足，人类渴求独立，借植物的直立身躯以自信。松、竹、梅三个树种之所以被中国人称为岁寒三友，因为松树独立挺拔，四季常青；因为竹类植物清淡高雅，劲节虚心；因为梅花凌霜傲雪，独步早春，这些集中体现中国人的品格品性，并被持续定格在民众的心中。

（2）动物文化。人类黎明时期，人少兽多——动物曾经是地球这个生态舞台的主角。在草原、在沼泽、在丛林、在天空中，处处都有动物的身影和行踪。那时是真正的动物世界，动物是那个世界的主宰者。

动物展示的是在荒野上野生动物自由的状态。天然要比人工美丽些，在一个动物身上，动物的自由构成美丽天然。试想在无垠的草原上自由行走的普氏马、在深山丛中上下跳跃的滇金丝猴、在高空盘旋翻飞的鹰鸢……它们自由自在，不受羁勒，不受拘束，不受节制。它们的空间不受挤压，呼吸的空气弥漫清新，采食的食物随季节而变化……在野生动物身上，有大自然赋予的美质，而驯养动物身上，只有妩媚和技巧而已。

动物与人类相比较，更多呈现对自然生态的适应性和生命的本然。动物有自己的皮毛，不用外在附着的衣裳，其皮毛的颜色、款式和功能远胜过人造的各式时装；动物有自己的巢穴，不用搭建规则的房屋，其巢穴的简洁、节能和适用性胜过人造的各式建筑；动物有自己对生存的理解，除了生存的觅食便是游戏，简单的生存是最佳的生存方式；人类却为不断的增长和进步，追求多多、困惑多多。然而，我们千万不能以为动物低人类一

---

① 苏祖荣. 森林美学概论[M]. 上海：学林出版社，2001：232.

等。动物也有自己的社会，表达自己的情感和行为，在动物社会中，既有生老病死，又有酸甜苦辣；既有悲欢离合，也有爱恨情仇，演出一幕幕动物世界的精彩话剧。

动物社会还展示各类动物的斑斓色彩美，各类动物的各异形态美，以及各类动物在丛林法则面前，所展示的捕食技巧和一整套生存智慧美。面对严酷的生态环境，动物既要选择环境，又要改变自身适应环境。在激烈的生存竞争中，动物要学会两手，一手是扬其所长，避其所短，寻找捕食对象，以求生存；一手是懂得妥协，学会共生。自己活着，也要让别人活着。动物文化从某种意义上，呈现不同动物种群的生存状态。

(3) 微生物文化。微生物是一个庞大的群体，又是一个无处不在的群体。在水域、在空中、在土壤、在人体内，处处都存在微生物。以土壤为例，细菌、真菌、放线菌等微生物大量存在，具有种类多、数量大、繁殖快、活动性强等特点，在土壤营养物质的转化中发挥重要作用。

微生物是隐形者。微生物虽然无所不在，无处不有，种类和数量大的惊人，但人的肉眼看不见，是一种隐性的存在。而在显微镜下，微生物才得以呈现一种排列齐一的图案美。显性看得见的是暂时的，隐性看不见的才久远。

微生物是分解者。如果说植物是生产者，动物是消费者，那么微生物则是当仁不让的分解者。微生物能分解动植物残体，使土壤中的有机质矿质化和腐殖化。矿质化作用使复杂的有机物分解为无机物，供植物吸收利用。只有植物生产者和动物消费者，无法形成完整的生物链，因为中间微生物分解者缺席。生产（植物）—消费（动物）—分解（微生物）才构成完整的生物链。

微生物是还原者。什么叫返归自然？其重要角色是微生物。微生物既是分解者，同时又是还原者。经过矿质化或腐殖化，变成简单的无机物，还回土壤，还回环境，再提供给植物享用。微生物的还原，使原本的动植物残体——垃圾被消除了，整体自然生态又浑然一体，重新开始新的一次轮回。

#### 25.3.2.2　生态系统文化

(1) 海洋生态文化。海洋生态占地表面积约71%，是生物圈中最大的系统。海洋壮阔，无边无际，眺望海平面，或乘船航行在大洋之上，浩大的海洋，令人望洋兴叹。人类自身同海洋生态相比，何其渺小。海洋生态谓之大美，当之无愧。

海洋生态是动态的，变化莫测。海洋有潮汐的涨落进退，洋流有规则的流动，以及在不同气候条件下海浪的变化。或碧波万顷，波光潋滟，那样安详宁静；或浊浪滔天，浪花四溅，一旦出现海啸，排山巨浪，动地惊天，又那样令人惊骇和震撼。

而在海平面以下则是水晶世界，有玻璃质感。在巨大开阔的海域，海岸生态、浅海生态、远洋生态、珊瑚礁生态等，争奇斗艳，琳琅满目。海洋不是窒息和黑暗的深渊，海洋是旺盛的生命场，无数生物在这里栖居或自由遨游。这里有水草、硅藻、绿藻和蓝藻等浮游植物，有成群结队的小鱼小虾，有似曾相识的海龟、海马、海豹、海蛇以及肉食性鱼类鲨鱼、鲸鱼、鳕鱼、海豚等。它们各占各的生态位，一切看似平静；但又各有各的生存高招，不时在上演"大鱼吃小鱼，小鱼吃虾米，虾米吃水草"的一幕，呈现出一种秩序和平衡。

海洋是鱼类的天堂，海鸥、海燕、信天翁等飞禽理想展翅的空间。海洋以开阔，拓展人的胸襟；海洋是荡涤，把俗念杂尘一扫而光；海洋以驾驭，让勇敢者劈波斩浪；海洋是航程，由此岸到达彼岸。深邃的海洋，产生无数童话的神奇；宽广的海洋，接纳所有的江河溪流，又以一种力量，承载五个大洲的巨轮，驶向既定的远方。

(2) 森林生态文化。"人类溯源森林始。"森林是万物的遮蔽，是人类的发祥地和最终走出森林的依托。

森林是陆地生态的主体，又是地球表面最雄伟壮丽的景观。温带针叶林、暖温带针阔混交林、亚热带常绿阔叶林、热带雨林等组成一幅立体的多层次的森林图画。

森林的形态是由起伏变化的林线勾画出来的，造成了地表上富有节奏的林韵。或高山丛林、层峦叠嶂；或林海茫茫、碧波万顷，给人以一种雄浑的壮美。进入林内，针叶树树干通直，挺拔高大；阔叶树树干多分叉，树冠圆形，叶片交错；棕榈科植物亭亭玉立，婀娜多姿，别样韵味；竹类植物干形修长，素洁高雅，平淡中透出清新。

森林的绿色色彩，是森林最基本表征，也是森林生命蓬勃的表达。森林之绿包括浅绿、黄绿、深绿、墨绿和青葱，也不拒绝黄色、紫色和红色。待到秋天，"山明水净夜来霜，数树深红出咸黄"，森林则别一番色彩。由于四季不同，森林像一块调色板，在不同地域的不同季节，变换不同色彩，给人以不同的审美享受。

森林还包括音韵旋律。森林本身是一部交响曲。林中有溪、泉、瀑的水声，鸟、兽、虫的鸣叫，风、雨、雷拍击森林发出的林涛呼啸。这些自然的和音，奏出森林之乐，体现森林生态的节奏和韵律。

森林在很大程度上还受气象因素的影响。风使森林舞动，雨使森林朦胧，日月使森林生辉，云雾使森林似有实无、进入幻境，冰雪则使森林冰清玉洁、银装素裹。动物是森林舞台的主角，当林中出现野兽时，能增添森林的动感、速度和力量。而林中的蜂群嗡嗡作响，蝉声的此起彼伏，以及鸟类的盘旋翻飞，都能给森林以生命的律动，给游人留下难忘的记忆。

(3) 湿地生态文化。湿地生态是处于水域与陆地过渡形态的自然体，一个生物多样性最丰富的地区。这里有湿生、水生和浮游植物，有鱼、虾、贝、蟹以及两栖、爬行类动物，这里是水禽的天堂，是大雁、丹顶鹤等候鸟越冬繁殖途中必经的栖息之地。

湿地生态缺乏森林生态的磅礴大气，也没有海洋的宽广浩渺，但湿地是荒野的一部分，具有粗犷和野性。湿地又淡雅秀丽，例如杭州西湖、无锡太湖的山色湖光，湖北洪湖、保定白洋淀的渔家野趣，还有乡村山塘水库，环山拥抱的一池清水，偶然飞过的几只鸟雀，此情此景，定能调动恬静优美的美感。

湿地既山色湖光，恬静优美，又田园风光，朴实无华。广大丘陵山地的层层梯田，富裕江南的连片稻田，皆属湿地范围。细雨中农夫耕耘，早霞里牧童短笛，这些真实再现的农家画面，无疑是最具诗情画意的。

湿地有一种别样的姿态。乡村的池塘，当夏荷开放，皓月当空，这是荷塘月色。江河两岸的河滩，河流的泛洪区，亦水亦陆，既是水域，起到调解水位和行洪作用；亦是陆地，有林木、芦苇生长其上，一江清流，滩林碧透，活生生的一个绿色世界。河口水域、三角洲以及沿海滩涂，分布着纵横交错红树林，任凭波翻浪起，海水侵袭，固守河口海岸。在红树林周身，白鹭、海鸥、水鸭等鸣啭枝头，穿梭林间；树冠下面，鱼、虾、蟹、蚌各得其所，互为捕食，良性循环，描绘出一个独特的海底森林生态图景。

湿地生态还有净化之功能，宁可自己受污，也要清洁他人。朱熹诗云："半亩方塘一鉴开，天光云影共徘徊。问渠那得清如许，为有源头活水来。"清如许的源头活水，乃得益于半亩方塘——湿地生态的过滤和降解。湿地生态的湿生植物和微生物，以自身的吸收和接纳，达到降解污染净化水体之目的，实在是自然界的奇功伟绩。湿地是地球躯体最软弱部分，却起到"地球之肾"的功用，可谓之至善，也谓之至美。

### 25.3.2.3 地球生物圈文化

(1) 大气圈文化。广义指地球表面的大气圈，狭义指离地表最接近的对流层。这里有光合作用所需的 $CO_2$ 和 $O_2$，以及水汽和粉尘在气温作用下形成的风、雨、霜、雪、露、雾和冰雹等气象现象。大气圈之美即天之美。

天的一个最大特点是运动和变化，即地球在不断自转的同时又围绕太阳公转。这种运动和变化，令人看到白日和黑夜的交替，黑夜有当空皓月和满天星斗，白日有日出壮观和落日辉煌。还有一年四季季相的变换，春天冰雪消融，草木吐绿；夏天气候转热，林果孕育；秋天树叶变黄，万紫千红；冬天漫天飞雪，素裹银装。

天是变幻的。天像一位天才的魔术师，不断变化自身，翻手为云，覆手为雨，既姿态万千又绚烂异常。以云为例，时而像羽毛，轻飘空中；时而像鱼鳞，排列整齐；时而像羊群，来来去去；时而像棉絮，盖住半个天空；还有像峰峦、似河流、如雄狮……如果大地是母，厚德载物，承载生命；而天则是父，以广宽胸襟，把生命包裹。天是阳光高照，为生命提供能源和动力；天是对流层的无穷流动，行云施雨落下甘霖；天是日月旋转，四季轮回，变幻一幅又一幅生命图景。

天是鸟类的场所，飞禽的天堂。海燕在这里翻飞，秃鹰在这里搏击，成群成群的大雁经此迁徙，犹如从天空洒下的一首有益无损地带着野性的诗歌。

天辽远且深邃。天是生态的空间，给生命以自由的呼吸。天是人类心中的宇宙，让人类有无尽的遐想。蓝天之下，晴空万里，能呈现"晴川历历汉阳树，芳草萋萋鹦鹉洲"的画卷。入夜风清月朗，寂静无声；又见"明月松间照，清泉石上流"的诗情，或是"月下飞天镜，云生结海楼"的想象。浩大的苍穹，给人类自由的翅膀，放飞理想，伫立在天地间定会发出这样的慨叹：前不见古人，后不见来者，念天地之悠悠，独怆然而涕下！"

(2) 岩石土壤圈文化。岩石土壤圈即地球表层的陆地部分，这是人类及其他生命栖居的地方。茫茫太空中，蔚蓝色的星球是我们的家园；立足大地，岩石土壤圈是我们的家园。

地球表层的陆地部分并非人们理想中的那样平坦，而是凹凸不平。这里有隆起雄伟的高山，例如亚洲的喜马拉雅山、北美的落基山脉、欧洲的阿尔卑斯山等等，山顶常年积雪，银装素裹；山峰刀劈斧削，险奇峻峭。这里有起伏连绵的丘陵，沟壑纵横，森林茂密。这里有戈壁沙漠，人迹罕至，一片黄色。这里还有盆地、苔原以及一望无际的草原和江河中下游的平川沃野，田园风光。

脚踩大地，格外踏实；目极远方，道路在脚下延伸。筑巢建屋，大地是生命的诗意栖居；佈种耕作，大地是生存的衣食父母。大地处于最底层，在大地之上是土壤，在土壤之上是植物，在植物之上是食草和食肉动物。大地承载一切，是生物的基础；大地包容一切，是生命的温床；大地支撑一切，是生态的脊梁。

大地，立足的大地，生于斯长于斯的大地，无数双勤劳的手描绘的大地，多少志士仁人为之抛头颅洒热血的大地。面对大地，为什么我的眼眶总满含热泪，因为我对这块土地爱的深沉。土地是我的母亲，我的每一寸皮肤，都有着土粒；我的手掌一接近土地，心就变得平静。我是土地的族系，我不能离开她。因为大地美，更因为大地善，无私地为人类及其生命奉献一切，大地质朴而宽厚的品性才为人们所确认。

(3) 水圈文化。地球表层处处是水。叮当的山泉，喧哗的溪涧，飞流直下的瀑布，惊涛拍岸的江河，平静如镜的湖泊等等，这些液态水遍布地球表面，但份额很小，地表的71%是海洋。在外太空，呈现地球蔚蓝色的部分，是海洋，它浮载着五大洲陆地板块，洋洋洒洒。

此外，尚有两极的冰帽，高海拔地区的冰川和终年覆盖的高山冰雪，呈现给人一个冰清玉洁的白色世界，这是固态水。在大气圈中充满的水汽，是风是雨，是云是雾，这是气态水，呈现一幅神奇变幻的图景。在岩石土壤圈，还有错综复杂的地下水系，人们看到的温泉、水井、溶洞、地下河等，仅仅其中的一角。

天地交媾，产生生命，大气圈和岩石土壤圈在化育生命中的作用不可忽视，但在实际上，生命的化育，还离不开水圈的渗化。在水和水循环作用下，地球生物圈流动起来。对流层的水汽、粉尘等在阳光气温的驱动下，又产生种种气象现象，行云施雨，既充溢地表凹陷部分，形成形态各异的地表水，又滋润大地，养育万物，使其欣欣向荣。没有水，何来神奇的气象现象；没有水，大地干渴，只剩荒漠；没有水，万物枯萎，因为动、植物及人类本身的70%成分由水构成。水即生命，水之文化即生命之文化。

中国五行说"水曰润下。"老子的《道德经》认为世界上最崇高的品行莫过于水，可以达到"道"的水准。"水善利万物而有静"。水作为生命的一部分，润湿和充满生命，并使生命因此而存在。水居下，"居众人之所恶，故几于道。"世间的人总向上看，而水总流向低处，甘居其下，不与人争。水无色，却澄澈透明，显示一切色；水无味，却最具意味，容纳一切味；水无形，却随物就形，千姿百态；水柔弱，却经年不断，滴水石穿；水如镜，静如止水，能翻江倒海，把一切化为乌有，然后复归于静，这就是上善若水，这就是道。

由大气圈、岩石土壤圈和水圈组成的地球生物圈是人类和其他生命赖以生存的地方。从太空上遥望，这是一个蔚蓝色的美丽星球，一个太阳系的普通成员，一个围绕太阳公转又不断自转的行星，一个能巧妙接纳和转化太阳能的装置，一个已知的唯一为生命所覆盖的所在。

地球与太阳之间，保持宇宙间最佳距离；地球围绕太阳，画出天宇间最美曲线，这就是生物圈。20世纪60年代，美国人的"阿波罗"登月计划使人类第一次离开自己生息的所在，有机会用一种全新的视野审视自身所处的地球家园。是的，地球生物圈是那样美丽、和谐、平静，它是我们共同的家、存在、本体。世界上再也没有任何一项东西比地球生物圈更宝贵和重要的了。面对家园，我们没有选择，也不能有所选择。因为我们早与这一家园联成整体，不能也无法分开。

# 第二十六章

# 生态文化的基本特征与发展规律

## 26.1 生态文化的基本特征

生态文化的基本特征指生态文化在外在和内涵上所具有的共同和一致的特征，这些特征能够包容或涵盖生态文化。由于生态文化一方面受传统文化的影响，另一方面又接纳西方生态文化中积极成分，以及当下中国现代化进程中现实的状况，内涵丰富、外延多样，需要作全面、细致的分析。这里择其要点，表述如下：

### 26.1.1 整体性

生态文化的一个基本特征是整体性，生态文化是一个独立和具有自我修复能力的文化体系，其内部组成文化的诸因素，以及与外部文化因素的联系，构成一个整体，是不能被分割的。

#### 26.1.1.1 生态文化结构的整体性

生态文化结构的整体性主要体现在以下三个方面：

其一，生态文化体系自身的整体性，既生态文化体系自身内部结构的完整性。从横向上看，依次有物质层面的生态文化、制度层面的生态文化、行为层面的生态文化和精神层面的生态文化。物质层面的生态文化位居于底层，是生态文化的基础；精神层面的生态文化属意识形态，位于高层；制度和行为层面的生态文化位于中间，是联结物质和精神层面生态文化的中介。从纵向看，生态文化体系由生态文化个体、单位（团体）、地区、民族等因素和子系统组成，即不同地域、不同民族、不同风格和不同流派的生态文化，组成生态文化体系自身，一个生态文化共同体。显然，生态文化中任何一个因素和子系统都不是孤立的，而是作为文化体系中相互联系的一员或一环，与生态文化体系自身发生直接或间接的依存关系。

其二，生态文化体系自身与自然生态系统的整体性。生态文化以生物圈或自然生态系统为研究基础，不能摆脱自然对生态文化自身的制约。以地域类型的文化为例，森林文化不但要体现森林生态系统的特征，还与森林生态系统紧密相连。同样，草原文化、湿地文化亦如此。南方文化与北方的不同，江南文化与岭南文化的差异，以及齐鲁文化的儒雅，燕赵文化的阳刚，荆楚文化的厚重，江淮文化的清纯，闽台文化的开放等都不同程度表达各自不同的自然地理特征或特点，都不同程度与它相对应的自然生态环境息息相关，并构成其内在整体性。文化包括生态文化作为一种意识形态，必然要真实、客观反映自然生态系统的内在关联性，并给文化包括生态文化打上整体性的烙印。

其三，生态文化体系与其他文化体系的整体性。在现代社会中，有诸多领域及其文化体系，例如经济文化体系、政治文化体系、社会文化体系、精神文化体系以及生态文化体系等。显然，在现代社会的大文化体系中，生态文化同其他文化一样，仅是现代社会大文化体系中的一个子系统。生态文化体系既是独立的自行运转的，又围绕现代社会大文化体系，并与其他文化系统互为关系，构成整体性。生态文化系统与经济、政治、社会、精神等文化体系的整体性，既互为联系和互为依赖；又互为促进和互相影响。例如经济文化遵奉的价值规律，这在现代社会中是通行的法则，与生态文化所遵循的自然法则，既有相向的又有相悖的，但在生态文化产业中，又必须遵循价值规律；而生态文化所遵奉自然或生态规律，看似与经济规律、社会规律、政治规律相矛盾和冲突，但生态文化的理念和法则深刻影响着经济、社会、政治等领域，使这些领域发生革命性的变化。

#### 26.1.1.2 生态文化效应的整体性

系统的整体效应理论认为，系统的整体效应包括两个方面的作用机制，一是指系统内部的诸多因素在相互作用过程中对系统整体性产生的作用和结果；二是指系统形成整体性对整个系统的运行与发展所产生的影响和结果。生态文化体系的整体效应亦同，即指生态文化体系内部因素相互作用对体系自身产生的作用和结果，也指生态文化体系所形成的整体效应对整个文化体系的运行与发展所产生的影响和结果。

生态文化整体效应分为三类：

正效应。当生态文化系统内部诸因素产生的整体效应大于各种因素或部分效应之和时，说明生态文化体系出现正效应。当生态文化体系诸因素协同配合，体系运行正常，促进各项生态文化事业与生态文化产业的发展，或生态文化的理念和法则为其他文化体系接受或接纳，促进其他文化体系发展和全社会生态文明水准的提高，这就是生态文化的正效应或整体效应。

负效应。当生态文化体系效应小于各因素或各部分效应之和时，体系出现负效应。生态文化体系出现负效应，是体系内部各因素或各部分不协调，出现内耗和矛盾所致。生态文化体系出现负效应，必然影响和滞后全社会生态文明建设，从而进一步加剧生态恶化和资源危机。

零效应。当生态文化体系的整体效应等于各部分效应之和，此时生态文化体系内部正效应与负效应所产生的作用刚好抵消，这是生态文化的零效应。零效应说明生态文化体系有序性低、缺乏活力、未能实现整体优化。

### 26.1.2 多样性

文化的基本特性是多样性，没有多样性的相互竞争和包容，文化便会因单一而枯萎。生态文化作为文化之一支，其多样性的基本特征更为凸显。因为传统文化是以人类社会为研究对象的文化形态，而人类社会仅仅是生物圈或自然生态系统中的一个子系统，生物圈或自然生态系统包括比人类社会多得多的生命物种和种群，因此，呈现出的多样性是前所未有的。

#### 26.1.2.1　生态文化个体的多样性

文化包括生态文化是很个性化的创造性活动，尊重文化个体在文化中的主体性和创造性无疑是重要的。生态文化个体的多样性，指参与创作和鉴赏的生态文化个人。众多的个体参与生态文化的创作和鉴赏，从而形成各具风格的多元生态文化。生态文化个体的多样性包括三个层面：第一层面，指作家、艺术家、思想家、诗人、记者等专业的生态文化创作人员，他们立足自然科学知识，又饱含普世的人文关怀，创作出不同形式和风格的生态文化艺术作品或产品，用动感形象呈现一个与过去完全不同的全新自然界；第二层面，指民间和业余的生态文化创作人员创作的生态文艺作品，包括建筑、工艺、饮食、舞蹈、民谣等等。这些人员众多、长期扎根基层，与普通百姓打成一片，作品带有浓厚的乡土味和原生性，是最具活力的生态文化形态；第三层面，指不同组织形式的民间环保团体和广大民众，随着生态知识的普及和深入，他们自觉践行生态文化理念，执著地用实践行动、参与不同形式的环保活动，他们是生态文化得以存在的基础和真正的实践者。

#### 26.1.2.2　生态文化民族的多样性

"民族"相当于生态学上"种群"或"群落"概念，指有着共同文字、语言、习俗和信仰认同的族居群体。一个国家往往由多个民族组成，换句话说，多个民族文化形态融合成一个统一的文化共同体，这便是生态文化民族的多样性。尤其是不占主体地位的少数民族，由于历史原因，多居住在山地边陲，处在相对隔绝的地理环境和地理机制中，最多受到自然生态条件制约，又较少受到现代文化的侵袭和同化，其民居建筑、交通器具、服装服饰、风俗礼仪、舞蹈音乐等方面的文化表达，往往最贴近生活、最与生态亲和、最能体现少数民族各自的个性和特殊性。各少数的文化几乎无一雷同，但又那么清新自然，纯朴厚实，是最接近原生态的文化形态。

#### 26.1.2.3　生态文化地域的多样性

指不同地域的自然地理对生态文化的制约和影响。自然地理对生态文化的影响和作用是巨大的，甚至可以说是不同自然地理造就不同形态的生态文化。例如以地理类型为特征的山岳文化、平原文化、湖泊文化、海洋文化等；以生态系统为特征的湿地文化、森林文化、草原文化等；以流域为特征的长江文化、黄河文化等；以及以某一独立的地理单元为特征的埃及文化、印度文化、中国文化、古希腊罗马文化、西欧文化、玛雅文化等等，自然地理深深在文化上打上烙印。生态文化地域的多样性是显而易见的，以至某一山脉、某一村落、某一生态位都有自己的文化表述。地域的多样性与生态文化的多样性紧密的联结，构成生态文化的一道独特风景线。

#### 26.1.2.4　生态文化空间的多样性

在自然界，生物分布在空间上的叠加，是普遍现象。无论空中、陆地或海洋，不同层次高度相应分布不同层次高度的生物，并展示它们的自由。生态文化亦是，上层的精神文化，下层的物质文化以及中层的制度和行为文化相互叠加。尤其需要指出的是，传统文化以人类社会为视角，其空间局限在人类社会，呈现的是不同地域、民族、宗教和国家的文化多样性。生态文化把视角扩大至地球生物圈，故生态文化的多样性还呈现人类社会以外其他生命、物种、种群、群落和生态系统的文化多样性。例如荒漠生态文化、天然林生态文化、深海生态文化、荒野生态文化,以及某一物种、某一种群、某一群落、某一生态位的文化,例如蛇文化、虎文化、狼文化、鸟文化等。人类不能生存的空间,其他生命形式和物种能够生存。这些其他生命、物种、种群的生态状况和所表达的文化并非与人类无关,相反,它维系人类生存的基础,也包含人类内在的生命基因多重性。

**26.1.3 非宗教性(人文精神)**

生态文化的非宗教性或人文精神是显而易见的。生态文化不遵奉上帝或神,不把上帝或神看作主宰或终极的存在,而认为自然生态是主宰或终极的存在,自然生态的方向和命运决定人类的方向和命运。因而生态文化是非宗教的,生态文化遵奉的是范围更广泛的平等原则和博爱精神。

26.1.3.1 平等原则

生态文化的平等原则显然不仅指现代工业文化视域中的人与人之间的平等,而诉求把平等原则延伸至动物、植物和一切生命形式及其生态系统。生态学要求遵循自然规律,尊重生命、尊重他们的一切存在形式。生态学的一个基本前提,即生态系统中的每一个物种都担负着自己的独特功能,而无价值上的高低贵贱。所谓的物种高级与低级,只是人为划分的某一物种在食物链等级次序中的位置,而非在整体中的实际地位和功用。德韦尔和塞欣斯说:"生物圈中的所有事物都拥有生存和繁荣的平等权利,都拥有较宽广的大我范围内使自己的个体存在得到展现和自我实现的权利。"①反观人类文明,至今仍然在实际上存在性别、种族、肤色和身份的歧视和不平等,因此,要把平等的原则扩大到一切生命形式中,从被索取、掠夺和征服的对象,转变为与人类平等的伙伴与朋友。以平等的原则对待自然界的一切生命形式,无疑要走一段相当长的距离。首先,人类要把自身置于自然界的平等位置上,人既不比其他物种高贵,也不比其他物种更坏。如果说人类比其他生命高过一等,那就是人类的利他性,既懂得保护自身,又懂得爱护他者。其次,这里的平等不是绝对的平等,而要划分不同界别,分类对待,例如在人类生存界,应当实行人道主义原则;而在动物权利界,则应实行动物解放论与权利论。其三,对人类社会、动物社会、生物社会以及生态社会,四个社会或界别既要一视同仁、倍加爱护,但毕竟是不同社会规范和行为准则的四个社会或界别,又要有所区别和侧重,不是等同,所谓的平等是有次序和等差的。

26.1.3.2 泛道德性

与非宗教性特征相互联系和互为因果是生态文化的泛道德性特征。这与中国的传统文化中的泛道德性相近。中国传统文化以礼乐教化为中心的道德理性和觉醒,不仅代替了宗教的地位,而且衍射到中国文化的各个层面,例如以"德治"代"政治"的政治道德化,以"礼治"代"刑治"的法律道德化,以"人治"代"法治"的人格道德化等,形成中国传统文化的泛道德性特征。

生态文化视域下的泛道德性,显然不同于中国传统文化的泛道德性,但肯定传统文化道德自律和人格修养,在现代社会人性极度张扬的情况下,克服人的私欲和对物的追求,

---

① 雷毅.生态伦理学[M].西安:陕西人民教育出版社,2000:169.

对于拯救地球生物圈仍有积极的意义和功用。

生态文化视域下的泛道德性，主要诉求把人的道德关怀和责任延伸或扩展至动物、植物和微生物，以及包括大地、山川在内的生态系统。换句话说，即把人以外的自然存在物，上升到道德维度，用道德来看待自然万物，这就是生态的道德化和生态文化的泛道德性。因而在生态文化的表述中，不但要涉及和协调人与人的关系，而且要涉及和协调人与万物、人与自然的关系，要对人以外的自然存在物讲道德，要求对所有的生命行善，这符合有良知的人对自然界生命的尊重。

道德的关怀和责任向人以外的生命和生态系统延伸或扩展，或把人以外自然存在物道德化（泛道德性），显然并非一律禁止杀生或约束人类对自然存在物所有的利用活动，也无意减低人在自然界应有的地位和影响人类的生存权利，仅仅要求人类在认识和利用自然时，应遵循三条道德原则：①根本需要原则。在权衡人与自然利益的先后顺序上，应遵循生态需要高于基本需要、基本需要高于非基本需要的原则。如果人类与生物的利益发生矛盾时，人的生存需求高于生物的生存需求；但是，生物的生存需求要高于人的奢侈需求，否则这是不道德的。②亲近原则。当人与其他生命同类利益发生冲突时，应以人的利益为优先。③整体利益高于局部利益。对物种而言，物种的需要高于个体的利益；对于生态系统而言，一切生物物种的活动都应服从生态系统的需要，这就是说凡是危害物种生存和有伤生物圈的稳态机制，都认为是不道德的。

生态文化的泛道德性或生态伦理，无疑把人的道德水平提高到一个新的层面。

### 26.1.3.3 普世之爱

爱是人类社会永恒的主题，从孔子的"仁爱"，墨子的"兼爱"，以及近代西方文明提出的"博爱"，显然都围绕爱这一主题。爱是维系家庭、团体和社会的无形但最温柔的纽带，"只有人人都奉献一点爱，世界就会变成美好的人间"。爱，给这个世界带来温暖、美丽和希望。

生态文化同样表达爱，但又不仅等同于"仁爱"，"兼爱"与"博爱"，是对包括人类在内的所有万物生命的爱。世界在变，爱未曾改变。生态文化表达的爱，是一种整体之爱，普世之爱。其特点是：

生态文化反对战争，主张"非暴力"。20世纪60年代西方世界迅速崛起的环保运动，从一开始就与反战运动、反种族歧视、妇女解放运动结合在一起，反对战争，消除核武，反对在人类之间相互杀戮，诉求世界和平的实现，无论从何角度评析，都体现人类最大和普世的爱。

生态文化的普世之爱，还体现在提出具有现代科学意义上的生态伦理。人类对动物及大自然所应承担的道德责任和关爱，是看到动物及大自然本身固有的内在价值所决定的，而非人类的一种赋予或人类为自身利益所作出的一种价值判断。因为这种判断只不过是对事物属性的某种认知而已，它会随人的目的变化而变化，其基础是非常不确定的。只有所有自然物被确认有固有的内在价值，才有真正平等意义上的爱，并上升到生态伦理学的高度，形成全社会共识，且逐步在法律和制度层面上作出规定和安排，用以制约和规范人们的行为。

### 26.1.4 过程性

过程性是生态文化的重要特征，指生态文化在发展过程的连续性。生态文化也理解为生命系统文化或"生"的文化，因为，在人类社会之前以及在人类某一天消失之后，生态文化还应当继续存在。生态文化比任何一种文化形态更具有时间上的连续性和持久的文化价值。当然，从一般意义上，生态文化的存在，与人类社会相连相依，生态文化在时间上除了呈现一度性、阶段性和周期性等特征外，还呈现生态文化本身固有的一些特征。

#### 26.1.4.1 超前性

超前性指生态文化作为一种理论形态具有的超前或前瞻意识。任何一种社会实践都要求有一个先进的理论形态发挥引领作用。一个先进的，经得起时间推敲的理论，不仅要切中时弊，还要洞见未来，给未来指明方向，这就是超前性，即超越当下时间的给予人们的警示。当然，文化的这种超前性可能为一般人不理解或难以接受，但随着时间的推移会发出真理的光芒。2000多年前老子提出的"无为"观点，"效法自然"的观点，就包含极为深刻的生态学思想，无论是当时或现代，都能给人以一种警醒，提供一个新的理论视角。辛格的动物解放论，雷根的动物权利论和施韦策的敬畏生命理论等，从以人为中心的习惯思维，总觉这种看法减低了人的地位和作用。但在实际上，关爱动物，保护生命及其多样性，不但在实践上维护了地球生物圈的稳定，也提升了人类自身的道德水准。

#### 26.1.4.2 滞后性

文化是社会生产方式、经济基础以及人们生活方式的产物，又强烈地反作用于前者。中国有五千年的文明，包含难以估算的沉积下来的生态文化资源，但它还不是现代意义的生态文化。从根本上看，现代生态文化必须在生态文明建设的实践中产生和发展，是生态文明建设和发展的产物，具有滞后性。

#### 26.1.4.3 周期性

生态文化在时间上，既是单方向前进的、一度性的、不可重复的，但同时，在一定的时间内又进行着有规律的重复变动，这种变动一次所需时间称为周期或时间的节奏。生态文化的周期性体现为不同时期生态文化的态势和变化。从整体和长远角度，只要存在生命、生物和生态系统，生态文化将永久存在。但在某一历史时期，即一定的时间内随着生态文化主题或主旨的改变或转换，生态文化形式也会发生变化，不可能凝固不变。这就是说，某一历史时期的生态文化主题及其形式，会经历一个从生成、发展到衰落、解构的过程，令人们看到似曾相识的文化场景。这就产生时间的反演，产生生态文化的周期性和节奏性。当时代要求提出新的生态文化主题时，新的生态文化又同样经历生成、发展和衰落、解构的过程，又产生新的周期性和节奏性。如此重复循环，推进生态文化向前。但每一次重复循环，不是简单的重复循环，而是在新的基础上融入新文化元素的生态文化形态。

### 26.1.5 开放性

生态文化作为一个开放的文化体系，既不自持、不自夸、不以自己为主宰，又以一种文化自觉与自信，不拒斥其他和外来文化。生态文化诉求通过对话和沟通，以达到对自身文化的亲近和认同。生态文化赞赏文化的差异，强调文化的多元与宽容。这是对待文化包括异族、异域等外来文化应有的态度。

生态文化既反对闭关自守、故步自封、拒斥外来文化的入侵与渗透；又反对放弃自身文化的个性、特殊性和独立性，不加分析的照单全收，导致自身文化的消亡。生态文化主张以我为主，结合自身的实际情况，去伪存真，消化吸收，为我所用，即对外来文化持包容性的开放态度。

文化本身就是多元和包容的。在多元文化结构中，不可能不对外传布文化，对其他文化而言，这就是入侵或渗透。而在传布文化过程中，必然要接纳其他和外来文化中新鲜元素，吸收有益营养，丰富自身的文化内涵，这就是吸收和接纳。开放显然是不同文化体系间互动和相互交流、接纳的过程。

## 26.2　生态文化的发展规律

恩格斯说："自然界中的普遍性的形式就是规律。"①列宁也指出："规律就是本质的关系，""规律是宇宙运动中本质东西的反映。"②华岗在《规律论》中说："规律是客观事物运动必然遵循的实有轨迹和道路，是事物内在逻辑的表现。"③生态文化体系在自身运行中，同样要遵循本质的，普遍的运动的形式，体现生态文化发展的基本状态趋势和方向。因而，从一定意义上，规律是决定性和必然性的。然而，文化在发展过程往往有偶然性和不确定性和因各种因素造成的多变性，在同层上，尤其如此。对此，我们应当具体情况具体分析，从实践出发，得出结论。

### 26.2.1　更替律：挑战与应战④

挑战与应战，这是文化(包括生态文化)必须要遵循的一条规律，是文化发展的动因或动力⑤，也称文化更替律或周期律。当一种文化形态失范或文化危机时，旧的文化形态面临挑战，此时需求一种新的、符合社会需求的文化形态出现，这便是应战。挑战与应战从哲学层面是对立统一规律在文化领域的具体呈现。文化体系自身的对立双方既相互联系和依存，又相互竞争、移位和更替。先进的、新生的文化形态终究要战胜守旧的、落后的文化形态，从而推进文化的向前发展。

文化发展中的挑战与应战，一般来自两个方面，一个是外部文化因素的入侵；一个是内部或内在文化因素的变革或作用。而在外部因素与内部因素中，起关键和决定作用的是内部或内在文化因素的作用。例如，纸媒文化对竹简文化的替代、电媒质文化对纸媒质文化的替代，关键和决定的是承载和传布文化本身的载体发生质的变化，从而产生文化形态的变化或转型。同样，农耕文化对游牧文化的替代、工业文化对农耕文化的替代，情况亦如此。决定文化形态变革或转型是经济社会生产工具和生产方式的改变，当一种固定的、自给自足的农业生产方式占据社会主体或主导地位时，农耕文化取代游牧文化已成为必然。

---

① 恩格斯．自然辩证法[M]．北京：人民出版社，1971：212.
② 列宁．哲学笔记[M]．北京：人民出版社，1974：161~162.
③ 华岗．规律论[M]．北京：人民出版社，1982：10.
④ 苏祖荣，苏孝同．森林文化学简论[M]．上海：学林出版社，2004：220~224.
⑤ 苏祖荣，苏孝同．森林文化发展的动因及运动规律探讨[J]．北京林业大学报(社科版)，2009(3).

当下中国正在进行的一场伟大变革，从传统以农业为主的经济社会模式，在向以工业为主的经济社会模式的转换中，人们看到的是同样的情形。一方面是西方现代文化入侵的挑战，另一方面是中国自身文化转型需要的挑战，即外部文化因素和内部文化因素两个方面的挑战。但显然，起关键和决定性作用的是内部文化因素，是中国自身需要工业化和现代化。中国需要大工业生产，需要全球化背景下的自由贸易，需要建设生态文明，这决定中国文化的自身需要现代转型。而这个文化转型，既是对西方现代文化挑战的应战，又要面对工业化进程中产生的生态资源、环境和健康问题这一困惑全球的课题。因此，当代中国文化的挑战与应战，或者说文化转型需要解决两大课题：一是要遵循价值规律，实行市场经济、优化资源配置，从专制的礼教的传统文化向自由的、契约的现代文化转型，接受民主政治、法制法治、多元文化等工业文化的价值观念和思维方式。二是要面对日趋严峻的生态环境问题，或说工业文化面临文化危机，需要进行文化层面的生态转型，要接受整体、平衡、多元、共享等生态文化的价值观念和思维方式，又要在发展经济的同时，实现资源节约与环境友好，建设生态文明社会，积极稳妥推进中国的现代化进程。

问题在于工业文化正处在发展时期，工业文化所奉行的物质主义、消费主义和经济主义能给人们带来实际的物质享受和生活便捷，很容易为社会大众所接受，工业文化成社会的主流文化，拥有绝对话语权。相比之下，生态文化处于非主流地位，话语权缺失，生态文化一直处于弱势，无法与其他文化取得平等竞争的地位。生态文化的失语，必然进一步影响生态环境，导致生态环境的进一步恶化，以致生态危机和生态灾难的出现，直接影响民众的生存权利。当出现生态危机和生态灾难时，也会因生态环境问题，引发民众抗议、政治风波和社会动荡，这样，生态文化与其他文化的矛盾有可能上升为对抗矛盾。20世纪60年代以后先进国家发生的环保运动和环保思潮就是明证。

大量事实证明，生态文化与生态环境的关系构成正比，生态文化越发展，民众环保意识越觉醒，环境执法越严格，生态环境越趋好；反之，生态恶化便日渐严重。因此，一方面要批判和抑制工业文化，不使过分膨胀，避免盛极而衰，导致文明自身消亡；另一方面，极有必要从生态文明视域，唤醒民众环保意识，重视生态文化建构，把生态文明建设与经济建设、文化建设、政治建设、社会建设并列。使生态文化与其他文化在平等原则上，相互竞争、相互促进、共建繁荣，不致因生态文化问题引发对抗性矛盾。

### 26.2.2 平衡律：冲突与协同

在人类文明的进程中，不同的文化形态，均要顽强表达各自的特征，并向周边扩张，从而与其他文化形态或形式发生冲突。例如原始文化与游牧文化的冲突，游牧文化与农耕文化的冲突，农耕文化与工业文化的冲突，以及西方文化与东方文化的冲突，传统文化与现代文化的冲突等。

不同形态或形式的文化之间的冲突，遵循生态学的两条基本法则[①]：一是竞争法则，新旧两种文化通过竞争，优胜劣汰，以新代旧；二是协同法则，不同文化形态之间的和解妥协，共生并存。如果没有文化的冲突和竞争，缺乏文化批判，文化体系就不能更新，文化将失去应有的活力和新鲜度，历史就不能向前推进。马克思认为，没有对抗就没有进

---

① 苏祖荣. 森林哲学散论[M]. 上海：学林出版社，2009：73.

步。这是文明直到今天所遵循的规律。然而，如果仅有冲突和竞争，而失去妥协与和解，文化的形式或形态又显得单一单调，无法出现多元并存的文化生态。

生态文化的竞争，指时间上不同阶段文化新旧交替与转型，是文化发展的内生动力和文化进步的源泉，代表文化前进的主流和方向；而生态文化的协同则是空间上同一层面多元文化形式的并存与共荣，是文化生态结构的调整和文化自身调节能力的呈现，代表某一时代的文化水准和高度。

文化包括生态文化的竞争无处不在。生态文化体系内部各因素的竞争，生态文化体系与其他文化体系的竞争，不同形态文化的竞争，是不以人的意志为转移的客观存在。这种竞争在新旧文化交替时期，表现得尤为针锋相对和激烈。经过竞争，落后、守旧、腐朽的文化形态逐步淡出人们的视线，先进、健康、向上的文化形态登上历史舞台，推动文明的前行。显然，当工业革命生成并兴起时，必然要求文化上的革命与文化转型，即由封建专制的农耕文化转型为民主法制的工业文化。这样，在民主与专制、科学与迷信、开放与封闭、多元与单一、人和神之间的竞争将不可避免。竞争的结果是民主战胜专制、科学战胜迷信、开放战胜封闭、多元战胜单一、神让位于人，人成为主宰。人类认识并改造世界，世界面貌发生根本性改变。

然而这种改变带来了人的欲望的极度膨胀和人与自然矛盾的空前加剧，于是提出生态文化。生态文化与工业文化比较，其观念信仰与思维方式无疑存在对立与竞争。是生态优先，还是经济优先？是保护下适度开发，还是开发下有限保护？是人类中心主义，还是生态整体主义等等，存在着明显的差异和不同，其竞争性是十分凸显的。对此，有两种办法，一是回避矛盾，任其矛盾对抗；一是清醒看到生态文化与工业文化对立与竞争的一面，化挑战为机遇，转方式、调结构、促增长，在保护与开发、生态与经济、自然与人之间找到一个平衡点，化解矛盾，不致使竞争成为对抗。

文化存在竞争的一面，也存在妥协的一面。文化（包括生态文化）在发展过程中，当社会需要变革，文化需要转型，即一种文化形态被另一种文化形态（例如农耕文化被工业文化）取而代之，此时竞争成为主要运动形式。而在文化发展的相对平稳时期，不同地区、不同民族、不同宗教、不同国家以及不同形式与风格文化之间的关系，则以相互妥协、和解和合作作为主要运动形式。当然，这种文化间的妥协、和解和合作也不排除竞争。但这种竞争不是一个替代另一个，而是在社会法制条件下的包容性竞争，允许多元文化自由发展的竞争。

历史进程表明，游牧文化替代原始文化、农耕文化替代游牧文化、工业文化替代农耕文化以及未来生态文化对工业文化的更新，新旧文化形态的交替，这是客观的、必然的趋势。然而，应当清醒看到，工业文化对农耕文化的替代只是表明工业文化在现代社会中占有主体或主流地位，而不是全覆盖。农耕文化、草原文化、森林文化等诸多传统的文化形态或形式并未消失，依然存在，并与工业文化相互补充，共生并存。遵循文化竞争淘汰法则并无必要去否定文化协同共生法则。文化同自然界生命一样，各有各的生态智慧和生存高招。"实际上达尔文在论述物种的竞争规律的同时，还论述物种间趋异、宽容和多样性的现象。达尔文认为，竞争绝不是自然界的唯一规律，一种生物可以创造一个不曾被占据过的自己的特殊位置——并且无须牺牲另一生物的生存，这便是趋异的原则。"[1]这一原则对于文化生态同样适用，一种文化生态的存在显然无须以牺牲另一种文化生态为代价。妥协并不否定竞争，协同不是要求一切模式化。

文化的竞争性与妥协性是一对矛盾的两面，既相互矛盾，又造成两者之间的相互依存和相互促进。显然，随着社会的进步，时代的变迁，文化包括生态文化必然要改变形态，这就是竞争。如果没有竞争，不除旧布新、不进行新陈代谢，文化就不能向前推进。反之，不同地区、民族、宗教和风格的文化不能共处、包容和共生，一味的一个排除另一个、一个战胜另一个，那么，文化体系会动荡不定，也会因形式单一单调而枯萎，这是妥协。实践证明，文化越多样多元，文化体系有序性越强，文化体系越稳定；反之，文化形式单调单一，文化体系有序性脆弱，体系越不稳定，越会受到外部文化的侵袭。和谐性的实质是和而不同、不同就是文化的多样性。应当为文化发展提供宽松的生态，让多元文化各自寻觅自身发展空间。文化拒绝强制行政命令，但接受时代主流的指向。一个健康的、有序的、充满活力的生态文化是以生态为主体的多元共生的文化，而不是相反。

要遵循文化发展规律，既要有激励机制，要允许竞争，开展积极健康的文化批评与批判，支持新兴文化形态，使文化呼应社会需求，体现社会主义文化核心价值观，表明时代的主流和方向。另一面，又要注意到不同文化形态或形式之间存在的妥协，要显示灵活，允许非主流和方向的其他文化形态或形式的存在。因为文化有很大的滞后性，当一种新的主流文化向前推进时，旧的非主流文化形态往往不愿退出，并顽强滞留下来，形成对新文化的一种补充。更重要的是人类社会存在不同的文化空间，你不能生存的，我能生存。

在推进社会主义主流文化发展的同时，应当允许和包容其他文化形态或形式的存在。单一化是没有生气的、专制的、僵死的文化，只有和而不同、多样竞争、共生并存，才能造成百花齐放、百家争鸣的生动局面。

### 26.2.3 融和律：渗透与融合

生态文化遵循的另一条规律是渗透与融合。如果说挑战与应战，产生文化的新旧交替，关乎文化本身的生存；冲突与协调，促进主流文化主导下多元文化的结构调整，关乎文化体系的发展；那么，渗透与融合，则旨在提升文化的品位和品质，使生态文化向更高层次推进。

考察人类文化的前进轨迹，基本沿着两个方向：一是时间上的发展和推进。例如农耕文化与工业文化的对立与碰撞，导致工业文化对农耕文化的替代；传统文化与现代文化的对抗和碰撞，导致现代文化对传统文化的替代；人文文化与科学文化的对抗与碰撞，导致科学文化对人文文化的替代等等。显然现代文化、工业文化和科学文化较之传统文化、农耕文化和人文文化具有优越性、先进性和时代性，这种新旧文化的交替，符合历史前进的主流和方向。

文化发展的另一方面，指文化在空间上的广延和扩张，这就是文化的渗透性与扩张性。文化是一个复杂的体系，既有自身独立的运行机制，但其边界是模糊的，能向周边扩张渗透。文化既是有形的存在，但又是无形和潜移默化的，其作用有两种，一种是文化的

---

[1] 廖福霖. 生态文明建设理论与实践[M]. 北京：中国林业出版社，2001：43.

引领作用。先进的文化理念会引领文化，促进文化的发展；一种是文化的积沉作用。指文化的滞后性和惯性。当一种旧的文化形态被另一种新的文化形态替代时，旧的文化形态中的积极文化因素会顽强保留下来，并成为新的文化形态的有机部分，即所谓的文化积淀。文化的滞后性似为文化的保守性，但经过时间的一再淘洗，积沉下来均为文化中最为精粹的东西。

#### 26.2.3.1 渗透性

首先，文化渗透体现在文化理念与自身文化体系的相互渗透作用。任何一种文化体系均包含精神、物质、制度和行为四个基本层面，我们不否认构成文化体系四个层面的关联性和相互依赖性，但起主要作用的是文化理念与文化体系自身的相互作用。一方面是精神层面的理念、信仰、思想等意识形态，即核心价值体系，对文化体系自身的渗透和引领。平等的、公平的、利他的价值观，必然引领文化向进步的、健康的、向上的方向发展，反之，则必然导致文化的落后、颓废和荒芜。思想理念、信仰虽然是潜移默化的润物无声，但思想意识上的理念、信念其力量是无穷的、巨大的，即所谓精神变物质的力量，进而广之，可以说文化是社会前进背后的看不见推手。文化以其无形的力量，在推动着社会的进步和人类精神的崇高。生态文化的思想、理念、信仰尤其是这样。社会上许多不同团体或个人，不计报酬、不讲条件，在为环保奔走、呐喊、奉献，正是生态文化的思想、理念和信仰在支撑着他们。当下，人类正面临生态危机，生态文化的意识从整体上还很薄弱，但人们看到生态文化的理念已渗透进不同领域，包括经济领域的互利共赢，政治领域的和平合作，社会领域的平等共享，文化领域的多元并存，外交上的对话协商等等都不同程度上接受或接纳生态文化的整体、循环、共生、平衡、和谐等理念和思想的作用和影响。这就是生态文化的精神力量，也说明文化包括生态文化顽强的渗透性。另一方面，文化体系自身又会反作用理念和思想，使理念、思想不断创新、进步，促进文化发展。

其次，文化渗透还体现在现代社会不同领域的文化体系的相互作用、渗透和影响。在现代社会中，经济、社会、政治、精神等领域及其文化体系，都有各自的面对领域、组织构架、意识形态、法律体系等运作机制和目标方向，是一个独立运作的文化体系，但又相互渗透和相互作用。在现代社会的诸多文化体系中，毫无疑问，起决定和制约作用的是经济及文化体系。但当政治动荡不定、社会分配不公、文化失语失范、生态出现危机时，又会反作用或反渗透经济及文化体系，引发经济危机或经济崩溃。反之，社会稳定、政治清明、分配合理、文化开放、生态良好，无疑又会大大促进经济社会的平稳运行。

其三，文化的渗透性还体现在高一层面的文化体系与低一层面文化个体、单位、团体之间的相互渗透和作用。任何一种渗透和作用，都不是单方面的、被动的。既肯定高一层面文化体系的理念、政策、法律对全社会文化的主导和引领作用，又要把文化重心下移，尊重基层文化个体、单位、团体的首创精神，充分凸显基层文化的本土性、民间性和民族性。这些最具乡土、民间和世俗气息的文化，显然是最具原创和最具活力的文化形态，并最终渗透和影响高一层面文化体系，使其对一种大众文化价值的认可和认同。

#### 26.2.3.2 扩张性

文化包括生态文化作为一个体系，在空间上在向周边渗透的同时，也向周边扩张，即诉求把自身的文化体系做大做强，包括不同形态、形式、流派和风格的文化亦是如此。但是，当一种形态或形式的文化在诉求做大做强的同时，其他形态或形式的文化也在扩张并诉求做大做强。因此，在多元文化形态或形式竞争机制作用下，不同形态或形式的文化，虽有变动和涨落、破坏文化间的平衡，但这种不平衡又会趋向平衡，以实现整体和长久的平衡。

文化最忌讳的是政治力量和行政手段盲目的干预，不能因政治力量或行政手段，以及主观偏好强行推行一种文化，并压制另一种文化。在历史上，在政教合一或封建专制时期出现的对文化自由的禁锢和扼杀，应当引以为戒，不能重演。多元文化的自由竞争和相容共生是包括生态文化在内的所有文化发展的必备环境和首要条件。生态学理论表明："一个生态系统的组成成分越复杂，其能量和物质流动的途径就越多，自动调节能力就越强，结构越简单，其自调节能力就越弱，就难于形成和保持其平衡。"[①]要努力造成多元文化氛围，形成多种形态或形式的文化互相制约机制，以便让不同形态文化在生态百花园中争相竞放。在生态文化体系中，任何一种文化形态或形式的无限制扩张，都是对其他形态或形式文化的损害，其文化的多样性也将受到质疑。尊重和鼓励多种文化形态或形式的存在，包括另类和偏激的生态文化形态，不但是生态文化体系自身发展的需要，也是与其他文化协调有序运行的前提。任何一种文化的发展，既不能太过，无限扩张，也不能无端限制，过多约束，要掌握好"度"，一种兼具理性和宽容的科学态度。

### 26.2.4　多一律：独立与互为依赖

独立指文化系统自身的整体性与封闭性，这是"一"；互为依赖指文化系统自身与外界的联系性与开放性，这是"多"，从哲学层面，是"一与多"的辩证运动及规律。

独立与互为依赖作为文化的一条规律，体现在三个层面上：其一，文化系统自身与组成这一系统的诸多子系统和因素（多）的关系；是一中的多和多中的一，即文化系统自身是"一"，包含诸多的文化因素，诸多的文化因素又组成文化系统的一。在一般情况下，一与多相互依赖和协同。但在文化转型时，一与多又相互排斥，造成系统内部的文化因素发生变革，排斥旧的文化因素，组成新的文化系统。其二，同层面上，体现一种主流文化下的不同类型的文化个体、单位和团体之间构成的关系，这种关系存在竞争，但不表现对抗形式，不是一个排斥另一个，而是在竞争中互为依存和共生。例如不同文字、语言、风俗、习惯的民族文化的共生并存，不同题材、风格、形式的文艺作品的共生并存，不同宗教、思潮、流派、理论形态的共生并存等。其三，文化系统自身与高一层次文化系统构成的关系。显然，高层次的文化系统会对低层次的文化个体、单位、团体、子系统起到主体、引领和制约的作用，明确文化发展的方向，这是一制约多；低层次的文化个体、单位和子系统则围绕高层次文化系统运动，形成整体，这是多围绕一。但如果高层次文化系统文化失范或失语，不能有效保护和促进低层次的文化个人、单位和子系统的发展，或低层次文化个体、单位和子系统的出现萎缩或破坏，势必影响高层次文化系统，这又是多影响一。

独立的核心实质是承认一个个本土、本地域、本民族的文化形态。独立既是"一"，又是"多"。所谓一，是承认本土、本地域、本民族的文化是一个独立、完整和具有主体性的文化系统；而这"一"本身便是"多"，多个地域、多个民族和多种文化形态。承认对立，

---

[①] 钱俊生，余谋昌. 生态哲学[M]. 北京：中共中央党校出版社，2004：4.

既承认一个文化系统的主体性，又承认多，承认构成文化系统的诸多因素和子系统，从而构成独立与互为依赖的矛盾关系和辩证关系，难道事实不是这样吗？

当前，全球化时代的文化呈现两大趋势：一是文化的空前整合呈现文化世界化或整体化趋势；二是不同地域和民族文化的差异，由历史长期积沉形成的文化多样性或多元化趋势。随着工业化、现代化和城镇化，一种经济社会发展的共同价值取向和追求在逐步得到全人类的认同，文化的世界化或整体化将不可避免。后现代主义代表人物杜威·佛克马就提出"新世界主义"的理论设想："在所有文化中，在所有文化成规系统中，我们至少可以假设一种一切文化都共有的成规。也许这一可为所有文化都能接受的成规便是，自己文化的宗旨是可以得到讨论、解释、辩护、重新思考甚至批评和补充的。"①马克思、恩格斯在《共产党宣言》中在谈到世界市场是和全球范围的经济交往与经济一体化时，明确指出："过去那种地方的和民族的自给自足的闭关自守状态，被各民族的各方面互相往来和各方面的互相依赖所代替了。物质的生产亦是如此，精神的生产也是如此，各民族的精神产品成了公共的财产。民族的片面性和局限性日益成为不可能，于是由许多民族的和地方的文学形成了一种世界的文学。"②马克思恩格斯在这里说的"世界文学"，显然是指我们所说的文化的整体性。

但文化的全球化或世界化并不意味着一切本土本民族文化的彻底消亡，或一种无地域和民族差异的大一统世界的建立。相反，马克思恩格斯指明世界文化是由许多民族的和地方的文化形成。承认文化的本土性、民族性和自主性，无疑是文化发展的一个既定前提和立足之本。我们不应当排斥全球文化整体化的趋向，应当以开放的姿态，积极适应和推进这一趋势，实现中国传统文化的现代转型，并使中国文化走向世界。这是一方面的任务。另一方面，具有五千年文化传统和创造四大发明的中华文化绝不能因文化的转型与整合，而抹去自身的本土性和民族性。"不管是八百年，还是一万年，都是我的歌，我的歌。"坚持和坚守文化的本土性和民族性，护持和发扬中国文化血脉和精华，传承和接续中华文化的根与魂，无疑是我们面临的又一根本性任务。独立，即守住自身文化的自主性、民族性和创新性；互为依赖即通过对话、交流、沟通，以促进不同地区、不同民族、不同国家文化的取长补短，携手共进。既反对西方文化的傲慢自大，又拒斥东方文化的固执与保守，以便在符合最大多数人的最大利益的前提下，在文化多元化中获得共生。

---

① 王宁，薛晓源. 全球化与后殖民批评[M]. 北京：中央编译出版社，1998：297.
② 马克思恩格斯选集：第1卷[M]. 北京：人民出版社，1995.

# 第二十七章

# 生态文化的基本要素

文化的基本要素包括文字、语言、哲学、美学、文学、艺术、宗教、政治等等，生态文化的基本要素同样包含上述内容。但生态文化与一般文化的不同在于，这些基本要素是在生态文化的视域下的一种呈现，而不是一般的文化要素表述，它要求体现生态特征、生态理性和生态责任，诉求在生态文化视域下，组成文化的诸多要素实现一次生态转向——由工业文化向生态文化转型。生态文化一方面是生态文明研究与实践的产物，另一方面又是生态文明观的基础，其主要要素有生态哲学、生态伦理学、生态美学、生态文学、生态科技，西方国家的一些学者还研究生态神学。关于生态哲学和生态伦理学的核心内容，本书在生态文明观中已作阐述，这里不再重复，关于生态神学本书也不涉及，所以下面着重分析生态美学、生态文学和生态科技。

## 27.1 生态美学

### 27.1.1 生态美学的主要特征

#### 27.1.1.1 以生态系统为主要审视对象

长期以来，受黑格尔"美学是艺术的哲学"观点的影响，传统美学家将艺术放在美学最为重要的位置，而自然美，尤其是生态美却被忽略和忽视。美学家普遍的看法是："美学基本上应该研究客观实现的美，人类的审美感和艺术的一般规律。其中，艺术美更应该是研究的主要对象和目的。因为人类主要是通过艺术美来反映和把握美而使之服务改造世界的伟大事业。"[①]虽然人与自然的审美关系是最原初和最基本的审美关系，但在原始文明和农耕文明阶段，自然生态完整，人与自然关系基本和谐，只是到了工业文明阶段，环境污染，生态恶化，人与自然矛盾凸显，生态美学逐步为人们所认识和关注。徜徉在大自然之中本是一件平凡之事，在工业文明社会中竟然成为人们追求和向往的一种审美理想和奢侈。而美学增加生态维度，不但大大拓宽美的视野，也使艺术的审美更生活化，更符合人类在当下的需求。

---

① 李泽厚. 美学全集[M]. 上海：上海文艺出版社，1980：2.

#### 27.1.1.2 呈现生态的审美主题

传统美学总是从人类中心主义立场和观点出发，因而拒斥自然生态美，或者把自然美的呈现只是作为显现人的本质力量的一种陪衬，或者以"人化的自然"来概括自然美学。这就是说，在传统的美学所显现的自然美主要指经人类改造和加工的自然物，且这种美的显现主要在景观(形色)方面。生态美学认为，呈现以生态为主题以生态过程为主线是生态美学责无旁贷的和应当努力实现的责任。因为在生态美学看来，自然生态才是审美最主要和最基本的对象，自然生态过程才是审美最重要和最本质的内容，只有呈现自然生态及其生态过程，才能真实而又生动，平实而又神奇地展示自然万物的生存状态。车尔尼雪夫斯基说："任何东西，凡是显示出生活或使我们想起生活的，那就是美。"[①]我们不拒斥对自然界各种形色的呈现，例如动物丰满和壮健的体魄，植物的鲜明色彩和多样形态等等，但这些都要围绕生态的主题，即自然万物生命的生存和生活状态而展开。

#### 27.1.1.3 调动全部感官介入的参与美学

受康德超功利的静观美学的影响，传统美学强调人的视(觉)与听(觉)对审美对象的关照。这就是所谓的静观美学。实践美学的提出者也认为"审美就是这种超生物的需要和享受"，真善美的统一表现为主体心理的自由感受(视、听与想象)是审美[②]。应当看到视觉与听觉在审美中的重要性和位置，但也不应当忽略或忽视舌(味觉)、鼻(嗅觉)和身(触觉)在审美中的十分重要的作用。中国古典美学就强调味觉在审美中的作用，认为"羊大为美"，即美源于味，且认为味是比"美"更高一个层次的美，例如韵味、真味、意味等等。此外，生态美学强调周围环境在审美中作用，因此味觉、嗅觉和触觉对审美的参与就成为必要的了。诚如伯林特所说："如果把环境的审美体验作为标准，我们就会舍弃无利害的美学观而支持一种参与的美学模式。"[③]又说"因而，美学与环境必须得在一个崭新的，拓宽的意义上被思考。在艺术和环境两者当中，作为积极的参与者，我们不再与之分离而是融入其中。"[④]显然，在空气污浊、环境污染之中，是谈不上审美的。建立一种人的所有感官介入的参与美学就显得重要了。

#### 27.1.1.4 以自然为本的美学新范式

传统美学以艺术为本，以艺术为主要审美对象，呈现的艺术美；其主要遵循的是对称、比例、规则、稳定、和谐等形式法则，追求的是以优美为主的审美范畴。生态美学以自然为本，以自然生态和万物生命为主要审美对象，呈现的是自然界的生命和生态美，而自然界生命和生态的复杂性和不确定性远超出人们的预料。因而，生态美所遵循的就不能仅仅是对称、比例、规则、稳定等一般形式法则。生态美力摆脱对称、比例、规则等一般形式法则的约束，而追求一种以自然为本，还原自然原貌的新的美学范式。这个新的美学范式显然不拒斥优美和美学的一般形式法则，但新的美学范式必然要颠覆和破坏对称、比例、规则等一般形式法则，而遵循非对称性、非规则性等特殊形式法则，尽可能还原自然生态美的那种怪异、参差、飘零、散乱、狂野和神秘的美，以及包括扭曲、丑陋、腐朽、

---

① 车尔尼雪夫斯基. 艺术与现实的审美关系[M]. 北京：人民出版社，1979：6.
② 李泽厚. 批判哲学的批判[M]. 北京：人民出版社，1979：401，403.
③ 阿诺德·伯林特. 环境美学[M]. 长沙：湖南科学技术出版社，2006：142.
④ 阿诺德·伯林特主编，刘悦笛等译. 环境与艺术：环境美学的多维视角[M]. 重庆：重庆出版社，2007：7.

死亡等生态过程必然出现的缺陷的美。自然界的美是多样、多形态和多层次的，任何一种美的范式的规定性，都可能影响人们对自然生态美的审视和认识。新的美学范式的提出不是限定，而是更大限度的包容和接纳。

### 27.1.2 生态美的范畴

#### 27.1.2.1 壮丽

作为壮丽美的客观审视对象，应当具有典型的地形地貌，如重岩叠嶂的长江三峡、浊浪排天的钱塘海潮、声震天外的黄河壶口，还有华山之雄险、峨眉之雄浑、泰山之雄伟、黄山之雄奇等等，此类审美对象能唤起人们的壮丽美感。

另一种情况是人们所处的审美对象属大地形，或空间开阔，"极目楚天舒"；或客体高大，须仰视才见，此类能唤起壮美、大美或崇高。例如面对雄伟的高山、茫茫的大海、浩瀚的沙漠、辽阔的草原……在地平线上，无边无际，天地一色，以及草原上动物的大规模迁徙的场面，均能唤起人们的这种美感，自身置于天地间的那种壮观。

相对于自然物，人的形体和力量显出的渺小是显而易见的。但人类的心胸不甘于此，或登高俯瞰，或凭栏远眺，恨不能把整个世界装进胸中，以表达对自然壮丽景色的敬仰和羡慕。例如"会当凌绝顶，一览众山小。"（杜甫）"登高壮观天地间，大江茫茫去不还。"（李白）只有登高远望，扩大视域，才能把更大范围风景收进囊中。人总处在环境之中，而不在环境之外。"潮平两岸阔，风正一帆悬"，"山随平野尽，江入大荒流"，长镜头的连续聚焦，把一条大河几千里的沿岸风光尽收眼底。"气蒸云梦泽，波憾岳阳楼"，一个洞庭湖，一座岳阳楼是不足以显现其壮观的，而当洞庭湖与大尺度的气景背景联结起来，其壮观景象便呈现出来。同样，岳阳楼同大江的波涛相呼应，其磅礴和大气，自在其中。

#### 27.1.2.2 神奇

生态美浩大、辽宽、雄伟，呈现壮丽美的一面。生态美还有怪异、强大、生畏的另一面，这是生态的神奇美。

地球作为太阳系的一颗行星，只是普通成员，不足挂齿，但相对于人类而言，它的质量和能量却强大无比，因而它所产生的种种自然现象，其所呈现摧枯拉朽的力量，撕心裂肺的场景，令人惊骇的壮观，既是地球运行中能量的正常释放，其呈现的美，无疑是震天撼地的。

神奇在于多样和不雷同。多样的地形、多样的气候、多样的生态系统，以及活跃其上的无数生命形态，都是活生生的，它们都各自表述自身的个性、异质性和丰富性。无论是无限深海的龙宫圣殿，地底溶洞的鬼斧神工，或是两极冰盖的童话世界，茵茵草原的天国花园，不同的生态，在演绎一个个生命的传奇。神奇因多样而美丽，美丽因多样而神奇。

神奇还同整体性相连。生态美不是孤立和单一的，生态美总与物种、种群及外界非生物环境相联结，谁也离不开谁，构成一个生命的共同体。一只狼不能只是一只狼的存在，一个狼群也不能只是一个狼群的存在，狼或狼群的存在需要它的捕食对象以及水源、气候等条件，这也就是说，狼或狼群的美，是一幅狼或狼群的复杂而又奇妙的食物链的美，一幅生态图景的美。

在生命共同体的意义上，生命生态以一种持续存在的意义上，美呈现出它的神奇。

### 27.1.2.3 诡 秘

人类生存在自然界，但对自然的现象并非全部了解。自然界存在诸多人类无法解释的现象，存在诸多的谜团和未知，这就必然出现生态美的另一审美范畴：诡秘。

恩格斯在《自然辩证法》中阐述宇宙生成时，连续用了两个"不知道"："有一点是肯定的：曾经有一个时期，我们的宇宙岛的物质把如此大量的运动——究竟是何种运动，我们到现在还不知道——转化成了热，以致从这当中可能发展出至少两万个太阳系……"又说："至于我们太阳系的将来的残渣是否总是重新变为新的太阳系的原料，我们和塞奇神甫一样一点也不知道。"①

而太阳系中的行星——地球是如何为生命所覆盖，从生物圈形成，到最原初生命的出现，及至演化成今天这样一个万类霜天竞自由的生物世界，应当说存在更多的"不知道"，这些"不知道"，为自然盖上一层诡异和神秘的面纱，一道无法解开的魔方，一种使人不断追寻的魅力。

法国科学家拉普拉斯曾断言，"如果一个出类拔萃的智者了解宇宙中所有的作用力，了解所有物体的位置，那么通过简单的计算，未来和过去都将展现在他的眼前。"但这样一种理论被现代科学理论所推翻。首先是热力学，其后是"混沌"学说。气象学家爱德华·洛伦茨认为，很简单的系统会出现不可预测的、非常复杂的运动和后果，即著名的"蝴蝶效应"——亚马孙流域的一只蝴蝶扇动翅膀就有可能掀起密西西比河流域的一场风暴。自然界是一个整体，其运动后果存在诸多的偶然、变数和不确定性。混沌学说指出人们不可能知道太阳系星球 100 万年后会在什么地方。对于地球生物圈及生命的演化，对于我们说来，无论是现在或未来，都存在"不知道"、未知和谜团。这不但因为生物圈总在变化，自然给自己蒙上一层迷雾，不愿敞开；人类的认知能力也总存在差距，无法将其迷雾全部揭开。这样，自然界就永远留下诡异和神秘，也留下美丽。美在"祛魅"，也在"复魅"，这正是自然永具魅力的原因。

### 27.1.2.4 野 性

生态美学另一种审美范畴是野性，这是生态美的本质所决定的。生命和生态并非人为人造，是地球这一行星在圈绕太阳运行过程偶然的结果，也是地球生物圈演化的必然产物。生命和生命之美只能是一种非理性美，即野性。

野性包括狭义和广义两种。广义野性即一般意义的自然美，指非人造和非理性的一种美，是对一般自然美的一种规定。因为传统美学说讲艺术美是理性的、人造的，因而艺术范畴本身无法完全运用于自然。用卡尔松的话"简而言之，自然不适合艺术范畴"②。这就是说，自然美不但不同于艺术美，且自然美有其自身的审美范畴，而范畴之一就是野性。野性是在自然的恩泽下自由绽放的美，这种野性是"自然完美"，无可挑剔的。在卡尔松看来自然的这种美，不仅仅是一种"给定的"，非人造的，而且是一种整体的，理想的。正如罗尔斯顿所评论的，"我们没有生活在伊甸园，然而那种趋势在那里存在。"狭义的野性，指以荒野为审视对象所呈现的美，包括未经人类染指或改造的天然林、湿地、沙漠、苔

---

① 恩格斯. 自然辩证法[M]. 北京：人民出版社，1971：460.
② 艾伦·卡尔松. 环境美学：关于自然，艺术与建筑的鉴赏[M]. 成都：四川人民出版社，2005：92，150.

原、深海等以及自然保护区、无人区、秘境被遵奉为神山、神湖等区域所呈现的审美价值。

荒野美是多样的,生态进程中所有链条的物种都被完整保存着。荒野美是自由的,荒野中的生命不受人为的制约,自由展示生命的本性。荒野美是原貌原真的,没有掺和任何一点书生卷和胭脂味。原貌的自然是自然整体中重要核心部分,也是自然神奇神秘和永具魅力之所在,如果一切都敞开,不留隐蔽,就失去自然本身。荒野美最具生命活力。荒野是野生动、植物最后避难所和栖息地,荒野保存迄今为止最丰富和多样的物种基因。"世界保留在荒野之中。"这是生态学的一句名言。

### 27.1.3 生态美的形态

生态美是人类与自然审美关系的最原初呈现,五彩缤纷的自然界给生态美带来多样的形态。然而,就人类对自然利用和改造程度而言,生态美的形态可分为三种:未经人类加工改造的自然生态(自然美);按社会需求加工改造的社会物质生产生态(社会美);按艺术原则塑造的精神文化生产生态(艺术美)。

#### 27.1.3.1 自然美

自然美属自然形态,指未经人类加工改造的自然所呈现的生态状况,例如荒野、湿地、天然林、深海等等。这类长期被人忽略的美是自然的本源本真,是自然力的真实展示,也是生态美的基础和大地艺术的经典。

未经人类加工或改造的自然是本色的。无论是湿地沼泽或远洋深海,无论是高山丛林或戈壁大漠,仍保持着自然给予的原始原貌,恣意天然。这里是荒野,越来越多的人与之背离,而当人们进入钢筋水泥的丛林,回望荒野,此时才发现荒野"展示我们生命的根",荒野会告诉人们身处何处,来自何方。荒野保存我们这个完整的世界,帮助我们重新找回理智和信仰。

未经人类加工或改造的自然是纯真的。这里安静,远离人间的喧嚣和烦忧,这里洁净,没有工业社会排放的废弃物和各种化学混合物的难闻气味。这里的天最蓝,这里的水最清,这里的地最阔,"天苍苍,野茫茫,风吹草低见牛羊"。开阔的空间和自然的本色,会把人们置于一个崭新的审美境界。

未经人类加工或改造的自然是野性的。在现代人的心目中,荒野是林莽丛生,野兽出没,精怪隐现的蛮荒之地,避之唯恐不及的异域。但这里却是生物多样性最富集的所在,在人类的无情捕杀和驱赶下,荒野成为野生动、植物最后的避难所。这里有狼的嗥叫、狮的呼啸、角牛的狂奔、猎狗的追逐……以及鹤的舞蹈、天鹅的悠游,不同的种群和群落在自然尽情沐浴下,自由展示生命的本性,在看似狂野、杂乱、残酷的背后,蕴含着规则、秩序和共生。荒野呈现的生态美,也许是散落的岁月碎片,也许是斑驳的故土陈迹,带着忧伤与苍凉,但荒野无疑是人类太初洪荒的原始积淀,一种种族的集体潜意识,一个活的博物馆,一座神圣的宗教殿堂。人类的凶险和灾难并非来自令人惊骇和逃避的荒野,而来自内心的傲慢、贪欲和功利。回归荒野,摒弃世间的一切俗见杂念,一个真正生态美的图景便清晰展示在面前。

#### 27.1.3.2 社会美

社会美指社会物质生产生态,指经人类加工或改造的自然所呈现的生态状况,是人类社会为着生存和发展需要进行利用或改造的半人工生态系统呈现的美，例如农田、牧场、湖泊、水库、近海水域等生态系统，这是人类居住地——城市乡村与荒野之间的中间地域，是人类的衣食父母，也是人类与自然和谐相处的杰作和大地艺术的重要部分。

农田本是实现人类与自然物质循环的重要成果，是农户描绘在大地上的最美画卷。辛弃疾在《西江月·夜行黄沙道中》写道："明月别枝惊鹊，清风半夜鸣蝉。稻花香里说丰年，听取蛙声一片。"月夜下的农田，蝉鸣、蛙声、鹊飞，欢闹一片，呈现生机勃勃的生态景象，又表达乡村朴实的生活情趣。

如果说农田尚须经加工改造，那么，草原生态显然并不需要人们做些什么。牧民所要做的仅仅是对动物的驯养和对草场的选择。但草原毕竟不是荒野，草原需要人工照看和管理。蓝蓝的天空、绿绿的湖水、青青的草场，这是自然。而帐篷、炊烟、狗和女人，这又是社会，执行社会功能，体现人的意志和力量，表达人的情趣和生活。

池沼、水库、湖泊、近海等水域，也属半人工系统。湖光山色，有着自然属性和自然美。人们利用水面，舟楫为家，养殖鱼贝，渔歌唱晚，又有社会属性和社会美。倘若在海边，风和日丽，见到椰林、沙滩、仙人掌；一旦风暴来临，渔夫在风浪中的搏击，又凝成社会群体力量协作的雕像。

集中展示社会美的是现代城市和乡村。依赖外部物质、能源、信息等系统的支撑，现代城市和乡村几乎是一个纯人工系统。人类建造的建筑、交通、商铺、广告……人类外在的形态、相貌、动作、风度、礼仪、习俗，内在的语言、心灵、精神、思维等等，社会各阶层的众生相无一不在这里展示，既光怪陆离，又楚楚动人。现代城市和乡村总括了社会的一切财富，人类的聪明才智和创造力在这里展示的淋漓尽致。

### 27.1.3.3  艺术美

艺术美指精神文化生产生态，或人类按艺术法则加工雕琢的自然物或艺术品所呈现的美，例如建筑、设施、园林、公园、花园、广场、装置、雕塑、绘画、工艺品、生活用品等等，但这些已不是一般意义上的自然物和物品，而已经过艺术加工和处理，寄托人们的审美理想、观念和情趣。这就是说，人类在自己头脑中形成的意象，已置换在某一自然物或物品上，这就是艺术，或艺术作品呈现的艺术美。

生态美学视域中艺术美要凸显"生"的美，即包括人在内的万物生命状态美和生态过程美。这个生命状态和生态过程既生气勃发，又精彩美丽。只要是生的，就是美的。生态美学也不忽略死亡，死与生一样隆重而神圣。生态艺术的"生"，还要关注非生物环境，生态美学极力表达个体的生命美，更表达地球生物圈整体的生态美。在一个稳定和丰厚的生态中，众多的生命才能绽放它的绚烂。

生态美学视域的艺术美要力求接近自然的本真。我们尊重生态作家或艺术家的个性与创作自由，但也要求他们参与其中，亲临其境，而不是置身于外；要静下心来，与自然平等对话，而不是走马看花，急功近利；要贴近和深入自然，尽量减少人工痕迹和不必要的技巧。最真实的自然是最美的自然，最多样的生态是最生动的生态。生态艺术或生态文学本身拒绝粉饰，也不矫情。一个好的令人深思的生态作品必包含内在的批判力量。例如对人类自大与傲慢、欲望与贪婪的鞭笞，因非基本需求对生命的捕杀与掠夺的揭露等等。这样，才能在万物一体与众生平等的共识上，展示一个符合自然本意的生态美，还自然本来的面目。

### 27.1.4 生态美学的内涵

#### 27.1.4.1 "生"的意识

生态美学以生态系统为审视对象，必然要凸显生态的审美主题，展示其生态过程，体现其"生"的意识，这是生态美学题中应有之义。

《系辞下》明确指出"天地之大德曰生"，这就是说，天下最大最基本最重要的事情莫过于"生"了。"生"是自然界最核心的内容，也是中国古代哲学和美学的基本内容和精神的展示。蒙培元曾指出："生的问题是中国哲学的核心问题，体现了中国哲学的根本精神，无论是道家还是儒家，都没有例外。我们完全可以说，中国的哲学是'生'的哲学。"①

因此，生态美学必须明确且毫不含糊地把生态系统作为最主要的审美对象，把生态作为美学最重要的主题，把展示其生态过程作为美学的最基本的内容。传统美学在呈现自然美时，侧重呈现山水草木、鱼虫鸟兽的外在形态和色彩，但这只是生态美的一部分。生态美学的一项重要任务，就是真实展示自然万物的生存状况，生态场景和细节，展示一个完整的植物世界、动物世界和微生物世界。如同当下的生态作家和生态摄影家所做那样。

#### 27.1.4.2 平等意识

生态美学要传递的另一内涵是平等意识。这里的平等显然不限"己所不欲，勿施于人"的人与人之间的平等对待，而要求人类由己推人的平等态度，延伸和扩大至自然界其及万物。不但"己所不欲，勿施于人"，还要践行"己所不欲，勿施于物"，实现"仁民爱物"，"民胞物与"，把自然界其及万物，皆视为同胞兄弟，平等对待。这也是现代生态伦理学所倡导的平等原则。

生态整体主义的平等意识要求人们在审美时，不是主体与客体的二元对立，不是以人为主，把自然生态看作被动的审视物，不是高居自然之上，以一种高傲的态度，审视对方；而应当从万物一体的立场出发，把自然物视为平等伙伴。自身处在自然之中，而不在自然之外，细心倾听自然的声音，耐心地与自然对话、交流、沟通，从而获得一种宁静而又快乐的享受。

生态思想的先驱者梭罗放弃城市的一切，依然手持一柄斧头，走进瓦尔登湖，住在木屋中，与自然为邻，与鸟雀、鼹鼠、麋鹿、熊及草木为伴，同自然对话，体验和感悟自然的美②。诚然如果没有平等的态度，以己及物，如何从观看湖水而能知"天性的深浅"？这同庄子在濠水之上"知鱼之乐"是一样的。问题不在于庄子与惠施关于鱼之乐讨论本身，而在于生态在审美过程的呈现。观湖知天性的深浅，看鱼而知鱼儿的快活，其本身就体现一种生命之美，一种人与万物平等对话的生态之美，一种人与自然合一的天地之美。

#### 27.1.4.3 "家园意识"

在工业化进程中，由于自然环境的破坏，使人的生存根基受到致命的威胁，不同程度地坠入"茫茫然无家可归"的深渊之中，产生一种失去家园的茫然之感。当代生态审美观中作为生态美学的重要内涵"家园意识"，即在这种危机下提出的。"家园意识"不仅包含着

---

① 蒙培元. 人与自然[M]. 北京：人民出版社，2004：4.
② 梭罗著，徐迟译. 瓦尔登湖[M]. 长春：吉林人民出版社，1997：80.

人与自然生态的关系，而且还蕴含诗意地栖居的真意。

我国是农业古国，历来重视故国故土，有着十分强烈的"家园意识"。在儒家的"修身齐家治国平天下"人生理想中，"家"是被置于极重要位置的。从《诗经·小雅》"昔我往矣，杨柳依依。今我来思，雨雪霏霏"。到唐诗中"日暮乡关何处是？烟波不见使人愁。"（崔颢）寄托旅居在外游子的强烈归家和返乡观念。

当下，环境日益恶化，故土家园受到整体性损毁，"家园"的概念不再单是某个人的家园而是全体人类的家园——地球生物圈。经济学家芭芭拉·沃德与生物学家勒内·杜博斯撰写的《只有一个地球——对一个小小行星的关护与维护》报告中指出："我们已经进入了人类进化的全球性阶段，每个人显然有两个国家：一个是自己的祖国，另一个是地球这颗行星。"[①]而随着工业化和城镇化进程的加快，许多人不得不离开他们的村庄和家园。这种人与家园的疏离，人与自然的疏远，一种念旧和返乡的情绪油然而生。生态审美正为人们提供这样一条路径，即在自然的审美，对生态的关照中，得到一种自由和澄明。这也是人们为什么不辞辛劳去郊外去荒野旅游的原因。霍尔姆斯·罗尔斯顿认为生态美学就是"我把自己居住的那处风景定义为我的家。这种'兴趣'导致我关心它的完整、稳定和美丽"。[②]从"地球是人类家园"的角度出发，保护自己的家园，使自己的家园"完整、稳定和美丽"，这才是生态的美学。

#### 27.1.4.4 "场所意识"

"场所意识"是德国哲学家海德格尔提出的。所谓"场所意识"，即物所在的空间性问题。因为"在生态存在论美学中，美不是一种实体，而是一种关系；美也不是静止的，而是一个过程，由遮蔽到澄明的过程；美不是单一的元素，而是在天人关系的世界结构中逐步得以展开的。"[③]在海德格尔看来，场所就是与人的生存密切相关的物品的位置与状况。也就是说，在人的日常生活与劳作中，周围的物品与人发生的某种因缘性关系。例如人所生活的周围环境的污染，自然的破坏，各种有害气体与噪音对人所造成的侵害，这种环境物品就造成与人"不好的因缘"关系，一种不利于人生存的场所或空间。由于工业化的日益深入，技术对场所或空间产生愈来愈严重的挤压，导致现代人精神的压抑与焦躁。这就要求突破工业技术对空间的挤压，而实现一种栖居的敞开与自由——即人所适宜的人居环境。

美国环境美学家阿诺德·柏林特从审美经验现象学角度，探索环境美学问题。他认为所谓场所，"基本事实是，场所是许多因素在动态过程中形成的产物：居民、充满意义的建筑物，感知的参与和共同的空间……人与场所是相互渗透和连续的"，场所是由人的感知与空间等多种因素构成并具动态过程，使人归属其中，并让我们感到自在和惬意。城市化的急剧发展，高楼林立，居住环境的逼仄与模式化、人与人的隔膜和人与自然的远离、人们正在逐步失去自己的真正美好的生活场所或空间。而增加场所或空间维度的生态美学或场所美学，这一种环境感性现象学，一种具相互性的环境体验美学，将成为当代城市建

---

① 芭芭拉·沃德，勒内·杜博斯. 只有一个地球[M]. 长春：吉林人民出版社，1997：前言页.
② 罗尔斯顿著，刘耳，叶平译. 哲学走向荒野[M]. 长春：吉林人民出版社，2000.
③ 曾繁仁. 生态美学导论[M]. 北京：商务印书馆，2010：322.

设与文化建设的重要参照，也是"以人为本"观念的一种彰显①。

#### 27.1.4.5 "参与意识"

参与意识指人的所有感官积极参与的审美观念，这是美学学科上的一种突破与建构。"参与美学"是由阿诺德·柏林特提出的。什么是参与美学？参与美学是一种不同于传统的、无利害的静观美学相区别的审美模式，是一种人体所有感官都积极参与的美学。柏林特说："所有这些情形给人的审美感受并非无利害的静观，而是身体的全部参与，感官融入到自然之中并获得一种不平凡的整体体验。敏锐的感官意识的参与，并且随着同化的知识的理解而加强，这些情形就会成为黑暗世界的曙光，成为习惯和漠然变得迟钝的生命的亮点。"

参与美学实际上是一种存在论的环境审美观。这种审美观克服主体与客体、人与自然、灵与肉二元对立的思维模式，而贯彻一种"此在与世界"的在世模式，此在"世界之中"与世界融为一体。传统美学坚持主体必须有敏锐的感知力和静观的态度。这种态度有益于自然，却不被自然承认。人与自然（环境）不是二元对立的。人不能被理解为放置在环境中，而是一直与其共生。

显然，我们这里所说的自然（环境）是人参与其间的自然，其实就是"生命整体"。参与美学实际是"生态整体论美学"。既强调主体在审美中的主观作用，又不否定自然潜在的美学特性。参与美学把参与性和审美经验提到相当的高度，认为面对充满生命力和生气的自然，单纯的静观或"如画式"的风景审视都是不够的，而必须要有嗅觉、味觉、触觉等所有感官的"参与"。诚如罗文斯顿所说："我们开始可能把森林想作可以俯视的风景，但森林需要进入的，不是用来看的。一个人是否能够在停顿路边时体验森林或从电视上体验森林，是十分令人怀疑的。森林冲击着我们的各种感官：视觉、听觉、嗅觉、触觉、甚至味觉，视觉经验是关键的，但是没有哪个森林离开了松树和野玫瑰的气味还能被充分地体验。"②

#### 27.1.4.6 世界的"复魅"

所谓"魅"，指自然界的神秘性，或贬指精怪、鬼魅、妖狐等之类带迷信的东西。进入工业社会，随着科学技术的发达，人们认识自然能力的提高，科学理性占据主导地位，自然界逐步褪掉其神秘色彩，这就是"世界的祛魅"。

"世界的祛魅"是德国社会学家马克思·韦伯提出的。他说："宗教发展中的这种伟大的历史过程——把魔力（magic）从世界中排除出去，在这里达到了它的逻辑结果。"③后来祛魅不局限于宗教方面，而广泛涉及理论化进程中的重要方面，成为工业时代的一个重要特征。

美国当代哲学家大卫·雷·格里芬在《和平与后现代范式》中对韦伯的"世界祛魅"观点提出批判，提倡部分地"复魅"，即恢复人类对自然神秘性神圣性的敬畏和尊重。格里芬认为世界祛魅是"自然被看做是僵死的东西，它是毫无生气的物体构成的，没有生命的神

---

① 阿诺德·柏林特著，张敏，周雨译. 环境美学[M]. 长沙：湖南科学技术出版社，2006：135，12.
② 阿诺德·伯林特主编，刘悦笛等译. 环境与艺术：环境美学的多维视角[M]. 重庆：重庆出版社，2007：166.
③ 马克思·韦伯. 新教理论与资本主义精神[M]. 上海：三联书店，1987：29.

性在它里面。这种'自然死亡'导致各种各样的灾难性的后果。"①他提出世界的返魅，并将"世界返魅"作为后现代范式的一种理论成果。

应当看到，随着科技的进步，自然的奥秘会逐步向人类敞开，但对于浑然一体的自然及其复杂的生命本身，对于人类说来永远存在未知和神秘。并且人类每次对自然的胜利、自然界都总是报复了我们。实践已经表明，工业文明存在诸多缺陷和漏洞，科学技术并非万能。对于自然界持尊重和敬畏的态度不是表明人类的无能，而是人类在克服浮躁之后表达的一种冷静、谨慎和科学。自然界对人类仍然是神秘、神奇和神圣的，人类又不断地在实践中认识自然，这种现象将持续下去。

对自然的返魅或复魅，还意味着自然美，包括生态美的全面肯定，正如卡尔松说的"自然没有丑。"但这种返魅或复魅，并非重新返回原始社会或农耕社会，也并非在号召将世界重新神秘化。世界的返魅意在进一步解放人的思想，打破人与自然之间人为的界限，使人融于自然之中，而不是置于自然之外。恢复人的本真，以窥见自然的神秘和神奇以及正在显现和潜在的审美性。

## 27.2 生态文学（艺术）

### 27.2.1 关于生态文学

传统文学以人类为中心，关注人生、人性，爱情和死亡是文学永恒的主题，故传统称文学为人学。历代文学家用小说、散文、戏剧、报告文学、游记、诗词等文学形式，塑造众多栩栩如生的文学形象，是人类文化的瑰宝。

然而，自20世纪中期以来，由于环境恶化，环保运动的兴起，民众的环保意识日益增强，这必然会在文学创作中反映出来。例如梭罗的《瓦尔登湖》、卡逊的《寂静的春天》等，可看作是生态文学的先声。对生态文学、各国各地区的叫法不同。日本叫"公害文学"，美国叫"荒野文学"，中国台湾叫"自然写作"，国内普遍称"环境文学"或"生态文学"。我国的生态文化虽然起步较晚，自20世纪80年代以来，散见于文坛，近来以"生态"为主题的作品，如雨后春笋，已经形成一股不可阻挡的潮流。

以生态或环境为主题的生态文学或环境文学是一种新的文学形式，其特点是：①主要以纪实的文学形式，通过典型的公害案例，揭露环境污染造成的危害，抗议破坏环境的恶行，唤起民众的环保意识，表达大众对环境的诉求。②文学题材从关注人到转向自然界，为人们展示一幅幅原生态的自然图景和各种野生动物的生存状态，诸多的动物成为生态文学作品的主角，促使人们更加关注和珍惜动物及其他生命，为人类行为提供新的模式。③由生态文学到生态艺术摄影、影视、漫画、雕塑、舞蹈、音乐、动漫、广告、装置等艺术样式也转向生态题材，表现生态的样式更加多样化和个性化，更贴近民众。④生态文学（艺术）以"生"为主题，从人类社会到自然界，从人到万物生命，为文学家、艺术家提供从未有过的广阔驰骋空间和创作自由度，让一切有良知的文学家和艺术家尽情挥洒自己的才华，表达对人类生存的整体性关怀。⑤生态艺术还为创作材料的创新提供条件，除纸质、木质、竹质等传统材料外，钢铁、玻璃、塑胶、高分子材料、垃圾废弃物等，均可作

---

① 大卫·雷·格里芬. 后现代精神[M]. 北京：中央编译出版社，1998：218.

为艺术材料，用以表达各具个性特质的生态题材。

### 27.2.2 生态文学与传统文学的区别

生态文学或环境文学作为一种新的文学形式，是以生态或环境为主题，呈现自然与人的关系，显然有别于传统的文学。著名作家张韧认为，环境文学不仅是新的文学形式，而且是人的思维方式的变革。因为第一，它打破了将文学视为一种题材的狭隘观念，其思维结构的核心是全人类意识和"地球村"意识；第二，它的热点不限于人与人之间的关系，而是由社会人际关系转向人与自然的关系，这是当代文学的一场历史大转折；第三，由人征服自然转向保护自然，在重新调整人与自然关系的过程中，需要一种环境道德思维。① 张韧的三点看法，清晰表明生态文学与传统文学存在以下区别：

(1)生态文学拓宽文学的表现题材。生态文学把题材延伸和拓宽至自然界和万物生命，要求作家、艺术家走进深山丛林、戈壁荒原，真实呈现万物的生存状态，一幅万类霜天竞自由的生态图景。一个由人类主宰的世俗生活图景，喧闹而嘈杂；一个由万物生命主宰的生态图景，和平而宁静。当然，这两幅图景对人都是需要的。但是，对人类重要的是更应当从万物高超生存技巧中学点什么，而不要过多地为世俗的物质所约束。

(2)生态文学提升文学的思维结构。即由人类中心主义转变和提升到全人类意识和地球村意识，诉求用全球观念看待文学问题。地球村意识即生态整体论意识，要求生态文学始终站在"自然—人—社会"所构成的有机整体论的立场上，找准人类所处的位置，确立自然与人的关系。既仰视自然这一生命之根本，又不忽略人在其中的能动和创造性的作用，在整体性的思维结构中，呈现自然与人两者相互依存又相互联结的关系。

(3)生态文学转变文学的思想观念。生态文学在思想观念上，将由对自然的索取、征服和统治，转为对自然的保护、遵从和固守，以逐步实现自然与人之间的和解。由对立到和解，无疑是生态文学与传统文学的重要区别，也是生态文学思想观念上的转变与超越。生态文学只有实现这种思想观念的转变与超越，才能无情批判人类的自私与贪婪，让更多的人了解在人类不断索取和残酷掠夺下万物生存的状态。其目的，就是要求人类从根本上转变对自然索取、征服和统治的生产方式和生活方式，确立并践行遵从自然、与自然和解的生产方式和生活方式，约束自身，倡导节俭，回归理性，呈现本色，让人们返回正常的生活。

### 27.2.3 生态文学的目标：两个守望

生态文学的本质是文学的视野和目标的生态转向，或文学由仅仅重视人向诞生和养育人类的母亲——自然生态系统转向，这就是自然的守望。文学走向自然，回归自然，守望自然，从而摆脱工业社会过度物质追求的生活带来的种种烦忧，回到人类的正常生活轨道，一种本色本真的生活，这就是精神的守望。

作家徐刚的《守望家园》(1998)和文艺评论家鲁枢元的《精神守望》，恰好从这两个方面作了阐述，可谓珠联璧合。

狭义的家园指故乡的田园小舍，推而广之，家园指祖国的山川大地，再放大之，家园

---

① 张韧. 环境意识和环境文学[N]. 中国环境报，1987 – 1 – 7.

指人类赖以生存的地球生物圈。不是别的,正是在地球生物圈的庇护下,才有水、大地、阳光和空间及其与人做伴的万物生灵。然而,又是人类的双手,在工业文明的旗帜下,一步步把家园毁坏。生态文化就是要唤醒人类的道德良知,转变发展模式,纠正非理性消费,以维护地球家园的多样、完整和美丽。地球是我们生命的来源,是我们生存的温床。然而,由于市场价值规律的机制和作用,人人追逐物质,对自然贪婪索取、肆意践踏,地球家园已百孔千疮、破败凋零。徐刚在《守望自然》中阐述自然与人的关系时说,人因为大自然存在而存在,大自然不因人的存在而存在。人对自然界的依赖显而易见。然而,人类却反其道而行之,做着违背自然的事。诗人刘大白在《我悔了》一诗中写道:"我知道爱的占领,就是爱的戕贼了。"表达的是这一生态观念。显然,人类不能企图占有自然,占有自然的后果是使自身处于盗贼的位置。人类要想做真正的主人最聪明的办法是遵循自然规律,守望我们的家园。

地球生物圈的多样、完整和美丽,不仅是所有生命的安身立命之地,也是人类的精神家园。然而,人们发现,当社会物质越来越丰裕,现代化的图景越来越接近时,自然却显得疏远了,精神越发空虚了。工业化背景下人类精神家园的失落,与人们对物欲的过分追求构成反比。物质越丰富,道德越滑落,精神家园离人们越远。守望精神的家园,必须理智地约束自身和物欲。在"物欲"的世界退回一步,必会在"精神"的世界接近一步。而守望家园的同时,最好办法是接近和返回自然。自然世界是澎湃激情最大的源泉,是视觉之美最大的源泉,是智慧兴趣最大的源泉。相反,家庭只是一个笼子,社会只是一个笼子。人们不能把自己整日关在笼中,要走出家庭和社会的笼子,深入自然之中,用实际行动,关注和珍惜人以外的万物生命,关注和维护自然界的多样、完整和美丽。此时,一个无限宽广、清明、干净的世界会为你呈现,自身也会慢慢融进其中,达到欲辩已忘言的境界。这便是精神的守望和守望的精神。

### 27.2.4 建构生态文学:走出与回归

1983年《中国环境报》文学副刊《绿地》创刊,著名作家高桦任主编,并提出"环境文学"概念。《绿地》发表上百万字的环境文学作品,被称为"中国最早的环境文学实验基地"。1992年2月,中国环境文学研究会正式成立,以及环境文学杂志《绿叶》创刊。在著名作家的支持和参与下,环境文学或生态文学作品不断涌现;包括哲夫的《长江生态报告》《黄河生态报告》《淮河生态报告》,郭雪波的《沙狼》《沙狐》《大漠狼孩》,方敏的《大绝唱》《熊猫史诗》,陈建功的《放生》,谌容的《死河》,张抗抗的《沙暴》,贾平凹的《怀念狼》,姜戎的《狼图腾》,陈祖芬的《世界上什么事情最开心》,黄宗英的《小木屋》,陈桂棣的《淮河的警告》,李存葆的《鲸殇》,李青松的《林区与林区人》,张菁菁的《沙漠风云》,话剧《秋天的牵挂》《大地之根》,电影《索南达杰》,电视专题片《21世纪不是梦》《森林之歌》。值得一提的是徐刚的《伐木者醒来》(1997),收入"绿色经典文库",被誉为"中国环境文学的里程碑"式作品。徐刚尚著有《守望家园》《绿梦》《江河并非万古流》《中国:另一种危机》《长江传》等,是中国生态文学的扛鼎之作。

因此,建构符合中国国情的生态文学,既要"走出",又要"回归"。"走出"就是走向基层,走向民间。在民间在基层,有最生动的生态文学素材。"走出"就是走向自然、走向荒野。在自然在荒野,有最鲜活的生命呈现和最朴实的价值考量。"回归"就是回归中国文化的传统。中国文学传统中很多优秀东西，值得借鉴。其一是从楚辞汉赋、唐诗宋词、明清小说，以及近代文学中，都留有很深的生态足迹，十分明显的自然主义倾向；其二是物我合一的精神追求。在中国文学中，虽有大禹治水和愚公移山的英雄的凸显，但更多采取委运知命的乐天精神。陶渊明的"纵浪大化中，不喜亦不惧"，表现的正是这一心境，文人仕大夫在政治失意时，多采取超越世俗的态度，回归自然，寻找心灵的安顿；其三，中和圆通的人生态度。中国文学尤其是戏剧，往往以团圆作为结局。鲁迅、胡适对此提出严厉的批评，认为这是"说谎文学"，是一种自欺欺人的"精神胜利"病。但在一个法制完备的社会中，通过对话和协商，达到和谐，不失为一种办法。在人与自然关系上，尤须提倡。生态文学的根在本土，既走向自然荒野，又回归中国文化传统，中国的生态文学定能走出一条符合中国国情的路子。

## 27.3 生态科技

### 27.3.1 科技是一把双刃剑

科学技术的伟大力量极大推动生产力的发展，创造了巨大的社会财富，对于这一点，大约没有任何人会提出异议。当下的工业文明，正是以科学技术进步为特征的。科学技术成为工业社会巨大引擎，是当之无愧的第一生产力。恩格斯《在马克思墓前的讲话》中指出，在马克思看来，"科学是一种在历史上起推动作用的、革命的力量"[1]。马克思把"科学首先看成是历史的有力的杠杆，看成是最高意义的革命力量。"[2]恩格斯对19世纪科学技术得出的结论，至今仍是适用的。

现代科学技术作为第一生产力，是一种伟大的革命力量，它在本质上是"善"的，是服务于人类社会的，这没有疑问。但自20世纪中叶，经过第二次世界大战浩劫和当下全球性的生态危机，学术界提出"科学技术的负面作用"的问题。这就是说，科技作为人类的工具，其价值不是中立的，它既可以用于为善，也可以用于作恶；既有正价值，正面作用；又有负价值，负面作用，一把利剑的两面性。例如原子能既可以和平利用，服务人类；但却在战争贩子手里，成为杀人武器；塑料发明，给人们带来诸多方便，但又制造白色污染，成为20世纪最坏的一项发明；当汽车出现时，谁也没有想到它会成为城市的一个最大污染源。著名生态学家康芒纳列举了杀虫剂、化肥和洗涤剂等例子后指出："一种天然有机产品被一种非天然的合成产品所替代，在每一个例子上，新的技术都加剧了环境与经济利益之间的冲突。"这里，技术上的成功等于生态学上的失败，这是极为矛盾的。出现这种现象，不是由技术本身（技术本性）决定的，而是由于人类目标决定的。"如果现代技术在生态上的失败，是因为在完成它的既定目标上的成功的话，那么它的错误就在于既定的目标上。"[3]生态学上的失败显然是现代技术确定的单一目标的必然结果。

### 27.3.2 科学技术需要承担的自然与社会的责任

科学技术的负面效应，无疑使科学技术陷入自身设置的困境之中。在工业社会，几乎

---

[1] 马克思恩格斯选集：第3卷[M]．北京：人民出版社，1972：575．
[2] 马克思恩格斯全集：第19卷[M]．北京：人民出版社，1963：372．
[3] 康芒纳．封闭的循环——自然、人和技术[M]．长春：吉林人民出版社，1997：120．

人类的每一项进步，都与科技的发现有关，同时，几乎每一桩对生态环境的损害，也都与科技的发现有关。造成这一问题的原因之一，是与科技既定的、单一的目标有关，换句话说，科技的目标仅限在物质上、经济上，而忽视应当承担的自然责任和社会责任。

#### 27.3.2.1 科学技术要承担的自然责任

工业社会的物质生产系统是一个开放的直线式的系统，因而在生产设定中的产品时，逸出或排放出的废弃物，必然对环境产生损害和影响。以美国杜邦公司氟利昂为例，它作为人工合成的有机化合物(CFC)，是一种无色、无味、无毒的惰性气体。从人类价值的角度，不是有害的。由于其化学性质稳定，没有腐蚀性等诸多优点，在工业生产上有广泛的应用，是冰箱和空调器的理想制冷剂，用于除臭和杀虫的喷雾剂，制造塑料的溶剂，泡沫发生剂，电子器件和其他元件的冲洗剂、干燥剂、空气清新剂等。但在1974年，科学家首次发现氟利昂(CFC)有消耗高空臭氧的性质，1985年CFC对臭氧层的损害被正式确认。从生态价值角度，被定义为有害物质。显然，技术上成功并不等于生态上的成功。相反，随着越来越多的科技发明，越来越多的人工合成物质出现，会有越来越多且成分越来越复杂的化学物质，进入自然系统，并给自然生态系统造成损害，给当代和未来的人们带来难以预料的严重后果。因此，科学技术仅仅考虑人的当下利益是不够的，还要考虑自然的存在，承担对自然的责任。

#### 27.3.2.2 科学技术要承担的社会责任

科学技术除了要承担对自然的责任，还不能忽略社会的存在，要承担社会的责任。

现代文明在取得伟大成就的同时，又被文明所质疑，这与自然科学与社会科学的分离与对立有关。因为科学技术缺乏人文关怀和道德约束，便会成为掠夺自然的工具，成为"有钱人的玩具"。这是美国著名物理学家戴森《宇宙波澜：科技与人类前途的自省》一书评价科学技术时作出的结论。

戴森认为，"如果经济上的不公仍然尖锐，科学继续为有钱人制作玩具，那么公众对科学的愤怒愈演愈烈，忌恨愈加深沉，我们也不会对此感到意外。不管我们对社会的罪恶是否感到歉疚，为防止这种愤恨于未然，科学社群应当多多投资在那些可使各阶层百姓都能同蒙其利的计划上。全世界都一样，美国尤其应该觉悟，要将更多的科学资源用在刃口上，朝着对各地小老百姓都有益的科技创造方向前进。"[①]科技不能将一般老百姓弃之不顾，要承担社会公平和正义的责任。

### 27.3.3 科学技术的生态转向

1989年9月在加拿大温哥华召开的"21世纪科学与文化：生存的计划"国际研讨会，会议发表《关于21世纪生存的温哥华宣言》，宣言认为，"造成今天这些困难的根本原因在于某些科学上的进步"。的确，无论从对自然界索取资源或进行物质生产，还是向环境排放废弃物，地球生态系统的破坏，没有哪一项不是同科技进步无关。那么，我们是否放弃科技进步呢？解铃还须系铃人。环境破坏与科学技术进步有关，这是部分真理，化解生态环境还需依赖科学技术的更大进步，这是真理的全部。当然，这里说的科学技术的更大进步指的是科学技术的生态转型，即出现一种科学的后现代形式，或者说创造生态文明的科

---

① F·J·戴森. 宇宙波澜：科技与人类前途的自省[M]. 北京：生活·读书·新知三联书店, 1998：1~6.

学技术模式，以逐步化解全球的生态环境问题。

#### 27.3.3.1 科学技术目标的转向

现代科学技术在发展目标的设定上不能仅仅考虑商业利益和经济效益，这种单一目标的设计必然导致科学技术对自然责任的缺失和对社会责任的缺失，造成技术上的成功的同时带来生态上的失败，以及社会公平的偏离。因此，科学技术的生态转向需求在目标设定上，充分考虑自然因素和社会因素，综合评价科学技术成果的合理性，当经济合理性与生态和社会合理性发生冲突时，应优先考虑生态和社会合理性，体现科学技术的人文关怀和社会道德约束。科学技术的目标应是综合，多元和适度的，应当为人类的可持续发展服务，包括生态的持续，经济的持续和社会的持续，满足这三个相互联系和不可分割的持续性。

#### 27.3.3.2 科学技术观念的转变

科学技术观念的转变包含两点：一是确立和谐的自然观，从对自然界的控制和通胀，转为对自然界的遵循与和谐。这里的对自然遵循与和谐不是不作为，而是在遵照生态规律下的有所为又有所不为。二是确立整体的科学观。自然、社会、人三者是一个相互关联和相互作用的整体，一个生态系统。要从整体论的观点看待科学技术，不排斥分析，但要从整体出发，经过分析，再回到整体。费雷在引述生态系统概念时说："它以一种整体论的方法包含和超越了分析，而这种整体论方法对其概念的任务来说至关重要。"[①]整体论不是排斥分析方法，而是包含分析，超越分析，在分析基础上的整体结论。

#### 27.3.3.3 科学技术的生态转向(生态化)

首先，要充分发挥科学技术自身的优势，积极开拓新能源领域，开发以太阳能为主的，涵盖风能、水能、生物质能源以及潮汐能源等等能源，逐步替代并结束矿物能源时代。

其次，积极发展循环技术或系统技术，改变以"净化废物"为目的的"后处理技术"，不是在生产过程的末端建设昂贵的净化装置，而是采用生态工艺，把环境污染的解决贯穿在生产的全过程之中，形成一个可逆的、封闭的循环，逐步使生产工艺生态化、无害化和有序化。

其三，开发废弃物处理技术、水污染处理技术及其产品和设施，尤其要用逆向思维，设计工业产品，使产品在利用功能丢失后，能进行拆解，为废弃物的回收、分类、利用提供条件和可能。

其四，严格和完善科学技术成果的应用机制，避免科技成果的滥用及可能造成的后果。

---

[①] 弗雷德里克·费雷. 宗教世界形成与后现代科学[M]. 北京：中央编译出版社，1998：132.

# 第二十八章 生态文化的构建

## 28.1 发展中国家的两难选择

站在21世纪的第2个10年的时间节点上,回望走过的30多年改革开放岁月,中国的经济社会已经历一个历史的转换,在悄然中实现由农业为主导(或主体)的经济社会结构向以工业为主导(或主体)的经济社会结构转换。中国不再是一个传统意义上的农业国,在工业化和城镇化的轨道上,中国在大踏步前进。

同发达国家相比,我国还处在工业化初、中期,属于发展中的国家。从这意义上,要继续大力发展生产力,推进工业化进程,增加社会物质财富,提高全体公民的生活水平,实现全面小康社会的目标,解决人与社会之间的矛盾。这就是说,发展依然是中国社会的主题,是国家和人民最基本的任务和诉求。另一方面,当我国处在工业化的初期,西方发达国家已经进入后工业时代。新材料、新能源、新技术几乎覆盖所有工业领域。世界不再是传统工业的机械图景,而是以计算机、信息和生物技术为标志的全息图景。重要的是西方发达国家几百年累积的生态环境问题,在20世纪60年代爆发了。为了人类的生存和持续的发展,绿色、节能、低碳和环保已成为国际社会的最大关切和普遍诉求。这就要求中国的工业化不能复制西方发达国家曾经走过的套路,而要在当代科技的背景下,学会创新和创造,用信息化带动工业化,综合经济效益、生态效益和社会效益,走新型工业化道路,一条绿色、清洁和友好的工业化道路,一条在生态文化视域下,实现人与自然和谐的工业化道路。

世界面临的不是一个命中注定的未来,而是一个选择。中国的工业化和现代化道路面临两难的选择,但必须做出这样的选择:既要坚定明确发展的主旨和方向,又要把这种发展纳入理性、有序和科学发展的轨道。从文化视域看,这就是生态文化的选择。一种符合中国的国情,反映正在奔向小康社会人们的诉求,解决人与社会之间的矛盾;又维护地球生物圈的稳定和安全,解决人与自然之间的矛盾,体现世界潮流的后工业时代的选择。

## 28.2 工业文化与生态文化的冲突与融合

转变经济发展方式或调整经济结构,看似是一个经济问题,实质上涉及经济背后文化的选择与重构。我们的社会文化的所有方面，共同决定了我们在这个世界上生存的独一无二的方式，不研究这些我们便无法深刻认识人与自然环境的关系，而只能表达一些肤浅的忧虑。这种"独一无二的方式"，即工业社会的经济发展方式，而这一经济发展方式又依存于工业文化。换句话说，工业文化决定工业社会的经济发展方式或增长方式的选择，生态文化决定后工业社会经济发展方式或增长方式的选择。转变经济发展方式必须找到这一方式背后的思想文化根源。因此有必要对工业文化和生态文化进行比较分析，批判和扬弃工业文化，去其糟粕，取其精华。人们注意到工业文化与生态文化有矛盾与冲突的一面，又有和解与融合的一面。批判和扬弃工业文化并非否定工业文化本身，而是探讨决定人类对自然态度和行为背后的思想文化因素，历史揭示文化如何影响自然生态，进而在文化审视过程中，注入生态因素，进行生态文化的变更与重构。工业文化，在历史运行过程中无法克服自身的局限性与缺陷性，亟须生态文化对之进行补充、纠正和重组，即建立一种整体的、综合的、有序的和多元共生的现代生态文化，以有效促进经济发展方式的转变和经济结构的调整，实现经济社会的又一次转型。

### 28.2.1　工业文化以物为本，生态文化以人为本

工业文化视域下的生产以物为本，索取自然资源，把自然生态这一劳动对象视为猎取对象，一心想驾驭、占有和征服自然。深入反思当今的文化，各种媒体上的标题——征服黄河、征服珠峰、征服世界……充满人类征服与控制自然的霸气。这是当今生态恶化背后的思想根源。我们的文明是一种统治者的文明；这种文明被定向于允许一些人去征服一些人，强权在我们的思维中是如此的根深蒂固，以致许多人相信他们具有某种权力甚至是有某种责任去统治自然。在征服和统治自然观支配下，工业生产见物不见人，目标极为单一。"它是机械论，不仅从分工和专门化的方式发展，而且过于简化，具有可分割的性质。"如上所述，康芒纳在分析技术在工业化生产中的作用时指出："如果现在技术在生态上的失败是因为它在完成它的既定目标上的成功的话，那么它的错误就在于其既定的目标上。"[①]现代技术在生态上的失败显然由于它只满足物质方面需求而未能满足生态方面的要求。

与此相反，生态文化视域下的生产，坚持以人为本，强调人的全面发展，因此，在对自然的态度上，显然不是一味的征服与统治，而是敬畏与尊重。这不但因为自然资源对人类的有用性，应当适度加以利用；同时应看到自然界整体同人类生存的关联性，更应当从整体上保护自然，使自然为人类提供生态产品，满足人类在生态环境上的需求，以及自然界本身存在的审美、休闲、文化、宗教、历史、科学等方面的价值，都应当得到尊重，为万物众生共享，也为人类的文明目标服务。

### 28.2.2　工业文化唯发展主义，生态文化强调理性发展

工业文化视域下的工业生产是唯发展主义的。因为工业社会遵循的是"一味追求增长的逻辑"，即更多的生产，更多的消费。整个工业文明都被这种"更多"的逻辑所支配。而体现这个逻辑的根本性指标就是国民生产总值（GNP）[②]。美国当代生态文学家艾比早在20

---

[①] 巴里·康芒纳. 封闭的循环[M]. 长春：吉林人民出版社，1997：9.
[②] 阿尔温·托夫勒. 第三次浪潮[M]. 北京：三联书店，1983：85.

世纪 50 年代，在大多数美国人还在为"美国梦"打拼的时代，就指出："为发展而发展"已经成为整个民族，整个国家的激情或欲望，却没有人看出这种唯发展主义是"癌细胞的意识形态。"在艾比看来，唯发展主义的发展，导致"过度发展的危机"，最终使人类成为"过度发展"的牺牲品。

人类一要生存，二要发展，这本是天经地义，是硬道理，但当经济发展到一定阶段，应当理性对待发展。科学发展观表述的正是一种理性而非盲目的发展，一种以人为本的全面、协调和可持续的发展，一种人与自然和谐的发展。

发展本身不是目的，而只不过是过程或手段。发展的目的是使人更健康和安全，使人更有尊严地生存。发展的目的化，必然导致发展的自足化和发展的异化。如果发展仅仅为了某种物质性的功利或目的，而牺牲健康、生存、公平等人的最基本权利，那么这种发展还有什么意义呢？生态文化视域下的发展，要求理性、适度、多元，不但要满足人的基本生存需求，还要在人与自然、人与社会、人与自身的矛盾中寻找一个平衡点，找回人类自身的家园。我们的社会往往只是教人如何成功，却没有人教导我们如何保有自我的世界。这是需要加以纠正的。

### 28.2.3　工业文化唯技术至上，生态文化走绿色技术路线

在工业文化的视域中，科学技术的力量和作用怎样夸大都不为过。的确，科技力量推动了生产力，带动社会的繁荣，改变了地球的面貌。但是，它的负面作用却严重破坏了地球生态系统的稳定性和有序性，而后者对人类的生产更为根本。科学技术创造了现代物质文明，却又为毁灭文明提供高效手段。杀虫剂、三氯氰胺、瘦肉精、核辐射……几乎每一项技术发明，都给人类增加不安全感。

雅克·皮卡德说："我们现在所津津乐道的技术，除了广泛地造成自杀性的污染外就没有什么其他的东西了。它是一种灾难……技术在慢慢地毁灭人类，人类在慢慢吞噬自然，自然选择已经成为过去，最后留下的只有技术。"① 弗·卡普拉在《转折点》一书中写道："空气、饮水和食物的污染仅是人类科技作用于自然环境的一些明显和直接的反映，那些不太明显但却可能是更为危险的作用至今仍未被人们所充分认识，然而，有一点可以肯定，这就是，科学技术严重打乱了，甚至可以说正在毁灭我们赖以生存的生态体系。"② 在利用科技成果时，应当对其负面要进行反思、批判和监督，并大力扶持和开发绿色技术、清洁技术、循环技术和替代技术，务使科技的负面影响降到最低。批判科学技术至上，并不是要否定科技本身，而是要促使人类思考和探索发展科技的正确道路，进而开发全新的、可控制的、副作用最小的绿色科技。

## 28.3　生态文化：时代的必然选择

### 28.3.1　东方的生态智慧决定生态文化的选择

东方文化中包含丰富的生态智慧，例如《周易·系辞上》说"生生之谓易，成象之谓乾，效法之谓坤。"《系辞下》更明确指出"天地之大德曰生。"这就是说天下最大最基本最重

---

① 莫里斯·戈兰. 科学与反科学[M]. 北京：中国广播电视出版社，1988：28.
② 弗·卡普拉. 转折点[M]. 北京：中国人民大学出版社，1989：16~17.

要的事情莫过于"生"或"生存"了。"生"或"生存"是自然界最核心的内容，也是中国古代哲学和美学的基本内容和精神。蒙培元曾指出："生的问题是中国哲学的核心问题，体现了中国哲学的根本精神，无论是道家还是儒家，都没有例外。我们完全可以说，中国的哲学是'生'的哲学。"①

从生存文化视域，从地球生物的演化和生命的孕化过程，也证明这一点。无论是选择与适应、遗传与变异、竞争与共生等等，也都为着生、围绕着生、演绎着生，这同东方的生态智慧相互印证，一脉相承。因此，东方的生态智慧选择生态文化绝非偶然，东方生态智慧客观反映自然生态的核心内容，体现人类生存的基本要求。

人类生存的基本要求是什么？一是气候气象温度等因素组成的生态背景；二是干净的水、清新的空气和良好的生态环境等生态产品。这些，是人类生存的根与本。根也，树之本；源也，水之本；生态也，人之本。没有生态的根与本，毫无疑义要失去人类自身。而中国在发展经济改善民生中，同时面临生存基本需求的短缺和危机，一个人类根本性的问题。缺水是一个世界性问题，而中国面临的缺水更为严重。我国的人均淡水资源占有量只有2260立方米，不足世界平均水平的1/4；被列为世界13个贫水国家之一，且水污染十分严重，全国26%的地表水国家重点监控断面劣于水环境Ⅴ类标准；62%的断面达不到Ⅲ类标准，流经城市90%的河段污染严重，75%的湖泊出现富营养化，30%的重点城市饮用水源的水质达不到Ⅲ类标准。近海域环境质量也不乐观。全国667个城市中有400多个城市供水不足，年缺水60亿立方米。全国46%的设区城市空气质量达不到二级标准，沙尘暴、粉尘、酸雨、灰霾不断在影响城市的空气质量。在一些地方，呼吸新鲜空气、饮洁净的水，成为一种奢望。"有人说，30年前，做梦也不会想到今天的生活会这样富足；同样，做梦也不会想到今天环境会如此恶化。"发展生产，显然不能以生态环境为代价。因为这样做的结果，不但工业生产本身难以为继，还将危及自身生存的家园，造成水、空气、生态环境等生态产品的短缺。资本和技术是可以引进和进口的，而水、空气等生态产品既不能引进，也不能进口。只能依赖人类自己的细心守候和保护。生态文化就是要约束人的不当和反自然的行为，把人的行为限制在生态允许的范围内，在人与自然之间寻找一个平衡点，不致因对物的追求而丧失自身的家园，丧失水、空气等人类生存基本需求的生态产品。

### 28.3.2 资源和环境的有限性决定生态文化的选择

当今世界上任何一个国家或地区，在发展经济时都同时面临两大矛盾和制约。一是自然资源总量的有限性与人类社会日益增长的物质和文化的需求之间的矛盾与制约；二是生态环境容量的有限性与不断增长的人口以及工业生产过程日益增多的废弃物排放之间的矛盾与制约②。因为自然资源的总量是有限的，如果不加协调和制约，自然就会退化，资源和能源就会枯竭，就会出现资源和能源的危机。因为生态环境的容量是有限的，如果不加协调和制约，就会超过生态环境允许的阈值。超过环境承受的能力，就会出现环境污染和生态危机。

---

① 蒙培元. 人与自然[M]. 北京：人民出版社，2004：4.
② 苏祖荣. 森林哲学散论[M]. 上海：学林出版社，2009：313，73.

我国虽幅员辽阔，但人口众多，人均资源水平低，人均土地只有世界人均的35.9%，人均水资源只有世界的25%，人均石油、天然气与世界人均水平相比更低，加上工业起步晚，引进外资中又鱼龙混杂，一批高物耗重污染企业掺杂其中，从而加重环境污染和能源消耗。目前，石油、铁矿石的进口量已占国内需求的50%以上。长此以往，资源能源将难以为继。资源和环境的有限性的矛盾与制约在我国的现代化进程中表现得十分凸显。

自然资源总量的有限性和生态环境容量的有限性，要求人们转换视角，即从自然生态的视角审视面临的矛盾和问题，这就决定生态文化的选择，而以人为本、全面、协调和可持续发展的科学观恰好反映了当下中国工业化进程的这一时代的诉求。

科学发展观是在系统总结工业化进程中正反两方面经验教训的结论，在扬弃传统工业发展模式基础上，提出的符合信息社会背景的全新发展模式。其主题是变方式，其主线是调结构。这就是说，要改变传统工业单一的、粗泛的、见物不见人、不考虑生态环境的发展方式，确立一种综合的、健康的、以人为本、人与自然和谐的发展方式。这种经济发展方式综合考虑社会、环境和生态多种因素，而不以经济效益的可行性和经济总量的增长为唯一衡量标准。践行科学发展观，变方式、调结构要求：①处理好发展与保护的关系，例如划定禁止和限制等不同的开发空间，建立自然保护区体系等；②处理好发展与制约的关系。例如提高资源利用率，坚决淘汰"三高"等落后产能，制定节能减排约束性指标等；③处理好发展与提升的关系，例如鼓励和扶持新兴的战略性产业，扩大第三产业和服务业，调整和优化产业结构等，以节约资源、减少排放，推进"两型"社会建设。

## 28.3.3 生态整体主义的基本走向决定生态文化的选择

生态整体主义的理念与以人为本的诉求似乎是相矛盾和冲突的，其实不然。随着经济的全球化，地球的空间概念越来越小；然而生态环境的日益恶化，生命共同体的边界却越来越扩大，越来越觉自身同生态环境的关联性。这就是说，人自身的存在不仅紧密地与亲友、他人、民族和社会相关联，而且要与身边的植物、动物、微生物和生态系统相关联，这就是生态整体主义。人类不是中心，地球生物圈才是中心。而一个人的自我实现必须要在平等意识上达到对整个生物圈的认同。如果不能解放全人类，无产阶级最终不能解放自己。这是社会学红色定律。确认自然界和众生万物，人类自身才能得以确认和自由。这是生态学绿色定律。

生态整体主义吸收了动物解放和权利论、生物中心主义，以及大地伦理学、深层生态学等的合理内核，要求人类规范自身的行为：①不作恶的原则。不损害或杀害有机体，不毁灭种群或生命共同体。②不干涉原则。自然中自发地发生的一切都没有错，应让"自然之手"控制和管理那里的一切。人类没有资格去干涉它们，或因喜好去同情一方，或因对自己不利去损害它们。③忠诚的原则。人类应当以自己的行为唤起万物生命对我们的信任。④补偿正义的原则。根据补偿正义原则，如果我们损害了一个有机体，减少了一个种群的数量，或者破坏了一个生态系统，那么我们就有义务使这个有机体的生活全部内容恢复原貌，增加该种群数量，或恢复该生态系统。显然，生态伦理的这些主张，其目的是关注生命，维护生物的多样性和生态的整体性，使人类生活在一个良好的生态环境中。生态整体主义与以人为本的理念，是一个有机程序的内在统一。生态整体主义与以人为本的理念，看似相互矛盾和竞争，却相互妥协和并存。保护了环境，维护了生态的整体性，使万物生命共享自然资源，体现生态整体主义的旨意，全球生物圈的安全与稳定，是人类生存与发展最基本条件与诉求。失去地球生物圈的安全与稳定，一切都无从谈起。况且在一个以人为主导或主体的世界，随着文明的进步，这一趋势只会加强不会削弱，因而生态文化倡导的生态整体主义的诉求，最终只能是更好更理性为人类的目的服务，体现以人为本，而不是相反。

### 28.3.4　多样共生的普适理念决定生态文化的选择

自然界有两条基本法则：一条是丛林竞争法则，另一条是妥协共生法则。自然界万千物种相互捕食，优胜劣汰，适者生存，这是丛林竞争法则。显然，自然界存在生物多样性，如果只有一个物种，不存在竞争，自然界就没有生命了。竞争的潜台词是多样。与丛林竞争法则相对应的另一条法则是妥协共生法则①。妥协共生用通俗话语表达即："活着，让他人也活着！"因为在相互捕食的复杂生物链中，任何一个物种的缺失都能会成严重的后果。当捕食对象或领地被全部占领或清除时，捕食者自身因失去对象而不复存在。自然界的生物多样又总在妥协中相互依存和共生。"在自然界内，同时在所有有机的生物内，都有一种设计新生活方式的潜在能力，也有一种天赋的能够利用资源的智谋。整个绿色世界是互相协调、充满生机、富有创造、共生共荣的"②。这是一幅自然界生物多样性的辩证图景，彰显多样共生的普适理念。

多样共生的普适理念不但适用于自然界，同样适用于人类世界。在一个国家内、不同民族、不同地域和不同宗教间的多元文化，总是相互尊重包容，融为一体。不同国家和不同宗教间的文化形态，更应当相互尊重和包容，构成一个和谐社会。

1993年美国学者缪尔·亨廷顿提出"文明冲突论"，他认为冷战结束后的世界是一个十分不友好、不安全的世界，它充满危机和冲突。当下世界的确存在复杂性和不确定性，存在着不同宗教、不同意识形态和社会制度之间的差异、矛盾和冲突。这是问题的一面。我们不应当否认这种差异、矛盾和冲突，应当看到，恰恰正是这种差异、矛盾和冲突，使人类面临风险、机遇和挑战，人类世界在竞争中获得进步。但这种竞争显然并非绝对的不可调和、非此即彼，甚至以暴反暴，一个排斥另一个，一方吃掉另一方。问题的另一面，应当通过对话、交流和沟通，在异中求同、求大同存小异。所谓大同，即世界和平发展的主题，建构和谐世界的目标，人类与万物共享地球资源的终极理想，这是大趋势、大方向，是应当坚持的总原则。在此总原则和大方向下，又应当允许小异，即保留不同民族、不同地区、不同宗教、不同社会制度的文化形态之间的个别性和差异性。这是细节与技术，应当允许灵活和妥协。西方人思维更多的是对立和竞争，东方人的思维更多倾向于和解和融合。世界既要在多样中竞争，又要相互尊重和相互包容，在妥协中共生。互利才能共赢，包容才能并存，求异才能大同，只有这样，才能不断推进一个和谐世界的到来。

---

① 苏祖荣. 森林哲学散论[M]. 上海：学林出版社，2009：313，73.
② 廖福霖. 生态文明建设理论与实践[M]. 北京：中国林业出版社，2003：43.

## 28.4 发展生态文化应处理的几个关系

### 28.4.1 物质与精神的关系

生态系统或地球生物圈的多样和整体，是生态文化追寻的目标，也是生态文化自身立足的物质基础。从哲学视角，地球生物圈对生态文化具有本源和本体的意义。在生态文明视域下，物质与精神的关系，指的就是生态系统(或地球生物圈)与反映这一生态系统的生态文化的关系。作为意识形态的生态文化，必须真实反映生态系统中万物的生存状态，凸显"生"的主题，追寻自己的目标和使命。作为物质基础的生态系统，又极其需要生态文化的审视和观照，使自然生态呈现本来的面目和意义。物质的生态系统与精神的生态文化，互为依赖，又互为联结。纵观人类的文明史，几乎所有的文化形态，都有其相应的自然环境与自然基础，尤其是生态文化。失去自然生态系统的支撑，文明和文化大厦的坍塌，只是时间问题。而人类在文明进程中，损伤或破坏的恰恰是人类自身赖以存在的自然环境与物质基础。美国学者弗·卡特和汤姆·戴尔在《表土与人类文明》一书中，详细列举了世界上数十种著名的古代文明的兴衰，包括尼罗河谷、米索不达米亚、地中海地区、克里特、黎巴嫩、叙利亚、巴勒斯坦、希腊、北非、意大利与西西里、西欧，以及著名的印度河流域文明、中华文明和玛雅文明等，文明的衰落无一不是如此。发现文明的人主宰环境的优势仅仅只持续几代人，文明在经过几个世纪的成长与进步之后，迅速地衰落和覆灭下去。其平均生存周期约1000~1500年，即40~60代人。在大多数情况下，文明越是灿烂，文明持续存在时间越短。物极必反，盛极而衰，自然辩证法是不可抗拒。文明之所以会在孕育这些文明的故乡衰落，主要是由于人们糟蹋或毁坏了孕育文明的环境。"文明人跨越过地球表面，在他们的足迹所过之处留下一片荒漠。"[①]这句话简洁勾画出人类文明史，是人类应当牢牢记住的深刻历史教训。

文明越繁华，越奢侈，或者说文明越灿烂，越辉煌，文明周期越短，越走向自身的反面——衰落或者毁灭。究其原因在于支撑文明的自然基础——自然资源的耗尽和生态环境的承受能力达到极限。油尽灯枯，文明之灯必然熄灭，文明黯然退场。这是文明进程的一条铁的规律或周期律。当下，工业文明正处在盛年，极其辉煌，但它的市场逻辑和大量生产、大量消费、大量废弃物产生的不可持续的发展模式，如不及早纠正和改正，终要走进死胡同。正因为此，要求我们从生态文明视域，在审视物质与精神关系中，得出自己的结论。这要求生态文化纠正工业文化的偏向，避免走进发展的死胡同，自觉地承担保护自然资源和维护生态系统多样和整体的神圣使命。生态文化要求在任何情况和条件下，都不能做有伤物种和生态系统多样与整体的事。要坚守包括人类在内的万物立足的自然基础——地球生物圈高于一切的原则，因为有了生态，有了自然基础，就有了一切，包括物质、制度和精神文明。

人类的文明视域，整个社会可看作：以自然基础为对象的生态文明；以经济社会生产系统为对象的物质文明；以意识形态为对象的精神文明。世界是自然存在、社会存在和精神存在相互作用的统一整体。其中精神文化在上层，生态文化位于底层，中层是社会文

---

① 弗·卡特，汤姆·戴尔. 表土与人类文明[M]. 北京：中国环境科学出版社，1987：3.

化，构成一个文明金字塔(图28.1)。

图 28.1  文明视域中生态文明的位置示意图

文明金字塔结构表明，由生态文明而物质文明，由物质文明而精神文明，作为基础性的生态文明支撑着整个文明，其他文明皆由此派生。生态文明不但不可或缺，且是一切文明的发端和根基。如果人类明智的话，首先要守候地球生物圈的整体性，给自然以足够的领地，包括天然林、荒野、湿地、冰川等禁止开发的空间，让人以外的万物有自由施展的所在，这是生态文化借以立足的基础；同时还要约束和限制人类自身，合理布局重点，优化城乡开发空间，勿使人性过分张扬和扩张，这是生态文化借以发挥的平台，维持或守护人与自然之间的一种平衡，这是必须和最佳的一种选择。

### 28.4.2  本土与外来的关系

本土文化与外来文化的关系即自身文化与外来文化的关系，在当下，主要指本土、本民族原生态文化与日益强大工业文化的关系，从某种意义上是如何固守生态文化的本土性、民族性以应对工业文化的入侵问题以及文化的扩散与传播问题。

关于文化的扩散与传播问题，文化学者斯宾格勒与丹尼列夫斯基的看法大体一致，强调一种文化不能向其他文化扩散或传播。斯宾格勒认为，各种文化都有其自身特性，对于一种文化来说，只有属于它的人才能真正理解它，属于其他文化的人是不能真正、彻底地把握它的。因此，他认为一种文化不能向其他文化扩散或传播①。自古以来，一种文明借助其他文明的材料和形态的情况并不稀奇，但是，其他文明的要素，只不过是自身的那种文明的表现材料而已。这就表明，凡文明都是自我封闭的，外来的影响只是外表，不是本质，文明只能是本来就属于那种文明的人们。

但是，丹尼列夫斯基并非主张文化是不能传播的。相反，任何文化都程度不同地受历史上或同时代的其他文化的影响而不断创造，文化总是在与其他文化相互学习、借鉴、碰撞中不断壮大，并培育自身的。

当下的问题是工业文化过于强大，相对于工业文化，生态文化又显得弱小。因此，对于生态文化来说，正确处理本土与外来的关系，首要任务是固守生态文化的本土性，坚守生态文化的理念和信仰，"不失去自我"，保有生态文化的生态标记，并警惕工业文化的入侵，防止生态文化被"同类化"，或在融合的幌子下，被同化或同质化。而这其中，最为重要的是保存和固守生态文化中的底层文化，包括器物文化，以及风俗、习惯、礼仪、工艺

---

① 许启贤主编.世界文明论研究[M].济南：山东人民出版社，2001：310.

等在内的非物质文化，这些来自本土、民间和民族的文化形态，位于生态文化的底层，其上层是生态理论、理念和信仰，构成一个生态文化金字塔结构（图 28.2）。

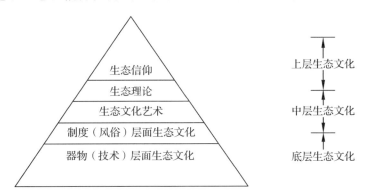

图 28.2　生态文化金字塔结构图

按照生态学的原理，器物层面的生态文化位于文化生物链的底层，是生产者，最具活力、最接地气、最生动、最能呈现大众的文化生态；意识形态层面的生态文化位于文化生物链的顶端，属上层生态文化，它的存在要依赖器物层面的底层文化。而底层文化则可以不依赖上层文化，且能在不同的生态位独立生存，并形成文化群落。保护和坚守本土文化，从某种意义上是保护和坚守底层的生态文化，这是生态文化发育的土壤和根，有了土壤和根，生态文化便能不断抽芽发叶，长成大树。但守住本土文化，也不是封闭和固执，相反，要大胆拿来和接纳，包括西方最激进的生态文化思潮，并借鉴其他文化中新鲜元素，为我所用，完善自身，协同发展。回顾历史，中国文化历经 5000 余年，虽经坎坷曲折，但始终环环相扣，薪火相传，生生不息，保持文化的统一性和连续性。一个重要原因是固守本土，固守一整套符合中国国情的生存智慧和生活方式。正是这种固守，使我们在接纳外来文化时，自身的文化不被同化，还依据实践，把外来文化（包括佛教文化、马克思主义、现代文化等）本土化和中国化，纳入中国文化体系之中，成为中国文化的有机组成部分。这既是中国文化的自觉和自信，也是固守本土文化的力量和意义。同时，这也印证了斯宾格勒的话，对于一种文明来说，只有属于它的人才能真正理解它。拿来或借助其他文明的，只是形式和材料而已，文明只能是本来属于那种文明的人们。

### 28.4.3　主流与非主流的关系

主流文化指体现或代表某一社会主体方向或基本面的文化形态；与其同时期的其他文化形态，则属非主流文化。在人类的文明史上，呈现的竹简文化、纸媒质文化和电媒质文化演绎中，人们清楚地看到，竹简文化、纸媒质和电媒质文化分别代表不同文明时代的主流文化形态。同样，在人类文明史上，渔猎文化、农耕文化和工业文化，又分别代表不同历史阶段的主流文化形态。主流文化体现某一社会阶段文化的方向和基本面。

在文明视域下，审视主流文化与非主流文化的关系，毫无疑问，我们不能逆文化的潮流，而要以开放的立场，宽广的胸襟，顺应时代，迎接潮流，推进主流文化的历史进程。当下中国正在进行的改革开放，从实质上就是顺应现代文化或工业文化的主流，实现由农耕文化向工业文化或现代文化的历史性的文化转型。我们必须实现这个文化转型。如果我们不能有效实现这种文化转型，时代对落伍者的淘汰，将不留情面。

但在肯定和推进主流文化的同时，我们应清醒看到两点：

其一，当文化转型，一个主流文化被另一个主流替代时，被替代的文化并非消失，而是转移，或以其他形式存在下来；作为主流的文化也并非全部占领，而是留下诸多空间，让非主流的文化得以生存，形成共生的文化生态。

其二，我们承认并肯定渔猎、农耕或工业文化作为主流的文化，体现某一个社会的主体方向和基本面时，千万不能忽视生态文化在其中的存在。历史学家或社会学家选择渔猎、农耕和工业文化作为一个时代的标志，这只是表明人类利用和改造自然界的不同方式或式样，实际潜藏其间最本质的是人类对自然的选择和适应，是人与自然关系的文化。这就是说，渔猎文化是以木石器为标志的先民们对当时自然生态环境的选择和适应；农耕文化是以铁器为标志的先民们对当时自然生态环境的选择和适应。人类利用和改造自然界的方式或样式，例如渔猎文化、农耕文化、工业文化等等，只是以某种器物作为对文化的一种表征；文化的实质或根本，是人对自然生态的选择和适应。只有生态或生态文化才最终决定人类的生存和发展。由于在渔猎和农耕社会，工具简陋，生产力低下，人类利用和改造自然界的能力还未超过生态允许的阈值，人类与自然基本上处于一种平衡态。然而，进入工业社会，人类利用和改造自然界的能力空前强大，大大超出生态允许阈值，人与自然之间的矛盾空前凸显，暴露出工业文化或现代文化本身不可克服的缺陷。这就要求在工业社会背景下，再进行一次文化转型——由工业文化或现代文化向生态文化转型。

当下，我们正在由工业文化向生态文化转型，显然这不是倒退回渔猎文化或农耕文化时代，工业文化向生态文化转型也并非全盘否定工业文化，相反，我们要在科学和理性接纳工业文化全部遗产的前提条件下，有序地对工业文化进行修正、改造和完善，使在文化转型中，既满足人们的日益增长的物质需求，又使生态环境的恶化势头得到有效遏制，并逐步向自然资源节约、生态环境友好和人类健康的三型社会过渡，最终实现自然与人的和谐共生。

生态文化最佳地体现人类对自然的选择和适应，最好地诠释人与自然之间的协同与和谐。从这一意义上，生态文化始终是文化的实质和文化的主流，代表文化的方向。不管人们是否承认它，很显然，在当下或未来社会，谁能掌握清洁能源，谁能掌握生态材料和生态工艺，谁能对现代工业体系进行生态化技术体系的根本性改造，谁能掌握可持续的经济发展方式，谁能在发展经济的同时，又能与自然友好共处，谁就站在时代的潮头，谁就有主动权，谁就在地球上有立足之地，而不被开除球籍。

### 28.4.4 先进性与多样性的关系

广义的生态文化，即在非人类的生物社会不存在文化的优劣，即无文化的先进与落后的区别。因为在非人类的生物社会，各类生命只是对自然生态的本能适应，而缺乏意识的确认和能动；因为非人类存在物在对自然的索取上以"够用"为准则，既不存在财富的积累，也不存在过度、奢侈和不应该的浪费。在生物社会，一切都遵循生态法则，呈现一种本色的生态文化。

在人类社会则不同，特别进入工业社会之后，人类认识和改造自然的能力极大提高，不但对自然的索取大大超过生态允许的阈值，社会财富分配不均，造成多数人不得温饱而少数人过度消费与浪费，呈现当下工业社会文化落后和腐朽的一面。在生态学视域中，所谓先进性指人类要理性约束自身，不能过度消耗自然资源，对自然的利用改造不能超过生态允许的阈值。换句话说，要以维护自然生态的整体性为准则，谁能维护自然生态的整体性，谁就体现其先进性。用生态整体主义来评判，凡是有助于保护生命共同体的完整、稳定和美时，就是先进的，反之，就是落后的。当人们用生态整体主义来评判先进与否时，坚持维护生态文化的先进性就是在意识形态上，批判在人类中心主义思想纵容下的个人主义、消费主义和享乐主义。因为个人主义、消费主义和享乐主义放纵对资源消费，有悖于维护自然生态的整体性。维护自然生态的整体性，必须践行一种理性、低碳和绿色的生活方式，拒绝和抵制种种过度和奢侈的消费和浪费，用实际行动，珍惜自然，拯救地球。

从生态文化视角，坚持生态文化的先进性，就是优化文化体系结构，以宽厚和宽容，在外部与其他文化形态携手共进，协调发展；在内部允许各种文化形式包容并存，共生共荣，这就是多样性。因此，从这一视角来看，多样性就是先进性，多样性就是整体性。多样性既是判别生态文化先进与否的准则，又贯彻在生态文化的全过程。多样性无疑突破人类文化的狭窄局限，把文化视野扩展至人以外的万物生命，令人们看到诸如虎文化、蛇文化、狼文化、猴文化、鸟文化等动物文化；诸如松文化、竹文化、茶文化、桃花文化等植物文化；还有森林、海洋、湿地、荒漠、冰川等生态系统文化，以及在他们背后的水圈文化、大气圈文化、岩石土壤圈文化构成的地球生物圈文化等等，这些与人类文化息息相关、唇齿相依的文化形态。正是这些人类以外的非人类存在物的文化，使得生态文化比任何一种文化都更丰富多彩和深含底蕴。

无论是生态或生态文化，多样性就意味着共生，意味着生态，意味着一个欣欣向荣的文化生态。如果我们用"万绿丛中一点红"，来比喻先进性与多样性的关系，那么，"万绿"就是指非人类存在物文化，因为非人类存在物文化无疑比人类文化更加多样多姿。"一点红"指的就是指人类文化，因为人类文化在演化序列中比非人类存在物文化更加精致自觉。先进性与多样性只是相对而言，因相互依赖而相互存在。人们需要先进性，需要一点红；需要人类文化自身，但人类社会更多需要万绿，需要支撑人类文化的基础，既给人间以安全和宁静，又给人间以温暖和关怀。

### 28.4.5 传承与批判的关系

在发展生态文化中，还要处理好传承与批判的关系，既要纵向上的承接与继承，又要在横向上的批判与吸取。生态文化不能仅靠进口，单靠引进西方生态文化思潮不能大功告成，生态文化的土壤和根在中国，要使生态文化在中国生根发芽，必须立足中国这块土壤，要从中国文化中寻找生态文化的根与源。中国文化包含丰富的生态思想资源，要从中国文化中吸取营养。例如说人与自然是一个整体，可能人们一下子很难接受，但如果提出"天人合一"，人们便一下明了整体性的自然观。因为在中国人的观念中，天与人不是两项东西，而是一个整体。又例如"无为"的思想观念，中国人不会认为无为是无所作为，而是有所为又有所不为。顺应自然，让自然按自然规律运行，这是无为或无不为；在生态阈限允许范围内，人类有所作为，这是有为；无视自然规律的作为，这是妄为。我们不能抛弃历史与传统，而要在承接历史与传统基础上，生发生态文化之根，内生发展生态文化的动力。

另一方面，即在横向上，要毫不留情地对工业文化的负面因素进行批判和清除，以便为工业文化向生态文化转型开辟通道。历史上任何一次社会变革和文化转型，首先必须对旧文化的意识形态进行批判和清算，并对新文化的观念形态进行启蒙和唤醒。辩证法不崇拜任何东西，按其本质来说，它是批判和革命的。毫无疑问，当下的生态文化转型，其实质是一次生态革命，其规模和作用较之20世纪的工业革命要更广泛、更深刻，是继工业革命之后，人类文明史上又一次革命，是一次真正文明战胜野蛮的革命，一次实现人本主义和自然主义联合携手的革命，一次"人终于成为自己的社会结合的主人，从而也就成为自然界的主人，成为自己本身的主人——自由的人。"①

当下出现的生态文化思潮，包括生态文化学、生态文明经济学、生态社会学、生态政治学及其它们的分支学科等，正是对工业背景下传统的哲学、经济学、伦理学、社会学、政治学、美学和神学的批判和清算，批判和清算人类中心主义，批判和清算资本逻辑，批判和清算一切不符合生态学原则的意识形态、经济框架和制度安排，化解自然与人的矛盾，还人、社会、自然的本来面目。

文化是一个渐进的累积过程。工业革命至今才300余年时间，正处在兴盛时期，因此我们不可能期望对工业文化的清算与批判一步到位，更不能把这种清算与批判看作是对工业文化的一脚踢开。批判只是应该批判的东西，清算只是应剔除的精粕，不是全部的一锅端。生态文化批判工业文化，不是全盘否定工业文化，而是在否定工业文化不合理因素中承袭和肯定其所有合理的成分。显然，批判中心主义，并不否定人在自然界的地位和作用；批判主客二元论，并非取消主客二分，而是经过主客二分，确立一种整体论的世界观；批判资本的逻辑，并非否定价值规律，而是在经济上合理性与生态上合理性之间寻找一种平衡，如此等等。批判工业文化从某种意义上更是一种扬弃，一种以我为主的合理取舍，一种在有限自然资源条件下实现可持续发展的路径。同时，批判工业文化，是中国文化在现代背景下自信心的表现。作为本土的中国文化，对于西方的生态文化思潮，同样必然要经过批判取舍，使之本土化，汇入中国文化大洪流之中，成为中国文化有血有肉的部分，这是传承与批判在当下所要传达的意义所在。

---

① 马克思恩格斯选集：第3卷[M]. 北京：人民出版社，1972：443.

# 第二十九章

# 生态文化发展的回顾与展望

## 29.1 生态文化的回顾

### 29.1.1 生物社会的生态文化

如果我们不把"文化"作为人类的一种专利，如果我们把文化仅仅定义为生命与生态环境的竞争与适应，那么，在人类出现以前，在作为个体的生命诞生以来，我们的地球之上，便产生生物社会和这个社会的生态文化，这个属于人以外的地球生物圈之上的所有生命形式的生态文化。

地球大约诞生在 46 亿年前，那时的地球并不具备存在生命形式的条件。大约在 10 亿年后，由于水、大气和土壤风化，开始出现最简单的生命形式。最初的生命是从海洋开始，然后爬上陆地。而最初的生命仅仅是一种单细胞生物，历经数亿年后，动物类出现了，包括腔肠动物、软体动物、多细胞节肢动物等。之后是鱼类、两栖动物、脊椎动物、哺乳动物和鸟类的出现。而森林大约在 4 亿年前出现并覆盖地表。此时地球生物圈已经形成，整个地球是一座天然的植物园和天然的动物园，一个所有生命平等生存的家园、乐园、仙园。

生物社会的所有成员几乎同人类一样，都有各自的生存智慧和生存高招，遵循竞争与妥协、遗传与变异、选择与适应等生存法则。捕食动物与被捕食动物之间、食草动物与食肉动物之间存在竞争，你死我活，优胜劣汰，既保持生命自身的存在，又维持各类生物的活力；另一方面，各类生物之间又往往相互妥协，达成和解，共处共荣。

生物社会中的所有成员不但相互竞争和妥协，还在生命的世代传续中，既承接母体的所有基因，这是遗传；又在对变化着的地球环境的挑战中，增添新的元素，这是变异。这与人类社会的传承与创新是极相似的。

生物社会中的所有成员在对生态环境的认同上，既选择又适应。因为生物圈存在多样的生态系统以及由此产生的千差万别的生态位，这个物种或群落不能生存的，其他物种或群落能够生存。对环境的选择，是生命个体最大的本能和生态智慧。物竞天择，适者生存,也只有适应环境,才能有获得自身的生存。

人们注意到,在生物社会或人类前社会,其所有成员都是平等的。大自然中,它们自由自在,天作它们的帐,地作它们的床。它们享用包括天空、海洋、极地、冰川等在内的比人类更广阔的生存空间。除了觅食、交配、生殖之外,便是追逐、打闹、游戏,它们享受比人类更充沛的自由时间。虽然它们没有服饰只有皮毛,但比人类更真切感知四季冷暖和自然节拍,它们是真正的自然宠儿,自然的公民。它们只有维系生存的基本需求,没有基本需求之外的其他需求。但它们生存着、游戏着、快乐着。它们约束自己,从不贪婪,在向大自然索取时,总以"够用"为原则,其食物链又环环相扣,这一物种不能享用的,留给其他物种享用,吃光榨尽,没有废弃物产生。一切来自自然,一切当送回给自然,包括它们的粪便、皮毛和骨骸。与工业文明社会处处充塞废弃物相比,判若两个天地。在生物社会的生存智慧面前,人类应当自愧不如。

### 29.1.2 原始文明社会的生态文化

原始文明社会指农耕文明之前的一个极其漫长的历史时期,大致可分为两个阶段:

第一阶段,"正在形成中的人"(恩格斯语)阶段,即人类初的类人猿阶段,或原始文明前社会阶段。腊玛古猿被视为"最早的正在形成中的人。"①其生存年代大约距今1400万至800万年之间。人类学家推测,身高1米多的腊玛古猿已经能直立行走,且能使用木棒、石块等天然工具,但不会制造工具。继腊玛古猿之后是南方古猿,南方古猿的阿发种距今大约350万至300万年,可能已属于人科,至少已接近人类。"正在形成中的人"阶段是由猿到人的中间阶段,被历史学家摩尔根称为蒙昧时代。

第二阶段,距今约350万至400万年前,人猿作别作为"完全形成的人"进入原始文明社会阶段,这个阶段长达数百万年。

人类的最终形成是以制造工具为标志的。人类最先制造和使用的工具应为木器,但因木器易腐,缺乏考古上的实物证据,故把完全形成人的阶段,或原始文明社会阶段,称为石器时代。石器时代又分为旧石器时代、中石器时代和新石器时代。旧石器时代持续时间最长,大约始自400万年(或350万年)之前,一直持续到20万至30万年前;中石器时代大约自约20(30)万至5万年前;新石器时代自5万年至15000年前。与旧、中、新石器相当于人类进化史的三个阶段,分别是:猿人阶段、早期智人阶段和晚期智人阶段(见图29.1)。

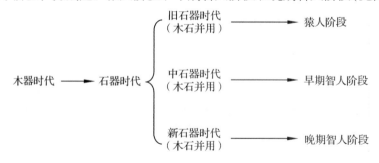

图 29.1 从木器时代到石器时代人类演进图

---

① 崔连仲主编. 世界古代史(上册)[M]. 北京:人民出版社,1985:14.

这一时期的人类，除了制造和使用工具外，具有文明标志的是火的利用和保存。地球上每天要发生 800 次森林火灾，焚烧过的林地，不但有剩余炭火，还有烤熟的野兽。在经历无数次经验教训之后，我们的祖先终于学会火的利用和保存，使他们顺利度过寒冬，在暗夜中见到光明，并帮助人类进入熟食时代。工具的制造和火的利用，无疑是这一时期人类文明最耀眼的成果。

虽然兽多人少，工具简陋，生产力极其低下，但原始人体格健硕，用弓箭射杀野兽，既是防御，又以自然生态系统为对象，采集林果，狩猎鸟兽，以维持人类自身最低的生存需求，其生存的艰辛和风险是难以想象的。这就是史前的采集文化或渔猎文化。当时的人类已经能够完全站立，目及四野，因而能看见比其他生命形式更多的色形。当时的人类已经能制造和使用工具，因而能比其他生命形式更能发现自身价值的存在。当时的人类以群体协作形式劳作，因而比其他生命形式更能体会合作的愉快。当时的人类已经有最初的语言交流和文字符号，正在向着文明的门槛迈进。当时的人类由于人口稀少，对自然索取不多，远远未能达到生态阈值，生态环境极好，且限于生产力，所获得食物只是够用，并无多余，社会分配几近平均，也免除了世俗的欲望和纷扰。在原始文明社会，人类的确度过一个相当长的物质匮乏，但分配平均，生态良好的原始共产主义生活时期。物质匮乏的社会缺陷，以生态良好的环境和自然丰厚的赐予作为补偿，实现原始文明社会生态文化的一种书写。

### 29.1.3 农耕文明社会的生态文化

经过漫长而又艰险的原始文明社会——采集或渔猎文明社会之后，人类终于进入另一个文化形态：农耕文明社会。农耕文明社会距今约 10000 年。

农耕文明的重要标志是：学会栽培作物和驯养牲畜，并逐步结束流动的游牧，走向定居。集中到一点，即人类的劳动对象及食物来源不再主要依赖自然生态系统，而是以农田为主要标志的半人工系统。当然还有文字的形成，城邦的建立，手工业的出现等，构成农耕文明最主要的内容。

在人类文化史中，农耕文明是最主要和最基本的一种文化模式。在农耕文明时代，拥有土地就拥有赖以生存的基本条件，进而也就拥有财富、地位和身份。农耕是最体面的职业，农业是第一位的、公正的。

从生态学角度，农耕文明给生态环境带来的压力和破坏要大于原始文明带来的压力和破坏，主要因为：其一，人口的增多。100 万年前的旧石器时代，地球上人口预测为 12.5 万人，进入农耕社会，全球人口增至近亿。其二，工具的改进。工具由木器、石器改为青铜器、铁器，日益提高的生产力同时也是对自然的破坏力。其三，农田的扩大。农田的不断扩大以及不适当的垦荒，均要以减少森林面积为代价；同时，经济林的发展，使大面积的天然林转化为人工林，造成荒山和水土流失。其四，水患给生态带来的破坏，等等。

农耕文化在工业文明视域中，无疑是贫困、落后和愚昧的代称，但从生态文化视域，农耕文化社会的确给人类一个难得的幸福时光。农耕文明社会已能建立和控制农田、牧场、经济林和湖沼在内的半人工生态系统，虽然生产力相对不高，但基本自给或自给有余，社会物质并非匮乏。农耕文明社会已形成一套合理和有效的耕作制度，包括择地、适时、选种、轮作、秸秆返田、施用人畜粪便等措施和办法，堪称有机农业的典范。农耕文明社会在水利设施、道路交通、农田建设上,从不大挖大填、破坏地貌,而是依山就势、顺势而为。例如成都的都江堰水利设施,云南云阳的山地梯田以及残存的茶马古道等,无一不是巧借自然,天人合一的工程杰作。农耕文明社会有特别发达的手工业,各式各样的青铜器、陶器、木器、竹器、玉器、金银器,美轮美奂,无与伦比。农耕文明社会还创造建筑文化、饮食文化、服饰文化、游艺文化、园林文化以及不同民族各自保留的民俗风情,生活习惯等,其文化形态可谓洋洋洒洒,蔚为大观。极其重要的是农耕文明社会在长期的文化积淀中产生文字,发明文化的基本载体——纸张,以及推广文化的基本方式——活字印刷,并导致出版业的快速发展。农耕文明社会以纸媒体为载,一面是书法,一面是绘画,形成书画合璧。作为文字的延伸和扩张的意识形态和文学,在东方中国的上层,有诸子百家、经史子集,有乐府、唐诗、宋词、元曲、明清小说;其下层,有发端土地的民歌、民谣、俚语、农谚、评书、快板、民间故事等丰富的精神给养。农耕文明社会没有工业废弃物、化学残留、光学辐射、水污染、核威胁……没有雪线后退、冰川消融、草场退化……农耕文明社会的天是蓝的,水是清的,山是绿的……农耕文明社会虽不富足,但除战乱之外,大多数人们遵循时间节律和节气变化,日出而作,日落而息,男耕女织,自在自闲;晨则早霞短笛,暮则渔歌唱晚。上层达官贵人,其生活更是儒道互补,当贤达时兼济天下;在失意不得志之后,则回归自然,悠游山林;或以寺庙道观为依托,以茶聚友,在自然的淡泊中安顿心灵。

农耕文明是山清水秀,农耕文明是诗情画意,农耕文明是余音缭绕。从工业文明回眸农耕文明,农耕文明就是家,就是天堂。

### 29.1.4 工业文明社会的生态文化

文明在 18 世纪的西方,忽然加快步伐,跨进了工业文明社会。

恩格斯在《家庭、私有制和国家的起源》中从社会经济关系角度,根据历史学家摩尔根提供的材料,把人类历史进程分为蒙昧时代、野蛮时代和文明时代三个时期,认为"蒙昧时代是以获取现成天然产物为主的时期",即以自然生态系统为劳动对象的渔猎文明社会时期;"野蛮时代是学会畜牧和农耕的时期",即以半人工生态系统为劳动对象的农耕文明社会时期;"文明时代是学会对天然产物进一步加工的时期,是真正的工业和艺术的时期。"[①]即以人工控制系统为对象的工业文明社会时期。

工业文明社会是以 1769 年瓦特发明蒸汽车为标志的,工业革命在欧洲兴起,人类社会发生天翻地覆的变化。从蒸汽机到火车,从发电机到汽车,从电灯到电报,从芯片到计算机,从纸媒质到电子媒质,从互联网到物联网,世界不再是原来的模样,而呈现一幅全新的工业图景。

以科技为支撑,以市场为机制,极大地推进工业生产力。正如恩格斯所说:"我们在最先进的工业国家中已经降服了自然力,迫使它为人们服务;这样我们就无限地增加了生产,现在一个小孩所生产的东西,比以前一百个成年人所生产的还要多。"[②]工业社会的生产力像火山一样爆发出来,人们在物质和精神生活方面的提高和进步,是过去任何时代都

---

① 马克思恩格斯选集:第 4 卷[M]. 北京:人民出版社,1995:24.
② 马克思恩格斯全集:第 20 卷[M]. 北京:人民出版社,1971:374.

不能与之相比的。

工业文明较之于原始文明、农耕文明，是更高一级的社会文明形态。工业文明社会提出的科学、民主、平等、自由的理念，并通过政治（政治民主）、社会（权利平等）、经济（贸易自由）等法律和制度的安排，彻底粉碎农耕文明封闭、等级和专制的社会制度，使人的能动性、创造性最大限度地发挥出来。如果说哥白尼的《天体运行论》，推翻了托勒密统治欧洲千余年的"地球中心说"，那么，航海家哥伦布等对新大陆的发现，不仅仅打通世界，开阔世人的眼界，更为重要的是，由于对物质世界的追求，引发了对自然科学的研究，导致近现代科学的勃兴，产生一大批科学巨匠。这里有哥白尼、布鲁诺、伽利略、牛顿，有发现太阳自动现象的德国天文学家赫舍尔，被誉为"现代化学之父"的英国化学家罗伯特·波义耳，发现植物细胞结构，并首次使用"细胞"的罗伯特·胡克，微积分的创始人莱布尼茨，植物学家林奈，发明电池的伏特，发明避雷针的富兰克林；有发现能量守恒定律的海尔曼·迈尔和焦耳，确定电流、电动势及电阻的欧姆，创立电磁感应定律的法拉第和麦克韦尔，提出化学元素概念的拉瓦锡，推出化学元素周期律的德·伊·门捷列夫，发现镭元素的居里夫人，提出原子结构行量图包括原子核、质子等粒子概念的玻尔。1859年达尔文的《物种起源》出版，标志进化论的最终确立，1916年爱因斯坦发表广义相对论，1899年弗莱明发现染色体，至此完善的细胞学说建立，等等。

与科学技术同行的，还有文化的启蒙和思想的解放，众多的哲学家、思想家相继亮相历史舞台。例如归纳法的创始人弗兰西斯·培根（1561～1626年），理性主义的开创者勒奈·笛卡尔（1596～1650年），被誉为西方启蒙运动的三大思想家伏尔泰（1694～1778年）、卢梭（1712～1778年）、孟德斯鸠（1689～1758年）。此外，还有法国哲学家约翰·洛克（1632～1704年），他的国家新理论和主张立法、行政和司法分离的学说对欧美的革命实践具有直接的作用。美国哲学家大卫·休谟（1711～1776年）的"怀疑论"即哲学史上的不可知论，德国哲学家莱布尼茨（1646～1716年）创立数理逻辑，古典唯心主义哲学的开创者伊曼纽尔·康德（1724～1804年），他的《纯理性批判》及"二律背反"等，其思想不论是对黑格尔还是马克思都产生不可低估的影响。此外，尚有倡导功利主义哲学的杰雷米·边沁（1748～1832年）和约翰·斯图亚特·穆勒（1806～1873年），实用主义理论的奥古斯特·康德（1798～1857年），进化论哲学的赫伯特·斯宾塞（1820～1903年）和托马斯·亨利·赫胥黎（1825～1895年），唯意志论的叔本华（1788～1860年）、尼采（1844～1900年）和卡尔·皮尔逊（1857～1936年），新康德主义和新唯心主义的奥托·李普曼（1840～1912年），新黑格尔主义的J·H·斯特林（1820～1909年）和T·H·格林（1836～1882年），生命哲学的集大成者亨利·柏格森（1859～1941年），经验批判主义的恩斯特·马赫（1938～1916年），实用主义的皮尔斯（1839～1914年）等。

在文学方面经典作品多多，有约翰·弥尔顿（1608～1674年）的《失乐园》，约翰·班扬（1628～1688年）的《天路历程》，丹尼·笛福的《鲁滨孙漂流记》，莫里哀（1622～1673年）的《伪君子》，卢梭（1712～1778年）的《忏悔录》，席勒（1759～1805年）的《阴谋与爱情》，歌德（1749～1832年）的《浮士德》，拜伦（1788～1824年）的《唐璜》，雪莱（1792～1822年）的《云雀颂》，查尔斯·狄更斯（1812～1870年）的《大卫·科波菲尔》，托马斯·哈代（1840～1928年）的《德伯家的苔丝》，夏洛蒂·勃朗特（1816～1855年）的《简爱》，维克多·雨果(1802~1885年)的《巴黎圣母院》,大仲马(1802~1870年)的《基度山伯爵》,司汤达(1783~1842年)的《红与黑》,古斯塔夫·福楼拜的《包法利夫人》,莫泊桑(1850~1893年)的《羊脂球》,罗曼·罗兰(1866~1944年)的《约翰·克利斯朵夫》,海涅的《德国——一个冬天的童话》,安徒生(1805~1875年)的《皇帝的新衣》,易卜生(1828~1906年)的《玩偶之家》,马克·吐温(1835~1910年)的《镀金时代》以及德莱塞(1871~1945年)的《美国的悲剧》等。

在艺术领域,出现前所未有的繁荣,涌现出一批艺术大师,如作曲家海顿(1732~1809年)、莫扎特(1756~1791年)、贝多芬(1770~1827年)、菲利克斯·门德尔松(1809~1847年)、罗伯特·舒曼(1810~1856年)、理查德·瓦格纳(1813~1883年)、弗朗兹·舒伯特(1797~1828年)、约翰·施特劳斯(1825~1899年)、古斯塔夫·马勒(1860~1911年)、柏辽兹(1803~1869年)、德彪西(1862~1918年)以及罗西尼(1790~1868年)、威尔第(1813~1901年)、普切尼(1858~1924年)等。画家委拉斯凯兹(1599~1660年)、伦勃朗(1606~1669年)、欧仁·德拉克洛瓦(1798~1863年)、爱德华·马奈(1832~1883年)、保罗·塞尚(1830~1906年)、梵·高(1853~1890年)等,雕塑家奥古斯特·罗丹(1840~1917年),以及巴罗克建筑,罗可可艺术等。

然而,工业文明在高奏凯歌,走向辉煌的同时,其自身暴露出越来越严重的缺陷。其一,工业化大生产与生产资料私有制的矛盾,劳动单纯成为谋生的手段,不但劳动内部体力和智力发生分裂,而且,劳动者与劳动条件发生分离,劳动过程和劳动产品不仅不能为劳动者支配和享用,反而成为压抑劳动者的一种异己的力量,创造文明的劳动者不能享受文明成果,却受着自己创造的文明的奴役和支配。其二,人类借助科技的力量,改变世界的能力已达到史无前例的、空前的强大,人类俨然成为自然的主宰,而当人类对自然界的强大干预超过自然界自调节能力,自然界已不堪忍受人类的掠夺和蹂躏,人与自然矛盾凸显,人类自身的生存面临空前危机。生活在工业文明社会的人们面临的正是这种危机,像一把达摩克利斯之剑,正高悬在人类之上。是生存,或者毁灭?正考验人类的智慧。

工业文明社会充满悖论。一面是交通的便捷,一面却是失去行走的自由;一面是人工系统的舒适,一面是没有四季冷暖的感知;一面是钢筋混凝土高楼,一面导致人与自然的隔离疏远;一面是对自然贪婪索取,一面是遭受自然无情的报复……工业文明社会拥有人类历史上最先进的生产体系,却生产了人类历史上最不安全的产品和食品;工业文明社会掌握了人类历史上最尖端的科学技术,却用来制造屠杀人类自己的武器;工业文明社会最具理性的人类,却犯下破坏自身生存根基的最大错误;工业文明社会的人得到人类历史上最好的物质享受,却不得不面对人类历史上最糟的生态环境、噪音、粉尘、垃圾、污水、光污染、核辐射……工业生产过程产生的一切,把上帝赐予人类的生存权、健康权全剥夺了。人类以自然为根基,却偏离自然规定的方向。

## 29.2 工业文化向生态文化转型的若干阶段

生态文化的转型是一个渐进的历史过程,大致要经历生态文化生成、发展和成熟的三个阶段。

## 29.2.1 工业化初期生态文化生成阶段

我国大规模的工业化建设始于新中国建立以后。在工业化初期阶段，国家的主要目标和任务是建立符合中国国情的现代工业体系，大力发展生产力，增加社会物质供给，基本完成以农业为主的经济社会转向以工业为主的经济社会。尤其在 20 世纪 80~90 年代发生的改革开放，在保证社会稳定的前提下，压倒一切的是发展，经济总量、速度、增长是硬任务、硬指标。工业化是社会的主流和方向标。

20 世纪末到 21 世纪初，生态文化开始对工业文化发起冲击和影响。这不但因为国际社会对环保的关注，国家制定《中国 21 世纪议程》，重要的是资源和环境自身的有限性的约束，盲目和单一追求经济总量已使资源和环境难以为继，陷入困境。实践证明，不顾环境和资源的发展，只能走进死胡同。这样在决策层面上发生以下改变：在目标上，由单一的经济目标，转为经济、社会、文化、政治和生态的多个目标；在方式上，由盲目、粗泛和非理性的发展，转为综合、有序和持续发展；在结构上，从侧重第一、二产业，转向第三产业，调整经济结构；在手段上，由重物质投入，转为人才、智能和技术的投入，以智取胜，以信息化带动工业化。

目前，我国正处在工业化初中期阶段，生态文化在工业文化中逐步生成并与工业文化发生冲突。一方面，生态文化在工业文化中生成。例如各级政府环保机构的建立，各类环保法律法规的制定，形式多样的民间环保组织的出现，生态美学、生态哲学、生态伦理学的产生，生态平等、生态公平、生态责任等生态意识的形成等。另一方面，生态文化与工业文化不断进行冲突和较量。尽管采取节能减排、推广清洁能源、淘汰落后产能、退耕还林等措施，落实科学发展观，变方式、调结构；但在许多地区依然我行我素，以经济总量论英雄，对科学发展观，或弄虚作假、或搪塞应付、或阳奉阴违，说一套做一套，借发展是硬道理的旗号，走拼资源拼环境的老路。从全国看，违章占地，滥用资源，破坏环境的案件屡见不鲜，难以遏制；被淘汰的落后产能继续隐身，向农村转移；局部生态环境好转，总体生态环境仍呈恶化趋势。形势不容乐观，转变经济发展方式任重道远。

工业化初期，国家主要运用经济规律、利用市场机制，促其经济增长、增加社会物质财富，但伴随而来的社会分配的不公平和人与自然的矛盾凸显。一部分先富的人过度消费；一部分人却因种种原因得不到应得利益，情绪低落，加上环境恶化，人与自然疏离，国民心绪普遍浮躁、无奈和纠结，急功近利，幸福感不高。

## 29.2.2 工业化中期生态文化发展阶段

就总体看，至 21 世纪中叶，我国将进入工业化中期阶段。在这一阶段，将继续落实科学发展观，既要运用经济规律，转方式调结构，抓住发展主题不动摇；又要遵循自然生态规律，保护环境，生态优先，淘汰落后产能，全面兑现节能减排指标，从根本上扭转生态环境恶化的势头；还要遵循社会规律，调节社会分配，逐步健全社会保障体系，实现社会公平。

如果说工业化初期，生态文化与工业文化处在生成与较量阶段，那么，在工业化中期，生态文化与工业文化将进入对话与适应阶段，绿色、低碳、环保、节能已成为社会普遍共识与实践。

至 21 世纪中叶，我国的工业生产体系将进行生态化改造，资源和能源的利用率达到或接近世界先进水平，清洁能源的比重达到 50%；污水和废弃物的处理率在 80% 以上，大江大湖的水质接近Ⅲ类水标准，生态农业、生态牧业、生态林业有一个更大发展，自然保护区的数量和规模上一个新的台阶，全国森林覆盖率达 26%，基本形成不同层次、结构合理的禁止、限制、重点和优化的发展空间布局。水土流失基本上消除，北方沙尘暴得到一定程度控制，水利设施的防灾抗灾能力达到百年一遇标准，极端气候条件下造成的自然灾害降到较低水平。

至 21 世纪中叶，政府各级环保机构更加效能有力，环保法律法规体系更加完善完备，民间环保组织更加多样适用，全社会形成爱护自然、珍惜环境的意识，生态平等、生态公平和生态责任逐步成为公民的自觉行为。生态文学和生态艺术形式多样，备受社会欢迎和接纳。生态伦理深入社会各个层面，成为社会伦理的一部分。在人们的理念中，不再只是非此即彼、非对即错的思维定势，一种包容，多元和整体的世界观已为社会所普遍接受。

至 21 世纪中叶，我国的经济总量和科技水平将达到或接近世界中等发达国家水平，但因人口众多，人均收入仍将处于世界平均水平。社会不再为贫困担忧，公共设施和社会保障将覆盖全体国民，共享和利他的理念逐步为公民所接受。届时，全国城镇化率将达到 75%~80%，城镇绿化水平大幅提高，每个人都能获得绿荫遮蔽。因而，社会成员将更少些世俗功利和浮躁，而趋于内心的宁静。社会崇尚绿色和理性消费，人与社会、人与自然渐趋和谐。

### 29.2.3 工业化后期生态文化成熟阶段

经过工业化中期生态文化与工业文化的对话与适应，进入工业化后期，生态文化将逐步占据优势，主导着社会的话语权。

从 21 世纪中叶起，再用 50 年时间，我国经济总量和科技水平将与世界发达国家并驾齐驱，人均国民收入将达到世界先进国家水平，国民平等享受社会物质财富，享有尊严、体面和幸福的生活。社会经济结构将由工业化中期的"两型"社会，步入循环型经济社会。

由于新材料、新能源的成熟，计算机、物联网和机械人的实际运用，以及生态技术、生态工艺的注入，预估在本世纪中叶前后，将发生一次新的工业革命，整个工业体系将发生脱胎换骨的改造，人们的生活方式和消费方式将发生颠覆性的改变。

但不管工业体系发生什么改变和改造，有一点必须肯定的，这就是循环理念和循环体系的引进——组织符合生态学原理的生态工业园区，走循环经济的路子。至本世纪末，所有的工业企业都要进入生态工业园区。生态工业园区模拟自然生态系统中"生产者→消费者→分解者"的生态链关系，在特定的地域范围内，实现企业之间、企业与社区之间，通过共享的基础设施，建立物质、能量、信息相互交换和循环利用机制，形成各个企业组成的产业共生网络体系。在这个产业共生网络体系中，不存在废弃物的概念，因为一个企业的废弃物，同时也是另一个企业的原材料。未来理想的工业体系或社会物质生产体系包括资源开采者、加工制造者、产业消费者、废物处理者四部分，彼此形成一个有限输入、循环再生、无废物排放的互利共生体系。循环既实现资源综合利用，以其达到自然资源开采的"0"消耗、废弃物的"0"排放；世界又在循环中生生不息、持续发展。循环将成为 21 世纪的关键词和一道最靓丽的风景线。

2005年4月中国发展研究院在中国经济高层研讨会上，提出用50年时间建设循环型社会，其总体目标是：2005～2010年（近期），建立比较完善的促进循环经济发展的法律法规体系、政策支持体系、技术创新体系和有效的激励约束机制；2011～2020年（中期），基本建成具有循环型特征的经济社会体系，建立起完善的循环型管理体系和政策法规体系；2021～2050年（远期），全面建立人、社会、自然和谐统一的循环型社会[①]。

进入循环型社会，属成熟期的工业社会，或后工业社会。在这一社会中，人们将娴熟运用政治规律、社会规律、文化规律和生态规律，以实现政治上的民主自治，文化上的多元并存，经济上的绿色低碳，生态上人与自然和谐共处。总之，整个社会人尽其才，物尽其用，地尽其力，清洁生产、循环利用、多样共生。资源利用率、循环利用、废弃物处理率等循环经济的主要指标，以及生态环境、可持续发展能力等达到世界先进水平，生态环境整体改善，全面进入可持续的良性循环。

届时，全国自然保护区应保尽保，面积将占国土的15%以上，所有国土为植被所覆盖。全国森林覆盖率达30%，且分布均衡、结构稳定。各级人性化的水利设施将确保江河安澜。污水处理率达100%，大江大湖的水质达到三类水质标准。沙尘暴控制有度，黄河澄清指日可待。沙患与水患不再是中华民族心腹之患，极端气候造成的自然灾害将降到最低，江河安澜、国土安全、家园安宁的目标基本兑现。

届时，由于信息的全覆盖，人们将有更大的自由度而更少开车去公司或单位上班。随着生态城市的建成和城市公交体系的完善，城市空间将显得开放和宽敞，人人都能共享到阳光、绿荫和花香。全社会将普遍实行6小时工作制和双休日制度，生活节奏将会变"慢"，人们将花更多时间去户外娱乐、休闲和保健，既接近自然，拉近人与自然距离；又放宽心境，获得精神上的愉悦。进入循环型经济社会，并非无矛盾和无冲突。人与自然、人与社会、人与自身的矛盾和冲突还会继续以不同的形式存在，但这种矛盾和冲突，会在一种法治背景下获得包容性的缓和与化解，而不必采取对抗形式。

届时，社会物质极大丰足，文化生活丰富多彩，社员成员不会为医疗、教育、住房和社会保障所困惑。社会每个成员的自律性和约束性增强，社会法制和法治更趋民主、自治和阳光。滥用资源、破坏环境会被认为是社会所不容的愚事、坏事，而受到普遍指责。生态伦理深入人心，爱护人以外的万物生命，已成为社会成员的一条道德底线。生态文学和生态艺术拓宽文学和艺术视野，给人类以更宽广的艺术空间。凸显整体观的生态哲学，使人类以天人合一、万物一体的人生观和世界观看待自身和世界，世界将变得更加绚烂美丽。

## 29.3 生态文化的创建

### 29.3.1 生态文化创建的基本原则

创建生态文化应遵循的基本原则是：

第一，有为原则。作为人类应当有为，应当发挥人的主体性、能动性和创造性。正因为人的主体性、能动性和创造性，文化包括生态文化才呈现出其本来的面貌和意义。语言

---

① 我国将用50年左右全面建成循环型社会[N]. 石家庄日报，2005 – 4 – 11.

和文字、文学和艺术、科学与宗教，皆为人类所创造。从原始社会，以自然生态系统为对象，利用木石器具，索取食物，以获得生存的渔猎文明，到农耕社会、培育植物、驯养动物、建立以农田和牧场为主要标志的农业文明，及至当下的工业文明，皆为人为的结果。现代科学技术已经可以把物质流、能量流、信息流有机组织在一个生态系统，并加以调控。以人工控制的生态系统为主要标志的现代文化，应当是工业文明最集中的一个成果呈现，它表现在一定尺度和能量内人类可以调控某一生态系统。人工控制的生态系统在农业上的应用即为现代设施农业，在工业上的应用即为现代工业，以及包括现代影视、现代传媒、现代网络、现代创意、现代动漫产业等文化产业。推而广之，现代金融、交通、航空、学校、医院、实验室、军营、超市、单位以及现代城市、乡村等都有可能实现一个由人工调控的生态系统。

以人工控制的生态系统为标志，说明人类的有为。我们眼下所见的一切，几乎均为人工控制的生态系统，属于技术圈范畴。但人类的这种有为，绝不是随心所欲的妄为，而应当是在生态阈限允许范围内的作为，一种在地球生物圈整体平稳运行下的作为。

第二，有所为有所不为原则。这是针对农田、牧场、鱼塘等半人工生态系统而言。以农田生态系统为例，人类学会栽培作物，懂得向农田输入物质和技术，以取得预期的收获，这是有所为；但人类在把控农田生态过程中，依然要依赖地球生物圈提供的生态背景和诸多生态因子，接纳自然界无偿给予的阳光雨露，这是有所不为。我们说农田是半人工生态系统，指的是农田生态，一半依靠自然；另一半由人工调控。牧场、鱼塘亦是，属半人工生态环境。一半是自然提供牧场或鱼塘，一半是由人类利用牧场驯养牲畜，既有所为又有所不为。生态农业、生态林业、生态牧业、生态渔业及其文化，就是这种半人工生态系统文化的范例。人类在自然阈限内应当有所作为，这是人类比其他物种高明的地方。但人类又要有所不为，人类不能无限扩张自己的作为，而忽略或无视自然界的力量——自然的作为。自然的作为就是生态生产力。人类的有所不为，守护自然的整体性，让自然作为，这是人类的自律和明智。有所为，在自然生态阈限允许范围内；有所不为，约束人类自身，避免和减少人类不必需的作为，让自然生态系统发挥其作为。人类既要有所作为，发挥人的主观性和创造性，遵循生态方向，构建社会生态文化；又要有所不为，让自然生态系统本身，发挥其潜在性和创造性，按照自然规律，体现自然生态文化。两者并行不悖，互为补充。

第三，无为原则。无为原则是针对自然生态系统或地球生物圈而言。毫无疑义，人类生存的底线要求人类守护、守候和守望自然生态系统的整体和稳定，这也是生态文化的终极目标。而实现这一目标，要求人类无为或少作为，减少对自然界的干扰和侵袭，让自然生态系统或地球生物圈按自身的规律运行。然而，在实际上，包括天体运行、昼夜交替、生物进化、物质循环、大气环流、潮汐运动、土壤风化、生物链环、地质错动等等自然规律，人类显然无法也不可能改变它们。人类所能做得只是尊重与顺从，选择与适应。无为即遵循和顺应自然规律。人类如此，人类以外的万物亦如此。无为是人类及万物生存的大智慧。因为人类及其万物要在自然界立足、繁衍和发展，唯有遵循和顺应自然规律，此外别无选择。这种以自然生态系统为对象，以维护地球生物圈的整体和稳定为终极目标，以"无为"为手段的文化形态，即为自然生态文化。

人类的无为，保留了包括天然林、湿地、荒野、冰川、深海以及神山、神湖、无人区、秘境等自然生态文化的范例，这些书写在地上的文化，看似与人类无关紧要，但却是生命之本，也是人类文明的源头所在。

**29.3.2　创建生态文明的若干形式**

随着生态意识的普及，生态文明建设活动的深入开展，各地创造出诸多创建生态文明的形式。这些形式扎根实践，有强大的生命力。主要有产业、区域、单位和个体四个层面的生态文化形式，现举例如下：

*29.3.2.1　产业层面*

从产业层面，有生态工业、生态农业、生态服务业和生态文化产业等形式及传达的文化。

(1)生态工业。生态工业指采用生态工艺，运用生态技术，形成的工业生产体系。生态工业是工业与生态学的结合，从而引发传统工业范式的根本性变化。

生态工业与传统工业范式不同，传统工业的目标是致力于末端污染物的处理和治理已造成的污染。生态工业则是把整体工业生产流程看作一个相对封闭的循环体系，建立一种新的工业程序，一个新的"工业生态系统"。生态工业在初始即把废弃物列为对象，它要求把能源和物质的投入，以及废物和污染物的生产减少到最低程度，使工业制造过程中的这些副产品能被重新利用和二次利用。

美国产业界认为，确立绿色产业政策，建立"工业生态系统"，将成为美国国家的最终目标，并成为21世纪占主导地位的制造方式[①]。美国世界观察研究所把生态工业称为"环境保护引发的一次工业革命，"并预言它将涉及工业生产的所有领域。杜邦公司把它称为3R制造，即Recycle(回收)、Reuse(再利用)、Reduce Waste(减少垃圾)。美国产业界有人称为"持久发展的工业"，瑞典和加拿大等国的产业界称之为"绿色工厂"，日本通产省称之为"生态工厂"。其主要特点，是最大限度把环境安全列为公司的发展战略，最大限度把废弃物转化为资源，重新利用。因此，现代工业体系必须引进循环理念和循环体系——这就是生态工业园。生态工业园是我国继技术开发区、高新技术园区之后的第三代园区。

生态工业园区是模拟自然生态系统中"生产者→消费者→分解者"的营养结构关系，在特定的地域范围内、企业之间、企业与社区之间通过共享的基础设施，建立物质、能量、信息相互交换和循环利用机制，从而形成各个企业组成的产业共生网络体系，在这个产业共生网络体系中，不存在废弃物概念，因为一个企业的废弃物，同时也是另一企业的原材料[②]。

我国从1999年开始规划，目前，全国已有20多个国家生态工业园区。广西壮族自治区贵港国家生态工业园区是我国创建的第一个生态工业园区，以制糖业为核心，由蔗田、制糖、酒精、造纸、热电联网和环境综合处理六大子系统，形成一个集工业与种植为一体，各子系统相互协调的互利共生的复合系统。一个理想的工业体系，至少必须包括资源开采者、加工制造者、产业消费者、废物处理者四个部分，并且彼此形成一个有限输入、

---

[①]　余谋昌. 文化新世纪——生态文化的理论阐释[M]. 哈尔滨：东北林业大学出版社，1996：115.
[②]　傅泽强. 生态与工业的和谐画卷[J]. 百科知识，2006(11)：22~23.

循环再生、无废物排放的互利共生体系。

(2) 以生态农业为例。生态农业指农业与生态学的结合,即通过农业生态设计把生态技术应用于农业生产。生态农业是应用生态学原理,诸如系统整体性、生物物种共生、物质循环、转化再生以及生物与环境相适应的平衡规律,进行农业生态系统结构的设计,以便最合理利用太阳能与水、土、气象等农业资源,形成完整的农业产业链,生产尽可能多的植物产品、动物产品和微生物产品。

生态农业从一定意义上是追求不对环境造成破坏的稳定和持续发展的农业,其主要目标包括两方面:在农业经济方面,力求产量、质量和效益的统一,为社会提供多样和丰富的农产品;另一方面,要保护农业依赖持续发展的生态环境,保护耕地面积、保护耕地地力、防止水土流失、保护水利资源、生物多样性、保护土地的生产潜力,等等,实现农业与环境保护的有机结合,建设可持续发展的农业。

"生态农业"概念是美国土壤学家阿尔伯特在1972年提出的,指不用或少用农业化肥,通过增加腐殖质改良土壤条件的农业。生态农业也称为有机农业、绿色农业。中国文明能经历五千年,经久不衰,其中一个重要原因是推行一整套行之有效的有机农业耕作制度。不使用化肥,而是施用人畜粪便、秸秆返田、套种绿肥,以保持地力不衰退。不施用农药,而是人工捕虫,或采用冬翻晒土、或多种作物轮作、混作、利用天敌消除虫害,保证农业稳产高产,应当传承和借鉴。

在推进农业现代化进程中,滥施化肥、农药残留,品种的单一化以及大面积推广大棚农业带来的负面影响,应当引起人们的关注。而解决这一问题的有效办法是:因地制宜,发展生态农业。对山区、半山区、沿海、水乡等不同地区,要推行不同的生态农业模式。例如粮—棉、粮—油菜、粮—蔬菜的农作物间作、套作和轮作模式。旱作粮棉—绿肥、水稻—红萍(或绿萍)粮肥间作模式,葡萄(瓜、果)—蔬菜(花卉)—食用菌的庭院立体种植模式,以及稻—萍—鱼,稻—鸭—鱼,林—鸭—鱼,林—畜—蚯蚓,苇—禽—鱼等立体种养模式,畜—粪便(沼气)—农作物(返回农田)等利用食物链结构技术,多次利用,形成良性循环①。

目前,全国有生态农业试点村农场1000多个,生态乡500多个,生态县100多个。北京大兴县民留营生态村等6个生态农业试点单位被评为"全球500佳",受到联合国环境规划署的表彰,被认为是发展现代农业之路。

### 29.3.2.2 区域层面

从区域层面,依次有生态省、生态城市、生态县、生态镇等创建。在当下的工业化、城镇化的进程中,生态城市及其文化尤其引人关注。

20世纪初,英国生物学家P·盖迪斯在1904年写的《城市开发》和《进化中的城市》中,把生态学的原理和方法应用于城市研究。1971年联合国教科文组织在第16届会议上,提出"关于人类聚集地的生态综合研究",生态城市的概念应运而生,生态城市被认为是21世纪城市的建设模式②。而"城市森林"的概念是20世纪60年代由美国和加拿大提出

---

① 李振基等. 生态学[M]. 北京:科学出版社,2000:385,386.
② 胡德平. 森林与人类[M]. 北京:科学普及出版社,2007:259.

的。由于森林强大的生态功能，世界城市森林发展势头强劲。

我国是世界上城市最多的国家之一，现在有城市 680 多座，建制镇 17000 多个。城镇化推动经济繁荣和社会进步，但也带来严重的环境问题，例如热岛效应、大气污染、水体污染、噪声、垃圾和生态失调等。而当下，解决这一问题的有效办法是建设森林城市或生态化城市，"让森林走进城市，让城市拥抱森林"。其一，应坚持生态功能优先的原则，对城市绿地整体空间进行合理生态配置，发挥城市森林调解城市水文系统的功能，提高绿地对水分的吸收、贮存和渗透功能；通过乔、灌、草复合群落结构，提高群落光合效率，最大限度地吸收 $CO_2$、吸尘、减噪和充分发挥绿色植物放出氧气、调节小气候的功能，促进城市的生态平衡。其二，师法自然。城市森林的主体应当是自然和近自然的森林绿地，除了尽可能保护城市原有地貌、古树和森林之外，对于新增的森林绿地在主要树种选择和模式配置上提倡近自然的培植模式，给人们提供一个相对宁静、富有生命力的自然或近自然的环境。其三，林网化与水网化结合。根据城市特点，全面整合林地、林网、散生木等多种模式，有效增加城市林木数量；恢复城市水体，改善水质，使森林与各种级别的河流、河渠、塘坝、水库等连为一体；建立以核心林地为森林生态基地，以贯通性主干森林廊道为生态连接，以各种林带林网为生态脉络，实现在整体上改善城市环境、提高城市活力的林水一体化城市森林生态系统，最终实现"林阴气爽、鸟语花香、清水长流、鱼跃草茂"的美好人居环境。其四，城市森林建设应与城市园林、城市水体、城市基础设施建设结合起来，相互协调，融为一体，林园相映，林水相依，林路相连，注重林木植被与建筑物在空间上的多层次垂直立体配置，形成"城在林中、路在绿中、房在园中、人在景中"的总体格局。

生态城市应当是一座山水城市，人与自然亲近无间。不但城市森林覆盖高，市区内遍布公园、街心公园、古典园林得到保护，人们在林荫大道上行走；尤其要保护好市区内的湿地、河流与山体。临江临海的城市，要凸显滨江滨海的生态功能，使人们有机会接近自然。

生态城市是一座环境质量良好的城市，人与自然友好相处。能呼吸到新鲜空气，而不必受粉尘和汽车尾气困扰。城市各功能区划分清晰，公共设施设备齐全，有发达和便捷的公共交通系统，人们乐于以步代车，而不钟情和依赖轿车。人人自觉参与垃圾分拣，整个城市洁净有序，又充满活力。

生态城市还应是一座低碳城市，人与自然形成良性循环。在 2010 年上海世博会形态各异的建筑和设施背后，传递的正是这样一个生态理念：低碳、节能、循环。在世博园中，有国内面积最大的太阳能光伏电池示范区，收集太阳能，而不采用化石燃料，以减少 $CO_2$ 排放。园区内公共交通系统采用电动车、超级电容汽车和氢能源汽车，园内交通实现零排放。园内区 80% 以上夜景照明采用 LED 光源，既节能又干净。

### 29.3.2.3 单位层面

在单位层面，有绿色校园、绿色医院、绿色企业、绿色机关单位的创建活动。以绿色高校创建为例，从 1998 年 5 月 20 日，国家环境保护总局批准清华大学"创建绿色大学示范工程"的项目报告开始，我国创建绿色大学已有十几年的历程。

绿色高校创建包括和谐的人际关系、绿色校园环境和人性化管理环境三个方面。和谐校园的人际关系就是要善于化解矛盾、调解冲突、统筹差异，使学校教职工、学生及各群体之间齐心合力做事，在和谐中实现共同的发展。绿色校园环境主要指校园布局合理，格调高雅、绿化美化、环境幽静，人与自然和谐相处，既有大师又有大楼，师生舒心惬意，和谐氛围浓厚。这种安静的环境，会使高校具有极强的发展生命力。人性化的管理环境指学校依法治校，民主决策，内部的各部门管理制度健全，管理规范、教学、管理、服务工作井然有序。绿色高校一切以学生为本，做到教书育人、环境润人，两者互为补充。

1999 年，中共中央宣传部、国家环境保护总局和教育部联合颁布的《2001～2005 年全国环境教育宣传教育纲要》中指出要"在全国高校中开展创建绿色大学活动。"以哈尔滨工业大学为代表的一批大学，率先开展创建活动，成为全国高校创建活动的示范。2003～2004 年间，广西、陕西、云南、福建等省区的高校中普遍开展了创建"绿色大学"的评选活动。一批学者或撰文或著书，对绿色大学概念、创建的内容、途径方法、评价指标体系进行了探讨、研究，创建"绿色高校"的实践与研究取得了明显的成效。

以清华大学为例，清华大学十几年前就把创建绿色高校作为争创世界一流的重要举措，在进行绿色科研中，鼓励教师所从事的研究工作与环境问题、资源问题、气候变化问题相联系，2008 年成立了低碳能源实验室和低碳经济研究院，他们首创的"绿色教育、绿色科研、绿色校园"已使全校师生生态文明的意识得到了极大的增强，校园环境得到极大的改善。

北京林业大学在实践科学发展观的"引领生态文明，建设高水平林业大学"活动中，积极发挥国家生态文明教育基地的示范作用，组织推进"绿色校园与生态文明"系列活动。在学习实践活动中，学校积极响应全国绿化委员会、教育部、国家林业局"弘扬生态文明，共建绿色校园"活动的要求，集中智力资源，启动了"绿色校园与生态文明"大型系列活动，取得明显成效。

#### 29.3.2.4 个体层面

在个体层面，即要求现代社会的每一成员要"修身"，要重塑自身。这就是说，社会每一成员通过践行生态、履行作为地球生物圈普通一员应承担的责任和义务，从而成为社会的"生态人"或"绿色成员"。人类比人类以外的万物生命，有其诸多优点、优势，但也有自身诸多难以克服的弱点和缺陷。人以外的万物生命除了维持自身生存外，别无他求；而人类则不同，人类有生存之外的追求，且这一追求在社会文明和进步的幌子下，几乎是无止境的。从另一方面看，人类的这种无止境的追求，就是私欲和贪婪。在工业社会背景下，这便表现为仅仅追求物质目标的非理性、非绿色、非低碳的生活方式和消费方式。

在个体层面要求现代社会成员成为"生态人"或"绿色成员"，是当下社会个体必须履行的责任和义务。在一个人人都有不断提高物质和文化需求的社会中，又不承担生态与环境的社会责任和义务是不可想象的。在一个经济、政治、社会、生态等多元维系的社会中，仅仅只遵循经济、政治、社会规则，而忽略或不遵循生态规则，同样是不可想象的。遵循生态规则，按生态学原则生存，用生态伦理规范要求自己的言行和行动准则，这就是生态文明视域下社会成员的生活方式和消费方式，一种惜物、节能和低碳的生活方式，一种适度、适中和相宜的生活方式，一种既满足自身需求又体现共享和尊严的生活方式，一种绿色、理性和健康的生活方式。而当这种生活方式成为全社会普遍的行为规范，生活在其中的每一个个体，便自觉或不自觉地完成自身的道德修养，成为生态文明社会的真正一员。

### 29.3.3 创建生态文明的五个层次

2002年在深圳召开的第五届国际生态城市大会上，有专家提出，一个良好的生态城市，应做好五个层次的工作，这五个不同层次处于人类生活的不同位置，构成一个生态文化金字塔。

第一层次：生态卫生。这是生态文化创建的最低要求。即通过生态工程方法回收或分类处理生活废弃物、污水和垃圾，使城市环境干净、整洁，居民不再为垃圾、污水、噪声困扰。

第二层次：生态安全。包括饮水安全、食品安全、药物安全、交通安全、居住区安全、减灾及生命安全等。

第三层次：生态产业。包括产业规划、淘汰落后产能、节能减排、调整产业结构、促进产业转型升级、采用生态工业技术、建立循环经济开发区等有效措施，逐渐实现工业生产体系对环境的零排放。

第四层次：生态景观。强调因地制宜，充分利用山体、水域，通过生态景观规划与建设，优化景观格局，使自然山体、森林、湿地、水域与公共绿地、公园、园林、广场等融入城市之中，构成不同城市各具特色的生态景观，满足城市居民户外娱乐和休闲的需求。

以上四个层次，基本上属物质层面，属物质文明范畴。

第五层次：生态文化。这一层次包括制度层面的制度文明和精神层面的精神文明。有关生态文化的法律法规、规章制度、组织机构等属制度文明范畴。有关生态文化的理念、观点、精神，如生态哲学观、生态审美观、生态伦理观、生态宗教观等属精神文明范畴。总之，生态文明的创造是一项庞大的系统工程，既要从大处着眼，从物质、制度和精神等层面着手、综合治理、标本兼治；又要重视细节，从当下最紧要的问题切入，从各部门各行业做起，从自身做起。日本农学博士远山正瑛20世纪80年代来中国的恩格贝种植，一直种到97岁。在他的影响下，日本的志愿者在恩格贝种下300万株树木，染绿黄沙30万亩。生态文化不是口号，而是一个实践过程。只要人人参与，形成合力，定能构筑起生态文明的大厦，庇荫当代，也福泽后世。

# 第三十章

# 生态文化产业

生态文化产业是工业化生产体系催生的产物，是文化产业的一个部门，是现代社会产业群的重要组成部分。在社会主义市场条件下，生态文化产业具有两重属性，既有经营性或商业性的一面，又有公益性或公共性的一面。面对市场，生态文化产业必须遵循价值规律，生产越来越多形式多样的生态文化产品，满足社会的不同需求，体现经营性的一面。社会还要大力扶持和发展非经营性的生态文化事业，使生态文化产品走进普通百姓人家，体现公益性的一面。生态文化作为一种事业，表明产品的公益性，向全社会开放，这是社会进步和公平的标志，也是生态文明建设的必然战略选择。

## 30.1 广义文化：生态文化

文化既是一个缓慢的历史的积淀过程，又是一个不断向自身以外存在物延伸和扩张的过程。传统观念认为，文化是属人的，以人类为中心展开的。或者说只有人类的出现，才会产生文化，并把文化的概念严格局限在教化上。中国古代的"文化"概念，指的是以文字为标志的文治教化一类的活动，基本上属精神文明范畴。随着时代的发展和社会进步，文化概念不断向外延伸和扩展，从人文教化的精神层面，向物质器具层面，以至制度层面和行为层面扩张，几乎涵盖人类社会的一切。时至今日，人们有关文化的定义有 120 种之多，涉及社会生活的方方面面。文化概念的外延和扩张，形成文化对人类社会创造一切的全覆盖。

然而，文化的外延和扩张并没有因此停止脚步。因为人类生活在两个世界当中，既生活在人类创造的世俗物质社会（技术圈）中，又生活在生命演化的自然生态系统（生物圈）中。人类既无法摆脱世俗物质社会中人与人的关系，也无法摆脱自然生态中人与自然的关系。生态科学的诞生，以及在生态科学基础上衍生的生态文化学，清楚地表明，文化并非为人类所独有、所垄断。自然界中也有自身固有的内在价值，也有自己的文化和文化形式。自然界的一切存在物，有机与无机，生命与非生命，动物与植物，并非默默无闻和毫无作为，他们都作为主体，有目的，有意识，在执行自身的使命，在呈现生存的精彩。正如罗尔斯顿所言："苔藓在阿巴拉契亚山的南段生长得极为繁茂，因为似乎别人都不怎么关心它们，但它们就在那里，不顾哲学家和神学家的话，也不给人类带来什么好处，只是自己繁茂地生长着。的确，整个世界都是这样——森林和土壤，阳光和雨水、河流和山峰、循环的四季、野生花草和野生动物——所有这些从来就存在的自然事物，支撑着其他一切。人类傲慢地认为：'人是一切事物的尺度'，可这些自然事物是在人类之前就已存在了。这个可贵的世界，这个人类能够评价的世界，不是没有价值的；正相反，是它产生了价值——在我们所能想象到的事物中，没有什么比它更接近终极存在。"①因此，从生态文化的视域，广义文化概念的理解，文化应外延至人类以外的自然存在物，文化不仅弥漫在人与人的关系上，还渲染在人与自然的关系上，生态文化无疑给文化以全新的界定。如果说狭义文化仅指人类自身的文化，那么，广义文化或生态文化，应包括人类文化或非人类存在物文化两部分，是以人为核心的向外延伸至生物圈的整体性文化。

## 30.2 生态文化产品分类及其特征

### 30.2.1 生态文化产品

作为广义上的生态文化是一种整体性的文化，既是人类社会历史的产物，打上社会的烙印；又是自然生态系统演化的产物，打上自然的烙印。而作为一种具体的生态文化形态，指生态文化产品，生态文化产品包含"魂"和"体"两个方面。生态文化产品要表现出特定的精神内涵，如价值取向、审美情趣和道德祈求等精神方面的东西，以体现文化认知、教化、娱乐等功能，这是生态文化的"魂"。而生态文化的这种精神内涵的呈现，又总要依托一定的物质载体，表现为一定的物质形态，这是生态文化的"体"。生态文化产品既包含精神性的东西，又寓精神于其中的物质形态，是生态文化物质形态（体）和生态文化内涵精神意蕴（魂）的结合，是被赋予生态意识的文化产品。

### 30.2.2 生态文化产品的分类

按照人类对自然物抽象和加工深浅程度，生态文化产品依次可分为：

第一类，生态文化理论形态产品，指以纸媒质或电子媒质为载体的，以自然生态为认识和体验对象产生的理论形态产品，如自然科学意义上的生态科学，哲学社会学意义上的包括生态哲学、生态伦理学、生态美学等在内的生态文化学，以及同上述学科相关的论文、期刊、专著和出版物。自然科学的生态学阐述生态系统内在关联和规律，而哲学社会科学的生态文化学旨在说明自然生态的外在形式和内涵意义。

第二类，生态文艺产品，指以自然生态为审视对象，关注环保，凸显生态主题的诗、散文、小说、随笔、报告文学、网络文学等文学作品，这些被当下称为环境文学或生态文学。此外，尚有绘画、书法、摄影、音乐、舞蹈、影视作品、动漫等艺术形式，呈现一幅宽阔的万类霜天竞自由的自然画幅。

第三类，生态工艺产品，以木、竹、草、藤、金、石等自然材料为物质载体，经艺术加工而成的树桩盆景、木竹雕刻、根雕、插花、草编、竹编、藤编和园林艺术等，这些工艺品介于物质性产品和精神性产品之间，既令人愉悦，有审美价值，又有使用性，有实用

---

① 罗尔斯顿著，刘耳，叶平译. 哲学走向荒野[M]. 长春：吉林人民出版社，2000：9.

价值。

第四类，生态博物馆形态产品，指以实物、模型、图片、屏幕以及声、光、电等手段，展示自然生态、物种、生命个体其及内在联系，用以宣传生态文化为主要内容的展室、展厅、展馆等。这类公共文化产品可作为生态科普教育基地、生态文化传播基地和青少年德育教育基地发挥作用。

第五类，生态旅游文化产品，包括国家森林公园、城市公园、古典园林，以山寨乡村为游览对象，例如竹乡、茶乡、花乡、渔村等，以风水林或经济林、名木古树、寺庙道观、古道古桥等为基本载体，针对乡村的风土人情，风俗习惯等非物质文化遗产项目开展的生态文化产品和服务。

第六类，自然保护区文化产品，包括天然林、荒野、湿地、荒漠等禁止或严格限制开发的空间。这些天然林、荒野、湿地、荒漠等具有原生性、多样性和整体性的特征，是生命之源和人类重要的自然和文化遗产，可供科学、教育、宗教、文化和考古等使用，是一种公共文化资源，一项不可移动的公共文化产品。

第一、二类的生态文化产品是形而上的，属精神层面的生态文化产品；第三、四、五、六类生态文化产品是形而下的，属物质、制度、行为层面的生态文化产品，它们共同构筑生态文化代表体系[①]。

### 30.2.3 生态文化产品特征

生态文化产品与一般文化产品相比较有以下特征：

(1) 生态文化产品与其他文化产品一样，具有教化和娱乐功能，即通过对生态文化产品的触摸，鉴赏和解读，实现人与生态文化产品之间的交流、沟通和默契，以达到增进知识、愉悦身心、陶冶情操、提升境界之作用，这也是生态文化产品的普遍特征。但生态文化产品由于凸显生态主体，提供有关生态哲学、生态伦理和生态美学等方面的知识，因此生态文化产品的寓教于乐的功能，不但涉及人与人的关系，还涉及人与自然的关系，这将大大有助于人类走出狭隘的人类中心主义的圈子，进入一个人与自然，人与万物为一体的更广阔世界，一个生态伦理世界。

(2) 生态文化产品与其他文化产品一样，具有低物耗低能耗的特点，这也是文化性产品与物质性产品的一个很大区别。但生态文化产品与其他文化产品比较更少物耗和能耗，且由于生态文化产品的物质载体本身的有机性、可分解性和可循环性，在经人们触摸、鉴赏和解读后，除一部分作为文化经典存留外，大部分生态文化产品经分解后返回自然。"花自凋零水自流"，表明自然的生态文化产品，经人们消费后又返回自然，实现完整的循环。

(3) 生态文化产品与其他文化产品相比较，还有一个特征就是自然的背景性。诸如山脉、水体、大气以及其他生态因子所构建的自然环境的功用。以生态旅游文化产品为例，我们不否定人工建筑物、人造景观其及基础设施在旅游景区发挥的作用，但人们之所以不远千里要去国家森林公园、国家地质公园或名胜古迹所在地，显然还在于那里的青山绿水、那里的清新空气、那里的幽静环境，这些是自然生态系统所提供的自然环境与氛围。

---

① 苏祖荣. 森林文化产品分类及比较分析[J]. 北京林业大学学报(社会科学版)，2010(4): 19~20.

一旦失去山脉、水体、大气及其他生态因子所构建的自然环境与氛围,即失去自然的背景性,人工建筑等旅游设施只是一个生硬的毫无生气的水泥外壳,完全失去审美和自然观赏价值,不再是生态旅游文化产品了。

(4)生态文化产品与其他文化产品相比较,具有自然的原始性。例如国家森林公园,基本上原封不动保留天然林或天然残次林的原貌,绝非造园艺术家和能工巧匠创作的古典园林或现代公园可以比美的。生态美学认为,越减少人工痕迹和世俗习气,越能呈现自然美的真谛。如果说国家森林公园还允许保留人工痕迹,那么,天然林、荒野、湿地等等自然保护区、文化产品,更以其原始、粗犷和蛮荒的特征,呈现其本身的价值。正如罗尔斯顿所言:"这是一个活的博物馆,展示着我们生命之根。"[①]这是不需要工业文明的恩赐,甚至拒绝一般人进入。这里需要安静,需要按自然给予的原始伫立在那里,它是一本从远至今的自然史书,在缓慢打开,供人们触摸、回忆和联想[①]。

## 30.3 生态文化产业的两重属性

### 30.3.1 文化产业的基本定位

文化产业是内涵文化形态的产业部门,是现代国家产业体系的重要组成部分,随着知识经济的到来,文化产业将在国家产业体系中占据越来越重要的地位。

从严格意义上说,在长达几千年的农耕社会中,有文化和文化产品,但没有文化产业。在生产力水平低下、基本是手工作业的条件下,社会没有足够的剩余产品和空闲时间,虽然我们肯定能工巧匠和民间艺人为农耕文化付出辛劳和代价,但真正享用文化的只有封建社会上层的达官贵人和文人墨客,文化成为少数特权阶层的专利。

工业社会的一个重大的贡献在于,它给文化以工业装备,进行工业化生产,例如现代传媒业、现代电影业、现代网络业以及现代旅游业等等。这样,在工业生产流水线上产生的文化产品进入寻常百姓人家,文化及文化产品普适化、平民化、通俗化了。文化及文化产品不再是少数人的专权和专利,而成为日常用品和消费品,使普通百姓也能感受到文化给他们带来的闲适和愉悦。

联合国教科文组织关于文化产业的定义如下:文化产业就是按照工业标准,生产、再生产、储存以及分配文化产品和服务的一系列活动。从文化产品的工业标准化生产、流通、分配、消费的角度进行界定。

事实上,世界各国对文化产业并没有一个统一的说法,不同国家从不同角度看文化产业有不同的理解。美国没有文化产业的提法,他们一般只说版权产业,主要是从文化产品具有知识产权的角度进行界定的。日本政府则认为,凡是与文化相关联的产业都属于文化产业。除传统的演出、展览、新闻出版外,还包括休闲娱乐、广播影视、体育、旅游等,他们称之为内容产业,更强调内容的精神属性。

2003年9月,中国文化部制定下发的《关于支持和促进文化产业发展的若干意见》,将文化产业界定为:从事文化产品生产和提供文化服务的经营性行业。文化产业是与文化事业相对应的概念,两者都是社会主义文化建设的重要组成部分。文化产业是社会生产力

---

[①] 罗尔斯顿著,刘耳,叶平译.哲学走向荒野[M].长春:吉林人民出版社,2000:214.

发展的必然产物，是随着我国社会主义市场经济的逐步完善和现代生产方式的不断进步而发展起来的新兴产业。

2004年，国家统计局对"文化及相关产业"的界定是：为社会公众提供文化娱乐产品和服务的活动，以及与这些活动有关联的活动的集合。所以，我国对文化产业的界定是文化娱乐的集合，区别与国家具有意识形态性的文化事业。

尽管世界各国对文化产业从不同角度进行了不同的定义，但文化产品的精神性、娱乐性等基本特征不变，因此，文化产业是具有精神性娱乐性的文化产品的生产、流通、消费活动[①]。

### 30.3.2 生态文化产业的界定

生态文化产业是从事生态文化产品生产和提供生态文化服务的经营性行业，是工业文化向生态文化转型的必然结果，是工业社会后期的一个新兴产业，是承载生态文明的基本载体，是经济社会持续健康发展的重要保证，是未来经济健康有序发展的重要引擎，其发展前景将无可限量。

生态文化产业是凸显生态主题的文化产业。生态文化产业作为现代社会中文化产业的一部分，虽然是借用现代社会的文化产业的框架和结构，但其主题和内容的生态转向，意义是重大的。现代社会的文化产业，其主题或内容主要是人，是人类自身，描述人与人（社会）之间的亲情、爱情和友情，以求实现人与人（社会）之间的和谐。生态文化产业要求主题和内容的生态转向，要求文化所描述的对象，从关心人扩展到关心人以外的万物生命及自然生态系统，倾诉人对自然及万物生命的情感，拉近人与自然之间的距离，实现人与自然之间的和谐。文化主题和内容的生态化，扩展了文化的视野，丰富了文化的内容，深化了文化的内涵，给现代文化产业注入生机和活力。取得票房不俗成绩的美国大片《阿凡达》，就是以生态为主题的。实践证明，生态文化对文化产业的注入，产生的以生态为主题的摄影、美术、传媒、广告、影视以及文艺作品，是深受广大民众欢迎和认可的。

生态文化产业是能拓展文化项目的文化产业。显然，生态文化能拓宽文化产业项目，延长文化产业链，提高文化产品位，增加文化产品的附加值，整体提升文化产业水平，这都十分有利经济结构调整和发展方式的转变。生态文化资源的开发，其最明显的一个结果是开展生态旅游。生态旅游把一直被掩盖着的自然的审美价值显现出来。而它本身几乎是不消耗资源的。在游客眼中，此时的自然生态不是劳动对象，而是作为一个审美对象出现的。这有利于生态的保护，又能促进经济发展和社会稳定。生态文化产业发展使传统加工的下脚料，被充分利用，加工成小件的工艺品，小巧玲珑，很受游客欢迎；一些野生、无公害、有机和绿色食品身价倍增，被游客普遍认可，既增加了花色品种，也丰富了饮食文化。尤其需要指出的是，在制造业中，加工生产属低附加值的环节，而处于前端的产品设计和文化创意以及处于后端的品牌培育和市场营销，属于高附加值的环节。因此，技术、知识和文化的注入，既增加附加值，又为经济结构调整和转变经济发展方式做出表率。

生态文化产业还给蓬勃发展的文化创意带来全新的理念，从而推动文化创意产业的发展。任何一种文化创意活动，都要在一定的文化背景下进行。现有的文化创意产业，以人

---

① 胡晓明，肖春晔. 文化经纪理论与实务[M]. 广州：中山大学出版社，2009.

为主体，以物为中心，求利益的最大化。而生态文化的敬畏和崇尚自然的理念，师法自然的理念，以及节能、循环、共生、和谐、低碳等理念，显然提升文化产业创意本身，给现代传媒、动漫游戏、设计创意、工艺美术、休闲旅游、文化会展、广告创意等文化创意产业注入新的内容和切入点，文化创意如果缺失生态的内容，很难想象这种文化创意是时代和时尚的。生态文化的观念、内容和切入点，必然给文化创意提供新的活力和功能，从而大大促进文化创意产业的发展，并推动经济发展和社会进步。

生态文化本身就是一个产业。这就是说，生态文化不仅仅是一个形而上的概念，而是有产品，有生产多种多样生态文化产品与文化企业和营销生态文化产品的流通渠道。但就生态文化的本意和实质，生态文化最关注的是人们瞬息都不能离开的东西，例如干净的水、清新的空气、良好的生态环境以及安全绿色食品等生态产品。因为，这涉及人类的底线——人类生存的基本权利。世界上大概没有什么比干净的水、清新的空气和良好的生态环境这些生态产品更为重要了。还我蓝天碧水，还我一个干净的世界，这是当下每一位公民的心底呼唤。当下社会，物质性的产品在市场上并不缺乏，而生态性的产品反而短缺。生态文化产业应当自觉承担社会责任，要通过媒体、广告和文化会展等形式，普及企业、政府、广大民众的生态环境知识，自觉保护生态环境，维护自身的生态权益。生态文化产业应当使生态文明的宏大叙事转为民众可见的生态产品和服务，从而为民众所接纳。

### 30.3.3 生态文化产品的两重属性

生态文化产品有两重属性。首先，具有经营性或商业性。生态文化产业是从事生态文化产品和提供生态文化服务的经营性行业。在社会主义市场经济条件下，生态文化产业必须面向市场，遵循价值规律，发挥价值规律在优化生态文化资源分配中的基础性作用，谁的生态文化产品有核心竞争力，谁能占有市场，谁占有市场的份额多，谁的生态文化产品就越得到公众的认可。这就是说，生态文化作为一种产品，必须接受市场检验，以是否满足消费者的需求作为做好生态文化产品和服务的标准。也只有这样，才能不断改进和创新生态文化产品，发展和壮大生态文化产业。这是生态文化产业具有经营性的一面。

生态文化产品除了具有经营性或商业性一面外，还有它的公益性或公共性的一面，也就是生态文化产品的第二重属性[①]。产生生态文化产品的公益性的原因是：其一，生态文化产品的精神属性。顾名思义它不同于一般物质性产品，而是一种生态文化产品，一种内涵生态文化内容的精神性产品，包括生态理论、生态文学、生态艺术作品等，它有在意识形态上的教化功能。在资源危机、环境日益恶化的当下，用生态文化产品在全社会唤醒人们的环境意识和生态意识，用实际行动践行绿色、共生、循环、低碳、节能等生态理念是多么的重要！所以，我们必须运用各种文化形式，广泛宣传和普及全民的环保意识和生态意识，使之深入人心，这对于实践科学发展观促进社会进步有很大的作用。其二，生态文化产品的公共属性。例如以生态为主题的社会科学研究机构、博物馆、图书馆、群艺馆、文化站、农村书屋以及现代公园、公共绿地等等生态文化产品，带有很强的公共性和公益性，应当由政府埋单，免费为公众开放，让百姓共享。这样做，既愉悦民众身心，又增进生态知识，可谓一举两得。其三，生态文化产品的普适性。既然我们承认自然存在物具有

---

① 张艳国. 论文化的两重性及其时代意蕴[J]. 新华文摘, 2012(1): 112.

内在价值,并参与地球生物圈的生态进程,那么,我们便有理由认定自然存物也有自身的文化表述。从这一视角,我们不但应当把天然林、荒野、湿地等视为最高典范的生态文化产品,能为科学、教育、宗教、考古、历史等提供研究平台,而且应当把干净的水、清新的空气和优美的环境视为最具普适性的生态文化产品。在工业化日益向前推进,社会物质财富日益丰盛的当下,水、空气和环境的安全和保障,看似极其普通平凡,但对人类的生存和生活质量的提升却至关重要。甚至可以说,失去了水、空气和环境的安全和保障,一句话,失去生物圈,人类将失去已获得的一切。

在社会主义市场经济条件下,生态文化的产业化是一种趋势,要与时俱进,引入竞争机制,用价值规律,促进生态文化产业的发展。但又要区分经营性的生态文化产业和公益性生态文化事业两种不同文化类型,采取不同的政策措施。对于经营性的生态文化产业,应当用市场竞争机制进行调节;而对于非经营性和公益性的生态文化产业,例如自然博物馆、生态展厅、国家森林公园等,则应当以财政投入为主,并争取民间其他资金,免费或逐步免费向社会开放。同样,对于应用工艺和应用性文化的研究,应以企业为主体;对于基础性文化理论的研究,则应以财政投入为主,两者不可偏废。

要一手抓生态文化产业,一手抓生态文化事业。要重视生态文化产业工作,充分利用市场机制,生产丰富多彩的生态文化产品,满足群众需求。在任何时候又都不能忽视和放松生态文化事业,虽然生态文化事业在文化市场运行中直接经济效益不大,或者需要财政补贴,但从战略高度和长远角度,不能因经济效益的不同,而忽视具有公益性、公共性和共享性的生态文化事业。生态文化事业,包括以生态为主题和内容的博物馆、图书馆、国家森林公园和自然保护区,显然是一个国家文明和进步的重要标志,是衡量一个国家综合国力的重要尺度。这不仅关系生态文明建设,还关系国家发展、民族振兴和人的全面发展等根本性问题,必须借助政府力量、发动社会力量,对生态文化事业给予大力关注、支持和保障,以全面促进生态文化事业和产业的发展。

## 30.4 发展生态文化产业的战略选择

### 30.4.1 可持续战略的选择

发展生态文化产业,同样必须保护好自然资源,避免因开发产生生态环境问题。一方面,不能因噎废食,因为可能产生环境问题而不加利用和开发;另一方面,又不能盲目开发,滥用资源,造成环境污染。要贯彻生态优先,在自然生态整体保护下,有序、合理、深度和持续利用自然资源。这里的关键是要找到一个契合点,一种符合生态学原理的、科学的解决办法。

(1)要做好生态规划。对要开发的区域进行生态规划,划分核心保护区、缓冲保护区、实验区、游览区和住宅区等,区分功能,分别对待,把可能造成环境污染的区域限制在最小的范围。划分不同功能区,把人流密集流动的区域限制在特定的区域内,既保护了广大的保护区,又能满足游客的一般需求,是维护生态环境首先必须解决的问题。

(2)要采用生态化技术。要根据生态学和生物学的特性,按照不同生态文化产品的要求,确定生态工艺和生态技术,包括整体技术、循环技术和替代技术,要制定可持续的经营方案,实行重复利用和循环利用,使自然生态系统能持续地为人类服务。

(3)要加强生态管理。要把生产生态文化产品的企业，视为一个封闭系统，进行可循环的生态管理。因为任何一个生产企业，都有废弃物和工业污水产生。要增加相应生产环节和工序，对加工的废弃物进行循环利用、化废为宝；对污水要集中处理，不给外界环境增加压力。

(4)要承担生态责任。作为经营者，要具备生态学的思想理念和专业知识，在项目立项、技术路线、设施和服务等设计和管理上，体现生态学原理，符合生态需求，履行生态责任。同时要求旅游者，遵循生态环保规则，实践生态理念，履行生态责任。保护生态环境仅仅依靠技术是不够的，它需要民众的广泛参与，每位公民都应履行一份生态责任。

### 30.4.2　体制机制战略的选择

生态文化产业尚处在初级阶段，生态文化产品本身又有公益性和经营性二重属性。为此，应当划分公益性生态文化事业和经营性生态文化产业两种类型，逐步建立以政府为主导、以企业为主体，事业和企业两种文化形态协同发展的体制机制，要各自发挥自身的优势，全面促进生态文化的发展。

要发挥政府在促进生态文化发展中的主导作用，要把生态文化发展振兴规划，列入全国文化发展振兴规划，从宏观上指导生态文化的发展，各省市地区，要因地制宜，加以细化；要建立生态文化专项基金，用于生态文化重大课题研究，资助生态文化专著出版，开展生态文化田野调查等；对于公益性生态文化事业单位，应以财政投入为主，向社会开放，提升全民生态文化知识水平；要建立覆盖生态文化的公共财政，用于促进公益性生态文化事业，搭建各类生态文化公共平台，展示生态文化产品，以生态文化搭台，经济唱戏，促进经济社会发展；要建立有效机制，为生态文艺工作者和民间工艺大师提供条件，创新样式，创作更多生态文艺作品、生态工艺品等生态文化产品，适应市场，尤其是国际市场的需求。

对经营性的生态文化产业，应以企业为主体，面向市场，要进一步推进文化单位的改革，充分运用市场杠杆，优化对生态文化资源的合理配置；完善法律和行政手段，净化生态文化市场，规范生态文化管理，为生态文化市场发育提供一个公平有序的竞争环境；要增强生态文化知识产权保护意识，鼓励文化主题向生态转向，加大对生态文化品牌的保护，努力创新品牌，及时申请专利；要把生态文化产业纳入经济社会发展序列，统筹安排，适时建立生态文化产业及产值单列统计和公布制度；要降低生态文化企业准入门槛，加大对生态文化产业的财政支持力度，包括出台对生态文化企业免征企业所得税，政策性银行给予贷款贴息，以扶持生态文化企业发展；对生态文化中小企业提供贷款扶持，向从事生态文化工艺品加工的经营者提供小额贷款；要建立扶持生态文化企业保险机制，增强生态文化企业抗风险能力；要大力鼓励民间资金投入生态文化，兴办各类生态文化企业，形成社会多元兴办生态文化产业的局面。

### 30.4.3　创新战略的选择

生态文化是中华文化的有机组成部分，又处在文化的源头，源远流长、博大精深。因此，在发展生态文化产业中，要固守生态文化的根，不能丢掉中华文化的传统。但固守不是守旧，不是一成不变，生态文化产业要在工业社会中占有一席之地，必须改变自身的形式，以适应时代的变化。这就是创新。

创新其实就是一个企业或经营者的个性化的一种思维方式，一种不以现有认识成果为局限表现出对现有事物的不断探索的过程。创新有多方面内容，包括技术创新、内容创新、形式创新和渠道创新。对于生态文化企业和产业来说，最重要的是内容、形式和技术的创新，这是企业和产业进步的主要动力源泉。谁能在内容、形式和技术上取得创新成果，谁就能在很大程度上掌握竞争的主动权和话语权。

人类是自然的产物，生态是人类文化固有的基因。由于片面对物质的追求，人类长期以来忽略生态环境的极端重要性，生态观念被忽略和忽视。而生态文化的提出，打破了这一状况。在当下，生态主题和生态内容，已成为时代的关切，并引领人们的生活。例如，在美学方面，由于对自然美的肯定，人的审美观念发生变化，原始、粗犷和野性美，成为审美时尚，生态旅游悄然兴起；在食品方面，一度被冷落的农家土特产品，在冠以绿色有机食品的美名之后，其价值被重新认可；在能源方面，风能、太阳能等清洁能源，正逐步替代矿物能源，成为主角；在技术方面，生态工艺和技术备受推崇，有替代传统工业技术之趋势，因为生态工艺和生态技术是循环、可逆和清洁的，是建设资源节约、环境友好型社会的必然选择，并将直接影响和推动经济发展方式的转变，带动人们生活方式和消费方式的转变，绿色、低碳、环保，正在成为时代的风向标。

在生态文化形式创新上，既可旧瓶装新酒，用传统的诗、书、画、雕刻等形式，表达对生态的关切；又要突破传统样式，采用装置、动漫、影视、网络等形式，发出当下的生态警世良言。既可存留园林，体验自然的秀丽和清新；又要发展原生态旅游，开放自然界中的万紫千红，感受荒野的粗犷和大气。要立足传统，又立意创新，融入传统，成为生态文化自身的东西。在工业文化体系中，生态文化虽然不占有主体位置，在工业社会中不是主流，但生态文学，生态艺术，以及绿色诗画、木竹雕刻、木构建筑、传统园林等等，其样式和内容，均有所突破，并与工业文化产业相融合，成为工业文化产业体系中有机的组成部分。

生态文化及其产业的特点和优势是生态性，其自身立足在自然生态基础之上，生态文化产品是绿色、有机和可循环的，这些都是工业文化所短缺的。更为重要的是生态文化表达的关怀和爱意，是传递人对自然之间的关怀和爱意。人以自然中平等的成员出现，倾听自然，感受生命，实践生态，履行人类自身对生态的责任，从而显现人与自然和谐这一社会命题。这显然颠覆和超越了工业文明的理念，而进入生态文明范畴了。生态文化所显现的生态内涵，颠覆和超越了工业文化，指明了时代文明的前进方向。

### 30.4.4 品牌战略的选择

品牌本身就是一种文化符号，一项无形资产，品牌是一个企业或某一产品的文化、质量、效益的集中体现和标志。品牌是生态文化产业走向成熟的象征，是生态文化产品走向市场的主要途径，是参与国际文化产业竞争的上上之策[①]。

品牌决定消费，也决定企业的扩张力。品牌凝结着企业和经营者的人文精神，目标指向和在商业竞争中的坚韧毅力。因为品牌的形成，绝非一朝一夕之功，它需要企业经营以

---

① 艾群. 论文化产业的战略问题[J]. 新华文摘, 2011(17): 109.

品牌作为战略定位，以及实现这一战略定位的设计和一系列组织实施。在这中间，既要依靠经营者的知识，眼力和人文精神的坚守，还需要经营的耐心和培育时间。

生态文化品牌的塑造，除了媒体和广告效应外，关键是要凸显产品质量、售后服务和文化内涵，顾客称心如意，产品物有所值。

塑造生态文化品牌，一是要凸显中国传统文化。中国传统文化是稳定的文化形态，是中华民族智慧的结晶，和历史遗产在现实生活中的展现。这个思想体系蕴涵着丰富的生态学思想和科学精神，是塑造生态文化品牌应当借助的文化资源。二是要凸显生态。生态是生态文化的特质和基本规定性，是生态文化的生命线，要贯彻生态文化的始终。可以设想，一旦生态文化产品失却生态理念和生态内涵，就将不再是生态文化产品了。

生态文化产品既要打文化牌，又要打生态牌，但要作为一个品牌，必须使生态文化产品具有唯一性，才能为消费者所接受。例如以原产地地名作为品牌的武夷岩茶、嵊县竹编、西湖龙井、蜀南竹海、安吉竹博园等，武夷、嵊县、西湖、蜀南、安吉等地名本身就是唯一性，为这一原产地所独有。还有以诗人画家或工艺大师署名的品牌，如苏轼、郑板桥、齐白石的书画；还有朱松邻、李文甫、沈大生、蔡照、张志渔的雕刻以及名师、名家的作品等，这些诗人画家和名家名师的名字本身就会产生足够的品牌效应，因为他们是独有的。唯一性是品牌最主要的特征。

### 30.4.5　特色战略的选择

特色战略是发展生态文化应当注意的一个问题，要充分利用自身独特的自然资源和具有自己特色的经营理念，制作出别人没有的生态文化产品及服务，这就是特色战略。

特色战略应体现本土性，要利用自然资源独特优势，尽可能保持自然条件的原汁原味，为我所有，显示其特色。应体现民族性，要利用本民族在建筑、服饰、饮食、风俗和习惯上的差异，加以整理和提升，显示其特色。应体现原创性，特色的资源条件，还要通过特色的经营理念加以开发。许多原本有特色的资源，由于经营者不注意提炼，采用一般性的手段或途径去经营，结果失去个性和特色，成为一种一般性项目。

特色战略，就是倡导多样化。不能跟风，要"大路朝天，各走一边"，要另辟蹊径，寻找个性化的生态文化形式和营销策略。

生态文化及生态文化产业的发展，必须坚持生态的科学理论，坚持生态的人文精神，坚持生态的绿色主题。同时要寻找能为群众所接受的生态文化形式。生态文化产品从本质意义上是形象鲜明的艺术产品。文化教化不是靠主观的善良愿望和僵硬的教条所能解决的。鲜活的现实内容要求相适应的生动形式。而内容和形式既有相适应的一面，又有相冲突的一面。当一种新的内容出现，而旧的形式无法容纳新的内容时，就要求突破传统的形式。当下的生态文化内容，与创新形式提供绝好的机遇，应当努力创作一批可感、可爱、可亲的不同形式的生态文化的作品，以回应生态文化转型的时代要求。

为此，从事生态文化产品创作的文学家、艺术家和文化人，必须要深入自然和荒野，深入乡村和民间的生产和生活实践，从中寻找创作的灵感和内容。"这是自然形态的东西，是粗糙的东西，但也是最生动、最丰富、最基本的东西；在这一点说，它们使一切文学艺术相形见绌，它们是一切文学艺术取之不尽，用之不竭的唯一源泉。这是唯一的源泉，因为只能有这样的源泉，此外不能有第二个源泉。"①要提供自由、宽松的环境，使生态文化工作者深入乡村，扎根基层。作为生态文化工作者，则要安下心来，切忌浮躁。市场竞争机制对生态文化产业的引入，并不意味着生态文化工作者可以放弃艺术信念和创作规律。市场法则的最终目的是使生态文化产品的价值得到社会的认可。属于人民的、真诚的文学家、艺术家和文化人历来不沽名钓誉，也不急功近利。名利不能催生真正的作品，千锤百炼、历经时间考量，才能产生内容新颖、形式多样的生态文化精品。

### 30.4.6 重点战略的选择

生态文化产业的出现不是孤立的，它的出现同中国经济发展方式的转变相关联。新中国成立以来，中国经济的主导思想发生了两次转变，一次是由以阶级斗争为中心向以经济建设为中心转变；一次即当下的以科学发展为主题，转变经济发展方式，由物质、精神两大文明向物质、精神和生态三大文明齐头并进方向转变，建构生态文明，解决经济社会持续发展的问题。

生态文化显然不是无的放矢，它既回应了当今蓬勃发展的生态文化产业，为生态文化产业的发展提供强大的智力支撑和理论引领，还为经济社会向可持续方向发展铺平道路。正是生态文化资源的发掘，以自然生态系统为基本载体的审美、游憩、休闲、历史、宗教、科学、生物多样性等自然价值被社会所认同。生态文化的出现，宣告资源竞争的经济社会时代将结束，一个以生态文化为聚焦点的全面协调、可持续的"三型社会"，将展示它光辉的前景。

为了实现上述目标，要实施重点带动战略，以若干重点城市或区域为依托，实行生态文化产业的整体推动。有时，也会以某些最有基础和条件的领域，实施重点推进，以此带动生态文化产业整体竞争力的提升。而在一个更小区域或一个企业，就是以某个重点项目或关键环节为主，实施重点突破战略。

确定重点企业或重点项目后，还要集中优势兵力，包括资源、人才、资金等条件，抓重点方面和在重点方向上用力，以求取得成效。并以重点生态文化工程项目，带动整体生态文化产业的跟进。

### 30.4.7 人才战略的选择

发展生态文化产业，关键是人才。生态文化创作人员涉及不同文化艺术门类和不同层次的人才，相互交叉，且相当一部分艺人、能工巧匠分布在民间和企业。因此，要推行以企业为主，专业和业余、上层和民间相结合的人才体制，采用更加灵活的政策措施，发现和集聚人才，培育一支能文能武，又红又专的生态文化创作队伍。要以现有社科院（所）和大专院校的生态文化研究中心以及各类生态文明研究会为主体，设立生态文化研究专题，凸显社会主义核心价值观，主导生态文化体系建设。要采取有效措施，激励社会上有志于生态文化创作的作家、诗人、画家、摄影家、文化工作者，加入生态文化创作队伍；要遵循生态文化创作规律，不用行政命令下达任务，不急于求成，不搞"一刀切"；又要提供各种条件，鼓励生态文化工作者扎根基层、深入实践、了解自然、体验生态，创作出好的作

---

① 毛泽东选集：第3卷[M]. 北京：人民出版社，1991：860.

品。要以企业为主体，建立各类生态工艺美术工作室，发挥工艺大师的作用，口传心授，造就一批创作队伍；加强对生态文化企业员工的培训，提高员工素质，对于其中具有创潜质能的人才，要及时发现，予以任用。要特别注意培育或引进高端人才和既懂得文化艺术规律又熟悉市场经济法则的复合型人才。人才战略最重要的是领导生态文化产业发展的主要部门和人员，必须有干大事的决心和勇气，要能制定出有战略眼光和清晰发展路线的产业发展规划，要有实际的组织能力，营造一个吸引人才的环境氛围，产生人才聚集效益。生态文化创作带有很大的个别性和随机性，要尊重生态文艺工作者的创造性，要给予足够的创作和创意的自由空间；允许多样性，要允许不同题材、不同流派、不同风格作品的并存共生，不同形式生态文化作品的相互竞争和包容正是生态文化繁荣的标志。要提供各种平台，包括展览、舞台、媒体、刊物等，使各类生态文化作品有呈现的空间，接受社会评判，获得社会认同。要开展有益和健康生态文艺批评，尤其是从生态视域进行的生态文艺批评，不断提升生态文化作品的艺术水准和审美趣味，丰富民众的文化生活。

# 附 章

## 生态文明研究综述

## 引 言

20世纪80年代初,基于全球资源枯竭、生态环境日益恶化、人类工业病蔓延,可持续发展的理念被提出,并很快在全球范围得到认同,自90年代开始,世界各国都把可持续发展作为本国的社会发展目标和模式,并倡导建设生态文明。生态文明坚持可持续发展的理念和要求,从文明的高度来统筹环境、经济、社会三者的关系,通过生态文明建设在更高层次上实现自然—人—社会复合生态系统的协调发展。党的十七大将生态文明作为一种重要治国理念提出来以后,生态文明再次成为学界关注的理论焦点。

## 1 对生态文明的认识

### 1.1 生态文明的产生与发展

人类的文明经历了原始文明、农业文明和工业文明不同的发展阶段。工业文明阶段,在"人类中心主义"世界观和价值观的主导下,人类忘乎所以地对自然生态环境进行破坏和摧残,严重威胁到人类的生存和经济社会的发展。这要求人类必须对工业文明进行反思,开创一个新的文明形态来延续人类的生存,生态文明便应运而生。

从国际来看,马克思恩格斯关于人与自然的辩证关系、物质变换的合理过程以及人口、资源和经济协调发展的思想,确立了马克思生态文明的基本观点。然而,真正唤醒人类环保意识的是1962年美国著名女科学家蕾切尔·卡逊发表的一本揭示生态环境问题的小说《寂静的春天》,这本书如同长夜中的一声春雷,引起了美国各界的强烈反响。1972年联合国召开人类环境大会,发表了《增长的极限》和《只有一个地球》两本绿色经典,这对人们的统一认识和共同行动起到了基础性作用。《我们共同的未来》以及《里约环境与发展宣言》,更是指引和要求人们走上可持续发展的实践征程,由此,可持续发展思想由共识变成各国人民的行动纲领。

从国内来看,生态理念古已有之。所谓"阴阳两极""天人合一""遵法自然"等思想,都是中国古代人在与自然界相处过程中寻求秩序与和谐,寻求与自然共存共荣的高度智慧的结晶。20世纪80年代,国内开始对工业文明进行深刻反思并初步探索生态文明。叶谦吉先生在1987年便提出要大力建设生态文明。21世纪初,江泽民同志发出了"再造秀美山川"的号召,提出要促进人与自然的协调与和谐,使人们在优美的生态环境中工作和生活。胡锦涛同志在十六届三中全会上提出以人为本,全面协调可持续的科学发展观,在十七大报告中又提出建设生态文明,走生产发展、生活富裕、生态良好的文明发展道路,成为生态环境良好的国家。十七大会议上把"生态文明"作为国家政治思想理念的提出,标志着我国生态文明建设的正式开始。

### 1.2 生态文明的定义

广义的"大文明观"认为,生态文明是人类文明发展的一个阶段,人类至今已经经历了原始文明、农业文明和工业文明三个阶段,在对自身发展与自然关系深刻反思的基础上,人类即将迈入生态文明阶段[①]。狭义的"小文明观"认为,生态文明是社会文明的一个方面,是继物质文明、精神文明和政治文明之后的第四种文明,它们共同支撑和谐社会大厦[②]。从人类文明调节对象的视角对生态文明进行定义,存在三种观点:一种观点认为生态文明是调整人与自然关系的精神成果的总和。另一种观点认为生态文明是调整人与自然关系的物质成果和精神成果的总和。凡是与处理人与自然关系相关的物质成果和精神成果都可以纳入生态文明范畴[③]。还有一种观点认为生态文明是调整人与自然、人与人、人与社会关系的物质成果与精神成果的总和。廖福霖教授认为生态文明的概念可从广义和狭义两方面来谈,广义的生态文明是指人类充分发挥主观能动性,遵循自然—人—社会复合生态系统运行的客观规律,使之和谐协调、共生共荣、共同发展的一种社会文明形态,包括物质文明、精神文明、政治文明和社会文明以及狭义上的生态文明。它相对于原始文明、农业文明和工业文明;狭义的生态文明则指人与自然和谐协调发展的一种类的文明形式,它相对于物质文明、精神文明、政治文明等[④]。

### 1.3 生态文明的特征

学者张首先认为,生态文明建设是实践性和反思性的有机统一。实践与反思是生态文明的本质要素之一。此外,生态文明建设是系统性与和谐性的有机统一[⑤]。牛勇平认为,生态文明的特征包括三个统一:深度与广度相统一;制度建设与文化培育相统一;长期战略与短期目标相统一[⑥]。盖光则认为,生态文明在人类文明发展历程中,由不同文明形态的历史性、韵律性及有序化的转换而表现出了整合性,在人与自然生态互为工具和目的的关系中体现,是带有转换性特征的文明形态[⑦]。

---

① 陈瑞清. 建设社会主义文明,实现可持续发展[J]. 北方经济,2007,(04):4~5.
② 余谋昌. 生态文明是人类的第四文明[EB/OL]. http://www.tt65.net/zonghe/lilun/huiyi/shehui/mydoc002.htm.
③ 毛明芳. 生态文明的内涵、特征与地位[J]. 中国浦东干部学院学报,2010,(05):92~96.
④ 廖福霖. 生态文明建设理论与实践[M]. 北京:中国林业出版社,2001,前言.
⑤ 张首先. 生态文明:内涵、结构及基本特性[J]. 山西师范大学学报,2010(03):10~12.
⑥ 牛勇平. 生态文明相关研究评述与展望[J]. 发展研究,2011,(08):104~107.
⑦ 盖光. 生态文明的整合性魅力[J]. 学术论坛,2009,(03):89~92.

## 2 国内外生态文明研究现状

20世纪90年代以来，面对日趋严峻的生态危机，中外学界提出了生态文明的范畴，学者们运用唯物辩证法、理论与实践相结合、规范分析与实证分析相结合等方法，对生态文明的概念、内涵、理论体系、方法方式、建设实践等进行了多角度、多层次的研究和论述。国外学者或从科技发展的角度出发、或从马克思主义哲学出发、或站在生态中心主义的立场上、或站在人类中心主义的立场上，从理念、制度、政策等层面进行反思，提出了一些有价值的思想。国内对生态文明的研究已有二十多年，研究成果非常丰富，第一阶段主要是对生态文明的初步构想，此时鲜有全面系统的研究著作；第二阶段开始从不同学科层面进行具体阐释和构建，生态文明理论基础更加坚实，实践模式也更加丰富；第三阶段，党的十七大提出生态文明的执政理念后，我国生态文明建设进入全局性整体推进阶段，学界对生态文明的研究更加深入，理论视野也更加开阔，在生态文明建设方面取得很大进展。

### 2.1 国外研究现状

一般而言，生态文明的研究起源于欧美国家，逐步传播到发展中国家，其中欧美发达国家的相关研究开展较早，取得很多成果。

#### 2.1.1 生态文明的内涵

小约翰·柯布强调，要想恢复一种合乎生态的存在方式，要求根本性的改变而不是或者至少不仅仅是技术上对后续问题的反应[①]。赫尔曼·格林认为对文明而言存在着一个宇宙论基础。这种宇宙论需要一种生态文明，它涉及所有物种之间的联系，所有物种都有权利在发展过程中可持续生存。大卫·雷·格里芬主张，作为人类的我们如果想要继续繁荣发展，就需要走向一种生态文明。在这里，格里芬把全球民主作为生态文明思维的一种基本的方法论模式[②]。

#### 2.1.2 生态文明的实现机制

克利福德·柯布认为沿着生态文明的方向前进应该采取三个步骤：寻找新的方法来回应当前我们所面临的问题，从直接方法向间接方法转变；通过根据其价值征税和增加城市密度的方式来改善土地使用状况，增加区域密度而不增加居住密度；保持经济增长的同时，通过充分提高能源消耗和废弃物处理的价格的方式来对经济增长进行平衡[③]。此外，乔舒亚·法尔利博士指出，要了解当前的生态危机和建设生态文明，需要建立一种生态经济，即复杂体系的一种剧烈转变，包括改变范式、改变目标和改变规则[④]。

#### 2.1.3 生态文明的实践

20世纪90年代以来，循环经济在发达国家迅速发展，同时在节约资源和保护环境方面取得显著成绩，有一部分学者从循环经济理论角度出发，提出应该围绕资源高效利用和

---

① 小约翰·柯布，李义天. 文明与生态文明[J]. 马克思主义与现实，2007(06)：18~28.
② 乔瑞金. 生态文明是可能的——马克思主义与生态文明国际学术会议综述[J]. 马克思主义与现实，2007(06)：51~58.
③ 克利福德·柯布，王韬洋. 迈向生态文明的实践步骤[J]. 马克思主义与现实，2007(06)：29~33.
④ 卢黎歌，李小京. 第四届生态文明国际学术论坛综述[J]. 西安交通大学学报，2010，(04)：5~6.

环境友好进行社会生产和再生产活动。强调生产方式和消费模式的根本转变,强调经济发展和环境保护的有机统一。还有一部分学者从稳态经济的视角出发,指出要通过控制人口、调节财富收入的再分配以及提高资源利用效率等实现经济稳定发展。另外一些人则提出生态现代化理论,认为环境保护与经济发展之间应该是协调的,强调经济增长和环境保护相互支持和促进;强调技术革新可以带来经济增长和环境保护的双重改善[①]。此外,一些学者认为应该用生态学的理论来指导城市绿地建设,使城市绿地的功能从以前的美化与游憩向生态恢复和自然保护的方向发展,使城市绿地纳入更大区域的自然保护网络[②]。

## 2.2 国内研究现状

国内对生态文明的研究经历三个阶段,本文从以下八个方面进行归纳:

### 2.2.1 生态马克思主义与生态社会主义

近年来,国内学界对生态马克思主义和生态社会主义的产生、发展,主要代表观点,先进性和历史局限性以及这两种思潮对我国生态文明建设的启示进行了分析和探讨。

基于对两者的研究,学者们提出以下建议:首先,生态马克思主义者提出的异化消费现象同样出现在中国,我们有必要树立正确的价值观和发展观,以马克思主义的发展观来约束自己[③]。而生态社会主义者认为,社会主义的内在本质要求它必须领导全世界从工业文明向新型文明的伟大转型,这个新型的文明就是社会主义生态文明[④]。其次,生态马克思主义者倡导要着眼于改革社会制度和人与人之间关系的角度来解决生态问题,而不是仅仅从技术的、人与自然关系的层面对待这个问题。因此,我们要借鉴生态马克思主义理论,加强中国生态文明建设过程中的制度建设,建立人们分配和使用生态资源中的物质利益关系的合理机制[⑤]。生态社会主义者提出建立正义的稳态发展的社会,这对我国当前建设社会主义市场经济体制也有一些帮助[⑥]。最后,我们必须要加强社会主义生态文明思想的指导,解决人们对于生存意义、幸福含义和消费观念的正确理解,建立一种与生态文明建设相符合的观念形态、生存方式[⑤]。

### 2.2.2 生态文明观

从人类中心主义到生态中心主义再到生态整体主义,人们对生态文明的认识更加深刻。生态中心主义也称泛生态主义,是对人类中心主义反思的产物,由于其坚持生态至上论,主张为了保护生态环境必须停止经济增长,其实质也是自然中心主义。而生态整体主义既反对工业文明的人类中心主义,又反对倒退到原始文明和农业文明初期的自然中心主义。因此,在实践中,应以生态整体主义为指导思想。十七大报告提出生态文明观念在全社会牢固树立,对于生态文明观,存在三种观点:生态文明是一种文化伦理形态,这是从

---

① 王宏斌. 借鉴国外生态文明理论[EB/OL]. http://theory.people.com.cn/GB/10771235.html2010-01-15.
② 刘志礼. 生态文明的理论体系构建与实践路径选择——第五届生态文明国际论坛综述[J]. 武汉理工大学学报,2011,(05):639~640.
③ 杜新蓉. 生态马克思主义及其对我国生态文明建设的启示[J]. 科学时代,2011(11):4~6.
④ 田鹏. 生态社会主义理论浅析——兼谈对社会主义生态文明建设的启示[J]. 潍坊教育学院学报,2007(04):6~9.
⑤ 赵海月等. 生态马克思主义与生态文明建设[J]. 学习与探索,2011(06):34~36.
⑥ 柳红霞. 当代西方生态社会主义评价[J]. 湖北社会科学,2004(10):49~50.

单纯的文化角度出发；生态文明是相对于物质文明、精神文明和政治文明而言的一种类的文明形式；生态文明是相对于原始文明、农业文明和工业文明而言的一种社会文明形态。从生态文明的发展阶段来看，必然要从人类的文明形态发展到社会文明形态。

### 2.2.3 生态文明制度

以制度的形式将生态文明的体制机制确立下来并加以实施是生态文明建设的有效保证。首先我国要建立经济社会发展与生态环境保护综合决策机制，把生态环境保护和建设规划纳入各级政府经济和社会发展的长远规划和年度计划①。具体从以下四方面完善立法：第一，把"生态文明、环境权"写入宪法，确立生态文明的宪法地位。第二，调整环境法的基本原则，倡导人口与生态相适应，经济与生态相适应，把生态建设放在重要位置上。第三，将《环境保护法》修改为《资源环境保护法》，增加自然生态保护方面的内容。第四，在各种经济立法中突出生态环保型经济的内涵，使经济发展与生态文明的协调发展在经济法中得到充分体现②。此外，各地应根据实际需要，对已经制定的规章、制度进行梳理，凡与发展循环经济和保护环境的要求不相符合的，及时予以调整和纠正，确保将环境保护的理念贯穿于整个法律体系制定过程以及执行过程的始末③。

### 2.2.4 生态生产力

面对日益恶劣的自然环境，人们不得不思考工业文明在给人类带来巨大福祉的同时也造成了生态危机。人类要想长久生存下去一定要摒弃当前的工业文明生产力，生态生产力便应运而生。

众多学者从各自角度对生态生产力的定义、特征和实践模式等进行了探讨，但是难得有全面、系统的研究，廖福霖教授在2007年出版的专著《生态生产力导论——21世纪财富的源泉和文明的希望》改变了这一局面。这是第一部对生态生产力的理论进行系统研究与阐述、对生态生产力的实践进行系统探讨与总结的专著。理论上包括生态生产力的定义、发生与发展；生态生产力发展的基本原理、基本规律和基本特征；生态生产力的结构、功能与模式等等④。实践上包括循环经济、绿色经济、节能减排、建设资源节约型环境友好型社会、发展可再生能源、建设生态省市县等等，在此基础上还阐述了海峡西岸发展生态生产力的优势和对策。廖教授认为，生态生产力是指人类推动人与自然、人与人、人与社会（即自然—人—社会复合体）和谐协调、共生共荣、共同发展的能力，是建设生态文明的本质问题和核心力量。要发展生态化技术体系，发展新的生态化产业，用生态化技术体系武装改造传统产业，形成并发展一大批生态高效性的高新技术产业，以此优化产业结构，优化增长方式⑤。

### 2.2.5 生态生活方式

消费是生活方式的重要内容和主要反映，是事关自然—人—社会复合生态系统生死存

---

① 刘国军. 论生态文明建设的制度保障[J]. 石河子大学学报，2008，22，(05)：47~49.
② 何熙. 和谐社会的生态文明解读及制度建设启示[J]. 思想政治教育研究，2008，(03)：53~54.
③ 李秀艳. 中国生态文明建设的问题与出路[J]. 西北民族大学学报，2008，(04)：107~109.
④ 郑传芳. 一部研究事关21世纪全球命运和前途问题的力作——评《生态生产力导论——21世纪财富的源泉和文明的希望》[J]. 福建论坛·人文社会科学版，2008(01)：136.
⑤ 廖福霖等. 生态生产力导论[M]. 北京：中国林业出版社，2007：5~208.

亡的最基本、最重要的问题。纵观人类现有的资源、环境和健康问题，无一不与工业文明的消费观念、消费内容和消费方式有关。因此，改工业文明的生活方式为生态文明的生活方式迫在眉睫。建立生态文明生活方式就是要确立生态文明的消费观及其模式。第一，建立"以人为本"的消费观和全面发展的消费模式。第二，建立资源节约环境友好的消费观和绿色消费模式。第三，建立和谐消费观与公平消费模式①。我们应该认识到，适度消费是一种综合型的消费，它提倡人们降低物质需求，形成正确的幸福观念，主张人们追求更高层次的精神消费②。此外，还应消除与生态文明的构建相背离的异化消费倾向，把自然的承载力纳入经济学研究的视野，探索更具一般意义的生产、消费和自然的一般均衡的实现过程③。

### 2.2.6 生态文明指标体系

生态文明建设是一个复杂的过程，需要有一套科学的指标体系来指导和评估规划方案和项目实施的效果。一些学者建议采用绿色 GDP 指标。即在 GDP 的基础上扣减资源环境成本，得到经过资源环境因素调整的 GDP④。一些学者认为，在指标选取的过程中要遵循三个原则：坚持科学性和客观性；遵循典型性与代表性；坚持可操作性。根据以上原则，从自然本底、生态文明生产、生态文明消费、生态文明社会形成机制四个大方面，资源支撑、环境质量、绿色经济与生态化技术等 11 个层次选取人均土地资源量、人均森林资源量、人均生态用水、人均公共用地等 56 个指标形成生态文明发展指标体系⑤。一些学者指出生态文明指标既是衡量环境质量、测评被污染和被破坏程度的尺度，也是制定污染排放物标准的依据⑥。除此之外，现有生态文明指标体系对于社会进步的指标设计太少，基本为定性指标或参考性指标，而且考核大而统，缺乏可比性、可操作性⑦。

### 2.2.7 生态恢复与建设、环境治理与保护

生态环境与人们的生产、生活息息相关。在生态文明研究的早期，多数学者在森林、河流、沙漠、高原及海滩等的生态保护和建设方面给予了翔实的介绍。随着研究视角的转换，对生态环境保护的道德调适、制度供给、生态恢复与建设的新途径以及我国生态治理模式的研究成果开始丰富起来。

姬振海主张通过生态扶贫、建立生态补偿机制、实行以生态功能恢复为主等途径来促进环境治理与保护⑧。陈寿朋教授认为，生态环境问题主要是人类自身的行为失范所造成的。解决生态问题不仅要靠科技的、经济的、法律的和行政的手段，而且要靠道德的手段⑨。廖福霖教授认为，环境保护是人类社会绿色文明意识的体现，本身具有精神文明的

---

① 廖福霖. 关于生态文明及其消费观的几个问题[J]. 福建师大学报, 2009, (01): 13~16.
② 时继锋. 生态文明视野下的适度消费观[EB/OL]. http://www.eedu.org.cn/Article/ecology/ecoculture/EcoCivilisation/201105/59807.html2011-05-17.
③ 纪玉山. 正确认识凯恩斯消费理论确立与生态文明相和谐的消费观[J]. 税务与经济, 2008, (01): 6~9.
④ 牛勇平. 生态文明相关研究评述与展望[J]. 发展研究, 2011, (08): 104~107.
⑤ 廖福霖等. 生态文明经济研究[M]. 北京：中国林业出版社, 2010: 350~353.
⑥ 梁文深. 生态文明指标体系问题[J]. 经济学家, 2009(03): 102~104.
⑦ 杜宇等. 生态文明建设评价指标体系[J]. 科学管理研究, 2009, 27, (03): 61~63.
⑧ 姬振海. 生态文明论[M]. 北京：人民出版社, 2007: 317.
⑨ 陈寿朋, 杨立新. 生态文明建设的结构形态与路径选择[J]. 职大学报, 2006, (04): 1~9.

属性。从生态建设上看，环境治理和保护是生态文明建设的题中应有之义[1]。廖教授提倡以生态文明经济的视野审视生态恢复与建设，把对环境影响最直接最重要的主体确定为地方政府、企业与居民，并提出了在环境治理与保护中实现"三大效益"相统一和最优化的具体措施[2]。洪富艳主张在我国构建"政府主导—利益相关者参与治理"的模式，以期在这种模式下，既保证政府在生态治理中的重要作用，提高生态治理效率，同时又调动多元利益主体参与生态环境治理，为生态环境的改善创造条件[3]。

### 2.2.8 生态文明建设

生态文明建设是一项系统的复杂的工作，需要从各个方面、各个环节上努力。作为国内探索性研究著作，廖福霖教授的《生态文明建设理论与实践》系统、全面地探讨了生态文明建设的理论体系和实践途径，对国内生态文明建设起到开拓性作用。在理论体系构建方面，廖教授以生态文明为核心，有力地阐述了生态文明的内涵、建设目标和内容，生态安全观、生态生产力观、生态文明哲学观等。同时，还运用多学科知识和多种研究方法，从理论和实证分析的角度总结生态文明建设的实践，具体到城市、乡村、森林以及江河流域的生态建设，环境治理与保护，人口与生态文明建设，生态道德建设等方面[4]。廖教授将生态文明建设归纳为五个子系统的综合建设：其一，生态文明观在全社会牢固树立。其二，生态生产力的发展。其三，生态文明消费观及其模式的确立。其四，生态系统的恢复与建设，环境的治理与保护。其五，生态文明建设机制的确立和实施[5]。此外，归纳其他学者对生态文明建设的研究，可以看出其成果主要集中在以下几方面，即树立生态文明观、加强生态文化建设，加大政策推动力度，重视生态行政建设，转变经济发展方式、深化生态产业建设，倡导健康的消费方式，建立生态文明评价指标体系，健全生态法制等。

## 3 简评与展望

生态文明是一个以经济学为主，多学科交叉的新的学术领域。我国学者基于自己的学术背景，从不同方面对生态文明进行探讨，形成了多层次多角度的研究，同时又缺乏多学科、多视角的综合研究，且对实证的研究过于宽泛。本文认为可以在以下几方面加强：第一，倡导多学科协同研究，使生态文明理论和实践更具系统性，更加微观，更加可行。第二，对政府生态责任方面的研究可以更加深入，政府是生态文明调节网络中的主导，要建立生态型政府。第三，深入分析如何发展循环经济、低碳经济、绿色经济等，更多的研究应集中于生态产业以及生态区域的建设方面。第四，进一步探讨如何建立符合真实情况又切实可行的评价测度体系。第五，应从实证角度增加对PM2.5防治与建设的研究。第六，深入探索适合我国的生态治理模式。除此以外，要探讨寻求国际合作，实现全球生态治理的具体措施。

---

[1] 廖福霖. 生态文明建设理论与实践[M]. 北京：中国林业出版社，2001：227~239，前言.
[2] 廖福霖等. 生态文明经济研究[M]. 北京：中国林业出版社，2010：223~285，14~15.
[3] 洪富艳. 生态文明与中国生态治理模式创新[M]. 北京：中国致公出版社，2011：18，277.
[4] 廖福霖. 生态文明建设理论与实践[M]. 北京：中国林业出版社，2001：227~339，前言.
[5] 廖福霖. 生态文明建设理论与实践[M]. 北京：中国林业出版社，2001：223~285，14~15.

# 参考文献

## （一）中文著作图书文献

[1] 马克思恩格斯全集：第20卷[M]. 北京：人民出版社，1971：672.

[2] （美）蕾切尔·卡逊著，吕瑞兰，李长生译. 寂静的春天[M]. 长春：吉林人民出版社，1997：译序，前副总统阿尔·戈尔作的序，2，263.

[3] （美）丹尼斯·米都斯等著，李宝恒译. 增长的极限[M]. 长春：吉林人民出版社，1997：译序，英文版序.

[4] （美）芭芭拉·沃德，勒内·杜博斯著，《国外公害丛书》编委会译校. 只有一个地球[M]. 长春：吉林人民出版社，1997：中文版序，英文版序，前言，188.

[5] 世界环境与发展委员会著，王之佳，柯金良等译. 我们共同的未来[M]. 长春：吉林人民出版社，1997：前言，9，13.

[6] 汪征鲁. 闽文化新论[M]. 北京：中国社会科学出版社，2011：绪论（第2，5页）.

[7] 毛泽东. 毛泽东选集（袖珍本）[M]. 北京：人民出版社，1969：259，284，297，302.

[8] （美）唐纳德·沃斯特著，侯文蕙译. 自然的经济体系[M]. 北京：商务印书馆，1999：13.

[9] 韩树英. 通俗哲学[M]. 北京：中国青年出版社，1981：7，32，47.

[10] 恩格斯. 自然辩证法[M]. 北京：人民出版社，1971：16，24，158，159，209，212.

[11] 马克思恩格斯全集：第20卷[M]. 北京：人民出版社，1972：357，374.

[12] 马克思恩格斯选集：第3卷[M]. 北京：人民出版社，1972：181，443，535，575.

[13] 马克思恩格斯选集：第1卷[M]. 北京：人民出版社，1972：603.

[14] 马克思.1844年经济学哲学手稿[M]. 北京：人民出版社，2000：13，81.

[15] 马克思恩格斯选集：第4卷[M]. 北京：人民出版社，1995：24，72，641.

[16] 马克思恩格斯选集：第1卷[M]. 北京：人民出版社，1995：67，77，383，385.

[17] 李建平.《资本论》第1卷辩证法探索[M]. 北京：社会科学文献出版社，2006：274.

[18] 列宁选集：第4卷[M]. 北京：人民出版社，1995：419.

[19] 马克思恩格斯选集：第2卷[M]. 北京：人民出版社，1965：58.

[20] 马克思恩格斯选集：第31卷[M]. 北京：人民出版社，1972：25.

[21] Marx, Das Kapita I, S. 192，中译本：201～202.

[22] Marx, Das Kapital Ⅲ, S. 828，中译本：926～927.

[23] (美)巴里·康芒纳著,侯文蕙译. 封闭的循环——自然、人和技术[M]. 长春:吉林人民出版社, 1997:9,30,120.

[24] (英)保罗·奥默罗德著,李华夏译. 蝴蝶效应经济学[M]. 北京:中信出版社,2006:9.

[25] 段昌群,杨雪清. 生态约束与生态支撑[M]. 北京:科学出版社,2006:5.

[26] 黄鼎成,王毅等. 人与自然关系导论[M]. 武汉:湖北科学技术出版社,1997:前言(2),206.

[27] (英)达尔文著,李贤标,高慧编译. 物种起源[M]. 北京:北京出版社,2007:4.

[28] 贺庆棠. 森林环境学[M]. 北京:高等教育出版社,1999:38.

[29] 邓小平文选:第3卷[M]. 北京:人民出版社,1993:373.

[30] 张立文. 和合学[M]. 北京:中国人民大学出版社,2006:477.

[31] 杨京平. 生态工程学导论[M]. 北京:化学工业出版社,2005:丛书前言.

[32] 张兵生. 绿色经济学探索[M]. 北京:中国环境科学出版社,2005:72~75.

[33] 蒋有绪. 中国森林生态系统结构与功能规律研究 国家自然科学基金重大项目期中论文集[M]. 北京:中国林业出版社,1996:3.

[34] (加)马克·安尼尔斯基著,林黳等译. 幸福经济学——创造真实财富[M]. 北京:社会科学文献出版社,2010:37.

[35] 余谋昌. 生态哲学[M]. 西安:陕西人民教育出版社,2000:66.

[36] 江泽民. 论"三个代表"[M]. 北京:中央文献出版社,2001:155.

[37] 周文宋. 生态产业与产业生态学[M]. 北京:化工出版社,2005:前言.

[38] 刘少奇. 论共产党员修养[M]. 北京:人民出版社,1962:28.

[39] 马克思恩格斯全集:第48卷[M]. 北京:人民出版社,1985:54.

[40] 马克思恩格斯全集:第23卷[M]. 北京:人民出版社,1972:201.

[41] 马克思恩格斯全集:第25卷[M]. 北京:人民出版社,1974:864,926.

[42] 马克思恩格斯选集:第2卷[M]. 北京:人民出版社,1995:574.

[43] 马克思恩格斯全集:第42卷[M]. 北京:人民出版社,1979:374.

[44] 胡锦涛. 高举中国特色社会主义伟大旗帜,为夺取全面建设小康社会新胜利而奋斗[M]. 北京:人民出版社,2007:37.

[45] 中共中央马克思恩格斯列宁斯大林著作编译局. 马克思恩格斯论教育[M]. 北京:人民教育出版社,1958:49.

[46] 刘荣勤. 当代经济学学科[M]. 北京:中国展望出版社,1998:531.

[47] 杨庆育,黄朝永等. 省域资源节约与环境友好型经济研究[M]. 北京:中国环境科学出版社,2007:54.

[48] WTO与环境课题组著. 中国加入WTO环境影响研究[M]. 北京:中国环境科学出版社,2004:271.

[49] 《全国落实科学发展观大参考》编写组著. 全面落实科学发展观大参考[M]. 北京:红旗出版社,2005:8.

[50] 《走中国特色社会主义道路》编写组编. 走中国特色社会主义道路[M]. 北京:北京出版社,2008:76.

[51] 廖福霖. 生态文明建设理论与实践[M]. 北京:中国林业出版社,2001:2,3,26,43,73,307.

[52] 谢丽霜主编. 民族地区投资活动的环境效应研究[M]. 北京:中央民族大学出版社,2007:93.

[53] 廖福霖等. 生态生产力导论[M]. 北京:中国林业出版社,2007:6,8,56,57,72~74,107,166~167.

[54] 廖福霖. 生态文明观与全面发展教育[M]. 哈尔滨:东北林业大学出版社,2002:28.

[55] 金鑫. 世界问题报告[M]. 北京:中国社会科学出版社,2002:328.

[56] 罗国杰. 西方伦理学思想史[M]. 北京：中国人民大学出版社, 2004：401.
[57] 辛鸣. 制度论——关于制度哲学的理论构建[M]. 北京：人民出版社, 2005：183.
[58] 道格拉斯·C·诺斯. 西方世界的兴起[M]. 北京：学苑出版社, 1988：1.
[59] 刘思华. 生态文明与绿色低碳发展总论[M]. 北京：中国财政经济出版社, 2011：17~24(总序).
[60] 林毅夫. 关于制度变迁的经济学理论[A]. R·科斯, A·阿尔钦, D·诺斯. 财产权利与制度变迁——产权学派与新制度学派译文集[C]. 上海：三联书店, 1994：393.
[61] 孔令锋. 可持续发展的政治经济学分析[M]. 上海：上海财经大学出版社, 2008：188~189.
[62] 赫尔曼·戴利著, 诸大建, 胡圣等译. 超越增长——可持续发展的经济学[M]. 上海：上海译文出版社, 2001：81.
[63] 德内拉, 梅多斯等. 增长的极限[M]. 北京：机械工业出版社, 2006：25~26, 57.
[64] 廖福霖等. 生态文明经济研究[M]. 北京：中国林业出版社, 2010, 13, 26~27, 30, 38~43.
[65] 谭清美, 王子龙. 区域创新经济研究[M]. 北京：科学出版社, 2009：78~90.
[66] 郭红丽. 客户体验管理的理论与方法研究[M]. 厦门：厦门大学出版社, 2010：10~16.
[67] 庄穆, 瓦西留克著, 黄明等译. 体验心理学[M]. 北京：中国人民大学出版社, 1989：24~26.
[68] 史密特著, 刘银娜等译. 体验营销[M]. 北京：清华大学出版社, 2004：55~57.
[69] 马斯洛著, 李文恬译. 存在心理学探索[M]. 昆明：云南人民出版社, 1987：102~106.
[70] 王一川. 审美体验论[M]. 天津：百花文艺出版社, 1992：99~109.
[71] (美)托夫勒著, 蔡伸章译. 未来的冲击[M]. 北京：中信出版社, 2006：24~55.
[72] 列宁. 列宁哲学笔记[M]. 北京：人民出版社, 1960：330~335.
[73] 萧萐父, 李锦全. 中国哲学史[M]. 北京：人民出版社, 1982：55~75.
[74] 北大外哲史教研室. 古希腊罗马哲学[M]. 北京：商务印书馆, 1961：22~24.
[75] 章海山. 西方伦理思想史[M]. 沈阳：辽宁人民出版社, 1984：118~120.
[76] 罗国杰, 宋希仁. 西方伦理思想史上卷[M]. 北京：中国人民大学出版社, 1985：230~235.
[77] 杨适. 马克思(经济学—哲学手稿)述评[M]. 北京：人民出版社, 1982：445~460.
[78] 李彦如, 鲍训吾. 实践唯物主义导论[M]. 北京：团结出版社, 1992：78~90.
[79] 黑格尔著, 王造时译. 历史哲学[M]. 上海：上海书店出版社, 2001：45~56.
[80] 王浦劬. 政治学基础[M]. 北京：北京大学出版社, 1995：77~89.
[81] (美)马斯洛著, 许金声等译. 人类动机的理论[M]. 北京：中国人民大学出版社, 2007：421~425.
[82] 加尔布雷思著, 赵勇译. 富裕社会[M]. 南京：江苏人民出版社, 2009：234~246.
[83] 马克思. 1844年经济学哲学手稿[M]. 北京：人民出版社, 2000：87~89.
[84] 史密特著, 刘银娜等译. 体验营销[M]. 北京：清华大学出版社, 2004：59~65.
[85] 赫尔曼·戴利著, 诸大建, 胡圣等译. 超越增长——可持续发展的经济学[M]. 上海：上海译文出版社, 2001：8~9, 113, 122, 295~296, 310, 314.
[86] 莱斯特·R·布朗著, 林自新、戢守志等译. 生态经济：有利于地球的经济构想[M]. 北京：东方出版社, 2002：21~22.
[87] 赵士洞等译. 千年生态系统评估报告集(三)[M]. 北京：中国环境科学出版社, 2007：51.
[88] 刘思华. 可持续发展经济学[M]. 武汉：湖北人民出版社, 1997：1~15.
[89] 马传栋. 生态经济学[M]. 济南：山东人民出版社, 1986：1~18.
[90] (美)保罗·萨缪尔森, 威廉·诺德豪斯著, 萧琛等译. 经济学(第17版)[M]. 北京：人民邮电出版社, 2004：4.
[91] 刘思华. 绿色经济论[M]. 北京：中国财政经济出版社, 2001.
[92] 张春霞. 绿色经济发展研究[M]. 北京：中国林业出版社, 2002：3.

[93]赵弘志等. 绿色经济发展和管理[M]. 沈阳:东北大学出版社,2003.
[94]张叶,张国云. 绿色经济[M]. 北京:中国林业出版社,2010.
[95]陈征. 资本论解说[M]. 福州:福建人民出版社,1997:400.
[96]米歇尔·福柯. 词与物[M]. 上海:上海三联书店,2001:503.
[97]冯泸祥. 人、自然与文化[M]. 北京:人民文学出版社,1996:532.
[98]梭罗. 瓦尔登湖[M]. 上海:上海译文出版社,2004:12,80.
[99]曾繁仁. 生态美学导论[M]. 北京:商务印书馆,2010:96.
[100]余谋昌. 建设生态文化,走可持续发展的道路[M]. 北京:文化艺术出版社,2004:236.
[101]严耕等主编. 生态文明理论建构与文化资源[M]. 北京:中央编译出版社,2009:225.
[102]余谋昌. 文化新世纪[M]. 哈尔滨:东北林业大学出版社,1996:59.
[103]老子. 道德经[M]. 太原:山西古籍出版社,2001:44.
[104]李中华. 中国文化概论[M]. 北京:中国文化书院,1987:119.
[105]胡筝. 生态文化[M]. 北京:中国社会科学出版社,2005:27.
[106]约翰·布鲁克著,苏贤贵译. 科学与宗教[M]. 上海:复旦大学出版社,2000:124.
[107]梭罗著,徐迟译. 瓦尔登湖[M]. 长春:吉林人民出版社,1997:126.
[108]何怀宏. 生态伦理[M]. 石家庄:河北大学出版社,2002:431~432.
[109]缪尔. 我们的国家公园[M]. 长春:吉林人民出版社,1999:249~250.
[110]约翰·洛克. 约翰·洛克的家庭教育[M]. 福州:海峡文艺出版社,2005.
[111]辛格. 动物解放[M]. 北京:光明日报出版社,1999:8~9.
[112]雷毅. 生态伦理学[M]. 西安:陕西人民出版社,2000:86,101,126,165,169,226.
[113]奥尔多·利奥波德. 沙乡年鉴[M]. 长春:吉林人民出版社,1997:122~123,213.
[114]麦茜特. 自然之死——妇女·生态和科学革命[M]. 长春:吉林人民出版社,1999:2.
[115]苏祖荣. 森林哲学散论[M]. 上海:学林出版社,2009:44,73,313.
[116]A·汤因比. 人类与大地母亲[M]. 上海:上海人民出版社,2011:6.
[117]苏祖荣. 森林美学概论[M]. 上海:学林出版社,2001:232.
[118]彼得·拉塞尔. 觉醒的地球[M]. 北京:东方出版社,1991.
[119]列宁. 哲学笔记[M]. 北京:人民出版社,1974:161~162.
[120]华岗. 规律论[M]. 北京:人民出版社,1982:10.
[121]苏祖荣,苏孝同. 森林文化学简论[M]. 上海:学林出版社,2004:220~224.
[122]钱俊生,余谋昌. 生态哲学[M]. 北京:中央党校出版社,2004:4.
[123]王宁,薛晓源. 全球化与后殖民批评[M]. 北京:中央编译出版社,1998:297.
[124]李泽厚. 美学全集[M]. 上海:上海文艺出版社,1980:2.
[125]车尔尼雪夫斯基. 艺术与现实的审美关系[M]. 北京:人民出版社,1979:6.
[126]李泽厚. 批判哲学的批判[M]. 北京:人民出版社,1979:401,403.
[127]阿诺德·柏林特著,张敏,周雨译. 环境美学[M]. 长沙:湖南科学技术出版社,2006:12,135,142.
[128]阿诺德·伯林特主编,刘悦笛等译. 环境与艺术:环境美学的多维视角[M]. 重庆:重庆出版社,2007:7,166.
[129]艾伦·卡尔松. 环境美学:关于自然,艺术与建筑的鉴赏[M]. 成都:四川人民出版社,2005:92,150.
[130]蒙培元. 人与自然[M]. 北京:人民出版社,2004:4.
[131]曾繁仁. 生态美学导论[M]. 北京:商务印书馆,2010:322.

[132]马克斯·韦伯.新教伦理与资本主义精神[M].北京:三联书店,1987:29.
[133]大卫·雷·格里芬.后现代精神[M].北京:中央编译出版社,1998:218.
[134]马克思恩格斯全集:第19卷[M].北京:人民出版社,1963:372.
[135]F·J·戴森.宇宙波澜:科技与人类前途的自省[M].北京:生活·读书·新知三联书店,1998:1~6.
[136]弗雷德里克·费雷.宗教世界形成与后现代科学[M].北京:中央编译出版社,1998:132.
[137]阿尔温·托夫勒.第三次浪潮[M].北京:三联书店,1983:85.
[138]莫里斯·戈兰.科学与反科学[M].北京:中国广播出版社,1988:28.
[139]弗·卡普拉.转折点[M].北京:中国人民大学出版社,1989:16~17.
[140]蒙培元.人与自然[M].北京:人民出版社,2004:4.
[141]弗·卡特,汤姆·戴尔.表土与人类文明[M].北京:中国环境科学出版社,1987:3.
[142]许启贤主编.世界文明论研究[M].济南:山东人民出版社,2001:310.
[143]崔连仲主编.世界古代史(上册)[M].北京:人民出版社,1985:14.
[144]马克思恩格斯全集:第20卷[M].北京:人民出版社,1945:374.
[145]余谋昌.文化新世纪——生态文化的理论阐释[M].哈尔滨:东北林业大学出版社,1996:115.
[146]李振基等.生态学[M].北京:科学出版社,2000:385,386.
[147]胡德平.森林与人类[M].北京:科学普及出版社,2007:259.
[148]罗尔斯顿著,刘耳,叶平译.哲学走向荒野[M].长春:吉林人民出版社,2000:9:214.
[149]胡晓明,肖春晔.文化经纪理论与实务[M].广州:中山大学出版社,2009.
[150]毛泽东.毛泽东选集:第3卷[M].北京:人民出版社,1991:860.
[151]姬振海.生态文明论[M].北京:人民出版社,2007:317.
[152]洪富艳.生态文明与中国生态治理模式创新[M].北京:中国致公出版社,2011:18,277.
[153]习近平.摆脱贫困[M].福州:福建人民出版社,1992.
[154]习近平.之江新语[M].杭州:浙江人民出版社,2007.
[155]中国科技发展战略研究小组.中国区域创新能力报告[R].北京:中共中央党校出版社,2001~2009:263~327.
[156]中共中央文献研究室.习近平关于社会主义生态文明建设论述摘编.[M].北京:中央文献出版社,2017.
[157]习近平.决胜全面建成小康社会 夺取新时代中国特色社会主义伟大胜利——在中国共产党第十九次全国代表大会上的报告[M].北京:人民出版社,2017.
[158]习近平.论坚持推动构建人类命运共同体.[M].北京:中央文献出版社,2018.
[159]中共中央宣传部.习近平新时代中国特色社会主义思想三十讲.[M].北京:学习出版社,2018.
[160]人民日报评论部.习近平讲故事.[M].北京:人民出版社,2017.
[161]《新时代热词》编写组.新时代热词100个词学懂弄通做实 习近平新时代中国特色社会主义思想[M].北京:人民出版社,2018.
[162]中华人民共和国宪法[M].北京:法律出版社,2018.

## (二)中文学术刊物文献

[1]曹新.新能源的特点、战略价值与结构调整[J].新华文摘,2011(24):24
[2]蒋有绪.人类必须进入低碳时代[J].山西能源与节能,2010(1):3~5,9.
[3]黄楠森.马克思主义与"以人为本"[J].新华文摘,2004(9).
[4]胡鞍钢.中国的崛起一定是绿色的崛起[J].中国人民大学书报资料中心《生态环境与保护》,2006

(5).

[5] 刘克英．"绿色生产力"理论与中国经济发展[J]．生产力研究，2005(2)．

[6] 孙家驹．人、自然、社会关系的世纪性思考[J]．北京大学学报，2005，42(1)：113～119．

[7] 费利群．马克思主义经济学总体方法论对经济全球化宏观认识的启示[J]．中国流通经济，2010(7)：43～46．

[8] 杨宏玲．论区域经济一体化的新趋势和新特点[J]．河北大学学报(哲学社会科学版)，2004(4)：97～99．

[9] 邢伯春．经济全球化问题讨论综述[J]．经济理论与经济管理，2000(5)：75～79．

[10] 李桂树．经济全球化研究中的几个问题[J]．北方论丛，2009(4)：143～145．

[11] 罗士俐．外部性理论的困境及其出路[J]．当代经济研究，2009(10)：26～31．

[12] 胡石清，乌家培．外部性的本质与分类[J]．当代财经，2011(10)：5～14．

[13] 许崇正．论分工与人的全面发展[J]．学术月刊，2006(10)：61～68．

[14] 韩庆祥．关于马克思"人的全面发展"涵义的商榷[J]．哲学研究，1990(6)：32～40．

[15] 牟文谦，路聪．马克思人的全面发展内涵的逻辑理路[J]．湖北社会科学，2010(7)：5～8．

[16] 张学书．生态文明与人的全面发展[J]．生态经济，2005(7) 109～111．

[17] 诸大建．理解科学发展观的思想误区[J]．沪港经济，2009(5)：25．

[18] 陈湘舸，王艺．论经济学的"幸福革命"[J]．经济理论与经济管理，2009(11)：32～36．

[19] 王彦勋，卢苓霞．幸福人假设带给管理领域的全新视角[J]．管理科学文摘，2006(12)：21～23．

[20] 张春霞．绿色经济：经济发展模式的根本性转变[J]．福建农业大学学报(社会科学版)，2001，4(4)：28～32．

[21] 李克强．论"人口、资源与环境经济学"的理论基础[J]．中央财经大学学报，2007(4)：53～58．

[22] 胡培兆．世界经济发展与人类生活要求[J]．中国经济问题，2008(2)：3～13．

[23] 胡涛，吴玉萍等．我国对外贸易的资源环境逆差分析[J]．中国人口、资源与环境，2008(2)：204．

[24] 周天勇，谷成．中央与地方：财权再分配[J]．南风窗，2009(15)．

[25] 钟明春．生态文明研究述评[J]．前沿，2008(8)：160～165．

[26] 黄星君，杨杰．科技创新生态化——可持续发展的必然趋势[J]．武汉科技大学学报(社会科学版)，2004(6)：48～51．

[27] 王文芳．科技进步与生态文明观的确立[J]．广西社会科学，2003(1)：48～50．

[28] 牛桂敏．生态文明建设中的企业技术创新生态化[J]．经济界，2006(5)：65～68．

[29] 郑国诜，廖福霖，祁新华．生态文明经济非均衡发展规律初探[J]．石家庄经济学院学报，2011(6)：51～54．

[30] 廖福霖．再谈生态文明及其消费观的几个问题[J]．福建师范大学学报(哲学社会科学版)，2010(1)：12～17．

[31] 诸大建．中国发展3.0：生态文明下的绿色发展[J]．当代经济，2011(11)：4～8．

[32] 曹亮．先发优势和后发优势[J]．财贸经济，2007(3)：24～28．

[33] 郑志国．低碳经济概念的科学性质疑[J]．理论月刊，2009(11)：103～105．

[34] 王靖宇．低碳技术扩散中政府管理的国际经验比较研究[J]．华东经济管理，2011(5)：19～22．

[35] 童昕．集群中的绿色技术创新—扩散研究[J]．中国人口、资源与环境，2007(6)：66～71．

[36] 叶子青，钟书华．美、日、欧盟绿色技术创新比较研究[J]．科技进步与对策，2002(7)：150～152．

[37] 谢高地，曹淑艳．发展转型的生态经济化和经济生态化过程[J]．资源学，2010(4)：782～789．

[38] 郭尚花．生态社会主义关于生态殖民扩张的命题对我国调整外资战略的启示[J]．当代世界与社会主义，2008(3)：104～108．

[39]范纯增,任建兰.国际贸易与环境协调发展的难点和出路[J].人文地理,2003(2):89~92.
[40]钟茂初.国际气候合作中的公平性问题研究评述[J].江西社会科学,2010(3):77~83.
[41]王建廷.正义原则与国际合作应对气候变化的激励机制[J].现代经济探讨,2011(5):90~92.
[42]孟庆琳,王朗玲."绿色生产力"是制度约束的生产力[J].生产力研究,2002(6):9~14.
[43]丁彬.试论领导干部绩效考评的机制创新[J].长白学刊,2006(5):33~34.
[44]滕业龙,郑玉林.论人口、资源、环境与熵[J].人口与经济,1992(6):34~39.
[45]张雪梅.中国西部地区产业生态化的发展路径研究[D].兰州:兰州大学,2009.
[46]孔志峰.关于绿色财政政策的若干思考[J].行政事业资产与财务,2009(4):12~17.
[47]刘玉照,田青.新制度是如何落实的[J].社会学研究,2009(4):133~154.
[48]彭福扬,胡元清等.科学的技术创新观——生态化技术创新[J].自然辩证法研究,2006(6):62~63.
[49]王世浚.国际经济关系中的"4C规律"[J].世界经济,1992(3):8~13.
[50]吕健华.清洁发展机制:一种双赢的国际经济合作机制[J].中国党政干部论坛,2010(3):47~48.
[51]华谦生.论建立全球性国际经济合作管理机构[J].四川人学学报(哲学社会科学版),2001(6):18~23.
[52]李欣广.深化改革开放的新选择与开创国际经济合作新局面[J].广西大学学报(哲学社会科学版),2010(3):13~17.
[53]张永安.国际经济合作的基础—南北合作[J].华东理工大学学报(社会科学版),2005(2):50~56.
[54]柳卸林,胡志坚.中国区域创新能力的分布及其成因[J].科学研究,2002,20(5):550~556.
[55]叶春涛,卢继富.马克思主义生态观及其当代发展[J].涪陵师范学院学报,2006(4):79~82.
[56]余谋昌.生态哲学:可持续发展的哲学诠释[J].中国人口、资源与环境,2001(3):1~5.
[57]肖显静.从机械论到整体论:科学发展和环境保护的必然要求[J].中国人民大学学报,2007(3):10~16.
[58]王真.构建生态文明必须由错误方法论走向科学方法论[J].太原师范学院学报(社会科学版),2009(4)29~31.
[59]姜正冠,杨小军.基于思维方式转变的视角看科学发展观的实践[J].湖南师范大学社会科学学报,2010(1):5~8.
[60]王真.从线性到非线性——建构人与自然和谐关系的科学方法[J].价值工程,2011(7):174~176.
[61]庄穆.体验的认识功能初探[J].福建学刊,1994(6)51~52,63.
[62]杨合起.论人的需要及其在社会发展中的作用[D].郑州:郑州大学,2003:76~88.
[63]辛杰.体验经济与企业经营策略[J].企业研究,2004(35):55~59.
[64]郑国诜,廖福霖.生态文明视野下的体验经济发展探析[J].产经评论,2010(6):78~84.
[65]郭馨梅.体验经济刍议[J].北京工商大学学报(社会科学版),2003(4):1~4.
[66]汪秀英.体验经济的成因与价值分析[J].北京工商大学学报(社会科学版),2005(1):46~49.
[67]资树荣,范方志.发达国家与发展中国家居民消费需求变动比较[J].经济纵横,2004(5):45~49.
[68]陈璐."体验经济"下杭州商业街区更新的研究[D].杭州:浙江大学,2007.
[69]林民盾,杜曙光.产业融合:横向产业研究[J].中国工业经济,2006(2):31~36.
[70]陈述,罗婉容.体验经济时代的顾客满意战略[J].管理科学文摘,2005(3):28~30.
[71]程福祜.生态经济学源流[J].经济研究,1983(9):43~48.
[72]肯尼思·鲍尔丁.一门科学——生态经济学[J].1996:1~10.
[73]陈寿朋,杨立新.生态文明建设的结构形态与路径选择[J].职大学报,2006(04):1~9.
[74]王书华等.生态足迹研究的国内外近期进展[J].自然资源学报,2002(6):776~782.

[75] 陆宏芳等. 生态经济系统的一种整合评价方法: 能值理论与分析方法[J]. 生态环境, 2005(1): 121~126.
[76] 王万山. 生态经济理论与生态经济发展走势探讨[J]. 生态经济, 2001(5): 14~16.
[77] 诸大建, 钱斌华. 循环经济的C模式及保障体系研究[J]. 铜业工程, 2006(1): 6~10.
[78] 程福祜. 国外生态经济学术观点评介(续)[J]. 生态经济, 1986(1): 44~49.
[79] 徐中民等. 当代生态经济的综合研究综述[J]. 地球科学进展, 2000(6): 688~694.
[80] 李周. 中国生态经济理论与实践的进展[J]. 江西社会科学, 2008(6): 7~12.
[81] 周立华. 生态经济与生态经济学[J]. 自然杂志, 2004(4): 238~241.
[82] 严兵. 日本发展绿色经济经验及其对我国的启示[J]. 生态经济, 2010(6): 57~59.
[83] 班威. "绿色经济"在韩国成时尚[J]. 农村财政与财务, 2009(10): 47~48.
[84] 余春祥. 对绿色经济发展的若干理论探讨[J]. 经济问题探索, 2003(12): 92~95.
[85] 苏立宁. "绿色经济"政策的困境与改革路径[J]. 环境保护, 2010(14): 36~37.
[86] 崔如波. 绿色经济论[J]. 延安大学学报(社会科学版), 2010, 24(2): 61~65.
[87] 廖福霖. 绿色经济: 可持续发展的微观基础和现实形式[J]. 林业经济, 2001(5): 37~40.
[88] 邢章萍, 张健. 用激励政策促进绿色经济发展——访国务院发展研究中心产业经济研究部部长冯飞[J]. 2011: 40~41.
[89] 薛睿. 中国低碳经济发展的政策研究[D]. 中共中央党校, 2011.
[90] 万宇艳. 我国工业结构低碳化初探[D]. 华中科技大学, 2011.
[91] 蒋有绪, 张炜银. 谈谈森林城市和低碳城市[J]. 中国城市林业, 2010, 8(2): 4~7.
[92] 庄贵阳. 中国: 以低碳经济应对气候变化挑战[J]. 环境经济, 2007(1): 69~71.
[93] 冯之浚, 牛文元. 低碳经济与科学发展[J]. 中国软科学, 2009(8): 13~19.
[94] 卞继红. 低碳经济模式下我国产业集群发展问题思考[J]. 生态经济, 2011(1): 58~60, 66.
[95] 王宗爽等. 中外环境空气质量标准比较[J]. 环境科学研究, 2010(3): 253~260.
[96] 陈冲影. 林业碳汇与农户生计——以全球第一个林业碳汇项目为例[J]. 世界林业研究, 2010, 23(5): 15~19.
[97] 赵林, 殷鸣放, 陈晓非, 王大奇. 森林碳汇研究的计量方法及研究现状综述[J]. 西北林学院学报, 2008, 23(1): 59~63.
[98] 何英. 森林固碳估算方法综述[J]. 世界林业研究, 2005, 18(1): 22~27.
[99] 毛松柏, 朱道平, 叶宁. 低分压$CO_2$回收新技术的工业应用[J]. 化工环保, 2010, 30(02): 146~148.
[100] 廖福霖. 关于生态文明及其消费观的几个问题[J]. 福建师范大学学报(哲学社会科学版), 2009(1): 11~16, 27.
[101] 廖福霖. 三谈生态文明及其消费观的几个问题[J]. 福建师范大学学报(哲学社会科学版), 2010(4): 6~10, 22.
[102] 洪银兴. 消费经济: 十二五时期新的经济增长点[J]. 南京社会科学, 2011(3): 1~5.
[103] 宋立. "十二五"扩大消费: 扩大什么, 怎么扩大, 扩大多少?[J]. 经济研究参考, 2010(61): 9~25.
[104] 迟福林. "十二五"我国发展方式转变的趋势与重点[J]. 上海大学学报(社会科学版), 2010, 17(6): 5~16.
[105] 鲍健强, 方申, 陈明. 用循环经济理念重构传统经济流程[J]. 自然辩证法研究, 2007(4): 90~94.
[106] 林娅, 孙文营. 论传统经济发展模式向循环经济转变的必然性[J]. 求实, 2007(11): 41~44.

[107] 谢成海. 环境危机反思：重估人与自然的关系[J]. 浙江社会科学，2001(2)：94~98.

[108] 郭辉，王国聘. 环境危机的现代化根源[J]. 山西农业大学学报（社会科学版），2010(6)：703~707.

[109] 白长虹，武永红. 绿色化：从制造业到服务业[J]. 现代企业管理，2001(11)：40~42.

[110] 张卓元. 转方式调结构是避开"中等收入陷阱"的正确选择[J]. 新视野，2011(2)：18~19.

[111] 张琦，乔亚梅. 跨越式发展：一种全新的发展模式[J]. 理论学习，2003(10)：29~30.

[112] 柳卸林，胡志坚. 中国区域创新能力的分布及其成因[J]. 科学学研究，2002，20(5).

[113] 白光润. 论生态文化与生态文明[J]. 人文地理，2003(4)：76.

[114] 宝贵贞. 出世与入世之间——论道教伦理之要旨[J]. 中国道教，2003(3).

[115] 苏祖荣，苏孝同. 森林文化发展的动因及运动规律探讨[J]. 北京林业大学学报（社科版），2009(3).

[116] 傅泽强. 生态与工业的和谐画卷[J]. 百科知识，2006(11)：22~23.

[117] 苏祖荣. 森林文化产品分类及比较分析[J]. 北京林业大学学报（社会科学版），2010(4)：19~20.

[118] 张艳国. 论文化的两重性及其时代意蕴[J]. 新华文摘，2012(1)：112.

[119] 艾群. 论文化产业的战略问题[J]. 新华文摘，2011(17)：109.

[120] 陈瑞清. 建设社会主义文明，实现可持续发展[J]. 北方经济，2007(04)：4~5.

[121] 毛明芳. 生态文明的内涵、特征与地位[J]. 中国浦东干部学院学报，2010(05)：92~96.

[122] 张首先. 生态文明：内涵、结构及基本特性[J]. 山西师大学报，2010(03)：10~12.

[123] 牛勇平. 生态文明相关研究评述与展望[J]. 发展研究，2011(08)：104~107.

[124] 盖光. 生态文明的整合性魅力[J]. 学术论坛，2009(03)：89~92.

[125] 小约翰·柯布，李义天. 文明与生态文明[J]. 马克思主义与现实，2007(06)：18~28.

[126] 乔瑞金. 生态文明是可能的——马克思主义与生态文明国际学术会议综述[J]. 马克思主义与现实，2007(06)：51~58.

[127] 克利福德·柯布著，王韬洋译. 迈向生态文明的实践步骤[J]. 马克思主义与现实，2007(06)：29~33.

[128] 卢黎歌，李小京. 第四届生态文明国际学术论坛综述[J]. 西安交通大学学报，2010(04)：5~6.

[129] 刘志礼. 生态文明的理论体系构建与实践路径选择——第五届生态文明国际论坛综述[J]. 武汉理工大学学报，2011(05)：639~640.

[130] 杜新蓉. 生态马克思主义及其对我国生态文明建设的启示[J]. 科学时代，2011(11)：4~6.

[131] 田鹏. 生态社会主义理论浅析——兼谈对社会主义生态文明建设的启示[J]. 潍坊教育学院学报，2007(04)：6~9.

[132] 赵海月等. 生态马克思主义与生态文明建设[J]. 学习与探索，2011(06)：34~36.

[133] 柳红霞. 当代西方生态社会主义评价[J]. 湖北社会科学，2004(10)：49~50.

[134] 刘国军. 论生态文明建设的制度保障[J]. 石河子大学学报，2008(05)：47~49.

[135] 何熙. 和谐社会的生态文明解读及制度建设启示[J]. 思想政治教育究，2008(03)：53~54.

[136] 李秀艳. 中国生态文明建设的问题与出路[J]. 西北民族大学学报，2008(04)：107~109.

[137] 廖福霖. 关于生态文明及其消费观的几个问题[J]. 福建师大学报，2009(01)：13~16.

[138] 郑传芳. 一部研究事关21世纪全球命运和前途问题的力作——评《生态生产力导论——21世纪财富的源泉和文明的希望》[J]. 福建论坛（人文社会科学版），2008(01)：136.

[139] 纪玉山. 正确认识凯恩斯消费理论确立与生态文明相和谐的消费观[J]. 税务与经济，2008(01)：6~9.

[140] 梁文深. 生态文明指标体系问题[J]. 经济学家，2009(03)：102~104.

[141]杜宇等. 生态文明建设评价指标体系[J]. 科学管理研究,2009,27(03):61~63.
[142]徐中民,张志强,程国栋. 当代生态经济的综合研究综述[J]. 地球科学进展,2000(6):688~694.
[143]习近平. 推动我国生态文明建设迈上新台阶[J]. 求是,2019(3):4-19.

### (三)报纸、字典、网络、会议资料

[1]胡锦涛. 胡锦涛在省部级主要领导干部提高构建社会主义和谐社会能力研讨班的讲话[N]. 人民日报,2005-02-03.

[2]胡锦涛发表2012年新年贺词共同促进世界和平与发展[EB/OL]. 2012. http://news.xinhuanet.com/politics/2011-12/31/c_111350298.htm.

[3]习近平会见奥巴马时的讲话[EB/OL]. 2012. http://www.chinanews.com/gn/2012/02-15/3669049.shtml.

[4]徐匡迪. 徐匡迪在中国科学院纪念钱学森百年诞辰座谈会上的讲话《学习钱学森的系统思想》[N]. 科技日报,2011-12-10.

[5]王荣华. 在构建和谐社会与和谐世界中公平正义是关键环节[N]. 社会科学报,2006-9-21.

[6]全球饥饿人口首次突破10亿[N]. 福建日报,2009-11-17.

[7]一年被灌污水339亿吨喝长江水还安全吗?——长江委释疑:水质良好可放心用[N]. 武汉晚报,2011-11-13.

[8]胡锦涛在省部级主要领导干部提高构建社会主义和谐社会能力研讨班的讲话[N]. 人民日报,2005-02-03.

[9]刘思华. 关于发展可持续性经济科学的若干理论思考[EB/OL]. http://mept.gxu.edu.cn/hzwk/lshwk/250742.shtml.

[10]万武义. 政府工作报告诞生记:一切为了人民的幸福生活[EB/OL]. http://finance.people.com.cn/GB/14171913.html.

[11]郭熙保. 后发优势与跨越式发展[EB/OL]. http://news.sina.com.cn/c/2004-01-06/08181514775s.shtml.

[12]汪丁丁. 索尼悲怆[N]. 经济学信息报,1998-6-5.

[13]佚名. 中国70%减排核心技术需进口,实现低碳成本大[EB/OL]. 中国新闻网,2010-05-17.

[14]叶辉等. 浙江丽水:经济生态春满园[N]. 光明日报,2010-07-10.

[15]王玉振,张然. 收入分配不公对环境有何影响?[N]. 中国环境报,2011-02-11.

[16]吕寒伟. 世界500强竞相抢滩厦门[EB/OL]. http://www.taihainet.com/news/xmnews/szjj/2011-09-05/743793.html.

[17]胡锦涛. 坚持走中国特色自主创新道路,为建设创新型国家而努力奋斗——在全国科学技术大会上的讲[EB/OL]. http//news.xinhuanet.com/st/2006-01/09/content_4030855.htm.

[18]胡锦涛. 在中国科学院第十三次院士大会和中国工程院第八次院士大会上的讲话[N]. 人民日报,2006-06-06

[19]廖福霖. 从方法论层面理解循环经济[N]. 福建日报,2011-5-17.

[20]廖福霖. 体验经济是21世纪经济发展的重要趋势[N]. 福建日报,2011-5-3.

[21]黄智. 计数机世界[EB/OL]. http://www.ccw.com.cn/weekly/news/hottopics/htm2011.

[22]国冬梅,任勇,尚宏博. 走向新经济模式:环境革命——莱斯特·R·布朗新著《B模式2.0:拯救地球延续文明》述评[N]. 中国环境报,2006-06-16.

[23]刘思华. 生态经济在中国的发展与展望[N]. 光明日报,2000-3-7.

[24]熵·耗散结构应用系列[EB/OL]. http://hi.baidu.com/gaoz/blog/item/ec92988216c61096f703a630.

html.

[25]潘基文. 秘书长潘基文在联合国气候变化会议高级别上的讲话[C]. 2007 - 09 - 24.

[26]欧洲未来十年,知识经济和绿色经济是发展重点[EB/OL]. http：//news. sina. com. cn/o/2010 - 03 - 29/022817287745s. html.

[27]英国全力打造绿色经济[EB/OL]. http：//chn. chinamil. com. cn/xwpdxw/gjssxw/2009 - 08/18/content_ 4024049. html.

[28]丹麦绿色经济——大胆创新与积极合作[EB/OL]. http：//news. xinhuanet. com/world/2010 - 05/27/c_ 12148510. html.

[29]转变发展方式,法国多头"押宝". [EB/OL]. http：//news. xinhuanet. com/fortune/2010 - 03/08/content_ 13126711. html.

[30]美国发展绿色经济,寻求复苏转型[EB/OL]. http：//topic. ec. com. cn/article/ztbynh/ztbalsksj/201003/966692_ 1. html.

[31]墨西哥大力发展绿色经济应对气候变化[EB/OL]. http：//www. mexico - china. cn/html/201005/08/210100714. html.

[32]综述：巴西成为"绿色经济领跑者"[EB/OL]. http：//news. xinhuanet. com/world/2009 - 11/08/content_ 12411594_ 3. html.

[33]胡锦涛. 携手应对气候变化挑战[N]. 光明日报,2009 - 9 - 23.

[34]加强区域合作实现绿色增长——胡锦涛总书记在首届亚太经合组织林业部长级会议上的辞[EB/OL]. 2011. http：//cpc. people. com. cn/GB/64093/64094/15604136. html.

[35]温家宝. 发展绿色经济促进持续增长[N]. 光明日报,2009 - 12 - 1.

[36]习近平. 携手推进进亚洲绿色发展和可持续发展[EB/OL]. http：//politics. people. com. cn/GB/1024/11334438. html.

[37]李克强参加全国节能宣传周活动强调推进节能增效[EB/OL]. http：//www. gov. cn/ldhd/2009 - 06/18/content_ 1344243. html.

[38]廖福霖. 发展绿色经济是重要的民生工程[N]. 福建日报,2011 - 5 - 24.

[39]深圳靠科技创新发展绿色经济[EB/OL]. http：//news. cntv. cn/20110818/100605. shtm,2011 - 08 - 18.

[40]绿色发展内涵诠释：生态健康经济绿化社会公平人民幸福[EB/OL]. http：//cn. chinagate. cn/infocus/2010 - 11/09/content_ 21303059_ 2. html.

[41]绿色经济浪潮高涨一哄而起隐忧已现[EB/OL]. http：//news. qq. com/a/20091203/002856. html.

[42]三大"瓶颈"制约中国绿色经济[EB/OL]. http：//news. xinhuanet. com/fortune/2009 - 08/27/content_ 11951576. html.

[43]2010 年绿色食品统计年报[EB/OL]. http：//wenku. baidu. com/view/0c3f5aef551810a6f5248633. html.

[44]绿色壁垒不断加高,中国纺织业加快"绿色转身"[EB/OL]. http：//www. cqn. com. cn/news/zgzlb/dier/350580. html.

[45]绿色革命：未来经济发展的制高点[EB/OL]. http：//paper. people. com. cn/rmlt/html/2010 - 06/11/content_ 569217. htm？div = - 1.

[46]绿色发展内涵诠释. 生态健康经济绿化社会公平人民幸福[EB/OL]. http：//cn. Chinagate. cn/infocus/2010. 11/09/content_ 21303059_ 2. htm. 2010 - 11 - 09.

[47]加大技术投资打造绿色经济[EB/OL]. http：//www. gxlky. com. cn/2011/0720/084531 - 1. html

[48]中小城市绿皮书首倡：绿色经济绿色社会绿色人心[EB/OL]. 2010. http：//news. 163. com/10/1126/11/6MDNJFBT00014JB6. html.

[49] 绿色经济：这是生存问题［EB/OL］. http：//finance. sina. com. cn/leadership/mroll/20091211/14237091614. html.

[50] 中国的绿色革命：实现能源与环境可持续发展的技术选择［EB/OL］. http//www. Mckinsecom/locations/chinasimplified/mckonchina/reports/china_ green_ revolution. aspx.

[51] 廖福霖. 科学看待气候变化和低碳经济［N］. 福建日报，2011 – 3 – 15.

[52] 我国新能源汽车如何追上发达国家［EB/OL］. http：//www. cnr. cn/allnews/201002/t20100202_ 505976942_ 1. html.

[53] 国家发改委：2011 年我国石油对外依存度超过 56%［EB/OL］. http：//politics people. com. cn/GB/1027/17048040. html.

[54] 煤炭资源利用率低或将全面改观［EB/OL］. http：//cccmc. mofcom. gov. cn/aarticle/zhongyswhd/201011/20101107255086. html.

[55] 新能源发电领域央企垄断格局正形成，民资被退出［EB/OL］. http：//news. hexun. com/2010 – 07 – 26/124360217. html.

[56] 时璟丽. 中国可再生能源飞速发展［EB/OL］. http：//news. qq. com/a/20090904/002500_ 1. html.

[57] 全国主体功能区规划［EB/OL］. http：//www. chinanews. com/gn/2011/06 – 09/3099774_ 8. html.

[58] 施耐德电气王洁：节能既节省成本也增加商业回报［EB/OL］. http：//www. chinanews. com/ny/2011/01 – 05/2766541. html.

[59] 提高煤炭利用效率，我国需加大煤炭洗选率［EB/OL］. http：//www. china5e. com/show. php? contentid = 158931.

[60] 煤炭资源利用率低或将全面改观［EB/OL］. http：//cccmc. mofcom. gov. cn/aarticle/zhongyswhd/201011/20101107255086. html.

[61] 减排必须发挥森林固碳的特殊作用［EB/OL］. http：//www. gov. cn/2007lh/content_ 549754. htm.

[62] 回良玉. 全面推进集体林权制度改革，切实加强生态文明建设［EB/OL］. http：//www. forestry. gov. cn/portal/sbj/s/2664/content – 425036. html.

[63] 用数据展示森林碳汇的成果［EB/OL］. http：//politics. people. com. cn/h/2011/0729/c226651 – 2165816185. html.

[64] 吴兆喆. 用数据展示森林碳汇的成果［EB/OL］. http：//www. forestry. gov. cn/portal/main/s/72/content – 494128. html

[65] 厦门成为全国首个建设领域碳交易试点城市［EB/OL］. http//dz. jjckb. cn/www/pages/webpage2009/html/2011 – 03/21/content_ 24329.

[66] 国家发展改革委办公厅关于开展碳排放权交易试点工作的通知［EB/OL］. http：//www. ndrc. gov. cn/zcfb/zcfbtz/2011tz/t20120113_ 456506. html.

[67] 王献红. 从二氧化碳制备生物可降解塑料——机会与挑战. 第三届国际化工新材料（成都）峰会：2010.

[68] 廖福霖. 发展生态文明消费型经济［N］. 福建日报（求是版），2011 – 06 – 14.

[69] 中国奢侈品消费称王令西方兴奋，日本庆幸失第一［EB/OL］. http：//finance. huanqiu. com/roll/2011 – 06/1765473. html.

[70] 温家宝再次强调，企业家身上应该流淌着道德的血液［EB/OL］. http：//news. xinhuanet. com/politics/2010 – 02/27/content_ 13063392. html.

[71] 生活提示：怎样识别真假绿色产品？［EB/OL］. http：//www. gov. cn/fwxx/sh/2008 – 03 – 31/content_ 932870. htm.

[72] 廖福霖. 致力于发展生态文明的经济创新［N］. 福建日报，2011 – 4 – 19.

[73]试论区域创新系统构建的理论基础[EB/OL]. http：//wzzyk. com/lunwencanka/jingjixue/jingjixuelilun.

[74]余谋昌. 生态文明是人类的第四文明[EB/OL]. http：//www. tt65. net/zonghe/lilun/huiyi/shehui/mydoc002. htm.

[75]王宏斌. 借鉴国外生态文明理论[EB/OL]. http：//theory. people. com. cn/GB/10771235. html2010-01-15.

[76]时继锋. 生态文明视野下的适度消费观[EB/OL]. http：//www. eedu. org. cn/Article/ecology/ecoculture/EcoCivilisation/201105/59807. html2011-05-17.

## （四）外文文献

[1] Bruno S. Frey, Alois Stutzer. Happiness and Economics：How the Economy and Institutions Affect well – being [M]. Princeton University Press, 2002：26.

[2] Pine II, Gilmore JH. Welcome to the Experience Economy[J]. Harvard Business, 1998, 4：97~105.

[3] Gretchen C. Daily . Nature's Services：Societal Dependence on Natural Ecosystems [M]. Washington D. C Island Press, 1997：3.

[4] Costanza etal. The Value of the World's Ecosystem Services and Natural Capital[J]. Nature, 1997：253~260.

[5] Odum H T. Environment Accounting：Emergy and Environmental Decision Making[M]. New York：John Wiley Sons, 1996, 20~50.

[6] Odum. H. T. Self – organization Transformity and Information[J]. Science, 1988：1132~1139.

[7] Doherty. S. J, Brown. M. T, Odum. H. T. Emergy Synthesis Perspectives, Sustainable Development and Public Policy Option for Papua New Guinea[M]. Gaines Ville：Center for Wetlands, University of Florida, 1992：121~133.

[8] R. Constanza. What is Ecological Economics[J]. Ecological Economics, 1989：1~7.

[9] Dales J H. Land, Water and Ownership[J]. The Canadian Journal of Economics, 1968：791~804.

[10] Chang H P, Michael J. Contribution of China to the global cycle since the last glacial maximum Reconstruction from palacovegetation maps and an empirical biosphere model [J]. Tellus, 1997, 49(B)：393~408.

[11] Foley J A. An Eduilibrium Model of the Terrestrial Carbon Budget [J]. Tellus, 1995, 47：310~319.

[12] Brown S and Iverson LR. Biomass estimates for tropical forest. World Resour Rev, 1992, 4：366~384.

[13] Fang J, Wang GG, Liu G, et al. Forest binmass of China：an estimate based on the biomass volume relationship[J]. Ecol. App, 1998, 8：1084~1090.

[14] CF. Iam Hacking, Representing and Intervening University Press, 1983：50.

# 后 记

本书的撰写历经两个阶段。第一阶段由廖福霖教授根据长期的研究积累和新近的研究成果,以《生态文明研究》为题为博士生课程撰写的讲稿,为福建师范大学经济学院两届博士研究生授过两轮的课,并开展了热烈的课堂讨论;第二阶段,以讲稿为基础,按照学科建设和专著的范式要求,由团队成员分头撰写,形成初稿后进行了两次学术研讨,两轮自改和一轮互改,最后由廖福霖教授统稿定稿。主要撰写人员有:

廖福霖(第一章至第十章,其中第三章的第一节由廖福霖和苏祖荣共同撰写)

郑国诜(第十一章、第十三章、第十四章)

钟明春(第十二章)

蒋小菁(第十五章、第十七章)

官巧燕(第十六章、第二十二章)

缪细英(第十八章、第十九章)

吴双霞(第二十章、第二十一章)

苏祖荣(第二十三章至第三十章)

兰明慧(附章)

本书在调查、研究与撰写出版过程中,得到国内外一批专家学者的指导,得到一批党政领导、企事业单位的支持,蒋有绪院士、陈征教授欣然作序,李红副主任题词,许多博士生提出了宝贵的意见,中国林业出版社徐小英编审为本书的尽快付梓做出了努力。

谨此一并表示衷心的感谢。

作 者
2012 年 8 月